가족치료
이론과 실천

박태영 저

Family Therapy Theories and Practice

학지사

저자는 1996년부터 대학원에서 가족치료를 26년 동안 가르치고 있다. 가족치료 사례는 1995년부터 27년간 대략 수천 사례 이상을 다루지 않았을까 싶다. 가족치료 이론에 대한 강의와 임상을 병행하면서 가능한 한 학생들에게 임상에서 발생하는 이론의 핵심을 전달하고자 노력해 왔다. 은퇴를 앞둔 시점에서 지금까지의 가족치료에 대한 임상을 이론과 접목해 저자가 소화한 내용을 중심으로 가족치료의 교과서를 써야 할 때가 왔다는 생각이 들었다.

이 책은 저자의 26년간의 강의 경험을 바탕으로 학생 또는 임상가들이 기본적으로 반드시 알아야 할 가족치료모델들을 중심으로 구성하였다. 제1부에서는 가족치료의 탄생과 발달 그리고 가족생활주기를 소개하였다. 제2부에서는 모더니즘 가족치료 모델, 제3부에서는 포스트모던 가족치료 모델을 소개하였다. 특히 제4부에서는 지금까지 출판된 가족치료 교과서에는 볼 수 없던 한국의 통합적 가족치료모델과 원격가족치료에 관한 내용을 소개하였다. 제3~8장에서는 지금까지 국내외 학회지에 실린 가족치료 사례들을 소개하였다.

이 책은 저자가 가족치료 수업에서 가르치는 순서로 정리하였다. 2000년을 기점으로 포스트모더니즘적인 가족치료 모델들이 점차 부상하고 있다는 것을 많은 사람이 알 것이다. 특히 요즘은 다문화와 다양성, 페미니즘적인 접근의 목소리가 매우 높아지고 있다. 저자도 가족치료사로서 이와 같은 변화의 목소리를 들으며 실제 임상에서 경험하는 가족들의 어려움에 귀를 기울이게 되었다. 내담자 가족들이 이야기하는 내용을 들어 보면 거창한 철학과 이념을 논하기보다는 가족 구성원들 간의 아주 작은 이야기들로 인한 갈등과 상처가 주된 내용이다. 내담자들과 가족 구성원들이 이야기하는 문제나 증상을 극복하기 위하여 저자는 지금까지 인생을 걸고 나름대로 열심히 임상을 실천했다는 자부심이 있다.

요즘처럼 우리나라뿐만 아니라 전 세계가 좌와 우로 나뉜 상황에서 가족치료 분야에서도 모더니즘과 포스트모더니즘의 충돌이 일어나고 있다. 특히 포스트모더니즘에 대한 평가는 극명하게 나뉘고 있다. 엘런 소칼과 장 브리크몽(1999)은 포스트모더니스트들이 어려운 과학용어들을 사용하면서 스스로도 이해하지 못하는 말을 하고 있다고 비판하였다. 이에 대하여 나카마사 마사키(2021)는 포스트모더니스트들은 정말로 무엇을 쓴 건지 전혀 이해할 수 없어 주문을 읽는 것처럼 느껴지며, 그 포스트모던적 난해함의 정점에 군림한 사람이 자크 데리다라고 하였다. 그는 포스트모더니스트들의 난해함에 대하여 독자들 또한 스스로의 이해력이 부족하다는 것을 인정하지 않는다고 비판하였다. 심지어 그는 소칼의 포스트모더니스트들에 대한 비판에 대하여 라캉, 크리스테바, 데리다의 텍스트를 읽어 본 적이 없는 이들이 소칼의 비판을 그대로 받아들이기 때문에 포스트모더니즘이 가짜 과학론이라고 주장하는 교활한 사람들도 있다고 비판하였다.

저자가 염려하는 것은 가족치료사로서 자신의 적용하는 이론에 대한 철학적 사상의 뿌리가 없다면 치료사 자신뿐만 아니라 내담자 가족들까지도 혼란스럽게 할 것이라는 점이다. 더군다나 가족치료 과목을 가르치는 교수들이 철학적 사상을 정립하지 않는다면 가족치료를 배우는 학생들까지도 헷갈리게 할 것이다. 때때로 가족치료사들에게 슈퍼비전을 주다 보면 자신들이 적용하고 있는 이론의 철학적 사상을 모르고 통합적 또는 절충적 모델이라면서 두루뭉술하게 적용하는 모습도 볼 수 있다. 저자는 가족치료사들에게 가족치료 이론에 깔린 철학적 사상에 관한 공부가 필요하다고 보고, 저자 또한 몇 년 전부터 저자의 부족한 부분을 메우려 무던히 애쓰고 있다.

하지만 저자는 여러분이 가족치료를 하는 데 있어서 모더니즘적인 가족치료 이론이 됐든 포스트모더니즘적인 가족치료 이론이 됐든 여러 가족치료 사례를 통하여 여러분

나름의 독창적인 가족치료 준거틀을 개발하기를 진심으로 바란다. 이런 차원에서 나의 가족치료 교과서가 여러분의 가족치료 이론뿐만 아니라 모더니즘적인 가족치료 모델들과 포스트모더니즘적인 가족치료 모델들을 이해하는 데 조금이나마 도움이 되기를 기대한다.

끝으로, 이 책의 편집을 맡아 주신 저자의 연구실의 문혜린 박사과정 선생님과 이 책을 출판하게 해 주신 학지사 김진환 사장님 그리고 꼼꼼히 교정을 봐 주신 차형근 선생님께 진심 어린 감사를 드린다.

2022년 3월
박태영

차례

제2부
모더니즘 가족치료모델

제3부
포스트모던 가족치료모델

제4부
통합적 가족치료모델과 원격가족치료

제1부

가족치료의
탄생과 발달

제1부에서는 가족치료가 태동하게 된 배경과 가족치료가 2개의 축으로 갈라지게 된 사회과학철학에서의 패러다임의 변화를 살펴본다. 특히 가족치료 이론에 영향을 미친 사이버네틱스 인식론, 철학적 토대로서의 모더니즘과 포스트모더니즘, 체계이론, 사회구성주의, 구조주의와 후기구조주의, 해체주의와 언어의 역할, 페미니즘 그리고 가족치료 관련에 관한 기본적인 개념들에 대해 알아본다.

한편, 가족치료 발달사를 서구, 특히 미국을 중심으로 1940년대 이전부터 1970년대 이전까지는 인물중심으로, 1970년대부터 현재까지는 다양한 측면에서 살펴본다. 또한 한국의 가족치료 발달사를 파악하기 위해 기본적인 한국의 사회적 문화와 가족문화 및 가치관을 살펴보고, 1970년대부터 현재까지의 한국가족치료 발달사를 서술한다.

마지막으로, 특히 모더니즘적 가족치료 이론들에서 중요시하는 가족생활주기를 초혼가족, 이혼 및 재혼 가족으로 나누어 살펴보고, 내담자의 변화 단계에 대해 설명한다.

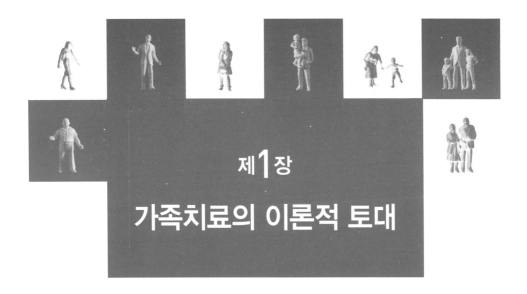

제1장
가족치료의 이론적 토대

이 장에서는 가족치료 태동에 대한 배경과 사회과학철학에서의 패러다임의 변화와 그 변화에 따른 가족치료의 방향성과 이론들에 대한 영향, 기본적인 개념들로서의 사이버네틱스 인식론과 일차적 사이버네틱스, 이차적 사이버네틱스를 살펴본다. 또한 가족치료 이론의 철학적 토대로서, 모더니즘(근대주의)과 포스트모더니즘(탈근대주의), 인본주의, 체계이론, 사회구성주의, 구조주의와 후기구조주의, 해체주의와 언어의 역할, 페미니즘의 영향을 알아본다. 다음으로, 가족치료 관련 기본 개념들인 상호적인 결정주의, 환아와 증상의 표출, 다원론적 관점, 가족 탄력성, 성(젠더), 인종, 민족성과 가족치료를 살펴본다.

1. 가족치료의 배경

20세기 초기 중반에는 프로이트에게 영향을 받은 심리치료 혹은 고전적인 심리분석이 개인의 정신 내부 세계(비록 정신 내부 세계가 가족관계에서 영향을 받은 것으로 보였을지라도)에 초점을 두었다(Goldenberg & Goldenberg, 2013). 비록 프로이트가 개인의 성격에 가족이 지대한 영향을 미친다고 했을지라도, 그는 일반적으로 환자를 치료하는 데 가족성원을 포함하지 않고 환자의 무의식적인 환상 세계를 탐색하는 것을 선호했다. 하지만 어떤 치료사들 또는 이론가들은 개인의 무의식적인 삶에 대한 단 하나의 초점이 때로는 개인의 문제를 이해하거나 치료하는 데 불충분하다고 느끼게 되었다(Goldenberg, Stanton, & Goldenberg, 2017). 이처럼 1950년대, 개인에 초점을 둔 개별심리치료에 대한 한계점을 인식하면서부터 가족에 초점을 두고 가족체계의 변화를 도모하는 가족치료가 발달하게 되었다(Goldenberg, Goldenberg, & Goldenber Pelavin, 2014; Janzen, Harris, Jordan, & Franklin, 2006). 이와 같은 개인 심리치료로부터 가족치료로의 패러다임의 전환은 과학혁명이었다(Capra, 2002).

이러한 가족치료 발달은 20세기 후반의 자연과학과 사회과학에서 일어난 패러다임의 전환으로부터 시작되었다. 즉, 사물의 본질의 특성이나 존재 또는 진실에 초점을 두기보다는 주변 상황이나 관계 또는 의미에 초점을 두게 된 사회과학철학적인 토대하에 가족치료의 역사가 이루어지게 되었다. 가족치료에 지대한 영향을 끼친 이론들로는 수학, 물리학, 사회학, 일반 체계이론, 인공두뇌학, 생태학, 의사소통이론 그리고 더 최근에 사회구조주의 이론 등을 들 수 있다. 이러한 이론에서 인간은 물리적 · 사회적 · 문화적 · 정치적 · 경제적 환경들의 영향을 받게 되고, 이러한 환경들과의 상호적인 또는 순환적인 관계 안에서 개인의 삶이 형성된다는 것이다.

가족치료 발달의 시작을 정확히 지적하기란 무리라고 볼 수 있으며, 또한 어느 한 경로를 통해 발전된 것도 아니다. 대부분의 가족치료와 관련된 권위자들에 의하면, 가족성원이 심리적인 불안 또는 혼동을 겪게 만들고 또한 그러한 증상을 유지하게 하는 가족의 역할에 주의를 기울이게 된 것은 제2차 세계대전 이후의 약 10년 정도의 기간이다. 전쟁 후에 가족의 갑작스러운 재결합이 가족성원들에게 사회적 · 인간 상호간의 문화적 · 상황적인 여러 가지 문제를 야기했다(Goldenberg et al., 2017).

이 장에서는 최근에 일어나고 있는 패러다임의 전환과 이러한 패러다임의 변화로 인한 가족치료의 변화와 가족치료 이론의 철학적 토대, 가족치료 관련 기본 개념들 그리고 가족치료 발달사를 살펴보겠다.

2. 가족치료 패러다임의 변화와 기본적 개념

가족치료 이론의 변화 과정을 이해하기 위해서는 과학적 방법과 패러다임의 변화 과정을 이해해야 하며, 이를 통해 모더니즘과 포스트모더니즘에 따른 가족치료 이론의 분리를 이해할 수 있다. 따라서 여기서는 과학적 방법에 관한 패러다임에 대해 설명하고자 한다.

1) 패러다임의 전환

사람들은 일반적으로 과학적 방법이 합리적이고 세계에 대한 객관적인 지식을 우리에게 제공해 준다고 생각한다. 과학적 지식이 객관적이라는 것은 개인들의 믿음과 가치들과는 무관하게 모든 사람이 믿을 만한 가치가 있다는 것을 의미한다. 과학이론이 어떻게 개발되어 발전하는가를 설명하는 과학적 방법은 프랜시스 베이컨의 귀납주의로부터 과학이론들이 제안되었을 때 이론의 검증에만 관련되는 칼 포퍼의 반증주의까지 다양하게 전개되고 있다(Ladyman, 2002; 박영태, 2003). 제2차 세계대전 이후에 (영어 사용권의) 과학철학에서 이루어진 전통적인 견해는 논리경험론(논리실증주의와 비슷한 입장)이며, 카르납은 논리경험론자 중에서 가장 대표적인 학자이다(Lakatos, 1968). 다양한 철학자 중 흄은 과학이 귀납적이며 비합리적이라고 주장했고, 포퍼는 과학이 비귀납적이고 합리적이라고 주장했으며, 카르납은 과학이 귀납적이고 합리적이라고 생각했다(Ladyman, 2002; 박영태, 2003).

그러나 1960년대에 들어가면서 과학사, 특히 코페르니쿠스의 천문학 혁명에 관심을 가진 물리학자인 토마스 쿤이 『과학혁명의 구조』라는 책을 써서 여러 분야에서 광범위하게 지대한 관심을 불러일으켰다. 과학혁명이란 천문학에서 발생한 코페르니쿠스 혁명, 물리학에서 발생한 아인슈타인 혁명, 생물학에서 발생한 다윈 혁명 등을 의미한다. 『과학혁명의 구조』에서 쿤이 설정한 목적의 하나는 과학의 변화하는 방식에 대해 일반적으로 받아들여지고 있는 가정들에 대한 도전이었다. 쿤이 과학적 지식의 합리성과 객관성에 대해 비판하면서, 많은 사람이 과학적 지식의 연구방법에 대해 의문을 제기하게 되었다. 앞에서 언급한 흄, 포퍼, 카르납과는 대조적으로 쿤은 과학이 비귀납적이며 비합리적이라고 주장했다. 쿤은 반증주의에 의해서 깨뜨려진 모든 이론을 과학자들이 포기해야 한다고 설명한 칼 포퍼의 반증주의에 대해서 매우 비판적이었다. 쿤은 과학의 방법론과 지식에 관해 기존의 방식과는 다르게 보는 시각을 제안했고, 과학사의 전개과정에 대한 시각을 변화시켰다(Ladyman, 2002; 박영태, 2003).

정상과학에 대한 쿤의 해석에는 패러다임 개념이 중심에 있다. 쿤은 패러다임을 "과학 내부에 있는 주제에 대한 근본적인 표상"이라고 정의했다. 쿤에 의해 제창된 패러다임 개념은 무엇이 연구되어야 하는지, 무슨 질문이 어떻게 제기되어야 하고, 얻어진 해답을 해석하는 데 어떤 규칙이 수반되어야 하는가를 밝히는 데 기여했다. 패러다임은 과학 내부에서 가장 넓은 일치의 단위이며, 하나의 과학공동체와 다른 것들을 구분하는 데 기여한다(Kunh, 1962). 패러다임은 실례, 이론 그리고 그 내부에 존재하는 방법과 수단들을 포괄하고, 규정하며, 상호관계를 보게 한다. 따라서 패러다임은 다음과 같은 두 가지 요소로 구성된다. 첫째, 과학자 공동체의 모든 구성원이 받아들이는 근본적인 이론적 가정들의 집합이다. 둘째, 범례(exampler), 즉 그러한 이론적 가정들을 해결한 후 해당 분야의 교과서에 등장하는 특정한 과학 문제들의 집합이다(단, 쿤은 때때로 두 낱말을 교환 가능한 것으로 사용했다). 다시 말해, 패러다임이란 과학적 세계관의 총체를 의미하며, 어떤 과학자 공동체가 공유함으로써 그 공동체를 단합하고 정상과학이 일어나도록 해 주는 가정, 믿음, 가치의 모임이다(Okasha, 2016; 김미선 역, 2017). 그리고 패러다임에는 우주론, 존재론, 인식론, 윤리가 포함되며 쿤은 과학을 증명하는 연구방법으로서 패러다임 I과 II를 언급했다.

패러다임 I이라는 것은 실증주의에 뿌리를 두고 있는데 이 패러다임에 대한 철학적 근본은 물리학으로부터 나왔다. 실증주의란 감각 경험과 실증적 기반을 둔 것만이 확실한 지식이라고 보는 인식론적 관점이자 과학철학이다. 실증주의적 접근법은 '고대 그리스 시대부터 오늘날까지 서구 사상사에서 논의가 계속되는 주제'이다(Cohen, Manion, & Morrison, 2017).

19세기 초에 콩트는 실증주의에 대한 개념을 더욱 발전시켰다. 실증주의는 사물의 본질에 대한 논의를 지향하는 것이 아니라 사물에 대한 관찰과 이러한 사실들 사이에 존재하는 법칙들에 관해 논의를 지향한다. 따라서 실증주의의 목적은 불확실하고 절대적인 것에 대한 추상적인 탐색보다는 확실하고 상대적인 사실을 관찰하는 데 둔다(김정석 역, 2001). 그러나 콩트의 실증주의 이전에 프랑스의 철학자, 수학자, 물리학자이면서 근대철학의 아버지라 불리는 합리주의자인 데카르트가 있다. 그는 동시대인 영국의 프랜시스 베이컨과 마찬가지로 지식 연구의 목적은 원인과 결과의 관련성을 취해 인간 본질을 개선하는 데 있다고 했다(양진호, 2011).

그 이후에 1920년대부터 1930년대에 빈 대학을 중심으로 '빈 학파'라고 불리는 철학자, 수학자, 과학자의 모임이 있었다. 논리실증주의란 이 모임과 관련된 철학적 입장의 호칭이며, 이 모임의 중심에 있던 슐리크와 노이라트가 이 모임의 토론 그룹을 발족했으며, 이는 러셀과 비트겐슈타인에 의해 미국에 소개되었다. 일반적인 의미의 실증주의는 이것을 지칭하며 여기에 속하는 대표적인 인물이 칼 포퍼이다. 그는 검증의 원칙을 제시해 검증 불가능한 것은 무의미한 것이라고 했다(김태수 역, 1990). 그 외에 라이헨바흐, 카르납과 같은 논리실증주의 인물들이 자연과학의 철학적 기초에 관심을 가진 동시대의 칸트주의자와 유사한 입장에서 출발했다. 즉, 논리실증주의 형성의 결정적인 요인이 된 것은, 첫째, 프레게에 의해서 창시된 현대적인 논리학, 둘째, 아인슈타인의 상대성이론의 충격, 셋째, 비트겐슈타인의 '논리철학논고'였다. 이 세 학자에 의해서 논리실증주의가 나왔다고도 볼 수 있다. 논리실증주의에서는 모든 과학은 공통의 언어에 의해서 표현되며, 최종적으로는 단일한 과학, 특히 물리학으로 환원된다고 보았고, 철학의 역할은 과학언어의 논리적 분석에 있다고 보았다. 대부분의 비전문가와 많은 과학자가 볼 때, 과학은 누적적으로 발전한다. 예를 들어, 아이작 뉴턴은 "내가 더 멀리 바라볼 수 있었던 것은 내가 거인들의 어깨를 딛고 있었기 때문이다."라고 말했다.

그러나 쿤은 누적적인 과학발전에 대한 이런 사고를 하나의 신화로 간주하고 그것을 폭로하려고 했다. 쿤은 축적이 과학의 진보에 어느 정도 역할을 수행한다는 것을 인정했지만 실제로 대부분의 변동은 혁명의 결과로서 일어난다고 보았다. 쿤은 과학에서의 주요변동이 어떻게 일어나는가에 대한 이론을 제공했다. 그는 어느 주어진 시대의 과학은 하나의 특수한 패러다임에 의해 지배되는 것으로 보았다. 정상과학(normal science)은 지식축적의 기간이다. 이 기간 동안 과학자들은 군림하는 패러다임을 확장하기 위해 작업한다. 그런 과학적인 작업은 필연적으로 무언가 비정상적인 것(anomalies), 또는 군림하는 패러다임에 의해 설명될 수 없는 어떤 발견들을 낳는다. 만약 그 비정상적인 것들이 증가하면 위기의 단계가 나타나며, 이 위기는 결국 과학혁명으로 귀결될 것이다. 한때 군림했던 패러다임은 전복되고, 그 대신 새로운 패러다임이 출현해 과학의 중심에 서게 된다. 이렇게 해서 새로운 지배적인 패러다임이 탄생하는 것이며, 그와 같은 순환은 거듭되기 마련이다. 쿤의 이론은 다음과 같이 도식화할 수 있다.

토마스 쿤은 "하나의 분야를 과학이라고 명확히 표명할 수 있는 다른 기준을 찾아내는 것은 힘든 일이다."라고 했다. 이에 칼 포퍼는 쿤이 과학에서 비판이 맡고 있는 역할

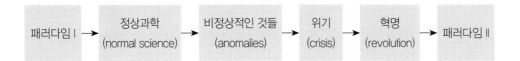

을 지나칠 정도로 부당하게 강조하고 있다고 말하면서, 토마스 쿤이 과학혁명의 구조에서 말한 패러다임에서 새로운 패러다임으로 비약적으로 혁명적 변화를 한다는 점을 비판했다(신일철, 신중섭 공역, 2017). 칼 포퍼는 근본 원리들이 항상 검증을 받아야만 하고 어디서나 비판이 가해진다는 측면에서 과학은 영원한 혁명의 상태에 있다고 했다.

한편, 토마스 쿤은 혁명들은 매우 드물게 발생하며, 대부분의 과학은 근본 원리들에 대한 의문이 제기되지 않으며 과학자들이 수행하고 있는 작업들이 매우 규칙적으로 이루어지는 정상과학이라고 했다. 쿤은 과학자들이 새로운 패러다임을 수용할 것인가에 대한 여부를 결정하는 데에 과학자들의 가치와 심리적이고 사회적인 요인들이 중요한 역할을 한다고 했다. 쿤은 또한 과학이란 사회와 역사적 맥락에서 조망되어야 한다고 했는데, 이 견해는 과학의 변화가 사회적인 영향력에 대한 설명을 하지 못한다면 올바르게 이해될 수 없다는 것을 의미한다(Ladyman, 2002; 박영태, 2003).

쿤의 과학철학은 문학이론에서부터 경성학뿐만 않은 심리치료사의 사고에도 영향을 미쳤다. 슬러즈키는 가족치료를 행동과학에 있어서 중요한 인식론적인 혁명으로 간주한다(Sluzki, 1978). 인식론이란 사람이 어떻게 지식을 얻고 세상에 대해 어떻게 결론을 내리는 가에 대해 언급하는 것이며, 경험을 이해하는 데 사용하는 규칙과 들어오는 정보를 해석하는 데 사용되는 기술적인 언어를 의미한다. 이와 같은 규칙은 치료사나 이론가로서 우리 주위에서 발생하는 것과 어떻게 우리가 변화를 야기할 수 있는가를 이해하기 위해 시도하는 일상생활에서의 우리의 행동에 대한 근본적인 가정을 결정한다. 그런데 가족치료사들은 공통적으로 인식론이라는 용어를 개념적인 준거틀 혹은 신념체계를 지칭하는 용어로서 사용한다(Goldenberg et al., 2017).

이 장에서는 가족치료 이론에 지대한 영향을 미치고 있는 패러다임과 사이버네틱 인식론에 관해 설명하고 또한 일차적인 사이버네틱스 이론과 이차적인 사이버네틱스 이론에 대해 살펴보겠다.

2) 사이버네틱 인식론

가족치료는 알고 인식하는 우리의 습관적인 방법에 대한 사이버네틱 인식론을 제안한다. 사이버네틱스라는 용어는 수학자인 노버트 위너(Wiener, 1948)가 만들어 냈는데, 그는 특히 정보의 과정화와 피드백 기제(mechanism)가 단순하고 복잡한 체계를 통제하는 데 어떻게 작동하고 있는가에 대해 관심을 두었다. 사이버네틱스는 기계뿐만 아니라 인간에게 있어서 의사소통과 통제의 학문을 나타낸다. 사이버네틱 이론은 기계의 자동 제어 장치의 원리를 가족체계와 연결해 도입, 응용한 것으로, 한 체계가 안정을 유지하기 위해 과거에 실행했던 결과를 현재 기능에 다시 재투자해 스스로를 조절해 나간다고 본다. 더 중요한 것은 피드백 정보를 바꿈으로써 미래의 행위에 대한 패턴을 바꿀 수 있다는 점이다(Goldenberg & Goldenberg, 2013). 가족치료에서 사이버네틱스 개념은 가족이 변화를 원하면서도 현재의 상태를 유지하려는 항상성 현상을 설명하기 위해 도입되었다. 한편, 이 개념은 가족체계 내의 하위체계가 다른 하위체계에 영향을 미치는 현상을 설명할 수 있게 해 준다. 사이버네틱 이론에 의하면, 가족치료란 치료사가 피드백의 정보를 바꾸는 데 개입함으로써 가족의 비정상적인 행동패턴을 보다 바람직스러운 패턴으로 바꾸어 주는 것으로 비유되었다. 가족치료계가 전환을 하기 시작한 계기는 일차적 사이버네틱과 이차적 사이버네틱 이론의 구분에서 찾아볼 수 있다.

(1) 일차적 사이버네틱스

일차적 사이버네틱스(first-order cybernetics)는 모든 종류의 체계가 어떻게 조절되는가에 대한 일반적인 원리를 이해하는 수단으로서 통신공학과 컴퓨터과학으로부터 파생되었다. 영국의 인류학자이자 민속학자인 그레고리 베이트슨은 이러한 수학적이고 공학적인 개념들을 사회 · 행동 과학에 적용했다(Bateson, 1972). 점차로 인식론적인 문제에 관심을 가지게 된 베이트슨은 자기교정 피드백 기제에 대한 강조와 함께, 사이버네틱스가 안정과 변화 사이의 분리할 수 없는 관계를 가리키는 것이라고 이해했다. 즉, 모든 변화는 어떤 항상성을 유지하려는 노력으로서, 그리고 모든 항상성은 변화를 통해 유지하려는 것으로 이해될 수 있다. 베이트슨은 정신병리학과 관련된 것을 포함해 어떻게 사이버네틱 원리를 인간의 의사소통 과정에 적용할 것인가를 연구했다. 조현병을 정신내부적인 장애라고 보기보다는 관계현상으로 보는 베이트슨의 이론은 중요한 정신병의 실체를 묘사하는 데 있어서 기념할 만하다고 할 수 있다(Goldenberg & Goldenberg, 2013). 이와 같은 베이트슨의 기여는 많은 임상가에게 왜 문제된 개인이 그와 같은 행동을 하는가에 대한 통찰을 얻는 것으로부터 정보의 교환과 가족으로서 개인들 사이의 관계 과정에서 무엇이 발생하는가에 관심의 초점을 전환하는 데 중요한 역할을 하게 되었다.

일차적인 사이버네틱스 이론은 치료사를 가족체계 밖에서 그 체계로부터 거리를 두고 객관적으로 관찰하며 그 체계를 조절할 수 있는 사람으로 보았다. 이러한 내용은 막스 베버가 주장한대로 연구자가 가치중립적일 수 있다는 것을 보여 준다. 또한 일차적 사이버네틱스 이론에서는 내담자 가족체계에 치료사가 관여함으로써 가족체계에 줄 수 있는 영향력에 대해서도 전혀 개의치 않았다. 이것은 한 체계가 외부의 의도적인 개입에 의해 조절되며 그 조정에 반응하리라는 가정에 입각해 있는 것이다. 그러나 이러한 가정은 의도적인 조정이 오히려 더 부정적인 영향을 낳을 수 있다는 것을 보여 줄 수도 있다. 왜냐하면 한 가족체계에 대한 치료사의 의도적인 조정은 가족 내의 다른 변수들을 희생하면서까지 어느 특정한 변수를 조정함으로써 체계의 분열과 무리를 야기할 수 있기 때문이다(고미영, 1998).

(2) 이차적 사이버네틱스

가족치료 이론과 실천에 대한 또 다른 중요한 도전은 예술, 과학 그리고 사회과학에 엄청난 영향을 미쳤던 인식론적인 혁명인 포스트모더니즘으로부터 발생되었다. 큐의 철학적인 후계자들인 포스트모더니스트들은 우리는 현실 밖의 진리를 알 수 없으며, 단지 해석과 인식을 통해 밖의 진리를 알 수 있는 것이라고 주장했다. 사회과학 및 제도 그리고 사회서비스 실천과 정신보건에 있어서 특히 중요한 것은 사회구성주의자들이다. 그들은 우리가 사회과정으로부터 현실을 구성하며 '진리'는 사회적이고 문화적인 환경에 의해서 형성된다고 보았다(Hartman, 1995).

이차적 사이버네틱스(second-order cybernetics)는 포스트모던 치료로의 전환, 특히 MRI 모델과 밀란 모델에서 구성주의로의 전환을 가져오는 기반을 놓았다(Watzlawick, 1984). 또한, 다른 포스트모던 가족치료사들(Goolishian & Anderson, 1987; Hoffman, 1990; Andersen, 1991; Zimmerman & Dickerson, 1996)과 함께, 마이클 화이트는 이차적 사이버네틱스의 주창자로 나타났다. 이차적인 사이버네틱스는 체계의 외부적인 그리고 독립된 관찰자는 있을 수 없다고 본다. 체계를 관찰하고 변화시키려고 시도하는 어떤 사람도 그 체계에 서로 영향을 미치고 또한 영향을 받기 때문이다. 반면, 일차적 사이버네틱 패러다임은 치료사체계와 내담자 가족체계로 분리해 2개의 서로 다른 체계를 인식한다. 치료사는 외부로부터 중재의 수단에 의해 변화에 영향을 미치는 외부의 관찰자이자 전문가로 남는다.

이차적 사이버네틱스는 가족치료를 행하는 데 있어서, 현실에 대한 시각과 가족에 대한 인식이 개인들마다 다르기 때문에 다르게 묘사한다고 본다. 실제로 가족구성원들은 가족에 대한 각자의 감각을 가지고 있고, 각자 분리되어 있고 합리적인 개념들을 가지고 있다는 것이다(Slovik & Griffith, 1992). 따라서 객관성 그 자체는 존재하지 않는다. 다시 말해, 소위 가족에 대한 객관적인 묘사라는 것은 가족 그 자체에 대한 것보다는 단지 묘사하는 사람에 대해 더 많은 것을 말할 수 있는 사회적인 구성이다. 즉, 가족의 '실재'는 객관적인 방법을 통해 발견될 수 있다기보다는 가족구성원들의 사회적 상호작용을 통해 일어나는 서로 동의한 합의에 지나지 않는다는 것이다(Real, 1990).

이러한 새로운 시각으로부터, 가족은 다양한 시각과 다양한 현실로 구성된다. 따라서 치료사는 이제는 더 이상 문제 상황을 관찰하는 외부의 관찰자가 아니라 관찰되어지는 현실을 구성하는 한 부분인 것이다. 다른 참가자와 마찬가지로, 치료사를 가족 내에 존재하는 사람으로 보는 것은 가족과 가족의 문제들에 대한 치료사의 독특한 가정의 산물이다. 이차적 사이버네틱스는 가족 내에는 단 하나의 '진실'이 존재하는 것이 아니라 여러 개의 '진실'이 존재한다고 본다. 따라서 치료사는 어떤 가족구성원들의 견해를 치료사(또는 특별한 가족구성원)가 단지 홀로 볼 수 있는 실제에 대한 어떤 정확한 해석으로 간주할 수가 없다. 포스트모던 가족치료는 가족치료사가 가족으로부터 초대되어 대화를 나누는 형태로 구성된다. 치료사와 가족은 함께 가족이 가족치료에 가져오는 병리적인 이야기를 변형시키는 새로운 이야기를 생산해 내는 것이다(Doherty, 1991). 이제는 많은 학자가 살아 있는 체계가 관찰될 수 있고, 객관적으로 연구될 수 있으며, 외부로부터 변화될 수 있다는 단순한 사이버네틱적 사고를 버리도록 요구를 받고 있다. 이들은 가족문제에 대해 답을 제공하기보다는 치료사와 가족구성원들이 함께 생활과 관계의 재저작(reauthoring) 과정에 있어서 의미를 찾는 것이다.

일차적 사이버네틱스가 가족을 기계적인 체계와 유사한 것으로 보는 많은 가족치료사의 일차적인 초점으로 본다면, 이차적 사이버네틱스는 살아 있는 체계를 외부로부터 프로그램화될 수 있는 대상으로 보아서는 안 되며, 스스로 창조하고, 독립된 실체로서 보아야 한다고 주장한다. 가족치료에서의 일차적 사이버네틱스 견해는 기술을 이용해 가족이나 다른 사람들에게 영향을 줄 수 있다고 가정한다. 즉, '나는 당신을 프로그램화할 수 있고, 가르칠 수 있으며, 교육할 수 있다'는 것을 의미한다. 이차적 사이버네틱스의 견해는, 치료사는 외부에 서 있는 사람이 아니라 자신을 변화해야만 하는 부분으로서 자신을 포함하는 것을 의미한다. 따라서 이차적 사이버네틱의 원리는 다른 변수를 희생하면서 어느 특정 변수들을 조정하려고 하지 않으며 그보다는 그 체계의 자가조절을 증진하는 방향으로 관여하는 것이다. 특히 이차적 사이버네틱스는 먼저 문제가 되는 상호작용의 패턴을 관찰한 후 그 패턴을 유발하는 가정과 전제들을 드러내고자 한다(Atkinson & Heath, 1990). 즉, 개인들이 자신의 경험을 각각 다른 부분들로 분리해, 그 경험의 일부는 소외시키고 어떤 일부는 우세하게 만들려는 경향, 의도를 파헤쳐야 한다(고미영, 1998). 따라서 이차적 사이버네틱의 원리를 적용한 가족치료란 특정한 변화를 제시하기보다는 변화를 위한 배경이나 맥락을 제공하는 것이 바람직하다고 보며, 행위보다는 전제와 가정들을 바꾸어 주는 데 더 초점을 둔다(Hoffman, 1985).

지금까지 앞에서 언급한 일차적, 이차적 사이버네틱스 관련 내용을 정리하면 다음과 같다.

표 1-1 일차적 사이버네틱스와 이차적 사이버네틱스

	일차적 사이버네틱스	이차적 사이버네틱스
분석 수준	가족체계	가족체계(수준 1)와 치료자-가족체계(수준 2)
중재 내상	상호작용 순서를 교정하는 것	상호작용 순서를 '교란'하거나 방해하는 것
치료자 역할	지식 있는 전문가로 보임	치료체계의 공동 창시자
평가의 초점	일련의 행동 순서	의미 창출 체계(인식론)

참조: Gehart, D. (2016), p. 63.

3. 가족치료 이론의 철학적 토대

1) 모더니즘

모더니즘(근대주의)은 낭만주의에 대한 낙관적이고, 실증적인 대체물로서 1900년대 초에 시작되었다. 낭만주의에서 세계는 볼 수 없고 또 알 수도 없는 어떤 힘에 의해 지배되고 있다고 보았다. 20세기 초에 나타난 과학의 발전으로 인해 사람들은 진리란 알 수 없는 그 무엇이 아니라 객관적이고 과학적인 관찰과 측정을 통해 발견될 수 있는 것이라고 생각하게 되었다. 우주는 작동원리가 있는 기계로서 인식되었다. 따라서 모더니스트들은 인간의 행동을 설명할 수 있는 거대한 이론에 관심이 있었다. 그리고 일단 이러한 거대한 이론이 발견만 된다면, 인류는 환경을 지배할 수 있을 것이라고 생각했다. 즉, 그들은 모든 것이 이해될 수 있고 지배될 수 있다고 생각했기 때문에 문제들 역시 해결할 수 있다고 보았다. 이러한 모더니스트의 시각은 가족치료 선구자들이 내담자에게 접근하는 방식(해독하고 이 다음에 재프로그램화하는 사이버네틱 기계와 같은 접근

방식)에 영향을 미쳤다. 치료사는 역기능적인 가족체계로부터 기능적으로 진단을 할 수 있는 전문가였다. 가족들이 사물들을 그들 스스로 그런 방식으로 보든 말든 상관없이, 수선이 필요한 흠집을 찾기 위해 구조적이고 전략적인 청사진이 사용되었다. 이론에 맞지 않는 사실들은 무시되었고, 종종 치료사들은 내담자들의 경험보다도 자신들의 기술에 더 많은 신념을 두었다(Nichols & Schwartz, 2001). 이처럼 모더니즘은 외부로부터 인식 가능한 '진실'에 대한 논리적·실증적 가정에 입각해 있다. 모더니스트 접근법에서는 인지-행동치료와 정신역동적 치료의 개인치료 및 일차적 사이버네틱스 가족치료모델들처럼 가족문제에 대한 명확한 개념을 가지고 접근한다. 모더니스트 가정에서 치료사는 병리적 가정, 문제, 목표를 평가하는 일차적 책임을 지는 전문가로 교사 혹은 멘토의 역할을 수행하며, 이론과 연구는 문제를 파악하고 진단을 하기 위한 주요 정보원이다. 치료사는 이론과 연구를 사용해 치료 접근법을 선택하며, 내담자는 선택된 치료를 따른다(Gehart, 2016).

2) 인본주의

인본주의는 존재론적 존재로서의 인간을 중요시하고 인간의 능력과 성품 그리고 인간의 현재적 소망과 행복을 귀중하게 생각하는 정신이다. 인본주의적 치료는 개인의 주관적 진실을 우선시하는 현상학에 근거를 두고 있다. 버지니아 사티어의 경험주의적 가족치료모델, 칼 휘터커의 상징-경험적 치료모델, 수잔 존슨의 정서중심 치료가 여기에 포함된다. 버지니아 사티어와 칼 휘터커의 가족치료적 접근은 가족역동이란 한 개인의 내적인 정서적 삶에 영향을 미치는 체계적 관점과 결합된다는 것을 가장 명확하게 설명한다(Gehart, 2016).

3) 체계이론

비록 체계의 본질과 체계의 어떤 면들이 가장 중요한가에 대해서는 가족치료 이론가들 사이에서 계속해서 이견이 있어 왔을 지라도, 대부분의 가족치료사는 가족을 체계로서 개념화해 왔다. 체계이론은 살아 있는 체계는 개방 체계이며 다른 체계들과 서로 연결되어 있다는 것을 강조한다(Bertalanffy, 1968). 더불어 항상성을 유지하기 위한 체계의 자기교정 능력을 강조하는 사이버네틱 체계이론에 기반을 두고 있다

(Bateson, 1972). 사이버네틱 체계이론은 MRI의 의사소통 접근(Watzlawick, Weakland, & Fisch, 1974), 전략적 치료(Haley, 1976; Madanes, 1981), 밀란팀의 체계적 접근(Boscolo, Cecchin, Hoffman, & Penn, 1987) 등과 같은 치료모델의 발달에 많은 영향을 미쳤다. 체계이론은 맥락적 진실, 즉 행동에 대한 규범과 규칙을 결정하는 반복적인 대인간의 상호작용을 통해 형성되는 진실을 강조한다(Gehart, 2016). 일반적으로 모든 체계적 치료사는 일차와 이차 사이버네틱 이론 양측의 영향을 모두 받았다. 실제 상담에서 치료사들은 보편적으로 한두 수준의 체계 분석을 강조한다. 포괄적으로 말하자면, 전략적 치료모델과 구조적 치료모델은 일차적 사이버네틱스 체계이론에 기초를 두고 있는 반면에, MRI 모델과 밀란 모델은 이차적 사이버네틱스/포스트모더니스트 접근과 일치하는 모델들과 유사하다고 본다. 모더니스트/구조주의자 전통과 일치하는 접근들에서, 치료사는 전문가(예: 코치, 지도자, 안무가)가 된다. 치료사는 자신의 이론에 따른 목표를 세우고, '진짜' 문제를 다루며, 내재된 구조적 결함이나 그 체계에서 만들어진 잘못된 과정들을 이해한다(Becvar & Becvar, 2013).

4) 포스트모더니즘

1980년대에는 가족치료 분야의 발전에 있어서 불안한 단계를 맞이하게 되었는데, 이 기간은 가족치료의 편견과 맹점이 도전을 받는 시기였다. 이 시기에 야기되었던 변화는 기존에 진리라고 받아들여졌던 것들이 도전을 받았던 시기에 다른 분야에서도 발생한 변화와 매우 유사했다. 20세기 후반에는 반이성주의, 주체의 해체, 탈중심, 다원주의 등을 모토로 하는 포스트모더니즘(탈근대주의)이 프랑스와 미국을 중심으로 발달했다. 데리다, 장프랑수아 리오타르, 보드리야르 등이 대표적인 포스트모더니즘의 철학자들이며, 이들이 공격의 대상으로 삼은 사람은 칸트와 데카르트였다(양진호, 2018). 예를 들어, 미셸 푸코는 데카르트로부터 시작된 이성적 주체의 권력이 광기 배제의 역사를 만들어왔다면서 그의 주체 개념을 비판했다(이규현 역, 2003). 특히 미셸 푸코는 포스트모더니스트, 구조주의자, 혹은 후기구조주의자로 불리는 것을 거부하면서, 어떻게 권력과 지식이 개인의 실재를 형성하는지에 대해 세심하게 묘사했다. 푸코는 치료 장면에 언어와 권력의 정치적·사회적 정의의 영향을 도입했고 마이클 화이트의 이야기 치료에 많은 영향을 끼쳤다(Foucault, 1972, 1975, 1980).

포스트모더니즘은 모더니즘의 자기 과신에서 오는 오만에 대한 반향이었다. 예로서,

여러분은 과거 어떤 인물이나 역사적 사건에 대해 배웠던 내용이 진실이라고 생각했는데, 또 다른 시각으로 쓰인 책에서 전혀 다른 관점의 내용을 접할 때 매우 혼란스러운 경험을 해 봤을 것이다. 그럼 어느 관점이 진실이고 거짓인지, 그리고 진실과 거짓을 판단할 수 있는 근거는 무엇인가?' 라는 문제가 남는다. 또한 과거 우리가 알고 있던 전통과 관습이 정말 옳은 것이었는지, 그 전통과 관습을 유지해야 할 것인지 고민에 부딪힐 수밖에 없다. 이러한 고민은 우리가 진리라고 알고 있던 것이 과연 절대적인 진리인지 의문을 가지게 만들면서, 여러 가지 문제에서 혼란을 경험하게 한다. 이를 통해 세상에 절대적인 것은 없다는, 세상에 대한 불확실성을 경험하게 된다.

30~40년 전부터 우리는 과학적 · 정치적 · 종교적인 진리의 타당성에 대한 신념의 확신을 잃고 있을 뿐만 아니라, 절대적인 진리를 알 수 있다는 가정에 대해 의심하기 시작했다. 이러한 의심은 우리가 진리가 존재한다는 것을 가정했던 것과 누가 진리를 소유했는가에 대해 격렬하게 싸워 왔던 근대주의 시대로부터의 대전환이었다. 『실재는 과거에 존재했던 것이 아니다(Reality Isn't What It Used to Be)』라는 책을 썼던 월터 트루에트 앤더슨에 따르면, 근대주의 시대에 발생한 대부분의 갈등은 자신이 진리를 가지고 있다고 주장하는 서로 다른 신념체계들 간에 발생했다(Anderson, 1992). 이와 같은 신념 간의 갈등은 공산주의에 반하는 자본주의와 종교에 반하는 과학을 예로 들 수 있다. 이와 같은 현상을 가족치료에 적용해 보면 구조주의적 진리 대 정신역동 그리고 보웬 대 사티어에 대비해 볼 수 있다(Nichols & Schwartz, 2001).

근대주의자들은 진리는 알 수 있을 뿐만 아니라 모든 인간의 행동을 설명할 수 있는 보편적인 원리가 발견될 수 있다고 믿었다. 플라톤의 경우는 사물의 본질(이데아)이 있을 것이라고 보고 그 이데아를 추구했고, 러셀의 경우는 분석철학을 통해 그 본질을 밝히려고 했다. 이와 같은 관점에서 볼 때, 근대주의자는 본질주의자(essentialist)이다. 그들은 그것의 근본을 위해 현상의 내부를 바라보았다. 이러한 보편적인 요소, 즉 근본을 확인하기 위한 노력은 의학과 유전학부터 물리학과 수학까지 과학의 모든 분야를 지배했다. 사물의 근본에 대한 이러한 조사는 그 시대의 환원주의에 기여했다. 근본은 사물 그 자체의 구조에 머물고 있다고 가정을 했기 때문에 거기서 역사와 맥락은 무시되었다(Doherty, 1991).

그러나 아인슈타인의 상대성 개념이 뉴턴 물리학의 확실성에 대한 우리들의 신념을 무너트렸다. 영국의 철학자 버트런드 러셀의 제자였던 오스트리아 철학자인 루드비히 비트겐슈타인은 자신의 스승인 러셀의 분석철학을 거부하면서 삶의 핵심은 언어에 있다고 했다(Wittgenstein, 2010). 그는 언어가 삶 속에 녹아 들어가 있다고 주장했고 언어는 일상생활에서 제거될 수 없다고 주장했다. 그의 언어에 대한 철학은 포스트모던 치료, 가장 크게는 해결중심 단기치료 및 협력적 치료에 많은 영향을 미쳤다. 이외에도 질 들뢰즈는 플라톤과 플라톤주의를 뒤집어엎고, 루크레티우스와 자연주의를 내세우면서 사물에 대한 하나의 본질이 있다는 것을 거부하면서 다양성과 차이에 대해 논했다(김상환 역, 2020; 박정태 역, 2019). 한편, 카를 마르크스는 다른 계급을 지배하는 할 수 있는 권리에 도전했다.

1960년대에 사람들은 기존체제에 대해 신뢰성을 잃었으며, 한편으로는 마약 경험과 동양 종교를 통해 일반적으로 의식하고 있는 것 외에 다른 실제가 존재한다는 것을 인식하게 되었다. 페미니스트 운동은 자연의 법칙으로 여겨 왔던 성(gender)에 대한 가부장적인 가정에 도전했다. 세상이 축소되고 우리가 다른 문화의 사람들과 접하면서, 우리는 그들의 '원시적인' 혹은 '이상스럽다'고 여겼던 신념에 대한 가정들을 다시 검토해 보아야만 했다. 또한 우리는 우리 자신의 진실을 단지 세상을 보는 여러 방법 중의 하나로서 인식해야만 했다(Nichols & Schwartz, 2001).

이와 같이 1980년대의 증폭하는 회의론은 지금까지 모든 분야에서 이룩했던 노력의 근간을 흔들었다. 문학, 법, 교육, 건축, 정치학, 미술 그리고 심리학에 있어서 받아들여진 지식이나 기법이 '무장해제'되었다. 즉, 이전의 지식이나 기법은 편견을 가진 시각과 동기를 가진 사람들에 의해 창출된 사회적 관습이라고 생각하기 시작했다. 프랑스 철학자 미셸 푸코는 객관적인 진실이라고 나타난 많은 분야에서 받아들여진 원리들을 권력구조를 유지하고 대안적인 목소리를 무시하기 위해 영속화하는 이야기라고 해석했다. 또한 자크 데리다는 모든 전통과 주체의 해체를 시도했다(양진호, 2018).

모더니즘 성향의 치료는 인간의 문제를 문제중심적으로 접근하며, 인성적인 특성이나 가족상호작용이 기능적인지(혹은 역기능적인지)에 중점을 두었다. 반면, 포스트모더니즘 성향의 치료는 무엇이 기능적이고 역기능적인지는 보는 사람의 시각에 따라 달라진다는 점을 강조한다. 또한 가족의 기능/역기능 여부는 단일한 기준에 의해 평가될 수 없고 개인적인 경험이나 가족이 처한 상황에 따라 다르게 평가될 수 있으며, 또 민족성, 문화, 성, 성적 성향, 가족 형태, 인종 등을 고려해 가족의 기능성 여부를 평가해야 한다고 보았다(Goldenberg et al., 2017). 그러나 니콜스(Nichols, 1987), 니콜스와 쉬와르츠(Nichos & Schwartz, 1998), 슈워츠(Schwartz, 1994)는 포스트모더니스트들이 가족치료에서 관계에 초점을 맞춤으로써 개인의 문제를 깊이 있게 다루지 못하는 부분을 우려했다. 이와 관련해 니콜스는 인간은 다른 존재와는 다르게 서로에 대한 의식적 · 무의식적 기대를 가지고 소통하는 존재라고 했다(Nichols, 1987). 또한, 그는 관계를 고려하지 않고 인간을 이해한다는 것은 불가능하지만 마찬가지로 개인이 인식하는 내적 현실에 대한 고려 없이 외현화된 행동에 대해서만 생각한다면 개인들이 형성하는 관계에 대해 이해하는 것 또한 불가능하다고 보았다. 따라서 개인 간의 상호작용뿐만 아니라 느끼고 생각하고 행동하는 중추적인 자아로서의 '나'는 인간이 겪는 경험의 핵심을 차지한다고 주장했다.

지금까지 앞에서 언급한 모더니즘, 인본주의, 체계이론, 포스트모더니즘에 대한 차이점을 요약하면 다음과 같다.

표 1-2 가족치료와 모더니즘, 인본주의, 체계이론, 포스트모더니즘

	모더니즘	인본주의	체계이론	포스트모더니즘
진실	객관적 진실	주관적 진실	맥락적 진실	공존하는 다수의 진실
실재	객관적(관찰 가능함)	주관적(개별적으로만 접근 가능함)	맥락적(체계적 상호작용을 통해 드러남) 한 사람이 일방적 통제를 하지 못함.	언어와 사회적 상호작용을 통해 공동으로 구성됨. 개인적, 관계적, 사회적 수준에서 발생함.
치료관계	전문가로서 치료자 (위계적)	공감적 타자로서 치료자	치료적 체계의 참여자로서 치료자	비전문가로서 치료자 (의미의 공동구성자)
변화 과정에서 치료자 역할	내담자가 더 좋은 방법으로 자신이 되고 다른 사람과 교류할 수 있도록 가르치고 인도함.	자연적인 자아실현 과정을 이룰 수 있는 맥락을 만듦.	체계 스스로를 재구조화하도록 체계를 '교란시킴'. 체계를 직접적으로 통제하지 않음.	내담자가 새로운 의미와 해석을 가질 수 있게 하는 담론을 촉진함.

참조: Gehart, D. (2016), p. 60.

5) 구성주의

'진실이라는 것은 존재하지 않는다'는 포스트모던의 가정과 함께, 인간의 삶을 조직하는 이야기들이 어떻게 전개되는가에 대한 관심을 가지는 시각이 나타났다. 포스트모던 심리학은 어떻게 사람들이 삶 속에서 의미를 만들어 가며 어떻게 진실을 구성하는가에 대해 관심을 가진다. 이러한 심리학적 성향 중의 하나인 구성주의(constructivism)

는 1980년대 초반에 가족치료 분야를 사로잡았으며 현재까지 강력한 영향을 미치고 있다. 구성주의는 신경생물학의 개념들로부터 발생한 철학으로, 객관성에 대한 신념을 버릴 수 있게 하는 역할을 했다. 즉, 구성주의는 한 사람이 가족 내에서 보는 것이 가족 내에서 존재하는 것이라는 가정에 반(反)한다. 예를 들어, 마투라나와 바렐라는 살아 있는 체계란 그들의 환경에 직접적인 경험을 가질 수 없는 독립적인 신경단위라고 말했다(Maturana & Varela, 1980). 폰 푀르스터(von Foerster, 1981)는 관찰자가 해석하는 체계에 영향을 미친다고 했다. 폰 글라저스펠트(von Glasersfeld, 1984)는 우리는 실제의 세계를 결코 알 수 없고 단지 그것에 대한 우리의 내부적인 이미지만을 알 수 있다고 했다. 폴 바츨라비크(Watzlawick, 1984), 폴 델(Dell, 1985), 그리고 린 호프만(Hoffman, 1985; 1988)은 이와 같은 사고를 가족치료에 적용했다.

이처럼 구성주의는 현실을 '저기 밖에 있는 세상으로서 존재하는 것'이 아니라 '그것을 바라보는 관찰자의 내적 구성물'이라고 보았다. 이와 같은 구성주의적 관점으로 인해 치료자들은 가족 내에서 그들이 보고 있는 것을 객관적으로 존재하는 것으로 간주해서는 안 된다는 입장을 가지고 있다. 대신에 그들은 치료사들이 보고 있는 것을 개인, 가족, 문제 그리고 가족의 상호작용의 산물로 본다. 다시 말해, 관찰자는 관찰의 타당성에 대해 덜 확신해야 하며, 만남에서 일어나는 가정들을 조심스럽게 검토해야만 한다.

구성주의는 가족의 문제를 가족의 상호작용패턴에 초점을 두는 것 대신에, 문제에 관련된 사람들이 문제에 대해 가지고 있는 가정들을 살펴보고 재평가하는 쪽으로 시선을 전환했다. 의미 그 자체가 일차적인 목표가 된 것이다. 이와 같은 사고를 확장하는 사람들은 가족체계에 대한 우리의 독단적인 초점을 버리고 대신 문제에 묻혀 있고, 가족성원들뿐만 아니라 치료사를 포함하는 모든 협조자를 포함할 수 있는 전체 의미체계에 초점을 맞추어야 한다(Anderson, Goolishian, & Winderman, 1986).

우리의 신념체계가 우리가 보는 것에 영향을 미친다는 말은 그레고리 베이트슨이 가족치료 초창기부터 종종 인용했던 알프레드 코집스키(Korzybski, 1942)의 "지도가 영토는 아니다."라는 표현처럼 진부한 말일 수도 있다. 그러나 이와 같은 철학적인 위기가 대두되기 까지, 많은 구조주의적 가족치료사와 전략적 가족치료사는 마치 그들의 지도가 영토였던 것처럼 행동해 왔다. 구성주의는 골목대장과 같은 치료사의 이미지, 그리고 권위적인 치료모델에 대한 반란이었다(Nichols & Davis, 2016). 이러한 이유로 구성주의는 1980년대에 임상이론과 실천에 엄청난 충격을 주었다. 구성주의의 결과로 나타난 현상 중의 하나는 치료사들이 가족을 만나는 데 있어서 더 겸손한 태도를 취하게 되었다는 것이다.

구성주의를 진지하게 받아들인다는 것은 어떤 이론을 놓고 이 이론이 얼마나 객관적인 사실에 잘 맞는가를 판단할 수 없다는 것을 의미한다. 대신에 이론들이 우리의 환경과 맞추어 가는 데 얼마나 도움을 주는가를 판단 기준으로 보게 된다. 즉, 그 이론들이 얼마나 유용하고 윤리적이며 생태학적으로 민감한가에 판단의 기준이 있다. 부가적인 의미는 반드시 하나의 가장 유용한 이론이 존재하지 않는다는 것과 많은 이론이 있을 수 있다는 것이다(Nichols & Schwartz, 2004).

6) 사회구성주의

가족치료가 포스트모더니즘의 영향을 받아 새로운 방향으로 전환하도록 만든 이론은 구성주의(constructivism)와 사회구성주의(social constructionism)이다. 사회구성주의는 가족치료가 개인심리학을 확장한 것과 같이 구성주의를 확장했다. 구성주의와 사회구성주의는 서로 관련은 있으나 같은 개념은 아니다. 양쪽 모두 지식의 본질을 말하고 실체를 객관적으로 묘사하는 것을 거부한다. 앞서 언급했듯이 구성주의는 인지생물학에 근거를 두고 있다. 칠레의 신경생물학자인 움베르토 마투라나(Maturana, 1978)는 한 사람의 지각은 개인의 신경체계를 통해 여과되기 때문에 외부에 존재하는 것을 실제로 알 수 있는 우리들의 지각에는 한계가 있다고 했다. 즉, 사람마다 정신적·상징적 과정과 의미를 만드는 구조가 다르기 때문에 똑같은 상황을 다르게 해석한다고 보았다 (Maturana & Varela, 1980). 비고츠키는 이와 같은 인지 생물학적 전통에 사회적 요소를 더해 사회구성주의를 주창했다(Vygotsky, 1986).

한편, 사회구성주의는 우리가 사물을 객관적으로 볼 수 없다는 구성주의 견해에는 동의하나 우리가 다른 사람들과 공유하는 언어체계, 관계, 문화에 초점을 두는 것을 포함해 관점을 확장한다. 구성주의가 실재의 주관적 구성이나 창조와 관련되는 신경체계의 작동에 초점을 둔다면, 사회구성주의는 사회적 언어, 가족, 문화의 내적·주관적인 면에 초점을 둔다(Combs & Freedman, 2012). 구성주의자는 개인의 주관적인 생각을 강조하는 반면에, 사회구성주의자는 언어와 문화의 상호주관적인 영향에 더 많은 강조를 한다(Lock & Strong, 2010). 사회구성주의에 따르면, 사람들은 단지 삶의 객관적인 조건들 때문만이 아니라 그 조건들에 대한 해석으로 인해 문제에 직면한다. 따라서 사회구성주의는 다른 사람들과 이야기하는 과정에서 어떻게 그런 의미들이 나타나는가에 대한 통찰에 초점을 둔다(Nichols, 2014).

이와 같은 구성주의로부터 사회구성주의로의 이동은 경험적 인식론으로부터 사회적 인식론으로의 이동을 의미한다(Gergen, 1985). 우리의 태도, 신념, 기억, 감정적인 반응은 관계에서 오는 경험으로부터 나온다(Goldenberg et al., 2017). 언어를 통해 우리는 사회화 과정에서 수용될 수 있는 방법으로 말하는 것을 학습하는 가운데 사회의 미리 포장된 사고를 얻게 되며, 언어체계의 가치와 이념을 공유한다(Becvar, 2000).

호프만은 전통적인 모더니스트 입장, 구조주의자 입장 그리고 사회구성주의자 입장 간의 차이를 다음과 같은 세 왕조를 예로 들어 설명했다(Hoffman, 2002).

- 첫 번째 왕조(모더니스트): 나는 그들이 존재하고 있는 대로 그들을 부른다(진리는 객관적으로 알 수 있다).
- 두 번째 왕조(구조주의자): 나는 보는 대로 그들을 부른다(진리는 내가 구하는 것이다).
- 세 번째 왕조(사회구성주의자): 내(또는 우리)가 그들을 부르기 전까지 그들은 존재하지 않는다(진리는 언어라는 사회적 상호작용을 통해 내가 구성하는 것이다).

사회구성주의의 기본 전제는 다음과 같이 요약될 수 있다. 첫째, 실재는 사회적으로 구성된다. 둘째, 실재는 언어를 통해 구성된다. 셋째, 실재는 이야기를 통해 조직되고 유지된다. 넷째, 본질적인 존재는 존재하지 않는다.

치료적으로 외부의 관찰자로서 모더니스트 관점을 가진 임상가는 객관적으로 알 수 있는 조건(문제의 원인)을 찾고 그 원인을 고치려고 노력한다. 반면에, 구성주의와 사회구성주의의 개념을 적용하는 임상가들은 가족구성원들과 상담하는 데 있어서 더 협력적이다. 이들은 가족상호작용패턴에 초점을 두기보다는, 가족구성원들이 자신들의 삶에 대해 만든 가정을 조사하고 재평가하는 것을 돕는다. 문제는 보는 사람의 눈에 있다고 믿는 구성주의자는 가족이 문제를 인식하는 방법을 변화시키도록 돕는다. 사회구성주의자는 체계의 한 부분이 되어, 가족구성원들이 자신들의 삶에 주는 의미를 재구조화하는 새로운 가능성을 발견하기 위해 가족과 협력적인 대화를 하며 그들의 문제를 해결할 수 있게 한다(Goldenberg et al., 2017). 사회구성주의적 치료는 확립된 신념들의 억압으로부터 내담자를 자유롭게 하는 해체과정이 된다(Nichols, 2014).

그렇지만 사회구성주의에 대한 비평가들은 사회구성주의자들이 가족치료의 통찰을 위해서 개인들의 인지 영역과 경험에만 초점을 두었다고 보았다(Nichols & Schwartz, 2001). 즉, 가족들은 복잡한 단위로 작동되며, 심리학적 증상들은 종종 가족 내 갈등의 결과이다. 우리의 경험과 정체성은 부분적으로 언어적인 구성이지만, 그것은 오직 부분일 뿐이다. 이것 아니면 저것이라는 이분법적인 시각보다는 베이트슨, 잭슨 그리고 헤일리가 50년 전에 상보적인 그리고 대칭적인 용어로 묘사했던 양극화된 상호작용이 행동주의적 상호작용과 사회구성주의를 반영하는 것으로 이해될 수 있다(Nichols, 2014).

한편, 스미스(Smith, 1994) 또한 '세기의 절망'에서 볼 수 있는 거건(Gergen, 1994)의 관점, 즉 전통 과학의 약화와 심리학에서 관계 내 자아에 대해 강하게 이의를 제기했다. 그 외에도 골란(Golan, 1988a)은 구성주의가 가족치료 이론 정립에 긍정적인 영향을 미쳤음을 인정하면서도, 치료자의 무능과 무지로 인한 잘못된 방식을 합리화 또는 모호하게 만드는 데 사용될 가능성이 있다는 점을 구성주의의 중대한 부정적 결과로서 지적했다. 골란은 또한 정직하지 못하고 무지한 치료사에 의한 치료의 '무력화'를 합리화하고, 이에 대해 모호한 태도를 취하는 구성주의적 잠재적 오용에 대해 우려했다(Golan, 1988b). 그렇지만 아무리 타당한 이론이라 할지라도 부적절하게 활용될 수 있다는 우려는 구성주의에만 해당되는 것이 아니라 모든 이론에 적용될 수 있다는 사실도 고려해야 할 것이다(Becvar & Becvar, 1993).

7) 구조주의와 후기구조주의

구조주의란 인문학과 사회과학 등 다양한 학문에 영향을 미친 철학사상이며, 근본 요소들 간의 상호관계 위에 정신적·언어적·사회적·문화적 '구조'가 성립하며, 그 구조 안에 개인과 문화의 의미가 생산된다는 관점을 가진다(위키백과, 2021). 구조주의 사고는 20세기 후반까지 사회과학의 많은 부분을 지배했으며, 프로이트의 심리내적 구조에서 가족구조에 초점을 둔 초기 가족치료모델에 이르기까지 많은 치료모델에 반영되었다. 구조주의 기원으로는 언어학을 들 수 있는데 스위스의 언어학자인 페르디낭 드 소쉬르는 언어의 체계와 구조에 관심을 가졌으며, 언어로 말할 수 없는 것은 생각할 수 없다고 했다. 이것이 소쉬르의 구조주의 언어이론이며, 이 이론으로부터 유럽의 구조주의가 탄생했다. 소쉬르는 언어에만 구조가 존재하지만, 구조주의에서의 언어는 불가사의한 언어, 심지어는 입으로 발성되는 것을 넘어서는 언어를 말한다. 예를 들어, 무의식은 무의식 자신이 말을 하고 또 무의식 그 자체가 언어인 한에 있어서 구조를 지닌다. 소쉬르 외에도 대표적인 구조주의자들로서 언어학자 야콥슨, 사회학자 레비스트로스, 정신분석학자 라캉, 철학자 푸코, 마르크스주의 철학자 알튀세르, 문학비평가 바르트 등을 꼽는다. 이들 중 어떤 이들은 '구조주의'라는 말을 거부하지 않으며, '구조' '구조적'이라는 말을 선호한다. 반면, 다른 어떤 이들은 '체계'라는 소쉬르의 용어를 더 선호한다(박정태 역, 2019).

구조주의는 프로이트의 심리내적 구조에서 가족구조에 초점을 둔 초기 가족치료모델에 이르기까지 많은 치료모델에 반영되었다. 구조주의자들은 인간의 행동이란 개인 안에 묻혀 있는 더 깊은 요소들의 표면적인 징후이며, 객관적인 외부 전문가가 행동의 의미에 대한 '진실'을 드러내기 위해 이와 같은 더 깊은 요소들을 해석함으로써, 요소들이 분류되고 검색될 수 있다고 주장했다. 이런 유형의 치료는 근본적인 요인들을 찾으며 결함을 수리하는 것에 의해 신행되며, 단순히 증상을 감소시기거나 제거하는 것에 만족하지 않는다. 20세기에 있어서 이와 같은 구조주의적 사고(프로이트의 심리내적 구조로부터 가족구조의 가족치료의 전통적인 초점에 이르기까지)는 사회과학에 엄청난 영향을 미쳤다(Goldenberg et al., 2017).

후기구조주의(post-structuralism)는 철학이나 사회과학에 나타난 포스트모더니즘 현상이며, 구조주의(structuralism) 이후에 발생된 이론 또는 비평방법이다. 한편으로는 구조주의로부터 변화된 이론으로 이해되기도 하고, 구조주의를 반박하는 이론으로 이해되기도 한다. 구조주의와 후기구조주의는 공통적으로 다양한 관습과 담론(discourse)을 통해 하나의 문화 안에서 어떻게 의미가 생성되고 재생성되는지를 분석하는 것에 초점을 둔다(Gehart, 2016). 그러나 후기구조주의는 모든 현상에 심층적인 구조가 있고, 또 구조는 구성요소로 분해할 수 있다는 환원주의 관념을 가진 구조주의를 배격했다. 후기구조주의는 서구 철학이 선과 악의 이분법적 구분, 절대적 진리의 추구 등 존재하지 않는 것에 지나치게 집착해 왔다고 비판하며, 기존 철학이 추구해 온 진리는 정치적·사회적 권력에 의해 만들어진 담론에 지나지 않는다고 보고, 그것에 대한 정치적·사회적 상황과 맥락에 초점을 두었다(정문자, 정혜정, 이선혜, 전영주, 2018).

이야기치료는 후기구조주의와 해체주의로부터 파생되었다(Dickerson, 2014). 인지심리학자 제롬 브루너(Bruner, 1986), 인류학자 바바라 메이어호프(Meyerhoff, 1986), 프랑스 철학자 미셸 푸코(Foucault, 1980)로부터 후기구조주의 아이디어를 가져온 마이클 화이트(White, 1995)와 같은 이야기치료사들은 정적인 표면/깊이라는 이분법적 사고에 의문을 가졌다. 후기구조주의에 가장 크게 영향을 미친 사람은 미셸 푸코와 자크 데리다인데, 여기서는 미셸 푸코에 대해 살펴보고, 자크 데리다는 다음 절인 "해체주의와 언어의 역할"에서 살펴보겠다.

권력의 정치학에 관련한 광범위한 저술을 한 미셸 푸코는 언어를 권력의 도구로 보았다. 그는 지배하는 문화에 의해 객관적인 '진실'로서 영속화된 삶에 대한 어떤 '이야기'가 사회의 권력구조를 유지하고 똑같은 사건에 대한 대안적인 이야기를 배제한다고 주장했다. 예를 들어, 무엇이 정상적인 전성(sexuality)을 구성하는지, 어떤 행동이 병리적인 것으로 분류되어야만 하는지, 소수 지역사회의 사람들에게 어떻게 반응을 해야 하는지, 진짜 남자가 된다는 것에는 무슨 조건이 있는지 등이 그러하다. 푸코에 따르면, 지배적이거나 혹은 전문가 지식을 가진 사람들(정치가, 변호사, 과학자, 의사, 치료사)이 최고의 권력을 가지며 어떤 지식이 사회에서 사실이며 옳은가 혹은 적절한가를 결정한다(Combs & Freedman, 2012). 억압은 언어의 통제에 기초하기 때문에, 푸코는 사람들에게 문화의 지배적인 담론에 저항할 것을 주장한다. 또한 그는 어떤 지배적인 문화적 혹은 제도적인 이야기가 도전받아야만 한다고 주장하는데, 이는 무비판적으로 지배적인 담론을 따르는 것으로 인해 대안적인 지식 혹은 관점에 대한 고려를 배제하게 되고, 따라서 자유로운 선택 혹은 특별한 개인이나 가족에게 가장 좋은 이해관계를 놓치게 하기 때문이다.

마이클 화이트는 치료적인 작업에서 권력, 특권, 억압, 통제, 윤리, 사회정의를 최고의 우선순위에 놓는다. 문화적 혹은 제도적인 담론은 종종 사람들을 구속하거나 억압할 뿐만 아니라 자격을 부여한다. 예를 들어, 백인이 유색인종보다 우월하다거나 남자가 여자를 지배할 권리를 가지고 있다거나 이성애가 정상이고 동성애는 비정상이라는 등의 담론이 있다. 이야기치료는 이와 같은 태도에 도전하는 선두에 있다(Hoffman, 2002). 이야기치료에 있어서 치료사의 역할, 치료의 과정 그리고 치료의 목표는 모두 푸코의 영향을 보여 주며, 사회정의에 대한 헌신과 미심쩍은 권력이 많은 가족치료사로 하여금 이야기치료를 선호하게 했다(Goldenberg et al., 2017).

앞에서 언급한 구성주의, 사회구성주의, 구조주의와 후기구조주의에 대한 내용을 정리하면 다음과 같다.

표 1-3 가족치료와 구성주의, 사회구성주의, 구조주의와 후기구조주의

	구성주의	사회구성주의	구조주의와 후기구조주의
실재 구성의 수준	개인 유기체	지엽적 관계	사회적, 정치적
관련 이론	후기 MRI 및 밀란 이론	협력적 치료(반영팀)	이야기치료(페미니즘 및 문화적 정보 기반 치료)
중재 초점	새로운 언어로 다르게 제시함	여러 개의 의미와 해석을 두드러지게 하는 담론	지배적 담론(대중적 지식)에 대한 문제 제기 및 지배적 담론의 해체
치료자 역할	대안적 해석을 촉진함	중재하지 않음(담론 과정을 촉진함)	외부적, 역사적 영향력을 파악하도록 조력함

참조: Gehart, D. (2016), p. 64.

8) 해체주의와 언어의 역할

해체는 사물들이 단 하나의 의미를 가지고 있는 것이 아니라는 문서를 조사하면서 자크 데리다에 의해 소개된 용어이다(Derrida, 1978). 많은 사람이 해체가 당연시 여겼던 가정을 분해하는 용어를 의미한다고 믿는데, 이는 어느 정도는 사실이다. 하지만 이 용어는 그 이상의 의미를 가진다. 데리다에 의하면 해체는 하나의 방법론 그 자체가 아니며, 하나로 변형될 수도 없다(Derrida, 1978). 대신에 해체는 "발생하는 것이다". 해체는 사람의 깊은 생각 혹은 의식적인 의도를 기다리지 않는다. 해체는 사람이 하는 어떤 것이 아니라, 사물의 은유적이거나 혹은 수사적인 본성의 탐구를 통해 사람이 발견하는 언어의 특질 그 자체이다. 텍스트성(textuality)의 조건은 문자 언어 혹은 구어에만 한정되는 것이 아니라 경험, 제도, 현실 그리고 주관성의 광범위한 구조이다. 이것은 텍스트성 혹은 언어 밖의 그 어떤 것도 절대적으로 의미를 생성할 수 없다는 것을 의미한다(Goldenberg et al., 2017).

포스트모더니즘 시대에 언어는 매우 핵심적인 역할을 했고, 담론(discourse) 또한 포스트모더니즘적 사고뿐만 아니라 현대 사회·문화 이론에도 핵심적인 개념이 되었다(Lowe, 1991). 루트비히 비트겐슈타인은 언어의 의미를 습득하는 방법에 있어서 지시적 토대가 아닌 사회적 실천을 제안했다(Wittgenstein, 2010). 미셸 푸코(Foucault, 1980; 2003)는 인간의 사고를 확장하거나 억압하는 데 영향을 미치는 담론의 힘 또는 언어에 내포되어 있는 문화적인 힘을 연구했다(Gergen, 1994). 로티(Rorty, 1979)는 철학자들이 초월적 진리를 탐구할 것이 아니라 사람들이 사회에서 보다 광범위하고 실용적인 담론

에 동참하게 해야 한다고 주장했다(Gergen, 1994). 이와 같은 학자들은 지난 40년 동안 사회학, 기호학, 문학 텍스트 해체이론, 의사소통이론, 심리학 분야에 많은 영향을 미쳤다. 한편, 이들은 특정 공동체의 구성원뿐만 아니라 일반인에게 적용되는 공동체의 언어를 구체화하려고 했고, 토착 언어가 특정 언어를 배제함으로써 일어나는 한계를 지적했다(Becvar & Becvar, 2013).

데리다는 '혼란이 논리적 질서로 전환될 수 있는가?' 라는 점에서 '정신작용을 반영한 다는 가정'에 대해 반대했고(Gergen, 1991, p. 107), 지각만을 통해서 현실을 알 수 있다면 우리가 지각하는 것은 우리의 정신과정 또는 마음의 기능에 의한 것이기 때문에 이 둘은 서로 분리될 수가 없다고 보았다(Gergen, 1985). 인간은 언어체계를 통해서만 자신이 아는 것을 경험하고 표현한다는 점에서, 사회구성주의자들의 관심은 인간이 자신과 세상 혹은 현실을 묘사하고 이해하기 위해 사용한 담론의 과정에 있다고 볼 수 있다(Gergen, 1985).

우리는 문화적으로 창조된 언어체계 안에서 태어나 이미 존재하고 있는 언어형태에 동화된다. 우리는 사회화 과정에서 사회에서 용인된 방식으로 말하는 것과 공유된 가치와 언어체계의 이데올로기를 학습한다. 따라서 우리가 사용하는 언어는 우리가 속해 있는 특정 집단의 관습, 상징, 은유를 반영한다. 거건은 세계를 이해하는 데 사용되는 언어를 특정한 역사적 맥락 안에서 개인 간의 교류를 통해 생성된 사회적 인공물로 묘사한다(Gergen, 1985). 구성주의자들은 집단을 '인간의 본성의 힘'이 아닌 사람들 간의 관계로 이해하려고 했다. 언어는 사물을 정의하는 하나의 준거틀이며, 실재는 언어의 기능으로서 언어의 변화하는 경험의 변화와 같다(Becvar & Becvar, 2013; Keeney & Ross, 1985). 따라서 실재란 사람들이 문제에 대해 어떻게 인식하고 이야기하느냐에 따라 다르게 존재하기 때문에 똑같은 상황일지라도 다른 관점에서 이야기를 한다면 문제는 더 이상 존재하지 않을 수도 있다. 그러므로 우리의 언어는 세상을 어떻게 바라보고 있는지와 세상에 있는 무엇을 보고 있는지를 우리들에게 말해 준다(Combs & Freedman, 2012). 또한, 사람이 된다는 것은 언어 속에 존재한다는 것을 뜻하며, 사람은 언어 속에서 자신의 행동을 조정하고 자신의 세계를 만들어 간다(Capra, 1982).

포스트모더니즘 세계에서 인간의 자아는 사람들 간의 관계 안에서 나타나는 하나의 현상으로 보며, 지난 수백 년 동안 서구 역사에서 관계는 개별적 자아에 의해 핵심적인 역할을 차지하고 있다(Gergen, 1991). 진리 또는 실재를 객관적으로 알 수 없고 개인의 관점 안에서만 평가를 할 수 있다면, 전통적으로 추구해 왔던 실증적 · 과학적 입장을 불신하게 된다. 우리는 더 이상 현실 세계에 대한 경험적 연구의 결과를 신뢰할 수 없으며, 연구자의 주관성과 연구 결과의 유용성과 같은 단편적인 면만을 인정하게 된다(Longino, 1990; Newmark & Beels, 1994). 결론적으로, 포스트모더니스트들의 목표는 그들이 추구하는 가정, 가치, 이념을 자세하게 서술함으로써 '사실'을 해체하는 것과 회의주의와 해학적 요소가 담긴 삶을 살고 있는 우리 자신과 이에 대한 의미의 해석을 고찰하는 것이다(Keeney, 1991).

이야기치료사들은 하나의 의미 혹은 가정의 지배가 환상이며, 똑같은 사건 혹은 경험을 이해하는 데 있어서 다양한 의미 혹은 가정을 적용 가능한 것이라는 것을 내담자들에게 회상시켜 줄 때 해체의 개념을 사용한다. 따라서 이야기치료사들은 내담자들에게 다른 사람들 혹은 문화 혹은 변화할 수 없는 것으로 내면화된 것에 의해 강요된 그들 자신들에 대한 진실을 재점검할 수 있게 해야 한다(Goldenberg et al., 2017). 해체의 개념을 적용하는 치료사들은 자신들의 상식, 대면 사의 신입거, 규거틀, 습관, 사회적 행동양식, 신념, 판단에 의문을 가지고 분해하는 것을 점검해야 한다(Sinclair & Monk, 2004). 내담자들은 종종 자신들이 사실이며 변할 수 없는 것으로 생각하는 어떤 것과 함께 자신들에 대해 사용하는 언어를 혼동하기 때문에 해체는 이야기치료에 있어서 강력한 개념이다. 데리다는 사람이 현실(자기 자아의 현실)과 관련을 맺는 데 사용하는 언어와 자신의 현실이 상호간에 제작되지 않았다고 보았다(Goldenberg et al., 2017).

한편, 앤더슨과 굴리시안(Anderson & Goolishian, 1988; 1992)과 호프먼(Hoffman, 1990; 2002) 또한 포스트모더니즘 관점에서 언어를 사용한 대표적인 가족치료학자들이다. 이들은 치료사가 내담자의 언어에 참여해 새로운 의미를 발견하도록 하는 협력적 언어체계 모델을 개발했다. 이처럼 데리다의 해체주의는 이야기치료와 협력적 언어체계 모델의 근간을 이루고 있고 그 과정에 잘 반영되고 있다.

9) 페미니즘

가족치료분야가 성(gender)역할이 현재 가족생활에 얼마나 많은 영향을 미치는지를 인지하기까지는 매우 긴 세월이 걸렸다(Enns, 2004). 초기 가족치료사들은 성차별에 대한 인식 없이 상담을 했고, 가족구성원들을 가족 내에 발생하는 상호작용에 대해 동등한 세력과 동등한 통제력을 가진 서로 변화할 수 있는 체계의 단위로 보았다(McGoldrick, Anderson, & Walsh, 1989). 가족치료사들은 가부장적인 사회 안에서 가족생활과 관련되는 사회적·역사적·경제적·정치적 맥락을 고려하지 못했다. 그들은 가족의 성과 관련해 중립적인 위치를 취했다. 따라서 그들은 여성을 억압하는 전통적인 가치를 암묵적으로 승인하는 위험에 처하게 되었다. 결과적으로, 가족치료사들은 도움을 요청하는 가족 내의 남성과 여성 간의 평등의 신화를 영속화하는 역할을 했다(Hare-Mustin & Marecek, 1990).

　1970년대를 시작으로 많은 여성 가족치료사가 여성이 불합리한 위치에 있는 성에 대한 근본적인 가정에 도전하기 시작했다. 페미니즘에 관한 초창기 연구들은 가족치료모델들이 성과 남성과 여성 관계에 있어서 권력 차이에 충분한 주의를 기울이지 못했을 뿐만 아니라 실제로는 이와 같은 성 패턴들이 내적 가족상호작용과 가족생활의 사회적 맥락을 무시했다고 비판했다(Avis, 1985; Gilligan, 1982; Goldner, 1985; Hare-Mustin, 1978; Miller, 1976). 초기 가족치료가 주로 남성에 의해 정의되었기 때문에, 불가피하게 남성의 언어와 태도가 초기 가족치료 이론들을 지배했다. 이와 같은 결과에 대해 호프만은 남성의 편견이 이성애적이고 가부장적인 가족을 규범으로 받아들이는 가족개념들을 만들어졌으며, '과도하게 연루된 엄마' 혹은 '밀착된 가족'과 같은 용어들은 성차별적이며 특히 가족문제에 대한 엄마를 비난하고 있다고 주장했다(Hoffman, 1990). 페미니스트 가족치료사들은 부부가 상호교류하는 데 있어서 동등한 권력과 통제권을 가지고 있다는 것을 의미하는 체계론적 개념을 반박했다. 특히 남성의 여성에 대한 강간, 구타, 근친상간과 같은 신체적 학대에 관해 배우자들이 서로 관련되고, 그다음에 이어지는 행동적 결과가 나타나며 부부 모두 이와 같은 폭력을 야기하는 데 책임이 있다는 사이버네틱 개념을 강도 높게 비판했다(Goldner, Penn, Sheinberg, & Walker, 1990). 페미니스트 가족치료사들은 더 큰 사회를 반영하는 가족치료사들조차 전통적인 성역할(Avis, 1996)을 강화하고 있고, 남성들에 의해 높이 평가되는 특징(공격성, 경쟁력, 합리성)은 극찬한 반면에, 여성과 관련 있는 특징(의존성, 양육, 정서적 표현)은 평가절하하는 전통적인 남성/여성 역할을 지지했다고 비판했다.

　이와 같은 비판에도 불구하고 1980년대 후반까지는 여전히 페미니스트 가족치료사들의 대안이 존재하지 않았다. 성에 대한 편견을 바꾸기 위해 페미니스트 치료사들은 여성의 독특한 발달과 경험뿐만 아니라 남성과의 관계를 형성하는 사회적·문화적·경제적·정치적 조건에 도전하기 시작했다(Walters, Carter, Papp, & Silverstein, 1991). 『볼 수 없는 관계망(The Invisible Web)』(Walters et al., 1991)이라는 책에서 저자들은 성과 권력에 관련한 가족문제들을 이해할 수 있는 페미니스트 접근에 대한 자신들의 경험을 서술했다. 앞의 책은 상담현장에 엄청난 충격을 주어, 가족치료사들로 하여금 가족 내에서 발생되고 있는 것을 예견하고 더 넓은 사회적·문화적 힘의 영향을 고려할수 있도록 했다(Simon, 1997).

따라서 페미니스트 가족치료사들은 가족치료가 더 이상 성을 구별할 줄 모르는 분야가 아니며, 가족과 사회 내의 존재하는 여성에 대한 불공평에 도전하고, 성에 대해 민감한 가족치료와 여성의 목소리와 경험을 소중히 여기는 치료로서 발전시키기 위한 폭넓은 노력을 했다(Goldner, 1985; Hare-Mustin, 1987; McGoldrick et al., 1989; Walters et al., 1991). 하레 머스틴(Hare-Mustin, 1994)은 사회가 이성애 관계의 담론을 선호하면서여성의 소망과 관계된 담론은 무시하고 여성을 희생시키는 담론은 쉽게 받아들이는 경향이 있다고 비판하면서, 치료사가 자신의 사용하는 언어를 인식하지 못하면 기존의담론을 유지하는 데 참여하게 된다고 했다.

4. 가족치료 관련 기본 개념

1) 상호적인 결정주의

가족치료에서 치료의 초점이 개인의 내부 심리적인 면에서 인간 상호관계로 옮겨 감으로써, 치료의 관심은 말하는 내용으로부터 의사소통하는 과정으로 변하게 되었다.이러한 관점에서는 현재의 문제에 대해 설명하기 위해 과거의 사실들을 강조하기보다는, 사이버네틱적인 가족체계 내에 상호교환하는 연결된 의사소통의 전후관계에 초점을 둔다. 즉, 개인의 직선적이며 연속적인 행동으로부터 사람들 사이에서 발생하는 교류에 관심의 초점을 두게 되었다. 내용은 직선적인 인과관계의 언어인 반면에, 과정은순환론적인 인과관계의 언어이다. 설명은 부분들의 행동에서 발견될 수 있는 것이 아니라 체계 내에서 전체로서 볼 수 있는 것이다. 따라서 상호성은 모든 관계에서 기초가되는 원리이다(Goldenberg & Goldenberg, 2013).

대부분의 가족치료 이론가는 인간의 행동이 사람과 환경 간의 상호작용의 복잡한 형태의 결과라는 것에 동의한다. 또한 관찰대상은 관찰자와 분리될 수 없고 가족치료사는 가족과 분리될 수 없다고 본다. 모든 가족치료 전문가는 자신이 대화를 해 왔던 내용을 인식하고 끊임없이 자신의 가정에 대해 고민하고 그들의 이론과 해석들에 한계를 정하는 것이 중요하다. 치료사는 아픈 가족에게 의학적인 스타일의 치료를 적용하는 외부의 전문가가 아니라, 가족과 함께 체계를 만드는 의미의 한 요소라는 것이다(Doherty, 1991).

2) 환아와 증상의 표출

가족 준거틀 내에서 문제는 행동이 발생하는 맥락에 주의를 하지 않고는 개별적인 가족구성원의 행동을 이해할 수 없다. 가족치료사는 문제의 근원 혹은 증상의 표출을 단 하나의 '아픈' 사람으로부터 나오는 것으로 보는 게 아니라, 환아(Identified Patient)를 단지 가족의 불균형 또는 역기능을 표현하는 증상보유자로 본다. 이러한 견해에 따르면, 환아의 증상은 가족의 안정을 유지하는 것을 도와주려는 목적을 가지고 있다. 실제로 역기능적인 가족은 '아픈' 사람을 필요로 하며, 가족의 안녕을 위해 그 사람이 희생되는 경향이 있다.

예를 들어, 버지니아 사티어는 환아의 증상을 가족 스트레스를 감소시키는 데 도움이 되고, 가족을 습관적인 행동의 정상적인 반경 내에 돌아오게 하는 안정화 장치로 보았다(Satir, 1967). 살바도르 미누친은 환아의 증상을 역기능적인 가족 교류에 뿌리가 있는 것으로 보았다(Minuchin & Fishman, 1981). 바츨라비크, 위크랜드와 피쉬(Watzlawick et al., 1974)는 증상이나 문제를 역기능적인 가족체계의 신호로서 보는 것이 아니라 똑같이 역기능적인 해결책의 반복적인 사용으로부터 일어난다고 보았다. 즉, 단지 문제를 악화하는 반복된 시도 때문에 문제 또는 증상이 발생되고 유지되며, 변화 없이 반복 시도된 해결책 또한 문제가 된다는 것이다.

앞에서 언급한 학자들과는 다르게 오스트리아 사회복지사였던 마이클 화이트의 포스트모더니즘적인 견해(현재의 가족치료에서 사고의 전위에 있는 견해)는 가족구성원들의 문제가 이면에 자리하고 있는 가족 갈등을 반영하고 있다는 생각을 거부한다(White, 1989). 마이클 화이트의 구성주의적인 견해에서 가족은 그들 스스로의 이야기를 말하고 그들 자신들에 대한 신념을 발달시킨다. 이러한 구성은 그들의 경험을 조직하고 그들의 삶을 형성하는 데 강력한 역할을 하게 된다. 마이클 화이트의 견해에서, 가족은 가족 내의 증상적인 행동에 의해 보호되거나 안정화되기보다는 억압받는 것으로 느낀다. 특히 해체적인 질문들에 의한 치료적인 노력은 지금까지 진행된 내담자들의 이야기들을 탐색하고 새로운 가능성과 새로운 방법을 유지할 수 있는 새로운 이야기를 구성할 수 있도록 돕는 데에 있어서 가족과 협력하는 것을 의미한다.

3) 다원론적 관점

전통적으로 가족체계로의 진입은 오로지 출생, 입양, 혹은 결혼을 통해서만 발생되는 것으로 알려져 왔다. 그럼에도 불구하고 오늘날의 다원론적 관점은 법적으로 결혼한 이성 간 결혼과 자녀들을 넘어서 또 다른 약속된 형태의 가정에 길을 열어 주었다(McGoldrick & Carter, 2011). 가족의 정의에 대한 전통적인 사고로는 21세기의 포괄적인 가족을 정의하기가 부족함에도 불구하고, 가족에 대한 정의에 친족관계 안에서 함께 사는 사람들을 포함해야만 한다(Goldenberg et al., 2017). 동시대의 가족이라는 형태가 너무나 다양해져 가고 있기 때문에 전통적인 가족이라는 기준에서 가족의 개념을 설정하기는 매우 어렵다. 따라서 오늘날 대부분의 사람과 맞지 않는 유견한(중류층) 가족에 대한 묘사가 모든 가족을 포괄할 수도 없을 뿐더러, 그러한 가족이 여태 존재하는지도 의문이다(Coontz, 1992). 지금 한국은 이혼율이 전 세계에서 1위를 차지하고 있고 재혼가정과 다문화가정, 결혼은 했으나 자녀를 낳지 않는 가정, 1인 가구가 증가하고 있는 상황에서 과거의 전통적인 가족에 대한 개념이 도전받고 있는 것 또한 현실이다. 높은 이혼율과 재혼율로 인해 최근에는 친족이라는 개념이 훨씬 더 유동적으로 변했다(Diderich, 2008).

4) 가족 탄력성

가족이 가지고 있는 한 가지 면은 가족의 탄력성(리질리언스)이며, 이것은 어려운 조건하에서조차 잘 대처해 나가거나 상대적으로 안정적인 심리적·신체적 기능을 유지할 수 있는 능력을 의미한다. 모든 가족이 생애발달주기 동안에 도전과 격변기를 겪게 됨에도 불구하고 모든 가족이 똑같은 방법으로 대처해 나가는 것은 아니다. 어떤 가족들은 자신들의 역경에 굴복해 가족이 회복될 수 없는 지경에 이를 수도 있지만, 어떤 가족들은 고통을 덜 강렬하게 경험할 수도 있고 짧은 시간 안에 극복하는 경우도 있다. 많은 가족은 일시적인 곤경 혹은 가족의 상실감을 대처해 나가고 다시 일어서서 다음 도전으로 이동한다. 이와 같은 극도의 어려운 경험을 한 후에 비교적 안정적인 심리적·신체적 기능을 회복하고 유지할 수 있는 능력은 가족의 탄력성을 잘 보여 주는 것이다(Goldenberg et al., 2017).

매스텐은 가족 탄력성이 소유하지 못할 수도 있는 드물거나 특별한 속성이기보다는, 발달과정에 있는 대부분의 어린이에 의해 성공적으로 숙달되어지는 일반적인 적응과정으로부터 나타나는 공통적인 현상이라고 주장했다(Masten, 2001). 왈쉬(Walsh, 2012)는 가족 탄력성 안에 있는 세 가지의 중요한 가족과정을 다음과 같이 정리했다. 첫째, 의미와 미래 행동을 위한 가이드라인을 제공하는 것과 같은 공유된 가치와 가정을 제공하는 일관된 긍정적인 신념체계, 둘째, 곤궁에 처할 때 충격을 흡수할 수 있는 가족의 조직적인 과정, 셋째, 분명하고 일관성이 있으며 일치하는 의사소통/문제해결 과정이다.

가족의 잘못된 것을 발견하려는 결핍에 초점을 두고 있는 모델들과 대척점에 위치한 가족 탄력성 모델은 가족치료사에게 현재의 위기 혹은 곤경을 대처하기 위해 동원될 수 있는 가족의 자원들을 찾으라는 도전을 준다. 가족 탄력성을 발견하는 것은 가족에게 가족의 관계망 안에서 이전에는 개발되지 못한 자원을 찾을 수 있게 한다. 가족이 함께 위기를 성공적으로 대처하는 것이 가족 유대감을 더욱 깊게 만들고, 미래 어려움을 예방하거나 다룰 수 있는 능력에 대한 자신감을 강화한다(Goldenberg et al., 2017).

5) 성, 인종, 민족성과 가족치료

성(gender)과 문화적 다양성은 가족의 탄생, 발달 그리고 가족의 의미에 영향을 미치는 가장 강력한 사회적인 힘이라고 볼 수 있다.

(1) 성역할과 성 이데올로기

전형적으로 가족 안에서의 성역할 행동은 남성과 여성의 삶의 초기에서부터 시작된다. 생물학이 분명히 성 차이에 있어서 역할을 결정하는 반면에, 대부분의 차이(가치체계, 성격특성, 역할, 문제해결 기술, 성에 대한 태도 등)는 사회에 의해 강화되고 세대를 건너 전해지는 학습의 결과이다(Philpot, 2000). 성은 개인의 정체성, 기대감 그리고 가족 안에서의 역할과 지위를 형성하고, 우리로 하여금 인식된 삶의 선택을 열게 해 준다(Haddock, Zimmerman, & Lyness, 2003).

최근 수십 년간 여성의 증가된 취업과 페미니스트 운동으로 인해, 개인적 정체성, 사회문화적 특권 혹은 억압의 결정요인으로서 성의 중요한 역할에 대한 사회적 인식이 성장해 왔다. 이로 인해 많은 이가 남성과 여성에 대한 심리적 기능을 제한하는 성 불평등과 스테레오타입을 극복하고 남성과 여성 모두가 새로운 상호작용적 패턴을 함께 건설해야 할 필요성에 대해 인식하게 되었다(Avis, 1996). 결과적으로, 최근 수십 년 간 이루어진 성역할의 변화가 가족구조와 가족기능에 강력한 충격을 주고 있다. 여성의 고용률이 빠르게 증가함으로써 부부는 남성과 여성의 가정에서의 책임감을 재정의할 필요를 느끼게 되었고, 대체적으로 성과 관련된 행동패턴, 기대감, 가족의 성(sex)역할과 관련된 태도가 변화하기 시작했다(Goldenberg et al., 2017).

(2) 문화적 다양성과 가족

과거에 가족치료사가 간과했던 문화적 요인들이 지금은 가족생활을 이해하기 위해 중추적인 역할을 한다. 특히 지난 20년 동안 미국 역사상 가장 많은 수의 이민자가 유입됨에 따라, 미국 사회에서 문화적 다양성이 사상 우선순위의 문제로 떠올랐다(Goldenberg et al., 2017). 우리나라의 경우에도 현재 다문화가정의 문제가 매우 심각한 사회문제로 부각되고 있다. 가치관, 의식, 공통적인 상호교류패턴, 의사소통방법, 다른 문화에 있어서의 가족에 대한 정의 등 이 모든 것으로 인해, 치료사들이 편견 없고 포괄적인 가족평가와 효과적인 상담을 제공할 수 있을지에 대한 조사가 필요하다(Aponte & Wohl, 2000).

맥골드릭과 애쉬톤은 가족치료사들이 다문화가정의 내담자들과 상담할 수 있는 유연성과 능력을 증가시키기 위해 자신들의 정체성, 민족성 그리고 문화적인 유산을 조사하고 자신들의 선입견과 편견을 의식할 필요가 있다고 강조한다(McGoldrick & Ashton, 2012). 따라서 가족치료사는 어떻게 내담자의 삶이 인종적, 문화적, 성적 그리고 계급에 입각한 불평등의 더 커다란 힘에 의해 구속받는가에 주의를 기울이는 것이 중요하다(McGoldrick & Hardy, 2008). 문화적으로 유능한 치료사들은 다른 사람들에 대한 자신들의 생각과 감정을 계속해서 재점검한다(Ponterotto, Casas, Suzuki, & Alexander, 2010). 따라서 가족치료사들은 이와 같은 모든 요인이 서로 상호작용해 내담자에게 영향을 미치고 있다는 것을 인식할 필요가 있다.

5. 요약

이 장에서 우리는 가족치료 태동에 관한 배경, 가족치료 발달에 영향을 미친 패러다임의 전환, 패러다임 전환에 따른 가족치료모델들의 변화, 가족치료에 영향을 미친 철학적인 배경, 가족치료를 이해하기 위한 기본 개념들을 살펴보았다.

1960년대에 사회과학철학에 대한 기존 패러다임에 대한 의구심과 전환에 대한 토마스 쿤의 영향과 포스트모더니즘의 영향이 체계론적 가족치료의 근간을 흔들어 놓았다고 볼 수 있다. 지난 40년간 포스트모더니즘, 사회구성주의, 구조주의와 후기구조주의, 페미니즘, 다문화주의는 가족치료에 엄청난 충격을 주고 있다.

그렇지만 신승환은 포스트모더니즘이란 용어 속에 들어 있는 의미는 매우 다양하고 명확하지 못해 그 의미를 이해할 수 없다고 하면서 그 이유는 포스트모더니즘 자체가 통일된 사상체계를 가지고 있지 못하기 때문이라고 했다. 포스트모더니즘은 상당히 전위적인 관점에서 첨단의 사상적 유행이 된 점도 있지만 그와는 정반대로 모든 사회 규범과 의식, 전통적 체계를 해체한다는 관점에서 거부감을 느끼는 사람들도 존재한다. 따라서 보는 관점에 따라 맹목적인 추종과 본능적 거부가 포스트모더니즘에 대한 반응으로 나타났다. 몇 년 전만 해도 자신을 포스트모더니스트라고 하던 많은 학자가 오늘날 침묵하고 있다(신승환, 2008). 한편, 앨런 소칼과 장 브리크몽(Sokal & Bricmont, 1999)은 『지적 사기(Fashionable nonsense: Postmodern intellectuals' abuse of science)』라는 책에서 자크 라캉, 줄리아 크리스테바, 장 보드리야르, 질 들뢰즈, 펠릭스 가타리 등 프랑스의 현대 철학자들을 가리켜 모두 '지적 사기꾼'이라고 하면서, 포스트모더니스트들이 어려운 과학용어를 사용하면서 자신도 이해하지 못하는 말을 하고 있다고 비판했다. 그렇지만 나카마사 마사키(2021)는 라캉, 크리스테바, 데리다의 텍스트를 읽은 적도 없는데도, 소칼의 포스트모더니스트들에 대한 부정적인 견해를 받아들여, 포스트모던은 가짜 과학론이라고 주장하고 싶어 하는 사람들도 있다고 하였다. 이와 같은 몇 가지 요소가 맞물려 현재의 일본 사상계 논단에서는 데리다를 필두로 하는 포스트모던계 사상가들의 영향력이 매우 낮아지고, 전문적 연구자들 외에는 별로 언급을 하지 않게 되었다(나카마사 마사키, 2021). 이와 같이 포스트모더니즘을 보는 시각에서 현격한 차이가 나타나고 있고, 아직까지 모더니즘적 가족치료모델과 포스트모더니즘적 가족치료모델 간에도 많은 이견이 있다.

물론 포스트모더니스트들이 전통적인 가족치료모델이 지나치게 편협하고 가부장적이며 행동주의적이고 병리적인 관점이라는 주장에는 일리가 있다. 이러한 관점으로 인해 치료사들은 내담자들을 더욱 존중해야 하고 가족들과 협력해야 하며, 인종, 성(젠더), 계급, 성적 경향성 등에 관해 좀 더 민감해야 한다는 점을 깨닫게 되었다. 이런 면에서 포스트모더니즘 가족치료사들은 더욱 전문가로서의 자세에 대해 경계하고 보다 겸손하고 윤리적인 자세로 치료에 임해야 할 것이다. 또한 포스트모더니즘으로 인해 가족치료사들은 행동이나 구조보다는 내담자의 가치관, 신념에 더 높은 관심을 두어야 한다는 점도 인식하게 되었다. 과거에 치료사는 자신감이 넘치고 카리스마가 있어야 하며 모든 것을 알아야 한다고 생각했다면, 이제는 상대방의 어려운 사정을 잘 이해해야 하며 알고자 하는 자세를 갖추고 사전에 어떤 가정을 가지고 치료에 참여하는 대신 질문을 주로 하는 대화를 지향해야 한다고 생각하기 시작했다. 비유적으로 말하자면, 모든 문제를 해결해 주는 람보가 아니라 무조건적인 수용과 경청을 하는 인간중심의 로저스로의 변화가 필요한 시점이라고 볼 수 있다(Nichols & Schwartz, 2001).

포스트모더니즘으로 인해 우리는 더 이상 우리 자신만이 가장 옳다고 주장할 수는 없게 되었고 전문가의 지위와 이론에 대한 확신을 포기하고 겸손해야 한다는 것을 깨닫게 되었다. 가족치료에서 칼 로저스, 도날드 위니컷 그리고 버지니아 사티어가 오래전에 말했듯이, 인간이란 변화하기 위해서는 우선 수용되어지고, 이해받고 있으며, 존중받고 있다는 느낌을 필요로 한다는 것이다. 한때는 '감성만을 지나치게 자극하는 것'이라고 보았던 이와 같은 치료적인 태도가 이제 '협력적'이라고 불리고 있다(Nichols & Schwartz, 2001).

과거의 주요한 개념들을 버리는 것은 새로운 것을 깊이 탐구해 보는 데 필수적인 작업이자 과정이겠지만 아마도 시계추는 다시 돌아올 것이다. 한편, 포스트모더니즘과 구성주의가 가족치료의 흐름을 주도하고 있으며 심지어 현재 우리나라에서 포스트모더니즘적 가족치료모델을 선호하는 치료자가 늘고 있는 추세(정문자 외, 2018)라고 하지만 그 흐름에서 배제되어 온 기존의 가족치료모델들도 또한 계속해서 적용되어 왔고 발전되었다는 점 또한 인정해야 한다. 모더니즘적이면서 일차적 사이버네틱스의 관점을 가진 가족치료모델들의 발전들이 이 시대를 휩쓸고 있는 새로운 움직임의 흐름에 참여하지 못해서 많은 관심을 받지는 못하지만 그렇다고 해서 그것이 중요하지 않다는 것을 의미하지는 않는다. 새로운 분야를 발견하는 것도 중요하지만 이미 발견된 것을 오랜 기간 동안 깊이 있게 탐구하고 연마하는 것도 매우 중요하다. 일반적으로 가족치료 분야에서 통합적 절충적 접근법을 쓰는 가족치료사들은 많으나 상대적으로 오랜 기간 동안 숙련된 가족치료사들은 비교적 적은 것 같다.

협력적인 형태의 치료사에 대한 지도력에 많은 의문점이 생기고 있다. 권위자로서의 위치를 포기하는 형태를 지지하는 치료사들은 치료사의 견해보다 가족들의 견해를 우선시함으로서 이전의 치료사와 내담자의 위계구조를 무너뜨리고 있다. 그러나 여기에는 치료사 자신의 관점을 내담자에게 강요하지 않으려고 하다가 치료사로서의 지도력 자체를 잃어버릴 수 있는 위험성이 존재할 수도 있다(Atkinson, 1992; Nichols, 1993). 과거의 권위적인 관계는 치료사가 가족들을 변화하도록 할 필요가 있다는 신념을 기초로 했다. 포스트모더니즘적인 시각으로 인해 치료사가 가족들을 스스로 변화할 수 있도록 하는 방식을 사용함으로써 가족들이 스스로 변화할 수 있다는 시각의 전환이 이루어졌다. 그렇지만 치료사가 더 이상 전문기술인이 되어서는 안 된다는 것이 전문가여서는 안 된다는 것을 의미하지는 않는다. 협조적인 관계를 형성하기 위해서는 지도력과 전문성이 반드시 필요하다. 지도력은 몰아붙이고 직면시키거나 통제하는 것을 의미하는 것이 아니라 힘든 문제를 안전하게 다룰 수 있는 상황을 만들어 내는 것을 의미한다. 따라서 우리는 과거에 가족을 바라보는 관점과는 다른 종류의 지도력과 전문성이 필요하다고 볼 수 있다(Nichols & Schwartz, 2001).

가족치료사들은 '현재의 급변하는 한국의 가족 상황과 가족형태를 이해하고 다룰 수 있는 개념을 어떻게 정립하고 도움을 줄 수 있을까?' 하는 어려움에 직면하고 있다. 치료사가 어떤 가족치료모델을 사용하든지 자신이 사용하는 가족치료모델의 철학적 가정을 잘 이해하면, 자신이 사용하고 있는 접근과 철학적으로 일관된 방법으로 다른 이론들도 노련하게 적용하며 통합하는 방법을 배우게 될 것이다. 명확한 철학적 기반을 가지지 못한 치료사가 절충적 또는 통합적인 입장을 취할 때, 그 치료사는 내담자를 혼란에 빠뜨리게 될 것이다. 즉, 치료사가 자신의 접근하는 치료모델에 대한 철학적 가정을 확실히 이해하지 못한 상태에서 모더니스트적 가족치료모델과 포스터모더니스트적 가족치료모델을 병행해 적용한다면, 치료사 자신이 철학적인 정리가 안 되어 있다고 볼 수 있겠다. 이와 같은 경우에 치료사는 '진실'이 무엇이고, 증상이 나아지는 것, 치료의 방향 등에 대한 모순된 메시지를 전달할 수 있다. 한편, 포스트모더니즘 안에 내재해 있는 문제와 포스트모더니즘이 체계이론/사이버네틱스 패러다임에 부합하는지에 대한 논란의 여지는 항상 존재한다(Becvar & Becvar, 2013). 하지만 만약 치료사가 전체 치료 과정을 통해 내담자의 문제와 치료사의 역할에 대한 일관된 철학적 가정을

5. 요약

45

유지할 수 있다면, 서로 다른 가족치료모델들로부터 다양한 개념과 기법을 적용할 수 있을 것이다. 그렇게 되면 치료에 대한 일관된 접근법 속에서 좀 더 폭넓은 치료적 접근을 할 수 있을 것이다(Gehart, 2016).

과거에 밥을 하는 도구로 솥과 냄비가 있었다. 지금은 전기밥솥과 압력밥솥이 등장했지만, 양은냄비와 가마솥에 비교해 보면 유사한 도구임에도 불구하고 양은냄비와 가마솥에서 밥이 만들어지는 시간과 노력에는 큰 차이가 난다. 또한 도구에서 만들어진 밥맛도 매우 다르다고 본다. 이와 마찬가지로 철학적인 배경이 다른 모더니즘적 가족치료모델이 됐든, 포스트모더니즘적인 가족치료모델이 됐든 중요한 것은 가족치료사가 내담자의 문제를 해결할 수 있는 가족치료모델에 대한 훈련과 연마가 그 어느 것보다 중요하지 않을까 싶다. 저자는 지금까지 새로운 모델이 나타났다고 많은 치료사가 자신이 사용하던 모델은 뒤로 하고 새로운 모델에 관심을 보이는 것을 오랜 세월동안 보아 왔다. 저자는 27년간 수많은 내담자 가족에 상담하면서, 치료치료사 저가 나름대로의 모델이 정립되어 가고 있다. 어느 가족치료모델이 최고의 모델이라고는 할 수 없으나 치료사의 임상경험을 통해 문제를 보는 시각과 접근하는 틀이 점차 잡혀 가리라 생각된다. 즉, 이제는 모더니즘적 또는 포스트모더니즘적 가족치료모델을 선택하든 가능하면 많은 임상경험을 통해 자신의 모델을 정립해 나가는 것이 무엇보다 중요하지 않나 싶다. 그리고 모더니즘적 가족치료모델과 포스트모더니즘적 가족치료모델이 철학적인 배경이 다르기 때문에 두 사조를 통합할 수 있을지에는 의문점이 든다.

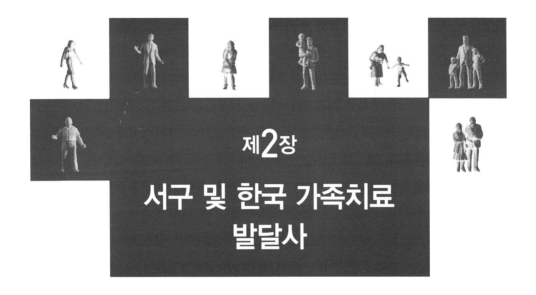

제2장
서구 및 한국 가족치료 발달사

1. 서구 가족치료 발달사

　가족치료의 공식적인 역사는 그레고리 베이트슨의 체계론적 사고로 인해 1960년대에 전통적인 개인치료로부터 벗어난 때부터라고 볼 수 있다. 하지만 가족치료 발달의 기원은 사회사업의 창시자인 메리 리치몬드, 윌리엄 제임스의 실용주의, 존 듀이의 사회체계 개입의 유기체적 관점에 뿌리를 두고 있다. 이러한 배경으로 볼 때 가족치료는 미국의 문화, 경험, 철학의 지속적인 발달의 결과이다(Beels, 2002). 가족치료의 발달에 기여한 또 다른 2개의 역사적·인류학적 관점에는 에드워드 사피어로부터 시작해 담화분석으로 이어지는 의사소통 과정에 대한 관찰학문과 밀튼 에릭슨과 그의 추종자에 의해 구축된 최면술의 역사가 포함된다(Beels, 2002). 거먼(Gurman, 2015)은 가족치료 역사를 '비이론적 결혼상담 형성단계(1930~1963년)'와 '가족치료 결합단계(1963~1985년)'로 나누었다. 특히 그는 1975년부터 1985년까지를 가족치료의 황금기(Nichols & Schwartz, 1998)로 보았다(Gurman, 2015). 베크바와 베크바(Becvar & Becvar, 2013)는 가족치료의 역사발달을 1940년부터 1990년까지, 글래딩(Gladding, 2018)은 1940년 이전부터 2009년까지, 골든버그, 스탄톤, 골든버그(Goldenberg, Stanton, & Goldenberg, 2017)는 1950년부터 현재까지를 10년 단위로 나누어 설명했다. 여기서 저자는 1940년대 이전부터 2020년까지 10년 기준으로 나누어 설명하고자 한다.

1) 1940년대 이전

1940년대 이전에는 미국에서 가족치료가 유명무실한 수준이었다. 그 시기, 가족치료 발달의 저해 요인들은 다음과 같다.

첫째, 1940년대의 미국 사회의 신화와 인식이다. 이 당시 미국의 엄격한 개인주의의 신화는 가족치료의 태동에 커다란 장애가 되었다. 엄격한 개인주의는 미국, 특히 서부의 정착기에 나타났는데 그 당시 사람들은 생존을 위해 자신의 문제들을 스스로 해결해야 한다고 생각했다. 이 신화와 결합된 것이 청교도와 다른 종교적인 집단들로부터 전해 내려왔던 미국인들의 인식이었다. 성공하는 사람들은 하나님에 의해서 미리 정해져 있다는 것이다(Cohen & Strong, 2020; 박문재 역, 2019). 가족 안과 밖에서 개인이 어려움을 겪고 있다는 것을 인정하는 것은 자신이 하나님의 선택을 받지 못했다는 것을 인정하는 것이며, 동시에 그 당시 만연해 있던 미국 문화에 의해서 높이 평가받고 있었던 강한 사람들 속에 속하지 못한다는 것을 인정하는 것으로 받아들여졌다(Gladding, 2018).

둘째, 가족치료의 발달을 저해했던 사회적 요소는 전통이다. 역사적으로 사람들은 가족문제에 대한 의논 상대자로 정신건강 전문가들보다는 성직자, 변호사, 의사들을 더 신뢰했다(Gladding, 2018).

셋째, 가족치료의 발달을 저해했던 또 다른 요인은 그 당시의 이론적인 경향이었다. 20세기 초 미국의 주요 심리이론은 정신분석과 행동주의이론이었다. 이 두 이론은 철학적이며 실용주의적인 면을 강조했으며, 개인의 문제 이상을 다루는 것을 거부했다. 가족치료 접근책을 시도하는 전문인과 정신분석의 간의 갈등으로 인해, 이 당시 정신분석의들은 정신분석만이 진정한 정신치료라고 주장했다. 따라서 정신과 의사들이 타 전문인들을 인정하지 않는 것으로 인해 가족치료의 발달에 막대한 지장이 초래되었다. 정신분석학이 미국 정신의학계에 미친 영향은 제2차 세계대전 후까지도 지속되었다(Nichols & Everett, 1986).

넷째, 1930∼1950년에 걸쳐 결혼상담이 과연 정신치료의 형태인가에 대한 토론이 벌어졌는데, 머드는 결혼상담을 정신과 치료의 보조 역할로 보았고, 단기치료를 정신치료로 인정하지 않았다(Mudd, 1955).

다섯째, 올슨은 사회사업학, 심리학, 간호학 등 정신과의 분야들 사이의 소원함이 가족치료 발달을 저해한다고 주장했다(Olson, 1970).

여섯째, 결혼상담과 가정생활 교육과의 모호한 관계가 가족치료 발달을 저해했다. 미국에서 이 두 분야는 때때로 서로 뒤얽히는 과정을 거쳤으며 서로 간의 관계성에 대한 정립에 혼란을 초래했다.

미국에서 가족치료 발달을 저해한 이와 같은 요인들은 한국에서도 예외는 아니고 나름 유사한 점이 있다고 본다.

2) 1940~1949년

가족치료를 태동시킨 두 가지 배경에는 20세기 중반까지 서구를 지배하고 기계론적 세계관으로는 설명이 불가능했으며 많은 생명 현상을 설명 가능하게 했던 체계이론과 사이버네틱스의 영향이 있었다(정문자, 정혜정, 이선혜, 전영주, 2018). 생물학자인 버탈란피는 세상과 사람을 유기체로 보는 생물학적 개념을 발전시키면서 그와 같은 개념으로부터 일반 체계이론을 발전시켰다(Bertalanffy, 1968). 사이버네틱스 분야의 역사는 1942년부터 시작되었고 사이버네틱스 영역의 초기 연구에 관련된 여러 분야의 연구자와 이론가 집단이 가족치료의 초석을 제공했다. 애쉬비는 사이버네틱스에 대해 "사물이 아니라 행동방법을 다룬다. 사이버네틱스는 '무엇을 행하느냐?'를 묻지 않고, 피드백 기제뿐만 아니라 정보처리 과정과 의사소통 유형에 초점을 둔다."라고 했다(Ashby, 1956).

1940년대 초에 사이버네틱스는 복잡한 기계를 이해하고 조정하려는 시도로 기계와 살아 있는 유기체를 비교하는 연구를 했다(Becvar & Becvar, 2013). 이 분야에서 행해진 초기의 대부분의 다학제적 연구는 제2차 세계대전으로 인해 도움을 받았으며 가족치료 탄생의 계기가 되었다(Heims, 1975; Becvar & Becvar, 2013). 제2차 세계대전 이전에는 대학이 각 학문의 경계 안에서 이루어지고 있었으나, 제2차 세계대전을 계기로 물리학과 사회과학의 두 개의 영역에서 다양한 학문 분야를 포함하는 연구자들에 의해 학문이 이루어졌다. 전쟁기술에 초점을 두었던 다학문팀의 목표[예를 들어, 미국 국방연구위원회의 대공포화 관련 프로젝트(노버트 위너가 MIT의 다학제적 연구팀의 일원이었음)와 최초의 핵무기 구축을 위한 뉴멕시코주 로스앨러모스의 맨해튼 프로젝트(존 뉴먼은 이 프로젝트의 수학 자문위원이었음)]는 전쟁기술의 향상이었지만, 이 연구로부터 비롯된 개념들은 가족치료의 태동에 기여한 노버트 위너의 사이버네틱스의 개념이 개발되는 데 영향을 미쳤다. 특히 노버트 위너와 존 뉴먼은 1943년에 유기체와 기계를 함께 연구할 때의 상대적인 이점에 관해 의견을 교환했고, 1945년 제2차 세계대전이 종전되기까지 이 두 연구자는 연구 집단을 조직해 자신들의 아이디어를 구축하기 위한 계획을 논의했다(Becvar & Becvar, 2013; 정혜정, 이형실, 윤경자, 이동훈 공역, 2016).

이 시기에 가족치료가 발달할 수 있었던 요인은 다음과 같다.

첫째, 가족치료 발달의 요인으로 대학에서 여대생의 증가와 가족생활교육 관련 과목들에 대한 요구를 들 수 있다(Broderick & Schradar, 1991). 이 분야의 대표적인 교육자인 어니스트 그로브는 보스턴대학교와 노스캐롤라이나대학교에서 자녀 교육과 가족생활 과목을 가르쳤다. 또한 그는 1933년 결혼과 관련된 최초의 대학교 교재인 『결혼(Marriage)』을 저술했고, 1942년에는 미국 결혼상담사협회(The American Association of Marriage Counselors: AAMC)(Broderick & Schradar, 1991)와 가족에 영향을 미치는 세계화에 대한 그로브 콘퍼런스를 개최했다(Rubin, 2008).

둘째, 가족치료의 발달에 대한 중요한 계기는 최초로 부부상담이라는 개념이 확립된 것이었다. 뉴욕 정신분석연구소(New York Psychoanalytic Institute)의 벨라 미틀만(Mittleman, 1948; Gladding, 2018)은 처음으로 부부치료에 관한 책을 출판했다. 특히 미틀만은 부부관계에서 대상관계의 중요성을 강조했는데, 이와 같은 관점은 심리내적인 관점과는 완전히 다른 관점을 제공했다. 한편, 아브라함 스톤과 한나 스톤은 뉴욕 시에서 1920~1930년대에 부부상담을 주도했던 주창자이자 임상상담사들이었다. 에밀리 머드는 1932년 필라델피아결혼협의회(The Marriage Council of Philadelphia)를 창립해 가족치료의 발달에 기여했다. 폴 포페노는 캘리포니아에서 미국 가족관계연구소(American Institute of Family Relations)를 설립해 개인임상치료를 실시했으며, 그는 결혼상담이라는 용어를 소개했다.

셋째, 가족치료를 탄생을 촉진한 요인으로, 1938년 전국가족관계위원회(National Council on Family Relations)의 창립과 본 위원회가 1939년 창간한 '결혼과 가족생활(Marriage and Family Living)' 저널의 창간을 들 수 있다. 이 협회는 미국 전역에 가족생활 지식을 보급했다.

넷째, 가족치료의 발달에 기여를 한 또 다른 요인으로 카운티 가정 확장 요원의 노력을 들 수 있다. 이 시대에 알프레드 아들러는 미국 전역에서 사용했던 가족들을 위한 실제적인 치료 접근법을 개발했고, 1920년대와 1930년대의 가정 확장 요원들은 이와 같은 접근법의 교육을 받아 당시 가정들을 교육했다(Dinkmeyer, Dinkmeyer, & Sperry, 2000).

다섯째, 1940년대에 가족치료의 발달에 영향을 주었던 또 다른 요인은 제2차 세계대전이었다. 이 전쟁은 미국의 수백만 명의 가족에게 엄청난 충격을 주었다. 특히 전쟁으로 인한 사망과 장애는 가족들에게 심한 상처와 고통을 주었고, 트라우마로 인해 고통받고 있는 군인과 가족을 위한 치료의 필요성이 대두되었다. 이로 인해 1946년 정신보건법이 국회에서 통과되었다. 따라서 가족들의 정신건강법으로 인한 자금을 지원받게 되었다(Hershenson & Power, 1987).

3) 1950~1959년

구에린은 1950년대를 가족치료의 태동기라고 했다(Guerin, 1976). 가족치료의 발달과 연관된 1950년대의 사회적 · 정치적 · 경제적 맥락에서 볼 때, 제2차 세계대전의 여파, 원자력 시대의 초기, 매카시(McCarthy) 시대, 1950년대 말까지 반문화적 운동이 가족치료의 발달과 관련이 있다. 이 시대의 번영은 재결합한 가족들의 증가, 전쟁으로 인한 결혼의 지연, 베이비붐과 대조를 이루었으며 국제적 차원의 평화는 국내적인 의혹 및 내적인 자유에 대한 위협과 대조를 이루었다. 기술과 과학에 대한 긍지는 원자력의 위상과 전멸 가능성에 대한 인식과 관련된 불안과 대조를 이루었다. 한편, 낙관주의와 무사안일주의는 히피 세대의 발생과 시민운동 및 생태계운동의 시작과 대조를 이루었다(정혜정 외, 2016; Becvar & Becvar, 2013). 이 시기에는 일반 체계이론과 사이버네틱스의 개념이 가족치료분야에 좀 더 구체적으로 적용되기 시작했다. 또한 가족치료 발달이 조직보다는 운동을 주도했던 인물중심으로 발생했는데, 이는 정신의학자들의 잘 조직된 집단들이 가족치료 접근을 방해함으로써 실제 현장에서 가족치료를 활용하는 데 많은 어려움이 있었기 때문이었다(Gladding, 2018).

이 시기의 가족치료 발달에 기여한 중요한 인물들은 다음과 같다.

(1) 나단 에커만

이 시기의 가장 중요한 인물로서 나단 에커만(Nathan Ackerman, 1908~1971)은 임상 세계에서 정신 내적 치료 접근과 체계이론 접근 사이에 다리를 연결한 인물이었다. 정신분석학 훈련을 받은 소아정신과 의사이자 의학박사였던 에커만은 1930년대 초부터 가족을 체계론적인 관점에서 치료해야 한다고 주장했다. 특히 1950년대 이후에 그의 주장은 정신분석학적으로 훈련을 받은 탁월한 정신의학자들이 가족치료 분야에 관

[그림 2-1] 나단 애커만

심을 갖게 하는 데 많은 영향을 미쳤다. 그는 정신의학자들에게 정신병의 원인을 발견하기 위해서 환자의 정신장애를 가족과정 역동성의 관점에서 치료해야 한다고 주장했다(Gladding, 2018). 1937년에 출판된 그의 논문인 "사회정서적 단위로서의 가족(The Family as a Social and Emotional Unit)"(Ackerman, 1937)은 가족치료 분야에서 최초의 출판물로 인정을 받고 있으며, 애커만은 가족치료의 대부로 불려진다(Foley, 1974). 애커만은 체계이론적 가족치료의 측면(예: 의사소통, 상호작용) 보다는 가족이 개인에게 미치는 심리적 영향에 초점을 두었다(Nichols & Davis, 2016).

(2) 그레고리 베이트슨

가족치료의 발달에 기여한 그레고리 베이트슨(Gregory Bateson, 1904~1980)은 조현병을 가진 내담자 가족구성원들의 의사소통 패턴에 관심을 가지고 있었다. 1952년 팔로알토(Palo Alto)의 보훈병원에서 근무했던 베이트슨은 록펠러 재단에서 연구비를 지원받아 역설적 의사소통에 관한 연구를 했다. 그는 그 당시 의사소통을 공부하고 있던 대학원생인 제이 헤일리, 문화인류학을 전공으로 했던 전 화학공학도인 존 위클랜드, 정신과 전공이었던 윌리엄 플라이를 그 연구에 영입했다. 1954년에 베이트슨은 메이시(Macy) 재단으로부터 연구비를 지원받아 2년간 조현병 의사소통 유형에 관한 연구를 하게 되었으며, 조현병 환자 진료 경험이 있는 정신과 전문의인 돈 잭슨을 영입해 이중속박(구속, double-bind)이라는 개념과 함께 역기능적인 의사소통이론을 개발했다(Basteson, Jackson, Haley, & Weakland, 1956). 이 이론은 모순되는 2개의 메시지가 다른 수준에서 발생하면, 비록 조현병적인 행동은 아닐지라도 사람들에게 혼동을 일으킨다는 것이다. 결과적으로, 베이트슨은 조현병이 개인의 심리내적인 질병이라기보다 대인관계적인 현상이라고 보았다. 이와 같은 관점은 정신분석이론이 심리치료를 지배했던 시대에서 엄청난 변화를 초래했다. 그 이후 베이트슨 그룹은 1962년에 해체되었지만 이 그룹의 연구들은 1958년에 돈 잭슨(Don Jackson, 1920~1968)이 팔로알토에서 창립한 정신조사연구소(Mental Research Institute)에 의해 발전되었다.

(3) 프리다 프롬-라이크만

가족치료에 영향을 미친 또 다른 인물로는 저명한 정신분석가였던 프리다 프롬-라이크만(Frieda Fromm-Rechmann, 1889~1957)이 있다. 그는 가족치료를 제안하지는 않았으나, 부모의 부정적인 영향으로부터 환자를 해방하는 것이 임상가의 역할이라고 주장했다. 그녀는 특히 어머니의 거부가 아들의 조현병 발달에 책임이 있다고 보았으며, 이러한 주장을 발전시켜 '조현병 소인성이 있는(schizophrenogenic) 어머니'라는 용어를 처음으로 소개했다. 지배적이고 냉정하며 거부적이면서 소유적이고 죄책감을 불러일으키는 특징을 가진 정신분열성 어머니와 수동적이고 무관심하며 무능한 아버지가 함께 아들에게 혼란과 불충분함을 느끼게 해 궁극적으로 조현병 환자가 되게 한다는 것이다(Goldenberg et al., 2017).

(4) 테오도르 리즈

정신과 의사인 테오도르 리즈(Theodore Lidz, 1910~2001) 또한 가족치료 발달에 기여한 인물이다. 베이트슨이 미국 서부에서 조현병에 관한 연구를 한 반면, 테오도르 리즈는 미국 동부에서 자녀의 조현병 발병에 영향을 미치는 가족의 역할에 대한 연구를 했다. 그는 조현병이 성인기에 스트레스를 받았을 때 유아기의 구강기 단계에 고착하게 되면서 궁극적으로 퇴행해 발병한다는 프로이트의 생각과 프롬-라이크만의 거부적 어머니만을 초점을 둔 관점을 거부하고, 조현병에 영향을 미치는 아버지의 역할에 대해 연구를 했다(Nichols, & Davis, 2016). 리즈와 그의 동료들은 조현병 가족에서 나타나는 아버지의 다섯 가지의 병리적 패턴으로서 '엄격하고 지배적인' '적대적인' '편집적인' '가정에서 거의 존재가 없거나 존재하지 않는' '수동적이며 굴복적인' 유형을 제시했다(Lidz, Cornelison, Fleck, & Terry, 1957a). 그 외에도 리즈와 동료들은 조현병 가족의 특징으로서 두 가지 갈등 유형을 제안하면서 부부 분열(marital schsim)과 부부 왜곡(marital skew) 개념을 설명했다. 첫째, 부부 분열은 부부가 서로 상대방을 평가 절하하며, 자녀의 애정을 얻기 위해 노골적으로 경쟁을 해서 마침내 가정이 전쟁터가 되게 하는 것을 의미한다. 둘째, 부부 왜곡은 상대방을 지배하는 배우자의 심각한 정신적 장애를 포함한다. 이러한 가정은 결혼의 유지가 위협받지는 않으나 쌍방 간에 파괴적 유형이 존재한다. 이러한 상황에서 부인은 결국 자녀들로 하여금 현실을 부인하게 하고 왜곡하게끔 만든다(Lidz, Cornelison, Fleck, & Terry, 1957b).

리즈는 조현병 환자들의 병리 요인으로서 가족 역기능(융통성이 없는 가족 역할, 잘못된 부모 모델)을 발견했다. 비록 젠더에 민감한 가족치료사들이 형평성을 잃고 정형화된 성역할(아버지는 더 강압적이어야 하고 어머니는 이타적이어야만 한다는 고정관념)을 강조하는 리즈의 사고를 비판하지만, 그럼에도 불구하고 그가 자녀의 충성심을 나누게 하는 분열된 가족에서 성장하는 악영향을 지적했다는 점은 인정받을 필요가 있다 (Goldenberg et al., 2017).

(5) 리만 위니

리만 위니(Lyman C. Wynne, 1923~2007)는 조현병 환자 가족들의 의사소통과 가족역할에 대해 연구를 했으며, 그와 동료들은 거짓상호성(pseudomutuality), 거짓적대성(pseudohostility), 고무울타리(rubber fence)라는 개념을 만들어 냈다. 거짓상호성이란 실세로는 그렇지 않으면서 겉보기에는 상호 개방적이며 서로 이해하는 관계처럼 보이는 것을 말한다. 거짓상호적인 가족들은 분리된 정체성을 키우지 않는 밀착된 관계를 유지하게 하는 가족을 의미한다(Wynne, Ryckoff, Day, & Hirsch, 1958). 거짓적대성은 자율성을 억압하기 위해 유사한 결탁을 위한 다른 모습이다. 거짓적대성은 실제의 적대감보다는 시트콤 가족의 다툼과 같은 것이다. 거짓적대성은 거짓상호성처럼 친밀감을 약화하고 더 깊은 갈등을 가린다. 또한 의사소통을 왜곡하며, 합리적 사고를 손상한다. 고무울타리는 제한된 가족외적인 접촉을 허용하는 것을 늘리는 보이지 않는 장벽을 의미한다. 이는 가족의 특정 경계가 바뀌는 상황(수용될 수 있는 정보는 받아들이지만, 수용될 수 없는 정보는 거부하는 상황)이 고무 같다고 해서 만들어진 개념이다(Wynne, 1961). 이와 같이 혼란스러우면서 밀착된 상황에서 의사소통, 개인의 지각과 정체성 형성은 모두 문제가 된다. 당시의 체계이론, 사이버네틱스 사고와 일관되게 위니와 그 동료들은 조현병을 개인적인 병리로 보기보다는 가족 역기능의 증상 또는 부적절한 부모와 조현병 소인성이 있는 부모의 희생물로 보았다. 그는 연구자와 임상가로서 2007년 사망할 때까지 조현병 환자 가족의 의사소통 문제에 대한 지식을 확장해 주었다(정혜정 외, 2016; Becvar & Becvar, 2013).

(6) 머레이 보웬

이 시대에 가족치료 발달에 현저한 기여를 한 머레이 보웬(Murray Bowen, 1913~1990)은 정신분석 훈련을 받은 정신과 의사로서 1946년대 초에 캔사스주의 토피카(Topeka)에 있는 메닝거클리닉에서 근무했다. 그는 1954년에는 미국 국립정신건강연구소(National Institute of Mental Health, NIMH)에서 조현병 환자와 어머니의 공생관계에 관심을 두었으며, 환자의 전체 가족을 대상으로 관찰과 연구를 진행했다. 그는 조현병이 가족행동에 나타나는 데는 최소한 3세대 이상이 걸린다고 했으며, 부모의 정서적 갈등을 경험한 사람은 그들 자녀에게도 유사한 갈등상황을 재연할 가능성이 크다고 했다(Goldenberg et al., 2017). 특히 그는 삼각관계, 세대전수, 자아분화, 미분화 가족자아덩어리와 같은 개념을 발전시켜 가족치료 분야에 엄청난 공헌을 했다.

(7) 이반 보즈메니 나쥐

이반 보즈메니 나쥐(Ivan Boszormenyi-Nagy, 1920~2007)는 정신분석훈련을 받은 헝가리 출신의 정신과 의사로서 1957년에 필라델피아에 동부 펜실베이니아 정신과 연구소를 설립해 소장이 되었고, 그곳에서 조현병과 가족에 대해 연구를 했다(Atwood, 1992). 그는 세대 간 관계의 중요성과 조현병 환자와 연루될 가능성에 대해 더 많은 관심을 가지게 되었다. 그의 책『볼 수 없는 충성심: 세대 간 가족치료의 상호성(Invisible loyalties: Reciprocity in intergenerational family therapy』(Boszormenyi-Nagy & Spark, 1973)에서 그는 치료를 위한 세대 간 접근법을 다루고 있다. 그와 그의 동료들은 가족 내의 증상의 형성에 있어서 세대 간의 권리부여와 책무의 중요성을 강조했다. 그의 지지적인 치료에서는 의사소통을 명확히 하고, 상호작용패턴을 변경하며, 구체적인 스트레스 상황에 대처할 수 있는 가족의 능력을 촉진하려고 시도한다(Atwood, 1992).

이 시기에 가족치료의 발달에 기여한 인물 중에는 칼 휘터커(Carl Whitaker), 존 엘데킨 벨(John Elderkin Bell), 크리스천 미델포트(Christian F. Midelfort) 등이 있다. 1950년대에 가족치료의 발달에 기여한 인물들의 연구 대상은 모두 조현병 환자와 가족들이었다는 점이 공통적으로 나타났다. 이 시기의 연구들의 기본 가정은 가족관계가 조현병을 유발한다는 것을 전제로 하고 있다고 볼 수 있다.

4) 1960~1969년

1960년대는 가족치료에 대한 호기심이 크게 증폭된 시기였으며, 동시에 가족치료 분야가 집약되고 있는 시기라고 볼 수 있다. 이 시기는 가족치료에 관한 지식을 넓히고 개념을 설명해 새로운 관점의 기본 가정에 논리적인 여러 기법을 확장하는 시기였고, 이를 통해 가족치료는 여러 방향으로 확산되었다. 즉, 가족치료 관련 학술회의에서 가족치료 양식에 대한 인식이 높아졌고, 이전에 시작된 연구가 이어졌으며, 새로운 연구 과제와 가족치료 관련 책과 논문이 매우 많이 출판되었다(Becvar & Becvar, 2013).

1962년에 나단 에커만과 돈 잭슨은 가족치료 관련 최초의 학술지이자 여전히 가족치료 분야에서는 가장 영향력이 있는 학술지인 「가족과정(Family Process)」를 출간했는데, 그때 초대 편집인은 제이 헤일리였다. 첫 발간부터 이 학술지는 연구자들과 임상가들이 비슷하게 생각을 교환하도록 했고 이 분야 내에서 일체감을 경험하게 했다. 게다가 몇 개의 중요한 전국규모 학술대회도 개최되었다. 더 나아가 1964년의 모임에서는 역기능적인 가족을 이해하기 위한 체계이론의 적용을 다루었다(Zuk & Boszormenyi-Nagy, 1969). 1967년에는 심리학자인 제임스 프라모(James Framo)가 조직한 학회가 가족 연구자, 이론가 그리고 가족치료사 간의 지속적인 대화를 촉진하고 유지하기 위해 개최되었다(Framo, 1972). 특히 1960년대에는 가족치료를 위한 훈련센터들과 학문적인 프로그램들이 시작되고 강화되었다(Gladding, 2018).

(1) 돈 잭슨

1960년대 가족치료를 이끌었던 접근법으로 정신건강연구소(Mental Research Institute)의 의사소통이론을 들 수 있다. 특히 정신과 의사인 돈 잭슨(Don Jackson, 1920~1968)이 1959년에 정신건강연구소의 문을 열었는데 그는 이 연구소에 줄리스 리스킨과 버지니아 사티어를 초빙했다. 처음에 사티어는 정신건강연구소(MRI)가 가족원들 간의 관계를 연구하고 가족관계가 어떻게 가족구성원들의 건강과 질병으로 발전하게 되는지를 연구할 목적의 기관이라고 보았다(Satir, 1982). 정신건강연구소는 처음에는 조현병 연구에 초점을 두었지만 현재는 비행, 학교 관련 문제, 정신신체적 질환, 부부갈등 문제들에 관해 가족을 연구하기 시작했다. 이외에도 이 연구소에 리차드 피쉬(Richard Fisch), 제이 헤일리(Jay Haley), 폴 바츠라비크(Paul Watzlawick), 존 위클랜드(John Weakland)가 연구원으로 합류했다. 돈 잭슨은 의사소통이론가로서 가족의 균형이라는 개념과 의사소통에 관한 기본규칙을 소개했다(Becvar & Becvar, 2013; 정혜정 외, 2016). 1968년 돈 잭슨이 사망하면서 버지니아 사티어는 에설런으로, 제이 헤일리는 미누친이 있는 필라델피아로 옮기게 된다(Goldenberg et al., 2017; Nichols, & Davis, 2016). 이처럼 정신건강연구소는 많은 가족치료 이론의 발달에 엄청난 영향을 미쳤는데, 그 예로 경험적 가족치료 이론, 전략적 가족치료 이론, 밀란 가족치료 이론, 해결중심 가족치료 이론, 이야기치료이론 등을 들 수 있다.

(2) 살바도르 미누친

1960년대에 가족치료의 발달에 기여한 또 다른 구조적 가족치료 이론을 개발한 살바도르 미누친(Salvador Minuchin, 1921~2017)을 들 수 있다. 그는 1960년대 초에 뉴욕주의 월트위크 소년학교(Wiltwyck School for Boys)에서 남자 비행청소년들을 대상으로 심리치료를 했다. 이들 중 많은 청소년이 뉴욕시 출신의 흑인이거나 푸에르토리코인이었다. 그는 저소득층과 빈민가족을 중심으로 이 집단에 적용할 수 있는 가족치료기법을 개발했다. 그는 월트위크에서의 가족치료 경험을 중심으로 구어니(Guerney), 몬탈보(Montalvo), 로스만(Rosman), 슈머(Schumer)와 함께 『빈민가의 가족(Families of the Slums)』(Minuchin, Montalvo, Guerney, Rosman, & Schumer, 1967)라는 책을 출판했다. 1965년에 미누친은 필라델피아 아동지도클리닉(Philadelphia Child Guidance Clinic)의 소장이 되었다. 미누친의 영향으로 인해 필라델피아 아동지도클리닉은 전통적인 아동지도클리닉에서 매우 큰 가족치료사 훈련센터로 변형되었다(Nichols & Davis, 2016). 1960년대 말 즈음에, 필라델피아 집단은 심리신체적 증상을 가진 가족(특히 거식장애 환자들 가족에 특별한 관심과 함께)에게 미누친의 경계선의 초기 개념과 심리신체적 증상들에 대한 가족 하위체계들의 상호작용이라는 개념을 적용했다(Goldenberg et al., 2017).

(3) 버지니아 사티어

1960년대에 가족치료의 발달에 영향을 미친 인물인 버지니아 사티어(Virginia Satir, 1916~1988)는 가족치료 선구자들 중 가운데 유일한 여성이었다는 점이 매우 독특하다. 그녀는 개인임상치료소의 사회복지사였으며, 그녀가 가족치료사로서의 명성을 얻게 된 것은 MRI에서였다. 그곳에서 그녀는 동료들과 협력했으며, 그후에 자신의 연구소를 차려 독립했다. 그녀는 50년간의 임상경험을 가지고 있었고, 다른 남성 가족치료 선구자들에 비해 감정이입의 능력이 월등하게 뛰어나서 그 누구도 그녀를 따라가지를 못했다(Framo, 1996). 가족치료 분야의 남성 선구자들이 문제들과 이론에 대한 개념적인 틀의 정립에 초점을 두었던 반면에, 사티어는 내담자들을 수용하고 양육했으며, 자아존중, 동정 그리고 솔직한 감정표현의 중요성을 강조했다(Gladding, 2018). 사티어는 『공동가족치료(Conjoint Family Therapy)』(Satir, 1967)을 출판하면서 전국적인 인지도를 얻게 되었다. 이 책에서 그녀는 치료사가 두 배우자를 동시에 함께 만나야 하는 것에 대한 중요성과 어떻게 그 과정이 일어날 수 있는가에 대해 상세하게 설명했다(Gladding, 2018; Goldenberg et al., 2017).

(4) 제이 헤일리

제이 헤일리(Jay Haley, 1923~2007)는 1962년 가족치료 관련 최초의 학술지인 가족과정(Family Process)의 초대 편집장으로서 매우 많은 책과 논문의 저자이면서 전략적 가족치료 학파의 창시자로서 1960년대의 가족치료 분야에 대단한 영향을 끼쳤다(Becvar & Becvar, 2013). 그는 밀턴 에릭슨(Milton Erickson)의 작업을 발전시키면서 자신의 전략적 가족치료의 이론적 틀을 갖춰 나갔다(Haley, 1963). 그는 에릭슨처럼 내담자 가족구성원들에게 그들이 가정에서 해 왔던 것(예: 정보를 공유하지 않는 것)을 상담실에서 하도록 허용했고, 치료를 위한 통찰력을 얻기 위해 내담자 가족구성원들이 치료 과정에 보다 더 적극적으로 참여하도록 독려했다(Gladding, 2018). 제이 헤일리가 1967년에 미누친과 그의 동료들에게 합류하면서, 그는 미누친의 영향을 받게 되었다. 그는 이중구속 이론의 공동저자로서 처음에는 의사소통의 여러 수준에 초점을 두었다가 권력전략(power tactics)이 모든 상호작용의 필수불가결한 부분이라고 강조했다(Becvar & Becvar, 2013).

(5) 유럽 국가의 가족치료 발달

1960년대에는 미국 이외의 다른 국가에서도 가족치료의 발달이 이루어졌다. 정신분석적으로 접근했던 런던에 있는 가족치료 연구소(Institute of Family Therapy)에서 로빈 스키너(Robin Skynner)가 정신역동적 가족치료의 단기치료에 기여했다(Skynner, 1981). 영국 정신과의사인 존 하웰(John Howells)은 치료적 개입을 위한 필수적인 단계로서 가족진단을 도입했다(Howells, 1975). 서독에서는 헬름 스티어린(Helm Stierlin)이 청소년의 분리유형에 주목해 분리유형과 가족특징을 연관지었다(Stierlin, 1974). 이탈리아에서는 아동 정신분석으로 훈련을 받았던 마라 셀비니−파라쫄리(Mara Selvini-Palazzoli)가 식욕부진증을 가진 아동에 대한 치료결과에 실망을 경험하면서 베이트슨과 팔로알토집단의 새로운 인식론에 매료되었다. 순환성을 강조하는 체계론적 접근으로 전환하면서 그녀는 저항하는 사례를 더 성공적으로 치료했다. 1967년에 셀비니 파라쫄리는 동료인 루이기 보스콜로(Luigi Boscolo), 질리아나 프라타(Guiliana Prata), 지안프란코 체친(Gianfranco Cecchin)과 함께 밀란에 가족연구소(Institute for Family Studies)를 설립했다. 이 연구소는 정신건강연구소(MRI) 모델에 기반을 두었고, 가족 대상의 치료에 많은 혁신적이고 단기적인 접근으로 1970년대에 괄목할 만한 발전을 하게 되었다(Selvini-Palazzoli, Boscolo, Cecchin, & Prata, 1978). 이 연구소는 궁극적으로는 가족치료분야에서 세계적인 영향력을 미쳤고, 특히 1년까지 한 달 간격으로 치료가 진행되는 '장시간' 단기치료를 사용한다(Goldenberg et al., 2017).

5) 1970~1979년

1970년대는 새로이 개발된 가족치료 접근들이 발전해 완전히 성숙한 학파를 이루면서 이론적 모델을 정교하게 만드는 시대였다. 이 시기에는 가족치료 창시자들이 발행한 출판물이 최고조에 달했고 학생들이 스승으로부터 훈련을 받기 위해 다양한 가족치료센터로 몰려들었다. 이 시기에는 가족치료 주요 접근들 간의 경계가 더욱 분명하게 구별되었다(Becvar & Becvar, 2013).

(1) 다양한 가족치료 접근의 확산

1970년대 초에는 미국의 여러 지역에서 가족치료의 확산이 이루어졌다. 버몬트 (Vermont)에서는 입원한 조현병 환자 가족들 집단을 치료하는 과정이 다중가족치료 (multiple family therapy)라고 불렸다(Laqueur, 1976). 텍사스주 갤버스턴에서는 가족들이 정신건강 전문가팀과 함께 위기에 초점을 둔 집중적인 이틀간의 지속적인 상호작용을 하는 다중충격치료(multiple impact therapy)가 실시되었다(Macgregor, Ritchie, Serrano, & Schuster, 1964). 필라델피아에서는 친구, 이웃, 고용주를 포함하는 확대가족 집단과 함께 가족 안에서 작업하는 관계망치료(network therapy)가 시행되었다(Speck & Attneave, 1973). 한편, 콜로라도에서는 정신적 장애를 가진 희생양이 된 가족구성원을 입원시키지 않고 외래환자로 중심으로 가족을 치료하는 가족위기치료(family crisis therapy)가 실시되었다(Langsley, Pittman, Machotka, & Flomnehaft, 1968).

(2) 녹화기술의 등장

이 시기에 새로 등장한 녹화 기술은 가족치료사들이 지속적으로 상담회기를 녹화해 가족구성원들이 보게 하거나, 치료사의 연구에 활용하거나 가족치료 훈련 목적으로 사용할 수 있게 되었다(Alger, 1976). 특히 빌즈(Beels)와 퍼버(Ferber)는 가족치료를 진행하는 주도적인 치료사들을 관찰했고 그들의 상담 비디오테이프를 연구했다(Beels & Ferber, 1969).

(3) 가족치료 효과성에 대한 검증

1970년대에는 가족치료가 처음으로 가족치료의 효과성에 대한 성과연구를 통해 자기반성을 시도했다. 웰즈(Wells)와 데젠(Dezen)은 가족치료 성과와 관련된 문헌을 조사해본 결과 이 분야의 주요 인물을 포함한 대부분의 가족치료 이론가가 경험적 검증에 대한 방법들을 제시하지 못했고 그것에 대한 필요성조차도 의식하지 못하고 있었다고 밝혔다(Wells & Dezen, 1978). 1970년대 말에는 약간의 개선이 있었지만 가족치료의 효과성에 대해 여전히 지속적이고 체계적인 평가가 요구되었다(Gurman & Kniskern, 1981a).

(4) 가족치료에 대한 페미니즘 비판

가족치료에 대해 가장 커다란 영향을 미친 충격은 그 당시 가족치료의 체계적 사고와 치료적 기술에 대한 여성주의자(feminism)의 비판으로부터 시작되었다. 1970년대 중반부터 하르 머스틴을 시작으로 점차 많은 가족치료사가 개념적으로나 실천적으로 남성성의 가치(자율성, 독립성, 통제)를 선호하는 반면에, 여성과 관련 있는 양육적이고 관계지향적인 가치를 평가절하하고 있다고 주장했다(Hare-Mustin, 1978). 따라서 그녀는 가족치료가 여성들을 가족 안에서 여성들의 임무와 역할이 불공평한 상태를 유지한다고 했다. 슬로빅(Slovik)과 그리피스(Griffith) 또한 가족치료사들이 의존성과 양육이 관련된 특성을 보통 여성과 관련되는 것으로 평가절하하는 경향이 있다고 지적했다(Slovik & Griffith, 1992). 이처럼 1970년대는 가족치료 분야에서 페미니즘 사고가 현저하게 발달해 가족치료의 이론과 실제에 많은 영향을 미쳤다(Framo, 1996). 여성주의자들은 어떤 인간체계를 막론하고 힘의 구조를 가장 중요한 것으로 간주한다(Carter, 1992).

(5) 미국 결혼/가족치료협회와 미국 결혼/가족치료학회의 설립

이외에도 1970년대에는 미국 결혼/가족치료협회(American Association for Marriage and Family Therapy: AAMFT)의 회원 증가가 이루어졌다. 1970년에 973명이었던 미국 결혼/가족치료협회 회원은 1979년에는 7,565명이 되어, 무려 777%나 증가했다(Gurman & Kniskern, 1981b). 2021년 현재 AAMFT 홈페이지에 따르면, 50,000명 이상의 회원이 등록되어 있다. 이와 같은 협회의 놀라운 성장에 대한 원인은 다양하겠지만, 1977년에 이 협회가 미국보건교육복지부에 의해서 결혼과 가족치료의 학위를 수여할 수 있는 프로그램들에 대한 인증기관으로 인정을 받은 것이 중요한 이유 중 하나로 볼 수 있다. 게다가 거의 비슷한 시기에 협회의 명칭을 미국 결혼/가족상담사협회 (American Association for Marriage and Family Counselors)에서 미국 결혼/가족치료협회로 변경되었다. 더군다나 AAMFT는 협회에서 발행하는 「결혼과 가족치료 저널(Journal of Marriage and Family Therapy)」을 윌리엄 니콜스(William C. Nichols, Jr.)가 최초의 발행인이 되어 발간했다(Gladding, 2018).

또한 1977년에는 미국 가족치료학회(American Family Therapy Academy: AFTA)가 설립되었다. 미국 가족치료학회는 "정신역동적인 접근을 사용했던 결혼전문가들과는 구별되는 체계적 가족치료에 대한 관심"을 대표했다(Sauber, L'Aate, & Weeks, 1985). 이 학회의 리더들 가운데 머레이 보웬(Murray Bowen)과 제임스 프라모(James Framo)가 있었다. 1981년에 미국 결혼/가족치료협회와 미국 가족치료학회의 대표들로 구성된 연합 사무위원회가 형성되면서 가족치료 분야에서 두 단체가 담당할 고유한 역할들에 대해 논의했다. 미국 가족치료학회는 각자의 생각들의 교류에 관심이 있는 고급 전문가들의 학회로 인정받았으며, 미국 결혼/가족치료협회는 결혼과 가족치료사들에게 전문가 자격증을 발급하는 역할에 대한 정부 인정기관으로서의 위치를 유지했다. 그 이후에 미국 가족치료학회는 오직 가족치료에 대한 임상적인 연구들에 대해 관심을 두게 되었다(Gladding, 2018).

6) 1980~1989년

1980년대에서 가족치료 분야는 괄목할 만한 성장을 이루었다. 1985년에 미누친은 1980년대가 통합의 시기라고 말했다(Becvar & Becvar, 2013). 1980년대에 발생한 중요한 변화는 다음과 같다.

(1) 새로운 가족치료 리더들의 등장

1980년대는 가족치료 분야의 선구자들이 노쇠하고, 이와 같은 선구자들로부터 배웠던 가족치료사들이 성장하면서 앞선 선구자들과는 구별되는 아이디어와 넘치는 활력을 가진 새로운 리더들이 나타나기 시작했다(Kaslow, 1990). 이들은 기본적으로 1세대인 선구자들이 물려줬던 좋은 유산들은 보전하면서 또 다른 방향을 모색했다. 특히 가족치료 분야에서 여성들의 리더십이 돋보였는데, 그들 중에는 모니카 맥골드릭(Monica McGoldrick), 레이첼 하르-머스틴(Rachel Hare-Mustin), 캐롤린 애트니브(Carolyn

Attneave), 페기 팹(Peggy Papp), 페기 펜(Peggy Penn), 클로이 마다네스(Cloe Madanes), 프로마 왈쉬(Froma Walsh)와 베티 카터(Betty Carter) 등이 있다. 이 여성 가족치료사들은 새로운 이론을 만들어서 오래된 이론들에 대한 도전을 했으며, 가족생활에 대한 더욱 풍부하고 균형 잡힌 관점을 얻고 가족에게 필요한 변화를 분별하기 위해서 가족치료계에 '여성들의 목소리와 경험들을 포함'해야 할 필요성을 알게 되었다(Carter, 1992, p. 69). 이들의 존재와 탁월한 활동으로 인해 가족치료사들로 이루어진 전문위원회의 구성이 4명의 남성과 여성인 버지니아 사티어로 구성되었다(Gladding, 2018).

(2) 가족상담관련 협회의 증가

1970년대에서 언급한 미국 결혼/가족치료협회와 미국 결혼/가족치료학회 외에 몇 개의 협회와 학회가 1980년대에 설립되었다.

첫째, 1986년에 미국심리학회(American Psychology Association: APA) 안에 가족심리학 분과 학회(Division of Family Psychology: DFS)가 설립되었다. 오늘날에는 분과(Division) 43으로 부부가족심리학회(Society for Couple and Family Psychology)라 불린다. 이 분과는 일부 가족 임상치료사들이 심리학자로서 자신들의 정체성을 유지하기 위해 설립되었다(Kaslow, 1990). 가족심리학은 가족치료에 대한 임상적 강조보다는 광범위한 관점을 제공하며, 결혼과 가족 내에서 관계망에 특별한 관심을 둔다. 1990년대 말에는 DFS의 회원이 약 1,700명이 되었다(Goldenberg et al., 2017). 여기에 속한 학자들 가운데 유명한 인물로 제임스 알렉산더(James Alexander), 앨런 구어맨(Alan Gurman), 플로렌스 카슬로(Florence Kaslow), 루치아노 라베이트(Luciano L'Abate), 레이첼 하르-머스틴(Rachel Hare-Mustin), 던컨 스탠튼(Ducan Stanton)과 제랄드 쥬크(Gerald Zuk) 등이 있다(Gladding, 2018).

둘째, 1989년에 결혼/가족상담사국제협회(International Association of Marriage and Family Counselors: IAMFC)가 미국상담협회(American Counseling Association: ACA) 내의 이익집단으로 설립되었다. 1989년 결혼/가족상담사국제협회의 창립 당시에 회원은 약 100여 명이었으나 1996년에는 거의 8,000명이 되었다. 1990년에 결혼/가족상담사국제협회는 미국상담협회의 분과가 되었다. IAMFC는 가족을 대상으로 심리상담하는 상담사들에 대한 교육 프로그램을 수행했으며, 결혼/가족상담 프로그램의 훈련기준을 개발하는 것을 지원했다(Goldenberg et al., 2017; Pietrzak & L'Amoreaux, 1998).

셋째, 1987년에 국제가족치료협회(International Family Therapy Association: IFTA)가

치료사, 이론가, 연구자, 훈련가, 가족과 일하는 또 다른 전문가로 구성되었다. 이 협회는 지금은 40개 국가의 500여 명 이상의 회원을 보유하고 있다. 다양한 나라에서 개최되는 국제가족치료협회의 학회에서는 아이디어를 직접 교환하고 있다. 이 기관은 1년에 2회씩 「국제관련(International Connection)」이라는 정기간행물을 발행해 학회를 공지하고 가족치료 관련 논문들을 발간하고 있다(Goldenberg et al., 2017).

넷째, 응용심리학 분야에서 박사후과정생의 능력을 인정하는 전문분야의 위원회인 미국 전문심리학위원회(American Board of Professional Psychology)가 1980년 후반에 보증할 수 있는 전문분야로서 가족심리학을 인정했다. 이 구성위원회는 지금은 미국 부부가족심리학위원회(American Board of Couple and Family Psychology)로 불린다(Goldenberg et al., 2017).

이외에도 초창기 미국에서는 가족치료센터가 5개 정도 운영되고 있었는데, 1980년대에는 미국에만 300개 이상이 설립되었다(Goldenberg et al., 2017).

(3) 가족치료 관련 연구방법론의 발달

1980년대까지 가족치료 분야의 연구방법들이나 연구들이 별로 없었다. 1982년에는 「결혼과 가족치료(Journal of Marriage and the Family)」 학술지가 가족연구방법론에 관한 많은 분량의 연구물을 게재해 가족연구에 대해 강조했다. 1984년에는 '가족문제 저널(Journal of Family Issues)'이 발행되어 가족 연구방법론의 중요성을 부각시켰다(Miller, 1986). 게다가 아담스(Adams)와 슈바네벨트(Schvaneveldt)가 쓴 연구방법론 책은 처음으로 가족사례를 예시를 들었다(Adams & Schvaneveldt, 1991). 이처럼 1980년대는 가족치료 연구방법론에 있어서 획기적인 진전이 있었다(Gurman, Kniskern, & Pinsof, 1986).

(4) 가족치료 분야의 출판물들

앞에서도 언급했다시피, 1962년에는 「가족과정(Family Process)」이라는 전문학술지 하나만 존재했으나, 1980년대에는 가족치료와 관련된 협회 및 회원 수가 증가하면서 24개 학술지가 출간되었으며, 그 중 반은 영어로 출판되었다. 한편 길퍼드(Guilford)와 브루너/마젤(Brunner/Mazel)과 같은 주요 출판사들이 가족치료 관련 전문서적을 출판하기 시작했다. 상담학, 심리학 그리고 사회복지학 분야의 교재들을 출판해온 거의 모든 출판사가 결혼과 가족치료에 관한 책을 발간했다. 게다가 새로운 정기간행물들이 나타나면서 기존의 잡지들은 더 많은 부수를 발행했다(Gladding, 2018).

(5) 가족치료에 대한 국가적인 인정

1980년대에는 가족치료 분야가 정신건강 교육생들을 훈련시킬 수 있는 자격을 갖춘 4개의 핵심 정신건강 전문 분야 중 하나로 선택을 받음으로써 국가적인 인정을 받게 되었다(Shields, Wynne, McDaniel, & Gawinsk, 1994). 이 결정은 미국 공중보건법의 조항에 명시되었고, 이 같은 인정은 연방정부가 가족치료를 심리학이나 정신의학 그리고 정부 지원금을 받기 위해 경쟁하는 다른 전문 분야들과 동등한 위치에 놓게 되었다는 것을 의미한다(Gladding, 2018).

(6) 가족치료의 세계적인 확장

1980년대에 가족치료는 국제적인 현상이 되어, 캐나다, 영국, 이스라엘, 네덜란드, 이탈리아, 호주, 독일과 그 외의 많은 국가에서 적극적인 훈련프로그램과 회의가 개최되었다. 1985년에 서독 하이델베르크 매핑고 기초 심리분석 연구 및 가족치료학과의 10주년 기념학술대회가 개최되었으며, 25개국에서 2,000명이 참석했다(Stierlin, Simon, & Schmit, 1987). 1987년에는 체코 프라하에서 전 세계에서 2,500명이 참석한 동서가족치료 학회가 개최되었으며, 1989년는 헝가리 부다페스트에서 유사한 학회가 열렸다(Goldenberg et al., 2017).

또한 1980년대에는 가족치료 분야의 창시자들과 관련된 경쟁력이 있는 가족치료모델들이 확산되었다(Piercy & Sprenkle, 1990). 비록 각각의 가족치료모델은 체계이론에 의존적이었음에도 불구하고, 각 모델의 다른 관점이 가족치료 분야에 있어서 경쟁적인 '학파'로 자리매김했다. 그럼에도 각 모델들 간의 상호교류는 워크샵과 가족치료 대가들의 다양한 신념의 비디오 테이프를 통해 지속되었다(Goldenberg et al., 2017).

1980년대의 이와 같은 가족치료에 대한 발전과 낙관적인 전망에도 불구하고 가족치료 접근방법들이 항상 효과적이지는 않았다. 가족치료를 지나치게 이상적으로 바라봤던 사람들의 수가 감소함으로써, 가족치료는 자연스럽게 비판의 대상이 되었다. 그들이 비판을 받게 되었던 것은 헤일리의 조작적인 방법이나 미누친의 방식이 예리하다기보다 휘두르는 사람처럼 보였기 때문일 수도 있을 것이다. 가족치료사들은 그들의 창조성에 탄복해 그들을 모방하려고 했지만 창조성을 모방할 수는 없었다. 1980년대 말에 가족치료 주류학파의 선구자들은 노쇠해 갔고, 그들의 영향력은 감소되었다. 한때는 영웅처럼 보였던 것이 이제는 공격적이고 거만한 것처럼 비춰졌다. 페미니즘의 출현, 포스트모더니즘의 비판, 분석적이고 생물학적 모델들의 재현, 정신분열증 치료제인 프로작의 발견, 익명의 알코올중독자 모임과 같은 회복프로그램의 성공 등은 가족문제가 항상 관계의 산물이었다는 생각과 가족치료가 옳고, 효과가 있다는 신념이 도전을 받게 만들었다(Nichols & Davis, 2016). 이러한 인식론적인 도전으로 인해 1990년대에는 이차 사이버네틱스적(인공두뇌적) 사고가 발달했으며, 포스터모더니즘과 구성주의에 입각한 기존의 가족치료모델과는 차별화된 가족치료모델이 출현하게 되었다.

7) 1990~1999년

1990년대는 가족치료모델들이 전 세계적으로 확산이 되면서 기존 가족치료모델들 간의 통합이 요구되었으며, 구성주의와 포스트모더니즘, 페미니즘이 일차적 사이버네틱스의 관점에 입각한 전통적인 가족치료모델들에 비판을 가하면서 이차적 사이버네틱스의 관점에 의한 새로운 가족치료모델이 출현하게 되었다.

(1) 모델들 간의 통합에 대한 요구

1990년대에 있어서 가족 속성에 대한 철학과 최선의 개입에 대한 이견은 지속되었음에도 불구하고, 가족치료 학파 간에 상호적으로 배타성이 감소했다. 1990년대의 분명한 추세는 가족치료모델(예: 심리역동적 모델, 인지−행동적 모델, 가족체계 모델) 간의 통합적인 접근으로 나타났다(Wachtel & Dowd, 1997). 치료사들은 여전히 다른 관점으로 가족을 보았지만, 비록 기술 혹은 개념의 차용이 항상 이론적으로는 합리화될 수 없을지라도 임상적인 문제의 요구로 인해 기술과 개념이 더 많이 중첩되었고 이들 간의 차용이 빈번했다. 그와 같은 실용주의적 절충주의는 더 철저한 통합과 메타이론화를 주장하는 사람들에 의해 비판받았다(Kroos, 2012). 이처럼 1990년대에 가족치료 분야는 좁은 관점으로 훈련된 전문가로부터 벗어나기 시작했다(Broderick & Schrader, 1991).

이와 같은 통합적인 움직임은 치료결과에 영향을 미치는 공통적인 요인들의 존재에 대한 인정(Sprenkle, Davis, & Lebow, 2013)과 차별적인 효과성 및 다양한 가족치료의 효능성에 대한 제한된 증거(Lebow & Gurman, 1995)에 대한 반응으로 시작했다(Gurman, 2015). 따라서 대부분의 치료사가 전체적인 분야의 관점을 가지고 '관계적 치료사'로서 기술을 발달시키도록 요구받았다. 모델들을 결합하는 것 이상으로 통합적인 노력은 가족을 평가하고 개입하는 데 있어서 좀 더 전체적인 혹은 종합적인 방법을 목표로 하고 있다(Goldenberg et al., 2017).

(2) 가족치료의 확장과 주요 관심사

1990년대에는 가족치료가 좀 더 세계적으로 확장되었으며 새로운 이론과 전문분야가 나타났고, 가족치료사들의 수가 큰 폭으로 증가했으며, 가족치료관련 대학교 교육과정과 가족치료의 경험적인 요소들이 개선되었다. 1990년대 주요이슈는 전문적인 직업으로서 인식, 가입, 인증과 자격증 등이었으며, 힘과 영향과 관련된 이슈들이 주요 관심사가 되었다. 이러한 이슈들은 또한 가족치료가 지속적으로 학제 간 분야로 남을 것이냐 아니면 주변 분야로 처질 것이냐에 대한 영향력의 문제라고도 할 수 있다(Gladding, 2018). 한편, 의료가족치료의 발전은 다양한 수준의 통합에 초점을 둔 시대적인 흐름을 반영했고, 가족치료 이론과 실천을 위한 거대한 준거틀에 대한 발전이 있었다. 이와 더불어 1990년대에 대한 현실적 이해는 관리 의료가 가족치료 과정의 모든 측면에 미치는 영향을 고려할 것을 요구했다(Becvar & Becvar, 2013). 1990년대 초에 미국 결혼/가족치료학회(AAMFT)와 가정의과교사학회(Society of Teachers of Family Medicine)는 가족치료자와 가정의학 전문의의 교육과 훈련에 대한 실천과 방법을 모색하기 위한 공동전담팀을 구성했다(Tilley, 1990). 이와 같은 노력으로 인해 협동적 가족건강(collaborative family health care)이 발달했는데(Nichols & Schwartz, 2004), 이 분야에 대한 전국 연례 학술대회뿐만 아니라 이 주제에 대한 많은 책과 논문이 출판되었다. 또한 훈련, 전문가 사회화 과정, 이론적 경향, 실천 스타일의 차이에도 불구하고, 가족치료와 가정의학은 체계이론적·전일적 관점에 기초해 건강에 대한 공동의 접근을 하고 있다(Becvar & Becvar, 2013).

(3) 구성주의자, 포스트모더니스트, 페미니스트의 비판

1990년대 중반에 구성주의자들은 가족치료사들에게 지금까지 소중하게 여겨 왔던 체계이론적 가정들뿐만 아니라 문제가족들에게 가장 효과적으로 개입할 수 있는 방법들에 대해 재평가하도록 압력을 가했다(Greene, Rice, & Elliott, 1996). 포스트모더니스트들과 페미니스트 가족치료사들은 대부분의 전통적인 가족치료모델이 지배적인 백인 가부장적인 문화를 반영하는 치료자 스타일을 지지하고 있다는 것과 내담자가 살고 있는 보다 큰 사회적 맥락을 고려하지 못하고 있다고 비판했다(Becvar & Becvar, 2013). 젠더와 문화에 대한 강조와 더불어, 가족치료사들은 내담자의 삶에 있어서 영성과 종교적 자원에 더 주의를 기울이게 되었다(Walsh, 2009).

(4) 새로운 가족치료 이론들의 출현

1990년대에는 새로운 이론들이 나타나기 시작했는데, 스티브 드세이저(Steve de Shazer)의 해결중심단기 가족치료모델(de Shazer, 1988), 호주와 뉴질랜드에서는 마이클 화이트(Micheal White)와 데이비드 엡슨(David Epston)의 이야기가족치료모델(White & Epston, 1990), 노르웨이에서 톰 앤더슨(Tom Anderson)의 반영팀 접근법(reflecting team) (Anderson, 1991), 할린 앤더슨(Harlene Anderson)과 해리 굴리시안(Harry Goolishian)의 치료적 대화모델(therapeutic conversations model)(Anderson & Goolishian, 1988), 캐롤 앤더슨(Carol Anderson)의 심리교육적모델(psychoeducational model)(Anderson, 1988), 리차드 슈왈츠(Richard Schwartz)의 가족 내적체계모델(internal family systems model) (Schwartz, 1994), 브래드포드 키니의 즉흥적인 치료모델(improvisational therapy model) (Keeney, 1991) 등이 출현했다(Gladding, 2018). 앞의 모델들은 우리의 경험이 객관적인 실체 대신에 그와 같은 실체에 대해서 우리가 어떻게 생각하느냐의 결과라고 주장하는 사회구성주의에 기초를 두고 있기 때문에 체계론적인 이론들과는 매우 다르다. 이와 같은 관점으로 인해 가족치료사들은 자신들이 지금까지 가지고 있던 인식론과 가족치료 이론에 대한 기본적인 가정에 대한 도전을 받게 되었다.

이외에도 지금까지 발달된 다양한 가족치료모델을 통합해 내담자에게 가장 적합한 장점만을 선택해 적용하고자 고안된 두 가지 모델이 있다(이상복, 2007). 첫째, 노스웨스턴대학교 가족치료 연구소장인 핀소프는 통합적 문제중심 치료모델(integrative problem-centered therapy)을 개발했는데, 그는 상호구성주의, 체계이론, 상호 인과관계를 기본적인 틀로 해 개인치료와 가족치료를 통합하자고 주장했다(Pinsof, 1995). 둘째, 노스웨스턴대학교 가족치료연구소의 브른린과 슈워츠, 시카고 아동연구소의 가족치료 프로그램 담당자였던 매쿤-카러(Breunlin, Schwartz, & McKunn-Karrer, 1997)는 초월구조주의 모델(metaframeworks model)을 개발했다. 이 모델은 가족치료 학파들이 다루는 주요 개념을 선택해 초월적인 원칙에 기초해 서로의 개념을 연결하며, 내담자 문제 파악을 위해 심리내적 과정, 가족구조, 가족상호작용의 인과적 연결고리, 가족발달, 성, 문화라는 여섯 가지 영역에 초점을 둔다.

이와 같은 1990년대의 가족치료 인식론에 대한 사회구성주의와 포스트모더니즘의 도전으로 인한 가족치료 개념의 변화가 가족치료에 관한 새로운 많은 책을 출판하게끔 했다.

8) 2000년~현재

2000년대의 시작은 가족치료 분야에 많은 변화와 확장을 일으켰다. 이와 같은 변화에는 대륙에서의 국제적인 성장, 인증 프로그램들의 발달, 자격증을 통한 인정, 활발한 연구조사, 가족치료 전문가들에 의한 새로운 사례와 강조점의 형성이 포함되었다.

(1) 가족치료의 세계적 성장

이 시기에는 북미는 물론, 유럽, 아시아, 아프리카와 남미대륙에서 가족치료협회들이 설립되었다(Ng, 2005; Trepper, 2005). 게다가 가족치료의 새로운 국제적인 출판물들이 지속적으로 발간되었으며, 가족치료에 대한 세계적인 관심을 반영하는 국제가족치료협회가 활동 중에 있다(Gladding, 2018).

(2) 가족치료협회의 영향과 결혼/가족치료사들의 증가 및 인증

1980년대의 가족치료 발달 역사에서 이미 언급한 것과 같이 미국 가족치료협회에는 23,000명 이상의 회원이 가입되어 있었고 가장 오래된 협회로서 가족치료 서비스와 교육적인 기회 그리고 발행물 측면에서 가장 활발한 활동을 하고 있었다. 현재는 미국과 캐나다 내에서 약 48,000여명의 부부가족치료 전문가가 활동하고 있다(이진희, 2021).

한편, 결혼 및 가족치료사들의 자격증은 전문협회들이 미친 영향보다 훨씬 더 빠르게 성장해 갔다. 「연방관보(Federal Resiter, 5~7월 14호)」에 따르면, 결혼 및 가족치료사들은 공식적으로 정신의학자, 심리학자, 사회복지사, 정신과 간호사와 함께 다섯 번째 "핵심" 정신건강 전문분야가 되었다(Shields et al., 1994). 2009년 기준으로 미국 51개 모든 주와 콜롬비아 특별구(District of Columbia)에서 자격증이 있거나 인준받은 가족치료 전문가들이 활동하고 있다. 현재 미국 결혼/가족치료협회와 결혼/가족상담사국제협회가 가족치료에 관한 프로그램들에 대한 인증을 하고 있고 이 두 협회는 자신들이 속한 협회와는 독립적으로 운영되는 인증위원회의 감독하에 인증을 한다. 결혼 및 가족치료사가 되기 위해서는 최소한 석사 학위 이상의 학력이 필수적이다(Gladding, 2018). 미국 전역의 가족치료전공 석/박사 프로그램 현황을 보면, 2014년에 총 106개 석/박사 프로그램(석사 82, 박사 24개)에서, 2021년 총 124개 석/박사 프로그램(석사 96, 박사 28개)이 있다(이진희, 2021).

(3) 생태체계적 개입과 근거 기반한 실천연구의 발달

이 시기에는 다양한 문화적 배경을 가진 가족들을 대상으로 한 가족치료의 효과에 대한 실천연구의 발달을 들 수 있다. 이 시대의 많은 이론가와 실천가는 모든 내담자가 게이, 노인, 이혼한 사람, 라티노 혹은 흑인처럼 단 하나의 명칭 아래 요약될 수 없으며 단 하나의 집단에 속해 있는 사람이 아니라는 것이다. 내담자 각각은 특별한 가치와 특별한 경험을 가진 다양한 집단과 동일시되는 '다양한 문화의 사람'이다(Sexton, Weeks, & Robbins, 2003). 따라서 섹스턴 등은 치료사들이 내담자와 치료사 모두 자신들의 인종, 신분, 종교, 성적 지향성, 직업, 이주경험들, 국적, 민족성 속의 개인들과 가족들을 지칭하는 "생태적인 틈새"에 주의할 것을 촉구한다. 가족치료사는 맥락의 의미를 넓히고 있고, 가족 내의 관계를 조사하는 것으로부터 현재의 가족경험의 다양성을 좀 더 충분히 이해하기 위해 가족들이 기능하는 사회체계와 관련되는 생태체계적 관점으로 전환되고 있다(Goldenberg et al., 2017). 예를 들어, 의료가족치료는 환자들, 가족들, 건강관리 제공자들 사이에 역동적 관계를 조종하려고 시도한다(Ruddy & McDaniel, 2013).

한편, 또 다른 도전이 증거 기반한 실천과 관련된 연구를 포함한 임상적인 실천을 더잘 알릴 것을 요구하고 있다(Wike et al., 2014). 연구자들은 임상적인 평가와 치료를 위한 과학적인 토대를 위해 경험적으로 지지하는 심리적 개입을 발전시키기 시작했다. 증거기반 실천의 목표는 단지 가족치료가 어떤 변화기제가 가장 효과적으로 긍정적인 결과를 낳았는가를 언급하는 가족치료 작업을 제공하는 것을 넘어서, 어떤 내담자 집단 혹은 어떤 임상적 문제가 어떤 조건하에서, 어떤 상황하에서 효과가 있었는가를 언급하는 데 있다(Sexton & Kelly, 2010). 여기서 전반적인 목표는 개입의 질과 비용효과성을 향상시키고 실천가들의 책임감을 증진시키는 것이다(APA, 2005).

(4) 핵심적인 역량운동의 부상

의료서비스에 있어서 책임이 있는 실천을 위해 필요로 하는 지식, 기술, 태도를 정의하기 위한 방법으로서 핵심적인 역량운동이 2000년대의 새로워진 행태로 나타났다(Kaslow, 2004). 부부·가족 심리학자들을 위한 역량이란 스탠튼(Stanton)과 웰쉬(Welsh)에 의해 정의되었는데, 그들은 역량을 위해서 필요한 개념적이고 과학적인 토대를 서술했으며, 기능적인 역량(사례개념화, 평가, 개입, 협의, 가족법의학심리학, 슈퍼비전, 그리고 가르침)과 기초적인 역량(윤리적, 법적, 다양성, 개인간의 상호작용, 그리고 전문적인 정체성)을 명시했다(Stanton & Welsh, 2011). 핵심적인 역량을 수립하기 위한 많은 이유가 있지만, 가장 중심적인 것은 교육과 훈련프로그램의 질과 초점을 보여 주고, 특별한 치료적 서비스의 윤리적 제공을 위한 능력과, 보험회사와 정부기관 혹은 프로그램들에 의한 배상을 위한 자격을 보여 주는 것이다(Goldenberg et al., 2017). 오늘날, 많은 심리치료사가 도움을 찾는 소비시장에서 경쟁하고 있다. 부부 · 가족치료를 제공하는 치료사들은 그들이 교육, 훈련 그리고 경험에서 얻은 역량을 가지고 있다는 것을 보여 주는 것이 중요하다(Patterson, 2009). 실천가들은 확신을 가지고 특별한 집단을 돕기 위해 설계된 특수전공분야를 제공할 수 있다. 역량은 사회에서 더 전문적인 영향력을 발달시킨다(Goldenberg et al., 2017). 가족치료에서 역량의 성취는 교육으로 시작되며, 시간이 지나면서 성장과정을 통해 발달되고 성취되고, 훈련과 슈퍼비전과 함께 훈련상소에서 계속된다(Nelson & Graves, 2011).

2. 한국 가족치료 발달사

1) 전통적 한국의 사회적 문화와 가족문화

(1) 한국의 문화와 가족 가치관

한국인은 미국인 및 일본인과 비교해 봤을 때 가장 집단주의 문화를 가지고 있는데(Triandis, 1989a), 한국인들의 가족중심주의는 유교사상과 불교사상에 뿌리를 두고 있다. 이 두 종교의 전통의 영향으로 인해 한국인들은 자아의 기본 단위를 개인보다는 가족으로 보며, 가족관계를 매우 중요시한다. 따라서 한국인의 자아개념에는 부모와 형제가 포함된다. 가족 한국문화에서 나타나는 독특한 정서로서 한(恨), 정(情), 체면, 우리, 눈치, 분수 등을 들 수 있으며, 특히 가족 내에서 충성과 효도를 중요시하는데 이 중 효도는 가족 내에서의 중요한 가치이다(Kim & Ryu, 2005). 한국인들은 가족 이름을 계승하고 세대의 계속성을 보장하기 위해 아들을 매우 선호하며, 특히 한국의 어머니들은 장남에게 특별한 의미를 두고 그를 과잉보호하는 경향이 있다(송성자, 2001).

한국의 부부에게 있어서 고부간의 갈등으로 인해 야기되는 부부문제가 가장 공통적이라고 볼 수 있다. 한국 어머니들은 아들이 결혼을 했음에도 불구하고 여전히 자녀들의 삶에 관여할 권리가 있다고 생각하며, 실제로 대부분의 어머니는 자녀의 결혼생활에 개입하는 것을 자녀를 돌보는 것이며 의무이고 심지어 사랑이라고 생각한다. 이와 같이, 결혼한 아들들과 어머니들 사이의 미분화가 부인들과 시어머니들 간의 심각한 문제를 야기할 수 있다. 더군다나 결혼한 아들이 부모를 모신다는 것은 좋은 의도를 가짐에도 불구하고, 그들의 동거는 아들의 결혼생활에 치명적으로 부정적인 영향을 미칠 수 있다. 더군다나 홀시어머니인 경우는 아들의 부부관계를 최악으로 치닫게 할 수도 있다(최준식, 2002; Kim, 1996; Yasuda, Iwai, Chin-Chun, & Guihua, 2011). 실제로 한국 부부들이 핵가족중심으로 생활을 하고 있음에도 불구하고 확대가족, 특히 시댁의 영향은 여전히 엄청나다. 특히 고부간의 갈등은 부부갈등의 중요한 요인으로 작용하고 있으며, 한국 부부문제의 70~80%가 시댁과 관련된다(Kim & Ryu, 2005; T. Y. Park & Y. H. Park, 2019; T. Y. Park & Y. J. Park, 2019). 오동훈 등은 세대 간 동거와 가족원들의 갈등으로 야기된 가족원들의 우울증상이 연관성이 매우 높다고 했다(Oh et al., 2013).

한편, 비록 여성 교육과 고용으로 인해 여성의 신분이 높아졌다고 할지라도 그들은 여전히 차별받고 있다. 한국인들은 학벌에 높은 가치를 두며, 부모의 자존감이 자녀들의 학벌과 밀접하게 연관된다(Kim & Ryu, 2005; Shim, Lee, & Park, 2016).

(2) 한과 화병

한(恨)이란 몹시 원망스럽고 억울하거나 안타깝고 슬퍼 응어리진 마음을 의미하는 용어로서, 억압받거나 학대받은 한국인들이 자신의 슬픔을 표현하지 못 하고 속으로 삭힘으로 인해 두통을 비롯한 여러 가지 심리적·신체적 증상을 갖게 되는 것을 의미한다. 한은 한국인의 정서이고 아픔이다. 한국 여성들은 자신의 삶을 주도적으로 살 수 없었기 때문에 한을 더 깊이 느낄 수밖에 없었다(김영애, 1993). 그런데 이런 한이 쌓여서 화병으로 발달될 수 있는데, 한국인들에게 있어서 화병이란 분노장애를 의미한다(Min, 2009). 화병은 뜨거운 섬광, 분노, 불안과 함께 가슴에 안에서 답답함을 느끼는 것을 말한다(Chung, Y. J. Park, Kim, & Park, 2015). 화병이 있는 환자들은 인간관계의 피해를 받거나 괴롭힘을 당함에도 불구하고 사회적인 조화를 유지하기 위해 개인 간의 관계에서 오는 분노를 억압한다(Chiao, 2015). 화병은 가족집단주의와 여성에 대한 체계적인 억압과 차별을 가진 유교주의에 의해 특징 지어진 전통적인 한국 문화와 사회의 맥락 안에서 발달했다. 이와 같은 문화적인 요소들이 함께 결합되어 한국인, 특히 여성들에게 그들이 조화로운 인간관계 혹은 가족관계를 위험에 빠뜨리지 않게 하기 위해 자신들의 분노를 더 억압하게 할 수도 있었을 것이다(Lee et al., 2012). 화병의 유병률은 전국민의 4.1%에 이른다(Min, 2008). 화병은 지금 미국 정신의학협회에서 출판된 『정신질환의 진단 및 통계편람(DSM-5)』에 디스트레스의 문화적 개념에 대한 용어사전이라는 제목 아래에 수록되어 있다(APA, 2013). 화병의 가장 직접적인 원인으로 주로 배우자에 의해 야기된 가족갈등을 들고 있으며, 갑작스런 정서적인 충격보다는 오랫동안의 불화가 화병의 발발에 기여한다(Kim et al., 2012).

(3) 한국인의 기질과 의사소통 방식

윤태림은 한국인은 언어에서 이성적 · 추리적 사고를 나타내는 말이 적으며, 논리적 개념적 개념이나 내용을 표현하는 것이 서툴며, 사고방식으로 직관적 사고와 이성보다는 감정이 우위에 있다고 했다. 이에 따라 한국인은 자기 의견과 다른 사람의 의견에 비관용적이며, 편협하고 비타협적인 경향을 가지고 있다고 했다(윤태림, 1970). 이외에도 한국인은 일방적인 의사소통을 하고, 형식적이며 비언어적인 의사소통을 선호하며, 다른 사람에게 민감하게 반응하고 눈치와 체면을 중시하고 의사소통의 내용이 과거 지향적이다(송성자, 2004). 또한 분노, 적개심, 폭력적 행동의 표현을 매우 통제하며 자신의 속마음을 내놓지를 않는다(한규석, 1991). 말을 적게 하는 것과 침묵을 높이 평가하고, 감정표현에서는 간접적으로 또는 은유적으로 표현하도록 교육받는다(최상진, 2011). 조화로운 인간관계를 중요시하기 때문에 직접적으로 반대를 표현하지 않는다. 한편, 한국인은 집단적이며, 쉽게 화를 내고, 관대하며, 유머 감각이 있다(Kim & Ryu, 2005). 따라서 부부문제가 발생했을 때, 그들은 문제를 해결하기 위한 노력으로서 간접적으로 의사소통하는 경향이 있다(송성자, 2001). 일반적으로 한국인 부부들은 전형적으로 갈등관리와 해결방법을 경험하지 못한다(Kim & Ryu, 2005).

(4) 무속신앙과 가족상담

한국에서 가족에게 인간적으로 해결할 수 없는 우환이 닥쳤을 때, 특히 가족구성원에게 죽음의 위기가 왔을 때, 한국인들은 이와 같은 위기를 극복하기 위해 제사 혹은 굿과 같은 종교의례를 발달시켜 왔다. 이런 종교의례를 통해 가족 안에서 치유를 받고 가족생활을 계속해서 영위할 수 있었다(최준식, 2002). 특히 가족문제로 어려움을 겪었던 한국여성들의 한을 해결하는 전통적인 방식으로 무속신앙(샤머니즘)을 들 수 있다. 무속인은 종교적 의식을 주재하고 신을 접해 예언을 하며, 병의 진단과 치료를 맡는 상담자의 역할을 해 왔다(정문자 외, 2018). 고대 한국인은 신을 포함한 모든 존재와의 조화로운 관계를 중요시했으며, 특히 신과의 온전한 관계를 유지하기 위해 제사의식을 지냈는데 이러한 제사의식을 굿이라고 했다(유동식, 1986). 굿은 공동체굿과 개인굿으로 분류되는데, 이 중 개인굿은 전통적 사회에서 이루어지는 개인상담과 가족상담의 기능을 했다(김영애, 1993).

무속신앙에서는 인간이 질서 있는 체계의 한 부분이며, 모든 병은 우주적 질서와의 부조화의 결과라고 여긴다. 한편, 인간의 질병을 부도덕한 행위에 대한 징벌로 해석을 하며, 병이 발생한 사회문화적 맥락에 관심을 둔다. 따라서 무당은 환자가 가진 문제의 원인으로서, 경쟁, 질투 혹은 욕망, 악령, 환자 가족의 잘못 혹은 친척의 부도덕성으로 설명한다(Capra, 1982). 전 가족의 참여 가운데 굿을 통해서 무당은 개인의 병(신체적 혹은 정신적 질환)이 가족문제와 관련된다고 설명한다(엄예선, 1994).

한편, 사람들은 자신의 어려운 문제를 무당에게 내어놓음으로써 감정을 해소할 뿐만 아니라 자신의 문제를 객관화할 수 있게 되면서 문제를 해결할 수 있는 용기를 가지게 된다. 무당은 문제의 원인을 파악하고, 문제해결로서 굿을 하라고 제안함으로써 신경증적인 병, 심리적인 불안감에서 오는 신체장애형 병, 혹은 조현병 같은 정신병이 치유될 가능성이 있다(김광일, 1982). 특히 김광일은 "점과 굿이 카타르시스, 제반응(abreaction), 암시, 최면, 대인관계에서의 통찰력 양성, 무당과의 감정 전이 등의 기제를 통해 인간의 불안, 갈등을 일시적으로나마 해소해 주는 기능을 충분히 가지고 있다."고 했다(김광일, 1991, p. 197). 굿을 통해 개인은 조상에 대한 죄책감과 조상과 자기와의 관계를 통찰함으로써 부모와의 관계에 있었던 부정적인 감정을 승화한다. 굿에서 무당의 중요한 역할 중 하나는 공감인데 무당은 한 개인의 슬픔을 자신의 문제로 인식해 함께 슬퍼하고 괴로워함으로써 전이가 형성된다. 일반적으로 서양의 상담가는 기본적으로 내담자와 거리감을 두는 것으로 훈련을 받으나 무당에게는 이와 같은 원칙이 없다. 무당은 철저하게 내담자와 한편이 되어 슬픔을 나눈다. 이와 같은 무당의 능력은 무당이 되려 할 때 겪는 신병으로 인해 강한 존재로 변화된다(최준식, 2002). 무당의 굿은 그 내용면에서는 초자연적이고 미신적인 데가 있음에도 불구하고 그 나름대로 정신치료적인 요소를 가지고 있는 하나의 원시적 정신치료 조직이라고 할 수 있다(김광일, 1991). 이부영 또한 무속의 여러 현상 속에 인류 공통의 집단무의식의 내용인 원형(archetypus)이 있을 뿐만 아니라 인간 무의식의 갈등을 승화하는 원형의 상징적 해결 양상이 있어서 무속이 정신치료적 요소를 지니고 있다고 했다(이부영, 1970). 또한, 굿은 집단치료적인 의미가 있는데 한 가정의 성원 혹은 마을의 성원들을 대상으로 그들 모두의 심리적인 불안을 해소하는 기능을 한다(김광일, 1991). 또한 무당은 살아 있는 사람과 죽은 사람 사이의 미해결된 관계성을 다루는 치료자로서, 굿을 통해 살아 있는 가족과 죽은 가족원의 영혼 사이의 원한과 갈등을 해결해 준다(이부영, 1972). 한편, 점은 개인을 상대로 하는 것이라면, 굿은 이웃과 친척을 참여시켜 내담자 가족을 위한 지지체계를 형성하도록 한다는 면에서 가족치료의 특징을 지닌다(엄예선, 1994).

2) 한국 가족치료의 발달사

한국의 사회복지학계 교수들이 미국 대학원 석사과정에서 가족치료 과목을 이수했기에 가족치료 분야가 생소하지 않았음에도 불구하고, 가족치료 과목은 오랫동안 개설되지 못했다. 앞의 미국의 가족치료 발달사에서 1940년대 이전에 그 당시의 미국의 엄격한 개인주의와 청교도 종교집단의 영향으로 인해 가족치료의 발달이 저해되었듯이, 한국은 가부장적인 유교문화로 인해 가족을 외부에 개방하지 않았거나, 대가족문화로 인해 가족 자체적으로 문제해결이 가능하다고 생각했다(이정숙, 1995). 이와 같은 유교문화와 대가족문화로 인해 가족치료 발달이 지체되었다고도 볼 수 있다. 한편, 정신의학, 심리학, 사회복지학 등에서 주로 정신분석적 접근법에 기초한 개별심리치료를 사용했으나 아직까지 한국 풍토에 깊은 뿌리를 내리지는 못했다(이부영, 1979; 이재원, 윤석하, 1981; 김광일, 김명정, 1973).

(1) 1970~1979년

① 가족치료과목 개설
한국에서 가족치료는 1970년대 중반부터 다양한 분야의 임상가들에게 소개되었다. 미국에서 가족치료를 배운 교수들이 가족치료과목을 대학원에서 가르치고 임상현장에서 내담자를 치료하면서 가족치료에 대한 이해를 하기 시작했다. 1979년에 이화여대 사회사업학과 대학원에서 처음으로 이명흥 교수가 가족치료 과목을 개설했다.

② 가족치료 관련 출판물
정신건강분야의 여러 교수, 치료사, 대학원생의 논문이 출간되었다(엄예선, 1994). 국내에서 가족치료와 관련된 책으로는 최초로 1977년에 버지니아 사티어(Satir, 1967)의 저서인 『Conjoint Family Therapy: A Guide to Theory and Technique』이 『가족치료의 이론과 실제』(김만두 역, 1977)라는 제목으로 번역되었다.

③ 가족치료 관련 학회 발족

1977년에 한국가정관리연구회가 발족되면서 1978년에는 한국가정관리학회로 개명되었다.

(2) 1980~1989년

① 한국가족치료학회 창립

이 시기에는 상담관련 교수와 임상가들이 가족치료에 많은 관심을 가지면서 가족치료를 조직적이고 협력적으로 연구하기 시작했고, 임상 현장에 적용 가능한 방법을 찾기 시작했다. 이와 같은 노력으로 인해 정신의학, 사회사업, 간호학, 아동학, 가정의학, 간호학 등 분야의 교수와 임상가 30명을 중심으로 1988년에 한국가족치료학회가 설립되었다.

② 가족치료 관련 인물 및 워크숍

이 시기에 송성자(1985)는 국내에서, 엄예선(1988)은 미국에서 한국가족을 대상으로 박사학위 논문을 썼고 이 두 교수가 한국 가족치료 발전에 많은 기여를 했다(이정숙, 1995). 1980년 중반 이후부터는 사회복지계에서 가족 및 가족치료 이론이 현장에 적용되기 시작했다. 예를 들어, 미국후송병원, 서울대학병원, 연세대학병원, 고려대학병원, 적십자병원, 개업신경정신과 등에서 가족상담과 가족치료가 실시되었다. 또한 1984년에 이화여자대학교 사회복지관은 가족치료실을 개설해 교수들과 실무자들의 가족치료 연구모임을 가졌다(이정숙, 1995).

한편, 이 시기에 미국으로부터 명성이 높은 가족치료사들이 초청되어 워크숍이 실시되었다. 예로서, 1985년에 일리노이대학교 최복림 교수가 이화여자대학교 사회사업학과 주최로 '구조적 가족치료 이론 및 실제'라는 제목으로 2회의 워크숍이 진행되었다. 이외에도 1985년에는 밀워키단기 가족치료센터(Milwaukee Brief Family Therapy Center)의 김인수와 스티브 드 세이저(Steve de Shazer) 소장 부부가 서울대학병원에서 의료 사회사업학가들의 주최로 해결중심단기 가족치료 워크숍을 진행했다. 이때 한국에서는 최초로 가족치료사에 의한 라이브 인터뷰(내담자를 직접 면접함)가 실시되어, 외국에서 행해지는 것과 같은 가족치료 워크숍을 처음으로 실시했다. 1988년에는 오하이오주립대 사회복지학과 이부덕 교수가 이화여자대학교 평생교육 프로그램으로 32시간, 10회의 가족치료 워크숍을 진행해 다양한 가족치료 이론과 적용방법을 실시했다. 이 워크숍에서는 모의 가족치료였기는 했으나 단지 이론 소개만 하지 않고 실제 가족치료 장면이 소개되었다는 데 큰 의의가 있었다. 1989년에 한국가족치료학회가 캐나다 정신과의사인 칼 톰(Karl Tomm)을 초빙해 연세대학교에서 첫 워크숍을 주최했다(엄예선, 1994).

③ 가족치료연구회 발족과 가족치료 과목 개설 및 학회지와 출판물

1983년에는 한국가정관리학회지가 창간되었고, 1989년에는 한국가족연구회가 발족되어 한국가족관계학회로 개명되었다. 1984년에는 이화여자대학교 부설 사회복지관에서 이명홍 교수를 중심으로 가족치료연구회가 발족되어 한국문화에 적용가능한 가족치료를 개발시키기 위한 작업을 했다. 이 시기에 많은 대학원의 다양한 전공영역, 예를 들어 심리학과, 사회복지학과, 교육심리학과, 아동학과, 간호학과, 가정관리학과, 의과대학의 정신과와 가정의학과에서 가족치료 과목이 개설되었다.

1985년에 임종렬이 한국가족치료연구소를 창립해 1991년도에 보건복지부의 허가를 받았다. 1987년에 이명홍이 중심이 된 가족치료연구회에서 한국 최초의 가족치료 사례집이 발표되었다. 한편, 1986년에 정신과 의사이자 초대 가족치료학회장을 지낸 노동두를 중심으로 한 가족치료에 관한 잡지(노동두 편저, 1986)가 출판되었다. 또한 이 시기에는 매우 많은 미국 가족치료 관련 서적이 번역되었고, 『가족관계와 가족치료』(송성자, 1987)와 『가족과 가족치료』(엄예선, 1988)가 출판되었다.

(3) 1990~1999년

① 가족치료연구회 창립과 학회지 발간 및 출판물 증가

1991년에는 정신과의사와 상담관련 교수들이 '가족치료연구모임'을 결성해 해결중심단기치료모델을 적용해 상담을 했고, 자문팀 접근으로 서로 슈퍼비전을 주었다. 1992년에 한국가족치료연구소(임종렬), 1993년에 가족치료연구소(김종옥), 1994년에 한국가족치료사회사업연구회 등이 발족되었다. 1993년에는 한국가족치료학회에서 처음으로 학회지가 출간되었고, 1996년에 한국가족관계학회에서 처음으로 학회지가 출간되었다. 대학원에서는 가족치료 관련 학위논문들이 증가했다. 1996년에 해결중심 단기 가족치료 접근을 위주로 하는 한국단기 가족치료연구소와 동년도에 대상관계 접근을 포함한 정신분석학적 접근을 위한 한국심리치료연구소, 그리고 게슈탈트 집단상담을 중심으로 한 성신여자대학교 심리건강연구소가 개소되었다. 1999년에는 버지니아 사티어의 경험주의적 가족치료모델 접근을 하는 김영애 가족치료연구소가 창립되었다.

② 워크숍 개최

1990년대에 한국가족치료학회가 개최한 다양한 가족치료모델에 대한 이론 특강과 워크숍이 대성황을 이루었고 이로 인해 한국의 가족치료가 많은 발전을 하게 되었다. 가족치료모델에 대한 워크숍은 사티어 경험적 가족치료모델, 구조적 가족치료모델, 해결중심 가족치료모델 등 다양하게 이루어졌다. 좀 더 구체적인 예는 다음과 같다. 1990년 서강대학교에서 미국 교육학자 버니 덜(Bunny Dulh) 교수가 초빙되어 워크숍을 진행했다. 1991년에는 기독교 부부 및 가족상담 연구회의 주최로 장로회 신학대학원 목회연구원과 사단법인 기독교 윤리 실천운동이 주관해 "기독교 가족상담의 위상정립"이라는 세미나가 숭실대학에서 실시되었다. 1992년에 의료사회사업가협회 주최로 브린 마(Bryn Mawr) 대학 사회사업학과 그레타 지본(Greta Zybon) 교수를 초빙해 가족과 스트레스란 주제로 워크숍을 진행했다. 1992년에는 김인수와 스콧 밀러(Scott Miller) 박사 팀을 초빙해 단기 가족치료 워크숍을 실시했다. 또한 1992년에 임상심리학회에서 미국에서 최규만 교수를 초청해 가족치료 세미나를 개최했다. 이 세미나에서는 가정법원 판사와 간호학, 교육학, 사회복지학, 신학, 심리학계의 교수들이 발표 및 토론을 했다. 1993년에는 한국가족치료학회 주최로, 1994년에는 한국가족사회사업연구회, 대한의료사회사업가협회, 한국정신의료사회사업학회 주최로 하네만(Hahnemann) 의과대학 해리 아폰테(Harry Aponte) 교수가 구조적 가족치료에 관한 워크숍을 진행했다. 1994과 1996년에는 한국가족치료학회 주최로 캐나다 정신과 의사인 존 밴먼(John Banmen) 사티어 모델로 워크숍이 실시되었다. 1996과 1997년에 한국가족치료학회 주최로 앤드류 퍼스너(Andrew Fussner)가 구조적가족치료모델 1998년에는 밀란 모델로 워크숍을 진행했다.

(4) 2000년~현재

① 가족치료 관련 출판물의 증가와 포스트모던적 가족치료모델의 확산

2000년대 이후의 두드러진 변화는 가족치료 관련 교과서와 번역서의 폭발적인 증가이다. 특히 포스트모던적 가족치료모델들에 대한 워크숍이 많았으며, 이와 관련된 서적들이 눈에 띄게 증가했다. 단일 가족치료모델에 대한 모임들의 수적인 증가와 함께 2010년대에 들어 한국가족치료학회의 분과학회 형태로 사티어변형체계치료학회, 이야기치료학회, 해결중심 치료학회가 창립되었다. 앞의 세 학회는 한국가족치료학회와 연계해 정기적으로 공동학술대회를 개최하고 있으며 자격요건 일부를 연동 인정하고 있다(정문자 외, 2018).

2000년 이후로 한국가족치료학회에서는 한국과 일본 간 연례 국제사례회의를 실시했고, 최근에는 대만이 합류에 한국 · 일본 · 대만 국제사례회의를 열고 있다. 한편, 한국을 포함한 아시아 국가들이 아시아가족치료학회(Asian Academy of Family Therapy) 학술대회가 매년 개최되어 아시아 국가에서 가족치료 연구와 임상에 대한 활발한 교류가 일어나고 있다. 이와 같은 아시아에서의 학문적인 교류와 발맞춰 한국가족치료학회에서 한국에서 최초로 영문 국제학술지인 아시아가족치료학회지(Asian Journal of Family Therapy)가 창간되었다(정문자 외, 2018).

② 워크숍 개최

2001년에는 한국가족치료학회 초청으로 일본 도쿄 정신연구소 소장이자 정신과의사인 히로미 시라이시(Hiromi Shiraishi)가 "정신분열환자의 가족에 대한 심리교육"이라는 제목으로, 같은 해에 호주 둘위치센터 소장인 마이클 화이트(Michael White)가 이야기치료에 대한 워크숍을 진행했다. 2002년에는 미국 노바사우스이스턴 대학 교수인 더글라스 플레몬스(Douglas G. Flemons)가 "가족치료와 동양사상"이라는 제목으로 워크숍을 실시했다. 2003년에는 캐나다 요크대학 심리학과 교수인 리슬리 그린버그(Leslie Greenberg)가 정서중심 부부치료에 관한 워크숍을 진행했다. 2004년에는 미국 플로리다 주립대 사회사업학과 교수인 토마스 스미스(Thomas E. Smith)가 "가족치료에서의 질적 조사방법론"을 강의했다. 2005년에는 보웬가족체계이론의 권위자이자 가족생활주기의 창시자인 모니카(Monica)와 시카고대학 정신과 교수인 프로마 왈쉬(Froma Walsh)가 보웬가족치료의 워크숍을 진행했다. 2006년과 2007년에는 퍼시픽 사티어연구소장인 존 밴먼(John Banmen)이 사티어모델을, 2007년에는 하버드 의과대학 교수인 데이비드 맥길(David McGill)이 다세대 가족치료로 워크숍을 실시했다. 2009년에는 가족체계이론의 대가이자 조지아타운가족치료센터소장인 마이클 커(Micheal Kerr)가 보웬이론을, 조지아대학 인간발달과 가족학 교수인 제리 게일(Jerry Gale)이 대화분석기법에 관해 워크숍을 진행했다. 2010년에는 호주 아케이드센터 교수인 쇼나 러쉘(Shona Rushell)이 이야기치료에 대한 워크숍을 개최했다.

1990년대에 비해 2000년도에는 국내학자들의 워크숍 진행이 증가했다. 2011년에는 일본 아이티 암센터 중앙병원 진료부장인 야수가나 코모리가 이야기치료를 기초로 한 존엄치료, 2012년에는 인디애나 대학 상담과 교육심리학과 교수인 토마스 섹스톤(Thomas L. Sexton)이 기능적 가족치료, 동년에 존 스틸만(John Stillman) 이야기치료를, 2014년에는 해결중심코칭 저자인 피터 스자보(Peter Szabo)가 해결중심 치료에 관해 워크숍을 실시했다. 2016년에는 홍콩대학 사회사업과 사회행정학과 교수인 리웨이 융(Lee Wai Yung)이 구조적 가족치료를, 2017년에는 메릴랜드 주립대 부부가족치료 프로그램 소장인 노만 엡스틴(Norman B. Epstein)교수가 인지행동부부가족치료를, 2018년에는 브링엄 영 대학교 결혼가족치료 프로그램의 교수인 리 존슨(Lee Jonson)이 생리학 관계치료로 워크숍을 진행했다. 2000년대에 들어오면서 한국가족치료학회의 워크숍에서 달라진 상황은 2000년대 이전보다 국내 학자들과 가족치료전문가들에 의한 워크숍이 늘어나고 있다는 점과 해결중심 치료와 이야기치료에 대한 비중이 늘었다는 점을 볼 수 있다. 미국과 그 외 국가에서 인정받았던 가족치료모델들이 국내에서 거의 소개되었다는 점을 볼 때, 이제는 한국에서 임상을 근거로 한 한국가족치료모델이 나올 때가 되었다고 생각이 든다.

③ 가족치료 관련 자격증 제도 신설

우리나라에서 가족치료 관련 전문가 자격증을 발급하는 학회로는 한국가족치료학회, 한국상담학회 부부가족상담학회, 한국가족관계학회가 있다. 현재까지 정부가 공식적으로 인정해 발행하는 가족치료 관련 자격증은 없다. 세 학회에서 발행하는 자격증 제도를 살펴보면 다음과 같다.

첫째, 한국가족치료학회가 2000년 가족치료 전문가에 대한 자격관리위원회를 구성했고 부부상담전문가 2급, 1급, 슈퍼바이저 세 등급으로 자격증을 발급하고 있다(참고: www.familytherapy.or.kr).

둘째, 한국상담학회의 분과학회였던 가족상담학회는 2003년 창립되었고, 2010년에 부부·가족상담학회로 개명되었다. 이 학회에서는 가족상담 수련감독급 전문상담사와 가족전문상담사(1~2급) 자격증을 발급하고 있다.

셋째, 한국가족관계학회가 2016년부터 가족상담 슈퍼바이저, 가족상담사 2급과 1급을 발급하고 있다(참고: www.kafr.or.kr).

한국의 가족치료의 역사에 비해 이 분야는 엄청난 발전을 해 왔다고 볼 수 있으나 한국의 가족치료 관련 자격증 취득에 필요한 자격요건은 미국에 비해 기준이 상당히 약하다. 한국은 최근 가족치료 분야에서 수요가 급증하면서 가족치료학회 외에도 부부·가족치료와 관련된 각종 학회나 협회가 창립되었으나 이에 대한 정부의 공식적인 인정과 면허가 확립되지는 못했다. 더군다나 가족치료 관련 기관을 사칭한 기관이나 개인 사업체기 자격증을 난발히면서 혼란을 가중시키고 있다(노치영, 신혜종, 김은영, 2005). 2015년 현재 직업능력개발원 등록 민간 가족상담관련 자격증은 93개가 난립하고 있으며, 이와 같은 자격증의 난립으로 자격증 사기를 당하는 상담지망생이 다수 있으며, 내담자들 입장에서는 공신력 있는 가족상담사를 구별하기가 매우 어려운 실정이다(조은숙, 2021).

④ 가족치료 전공대학과 상담소 증가 및 전문인력 양성

가족치료 임상 실천에 대한 관심이 증가됨에 따라 자격증 취득자가 늘어났고 가족치료 관련 상담소나 기관이 증가했다. 이와 같은 변화는 대학원에서 가족치료 전공자가 증가했다는 것을 의미한다. 1990년대 후반부터 가족치료사를 양성하는 대학원 과정이 생기면서 2005년 기준으로 가족치료 또는 가족상담과 관련된 정규학위과정을 개설한 대학원으로 일반대학원 3개와 특수대학원 11개, 총 14개의 대학원이 있으며(노치영, 신혜종, 김은영, 2005), 2018년까지 대학원 수준의 가족치료학과와 전공이 꾸준히 신설되고 있다. 과거에는 대학원 지원자들이 상담소, 연구소, 정부 정책기관, 사회복지관 등의 현직의 종사들이었던 반면에, 최근에는 청소년 여성, 다문화 관련 휴먼서비스, 군경찰 등 공공분야 종사자, 그리고 일반 회사원까지 다양한 분야의 종사자들이 대학원에 진학하고 있다. 2017년 기준 전국의 건강가정지원센터는 152개이며, 그 중 여성가족부로부터 지원을 받는 곳은 111개이고 나머지는 지자체가 지원하는 것으로 나타났다(정문자 외, 2018). 한국에서 가족치료를 실시하고 있는 기관은 조사에 따르면 422곳으로 나타났다(이선혜, 신영화, 서진환, 2005). 이외에도 가족상담 관련 기관과 개인상담소가 엄청나게 증가하고 있는 추세이다.

이와 같은 가족치료 전공대학원과 전문인력 양성에 있어서 빠른 증가에도 불구하고 아직까지는 대학원에서 체계적이고 통일된 교육과정이 없고, 학회의 자격요건과도 관련 없이 운영되고 있는 실정이다. 또한 가족치료/상담 전담교수가 매우 부족한 편이며 특히 실습을 위한 기자제 및 실습기관도 매우 부족한 편이다. 가족치료 관련 사설기관은 매우 많음에도 불구하고 인력양성과 관련된 교육이나 훈련프로그램을 운영하는 기관도 매우 적다. 한편, 이들 연구소 및 기관 중에서 가족학회와 유기적인 관계를 맺고 효율적으로 운영을 하고 있음에도 불구하고 교육과정이나 교육자 및 슈퍼바이저의 질에 대한 통제가 불가능해 교육의 질에 대한 인정이 어렵다(노치영, 신혜종, 김은영, 2005).

⑤ 가족법 관련 제도와 서비스 증진

한국에서 정신건강, 대인관계 갈등, 학대, 폭력 관련해 다양한 법이 제정되었다. 이와 같은 법에는 심리사회적 서비스를 제공하도록 하는 조항이 포함되어 있다. 이들 조항에서는 관련 서비스를 지칭하는 가족지원, 가족상담을 포함해 심리상담, 심리치료, 상담, 생활지도, 상담치료 등의 다양한 용어를 사용하고 있다(김현아 외, 2013). 현재 국내법에서 서비스 제공자 안에는 의사, 임상심리사, 사회복지사로 제한되나(김현아 외, 2013), 현장에서 서비스를 제공하는 이들의 범위에 가족치료사, 상담 및 치료 영역의 배경을 가진 인력이 포함된다(정문자 외, 2018). 2004년에는 가족상담 및 지원에 관한 포괄적인 법인 건강가정기본법이 제정되었다. 한편, 1990년대 후반 IMF 사태로 인해 이혼율이 급증하면서 이혼숙려기간제도가 2005년부터 일부 가정법원에서 시범적으로 시행해 오다가 2008년부터 전국 가정법원에서 본격적으로 실시되고 있다. 2010년에는 성폭력, 학교폭력, 자살(시도), 사회적 재난 등으로 인한 피해를 최소화하고 회복을 돕기 위해 여성가족부에서 '가족보듬사업'을 지원하고 있다. 이 서비스는 피해자와 그 가족에게 가족돌봄, 정신적 외상치료, 가족상담 등 가족기능 회복을 위한 서비스를 제공한다. 이외에도 아동청소년의 성보호에 관한 법률은 상담시설이나 성폭력 전담의료기관에서 아동성보호법 피해아동청소년, 보호자 및 형제자매에 대해 상담이나 치료를 제공할 수 있다는 것을 명시하고 있다. 자살예방 및 생명존중문화 조성을 위한 법률은 자살 시도자 및 그 가족 또는 자살자의 가족 등에 미치는 심각한 영향을 완화시킬 수 있도록 자살 시도자 등에게 심리상담, 상담치료를 지원할 수 있다는 것을 명시하고 있다. 또한 가정폭력방지 및 피해자 등에 관한 법률, 가정폭력범죄의 처벌 등에 관한 법률 성폭력방지 및 피해자보호 등에 관한 법률에 근거해 여성가족부 인증 가정폭력·성폭력 상담제도가 있다.

3. 요약

이 장에서는 서구 가족치료 발달사를 1940년대 이전부터 최근 2000년대까지를 중심으로 살펴보았다. 특히 가족치료의 태동기인 1950년부터 1980년 이전까지는 가족치료의 창시자들을 비롯해 인물중심 그리고 부수적으로 가족치료 관련 내용들을 기술했다. 여기에서는 특히 가족치료에 대한 페미니즘의 비판과 가족치료 관련 학회의 설립을 살펴보았다. 1980년부터는 가족치료의 패러다임의 전환으로 인한 새로운 가족치료의 지도자들이 대두되는 것과 함께 확장되는 가족치료 관련 협회 및 학회, 가족치료 관련 연구방법론의 필요성 대두와 발달, 그 외 폭발적인 학술지의 증가를 보았다. 그 외에도 가족치료 과목들에 대한 국가 차원에서의 인정과 가족치료의 세계적인 확장을 살펴보았다.

1990년 이후에는 포스트모더니즘과 구성주의, 그리고 페미니스트들의 대두로 인한 모더니스트적 모델들에 강한 비판과 급격한 새로운 포스트모더니스틱 가족치료모델들의 출현을 보았다. 2000년대에는 가족치료의 세계적인 확장과 가족치료사들의 증가와 가족치료사 자격에 대한 학교 및 학회 또는 협회의 인증에 관해 알아보았다. 마지막으로, 한국의 문화와 가족 가치관, 한(恨)과 화병, 한국인의 기질과 의사소통 방식, 무속신앙(샤머니즘)과 가족상담과 1970년부터 2000년 이후 현재까지 한국가족치료의 발달사를 서술했다.

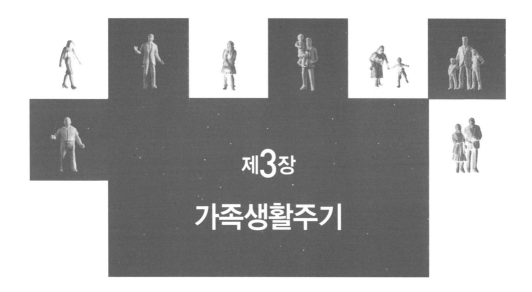

제3장
가족생활주기

이 장에서는 가족생활주기의 준거틀에 대해 설명하기 위해 맥골드릭, 프레토 그리고 카터 (McGoldrick, Preto, & Carter, 2015)의 가족생활 주기모델에 대해 고찰한다. 카터와 맥골드릭 (Carter & McGoldrick)은 정상적인 가족을 중심으로 가족생활주기를 7단계로 나누어 설명했는데, 그 각각의 단계에 대해서 살펴보겠다. 그 외에도 이혼과 이혼 후 및 재혼 가족의 가족생활주기 단계, 그리고 내담자의 변화 단계를 고찰하겠다.

[그림 3-1] 베티 카터

1. 가족생활주기 준거틀에 대한 배경

가족생활이란 결코 직선적이지 않은 지속적인 상호작용적인 과정인 반면에, 직선적인 시간의 영역 안에서 존재한다. 다세대적인 관점에서 가족들이 가족생활주기 단계를 통해 움직이는 것처럼 세대들은 서로의 삶에 영향을 미친다(McGoldrick et al., 2015). 인간이 태어나서부터 죽기까지 일정한 발달의 단계와 단계마다 과업을 가지는 것처럼 가족 또한 발달 단계와 과업을 가지게 된다. 가족생활주기는 시간이 경과함에 따라 가족 내에 발달적인 경향을 묘사하기 위해 일반적으로 사용하는 용어이다(McGoldrick et al., 2015). 가족생활주기는 가족치료를 발달이론에 접목시킨 개념으로, 구조적이고 전략적인 접근법에 대한 설명적인 배경이 되기 위해 사회학으로부터 빌려온 모델이다(Nichols & Schwartz, 2001). 개인의 발달이 가족의 영향을 받을 뿐만 아니라 가족에게도 영향을 주기 때문에 가족구성원의 발달은 가족 전체의 가족생활주기의 관점에서 이해할 필요가 있다. 가족생활주기모델은 개인적인 생활과정의 모든 영역을 포함하나, 한편 전체로서 가족을 강조한다. 이 모델에는 본래 개인으로서 사람과 체계로서 가족 사이의 긴장이 존재한다(Gladding, 2018).

가족은 한 쌍의 남녀가 결혼해 형성되며, 자녀의 출생과 성장과 함께 확장되고, 자녀가 독립하거나 출가함으로써 축소되며, 부부의 사망으로 소멸하게 되는 규칙적인 경로를 거친다. 따라서 시간이 지남에 따라 움직이는 체계로서 가족은 근본적으로 다른 모든 체계와는 다른 특성을 가지고 있다. 모든 다른 조직과는 다르게, 가족은 출생, 입양(공식적 또는 비공식적) 또는 결혼에 의해 새로운 가족구성원을 받아들이며, 가족구성원들은 오직 죽음으로써 그 가족으로부터 떠날 수 있다. 이러한 가족체계에서는 경계선이 변하고, 가족성원들 사이에서 심리적인 거리가 변하며 그리고 하위체계 사이와 하위체계 내에서 역할이 끊임없이 재정의된다(McGoldrick, Heiman, & Carter, 1993).

가족생활주기의 개념을 설명하고 가족치료와의 관련성을 평가하기 전에, 가족의 구성 혹은 구조와는 상관없이 대부분의 가족은 예견할 수는 있는 특별한 사건이나 혹은 단계를 거치게 된다. 따라서 한 개인이 시간이 지남에 따라 발달주기가 있듯이, 가족 그 자체도 발달주기를 가지게 되는 것이다. 이러한 가족생활주기는 마치 인간의 생애주기와 마찬가지로 젊은 남녀가 결혼하면서 가족생활이 시작되는 단계부터 노부부가 되어 결국에는 죽음의 단계까지 이르게 된다. 부부가 이러한 가족생활주기의 단계들을 원만히 넘어가기 위해서는 결혼생활에서 주어진 어떤 과업들을 완수해야만 한다. 또한 모든 가족은 계속해서 변화하는 상황 속에서 살고 있으며 어떤 주요한 전환점은 보편적이라고 할 수 있다. 가족구성원은 가족생활주기의 단계마다 가족 내에서 그들의 지위와 기능이 변화하게 된다. 따라서 가족의 발달주기에 맞게 가족구성원들의 지위와 관계가 변화하게 될 때, 가족은 더 잘 기능하게 된다. 미누친은 가족이란 연속적인 발달과업을 수행하는 사회적 단위이며, 이러한 발달과업은 문화적 차이라는 기준에 따라 다르지만 보편적인 측면도 갖고 있다고 했다(Minuchin, 1974).

모든 가족은 이러한 가족생활주기의 단계를 반드시 거치게 되며, 각 단계에서 다음 단계로 넘어갈 때 적응 상의 문제가 발생하게 된다. 이러한 적응상의 문제가 심각할 경우 가족은 엄청난 스트레스를 받게 된다. 따라서 가족생활주기상의 이러한 위기가 가족문제의 근원이 될 수도 있다. 따라서 가족치료사나 사회복지사는 내담자의 가족문제를 사정할 경우 반드시 그 가족이 처해 있는 가족생활주기의 문제점에 관해 먼저 사정해야 한다. 예를 들어, 정신조사연구소(Mental Research Institute)의 상호작용주의적 가족치료이론, 머레이 보웬(Murray Bowen)의 가족체계이론, 살바도르 미누친(Salvador Minuchin)의 구조주의적 가족치료이론, 제이 헤일리의 전략적 가족치료이론에서는 특히 가족문제를 사정할 때 가족이 가족생활주기상에서 어떤 위기에 처해 있는지에 대해 사정을 한다. 이러한 가족치료 접근법을 가진 치료자는 한 가족 내의 일반적 행동유형들 혹은 위기상황에 대한 가족의 반응도 그 가족의 현재 발달 단계의 맥락 속에서 볼 때 더 잘 이해될 수 있다고 주장한다(Goldenberg, Stanton, & Goldenberg, 2017). 또한 가족치료사는 가족으로 하여금 선택과 가족체계의 적응에 대한 신념을 볼 수 있도록 돕는 책임을 지니고 있으며, 성장에 대한 가족의 잠재성은 가족을 변화하도록 돕는 데 있어서 중대하다.

일반적으로 가족생활주기에 관한 대표적인 학자로 에벌린 두발과 루벤 힐(Duvall & Hill, 1948), 베티 카터와 모니카 맥골드릭(Carter & McGoldrick, 1980) 그리고 베크바와 베크바(Becvar & Becvar, 2013)를 들 수 있다. 힐이나 두발과 같은 가족사회학자들은 1940년 후반에 시간이 지남에 따라 가족생활에서의 규칙성을 설명하기 위해 처음으로 가족연구를 위한 발달의 준거틀을 제안했다. 이 두 학자들의 기본 전제는 가족들이 정형화된 일련의 발달 단계 안에서 그들의 형태와 기능을 변화한다는 것이다. 이 두 학자는 가족성원의 팽창과 그 이후의 축소에 따른 가족구성원의 크기에 따른 변화, 장남이나 장녀의 연령에 입각한 연령구성에 있어서의 변화, 그리고 가장의 일하는 신분에서의 변화에 관해 그들의 이론적인 모델을 구축했다. 두발과 힐의 경우에는 2세대 핵가족을 중심으로 8단계로 가족생활주기를 설명했다(Duvall & Hill, 1948). 카터와 맥골드릭(Carter & McGoldrick, 1980)은 3세대 이상의 가족을 중심으로 6단계로 구분 지어 설명했으나, 최근에는 7단계로 나누었다(McGoldrick et al., 2015). 한편, 베크바와 베크바(Becvar & Becvar, 2013)는 가족생활주기를 개인발달과 부부발달을 통합한 가족생활주기와 역동적 과정모델로 제안했다.

[그림 3-2] 모니카 맥골드릭과 저자

결혼으로 시작해 양쪽 배우자의 죽음으로 끝나는 힐과 두발의 가족생활주기 8단계는 미국의 중산층 가족의 전형적인 발달이 8단계를 거치게 된다는 것을 제안하고 있다(Duvall & Miller, 1985). 어떠한 가족도 모든 점에서 힐과 두발의 모델을 닮을 수는 없으나, 힐과 두발의 8단계 모델의 취지는 가족이 전형적으로 겪는 단계들을 계획하고 각각의 단계가 도달하는 근접한 시간을 예견하는 것이었다. 가족생활주기의 각 단계에서 각각의 개인은 일련의 발달과업(예: 사춘기 동안에 부모로부터 독립심을 세우는 것)을 성취해야만 한다. 동시에, 가족이 하나의 단위로서 성장을 계속하기 위해서도 가족 역시 발달과업(예: 사춘기의 자녀를 둔 부모의 경우 자유와 책임감의 균형을 유지하는 것)을 성취해야만 한다. 일반적으로 시간이 지남에 따라 적절한 역할변화를 해야 하는 것이 가족발달과업이 된다. 그렇지만 듀발과 힐은 전통적인 핵가족 형태를 중심으로 가족생활주기의 단계를 설명했다는 한계를 가지고 있다.

비록 1948년 워싱턴 디시에서 개최되었던 가족생활에 관한 전국 회의에서 결혼과 가족에 관한 사회학적인 조사를 위한 준거틀로서 이와 같은 가족생활주기가 제안되었다고 할지라도, 이후에는 많은 가족치료사에 의해 가족생활주기 접근법이 통합되었다. 카터와 맥골드릭(Carter & McGoldrick, 1988)은 이와 같은 입장을 공식화했고, "가족생활주기 시각을 통해 가족이 과거에 따라 움직여 왔던 과정과 가족이 성취하려고 하는 과업, 가족이 지향하고 있는 미래 안에서 문제를 본다"고 했다. 따라서 가족생활주기에서 일탈된 가족들은 가족생활주기의 발달궤도에 다시 돌아가는 데 도움이 필요하며, 그러한 상황 안에서 가족치료의 주요 목표는 가족이 가족생활주기 안에서 발달할 수 있는 계기를 다시 수립하는 것이다.

가족생활주기 시각이 개인과 가족의 역기능을 이해하는 데 중요한 배경을 제공하고 있으나, 한편 가족생활주기 시각이 근본적으로 설명적이라기보다는 서술적이라는 단점을 가지고 있다. 가족생활주기의 접근법은 가족을 시간의 경과를 통해 움직이는 체계로서 보는 조직적인 도식을 제공한다. 가족의 역기능은 가족이 발달상의 어려움에 처해 있다는 것을 알려 주는 것일 수도 있다. 따라서 가족구성원의 증상은 가족생활주기의 변화 단계에서 가족이 겪고 있는 스트레스의 표현으로서 보일 수 있다. 또는 가족 구성원의 증상은 가족이 너무 엄격하게 조직되어 있어서 새로운 발달상의 요구를 수용할 수 있는 가족구조를 변화시킬 수 없는 것을 의미할 수도 있다. 마지막으로, 그 증상은 임박한 변화 앞에서 가족에게 안정성을 유지시키는 임시적인 "해결책"을 제공하는 기능을 할 수도 있다(Falicov, 1988).

헤일리는 가족의 긴장은 가족생활주기의 한 단계에서 다음 단계로 옮기는 전환점에서 가장 높게 나타난다고 했으며, 가족구성원의 증상은 가족생활주기의 발달과정에 어떤 장해요소가 나타났을 때 발생되는 것으로 보았다(Haley, 1973). 가족생활주기의 다음 단계로 움직이는 데 어려움을 겪고 있는 가족의 예로서, 헤일리는 아이 출산에 따른 산후우울증을 겪고 있는 한 여성을 묘사하고 있다. 그 산모는 자신이 심한 정신 내적인 갈등으로 인해 증상을 일으키고 있다고 생각하는 반면, 헤일리는 그녀의 증상은 가족구성원 전체가 새로운 자녀의 출생으로 인해 특징 지어진 가족생활주기의 발달에 있어서 새로운 단계에 진입하는 데 있어서 어려움을 겪는 것이라고 했다. 미누친 역시 가족생활주기는 가족을 하나의 체계로 보는 것에 근거한 중요한 시각이라고 했으며, 가족치료를 받으러 오는 대부분의 가족이 변화하는 새로운 환경에 적응하는 데 어려움을 겪고 있는 보통의 가족들이라고 했다(Minuchin, 1974).

가족생활주기의 시각에 따르면 증상과 역기능은 체계적인 맥락과 시간이 지남에 따른 "정상적인" 기능과 관련해 조사되어야 한다. 이러한 시각으로부터 치료적인 개입은 가족의 발달능력을 재수립하도록 돕는 데 목적을 두는 것인데, 그렇게 함으로써 가족구성원의 발달의 독특성을 촉진할 수 있을 것이다(McGoldrick et al., 1993). 따라서 가족치료사는 치료를 받으러 오는 대부분의 내담자와 내담자 가족이 일단 이러한 가족생활주기의 변화에서 오는 스트레스에 대한 대처방식에 문제를 지니고 있다는 것을 반드시 염두에 두고 치료에 임해야 된다.

2. 일반적인 가족에서의 발달과업

가족발달 단계에는 변화하지 않는 일정한 순서가 있다. 가족발달의 각 단계는 가족이 새로운 과업에 직면해 새로운 적응기술을 배우는 것을 요구하며, 동시에 가족은 역기능의 새로운 위험을 맞게 된다. 생활주기의 어느 한 단계에서 발생하는 사건들은 또 다른 단계의 가족관계에 엄청난 충격을 가하게 된다. 가족생활주기에서 어느 변환점이 특별히 위험할 수 있다. 어느 한 단계에서의 성공적인 적응은 이전 단계에서 요구된 과업을 수행할 수 있는 가족의 능력에 달려 있다. 예를 들어, 결혼을 한 젊은 남편과 부인이 이전의 그들 각자의 부모들과의 관계로부터 분리되지 못해 자신들의 독립적인 부부단위를 수립할 수 없을 경우에 그 부부는 자신의 가족생활주기의 다음 단계로 들어가는 것을 준비하게 될 때(즉, 자녀 출생과 출생한 자녀를 기르는 단계) 엄청난 스트레스와 갈등과 혼란을 경험할 수 있다.

맥골드릭 등은 다세대 가족체계(직계가족과 확대가족 그리고 친족체계)의 맥락 속에 있는 개인(정신, 신체, 영혼), 그리고 이 둘은 항상 더 커다란 사회적 맥락(친구, 공동체, 문화, 그리고 더 큰 사회) 안에 내포되어 있으며 이 모든 것은 시간에 따라 함께 움직이고 있다는 것을 보여 주는 가족생활주기의 복합성에 대한 지도를 제공했다([그림 3-3] 참조)(McGoldrick et al., 2015). [그림 3-3]에서 보이는 세 가지 영역은 기술지표를 하는 데 있어서 포함되어야 할 질문에 대한 준거틀이기도 하다.

맥골드릭 등은 가족생활주기의 단계 변화에 따라 발생하는 스트레스를 수직적 스트레스와 수평적 스트레스로 구분했다(McGoldrick et al., 2015). 수직적 스트레스 요인들은 3세대의 삶을 통해 내려오는 생물학적 유산, 유전적 체질, 문화적, 종교적, 심리적, 가족적 문제, 권력의 패턴, 사회적 위계질서, 세대를 통해 내려오는 신념 등이 포함된다. 솔로몬은 이 수직적 축을 부모로부터 자녀에게 세대를 건너 전달된 '수직적 정체성'이라고 했다(Solomon, 2013). 수평적 스트레스 요인들은 현재 가족에게 영향을 미치고 있는 발달적 스트레스와 예견될 수 없는 영향들을 나타낸다. 솔로몬은 개인의 '수평적 정체성'은 자녀의 자아의 일부분이 되며, 자녀의 궤도로 변형된 부모와는 다른 이질적인 획득형질이라고 불렀다(Solomon, 2013). 수평적 스트레스 요인들은 가족생활주기의 변화와 전이에 대처하면서 한 단계에서 다음 단계로 전환하는 것에 따라 발생하는 발달적 스트레스와 가족 외부로부터 받는 스트레스원을 포함한다. 수평적 스트레스 요인들에는 발달적 생활주기 전환기, 예측 불가능한 조기 사망, 만성질병, 사고, 실직, 이민 등이 있다. 수평적 스트레스 축은 지역사회 연결, 현재의 사건과 가족에게 영향을 미치는 사회정책과 관련된다. 물론 현재의 수평적 축 문제들은 종종 다음 세대에 대한 수직적 축에 대한 요인들이 된다(McGoldrick et al., 2015).

일반적으로 어떤 전환점에 있어서 이전 세대로부터 물려받은 걱정이 더 많을수록 더 많은 걱정을 하게 될 것이고 더 역기능적일 수 있는데, 그 시점에 첫 자녀를 임신하는

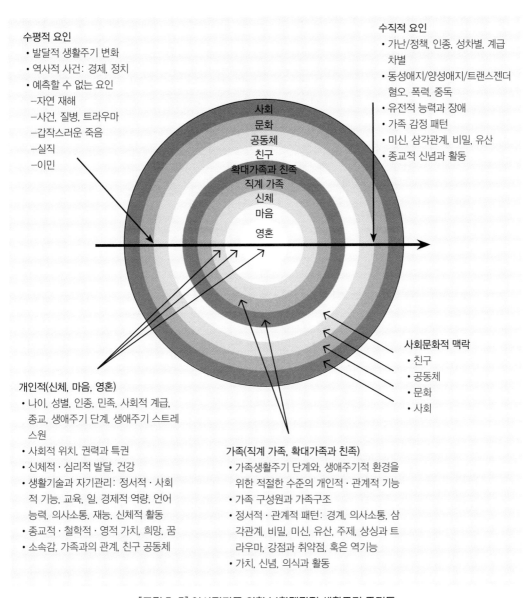

수평적 요인
- 발달적 생활주기 변화
- 역사적 사건: 경제, 정치
- 예측할 수 없는 요인
  - 자연 재해
  - 사건, 질병, 트라우마
  - 갑작스러운 죽음
  - 실직
  - 이민

수직적 요인
- 가난/정책, 인종, 성차별, 계급 차별
- 동성애자/양성애자/트랜스젠더 혐오, 폭력, 중독
- 유전적 능력과 장애
- 가족 감정 패턴
- 미신, 삼각관계, 비밀, 유산
- 종교적 신념과 활동

사회
문화
공동체
친구
확대가족과 친족
직계 가족
신체
마음
영혼

사회문화적 맥락
- 친구
- 공동체
- 문화
- 사회

개인적(신체, 마음, 영혼)
- 나이, 성별, 인종, 민족, 사회적 계급, 종교, 생애주기 단계, 생애주기 스트레스원
- 사회적 위치, 권력과 특권
- 신체적 · 심리적 발달, 건강
- 생활기술과 자기관리: 정서적 · 사회적 기능, 교육, 일, 경제적 역량, 언어 능력, 의사소통, 재능, 신체적 활동
- 종교적 · 철학적 · 영적 가치, 희망, 꿈
- 소속감, 가족과의 관계, 친구 공동체

가족(직계 가족, 확대가족과 친족)
- 가족생활주기 단계와, 생애주기적 환경을 위한 적절한 수준의 개인적 · 관계적 기능
- 가족 구성원과 가족구조
- 정서적 · 관계적 패턴: 경계, 의사소통, 삼각관계, 비밀, 미신, 유산, 주제, 상상과 트라우마, 강점과 취약점, 혹은 역기능
- 가치, 신념, 의식과 활동

[그림 3-3] 임상평가를 위한 복합맥락적 생활주기 준거틀

출처: McGoldrick, M., Preto, N. G., & Carter, B. (2015), p. 16.

엄마가 될 수 있을 것이다. 이런 경우처럼 수평적(혹은 발달적) 스트레스가 수직적 스트레스와 교차할 때, 체계의 걱정은 양적으로 증가하게 된다. 가족의 생활주기를 따라 동시에 발생하는 외적 스트레스(죽음, 질병, 실직)는 스트레스를 가중시킨다. 이와 같은 경우에 두 축이 모이는 점은 가족이 전환점을 얼마나 잘 처리하는 것인지를 결정하는 중요한 결정요소가 된다. 다시 말해, 만약 가족이 수직적 스트레스 요인들과 수평적 스트레스 요인들을 잘 대처하지 못한다면 가족 갈등이 발생되게 되는데, 이 두 스트레스가 교차되는 시기는 가족이 견딜 수 없을 정도로 치명적이 될 수도 있다. 가족발달의 탄력성을 잃었거나 혹은 불안정한 가족은 각각의 가족구성원의 개인적 발달을 위해 가족치료가 필요할 수가 있다(McGoldrick & Shibusawa, 2012). 따라서 가족치료사는 내담자의 현재 가족생활주기에서 발생하는 스트레스뿐만 아니라 세대에 걸쳐 전수되는 가족 문제들에 대한 연관성에 관심을 가지는 것이 매우 중요하다. 그렇지만 포스트모던 가족치료사들은 발달이론이 행동을 보편적 기준으로 인식하게 하는 위험이 있다(Gergen, 2012; Hoffman, 1991)고 보며, 이는 가족생활주기를 적용하는 이론들에게도 적용된다(Becvar & Becvar, 2013).

3. 카터와 맥골드릭의 가족생활주기 7단계

가족생활주기모델의 일반화는 특별한 계급, 문화, 역사적 기간(21세기 초 미국)의 맥락에서 보아야만 하며, 더 커다란 사회 안에서 발생하는 변화에 따라 주기적인 수정을 할 수 있도록 개방되어 있어야 한다. 게다가 민족성에 있어서 개별적인 가족 차이, 문화, 언어, 사회경제적 신분, 성적 정체성, 문화수용성 정도, 영성 그리고 가족폭력에 대한 경험 등이 발달 단계의 본질과 수행되어야만 하는 발달과제를 수정할 수도 있어야 한다. 예를 들어, 자녀가 없는 부부는 매우 다른 가족생활주기를 경험한다. 여기서 주의할 점은 실제로 가족생활주기상에서 한 단계로부터 다음 단계로의 전환이 가족생활주기 단계이론에서 말하는 것처럼 그렇게 깔끔하게 성취될 수가 없다는 점이다. 그럼에도 불구하고 가족생활주기에서의 전환은 가족체계의 변화를 요구한다(Goldenberg et al., 2017).

〈표 3-1〉은 가족이 각 단계를 성공적으로 통과하기 위해 각 단계에서 필요한 제2차 변화를 포함한 미국의 일반적인 중산층 가족들의 생활주기에 대한 개관을 나타내고 있다(제1차 변화는 체계의 구조 그 자체가 변화하지 않는 체계 내의 변화를 의미하고, 제2차 변화는 체계의 구조와 기능의 근본적인 변화를 요구하는 것을 의미한다).

표 3-1 가족생활주기 단계

가족생애주기 단계	전환의 정서적 과정	2차적 임무 / 발달적으로 진행하기 위한 체계의 변화
결혼전기	자신에 대한 정서적·재정적 책임감을 수용함	• 원가족과의 관계에서 자아분화 • 친밀한 동료관계의 발달 • 일과 재정적 독립적 측면에서 자아확립 • 공동체와 더 확대된 사회 안에서 자아형성 • 세계관, 영성, 종교, 자연과의 관계 형성 • 성인자녀와의 관계에서 조언자로서의 부모 역할전환
결혼적응기	새로 확장된 체계에 대한 헌신	• 부부체계 형성 • 배우자와 확대가족을 포함하는 가족경계선의 확장 • 부부, 부모, 형제, 확대가족, 친구, 더 확대된 공동체와의 관계 재편성
자녀 아동기	새로운 가족구성원의 수용	• 자녀 공간을 위한 부부 체계의 조정 • 자녀양육, 경제활동, 가사에 공동참여 • 부모와 조부모 역할을 포함하기 위한 확대가족과의 관계 재정립 • 새로운 가족구조와 관계를 포함하기 위한 공동체와 더 큰 사회체계와의 관계 재정립
자녀 청소년기	자녀의 독립과 조부모의 노화를 수용하기 위한 가족경계선의 융통성 증가	• 청소년이 더 독립적인 행동과 관계를 가질 수 있는 자율성 허용 • 청소년기에 진입한 자녀가 공동체와의 관계를 협상할 수 있도록 도움 • 중년기 부부의 결혼과 진로 문제에 대한 재조명 • 노인세대를 돌보기 위한 전환
자녀 독립기	가족구성원의 증감 수용	• 두 사람만의 부부 체계로서의 재협상 • 부모와 성인자녀 간의 성인 대 성인 관계로 발전 • 인척과 손자녀를 포함하는 관계 재조정 • 새로운 가족관계를 포함하기 위한 공동체와의 관계 재조정 • 자녀양육 책임감으로부터 벗어나 새로운 관심과 직업 탐색 • 부모(조부모)의 건강, 장애 및 죽음을 다룸
장년기	세대역할의 전환을 수용	• 생리적인 쇠퇴에 직면해 자신 혹은 부부, 사회적 기능과 관심을 유지하거나 수정(새로운 가족의 역할과 사회적인 역할 선택을 탐색) • 중간 세대의 더 많은 중심적인 역할에 대한 지지 • 노인들의 지혜와 경험을 활용할 수 있는 역할 제공 • 노인들의 과도한 기능을 요구하지 않으면서 지지
노년기	가족구성원들의 한계와 죽음 그리고 삶의 한 주기의 완성을 수용	• 배우자, 형제, 그리고 동료들의 상실감을 다룸 • 죽음과 유산을 위한 준비 • 중년과 노년 세대 간의 뒤바뀐 돌봄 역할을 다룸 • 변화하는 생애주기 관계를 인정하기 위한 더 큰 공동체와 사회체계와의 관계의 재조정

출처: McGoldrick, M., Preto, N. G., & Carter, B. (2015), pp. 24-25.

1) 결혼전기

가족의 생활주기에서 결혼전기(독립된 젊은 성인 단계)는 아직 결혼하지 않은 자녀가 자신의 원가족을 떠나 결혼을 하고 자녀를 낳아 자신의 가족을 이루기 이전까지의 기간을 말한다. 이 단계는 개인적인 삶의 목표를 설정하고 새로운 가족하위체계를 형성하기 위해 다른 사람과 관련을 맺기 전에 "자기화"가 되어야 될 때이기도 하다.

보웬의 가족체계이론에 의하면 인간은 정서적 기능과 지적 기능을 소유하고 있으며(Papero, 1995), 개인의 내부에서 일어나는 자아분화의 정도는 이러한 정서적 기능과 지적 기능 사이의 분화와 융합의 정도를 나타내는 것이다. 또한 개인의 자아분화 정도는 개인이 감정이나 사고의 기능 가운데 선택하는 정도와 연관된다고 했다(Goldenberg et al., 2017). 이 단계에서 젊은 성인이 자신의 원가족과 정서적으로 분화를 잘하면 잘할수록 가족생활주기를 통한 세대 전환적 긴장을 더 줄일 수 있다. 이 단계에서 원가족과 분화를 하지 못한 젊은 성인이 배우자를 선택하는 데 있어서 자신의 원가족에게 만족을 주기 위해 결혼을 하면 신혼부부는 자신들만의 부부하위체계를 형성하기가 힘들어진다(Carter & McGoldrick, 1988).

실제 상담을 해 보면, 자녀들이 성인임에도 불구하고 한국의 많은 부모는 자녀를 성인으로 대하려는 준비가 안 되어 있는 경우가 비일비재하다. 예를 들어, 독립된 젊은 성인 단계에 있는 자녀들의 귀가 시간을 통제한다든지, 자녀들의 배우자 될 사람이 부모의 마음에 들지 않는다는 이유로 사귀지 못하게 한다든지, 심지어는 이 단계에 있는 자녀들의 의상까지 부모들이 골라 주는 경우를 보게 된다. 이러한 경우에 부모 자체가 자아분화가 안 되어 있는 경우가 많다. 한국의 남자의 경우 가족주의적 가치관은 보통 이하로 낮음에도 불구하고, 효의식과 부양의식은 높게 나타나고 있으며(김경신, 1998; 이은경, 1999; 조미숙, 오선주, 1999; 한경순, 1998), 이러한 결과는 가족주의 가치관의 혼재성을 보여 주고 있다(양옥경, 2001). 한국의 젊은이는 일생 동안 원가족에서 벗어날 수 없으며, 대부분의 사람이 가족을 떠나 경제적인 독립을 해도 원가족과의 심리적인 관계는 밀접하게 유지된다(김유숙, 1998).

집단주의 문화와 가치를 중시하는 우리나라의 경우는 인간관계에서 특히 체면, 충성, 효도를 중요시하는 경향이 있다. 특히 수평관계보다는 수직관계에 익숙한 우리나라의 문화에서는 독립적인 자신을 유지한다는 것이 힘들다. 따라서 우리나라의 문화에서는 어머니와 자녀 간의 관계가 매우 밀착된 관계를 유지하는 경향이 있다. 미국, 일본, 한국을 비교한 트리엔디스의 연구에 따르면, 한국이 제일 집단주의 문화가 발달했다고 했다(Triandis, 1989b). 따라서 한국인들의 '나'에 대한 개념에는 자아의 구성요소로서 부모와 형제를 포함하고 있으며, 가족성원 간에 밀접한 관계로 결합된 정서가 가장 중심적인 자아의 구성요소였다(Kim, & Choi, 1992). 한국의 가정에서는 개인의 권리와 관심보다는 가족의 결속을 더 중요한 것이라고 강조했고, 다른 사람과 조화를 이루어 나가는 것을 미덕이라고 생각했다. 이러한 가치관은 다른 사람의 의견이 자신의 의견과 다를 경우에 자신의 의견을 버리고 다른 사람의 의견을 수용하는 것을 바람직하다고 본다. 그렇지만 매스턴과 텔리겐은 양육자에 대한 유아의 애착과 같은 과업은 보편적일 수 있지만, 개인적인 정체성에 대한 발달과업은 개인적인 발전보다 지역사회에 헌신을 강조하는 집단주의 문화에서는 덜 보편적일 수 있다고 했다(Masten & Tellegen, 2012).

독신으로 산다는 것은 개인에게 자신의 경력과 결혼의 야망, 개인적 독자성에 대한 갈망 사이의 균형을 잡는 것을 요구하는데, 최근에는 많은 젊은 성인이 결혼하지 않고 동거를 통해 이러한 균형을 시도하고 있다. 미국에서는 15세 이상의 독신 성인의 비율이 증가하고 있다. 미국 인구 통계국(2005)에 의하면, 미국에서 15세 이상 인구의 약 27%가 결혼한 적이 없다(http://www.census.gov/; 2005. 8. 15). 독신들이 증가하면서, 삶의 스타일도 변하고 개인적 삶을 더욱 강조하고 있다. 커플의 70% 이상이 동거를 하며 이와 같은 삶을 살고 있다(Rhoades, Stanley, & Markman, 2009). 전반적으로 동거는 이성 간에 일어나고 있으며, 여기에는 긍정적, 중립적 그리고 부정적 관점이 있다. 슈, 모리슨, 그리고 도스(Hsueh, Morrison, & Doss, 2009)는 동거관계가 결혼관계보다 좀 더 유동성이 있고 휘발성이 있다고 했다. 동거에 대한 결정은 독신 성인의 삶과 그들이 내리는 결정에 영향을 미친다(Gladding, 2018).

2020년 미국에서 미혼은 35%, 독신 가구가 27%를 차지하고 있고 이 비율은 미국 역대 최고치를 보이고 있다(U. S. Census Bureau, 2010). 2030년에는 미국의 25~44세 일하는 여성의 45%가 결혼하지 않은 상태일 것으로 예상된다(연합뉴스, 2019). 한국과 일본 역시 미혼 인구비율이 지난 20년간 급속히 증가했다. 최근 30대 중반 이하 연령층에서는 한국의 미혼 인구 비율이 일본을 앞질렀다. 1995년도와 비교했을 때 2015년도에 30~34세 남성 미혼율은 19.4%에서 55.8%로 3배 정도 늘었고, 여성의 경우에는 6.7%에서 37.5%로 5배 이상 증가했으며(BBC News 코리아, 2019), 교육수준이 높은 여성일수록 미혼율이 높아지고 있다(우해봉, 2020; 통계청, 2020). 한편, 한국은 젊은 청년일수록 첫 취업 시기, 결혼과 출산의 지연 추세가 높아지고 있으며, 부모로부터 분가비율이 감소하고 있다(안선영, 김희진, 박현준, 김태령, 2011). 한국의 성인자녀는 비혼화와 결혼 의향이 감소하고 있으며, 가족가치관의 다양화로 인해 가족으로부터 독립하지 못하고 부모에게 의존하는 기간이 점점 증가하고 있다. 한국 사회에서 부모로부터 독립하지 못하고 경제적으로 의존하는 미혼성인들을 지칭해 '캥거루족'이라 하는데, 이는 2000년을 전후해 청년취업률 저하로 인해 만들어진 신조어이다. 또한 부모로부터 독립해 생활하다가 생활고로 인해 다시 돌아온 성인자녀를 가리켜 '연어족'이라 하며, 결혼 후 경제적으로 의존하기 위해 부모와 동거하는 성인자녀를 '스크럼족'이라 한다(최연실, 2014). 이와 같은 시대상을 반영하는 또 다른 용어로 '중년캥거루족(35세 이상으로 부모에게 의존하는 자녀)' '삼포세대(청년 취업의 어려움에 대한 은유적 표현)' 'N포세대(취업과 결혼등을 포기하는 세대)' 그리고 직업을 대체하는 여성의 결혼을 의미하는 '취집'이라는 용어까지 나왔다(정혜정, 2013). 그 외에도 이혼 후에 다시 부모에게 돌아온 성인자녀를 가리켜 '돌싱'이라 부르기도 한다(최연실, 2014). 현재 한국가족은 과거와 비교해 가족 내 위계질서가 많이 약화되어 있어서, 성인자녀의 독립에 대한 부모의 기대 또는 요구는 더 이상 충족되기가 어렵다(정혜정, 2013). 30대 후반과 40대 중반의 캥거루족인 2명의 성인자녀의 상담 과정을 통해 부모의존 동거 요인을 탐색한 연구에 따르면, 자녀의 경제력이 없는 것이 표면적인 이유로 나타났지만 분화되지 못한 부모의 양육태도로 인한 분리개별화의 실패, 자아정체감 미확립, 미분화 등의 심리적인 요인 역시 나타났다(강현선, 2018).

이 독립된 젊은 성인 단계에서, 일반적으로 자녀인 젊은 성인 또는 부모들이 모두 성인으로서, 그들의 관계가 덜 위계적인 형태로 변해야 하는 요구를 인정하지 않는 데에 문제의 초점이 맞춰지게 된다. 이러한 지위 변화에 대한 문제점들은 부모가 젊은 성인자녀의 의존성을 부추기거나 또는 성인자녀가 계속해서 부모에게 의존하거나 또는 반항하고 자신들의 부모와 가족으로부터 유사 독립적인 단절의 형태로 도망하려는 형태로 나타난다. 보웬(Bowen, 1978)에 의하면, 부모와의 단절은 결코 정서적인 관계를 해결하지 못하며, 부모와 정서적으로 단절한 젊은 성인들은 반사적으로 그렇게 행동할 뿐, 실제로는 가족으로부터 독립적이라기보다는 여전히 정서적으로 얽매여 있는 것이다. 부모와 젊은 성인자녀가 맞닥뜨린 성인 대 성인으로서의 지위 변화는 서로 존중하고 개인적으로 관계를 맺는 형태를 요구하는 것이다. 젊은 성인들은 부모를 현재 있는 그대로의 존재로서 감사할 수 있으며, 부모가 할 수 없었던 것에 대해 부모를 비난하거나 현재의 부모가 아닌 형태로 부모를 만들려고 할 필요는 없다. 또한 젊은 성인들은 그들 자신을 희생하면서까지 부모의 기대나 소망에 따를 필요는 없다. 이 단계의 치료에서는 젊은 성인들이 체계 내에서 자신들의 지위 변화를 성취하는 새로운 방법으로 부모들과 다시 관계를 맺도록 돕거나, 혹은 부모로 하여금 젊은 성인자녀들의 새로운 지위 변화를 인정하고 새로운 관계를 맺도록 돕는다. 이 단계에서의 가족의 주요 과업은 젊은 성인자녀가 독립적인 생활을 하도록 허용하고 이들을 항상 감독하는 것으로부터 벗어남으로써 이전의 의존적인 관계로부터 나타난 부모의 힘과 통제를 점차 줄이는 과정이 된다. 또한 이 단계에서 부모는 자녀의 이성관계의 범위와 그 변화에 인내를 가지고 자녀를 대해야 한다. 따라서 이 단계에서 부모와 젊은 성인자녀는 각자가 서로를 보완할 수 있는 성인으로서 대우해 주어야 하며, 이전의 관계보다는 서로에 대해 덜 의존하는 관계로 발전해야 한다.

가족체계의 관점에서 이 단계를 성공적으로 전환하기 위해서는, 첫째, 부모는 지속적으로 자녀와 유대관계를 가지면서 자녀의 분리와 독립을 수용하고, 둘째, 성인자녀의 직업 정체성에 대한 모호함과 부모와의 차이점을 받아들이며, 셋째, 원가족으로부터 벗어나서 타인에 대한 정서적 애착과 부모와 다른 자녀의 생활양식의 차이를 받아들일 수 있는 능력을 필요로 하며, 넷째, 부모가 남편과 아내로서 자신들의 '빈 보금자리'에 대한 친밀성을 재협상하는 데 성공한다면, 부모는 자녀가 성적(sexuality) 관계와 친밀성을 찾는 데서 경험하는 변화와 갈등, 위기 등에 대해 더 잘 인내할 수 있다.

결혼전기에 있어서 젊은 성인과 관련된 연구로서 '애착과 연애 관계의 파경: 가족치료 사례 연구(Attachment and romantic relatioships dissolution: A case study of family therapy)(Koh, Park, & Park, 2020)' '예비부부 갈등해결을 위한 가족치료 사례연구(안현아, 박태영, 2015)' 등이 있다.

2) 결혼적응기

일반적으로 개인들은 같은 혹은 비슷한 발단단계 수준에 있는 다른 사람들에게 가장 편안함을 느끼는 경향이 있다(Santrock, 2009). 안정된 사람은 다른 안정된 사람과 관계를 맺고, 불안한 사람은 헌신이 적고 더 자유로운 사람과 관계를 맺는 경향이 있다(Lopez, 1995). 이것이 서로 다른 사람들과의 관계는 쉽게 깨어지는 경향이 있다는 것에 대한 이유가 된다(Gladding, 2018).

그러나 보편적으로 결혼이라는 것을 두 개인이 합쳐지는 것으로 잘못 이해하는 경향이 있다. 부부가 된다는 것은 가족생활주기 중에서 가장 복잡하고 힘든 전환 중의 하나이다. 결혼은 서로 적응하는 어려운 과업을 요구하며 결혼생활이 개선되기 위해서 부부의 의도적인 노력이 필요한 기간이기도 하다. 하지만 어떤 이들은 이 시기를 가장 쉽고 즐거운 때라고 생각하는데, 이것은 부부는 물론 가족과 친구들까지 이 시기의 행복한 면만을 보려고 하는 감상적인 시각을 지니고 있기 때문이다. 이러한 시각이 오히려 부부들에게 어려움을 더욱 가중시키는 결과를 낳는다. 실제로 결혼이 의미하는 것은 다른 2개의 전체 체계의 변화이며, 제3의 하위체계를 형성하는 것을 의미한다(Carter & McGoldrick, 1988). 각각의 배우자 가족으로부터 분화하고 새로운 결집력 있는 부부 단위로 전환을 하는 데 가장 중요한 것은 부부 간의 협력이다. 각각의 배우자는 원가족으로부터 부부간의 상호작용과 가족생활에 대한 일련의 기대감과 규칙을 습득해 왔다. 특히 이 시기에 자신의 부모로부터 정서적인 독립을 하지 못한 사람은 자신과 배우자의 다른 점을 인정하고 받아들이는 데 실패한다. 배우자 역시 자신의 두려움을 상대방에게 이야기하는 것을 꺼려하게 된다. 따라서 두 배우자 모두 상대방을 통해 자신을 확인하려는 욕구 때문에 의사소통의 내용이 모호해지게 된다. 이러한 과정에서 자신은 상대방이 원하는 대로 해 주고 있다고 잘못 생각하기 때문에 결국 어느 쪽도 원하지 않는 일을 하면서 시간을 보내는 불합리성을 낳게 된다.

신혼부부 단계에 있는 많은 배우자가 자신들의 가정에서 익숙한 방식대로 생활을 하는데, 상대편의 배우자들은 자신과 다른 가정의 문화에서 나오는 배우자들의 익숙한 방식을 이해하지 못하는 경우가 많다. 예를 들어, 신혼부부 단계에 있는 배우자는 선호하는 온도, 식성, 취침과 기상 시간, 치약 짜는 방식, 치약의 뚜껑을 닫는 방식, 샤워하는 방식, 심지어 성교 후의 처리하는 방식도 다르다. 또한 친밀한 관계를 추구하는 방식, 화를 내는 방식, 화를 내고 나서 푸는 방식, 의사소통 방식도 다르다. 그렇지만 서로의 방식을 인정하지 않고 자신의 방식만이 옳다고 주장하게 되며, 상대방의 방식이 잘못되었다고 비난하는 경우가 많다(박태영, 2006). 결혼한 부부는 부부의 공통적인 삶을 위해 자신들이 가지고 있는 서로의 다른 두 패러다임을 조정해야 한다고 했다. 조정의 과정에서 배우자들은 새로운 의사거래의 패턴(절충 또는 다투는 것에 대한 무언의 동의)에 도달하며, 그다음에는 궁극적으로 그러한 패턴이 배우자와 상호작용하는 또는 습관적인 형태를 띠게 된다(Minuchin, Rosman, & Baker, 1978).

결혼을 하고 나서 배우자들은 자신들의 기본적인 신체적인 욕구를 제공해야 할 뿐만 아니라 언제 어떻게 자고, 먹고, 성관계를 가지며, 다투고, 보충할 것인가와 같은 개인적인 문제들에 관해 끊임없이 두 사람이 함께 협상해야만 한다. 부부는 어떻게 기념일을 축하하고, 휴가 계획을 세울 것인가, 돈을 어떻게 쓸 것인가, 집안일을 어떻게 분담할 것인가 등에 대해서도 결정해야만 한다. 부부는 어느 가족의 전통과 의식을 따를지에 대한 것과 자신들의 것으로서 어떠한 것을 개발하기 원하는지에 관해도 결정해야만한다. 부부들이 유지하기를 원하는 자신들의 확대가족과 어느 정도의 친밀감과 거리감을 둘 것인지에 대해도 결정할 필요가 있다.

보웬은 배우자와 융합하려는 일반적인 경향은 원가족으로부터 불완전하게 분화했기 때문이라고 했다(Bowen, 1978). 즉, 부부는 자기 부모와 해결하지 못한 관계의 일부를 배우자로부터 이루려 한다는 것이다. 이러한 경향은 부부 각자가 자기 자신이 되고, 상대방을 있는 그대로 받아들이지 못한 채 새로운 관계를 형성하게 만든다. 이것은 배우자와 자신의 차이와 상대의 독특성을 인정하지 않는 것으로써 이후에 왜곡된 의사소통을 하게 만든다. 배우자들의 이러한 원가족과 해결하지 못한 문제로 인해 결혼을 결정했을 경우에 기능적인 부부관계의 균형을 깨뜨릴 수 있다.

보웬의 가족체계이론을 임상에 적용한 러너는 자아분화가 안 된 사람들이 추구하는 인간관계를 두 가지 유형으로 나누어 설명했다(Lerner, 1989). 첫째는 지나치게 밀착된 관계를 추구하는 유형이고, 둘째는 거리감을 두는 관계를 추구하는 유형이라고 설명한다. 그러나 이 두 가지 유형의 저변에는 불안을 다루기 위해 이와 같은 인간관계 유형을 취할 수밖에 없다는 전제가 깔려 있다(박태영, 김현경 역, 2016). 이와 같이 자아분화가 안 된 성인들은 결혼을 했음에도 불구하고 자신과 자신의 배우자가 친밀한 관계를 추구하는 유형이 서로 다르다는 것을 이해하지 못하는 경우가 상당히 많다고 볼 수 있다.

한편, 채프만은 부부간의 사랑하는 언어에는 인정하는 말, 함께하는 시간, 선물, 봉사, 육체적인 접촉 다섯 가지 언어가 있다고 하면서, 부부는 각각 자신이 익숙한 사랑의 언어를 사용하게 된다고 주장한다(Chapman, 1995). 예를 들어, 남편과 부인이 서로 사용하는 사랑의 언어가 다를 때 상대방이 사용하는 언어로는 사랑을 느낄 수 없다는 것이다. 반면, 남편이 부인의 익숙한 사랑의 언어를 사용할 때 부인은 사랑을 느낄 수 있다. 따라서 배우자는 상대방에게 익숙한 사랑의 언어를 알고 구사하는 것이 필요하다. 따라서 이러한 신혼부부 단계에 있는 배우자들은 상대방의 사랑의 언어를 발견하고 사용하는 것이 부부관계에 매우 필요하다(장동숙 역, 1997).

부부가 처음 결혼했을 때, 부부 간의 체계는 느슨하게 조직되는 경향이 있고, 배우자들의 역할은 융통성이 있으며 종종 상호교환할 수 있다. 자녀가 없는 가족의 구조는 당면한 문제에 대한 다양한 해결책을 제공할 수 있는 융통성을 가지고 있을 수 있다. 시간이 점차 지나면서 부부의 관계를 강화시키는 중요한 요소는 상호독립성을 늘리는 것과 결혼생활에서 겪는 다양한 사건을 어떻게 해석하는가 하는 점이다. 부부는 타인들로부터 받는 지지를 통해서 이러한 사건들을 큰 스트레스 없이 대처할 수 있다. 또한 많은 사람이 신혼 1년이 가장 행복한 시간이라고 여길지 모르지만, 이때에 이혼율이 가장 높은 경향이 있다. 이 시기에는 친구체계와 확대가족체계에 변화가 생기게 된다. 많은 부부가 각자의 친구관계를 유지하는 데 어려움을 느끼며, 최소한 1년 내에 '부부의 친구들'만을 사귀게 된다. 대체적으로 '부부의 친구들'은 융합을 강조하며 각 배우자의 개인적 흥미와 취향을 용납하지 않기 때문에, 치료사는 배우자들이 각자의 친구관계를 유지하도록 격려해야 한다.

한국 문화에서는 이 난세를 경험하는 싱인자녀들이 원가족으로부디의 실리적·정서적 분리를 달성하기는 어렵다. 성인자녀들이 자신들의 삶을 위해 이성을 만나 새로운 가족을 탄생시킨다는 시각보다는 가계를 계승한다는 시각이 여전히 현대 한국 사회에 만연해 있다(Shon & Ja, 1982; 이선혜, 1998). 따라서 아들이 결혼을 하면 시어머니는 아들의 결혼생활에 간섭할 권리가 있다고 생각한다. 대부분의 한국 시어머니는 이러한 '간섭'하는 것을 의무, 사랑, 관심으로 생각하기도 한다(송성자, 2001). 한국의 부부문제의 70~80%는 시댁문제가 관련되며, 심지어 대부분의 재미교포가 지리적으로 시댁으로부터 멀리 떨어져 살고 있다고 할지라도 시댁식구의 영향과 간섭은 여전히 존재한다. 한국의 시어머니는 일반적으로 자신의 출가한 아들을 여전히 소유하고 있으며, 며느리에 대해 비판적이다. 어머니와 출가한 아들 간의 정서적인 미분리로 인해 시어머니와 며느리 사이에 때로는 심각한 문제가 일어나게 된다. 며느리는 종종 시어머니의 '도움'을 자신의 부부를 통제하려는 것으로 여긴다. 고부간의 관계에서 변하는 기대감이 두 사람의 차이를 악화시킨다(Kim & Ryu, 2005).

특히 이 시기에 많은 한국 남성은 원가족과의 관계변화를 원하지 않는 경우가 비일비재하다. 이러한 배경에는 한국의 '효'에 대한 강조와 부모에 대한 보상심리가 더욱 작용하고 있다. 치료사로서 대부분의 결혼문제는 배우자들이 흔히 초점을 두고 있는 구체적인 부부 갈등 때문만은 아니며, 확대가족에서의 미해결된 문제에서 발생한다. 따라서 시댁과의 문제가 현재의 부부 간의 문제와 관련이 있기 때문에 치료사들은 이러한 점에 주의를 기울여야 한다. 고부갈등과 관련해 12명의 며느리를 인터뷰한 박소영의 연구에서는 고부관계에서 남편의 역할이 결정적으로 중요하다고 했다. 이 연구에서 특히 갈등이 심한 고부관계에서도 남편이 부인을 지지하고 위로하는 경우는 시어머니에 대한 부정적인 경험을 잊어버리거나 사소한 것으로 여기는 것으로 나타났다(박소영, 2010). 또한 고부관계에 대한 남성의 경험에 관한 연구(박소영, 박태영, 2008)에서는 21명 남성의 고부관계에 대한 역할 인식유형이 여섯 가지(방관하기, 중간에서 조율하기, 양쪽에서 정서적 지지하기, 아내 편들기, 어머니 편들기, 어머니 앞에서 가만히 있다가 나중에 아내 마음 풀어 주기)로 나타났다. 특히 '어머니 편들기(마마보이)' 유형의 남성은 어머니의 의견을 중시하는 것이 아들로서의 사회적 책임이라는 가부장적 효사상이 저변에 깔려 있었다. 이 마마보이 유형의 역할로 고부관계는 더욱 악화되었고, 아내에게는 스트레스로 인해 위염이나 우울증과 같은 신체화 증상이 나타났으며, 부부관계도 악화되었다. 한편, '아내 편들기' 유형의 남성은 이 유형의 역할을 하게 된 배경에 두 가지 이유가 있었다. 첫째, 남성들은 집안에서 결혼을 반대했기 때문에 아내를 보호하려는 의도가 있었다. 둘째, 남성들은 결혼생활을 통해 고부갈등으로 인해 부부갈등을 경험하면서 아내를 지지해 주어야만 부부갈등 상황이 멈춘다는 것을 깨달았다는 것이다.

결혼적응기와 관련된 가족치료 연구로는 '시모와 동거 및 부부갈등: 가족치료 사례연구(Living with an in-law and marital conflicts: A family therapy case study)(Park & Park, 2019)' '가임기간 중 발기부전에 영향을 미친 요인: 가족치료 사례를 중심으로(김현주, 박태영, 2019)' '가족치료 과정에서 나타난 부부의 섹스리스 인식변화 과정에 대한 질적 연구(김영애, 박태영, 2018)' '공황장애에 영향을 미친 가족·사회·문화적 요인들: 한국 부인과 미국 남편에 대한 가족치료 사례(Familial, social and cultural factors influencing panic disorder: Family therapy case of Korean wife and American husband)(Shim, Lee, & Park, 2016)' '분노조절이 안 되는 초혼 남편과 재혼 부인의 결혼초기 부부갈등 해결을 위한 부부치료 사례연구(박태영, 문정화, 2013a)' '고부갈등을 겪고 있는 부부들을 위한 가족치료 사례연구: 남편들의 자아분화를 중심으로(박태영, 박진영, 하태선, 2011)' '남편의 원가족과 갈등을 겪는 부부들의 가족치료 사례연구(박태영, 김혜선, 김태한, 2010)' '이혼위기에 있는 결혼초기 부부에 대한 부부치료 사례연구(박태영, 김태한, 김혜선, 2009)' '고부갈등으로 인해 우울증을 겪고 있는 부인의 부부치료 사례연구(박태영, 정선영, 2004)' 등이 있다.

3) 자녀 아동기

부모가 된다는 것은 하나의 생물학적인 사건이면서 동시에 심리적이고 사회적인 변화를 초래하고, 동시에 두 세대 간의 결속 이상의 의미를 지닌다. 부부가 부모가 되는 것과 함께, 가족은 처음으로 영구적인 하나의 삼인조 체계가 된다. 만약 어린 자녀가 없는 상황에서 배우자가 떠난다면, 체계는 존재하지 않게 된다. 그러나 만약 자녀가 있게 되면 배우자 중 한 사람이 떠난다고 할지라도, 그 체계는 여전히 존재하게 된다. 따라서 상징적으로, 그리고 현실적으로 이 전환이 가족생활주기의 주요한 전환이라고 할 수 있다(McGoldrick et al., 2015). 부모가 되는 것은 부부의 삶의 스타일을 극적으로 바꾸는 신체적·심리적·사회적 사건으로, 기쁘면서도 한편으로는 어려운 경험이다(Renshaw, 2005). 자녀의 탄생은 결혼관계에 충격을 가져오며(Hughes & Noppe, 1985), 최소한 얼마간은 가족의 균형이 깨신다(Gladding, 2018).

가족생활주기의 이 단계는 성인들에게 한 세대 위로 변화해야 한다는 것과 젊은 세대를 돌보는 세대가 되어야 한다는 것을 요구한다. 부모가 이러한 요구되는 변화를 수용하지 못 할 때 발생되는 전형적인 문제들은, 자녀들에게 부모로서 행동하지 않거나 이러한 책임을 거부하는 것, 혹은 자녀에 대한 책임을 배우자에게 전가하게 되는 것 등이 있다. 결혼한 남성과 여성이 지나치게 '자녀'나 '직업'을 강조해 결혼생활의 친밀한 경험이 부족하게 되면 그 결과 부부관계가 소홀해지기 쉽다. 이 발달 단계에서 남녀 모두가 성취해야 하는 과업은 각자 자신을 더 잘 분화시키고, 친밀감과 상호의존성이 존재하는 가운데 양육능력을 더 잘 발달시키는 것이다. 자녀에게만 초점을 두는 것은 친밀감과 분화뿐만 아니라 결혼생활을 어렵게 만드는 원인이 된다. 따라서 부모들은 자녀와의 관계에 한계점을 두어야 하고, 부모로서 자녀에게 권위를 행사할 수 있어야 하며, 동시에 자녀가 성장함에 따라 그들이 부모에게 자신들을 표현할 수 있도록 허락해야 한다.

또한 부부가 자녀양육에만 지나치게 몰두해 부부관계가 소홀해지면서 성관계가 소원해져서 섹스리스 부부로 지낼 수 있다. 부부간의 성관계는 결혼만족도와 밀접한 관련이 있으므로 섹스리스 부부로 오래 지낼수록 불만족스러운 결혼생활로 치닫게 되어 자녀들이 독립한 후에 부부관계가 더욱 악화될 수 있다.

자녀에게 환경을 형성해 줌으로써 가족은 자녀의 성장을 극대화할 수도 있고, 방해할 수도 있다(Kernberg & Chazan, 1991). 예를 들어, 부끄러움을 잘 타는 어린이가 그들을 위해 이야기하는 부모와 의사소통하기를 꺼려할 수도 있다. 이와 같은 상황에서는 가족의 지나친 역할기능이 어린이의 특별한 발달욕구에 대한 선의의 무지인지 혹은 독립하고자 하는 자녀의 성장욕구와 관련된 생활주기변화를 할 수 없는 무능력의 기능인지를 보기 위해, 개인의 성장발달 욕구와 관련해 가족생활주기 패턴을 평가하는 것이 중요하다(McGoldrick et al., 1993).

일반적으로 전통적인 가족은 자녀를 위한 어머니의 과도한 책임감과 아버지의 상보적인 부족한 책임감 혹은 단절과 같은 역기능적인 것을 격려할 뿐만 아니라 요구조차 한다(Avis, 1985). 어머니는 아버지와 자녀들이 서로 간의 관계에서 부닥치는 것을 허용하며 그들의 관계를 맺고 발견할 수 있는 기회를 줄 수 있도록 도와줄 필요가 있을 수 있다. 전통적인 가족주의에 입각해 자녀들에게 일방적으로 요구하는 것은 자녀들로 하여금 새로운 사회에서의 적응력을 잃게 만든다. 부모가 자녀들에게 가족 집단주의적인 요구나 기대를 하지 않고 그들로 하여금 자신들의 자발적인 노력과 창의적 잠재성을 최대한 발휘하도록 할 때, 그들은 사회의 요구에 더 잘 적응할 수 있다(홍영택, 1999).

이 단계에서는 가족과 관련된 두 가지의 과제가 있는데, 첫째는 자녀의 독립성과 가족에 대한 소속감, 충성심과의 균형을 유지하도록 하는 것이고, 둘째는 자녀가 부모의 지나친 기대감으로 인해 중압감을 느끼지 않도록 부모와 자녀 사이의 균형을 유지하는 것이다. 따라서 이 단계에서는 부모가 자녀와의 세대 경계를 분명히 하게 될 때 자녀와의 관계도 향상되고 자녀들 또한 친구나 학교 등의 가정 밖의 체계와 원만한 관계를 맺게 된다.

이 단계에서 조부모는 자녀(아버지, 어머니)들에게 손자를 돌보는 부모의 권위를 인정해 주어야 하며, 자신들은 뒤로 물러나 손자들과 새로운 타입의 돌보는 관계를 형성해야 한다. 한편, 조부모가 자녀들과 가졌던 관계보다 손자들과 더 친밀한 관계를 형성하는 경우도 많다. 이와 같은 경우는 확대가족원들이 새로운 역할에 미숙함을 느끼는 조부모에게 정서적인 지지를 제공하고 이와 관련된 지식들을 알려 줌으로써 부모와 자식 간의 관계를 좀 더 수월하게 맺는 데 중대한 역할을 할 수 있다.

자녀 아동기와 관련된 가족치료 연구로는 '한국 남편과 일본 부인 간의 부부갈등에 영향을 미치는 요인들(Contributors influencing marital conflicts between a Korean husband and Japanese wife) (Park & Park, 2019)' '자녀 학대행위에 영향을 미친 요인과 그 요인 간 순환성에 관한 연구: 가족치료 사례를 중심으로(이주은, 박태영, 2018)' '학대행위 중단을 위한 가족치료적 접근방법과 효과성에 대한 사례연구(박태영, 심다연, 2014)' '복합틱장애 증상이 있는 딸을 둔 부부에 대한 가족치료 사례연구(박태영, 유진희, 2013)' '선천성 면역결핍질환아를 둔 가족의 부부갈등 해결을 위한 가족치료 사례연구(박태영, 문정화, 2013b)' '선천성면역결핍질환아 간호과정에서의 시간의 경과에 따라 가족이 경험하는 어려움에 관한 연구(박태영, 문정화, 2012)', '분노조절문제를 가진 아동에 대한 가족치료 사례연구(박태영, 유진희, 2012a)' '틱장애 아동의 가족치료 다중사례 내용분석연구(박태영, 박진영, 2010a)' '피학대아동의 위탁가정 적응과정에 관한 연구(장윤영, 박태영, 2006)' "MRI 모델을 적용한 '자살하겠다'는 아동의 가족치료(박태영, 1999)" 등이 있다.

4) 자녀 청소년기

자녀가 사춘기가 되면 가족은 어린 자녀를 양육하고 보호하던 역할에서 벗어나 성인의 주된 역할이 되는 책임감을 가질 수 있도록 가족의 구조와 조직을 변화시켜야 한다. 즉, 이 단계에서는 자녀에 대한 규정과 자녀와 관련된 부모의 역할에 대한 규정을 새롭게 해야 될 때이다. 또한 이 시기는 세대 간의 가족관계에 전체적인 변화가 나타나는 때이기도 하다. 즉, 청소년은 신체적으로 성숙하고, 부모세대는 중년기에 접어들며, 조부모 세대는 고령화로 인해 여러 가지 문제에 직면하게 된다. 이 단계의 부모는 신체적 · 심리적으로 중간에 끼어 있어서 샌드위치세대(낀세대)라고 불린다(Zal, 2002). 10대의 자녀는 아동기에 형성한 자기상의 일부를 확립해 나가면서 새로운 자기동일성을 확립하는 문제에 직면하게 된다. 부모와 자녀의 관계에서는 자립과 의존의 갈등이 한층 더 심각하게 드러난다.

사춘기 자녀를 둔 가족들은 부모와 10대인 자녀들 사이에 불일치한 점들을 인식하게 된다. 일반적으로 이 시기에 발생되는 부모자녀 갈등에는 가족규칙과 책임과 같은 가족의 일상사, 분리개별화와 독자성의 문제, 학교 관련 문제, 그리고 가족구성원들 간의 가치의 문제가 포함된다(Renk, Liljequist, Simpson, & Phares, 2005). 또한 가족 내의 긴장이 일어나는 또 다른 이유는 사춘기 그 자체의 과정과 관련된다. 이 시기에서 젊은 성인들은 자치적이고 독립적으로 되기 위해 더 많은 욕구와 주장을 표현한다(Collins, Newman, & McKenry, 1995).

이 단계에서 부모자녀의 구조적인 유형은 자녀의 성장에 알맞은 형태로 변화해야만 한다. 또한, 부모가 자녀를 이전 단계의 관점으로 보고 모든 면을 통제하려고 하면 가족은 생활주기의 궤도에서 벗어나 진전을 하지 못하게 되어 가족문제에 부딪치게 된다. 예를 들어, 사춘기 자녀에게 부모가 자신의 가치관에 따르라고 일방적인 강요를 하는 경우가 많다. 김치를 먹는 방식에서 사춘기에 있는 아들은 김치 중 배추만을 먹을 때, 아버지는 배추와 속을 같이 먹어야 몸에 좋다고 해 자녀를 야단치는 경우가 있다. 또한 자녀들에게 신발 정리와 방 정리를 하라고 강요하는 경우에, 부모들은 자신의 방식이 옳다고 생각하거나 또는 자녀들에게 어려서부터 좋은 습관을 들여 주는 것이 필요하다는 생각에 자식들에게 자신의 기준을 강요한다. 정리정돈도 사람마다 기준이 다르며, 정리하는 시간도 다르다. 이러한 부모와 자녀 간의 차이를 부모들이 인정하는 것이 중요함에도 불구하고 부모들이 일방적으로 자식들에게 자신의 방식을 강요할 때, 부모와 자녀 간의 문제는 더욱 심각해지는 경우가 많다.

또 다른 예를 들어 보자. 유방암 3기에 수술을 받은 어머니가 유방 종양수술을 받은 중학교 2학년인 딸이 문제라고 생각해 상담을 요청했다. 어머니는 딸이 가정에서 문제라고 보아 치료사에게 딸에 대한 문제와 불평을 늘어놓았다. 그러나 몇 회의 상담 뒤에 문제의 장본인은 어머니였고, 부부가 의사소통이 되지 않고 있다는 것이 발견되었다. 특히 어머니는 딸이 어렸을 때부터 딸에게 자신의 방식을 강요했다. 딸의 공부하는 방식을 어머니의 방식으로 하도록 강요했고, 심지어 친구들을 사귀는 것까지 사사건건 간섭했다. 그러한 어머니의 의사소통 방식으로 인해 딸은 어머니와 대화를 회피했다. 이 사례에서는 결국 어머니가 자녀에 대한 양육방식과 의사소통 방식이 변화함으로 인해 딸이 어머니를 대하는 태도가 변했다. 즉, 자녀의 방식을 인정하고 자녀에게 그 이전의 강요하던 방식에서 자녀의 의견을 존중하고 스스로 역할을 할 수 있도록 허용함으로써 자녀와 어머니와의 관계가 향상되었다. 즉, 어머니와 자녀와의 경계선을 좀 더 분명하게 함으로써 모녀간의 관계가 나아졌다고 볼 수 있다. 상담 현장에서는 사춘기 자녀를 둔 부모들이 보통 자녀들이 문제라고 치료사를 찾는 경우가 많은데, 실제로는 부모 중의 한 사람 또는 부부관계가 문제인 경우가 많다.

사춘기 자녀 단계에서의 가족의 문제는 크게 두 가지의 경우로 나누어 볼 수 있다. 첫째, 사춘기 자녀의 부모가 더 이상 성공적일 수 없음에도 불구하고, 자신이 원하는 것을 자녀에게 하도록 요구하는 경우이다. 둘째, 부모가 자녀가 원하는 것은 무엇이든지 허용하거나 자녀에게 필요한 권위를 전혀 행사하려 하지 않는 경우이다. 이 경우에 자녀는 지나치게 독립적으로 성인 같이 행동하거나 미성숙하게 되어 독립적으로 기능하지 못하고 발달적으로 진전할 수 없게 된다. 이와 같은 부모와 자녀의 관계를 헤일리(Haley)는 초보완적인 관계라고 불렀다. 즉, 부모가 자녀의 행동을 통제하지 못하는 가족구조에서 권력이나 지위가 낮은 자녀가 가족 내에서 실질적인 통제권을 갖고 있는 관계를 의미한다.

사춘기 자녀를 둔 가족은 어린 자녀를 둔 가족과는 질적으로 다른 경계를 수립해야 한다. 부모와 자녀와의 경계는 침투가능하고 융통성이 있어야만 한다. 이 단계에서 치료는 부모가 사춘기 자녀의 자립심을 증진하는 것을 허락할 수 있는 적절한 시각의 변화와 가족구성원들 간의 적절한 경계선과 구조를 유지하도록 하는 것이다(McGoldrick et al., 1993; Preto, 1988).

사춘기 자녀 단계에서는 조부모와 관련해 여러 가지 문제에 봉착하게 된다. 노부모가 노화해 허약해지면서 동거문제나 이러한 노부모에 대한 간병에 따른 여러 가지 스트레스가 가족에게 부담을 줄 가능성이 많다. 그러나 한편으로는 조부모와의 동거나 교류가 친밀하게 되면서 부모 세대의 내면에 여러 가지 변화가 일어나게 되며, 그러한 내면의 변화가 부모를 인간적으로 성숙하게 되는 것을 돕는다. 또한 조부모와 손자 세대의 상호작용에서도 새로운 관계를 가지게 된다. 사춘기 자녀들이 이 시기를 잘 넘기면 자신들의 삶을 계획하는 유능감이 발달해 타인들과의 관계에서 필요한 지적 능력, 사회적 기술, 개인적 정서적 반응에 대한 현실적이고 합리적인 이해를 갖게 된다(Clausen, 1995).

사춘기 자녀를 둔 부모들은 결혼생활만족도가 가장 낮은 경향이 있기 때문에 특별히 이 시기가 중요하다. 일반적으로 이 시기에는 결혼생활의 재협상이 이루어지며, 때로는 이혼을 결정하는 시기가 되기도 한다. 이 과정에서 가족이나 치료사가 부모와 사춘기 자녀의 불평에만 문제의 초점을 두는 것은 부부의 불륜관계를 은폐하거나, 몰래 고려되고 있던 이혼을 가리게 될 수 있다. 그러나 이것은 일반적인 사춘기 자녀의 증상을 주의 깊게 평가하지 말라는 말이거나 심각하게 다루지 말라는 것은 아니다(McGoldrick et al., 1993). 가족이 사춘기 자녀의 과업에 대처하는 방법을 평가하는 것이 상담에 가져온 문제를 이해하는 데 핵심이 된다. 치료사는 가족이 보이는 증상을 진단하기 위해 관점을 넓혀 가족이 기능하는 다양한 방식을 고려하고, 가족에 영향을 미치는 외적인 요소에도 주목할 필요가 있다. 이와 같이 가족생활주기와 3세대를 고려해 청소년과 그 가족에 대한 중재를 하는 것은 체계 내의 분화를 야기한다. 세대를 거친 관계유형을 추적하고, 현재의 갈등을 과거의 미해결 과제와 연결지음으로써 가족은 상호관계 유형에 대해 보다 객관적인 시각을 갖게 된다. 치료사는 가족이 새로운 관계를 맺도록 함으로써, 사춘기에 일어나는 관계변화를 협상할 수 있도록 도와야 한다.

청소년기 자녀를 둔 가족과 관련된 가족치료 연구로는「청소년 자녀의 부모폭행에 대한 사례 연구(임아리, 박태영, 2019)」,「자살 시도를 하는 고등학생에 대한 가족치료 사례연구(박태영, 박수선, 2015)」,「신경성 식욕부진증(anorexia nervosa)을 가진 딸에 대한 가족치료 사례연구(박태영, 2014)」,「학교부적응 문제를 보이는 청소년에 대한 가족치료 다중사례연구(박태영, 신원정, 김선희, 2013)」,「부적응행동(집단따돌림, 도벽, 거짓말)을 하는 초기 청소년자녀에 대한 가족치료 사례연구(박태영, 조지용, 2012)」,「자해행동을 하는 자녀에 대한 가족치료 사례연구(박태영, 유진희, 2012b)」,「대인관계 갈등을 경험하고 있는 여고생에 대한 가족치료 사례연구(박태영, 신원정, 2011a)」,「부모와 갈등을 겪는 청소년 자녀를 둔 가족에 대한 사례연구: 부모-자녀 간 '대화장벽' 허물기(박태영, 박진영, 2010b)」,「아버지와의 갈등으로 인해 학습동기가 낮은 자녀에 대한 가족치료사례연구.(박태영, 박진영, 2009)」,「마리화나 피는 아들에 대한 가족치료 사례연구(박태영, 2009)」,「가출청소년의 가족치료 사례연구: 회기진행에 따른 변화 과정을 중심으로(박태영, 은선경, 2008)」,「성폭력을 당한 여중생의 가족치료 사례 분석-두려움과 분노를 넘어서기(박태영, 박소영, 2007)」,「집단따돌림 당하는 고등학생에 대한 상호작용적 가족치료와 구조적 가족치료모델의 적용(박태영, 2001)」 등이 있다.

5) 자녀 독립기

이 시기는 자녀가 부모로부터 떠나 독립된 사람으로서 자율성을 확립하는 단계이다. 자녀를 출가시키고 나서부터 은퇴 단계에 있는 가족은 여러 가지 발달적 어려움과 전환뿐만 아니라 여러 가지 문제에 직면하게 된다. 이 단계에 있는 부모의 나이는 대체로 40대 중반부터 60대 중반 사이이다. 가족생활주기에 있어서 이 단계는 가장 새롭고 가장 긴 단계이며, 이러한 이유들 때문에 여러 가지 면에서 모든 단계 중에서 가장 문제가 많은 단계이다.

이 단계에서는 부모가 성인자녀의 취업과 결혼에 대하며 매우 부담을 느낀다. 따라서 만약 자녀들이 취업을 하지 못하거나 임시직 혹은 계약직으로 일하고 있을 경우에 부모들은 심적 부담이 크며, 이로 인해 가족구성원들 간에 긴장과 부담이 많을 가능성이 있다(김유경, 김양희, 임성은, 2009). 한 세대 전까지만 해도 대부분의 가족은 노년기까지 그들의 활동적인 성인기의 삶을 자녀들을 양육하는 데 시간을 바쳤다. 그러나 지금은 낮은 출생률과 수명 연장으로 인해, 부모들은 그들이 은퇴하기 거의 20년 전에 자녀들을 떠나보내고 다른 활동을 찾아야만 한다. 특히 자신의 주요 에너지를 자녀에게만 쏟아 왔고 직업전선에서 새로운 직업을 위해 준비하지 않았던 여성들은 이 변화에 대한 어려움으로 인해 자녀들을 자신의 품에 붙잡아 두려고 할 수 있다. 이 단계에서 자신을 주로 누구의 엄마로 정의하고 자녀들에게 몰입했던 여성들은 우울증, 의기소침과 이혼의 문제 등을 경험할 수 있다(Strong, Devault, & Cohen, 2008). 이 단계에서 가장 중요한 특징은 가족성원들이 가정에 많이 들어오고 나간다는 것이다.

결혼전기에 있어서 젊은 성인과 관련된 연구로서「불안장애의 발생 과정과 가족 내 역동에 관한 연구: 공황장애와 범불안장애를 가진 두 자매의 가족치료 사례를 중심으로(문혜린, 박태영, 2019)」,「조현병을 겪는 한국인 아들에 대한 가족치료(Family therapy for a Korean son with schizophrenia)(Park, Park, & Park, 2017)」,「집단따돌림과 게임중독을 경험하는 성인자녀에 대한 가족치료: 보웬이론과 MRI이론의 적용(Family therapy for an adult child experiencing bullying and game addiction: An application of Bowenian and MRI Theories)(Yu & Park, 2016)」,「폭음문제를 가진 성인자녀(딸)에 대한 가족치료 사례연구(임아리, 박태영, 2015)」,「대인관계 문제가 있는 인터넷중독 성인자녀를 위한 가족치료(Family therapy for an internet addicted adult-child with interpersonal problems)(Park, Lee, & Kim, 2014)」,「음주문제를 가진 성인자녀에 대한 가족치료 사례연구(박태영, 신원정, 2011b)」,「쇼핑중독과 신용카드 남용하는 딸에 대한 가족치료 사례연구(박태영, 조성희, 2005b)」,「근거이론을 활용한 폭식장애 여대생의 경험에 대한 사례분석(박태영, 조성희, 2005a)」 등이 있다.

6) 장년기

장년기와 자녀독립기는 가족에 따라 다소 겹치는 부분이 있다고 볼 수 있다. 이 시기는 성장한 자녀가 집을 떠나는 것으로 시작해 자녀의 배우자와 자녀들이 유입되고, 더 나이 든 부모들은 종종 아프거나 혹은 사망하는 때이기도 하다. 또한 이 단계에서 부모는 자신의 쇠퇴해 가는 신체적·지적 능력을 받아들이고 잘 적응할 필요가 있으며, 특히 여성들은 폐경기와 감퇴하는 성적 에너지 및 변화해 가는 성(gender)을 다룰 수 있어야 한다(Goldenberg et al., 2017). 이 단계에서는 의미 있는 새로운 삶의 활동을 발견해야 하는 어려움을 경험하게 되는데, 이와 같은 것이 삶을 어렵게 만들 수도 있다. 부모들은 단지 다음 세대에게 자리를 양보해 줌으로써 자신들의 신분에 있어서 변화를 다루어야 하며, 조부모의 위치로 이동할 준비를 해야 할 뿐만 아니라 의존적일 수 있는 자신들의 부모들을 돌봐야 할 책임감과 함께 다른 관계의 형태를 다루어야만 한다. 한편, 이 시기에 부모는 자신들의 부모와 다른 윗세대의 죽음을 맞게 되며 이 상실감을 잘 처리해야 한다(Goldenberg et al., 2017). 이것은 결혼의 초창기 시절보다는 재정적인 면에서 가족에 대한 책임이 덜 부여되는 자유스러운 시간일 수도 있으며, 새롭고 아직까지는 찾지 못한 분야(예: 여행, 취미, 새로운 경력)에 대한 잠재성이 있는 시기일 수도 있다. 어떤 가족은 이 단계를 결실과 완성의 시기로 보고, 새로운 영역이나 역할을 개척함으로써 부부관계를 강화거나 확장해 가는 제2의 기회로 간주하기도 한다. 이 단계에서는 자녀에 대한 부모로서의 책임감이 이제는 더 이상 요구되지 않으며, 동시에 부부관계의 재구조화가 필요한 시기이다. 만약 부부관계가 강화되지 않았거나 부부관계에 대한 재투자가 불가능하다면, 가족은 막내자녀를 붙잡으려고 한다. 이러한 것이 이루어지지 않을 경우에는 부부는 이혼으로 치달을 수 있다(Carter & McGoldrick, 1988).

이 단계에서의 치료는 부부가 그들이 어린아이였을 때와 했던 선택과는 다른 선택을 할 수 있도록 선택의 폭을 확장시키는 것과 함께, 가족구성원들이 자신들의 삶과 관계를 재결정하는 것을 돕는 데 목표를 두어야 한다. 부부는 자신들의 부모가 거의 경험해 보지 못했던 새로운 길을 계획할 필요가 있다. 또한 부모가 우리 시대의 복잡하고 어려운 경제적 문제로 인해, 때때로 보금자리로 돌아오려는 자녀들을 떠나보낼 수 없을 때에는 어려운 협상이 요구된다. 자녀와 나이 든 친척들이 보금자리로 돌아오고 다시 떠나감으로써 체계의 경계선이 다양한 팽창과 수축을 필요로 하기도 한다(McGoldrick et al., 1993; Preto, 1988). 최근엔 자녀들이 더 오랜 시간을 원가족에서 머무는 경향이 늘고 있다. 이처럼 집을 떠나지 않거나 원가족에 돌아오는 자녀들을 부메랑(회귀)자녀라 부르는데, 그들이 돌아오는 이유는 주로 경제적 문제, 실직, 성장불능이나 성장기피 경향 때문이다(Clemens & Axelson, 1985).

치료사들은 중년기에 관한 3세대 관점을 통해 핵가족과 확대가족 사이에 존재하는 문제에 관심을 가져야 한다. 부모가 자신의 원가족에서 자율성, 책임감, 관계성 등의 문제를 얼마나 성공적으로 다루었는지가 자녀와의 문제를 다루는 데도 결정적인 역할을 한다. 이는 단지 가족의 역사를 살펴보는 정도로 문제를 재구조화하는 것이 아니라 가족구성원들의 관점과 위기 자체보다는 맥락에 초점을 두도록 시각을 변화시키는 것이다.

가족생활주기 관점은 가족구성원들이 문제나 위기에 미시적으로 대처하기보다는 연속적인 세대 전체에 대한 과정지향적으로 경험을 변경하고자 하는 것이다. 만약 가족구성원들이 자신들을 커다란 전체의 한 부분으로 느낀다면 압도되는 듯한 느낌은 감소될 것이다. 마찬가지로, 치료사도 보다 큰 개념을 가짐으로써 가족구성원들을 양극화하는 힘과 한 세대에서 그다음 세대로 전수되는 힘에 크게 좌우되지 않게 될 것이다.

장년기 가족과 관련된 가족치료 연구로는 '간질증상을 가진 성인자녀에 대한 가족치료 사례연구: 간질과 스트레스의 관계를 중심으로(박태영, 박신순, 김선희, 2013a)'가 있다.

7) 노년기

노인에 대한 시각 중 일부분만이 가족과 사회적인 맥락에서 건강한 노후생활의 적응에 대한 긍정적인 이미지를 제공하고 있다. 노후생활에 대한 비관적인 신해가 사회에 만연해 있다. 대부분의 노인이 가족을 가지고 있지 않고, 일반적으로 시설에 수용되어 있으며, 그리고 모든 가족구성원이 노인들과 최소한으로 상호작용하고 있다(Walsh, 1989). 미국이나 한국 모두 노년기에 공통적으로 건강문제, 가족관계 문제, 부부갈등의 문제가 나타났다. 그러나 한국의 경우 특히 부양, 거취문제, 경제적 의존 등이 두드러지게 나타난 반면에, 미국의 경우는 은퇴로 인한 역할상실감이 가장 큰 문제로 나타났다. 노년기에 있어서 한국가정의 문제는 가족 내에서의 소외감, 남편의 불성실, 음주, 외도가 중요한 문제였던 반면에, 미국에서는 배우자의 사망이 주된 문제였다(정문자, 2001).

노년기를 맞는 것에 대한 가족의 반응은 초기에 형성된 가족유형에 따라 다르다. 가족과 가족성원에 대한 대처 방안은 가족이 오랫동안 형성해 온 체계의 유형과 새로운 요구에 적응하는 체계의 능력과 적응양상에 따라 다르다. 과거에 기능적이었던 특정 유형들은 가족구성원의 생활주기가 변화하면서 역기능적으로 될 수도 있다. 이 단계에서 성공적인 전환을 위해 가족이 다루어야 할 문제는 은퇴, 배우자 상실, 조부모 역할, 질환과 신체적인 쇠퇴 및 의존성 등을 들 수 있다(Goldin & Mohr, 2000). 특히 과거와 현재의 가족관계는 노년기의 주요 심리 사회적 과업을 수행하고, 자신의 삶과 죽음을 받아들이는 통정성 또는 절망감을 갖는 데 결정적인 역할을 한다(Erikson, 1959). 인생을 일과 과업 성취에만 몰두해 왔던 사람들은 특히 지금 자신들이 일차적인 정체감과 역할을 빼앗겼다는 것을 느끼면서 힘든 시간을 경험할 수 있다. 강제적인 퇴직을 강요받아

은퇴한 사람들은 위기를 맞게 될 수도 있다. 은퇴는 은퇴한 사람에게 분명한 공백을 낳을 뿐만 아니라, 다른 영역에서 조화될 때까지 결혼생활에서 특별한 갈등을 일으킬 수 있기 때문에, 은퇴에 대한 적응은 이 단계에 있는 가족들의 과업 중 하나이다. 이 단계에서 신분 변화를 하는 데 있어서의 어려움은 노인들이 자신의 권력을 단념하는 것을 거부할 때 발생된다. 따라서 노년기의 부모는 상실감과 변화를 삶의 환경을 재평가할 수 있는 기회로서 반응하고 새롭게 성취해야 할 길을 만들 필요가 있다. 한편, 노년기 세대는 자신이 자신과 타인들을 위해 무엇을 할 수 있는가를 생각하면서 죽음을 받아들이는 방법을 배워야 한다. 또한 노년기 세대는 타인에 대한 의존과 자신의 약화된 통제력을 받아들여야 한다. 은퇴한 이후에는 은퇴한 배우자의 가정 내의 합류가 주요 과업이다. 부부는 역할관계를 재구성하고 상호만족을 줄 수 있는 관심과 활동을 개척함으로써 부부관계를 강화하며 미래를 위해 더 준비할 수 있게 된다. 은퇴가 가져오는 재정적인 불안감이나 재정적 의존에 대한 염려 등도 노년기 가족의 어려움이다.

이 단계는 친구나 친척들에 대한 죽음의 상실감을 경험하는 단계로서, 특히 배우자의 상실은 가장 힘든 적응을 요구한다. 이제까지 부부로서 생활해 오던 삶을 지금부터는 혼자 재조직을 해야 하며, 더군다나 주위에 있던 사람들의 상실로 인해 배우자의 상실을 대리해 줄 수 있는 인간관계의 수도 더 적다는 데에 이 단계의 어려움이 있다 (Goldenberg et al., 2017; McGoldrick et al., 2015). 비록 노인들이 많은 심리적인 문제를 겪는다 할지라도, 그들 스스로를 위해 도움을 찾는 경우는 드물다. 연령이 증가함에 따라 정신병리적인 사건도 많아지는데, 특히 우울, 불안, 편집증과 같은 뇌질환과 기능적 장애가 증가한다. 특히 노인들의 심리적인 문제 중 일차적인 것은 우울증이다. 이와 같은 질환의 증상을 경험하더라도 노인들은 대체로 상황적으로 원인이 있을 수도 있는 신체적인 병에 대해 의사에게 물어본다. 종종 도움을 청하는 사람들은 자녀들인데, 그들조차 이와 같은 문제들을 나이든 부모와 관련된 것이라고 정의하지 않는다. 가족구성원들이 신분의 변화와 새로운 조화 속에서 그들의 관계를 해결할 필요성을 인지하도록 돕는 것이 가족의 안녕에 매우 중요하다(McGoldrick et al., 1993). 치료사는 노년세대가 아닌 내담자나 내담자의 자녀 때문에 치료를 받으러 왔을 때도, 노부모에 대해 질문하는 것이 중요하다. 치료사는 부모세대와 자녀세대가 지위 변화를 깨달을 수 있도록 도와주며, 달라진 지위에 대한 현재의 위치에 맞는 관계를 해결해 감으로써 가족이 발달적으로 전진해 나갈 수 있도록 돕는다. 이러한 재협상된 세대 간의 관계는 개인의 정체감과 자기가치감에 필수적인 요소인 세대적인 지속성과 연결을 제공한다.

노년세대는 자신의 세력이 약화되고 제한된 것에 대해 현실적으로 수용해야 하며 필요에 따라서는 다른 가족구성원에게 의존할 수 있도록 자신을 허용해야 한다. 자녀세대는 자녀의 역할을 수용해서 늙어 가는 부모를 위해 자신이 적절히 할 수 있는 책임을 받아들여야 한다. 노년세대 부모가 지나치게 자녀에게 의존적이게 되면, 자녀는 불안감으로 인해 더 많은 것을 해 주게 되는데, 이것이 부모를 더 무기력하고 무능하게 하는 악순환을 유발하게 된다. 그러므로 이 단계에서 노년세대 가족구성원은 노년세대의 부모가 최대한으로 기능할 수 있도록 지원하는 것이 중요하다. 이 단계에서 필요한 치료적 개입으로는 피할 수 없는 일들에 대한 수용, 상실을 최소화하며 수용하는 것, 부부가 상호 도움이 되는 역할을 할 수 있도록 돕는 것, 배우자가 먼저 사망한 경우 다른 가족과의 관계를 재조정하는 것 등을 들 수 있다(정문자, 김연희, 2000).

이 시기의 한국의 노부모의 중요한 과업 중의 하나는 유산을 둘러싼 공평한 분배이다. 최근에는 노부모의 유산분배로 인한 가족갈등이 끊이지 않고 발생하고 있다. 전통가족에서는 장남 중심의 직계가족의 형태를 유지해 장남이 집안의 대소사와 가계를 책임지고 재산을 물려받았지만, 지금은 노부모에 대한 부양의식이 약화되었다. 따라서 자녀들은 번갈아 가며 노부모를 부양하는 경우가 비일비재해 노부모 부양에 대한 책임과 더불어 노부모의 재산에 대한 공평한 분배가 이 시기의 주요 발달과업으로 나타나고 있다. 따라서 이 재산분배 과업이 잘 이루어지지 않을 경우에 가족갈등과 단절로 이어질 수 있다(정문자, 정혜정, 전영주, 이선혜, 2018).

지금까지 제시된 가족생활주기의 단계가 개인과 가족의 역기능을 이해하는 데 귀중한 맥락을 제공하지만, 가족생활주기 개념은 본질적으로 설명적이라기보다는 서술적이다. 이 접근법은 오늘날 광범위한 생활스타일에도 불구하고, 중심적인 사건의 시기(예: 연기된 결혼 혹은 지연된 임신)에서 오는 개인차를 고려하지 못한다(Goldenberg et al., 2017). 즉, 각 가족은 고유하므로 발달 단계는 가족에 따라 크게 다를 수 있다. 또한 인종적 배경이 서로 다른 가족에서는 "전형적" 가족생활주기에서 보이지 않는 문화적 변이가 나타난다(Collins, Jordan, & Coleman, 1999).

가족발달이 직선적일 수도 있는 반면에, 가족생활은 그렇지 않을 수도 있다. 즉, 가족발달은 어떤 특정한 시점에서 시작하는 것이 아닐 뿐만 아니라, 명백하게 끝나는 시점도 가지고 있지 않다는 것이다. 오히려 시간의 흐름에 따른 가족의 이동은 주기적이거나, 더 정확하게 말하면 나선형으로 진행된다(Fox, 2006). 즉, 어떤 시점에서는 가족구성원들이 서로 지나칠 정도로 관련된다. 자녀가 출생하거나 가족구성원에게 병이 발생했을 때는 가족구성원이 서로 밀착하게 되는데 이때를 구심적 시기라고 한다. 한편, 자녀가 입학을 하거나 취업을 하는 때에는 개인을 우선시하는데 이와 같은 시기를 원심적 시기라고 했다. 콤브린크-그래햄(Combrinck-Graham, 2006)은 3세대 가족들이 특정의 생활주기 기간 안에서 발생하는 사건들이 더 많은 상호의존성 혹은 개별화를 요구하는 것에 따라 구심적 상태와 원심적 상태를 왔다 갔다 한다고 주장했다(Goldenberg et al., 2017). 이와 같은 관점으로 볼 때, 가족발달은 가족생활주기 이론에서 제시되는 연속적인 단일방향의 흐름이 아니라 가족생활의 흐름에 따라 왔다 갔다 하는 경향이 있다는 것이다.

브론린은 가족발달은 한 생활단계로부터 임의의 전환에 의해 분리되어 계속해서 이어지는 단계까지 거의 불연속적인 변화는 거의 이루어지지 않고, 오히려 가족이 다음 발달 단계로 진행되면서 단계들 사이에 점차적인 변동(혹은 미세한 전환)이 이루어진다는 데 동의한다. 그는 가족들은 단계 모델이 제시하는 것보다 훨씬 더 복잡하며, 실제로 대부분의 가족에게서 발달은 다양한 가족구성원이 서로 맞물리는 생활변화의 다른 정도를 경험함에 따라 복합적이며, 동시에 발생하는 전환을 포함한다고 주장한다(Breunlin, 1988).

라즐로피는 가족생활주기접근법이 두 가지의 개념적 결함을 가지고 있다고 했다(Laszloffy, 2002). 첫째, 가족생활주기 단계들에서의 특별한 가족구성원, 유형, 시기는 구성 혹은 문화에 상관없이 모든 가족이 똑같은 순서(사실은 가족들 간에 가능한 무한한 차이를 무시하고 있다.)로 발달한다는 보편성의 가정을 영속한다. 둘째, 그녀는 가족생활주기 접근이 단 한 세대(가족구성원의 진입과 같은)에 편향되어 있으며, 가족들의 세대 간 그리고 상호작용적 복잡성(진입하고 상호적으로 집을 떠나는 단계)에 주의를 기울이는 데 실패했다고 주장했다(Goldenberg et al., 2017).

이러한 한계에도 불구하고 가족생활주기의 개념은 가족 기능을 평가하고 개입을 계획하기 위한 효과적인 틀을 제공한다. 가족치료사들은 가족을 서로 간에 지속적이고 상호작용적인 과정에 관여된 상호관련된 개인들로 구성된 것으로 보기 위해 단계이론의 임의적인 구분을 넘어서서, 사회학적으로 더 많은 초점을 둔 발달적인 준거틀에 체계적 인식론을 결합시키려고 노력해 왔다(Goldenberg et al., 2017). 한편, 가족치료사들에게는 이 시대가 요청하고 있는 가족생활주기 사고에 대한 유연성이 필요하다. 사람들은 빠르게 변화하고 있는 세상에서 변화하는 환경에 대처하기 위해 그들의 삶을 형성하고 재형성할 수 있게 하는 다양한 모델을 필요로 한다(Bateson, 2001). 고정된 단계와 과업을 제시한 방식은 과거에는 도움이 되었을지라도, 오래전에 사라졌다. 따라서 가족치료사들에게 필요한 것은 내담자들의 사고와 감정 그리고 행동에 초점을 맞춰 내담자들의 삶을 무시하지 않고 유연성을 가지고 접근하는 것이다(McGoldrick et al., 2015).

4. 이혼 및 재혼 가족의 가족생활주기 단계

비록 오늘날 가족생활에서는 이혼이 흔하지만, 그럼에도 불구하고 우리 문화는 이혼을 일탈적이며 많은 사회문제의 원인이라는 관점을 고수하고 있다. 더 많은 사회에서 이혼을 사회적으로 수용한다 할지라도, 여전히 이혼을 단지 우리가 이혼을 해야만 하는 상황일 때에만 할 수 있는 비상상으로 보고 있다. 핵심은 결혼이 사회제도인 것처럼 이혼 또한 사회제도이며, 우리가 결혼을 계속하는 한 우리는 불만족스러운 결혼에 대한 선택적 안정밸브로서 이혼을 선택하게 될 것이다(Ahrons, 2015).

한국은 오랫동안 이혼을 금기시하는 문화를 가지고 있었고 1970년대까지 한국의 이혼율은 세계 최저 수준을 유지했다. 1970년대에 0.4였던 조이혼율(인구 천 명당 이혼 건수를 나타내는 지표)은 1990년대 이후 서서히 증가 추세를 보이면서 외환위기 때인 1997년에 2.0을 기록하면서 가파르게 상승했고, 2003년 3.4로 최고 정점에 도달한 후에 다소 하향화되면서 2017년 현재 2.1의 조이혼율을 보이고 있다(통계청, 2018). 한국은 1년간 혼인 건수 대비 이혼 건수가 2019년 기준으로 110,831건이 발생해 46.3%의 이혼율과 22.7%의 재혼율이 나타나고 있다(통계청, 2020).

한국과 비교해, 미국에서는 매년 거의 1백만 가정이 이혼을 하고 있다(Centers for Disease and Prevention, 2009). 미국의 경우 첫 결혼의 약 50%가 이혼을 하며(Gladding, 2018; Kreider, 2006), 이와 같은 이혼이 결혼생활 15년 안에 발생한다(Bramlett & Mosher, 2001; 2002). 따라서 미국에서는 재혼을 경험하는 경우가 기혼자의 75%에 달하며, 미국 내 18세 미만의 자녀를 둔 네 가정 중 한 가정이 한부모 가정이기도 하다(Anderson, 2012; Bramlett & Mosher, 2001, 2002; Goldenberg et al., 2017). 또한, 이혼한 남녀들의 대부분이 재혼을 하며, 여성보다는 남성이 더 많이 재혼을 한다(Kreider, 2006).

최근 한국은 일본처럼 황혼이혼이 급증하고 있다. 일반적으로 이혼은 결혼 지속 년수가 길어질수록 줄어드는데, 이와 같은 추세는 새로운 변화라 볼 수 있다. 2017년 이혼통계에 따르면, 혼인 지속기간 20년 이상의 이혼이 31.2%로 가장 많았고, 그다음으로 결혼 4년 이하의 이혼이 22.4%를 차지했다. 혼인 지속기간이 30년 이상인 부부의 이혼도 꾸준히 증가하고 있다. 2017년 현재 평균 이혼연령은 남자 47.6세, 여자 44.0세로 평균연령이 계속 늦춰지고 있다(권수영 외, 2020; 통계청, 2018). 2017년 기준으로 미성년 자녀가 있는 부부의 이혼은 5만 1백건으로 전체 이혼의 47.2%를 차지하고 있다. 이혼 사유로는 성격 차이(43.1%), 경제문제(10.1%), 배우자 부정(7.1%), 가족 간 불화(7.1%), 학대(3.6%), 기타(20.6%), 무응답(8.4%)의 분포를 나타냈다. 이혼의 형태로는 협의이혼이 78.3%, 재판이혼 21.7%를 보였다(권수영 외, 2020; 통계청, 2018)

부부의 별거, 이혼, 한부모가족, 재혼가족이라는 여러 가지 가족구조가 이전의 핵가족모델에 합해 증가되고 있으므로, 가족구조의 다양화에 동반된 가족생활주기의 새로운 접근방법이 현 상담분야의 과제가 되고 있다. 한부모 가족의 가족구조형태에서는 한쪽의 부모가 아버지와 어머니의 역할을 모두 수행해야 한다는 점과 부모의 피로감과 고독감, 자녀가 본의 아니게 자기 능력 이상의 역할을 해야 한다는 역기능의 위험을 안고 있다. 이렇게 별거, 이혼, 재혼은 특히 아이들이 포함될 때 가족체계 안에서 혼란이 필연적으로 나타난다. 다른 가족생활주기 단계처럼, 이혼하는 가족들이 발달적으로 나아가기 위해 가족구성원들에 의해 수행되어야만 하는 중요한 정서적인 과제와 관계 상태에 있어서 주요한 변화 단계들이 존재한다. 다른 단계에서처럼 이 단계에서 해결되지 못한 정서적인 문제들은 장래의 관계에서 방해물로 작용하게 된다.

따라서 이혼을 겪는 가족들은 더 복잡한 수준에서 발달적으로 안정화되고 진척되기 위해서 가족생활주기의 한두 가지 부수적인 단계를 겪어야만 한다. 즉, 이혼 후 재혼하지 않는 가족의 경우에는 가족생활주기 단계의 한 단계, 재혼하는 가족의 경우에는 이혼과 재혼의 두 단계가 가족의 발달 단계에 더 요구된다(Goldenberg & Goldenberg, 1998).

1) 이혼가족의 가족생활주기

가족생활주기 관점에서 이혼은 가족구성원에서 어떤 변화와 득실이 함께 생산되는 것과 유사한 중단과 혼란을 나타낸다. 이혼하기 전에 가족변화가 언급되어야만 하며, 이혼하는 가정이 순항하기 위해 다뤄져야 할 발달과업이 있다. 따라서 이혼하는 가족 구성원들이 재그룹핑이 필요하고 발달 단계에 있어서 "주요 도로"로 진입하기 전에 신체적·정서적 상실감과 변화를 경험하기 때문에, 이혼하는 가족들은 또 다른 가족생활주기 단계를 거쳐야 한다(McGoldrick, Carter, & Garcia-Preto, 2011). 이혼하는 가족이나 또는 이혼한 가족의 경우, 정서적 긴장이 정점을 이루는 시기는 다음과 같은 시기라 할 수 있다.

- 별거나 이혼하겠다고 결심한 시점
- 이혼 결심을 가족과 친구에게 알린 시점
- 재정과 아동 양육권/아동 면접권에 대해 논의가 된 시점
- 실제로 헤어진 시점
- 법적 이혼이 성립한 시점
- 별거한 배우자나 전 배우자가 재정적인 일 혹은 자녀의 일로 만나는 시점
- 자녀가 모두 졸업하고, 결혼해 자녀를 갖거나 병드는 시점
- 각각의 배우자가 재혼하고, 이사하며 병들거나 사망한 시점

이혼하는 과정 동안에 방출된 감정은 일차적으로 정서적인 이혼의 작업, 즉 결혼생활로부터 자신을 되찾는 과정과 관련된다. 각각의 배우자는 상대편 배우자와 결혼생활에 투자했던 희망, 꿈, 계획 그리고 기대감을 회수해야만 한다. 이것은 잃어버린 것에 대한 애도와 자신과 배우자, 자녀, 확대가족에게 있어서 상처, 분노, 비난, 죄책감, 수치 그리고 상실감을 다루는 것을 요구한다. 특히 이혼 중에 있는 가족들과의 임상경험에 비춰 볼 때, 가족구성원 간의 단절은 정서적으로 해롭다. 따라서 치료자는 이혼 중에 있는 배우자들이 협조적인 부모로서 계속적으로 관계를 맺고 자녀와 친부모, 그리고 조부모들과의 가능한 한 최대한의 접촉을 갖도록 허용하는 방향으로 나가야 한다(Carter & McGoldrick, 1988). 한편, 이혼은 전통적인 가족생활주기의 흐름을 방해하며 그 주기를 회복하는 데 최소한 2년 이상의 시간이 소요된다. 이혼의 정서적인 문제를 충분히 해결하지 못한 가족들은 수년 동안 정서적으로 곤경에 처한 상태로 남아 있을 수도 있다. 별거나 이혼과정에서 각 배우자는 결혼이 실패할 때 후견인 문제, 자녀방문, 경제적 문제와 같이 자신들이 해야 할 부분을 타협할 필요가 있다. 이혼 후 가족은 사회관계를 재구축하고 부모자녀관계를 재형성해야 할 힘든 과제를 접하게 된다.

이혼하는 부부의 자녀들은 일반적인 가족들의 자녀와 비교해 권위적인 인물에 대해 더 반사회적이고, 과잉행동화가 나타나며, 더 충동적이며 순종하지 못하고 더욱 공

제3장 가족생활주기

114

격적이며 더 의존적인 행동과 더 많은 불안을 겪고, 더욱 의기소침하며, 동료관계에서도 더 많은 어려움을 겪는다(Robinson, 1994). 조경미와 주혜주(2003)의 연구에 따르면, 이혼가정의 청소년은 양부모가정의 청소년에 비해 가정에 대한 만족도가 낮았으며, 우울, 불안/우울, 위축, 신체증상, 사회적 미성숙, 주의집중 문제, 비행, 공격성이 높게 나타났다(조경미, 주혜주, 2003). 특히 처음으로 이혼을 한 1~2년 사이의 과정이 많은 스트레스와 혼란의 기간이다. 왜냐하면 많은 사람이 이혼 바로 직후보다 1년 후에 더 많은 스트레스를 받기 때문이다. 이 기간 동안 이혼한 사람들은 절망적인 느낌을 받으며 사기가 많이 저하된다(Walsh et al., 1989). 그렇지만 장기적인 연구에 따르면, 대부분의 사례에서 이혼 후 2년이 끝나는 시기에서 현저한 회복의 단계를 보여 주었다(Hetherington, Law, & O'Connor, 1993).

이혼 후 1년간 이혼 자녀들은 가장 부정적인 행동으로 반응하나, 그들의 반응은 연령과 성별에 따라 다르게 나타난다. 아들의 경우는 평소보다 과잉행동하는 경향이 있으나 딸들은 부정적 경험을 내면화하며 우울증에 걸리기도 한다. 일반적으로 학령 전 아동들은 부모가 집을 떠나간 사실에 놀라게 되며, 그들의 자아 중심적인 특성 때문에 자녀들은 죄의식을 느낀다. 학령기에 있는 자녀들은 부모의 이혼 상황을 이해하고 이혼이 자신들의 잘못이 아니라는 것을 알지만, 가족의 붕괴가 자신들의 삶에 미칠 충격에 대해 많은 걱정을 한다. 사춘기에 있는 자녀들은 일반적으로 자신을 버린 한쪽의 부모나 양쪽 부모에 대해 몹시 분노를 느낀다(Kaslow, 1981). 이혼 과정에 있는 대부분의 당사자는 극도의 긴장상태에서 정서적으로 심한 갈등적 관계에 있으며, 이러한 관계로 인해 당사자들은 이혼 합의, 아동양육권, 위자료, 재산분할 및 이혼 후의 역할 분담 등의 당면과제를 대화를 통해 합리적으로 해결하기가 어렵다(신성자, 2000).

이혼은 전형적으로 거주지의 변화, 생활수준의 감소와 관계구조에 있어서의 변화를 포함한다. 이혼자들과 심층 면접한 연구결과에 따르면, 그들은 이혼을 긍정적으로 보기보다는 부정적으로 인식했다. 이 연구의 참여자들은 이혼 사실이 타인에게 알려질까 봐 종교모임이나 단체모임에 가는 것을 자제했으며 사회관계망이 축소되었고, 이와 같은 사회관계망 축소는 이혼 당사자뿐만 아니라 이혼자의 부모에게까지도 영향을 미치고 있는 것으로 나타났다(옥선화, 남영주, 강은영, 2006).

아론스는 이혼하는 가족이 겪는 공통적인 다섯 단계의 전환과정을 발견했다. 이혼하는 가족은 개인적 인지, 가족 메타 인지, 체계적 분리의 전환이 파괴되는 정서적인 분리과정을 겪는다. 또한 체계적 재조직과 체계적 재정의의 전환이 가족의 재조직 과정을 이룬다. 비록 이 다섯 가지의 전환이 이상적인 발달 단계 안에서는 순차적으로 나타난다고 할지라도, 이와 같은 전환은 일반적으로 중복된다(Ahrons, 1980, 1994, 2015; Ahrons & Rodgers, 1987). 이혼과정을 겪는 동안에 가족들은 개인적으로 많은 상처를 받지만, 그러나 역설적이게도 이러한 과정들은 개인의 성장을 가장 많이 발달시킬 수 있는 시간이기도 하다(Ahrons, 2015). 한편, 만약 전 배우자가 상호적으로 지지적인 공동부모 역할을 제공하고, 양쪽 부모들과 지속적으로 관계를 맺는다면 대부분의 가족은 적응할 수 있는 능력을 보여 준다(Amato, 2010).

이혼과 관련한 연구로는 「이혼의향이 있는 목회자부인에 대한 가족치료 사례분석(박태영, 김선희, 2013)」, 「이혼위기에 있는 부부에 대한 가족치료 다중사례연구(박태영, 김선희, 유진희, 안현아, 2012)」, 「갈등으로 인한 이혼위기를 경험하고 있는 부부의 부부치료 사례연구(박태영, 조지용, 2011)」, 「부모의 이혼진행과정에서 내면화 · 외현화 문제를 보이는 아동의 가족치료 사례연구(박태영, 문정화, 2010a)」, 「이혼 위기로 인한 부인의 우울증과 아들의 학습문제해결을 위한 가족치료 사례연구(박태영, 문정화, 2010b)」, 「이혼위기에 있는 결혼초기 부부에 대한 부부치료 사례연구(박태영, 김태한, 김혜선, 2009)」 등이 있다.

표 3-2 이혼가족과 재혼가족의 가족생활주기 단계

단계	과업	태도전환 선제조건	발달상의 과제
이혼	이혼 결정	• 부부관계를 해결할 수 있는 능력이 없다는 것을 인정	• 결혼 실패에 자신의 책임이 있다는 것을 인정
	가족해체 계획	• 체계의 모든 부분을 위한 실행 가능한 준비	• 자녀양육권, 방문, 경제문제에 대한 협조 • 확대가족과 이혼문제를 상의
	별거	• 협력적인 공동부모 관계를 지속하고 자녀에 대한 공동적인 재정적인 지원 • 배우자에 대한 애착을 해결하기 위한 노력	• 원가족의 상실에 대한 슬픔 • 부부관계와 부모-자녀관계 및 재정을 재구성과 별거에 대한 적응 • 확대가족과의 관계 재조정과 배우자의 확대가족과의 관계 유지
	이혼	• 정서적 이혼에 대한 노력과 상처, 분노, 죄책감 극복	• 원가족 상실에 대한 슬픔과 재결합에 대한 환상을 포기 • 결혼에 대한 희망, 꿈, 기대를 회복 • 확대가족과 관계 유지

이혼 후	자녀를 양육하는 한부모	• 재정적인 책임을 유지하고, 전 배우자와 부모로서의 만남을 지속하며 전배우자와 전 배우자의 가족과 자녀들의 만남을 유지	• 전 배우자와 전 배우자 가족과 융통성 있는 방문을 주선 • 자신의 재정적인 재원을 재구축 • 자신의 사회적인 관계망을 재구축
	자녀를 양육하지 않는 한부모	• 전 배우자와 자녀에 대한 재정적인 책임감과 부모로서의 관계 유지를 유지하고 자녀들을 양육하는 부모관계를 지지	• 자녀와 효과적인 부모관계를 지속하는 방법 찾기 • 전 배우자와 자녀에 대한 재정적인 책임감 유지 • 자신의 사회적인 관계망 재구축
재혼	새로운 관계에 들어감	첫 결혼의 상실감으로부터 회복(충분한 정서적인 이혼)	결혼과 새가족의 복잡성과 불명확성을 다룰 수 있는 준비와 가족을 형성하기 위한 재헌신
	새로운 결혼생활과 가족에 대한 계획	재혼에 대한 자신과 새 배우자 및 자녀들의 두려움을 수용 아래의 사안에 대한 복잡성과 모호성에 적응하기 위한 시간과 인내가 필요하다는 것을 수용 1. 다양한 새로운 역할 2. 경계선: 공간, 시간, 소속감, 권위 3. 정서적인 문제: 죄책감, 충성심 갈등, 상호성에 대한 욕구, 미해결된 과거의 상처	• 거짓상호성을 피하기 위해 새로운 관계에 대한 개방성 • 전 배우자와 협력적인 재정적 및 공동부모 관계를 유지하기 위한 계획 수립 • 자녀가 2개의 가족체계 안에서 겪는 두려움, 충성심 갈등 및 소속감을 자녀가 다룰 수 있는 계획을 수립 • 새 배우자와 자녀를 포함하기 위한 확대가족과의 관계를 재조정 • 자녀가 전 배우자의 확대가족과 관계를 유지하기 위한 계획 수립
	재혼과 가족의 재구성	전 배우자와 원가족의 이상에 대한 애착을 정리 침투 가능한 경계선을 가진 새로운 가족 모델을 수용	• 새 배우자와 계부모를 포함할 수 있는 가족 경계선을 재구성 • 여러 체계를 서로 혼합기 위해 관계와 재정적인 조정을 재편성 • 모든 부모, 조부모와 확대가족과 모든 자녀와의 관계를 위한 공간을 마련 • 복합가족의 통합을 증진하기 위한 추억과 역사를 공유
	모든 미래 가족생활주기 전환에서 재혼가족의 재협상	전환된 재혼가족의 발전 관계를 수용	• 자녀의 졸업, 결혼, 죽음, 질병에 대한 변화 • 배우자의 새로운 부부관계, 재혼, 이사, 질병 혹은 죽음에 대한 변화

출처: McGoldrick, M., Preto, N. G., & Carter, B. (2015), pp. 413-414.

2) 재혼가족의 가족생활주기

오늘날 재혼은 거의 첫 번째 결혼만큼이나 흔하다. 미국에서는 이혼한 여성의 69%, 이혼한 남성의 78%가 재혼을 하며 1년 안에 세 결혼 중 하나(31%)가 재혼이다(Lamidi & Cruz, 2014). 대부분의 이혼한 사람에게 혼자 사는 기간은 아주 짧다. 이혼한 남성이 재혼하기 전의 중간 간격은 2년 3개월이고, 여성은 2년 5개월로 나타난다. 재혼가정의 65%는 계부-계모(혼합 복합가족) 혹은 계부-생모 가정을 형성한다(Pasley & Garneau, 2012). 물론 이와 같은 패턴은 사회계급, 연령, 인종 그리고 성별에 따라 다르다(Bramlett & Mosher, 2001; 2002). 실제로 오늘날 미국인의 반 이상이 재혼한 가정에서 살고 있으며, 궁극적으로 하나 또는 둘 이상의 재혼가정에서 살게 될 것이다(Kreider, 2006). 계자녀들과 살고 있는 재혼가정이 미국 가족의 약 13%를 구성하고 있다(Teachman & Tedrow, 2008). 미국의 재혼가족들이 사상 일반적인 가족형태가 되고 있으며, 곧 재혼가족이 미국에서 첫 번째 결혼한 가족들보다 더 많은 복합적인 핵가족이 될 것이다(Centers for Disease Control, 2008).

한국의 경우 1990년에는 전체 결혼 중 재혼이 10%를 차지했으나, 2017년에는 전체 결혼 중 22.1%를 차지했다. 우리나라의 재혼 증가율은 이혼율 증가와 동반 상승해 2005년에는 26.1%로 정점에 도달한 후 현재는 안정세를 보이고 있다(통계청, 2018). 과거에는 사별 후 재혼이 많았으나 현재는 이혼 후 재혼이 훨씬 많으며, 2005년 기준으로 이혼 후 재혼자가 사별 후 재혼자에 비해 남성은 7.25배, 여성은 7.7배가 많다(우해봉, 2012). 오늘날 가장 많은 재혼형태는 친자녀가 있는 여성이 결혼 경험이 있거나 없는 남성과 재혼하는 경우인데 이와 같은 경향은 미국의 경향과 유사하다(Bray, 2005). 한국의 경우에 1995년을 기점으로 재혼 여성과 초혼 남성 부부의 수가 초혼 여성과 재혼 남성의 부부의 수보다 많은 현상이 지속되고 있다(권수영 외, 2020; 통계청, 2018)

재혼가족은 가족생활주기의 분열인 동시에 새로운 주기의 시작이다. 그전의 가족생활주기의 형태가 일부분 유지되면서 새로운 가족생활주기가 시작된다. 재혼가족 구성원들은 모든 가족구성원이 부모의 죽음이나 별거와 같은 중요한 상실 경험을 가지고 있으며, 서로 다른 경험, 전통, 가치, 기대를 지닌 사람들이 갑자기 한 가족으로 모여 여러 가지 어려움을 겪는다. 초혼이 두 가족이 합쳐지는 것을 의미하듯이, 재혼은 이전의 가족생활주기가 죽음과 이혼으로 붕괴되었던 서넛 혹은 그 이상의 가족이 얽혀있는 것을 의미한다(McGoldrick & Carter, 2011). 재혼가정의 새로운 체계가 새로운 가족구성원들과 변화하는 책임감과 의무들로 변화함으로 인해, 재혼하기 전에 형성되었던 이전의 부모-자녀 관계가 필연적으로 변화를 겪게 된다(Ganong, Coleman, & Jamison, 2011).

재혼하는 전환단계에 있는 가족의 정서적인 과정은 다음과 같다. 먼저, 새로운 결혼과 새로운 가족구성원에 대한 투자에 있어서 자신의 두려움, 새 배우자의 두려움, 한 배우자 또는 두 배우자의 자녀들의 두려움에 접하게 되며, 자녀, 확대가족 그리고 전 배우자의 적대적인 혹은 혼란스러운 반응을 다루어야 한다. 또한 새로운 가족구조, 역할 그리고 관계의 불명확함을 해결해 나가야 한다. 이 단계에서는 자녀의 안녕에 대해 부모의 강한 죄의식과 걱정 및 전 배우자와의 옛 애정관계(부정적 또는 긍정적인)가 다시 떠오르게 된다(McGoldrick & Carter, 2015).

또한 새로운 남편과 아내의 관계보다 부모자녀의 유대가 우선적으로 취급될 수 있는데 이와 같은 경우에 새로운 결혼의 긴장이 일어나기도 한다. 이혼한 성인은 새로운 관계를 맺는데 그들 자신의 두려움에 직면해야 한다. 재혼가족에서는 자주 외로움과 갈등이 교환된다(Nichols & Schwartz, 1998). 그리고 실제적으로 혹은 기억에 존재하는 친부모의 존재는 끊임없는 영향을 주어서 새로운 관계형성에 어려움을 줄 수 있다. 한편, 자녀들은 동시에 두 가정의 구성원이 될 때 이혼한 부모들 사이의 끝이 나지 않는 싸움에 휘말리는 것을 경험할 수도 있다. 재혼가족에서는 의붓자식에 대한 부모 역할을 떠맡는 데에 있어서 어려움이 있을 수 있고, 의붓자식들 사이에서 경쟁심과 질투심이 발생할 수 있으며, 생물학적인 어머니와 계모사이에서 경쟁관계가 발생할 수 있다(Goldenberg & Goldenber, 1990; Thompson & Rudolph, 1992). 또한 비양육부모와 접촉을 유지하고 하는 아동의 욕구는 완전한 정서적 단절에 대한 양육부모의 희망을 저해할 수 있다(Collins, Jordan, & Coleman, 1999).

분노심과 복수심이 이혼 후에도 남아 있다면, 이는 재혼가족의 통합을 수년 동안 또는 영원히 방해할 수 있다. '즉각적인 사랑'을 요구하는 계부모들은 좌절되고 거절된 느낌을 받을 수 있다. 반면에, 서서히 꽃이 피기를 기다리는 재혼가족의 관계는 종종 평생 지속되는 배려하고 사랑하는 유대감을 발전시킨다(Pasley & Garneau, 2012). 이혼 후에 새로운 가족구조에 적응하는 경우에, 가족구성원들이 정서적으로 서로를 허용할 수 있는 새로운 구조가 되기까지에는 최소한 2~3년이 걸린다(Carter & McGoldrick, 1988). 또한 재혼가족의 발달은 각각의 단계에서 발생되며, 관계의 복잡하고 역동적인 관계망을 재협상하고 재조직하는 것을 요구한다(Visher & Visher, 1988).

이와 같은 재혼가족들에게는 현재의 재혼가정의 패러다임에 있어서 선명성과 가족

간에 사회적인 지지가 부족하다는 것을 인정하도록 하는 것이 필요하다. 치료사들은 재혼가족성원들에게 이전 가족의 과거모델을 단념하게 하고, 재혼가족의 특별한 구조를 이해시키며, 자녀들로 하여금 가족구성원의 전환에 있어서 안정감을 느낄 수 있도록 융통성이 있는 경계선을 유지할 수 있도록 하고, 가족구성원들의 경험을 정상적으로 받아들이고 감정이입을 증가시킬 수 있도록 하위체계를 정의하며, 마지막으로 공동부모 역할을 지원하며 모든 부모, 조부모, 자녀들, 손주들과의 의사소통을 증진시킬 수 있도록 도와야 한다(Browning & Artelt, 2012; McGoldrick & Carter, 2015).

재혼과 관련된 연구로는 「이혼 부부의 재결합을 위한 가족치료 사례연구(최춘화, 배영윤, 문혜린, 박태영, 2021)」,「분노조절이 안 되는 초혼 남편과 재혼 부인의 결혼초기 부부갈등 해결을 위한 부부치료 사례연구(박태영, 문정화, 2013a)」,「재혼가족의 가족갈등 사례분석(박태영, 김태한, 2010)」,「도벽과 거짓말을 하는 청소년 자녀를 둔 재혼가족에 대한 사례연구(박태영, 2007)」 등이 있다.

5. 내담자의 변화 단계

지금까지 초혼가족, 이혼가족 그리고 재혼가족에 대한 가족생활발달주기에 대해 살펴보았다. 저자는 가족치료를 하면서 가족문제를 다루는 데 있어서 가족생활주기 발달 단계의 중요성을 실감하면서 한편으로는, 가족구성원들의 가족문제에 대한 인식단계를 필수적으로 이해해야만 한다는 것을 알게 되었다. 따라서 여기서는 프로하스카와 디클리멘테(Prochaska & DiClemnete, 1983; Prochaska & Norcross, 2018)의 내담자의 변화 단계에 대해 살펴보고자 한다.

프로하스카와 디클리멘테는 다양한 임상적인 문제를 가지고 지역사회 정신건강센터를 찾은 155명의 외래환자를 연구한 결과로서 외래환자들이 문제에 대한 인식을 변화하는 데 있어서 다음과 같은 다섯 단계가 있다는 것을 발견했다. 치료사는 치료 시작 단계에 있는 내담자뿐만 아니라 내담자 가족구성원들이 이 다섯 단계 중에 어디에 있는가를 아는 것이 내담자와 내담자 가족구성원들의 변화를 위한 예측에 있어서 중요한 결정요소이다. 가족치료에서 가족구성원들이 대부분 다른 변화의 단계에 있을 것은 거의 자명한 일이다.

1) 전인식 단계

전인식 단계(Precontemplation Stage)는 사람들이 문제를 가지고 있다는 것을 의식하지 못하거나 다른 이유 때문에 변하는 것에 대해 진지하게 생각하지 않는 단계이다. 이 단계에서 자신의 행동이 문제가 있다거나 병리적이라는 것으로 인식하려는 것에 대한 저항이 나타나는데, 이것은 다소 자연스럽고 이해할 만하다. 전인식 단계에서 인식하는 변화 단계로 움직이기 위해서는 문제로 인정하기 전의 문제행동을 유지시켜왔던 귀중한 어떤 것을 단념하려는 인식이 있어야 한다. 일단 전인식 단계에 있는 사람들이 어떤 것들을 변화하기 원한다면, 그들은 아마도 다른 사람들을 변화시키길 원할 것이다. 전인식 단계에 있는 내담자들은 치료사나 다른 사람들이 그들을 변화시키려고 시도해 왔던 방식을 강요하지 못하게 하기 위해서 치료사로부터 거리를 유지하려는 경향이 있다.

행동을 병리적인 것 또는 문제가 있는 것으로, 그리고 변화가 필요한 것으로 진단을 내리는 것에는 가치판단이 결부된다. 전인식 단계에 있는 사람들은 대리치료사처럼 행동하는 경향이 있다. 가족치료에 임하는 부모들은 종종 그들의 자녀들을 변화시키려는 대리 치료사처럼 치료에 들어오고 그들 자신의 문제에는 직면하려고 하지 않는다. 이와 같이 전인식 단계에 있는 내담자는 해결중심단기 가족치료의 치료자–내담자 관계 유형에 있어서 불평형과 방문형 고객과 비슷하다고 볼 수 있다.

2) 인식 단계

인식 단계(Contemplation Stage)는 내담자와 내담자 가족구성원들이 자신의 개인적인 문제가 존재하는 것을 인식하는 단계이다. 인식 단계에 있는 사람들은 자신과 다른 가족구성원들의 문제와 원인, 해결책을 이해하려고 하며 무엇이 잘못되었는지 그리고 그들이 어떻게 그들의 삶에 대한 통제를 얻을 수 있을지를 결정하기 위해 노력하기 시작한다. 일반적으로 전인식 단계를 넘어서기 위해서는 수개월에서 수년이 걸리는 경향이 있다. 이 단계에 있는 내담자들은 그들의 문제에 대해 열심히 논의한다. 그들은 문제가 이해되고 해결될 수 있다는 보장을 추구한다. 그들은 자신들의 문제에 대한 심리학 논문이나 책을 읽는 데 더 마음의 문이 열린다. 그들이 자신들의 문제에 대해 더 많이 이야기하는 동안에 그들은 자신들의 문제에 대해 이해 폭이 커지면서 점차 행동을 하게 된다. 인식 단계가 더 심화될수록 자신들의 자존심의 손실에 대해 덜 의기소침해지는 경향이 있다.

3) 준비 단계

준비 단계(Preparation Stage)는 의지와 행동적인 기준이 통합되는 단계를 말한다. 이 단계에 있는 개인들은 즉각적으로 행동을 취하려는 의도를 가지고 있으며, 조그만 행동적인 변화를 시도한다. 비록 그들이 자신들의 문제 행동에 있어서 어떤 감소를 보인다고 할지라도, 준비 단계에 있는 사람들은 자신들의 문제에 대한 효과적인 행동을 위한 기준에는 여전히 도달하지 못한 상태이다.

4) 행동 단계

행동 단계(Action Stage)는 내담자가 자신의 행동과 자신의 행동에 영향을 미치는 환경조건을 변화시키려는 단계이다. 내담자들이 자신의 능력에 대한 신념을 발휘하고 있기 때문에 이 단계에서 자아존중감이 높아지는 경향이 있다. 또한 이러한 행동 단계에서의 변화는 다른 사람들의 눈에 비춰질 수 있고 다른 사람들로부터 가장 큰 인정을 받을 수 있다는 것이다. 이 단계는 특정한 문제행동에 대해 가장 간단한 변화의 단계가 되는 경향이 있으며, 가장 현저한 진전이 만들어지는 단계이기도 하다. 이 단계에서 사람들은 대부분 행동적인 에너지를 소비하는 경향이 있으나 행동에 대한 그러한 열정은 제한된 기간 동안만 지속된다. 따라서 이 행동 단계는 한 달에서 세 달 정도 진행되는 경향이 있으나, 길면 6개월 정도 지속될 수도 있다.

5) 유지 단계

유지 단계(Maintenance Stage)는 행동 단계에서 얻은 것을 계속하고 더 문제화된 기능의 수준으로 재발되는 것을 막기 위해 노력하는 단계이다. 유지 단계는 내담자들이 재발하는 것에 대해 두려워하기를 멈출 때까지 최소한 6개월 정도 지속되거나, 종종 수년 동안 지속되거나 평생 지속될 수도 있다.

6) 재발 단계

유지에 대한 전략이 실패했을 때, 공포스러운 재발 단계(Relapse Stage)에 들어서게 된다. 내담자들은 일반적으로 첫 번째 실수 후에 다시 그전의 문제행동을 보인다. 재발은 문제행동의 재현뿐만 아니라 변화 과정에 있어서 내담자들에게 엄청난 심리적인 충격을 줄 수 있다. 재발 단계(Relapse Stage)에서 내담자들은 죄의식과 의기소침뿐만 아니라 실패감과 절망감을 경험한다.

7) 종결 단계

종결 단계(Termination Stage)는 사람이 문제된 행동으로 돌아가고자 하는 어떠한 유혹도 경험하지 않을 때까지 그리고 재발을 하지 않으려는 어떤 노력도 할 필요가 없을 때까지는 발생하지 않는다. 분명히 치료의 종결과 문제의 종결이 일치하지는 않는다. 대부분의 치료는 중대한 문제가 종결하기 전에 종결된다. 그러나 실제로 치료의 진척은 일반적으로 직선의 과정 단계를 따르지는 않는다. 대부분의 내담자는 좀 더 복잡한 변화의 과정을 거친다. 많은 임상적인 문제에 대한 변화의 공통적인 과정은 직선적인 것이라기보다는 순환적인 것이다.

가족치료사들이 초혼, 이혼, 재혼 가족의 가족생활주기 단계에뿐만 아니라 내담자들의 변화 단계를 이해하고 상담을 하게 되면 가족문제를 해결하는 데 많은 도움이 될 것이다.

6. 결론

이 장에서는 가족이 필수불가결하게 거치는 초혼, 이혼, 재혼 가족에 대한 가족생활주기모델에 대해 살펴보았다. 지금까지 언급한 전형적인 가족생활주기모델은 가족이 가족생활주기 단계마다 어떻게, 언제 그리고 어떤 방법으로 변천하는지에 대한 모든 면에서 문화, 인종, 민족성, 종교의 많은 영향에 대해서는 설명하지 못하고 있다. 비록 우리가 이론적인 선명성을 위해 이러한 변수들을 무시하고 공통점에 초점을 맞춘다고 할지라도, 실제의 가족을 다루는 치료사들은 이러한 점들을 무시할 수는 없다. 가족생활주기 단계의 타이밍뿐만 아니라 '가족'의 정의, 그리고 다른 변화의 중요성은 가족의 문화적인 배경에 따라 변화한다. 치료사는 어떻게 한국의 민족성과 한국문화의 과거 및 현재가 가족생활주기와 교차하는지를 고려해야만 한다. 또한 치료사는 가족생활주기 발달과정에서 남자와 여자가 자신들의 원가족과 결혼을 통해 형성한 가족에서 가족생활을 다르게 경험한다는 점을 반드시 고려해야만 한다. 일반적으로 사람들은 다른 역할 기대, 신념, 가치, 태도, 목적, 기회와 함께 양육된다. 치료사들은 문화가 입증하지 못한 변천들(예: 게이 지역사회의 가족생활주기 패턴 또는 복합문제를 가진 빈곤층)을 포함해 가족이 자신들의 삶에 실제적인 변천과 일치하는 의식을 발달시킬 수 있도록 돕는 것이 매우 중요하다(McGoldrick et al., 2015).

한국 사회에서는 경제성장의 둔화, 불안정한 교육정책으로 인한 교육이나 취업의 어려움에 식면해 혼인현령이 늦어지고 실혼에 대한 기피 및 비혼가들이 급증, 출산육의 급격한 감소, 이혼율과 재혼율의 증가 등으로 가족문제는 더욱 증가하고 있는 추세에 있다. 이처럼 혼인율, 출산율, 이혼율, 재혼율의 변화는 가족구조에 많은 변화를 초래했다. 핵가족 이외에 다양해진 가족과 다문화가족 등으로 인해 한국도 정형화된 가족 발달 단계 틀에 따라 짜 맞추기보다는 좀 더 유연성을 가지고 다양화된 가족의 특성과 기능을 평가할 필요가 있다.

실제로 가족치료를 해 보면 가족들이 가족생활주기에서 가족성원들의 역할 및 기능의 변화가 필요하고, 과업을 성취해야 함에도 불구하고 변화를 거부하거나 현재의 상태를 고수하고자 할 때 얼마나 큰 위기가 오는지를 치료자라면 당연히 경험할 수 있으리라 본다. 비록 가족생활주기의 모델이 미국 가족을 대상으로 만들어졌다 하더라도 임상에서 얼마든지 활용할 수 있다고 본다. 따라서 앞에서 언급한 초혼, 이혼 및 재혼 가족의 가족생활주기를 이해해 한국의 임상현장에서 잘 활용할 수 있기를 기대한다.

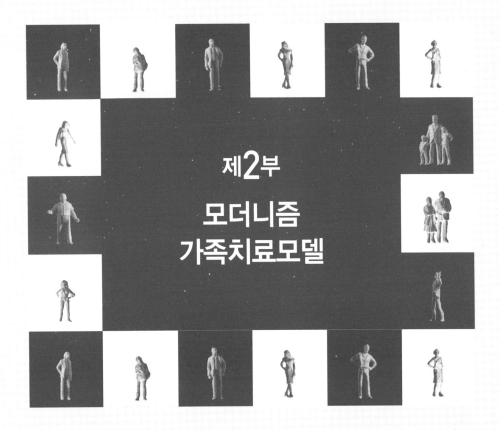

제2부

모더니즘
가족치료모델

　가족치료사들은 인간의 행동을 이해하기 위해 개인, 상호간 그리고 환경적인 요인들의 중요성을 인식하면서 체계이론의 렌즈를 통해 가족을 본다(Stanton, 2009). 모더니즘적 가족치료모델은 기본적으로 심리적 역기능에 대한 본질과 기원에 대한 가정을 가지고 있으며, 각각의 모델들은 가족패턴에 대한 이해와 치료적 개입을 위한 전략들에 있어서 차이가 있다. 많은 치료사가 개인들을 치료할 때보다 가족과 작업을 하는 데 있어서 단 하나의 이론 혹은 기법을 고수하기가 더 힘들다고 믿는다(Goldenberg, Stanton, & Goldenberg, 2017).

　그런데 모든 지식이 상대적이고 주관적임을 강조하는 오늘날의 경향은 가족치료에 있어서 절충주의와 통합주의로 나가고 있다. 절충주의는 다양한 이론적 출처로부터의 개념의 선택이나 개입 기술을 의미하며, 일반적으로 제시된 특정 문제에 맞는 특정 접근을 하는 임상가의 경험을 바탕으로 한다. 따라서 절충주의는 주로 이론에 초점을 덜 맞추고 실용적이며 사례 중심이다. 반면, 통합은 보다 논쟁거리인데, 인식의 전환(paradigm shift)을 의미하며, 이론의 다른 부분과 치료 과정을 이론적 경계를 넘나들고 통합된 양식으로 기법응 이용할 수 있는 높은 수준의 이론으로 통합하는 것을 요한다. 그러나, 아직까지 통합된 지배적인 이론이 출현하지 못했지만, 다틸리오(Dattilio, 2017)의 체계이론과 인지이론을 통합하려는 노력이나, 핀소프(Pinsof, 1995)의 개인, 가족, 생물학적 치료를 통합하려는 노력, 와스텔(Wachtel & Dowd, 1997)의 정신분석, 행동치료, 가족관계치료 등을 통합하려는 노력 등 통합에 있어 상당한 노력이 있었다.

프로하스카와 노크로스(Prochaska & Norcross, 2018) 또한 오늘날의 가족치료사들의 중심적인 경향은 절충주의와 통합주의라고 주장했다. 그들은 심리치료가 성숙해지고 이론적인 체계들 사이에 '이념적 냉전'이 감소함으로써, 심리치료 통합운동이 치료사뿐만 아니라 개인에게 빠르게 가속화되고 있다고 주장했다(Prochaska & Norcross, 2018). 한부모가정, 동성애커플, 재혼가족 그리고 문화적으로 다양한 집단을 포함하는 폭넓은 다양한 가족형태가 단 하나의 이론 혹은 개입방법이 모든 형태의 가족에게 모두 똑같이 잘 적용될 것 같지는 않다는 아이디어를 강화한다.

오늘날 하나의 가족치료모델 실천만을 수정하지 않은 채 사용하는 것은 흔하지 않으며, 치료사들은 이론적인 경계선을 넘나들면서 개념과 기술을 선택적으로 빌려오고 있는 것으로 보인다. 그럼에도 불구하고 다양한 전통적인 가족치료학파 간에 중요한 구별이 되는 이론적 구성들이 존재한다. 치료사의 이론은 어떤 정보를 찾고 그 정보를 어떻게 찾아 나가야 하는지, 어떻게 치료계획을 형성하고 치료개입을 할 것인지 그리고 무엇이 발생하는지를 어떻게 이해할 수 있는지를 조직하는 데 도움이 된다. 그러나 어떤 단일 이론도 모든 행동패턴을 설명하고 예측할 수는 없으며 모든 행동적, 심리내적, 혹은 대인간의 문제들에 대한 치료를 제공할 수는 없다(Carlson, Sperry, & Lewis, 1997: Goldenberg et al., 2017). 제2부에서는 대상관계 가족치료 이론, 존 볼비의 애착이론, 보웬의 가족체계이론, MRI의 의사소통이론, 구조적 가족체계이론, 전략적 가족치료 이론, 경험주의적 가족치료 이론을 통해 가족치료 이론과 임상적 실천에 대한 정립된 접근법들을 살펴볼 것이다. 그런데 MRI의 의사소통이론이 모더니즘적 가족치료 이론에 속함에도 불구하고, 오히려 포스트모더니즘적 치료이론들과 유사하다고 볼 수 있다. 즉, 제3부에서 언급되는 해결중심단기 가족치료와 이야기치료에 MRI 이론이 엄청난 영향을 미쳤다는 점을 보게 될 것이다. 또한 어떤 이론들은 모더니즘적 접근 또는 포스트모더니즘적 접근으로 명확히 구분이 되지 않을 수도 있다. 그럼에도 불구하고 분류상 MRI 이론을 모더니즘적 치료에 넣는 점을 이해해 주기 바란다.

모더니즘적 가족치료와 포스트모더니즘적 가족치료 이론들을 고찰하기 전에 가족치료 이론들에 대한 전체적인 개요를 보면 다음과 같다.

〈가족치료의 이론적 관점 비교〉

모델 유형	일차적인 주제	연구 단위	시간 준거틀	이론명 또는 파생된 모델	주요 인물	주요 개념
정신역동적 가족치료모델	과거에 해결되지 않은 갈등이 현재으로 계속적으로 대인 관계, 상황과 연관된다.	전통적: 개인적인 심리나 내적 갈등이 현재의 가족 관계를 야기한다. 현시대: 종종 어떻게 이전 관계들이 현재의 관계에 나타나는지에 대한 통이 상의 초점이 존재된다.	과거: 초기에 내면화된 가족 갈등이 현재 가족 안에서 구성원 간의 갈등을 야기한다.	전통적인: 정신분석; 대상관계이론; 자기 심리학; 상호주관; 관계적	에이건, 샤프와 샤프, 프라모, 코핫, 스톨로로우, 아트우드, 미첼 이론	연동 병리, 희생양, 역할 상보성, 내사, 애착, 투사적 동일시, 분열, 자기애, 자기대상, 관계에의 영향을 미치는 무의식적 역동
애착이론	과거 부모와의 애착관계과 현재의 대상과 연관된다.	세 사람 : 개인과 부모를 포함한다.	과거: 내적자동모델에 의한 과거 부모와의 불안정한 애착관계가 현재의 대인관계와 연결된다.	애착이론	볼비, 아인스워스	애착 유형, 안정 애착, 불안정애착, 애착단계, 내적 작동모델, 정신화
보웬의 가족체계이론	원가족과의 정서적 밀착이 해결되어야 한다.	세 사람: 문제는 타인과의 관계적 결합에 의해 발생하고 유지된다.	과거와 현재: 현재 부부관계는 배우자와 원가족의 응합	가족체계이론	보웬, 커	자기분화과 대 융합, 삼각관계, 다세대 전수 과정
MRI 의사소통 가족치료모델	문제를 해결할 수 없는 역기능적인 의사소통	두 사람 또는 세 사람 간의 의사소통 방식	현재: 현재의 문제나 증상은 가족구성들 간의 반복되는 연속성에 있다.	MRI의사소통이론	베이트슨, 애릭슨, 잭슨, 위클랜드, 바츨라비크, 피쉬	현재적 수준의 언어, 메타 커뮤니케이션, 역설적 의사소통, 이중구속
구조적 가족치료모델	개인의 증상은 가족의 교류패턴의 맥락에 근거하며, 증상이 제거되기 전에 가족의 재구조화가 발생되어야 한다.	세 사람: 가족의 밀착과 유리는 가족 하위체계와 전체 가족체계와 관련된다.	현재: 지속적인 상호작용은 비적응적 가족구조에 의해 유지된다.; 전형적으로 가족생애주기에서 변화를 다루지 못한다.	구조적 가족치료 이론	미누친, 몬탈보, 아폰테, 피쉬맨	경계, 하위체계, 동맹, 밀착과 유리

모델	인간관/문제관	대상	시간	이론	주요 인물	주요 개념
전략적 가족치료모델	반복적인 의사소통 패턴은 가족규칙과 발생 가능한 역기능에 대한 실마리를 풀어 준다. 증상이 비자발적이라고 하지만, 사실상 관계를 통제하기 위한 전략으로 여겨진다.	둘 혹은 세 사람: 증상은 상호작용적 관계에서 최소한 둘 혹은 세 명의 의사소통이다.	현재: 현재의 문제 혹은 증상은 가족구성원 간의 지속적이고 반복적인 연속적 사건들로 인해 유지된다.	전략적 가족치료 이론	헤일리, 마다네스	대칭적이고 상호보완적인 의사소통 패턴, 역설, 가족 위계
경험주의적 가족치료모델	자발적 선택: 자기 결정; 자아의 성장; 개인적인 성취의 과정 속에서 역경을 극복함으로써 성취되는 성숙함	두 사람: 문제는 결함이 있는 상호작용과 의사소통 오류에서 비롯된다. (예를 들어, 남편과 부인)	현재: 지금 여기에서의 즉각적인 정보, 지속적인 상호작용	경험주의 이론	사티어	순간에 대한 자기 인식, 자존감, 의사소통의 명확성, 내적 경험과 관계의 탐구
해결중심 치료모델	사람들은 그들의 현실관을 주관적으로 구조화하고, 그들이 어떻게 스스로에 대한 '이야기'를 만드는지 근거를 제공하고자 언어를 사용한다.	세 사람: 가족 문제가 가족구성원들이 그들 자신에 대해 말하기로 동의한 이야기이다.	현재와 미래: 현재 문제는 현재의 선택과 행동에 영향을 미치는 과거의 '이야기'에 기반을 두고 있다.	해결중심 치료이론	드 세이저, 버그	고정된 현실은 없다. 그저 현실에는 다양한 시각이 존재한다(의미의 구조)
이야기치료 모델	문제중심의 이야기를 가진 사람들은 그들의 경험을 조직화하고 그 후의 행동을 만든다.	세 사람: 가족은 자기패배적인 이야기를 수정하기 위해 연합한다.	문제를 극복하기 위한 성공적인 노력의 보고로서의 과거, 이야기를 재저작하고 선택지를 개발하기 위한 미래	이야기치료이론	화이트, 엡슨	후기구조주의: 옳고 두터운 묘사

참조: Goldenberg, Stanton, & Goldenberg (2017), p. 449-450.

〈가족치료의 치료적 기술과 목표 비교〉

모델 유형	치료사의 역할	사정 과정	개입의 주요 방법	통찰 대 행동	치료의 목표
정신역동적 가족치료모델	전통적: 각 가족 구성원들이 환상을 투사할 수 있도록 비어 있는 중립적 스크린 / 현시대: 무의식적 역동을 의식적인 인식으로 변경시키는 적극적이고 등동한 참여자	비구조화: 가족구성원들이 내면과 서로 간에 숨겨져 있는 갈등을 알아내려는 지속적인 노력	개인의 말과 행동의 무의식적인 의미와 가족기능에 미치는 그 영향에 대한 해석, 내담자의 내적 경험에 대한 반영, 무의식적 대인관계적 경향을 의식화하는 것을 돕는 적절한 자기개방	통찰은 감등을 감소시키고, 증상을 낮게 하며, 인식을 고양하고, 대인관계를 향상시킴	개인의 심리내적 변화, 감등을 발생시키는 가족의 해결. 탐심 강화. 투사의 제거. 개별화, 성 호간의 심리적 변화
애착이론	안전기지 제공: 엄마의 역할	과거 유아와 어머니의 애착관계 및 애착 유형 탐색	유아가 세상을 이해하는 준거틀인 내적작동모델 탐색과 정신화를 통한 인식의 변화, 정서적 표현 기술, 그리고 정서적 통제기술이 포함	유아의 불안정한 애착관계로 인해 형성된 내적작동모델에 대한 통찰로 자신의 감정을 표현하게 되는 행동의 변화	내담자의 불신, 분노, 불안, 죄책감, 슬픔의 감정을 표현하게 하고 치료사가 내담자의 안전기지의 역할을 함으로써 새로운 애착관계 형성
보웬의 가족체계이론	코치. 직접적이지만 직면적이지는 않음. 가족 융합으로부터 탈삼각화, 가족이 관계적인 공평성을 발달시킬 수 있도록 도움	어떠한 가족구성원 간 조합이라도 가족 평가 인터뷰를 실시: 가계도, 다세대적인 부채에 대한 관심	자아분화 교육, 개별화, '나' 입장 취하기, 확대가족과의 관계 중 단시키기를 재개, 가족줄넘부의 균형을 맞춤	현재의 관계와 다세대적인 경험에서 통찰을 얻기 위한 이성적인 과정(연가족에 대한 조사를 취함)	불안 감소, 증상 완화 그리고 개인의 자아분화의 증가가 가족의 개의 변화를 야기함. 신뢰, 민음, 윤리적 책임감의 회복
MRI 의사소통 가족치료모델	지시적. 문제해결에만 초점을 행동지향적 전략을 제안. 변화를 위한 과제 제시	문제를 해결하려고 시도했던 역기능적인 상호작용방식 탐색과 변화전략 시행	재구성, 변화에 대한 저지. 임장 취하기. 행동적인 지방	행동주의적(인지적) 변화를 추구	반복적으로 사용해 온 역기능적 해결책으로 새로운 효과적이고 기능적인 해결책으로 대처
구조적 가족치료모델	무대 연출가는 역기능적인 구조를 변화시키기 위해 가족구조를 적극적으로 조종함	가족구조의 실마리를 찾기 위해 가족의 교류패턴을 관찰: 가족 지도 그리기, 실연, 추적	합류, 수용, 재구조화, 가족이 유연한 경계와 통합적인 하위체계를 만들도록 도움	행동이 이해보다 선행됨. 교류패턴의 변화가 새로운 경험과 교류패턴을 산출함과 이에 대응하는 통찰을 가져옴	재구조화된 즉 조직, 역기능적인 교류패턴의 변화. 가족 구성원의 증상의 감소

모델					
전략적 가족치료모델	적극적인; 조종하는; 문제중심인; 지시적인; 역설의	비구조화, 가족의 반복적이고 파과적인 행동패턴을 탐색하고, 현재의 문제를 영속시키는 경향이 있는 해결책에 대한 탐색	역설적 개입, 증상 처방하기, 지독 이(이중속박, 가장 기법, 재명명	행동 중심, 증상의 감소와 행동 변화는 통찰이나 이해에서 오는 것이 아니라 지시에서 이서옴	증상 완화, 현재 문제의 해결
경험주의적 가족치료모델	평등주의자, 치료적 만남을 통한 새로운 경험을 가족들에게 제공하는 적극적인 촉진자	비구조화, 성장과 성취를 방해하는 억압된 감정과 충동에 대한 탐색	자아 발견을 위한 직면, 치료사에 의한 자기개방을 통한 이상적인 행동의 모델링, 이전에는 표현되지 않았던 내적 감동을 담아내는 연습(예: 조각기법, 가족 재구조화)	자신의 존재에 대한 자기인식 선택, 책임으로 그리고 변화를 가져온다.	함께함과 건강한 분리 그리고 자율성을 동시에 가짐; 진실성, 자신의 존재감을 표현하는 방식에 대한 학습, 자아존중감 세우기, 가족의 고통 완화, 개인적인 성장을 방해하는 것에 대한 극복하기, 부정적인 관계적 패턴 극복하기
해결중심 치료모델	협력적인 역할, 치료적 대화에 관여, 역할 의미와 이해를 함께 구성하는 비전문가	비구조화, 가족이 "진실"에 대한 견해들을 설명하기 위해 사용해 왔던 설명이나 해석에 대한 탐색	문제보다는 해결에 조점, 기적질문, 예외질문, 문제를 해결하기 위한 대화 상태	가족들이 자신들에 대한 이야기를 재구성함으로써 새로운 의미를 얻는 것을 강조한다.	과거의 문제에 대해 새로운 의미를 부여하거나 새로운 구성을 함으로써 새로운 관점을 얻는 습 또는 창조함
이야기치료 모델	협력적인 역할, 내담자가 과거의 자기파괴적인 이야기를 다시 쓰고, 다양한 선택을 가진 임파워링 이야기로 대체할 수 있도록 도움	비구조화, 내담자의 시각이 제일 중요함, 치료자는 비전문가, 객관적인 현실의 관점에 대한 부정	재구조화, 내담자의 시각 제는 가족의 밖에 있고 현영된지 못하는 것으로 재정의, 새로운 선택과 독특한 결과에 대한 탐색과 정의 예식, 편지, 지지적 연맹의 사용	인지적 변화를 성취하고 함께 구성한 대안적인 이야기에 대한 새로운 의미 주기	사람을 문제로부터 분리, 해방, 과거를 다시 그리고 미래를 재저작

참조: Goldenberg, Stanton, & Goldenberg (2017), pp. 460–462.

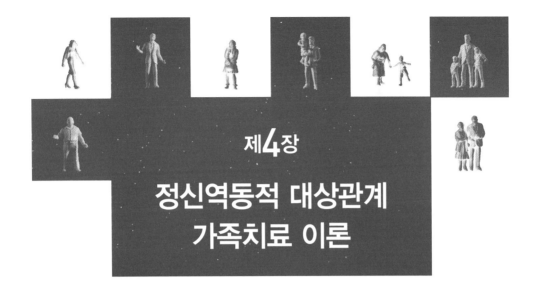

제4장
정신역동적 대상관계
가족치료 이론

1. 이론적 배경

1950년대와 1960년대에 있어서, 미국 심리분석이론은 자아심리학에 의해 지배되었다. 자아심리학은 인간 내부의 구조와 개인의 정신적인 방어 사이의 갈등을 강조했다. 심리분석이론에 따르면 정신 내적 과정은 무의식에서 발생된다. 이러한 것들에는 억압, 투사적 동일시, 어떤 해결되지 못한 슬픔들 그리고 전이가 포함된다. 이러한 과정들에 포함되어 있는 중요한 개념이 '정신적 결정주의'이다. 정신적 결정주의는 정신적 사건은 임의로 발생되는 것이 아니고 모든 행동은 원인을 가지고 있거나 혹은 개인적인 역사에 묻혀 있는 자원을 가지고 있다고 본다(Broderick, Weston, & Gillig, 2009).

대상관계이론은 이러한 프로이트의 이론을 근거로 해 관계론적 입장에서 발전된 이론으로, 프로이트의 개념이 가지는 한계성에 대한 반응으로서 관계 맥락 안에서 아동 발달의 복잡성을 설명할 수 있도록 구성되었다(Siegel, 2015). 그러나 액커만(Ackerman)의 제자인 샌더(Sander, 1979)는 정신분석이론이 언뜻 보기에는 내담자의 성격 형성에만 관심을 가지고 있는 것처럼 보이지만, 실제로는 개인과 가족의 상호작용에 깊이 뿌리를 두고 있다고 했다. 예를 들어, 프로이트의 세 편의 논문인 「애도와 멜랑콜리아(Mourning and Melancholia)」(Freud, 1917), 「집단심리학과 자아의 분석(Group psychology and the analysis of ego)」(Freud, 1926), 「금지와 증상과 불안(Inhibitions, symptoms and anxiety)」(Freud, 1936)은 이미 대상관계이론을 위한 초석을 제공했다. 프로이트는 이 논문들에서 개인이 주변 사람을 내면화하고 동일시하는 방식들을 탐색했다. 「애도와 멜랑콜리아」에서 프로이트는 사람이 사랑하는 사람을 상실했거나 혹은 곧 상실하게 될 사람을 어떻게 내면에 받아들이고 동일시하는지를 기술했다. 「집단심리학과 자아의 분석」에서 프로이트는 사람이 어떻게 자기의 측면을 지도자에게 투사하고, 지도자의 부분을 재동일시 하는지를 묘사했다. 「금지와 증상과 불안」에서 프로이트는 어머니에 대한 애착과 어머니의 상실에 대한 두려움이 인간행동의 주요한 결정요인으로서 성적 욕동과 공격적 욕동보다 더 중요하다는 점을 인식하고 있었다(Hamilton, 1988; 김진숙, 이지연, 윤경숙 공역, 2010). 그럼에도 불구하고 정신분석학은 개인에게 초점을 두며 정신 내적 영역에 관심을 두는 반면에, 가족치료는 관계에 초점을 두며 사회적 체계 영역에 관심을 둔다. 이 두 영역의 차이는 대상관계이론이 연결할 수 있을 것이다(Nichols & Schwartz, 2004).

프로이트는 욕동이 양육하는 사람에 의해서 만족될 것으로 기대되는 어떤 목표물을 언급하는 것으로 대상이라는 용어를 사용했다. 대상관계이론가들은 프로이트가 말하는 본능을 생물학적 개념으로부터 사회학적 개념으로 바꾸었다(Greenberg & Mitchell, 1983). 즉, 프로이트는 본능적인 욕동과 관련해 대상이라는 용어를 사용한 반면에, 다른 이론가들은 대상이라는 개념을 내적이면서 타인과의 현재 관계를 형성한 어린 시절의 과거 경험으로부터 개인에게 형성된 무의식적인 관점으로 확대했다(St Clair, 2004). 따라서 개인은 실제적인 타인과 상호작용할 뿐만 아니라, 마치 과거로부터 비롯된 실제적인 사람의 왜곡된 판, 즉 타인에 대한 주관적이고 내면화된 표상으로 타인과 상호작용한다는 것이다(Goldenberg, Stanton, & Goldenberg, 2017).

대상관계 가족치료 이론은 인간이 대상을 찾고 관계를 맺으려는 본능을 가지고 있다고 보았다. 심리분석이론에서 말하는 전이는, 한 사람의 감정, 생각 그리고 소망이 개인의 과거로부터 한 사람을 나타낼 수 있게 하는 또 다른 사람에게 투사될 때 발생한다. 사람은 타인과의 관계에서 마치 그 사람(대상)이 과거에 중요했던 사람인 것처럼 느끼고 대하게 된다. 개인적인 심리분석 심리치료에 있어서 전이는 치료적 관계 안에서 발생하며, 정신과의사에 대한 환자의 투사를 말한다. 반면에, 가족전이를 언급할 때는 가족 내 투사에 초점을 두며 정신과의사 혹은 가족치료사에 대한 초점을 두지는 않는다(Heru, 1980). 역동적 가족치료의 과정은 가족구성원들 사이의 무의식적인 갈등을 해석과 같은 기술을 사용해 의식적인 수준으로 끌어올리는 것을 포함한다. 변화는 각각의 가족구성원의 무의식적인 전이 왜곡에 대한 탐색과정에 의해 촉진된다. 이러한 과정을 통해 부모들은 현재 가족체계 내에서 갈등이 그들의 원가족으로부터 발생하는 과거의 갈등을 지배하기 위한 그들의 무의식적인 시도와 어떻게 연결되는지를 인식하게 된다(Aponte & VanDeusen, 1987).

대상관계이론은 태어나면서 개인들이 다른 사람들, 특히 엄마와의 사이에서 관계를 맺고 애정을 형성하게 된다고 본다. 여기에서 주요 초점은 관계에 대한 외부의 관점이 아니라, 아동이 그 관계를 이해하거나 의식적 또는 무의식적으로 내면화하는 방법에 있다. 특히 대상관계이론에서 관심을 두는 부분은 아동의 초기 내면화된 관계가 성인이 되었을 때에도 영향을 미치고 성격을 형성하는 과정이다(Sharf, 2012; 천성문 외 공역, 2014). 정신역동적 가족치료에서는 내담자의 현재 가족 및 현재의 삶에 있어서 나타나는 관계의 문제들을 해결하기 위해서는 초기의 부모-자녀 관계로부터 내면화된 문제가 되는 무의식적인 대상관계에 대한 탐색과 해결이 필요하다고 본다.

대상관계이론과 관련해, 영국에서는 멜라니 클라인(Melanie Klein)이 안나 프로이트(Anna Freud)와는 다른 방향에서 아동을 분석했고(Brumann, 1996; Donaldson, 1996; Likerman, 1995; Viner, 1996), 프로이트 사망 후에 안나 프로이트와 멜라니 클라인 간의 경쟁이 정신분석학계 내에서 격렬한 논쟁을 불러일으켰다. 두 여성은 각각 자아심리학과 대상관계를 대표했다(Hamilton, 1988). 멜라니 클라인의 초기 대상관계에 대한 연구에 의해 촉발되면서 1940년대에 논란을 일으켰던 토론이 심리분석 개념들과 관련해 영국과 미국 사이에 차이를 발생시켰다. 정신역동 중심의 치료는 1950년대에 영국에서 시작되었으며, 애착과 관련된 사람들의 근본적인 욕구를 강조한다. 대상관계이론은 태어나면서부터 개인들이 다른 사람들과 관계를 맺고 애정을 형성하게 된다는 것을 인정한다. 따라서 대상관계이론가들은 정신 내적인 역동성과 인간관계 사이의 상호작용을 이해하려고 한다(Engler, 1999). 영국 내의 정신분석학파는 어머니와 가족과의 관계의 중요성과 정서적인 환경을 강조했다(Bowlby, 1990; Winnicott, 2021). 제2차 세계대전과 홀로코스트의 외상적 충격이 개인 및 가족들에게 영향을 주었다는 의식은 심리분석적 사고에 중대한 영향을 미쳤다. 이 시기에 미국의 베들하임(Bettelheim, 1950)과 에릭슨(Erikson, 1993)은 가족과 사회 환경의 영향력 있는 역할을 강조했으나, 그들의 기여는 결코 미국 심리분석이론에 있어서 주류가 되지는 못했다(Bentovim & Kinston, 1991). 한편, 가족치료에 대한 정신역동적 접근법에서는 심리역동적 또는 심리분석과 체계적인 사고가 복합되어 있다. 특히 정신역동적 개념과 가족체계 개념의 통합을 시도한 인물로는 벤토빔과 킨스톤(Bentovim & Kinston, 1991) 그리고 슬립(Slipp, 1991)을 들 수 있다.

대상관계이론이 아직 완전히 확립되지는 않았지만 많은 대상관계이론가는 근본적으로 프로이트의 심리분석이론으로부터 파생된 각자의 독특한 대상관계이론들을 파생시켰다. 심리분석이론은 공상에 빠진 대상의 내부 세계에 대해 더 많은 강조점을 두고 있는 반면에, 가족치료에서는 그러한 환상이 창조된 대상과 외부 세계에 대해 더 많은 강조점을 두고 있다. 대상관계 가족치료에서는 인간이 대상을 찾고 관계를 맺으려는 본능을 가지고 있다고 가정을 하며, 개인들의 내적인 면과 개인들 간의 상호작용하는 면들이 치료 과정에서 탐색되어진다(Becvar & Becvar, 2013; Scharff & Scharff, 1987). 정신분석에 근거를 두고 있는 대상관계이론은 프로이트의 인간 존재에 대한 규정과는 매우 다른 시각을 가지고 있다. 대상관계 가족치료 이론은 각 가족구성원과 보다 복잡한 가족상호작용 및 가족역동에서 나타나는 동기, 환상, 무의식적 갈등과 억압된 기억에 초점을 두고 있다. 가족치료에서 대상관계이론이 중요한 이유는 정신역동 임상가들에게 배우자를 선택하는 이유와 가족의 상호작용 유형을 설명할 수 있는 방법을 제공하기 때문이다(Dicks, 1963; Framo, 1992). 성인들이 그들의 결혼생활에 가지고 올지도 모를 무의식적이고 해결되지 못한 어린 시절의 대상관계는 상대 배우자에게 절망적이고 의존적으로 집착하는 역기능적인 관계 유형의 발달을 가져올 수 있다(Ackerman, 1956; Napier & Whitaker, 2011). 이러한 패턴은 배우자 중 한쪽이나 양쪽(어떤 경우에는 그들의 자녀들)이 이러한 현상을 인식하고, 그들 스스로가 과거의 대상으로부터 분화되기 위한 행동을 취하며, 새로운 효과적인 방식으로 행동하는 방법을 배울 때까지 계속 반복된다(Gladding, 2018). 예를 들어, 1930년대 초에 아동 정신분석학자였던 나단 에커만(Nathan Ackerman)은 아동에게 영향을 미치는 사회적·정서적 단위로서의 가족에 관심을 갖고 특히 가족을 상호작용하는 인격체로 보았다. 그는 내담자의 가족상호작용으로 인한 심리내적 갈등을 추적해 이 연속성을 차단하는 데 치료의 목적을 두었다. 또 가족치료에 또 다른 정신분석적 영향을 끼친 알프레드 아들러(Alfred Adler)는 개인과 가족을 전체로서 보면서 양쪽에서의 변화를 촉진하는 데 가족치료의 목표를 두었다(Carlson, Sperry, & Lewis, 2013).

2. 대상관계 가족치료 이론의 역사

마이클 니콜스는 정신분석적 가족치료에 기여한 네 그룹을 다음과 같이 구분했다 (Nichols, 2014). 첫째, 정신분석의 선구자들, 둘째, 정신분석 훈련을 받은 개척자들, 셋째, 대부분의 가족치료에서 정신분석을 적대시하고 있었을 때에도 정신분석학적 개념을 추구해 왔던 일부 사람들, 넷째, 최근에 부활한 정신분석적 가족치료의 대열에 적극적으로 참여한 사람들이다.

첫째, 1930년부터 50년대까지 정신분석적 연구자들은 가족에 대해 더욱 많은 관심을 가지게 되었다. 에릭 에릭슨은 자아심리학의 사회적 분야를 연구했고, 에릭 프롬은 개별화에 대한 노력을 관찰했는데, 이와 같은 에릭 프롬의 연구는 보웬의 자아분화에 대한 작업의 효시가 되었다. 해리 스택 설리반의 대인관계이론은 불안이 자녀들에게 전수되는 데 있어서 어머니의 영향을 강조했다. 설리반은 가족들을 직접 치료하지는 않았지만, 청소년 조현병 환자들에게 대리가족을 만들어 주는 환경을 병원에 만들어 줌으로써 가족치료가 시작되도록 도움을 주었다.

둘째, 1950년대에 미국심리분석은 자아심리학(심리내부적 구조에 초점을 두었다)에 의해 지배적이었으나, 영국에서는 대상관계이론(인간상호간 분석에 초점을 두었다)이 꽃을 피우고 있었다. 헨리 딕스는 영국 타비스코 클리닉에 가족정신연구소를 설립해 그곳에서 정신과 사회사업가들이 이혼재판소에서 의뢰된 부부들을 화해시키는 작업을 시도했다(Dicks, 1967). 딕스는 결혼생활의 갈등을 이해하고 치료하는 데 대상관계이론을 적용했다. 또한 심리분석에 가장 충성적이었던 나단 에커만도 대상관계 가족치료 이론에 엄청난 공헌을 했다. 많은 학생이 뉴욕이 있는 그의 가족치료 연구소에서 훈련을 받기 위해 몰려왔는데 그중 한 사람이 살바도르 미누친이었다. 한편, 이디스 제이콥슨(Jacobson, 1954)과 해리 스택 설리번(Sullivan, 1953; 2013)은 미국 정신의학을 대인관계적인 관점에 초점을 맞추도록 하는 데 지대한 공헌을 했다. 대상관계 가족치료의 발달에 중요한 기여를 한 연구들이 미국 정신보건 국가연구소(National Institute of Mental Health)에서 로버트 코헨(Robert Cohen)의 지도하에 이루어졌는데 그 중에서 가장 중요한 공헌은 특히 멜라니 클라인으로부터 온 투사적 동일시의 개념을 가족관계에 적용한 것이었다(Nichols, 2014).

셋째, 1960년대에 릭코프(Ryckoff)와 위니(Wynne)는 정신과 워싱턴연구소(Washington

School of Psychiatry)에서 가족역동 과정을 개설했는데, 이 연구소가 가족치료 훈련프로그램을 이끌었다. 그 뒤에 그들은 셔피로(Shapiro), 지너(Zinner), 로버트 위너(Robert Winer), 그리고 1975년에 질 새비지(Jill Savege)(지금은 샤프(Scharff)와 데이비드 샤프(David Scharff)를 영입했다. 1980년대 중반까지 데이비드 샤프가 이 연구소를 이끌었는데, 이 연구소가 정신분석 가족치료를 이끌어가는 중심적인 기관이 되었다. 1994년에 샤프부부는 자신들의 기관을 세우기 위해 이 연구소를 떠났다.

넷째, 정신분석이론을 가족치료에 접목하려고 했던 치료사들에 헬름 스티어린(Helm Stierlin, 1977), 로빈 스카이너(Robin Skynner, 1976), 윌리엄 메이스너(William Meissner, 1978), 아논 벤토빔과 워렌 킨스톤(Arnon Bentovim & Warren Kinston, 1991), 프레드 샌더(Fred Sander, 1979; 1989), 사무엘 슬립(Samuel Slipp, 1984, 1988), 마이클 니콜스(Nichols, 1987), 네이슨 엡스틴(Nathan Epstein) 등이 있다(Nichols, 2014).

한편, 주디스 시걸(Judith Siegel)은 특히 커플치료에 지대한 영향을 미친 세 대상관계 이론가들로 오토 켄버그(Otto Kernberg), 하인츠 코헛(Heinz Kohut) 그리고 마가렛 말러(Margaret Mahler)를 들고 있다. 비록 이 3명의 이론이 개인발달과 정신병리에 초점을 두고 있지만, 각각의 이론은 관계 맥락 안에서 정신적인 성장에 목표를 두고 있다(Siegel, 2015).

3. 주요 인물

1) 영국 대상관계이론가

(1) 멜라니 클라인

멜라니 클라인(Melanie Klein, 1882~1960)은 폴란드계 헝가리 유대인 집안의 4남매 중 막내로 태어났고, 그녀의 초기 어린 시절의 대부분을 비엔나에서 보냈다. 그녀의 아버지는 정통 유대교 가문 출신 의사였다. 그녀는 베를린에서 정신분석가로 활동했으며 그 이후에 영국으로 이주해 가르치면서 활동을 하다가 런던에서 암으로 사망했다(Hinshelwood, 1991). 그녀는 불행한 결혼생활을 하는 동안 산도 페렌지(Sandor Ferenzi)에게 분석을 받았고(Grosskurth, 2013), 그 후에 베를린으로 이주해 그곳에서 칼 아브라함(Karl Abraham)을 만났는데, 그는 그녀의 멘토이자 보호자이자 분석가가 되었다

(King, 1983).

그녀는, 유아는 처음부터 대상을 추구하는 존재이며, 자신을 돌봐 주는 엄마에 대해서 좋은 대상 또는 나쁜 대상 모두로 지각하고 상호작용을 한다고 했다. 유아는 처음에는 엄마를 하나의 전체로서 지각하지 못하고 일부분으로서 지각하다가 나중에는 점차로 하나의 완전한 존재로 지각하게 된다. 이러한 과정 속에서 유아는 엄마라는 대상을 부분적으로 그리고 전부로, 또한 좋은 대상과 나쁜 대상으로 지각하고 이를 내면화하는 과정을 가지게 된다. 그녀는 유아가 엄마와의 관계에서 겪는 경험을 통해 자기의 환경과 적극적으로 관련을 맺으려는 환상을 가지고 태어난다고 보았다. 그녀는 유아가 가지고 태어나는 환상의 힘은 편집과 우울을 거치면서 성장해 가는데, 이 과정에서 문제가 발생하면 분열과 투사의 방어기제를 발달시킨다고 보았다. 그 결과 유아는 타인과의 관계에서 상대방과 자기를 있는 그대로 인식하는 데 어려움을 경험하게 된다(Klein, 1986). 클라인의 이와 같은 생각은 대상을 성적 본능을 충족시키기 위한 수단으로 보았던 것과는 매우 달랐다. 그녀는 인간은 대상과의 관계 속에서 여러 가지 본능이 생긴다고 보았고 성적 본능을 여러 본능 중 하나라고 보았다(Slipp, 1991). 영국중간학파(Britisch Meddle School)는 클라인의 대상관계이론을 더욱 발전시켰는데, 이와 같은 학파명은 고전적인 심리분석가들과 클라인의 추종자 간에 조화를 유지하고, 동시에 영국심리분석학회(British Psychoanalytic Society)가 경쟁적인 파당으로 분리되는 것을 피하기 위해 지어졌다. 영국중간학파에 속하는 대상관계이론가들에는 마이클 발린트(Michael Balint), 로널드 페어번(Ronald Fairbairn), 해리 건트립(Harry Guntrip), 도널드 위니컷(Donald Winnicott)이 포함된다(Slipp, 1988).

유아의 기본적인 투쟁은 부모로부터 만족을 얻는 것을 목적으로 하는 성적이고 공격적인 충동과 합의를 보는 것이라는 프로이트의 생각과는 다르게, 일반적으로 이들은 유아의 일차적인 욕구는 돌봄받고 양육하는 양육자에 대한 애착이라고 보았다(J. S. Scharff, 1989).

(2) 윌리암 로널드 페어번

윌리암 로널드 페어번(William Ronald Fairbairn, 1889~1964)은 스코틀랜드에서 출생해 의학을 전공했고, 그 이후에 에딘버러에서 정신과 의사이면서 정신분석가로 활동했다. 그는 멜라니 클라인의 생각을 발전시켜 대상관계이론을 발달시켰으며, 그런 그의 영향을 받은 가족치료사가 제임스 프라모이다. 페어번이 알려지게 된 것은 페어번

137

의 학생이자 그에게 분석을 받았던 해리 건트립(Guntrip, 1986)의 저서가 발간되면서부터였다(Hamilton, 1988). 페어번은 클라인의 입장을 수용했으나 순전히 심리적인 설명을 위한 프로이트의 욕구충동 동기를 받아들인 클라인의 생각은 받아들이지 않았다. 그의 혁신적인 성격발달이론은 엄격하게 대상관계에 입각해 있고, 그와 같은 대상은 반드시 사람이다(Grotstein & Rinsley, 1994). 페어번(Fairbairn, 1952a)은 대상관계를 만족하는 것이 인간의 기본적인 동기라고 주장했다. 이것은 개인이 사랑하는 부모와 증오하는 부모상을 동시에 내면화하고 그 자신의 정신 안에서 이런 양가감정의 상을 억누르고 통제하는 것에 의해 아동기의 갈등을 해결할 수 있다는 것을 의미한다. 이러한 내면화된 상은 좋은 대상과 나쁜 대상으로 양분화되는 경향이 있으며, 결과적으로 개인의 관계에 무의식적으로 영향을 미치는 그러한 대상의 심리적 표출을 내면화하게 된다(Fairbairn, 1952b).

페어번과 프로이트 이론은 중요한 차이를 보인다. 프로이트의 심리욕동이론은 성적 흥분과 같은 정서가 억압되면, 그것이 후에 히스테리와 같은 정서적인 증상들을 형성한다고 설명한다(Slipp, 1984). 이처럼 프로이트는 정서 혹은 에너지가 결정적으로 억압된 자료를 구성한다고 했지만, 페어번은 억압된 경험을 구성하는 것은 대상관계라고 가정했다(Greenberg & Mitchell, 1983). 페어번은 모든 억압된 관계는 세 가지 차원인 정서(affect), 대상(object) 그리고 자기 표상(self-representation)을 가지고 있으며, 억압된 대상관계는 수용 받지 못한 사랑의 경험을 포함하고 있다고 했다. 페어번은 이것을 리비도적 대상관계 경험들이라고 지칭했다. 다른 억압된 대상관계들은 아버지에 대한 분노의 정서와 연결된 통제적인 아버지 대상 이미지와 관련되어 있는데, 그는 이것을 "반리비도적" 대상이라고 불렀다(Fairbairn, 1952a).

(3) 윌프레드 비온

윌프레드 비온(Wilfred Bion, 1897~1979)은 인도에서 출생해 영국에서 교육을 받았다. 그는 제2차 세계대전 동안 그의 정신분석 배경을 이용해 군인의 사기 진작에 도움이 되는 집단기능에 대한 이론을 개발했다(Grotstein, 1981). 전쟁이 끝난 후 그는 멜라니 클라인에게서 분석을 받으면서 정신분석 훈련을 계속 받았다. 이후 그는 강조점을 집단에서 개인으로 변경하면서, 담아내는 것과 담기는 것의 은유적 개념을 정교화하기 위해 투사적 동일시의 개념을 사용했다(Bion, 1994). 이러한 과정을 통해 그는 자신만의 독자적인 대상관계이론을 개발했다. 그는 런던의 타비스톡 클리닉과 영국 정신분석

협회에 관여하며 많은 활동을 하면서 여러 해를 보낸 후, 이후 로스앤젤레스로 이주했다(Hamilton, 1988).

(4) 도널드 우즈 위니컷

도널드 위니컷(Donald Woods Winnicott, 1896~1971)은 1896년에 영국 플리머스에서 출생했고 케임브리지 대학교에서 의학을 전공했다. 그는 소아과의사와 정신분석가로서 특히 대상관계이론과 발달심리학 분야에서 영향력이 있는 인물이었다. 그는 괜찮은 양육(good enough mothering), 보듬어 주는 환경(holding environment), 중간 대상(transitional object)의 개념을 발전시켰다(Winnicott, 1953). 위니컷은 부모−자녀관계에서 '보듬어 주기(holding)'의 중요성을 강조했는데, '보듬어 주기'란 유아와 엄마의 따뜻한 신체적 접촉과 함께 심리적 접촉으로서의 사랑의 형태이다(Winnicott, 1986). 위니컷이 말하는 '보듬어 주기'란 부모가 배워서 행하는 행동적 기술이 아니라 사랑의 마음에서 나오는 행위를 의미한다. 이 '보듬어 주기'라는 용어는 '이 정도면 충분한 엄마 역할'과 연관이 있다(Winnicott, 1986). '이 정도면 충분한 엄마 역할'은 '보듬어 주기'를 통해 가능해진다. 또한 엄마가 유아의 신체적·정신적 필요를 적절하게 공급해 줄 때 유아는 안정된 자아를 형성하게 되는데, 중요한 것은 엄마의 지속적이고 동일한 돌봄이 반복되어야 한다는 것을 의미한다. 어머니의 역할이 어떤 방식으로 이루어지는가에 따라서 유아의 발달은 달라지며, 동시에 유아의 발달은 환경의 영향에 의해 이루어지기 때문에 좋은 환경이 유아에게 제공되어야 한다(Goldman, 1993). 안전하고 좋은 환경 중에서 어머니는 가장 중요한 환경요인이며, 좋은 환경이란 '이 정도면 충분한 환경'을 의미한다(김용태, 2019).

(5) 헨리 딕스

헨리 딕스(Henry Dicks, 1900~1971)는 영국 정신과의사와 심리학자로서, 페어번의 대상관계 개념(결혼생활은 반드시 각각의 배우자의 유아 때의 경험에 영향을 받는다)을 결혼생활에 적용한 최초의 사람들 중의 한 사람이다(Dicks, 1967; 2014). 그는 페어번의 이론과 부부 상호작용에 대한 자신의 이론을 절충함으로써 이 분야에 중대한 공헌을 했으며, 개인을 대상으로 한 페어번의 이론을 부부관계인 두 사람의 상황에 적용했다(Donovan, 2013). 그는 고통스러운 결혼생활은 상대를 어느 정도 내적 대상으로 인식하면서 상호간에 책임 전가와 투사를 하는 특징이 있다고 말했다. 딕스의 개념은 함께 머무르면서도 변화에는 무감각해 보이는 '고양이와 개'와 같은 부부의 결혼을 이해하는 데 유용하다. 그는 결혼생활은 각각의 배우자의 유아기의 경험에 의해 반드시 영향을 받게 된다고 주장했다. 질 사프(Scharff, 1995)에 의하면, 딕스는 무의식적인 동기가 무의식적인 수준에서 작동하고 있다고 보았으며, 부부들은 인식하지 못하지만 자신에게 특별히 맞는 배우자를 찾게 된다고 보았다. 따라서 각각의 배우자는 상대방에게서 자신의 없는 부분을 발견함으로써 자신이 잃어버렸던 내면화된 것의 통합을 원한다.

딕스는 문제 있는 결혼생활에서 각각의 배우자는 무의식적인 욕구수준에서 상대방과 관계를 맺으며, 각각의 배우자는 상대방을 어느 정도는 내면화된 대상으로 인식을 하며, 그들은 함께 연합된 성격으로서 기능을 한다고 주장했다. 이러한 방법으로 각각의 배우자는 상대방을 통해, 자신의 잃어버렸던 면이나 혹은 자신의 초기시절에 분리되어있던 일차적인 대상관계를 재발견하려고 시도를 한다(Scharff & Scharff, 2008). 이것은 투사적인 동일시라는 방어기제의 활용을 통해 획득될 수 있다. 투사적인 동일시라는 것은 배우자가 자신의 어떤 분리되거나 혹은 원하지 않은 부분을 상대방의 배우자에게 투사함으로써 자신의 불안을 무의식적으로 방어하는 정신적인 과정을 말하는 것이다. 한쪽 배우자가 투사적 동일시를 사용하면, 그 대가로 상대 배우자는 이러한 투사에 따라 행동하도록 조정당한다. 결과적으로 각각의 배우자는 자신들의 잃어버린 또는 거부된 부분과 접촉을 재수립하기 위한 시도를 하는 것이다(Scharff, 1995). 딕스는 상담 초기에는 부부를 따로 만나 상담을 했으며, 추후에 부부상담을 진행했다. 대부분의 부부를 20번 내외로 만났으며, 전체 치료기간은 1년에서 2년쯤 되었다(Donovan, 2013). 그는 부부 내담자들에게 실제적인 조언을 해 주지 않았고, 유일한 치료적 개입으로는 명료화와 해석을 사용했다. 그는 내담자들이 그에게 조언을 구할 때, 그러한 요구의 전이적 의미를 추적했다.

그는 오늘날 우리가 알고 있는 정신역동부부치료라고 알고 있는 치료법을 고안해 냈다(Donovan, 2013). 딕스는 무의식적인 부부갈등의 뿌리에 대한 세 가지 가설이 있다고 했다. 첫째, 부부 갈등은 한쪽 배우자가 가지고 있는 상상 속의 부모의 역할을 상대 배우자가 해 주지 못할 때 발생한다. 둘째, 부부는 각자의 가정에서 경험했던 것과 반대되는 부모 역할을 하는 배우자와 결혼한다. 셋째, 부부는 상대 배우자의 내면에서 자신들이 억압하고 포기하고 잃어버린 부분을 발견할 수 있다. 그들은 배우자 안에서 그것을 찾지만, 일단 찾은 후에는 상대 배우자 안에 있는 그 부분을 박해하기 시작한다 (Dicks, 1967; 2014). 따라서 딕스는 결혼의 기저에 있는 동기가 무의식적인 갈등 혹은 환상적인 기대를 숙달하고자 하는 욕동으로 보았다(Donovan, 2013). 딕스-페어번 모델이 말하는 중심적인 정서(거절, 독립을 향한 소망, 죄책감)은 모두 세 부분으로 된 억압된 대상관계, 즉 억압된 자기 경험, 억압된 부모 대상의 경험 그리고 억압된 관계에 수반되는 정서들과 함께 묶여져 있다. 이 모델은 수십 년 전에 나왔음에도 불구하고 오늘날 우리가 만나는 부부들에게 그대로 적용되고 있다(Donovan, 2013).

(6) 해리 제임스 사무엘 건트립

해리 제임스 사무엘 건트립(Harry James Samuel Guntrip, 1901~1975)은 대상관계이론에 주요한 기여를 한 영국 심리학자이다. 그는 멜라니 클라인의 학생이었고, 클라인과 도널드 위니컷, 윌리암 페어번에게 분석을 받았으며, 나중에 위니컷과 페어번에게 받은 분석을 서술한 내용을 출판했다(Gomez, 2002; Guntrip, 2018). 그는 멜라니 클라인, 로널드 페어번, 그리고 도널드 위니컷을 포함하는 주요 심리분석가들을 비판하고 통합했다. 그는 프로이트의 이론들 중 많은 것을 받아들였으나 그와 함께 자신의 아이디어를 발전시켰으며, 동시에 프로이트의 이론이 지나치게 생물학에 입각해 있고 특히 본능에 치중되어 있다고 비판하기도 했다. 그는 페어번과 위니컷의 대상관계 접근법에서 많은 영향을 받았고 페어번과 함께 대상관계 가족상담 이론가로서 많은 기여를 했다. 건트립은 페어번으로부터 개인 분석을 받으면서 자신이 엄마와의 관계에 문제가 있다는 것을 이해하게 되었고, 그와 같은 경험을 통해 자신의 문제를 개념화했다. 그는 분리되고, 철수되어 있으며, 의미 있는 인간관계를 맺을 수 없는 조현병 환자들을 상담했다. 이와 같은 임상경험을 통해 그는 조현병 환자의 성격의 아홉 가지 성격 특성(내면화, 철수, 자기도취, 자만심, 우월감, 애착손상, 외로움, 인격상실, 퇴행)을 발견했다(Guntrip, 2008; 2018). 그는 치료사는 내담자가 자신의 부모로부터 경험하지 못한 좋은 대상이 되어 줌으로써 내담자의 회복을 도울 수 있다는 것을 주장했다. 이때 내담자는 치료사와의 건강한 상호작용을 통해 치료가 이루어질 수 있다. 그는 유아를 프로이트가 주장한 쾌락의 원리에 따라 반응하는 존재라기보다는 대상(엄마와 돌보는 사람)과 관계를 맺고 상호작용하는 욕구를 가진 존재라고 했다(임윤희, 2018).

(7) 로빈 스카이너

로빈 스카이너(Robin Skynner, 1922~2000)는 멜라니 클라인 치료학파에서 훈련을 받은 영국의 심리분석학자로서, 여러 세대를 거쳐 변화하는 가족은 프로이트의 심리성적인 발달 단계와 유사한 중요한 발달 이정표를 가지고 있다고 했다(Skynner, 1981). 그는 런던에 있는 가족치료 연구소에서 근무했다. 스카이너는 불충분한 역할 모델 또는 다른 학습 부족으로 인해 관계의 어려움을 가진 성인들은 여전히 아동기 때의 결핍으로부터 전수된 기대감을 가지기 때문에 다른 사람들에 대해 비현실적인 태도를 발전시킨다고 보았고, 그는 이러한 비현실적인 태도를 투사적인 체계라고 불렀다. 그는 가족치료는 확인된 환아(IP)가 될 가능성이 있는 증상을 지닌 아동으로부터 투사적인 체계를 확인해야 할 뿐만 아니라 투사를 제거해야 한다고 했다.

(8) 아논 벤토빔과 워런 킨스톤

벤토빔과 킨스톤(Arnon Bentovim & Warren Kinston)은 영국의 가족치료사들로, 심리역동과 가족체계 개념을 통합하려고 시도했으며, 그들이 개발한 접근법을 초점(focal) 가족치료라고 불렀다(Bentovim & Kinston, 1991). 프로이드를 따르는 초기 심리분석 연구자들은 나르시시즘(자기도취)이 개인의 자아감과 자아가 타인에 의해 결정되거나 혹은 잃어버리게 된다는 관계의 형태, 두 가지 사고로 보았다(Andreas-Salome, 1962). 이와 같은 두 가지 사고는 이론과 기술에 있어서 두 가지 흐름으로 나타났다. 첫째, 멜라니 클라인 경향의 심리분석가들은 나르시시즘(자기도취)을 분리가 거부되고, 대상이 파괴되었으며, 개인의 정서적이고 의존적인 부분이 지지 받지 못하고 정서적인 영양분을 공급받지 못했던 환경에서 타인과의 관계에서 자기보호적인 방식이라고 보았다(Rosenfeld, 1964; Kernberg, 1985). 둘째, 좀 더 고전적인 분석가들은 나르시시즘을 자기표상(self-representation), 통합, 지속성과 가치와 관련된 것으로 보았다(Stolorow, 1975). 나르시시즘에 대한 그와 같은 접근법이 코헛에 의해 더 발전되었다(Kohut, 2013). 나르시시즘에 대한 고전적인 자아성향의 접근법(자기나르시시즘)과 클라인의 대상성향의 접근법(대상나르시시즘) 사이의 관계가 킨스톤(Kinston, 1982; 1983a; 1983b)에 의해 분명하게 되었으며, 표상과 트라우마에 대한 나르시시즘의 관계가 킨스톤과 코헨(Cohen & Kinston, 1984; Kinston & Cohen, 1986; 1988)에 의해 더욱 명확해졌다.

영국에서 발달한 초점 가족치료 접근법은 오로지 아동지도와 아동 정신과클리닉에서 그 발달의 근거를 가지고 있다. 이 접근법은 발달지향적이며, 가족 혼란, 특히 가족 내의 정신 내부적이고 인간 상호간의 혼란을 이끌어 온 가족구성원들에 대한 외상적인 사건을 찾는다. 따라서 외상은 개인에게 정체성을 각인하며, 사회생활에 있어서 관계의 반복과 삶과 치료에 있어서 재난적인 사건의 발생에 대한 근거가 된다(Bentovim &

Kinston, 1991).

(9) 사무엘 슬립

심리분석과 가족치료의 훈련을 받은 슬립(Samuel Slipp)은 심리분석과 가족치료 두 이론을 모두 잠재적으로 서로가 상호보완적이며, 정신병리학의 기원과 유지에 관련된다고 보았다(Slipp, 1991). 결과적으로 그는 대상관계이론의 준거틀을 사용해 진행되는 가족상호작용을 언급하면서, 내담자의 어떤 중요한 어린 시절 발달에 초점을 두었다.

2) 미국 대상관계이론가

(1) 해리 스택 설리번

설리번(Harry Stack Sullivan, 1892~1949)은 아일랜드계 이주민의 자녀였으며, 뉴욕의 반가톨릭 가정에서 성장했다. 이처럼 그의 사회적으로 소외받는 환경과 경험이 그로 하여금 정신의학에 관심을 가지게 했을 수도 있다. 설리번은 미국 신프로이트 경향의 정신과 의사로서, 인간을 인간관계 속에서 발달하면서 자신을 만들어 가는 존재라고 규정했으며, 동시에 인간은 안전을 추구하고 불안을 줄이는 노력을 하는 존재라고 보았다. 설리번은 프로이트와는 다르게 사회심리학적 · 인류학적 입장을 가지고 있었다. 프로이트는 사회와 인류의 문화를 인간에게 악을 만들어 내는 존재로 인식했기 때문에 투쟁의 대상으로 삼았던 반면에, 설리번은 인간관계가 인간의 성격을 발전시키는 조건이며 문화란 인간이 가지고 있는 잠재능력을 통해서 생겨난 산물이라고 여겼다(Blitsten, 1953). 즉, 인간은 내면세계에서 발생하는 죽음의 본능과 삶의 본능 사이에서 갈등하고 싸우는 존재가 아니라, 인간관계 속에서 발전하면서 자신을 만들어 가는 존재이다. 그는 안전조작(security operation)이라는 개념을 사용했는데, 이 개념은 사람이 불안을 줄이고 안전을 추구하기 위해서 하는 대인관계 행동으로 정의된다(Chapman, 1995). 설리번은 인간을 내면세계의 여러 가지 요소에 의해서 갈등하고 균형을 맞추어 가는 존재가 아니라 타인과의 관계에서 여러 가지 행동을 하는 존재로 규정하고 있다(김용태, 2019). 설리번의 대인관계이론은 자녀들에게 불안이 전달되는 어머니의 역할을 강조했다(Nichols, 2014). 그는 가족들을 직접 치료는 하지 않았지만, 청소년 조현병 환자들에게 대리가족을 만들어 주는 새로운 치료환경을 세파드와 이노크 프랫(Shehppard and Enoch Pratt)병원에 만들었다(Nichols & Schwartz, 2001).

돈 잭슨(Don Jackson)과 머레이 보웬(Murray Bowen)은 설리번과 그의 동료인 프리다 프롬-라이크만(Frieda Fromm-Reichmann) 밑에서 훈련을 받았고, 반복되는 가족상호적인 패턴에 대한 설리반의 생각이 돈 잭슨의 연구에 분명히 영향을 미쳤다. 또한 잘못된 다세대 가족체계로부터 나타나는 개인적인 병리에 관계된 보웬의 이론은 설리번의 영향으로부터 온 것이다. 또한 설리번은 관계 심리분석에 많은 영향을 미쳤다(Mitchell, 2014).

(2) 프리다 프롬-라이히만

프리다 프롬-라이히만(Frieda Fromm-Reichmann, 1889~1957)은 1889년에 독일에서 출생했으며, 제2차 세계대전 때에 히틀러의 유대인 박해를 피해 미국으로 이주했던 정신과의사였다. 그녀는 유대인 중류층 가정의 세 딸 중 장녀였다. 그녀는 조현병 환자를 위한 해리 설리번의 직업으로부터 많은 영향을 받았다. 그녀는 심리분석에 적용한 직관과 창의성의 사용이 가장 심각한 정신병을 어떻게 치료할 수 있는가를 보여주려는 작업을 했다. 심각한 장애를 가진 환자를 이해하려는 그녀의 사적이고 실제적인 접근은 수많은 치료사뿐만 아니라 그녀의 가장 중요한 저작인 『집중적인 심리치료의 원리(principles of intensive psychotherapy)』를 읽었던 많은 치료사에게 영향을 미쳤다. 프롬-라이히만이 어떻게 자신의 정신병을 극복할 수 있도록 도와주었는지에 대해 그녀의 환자가 서술한 저서인 『나는 당신에게 장미 화원을 약속한 적이 없어요(Never promised you a rose garden)』(Green, 2009) 역시 많은 영향을 미쳤다(Hamilton, 1988).

(3) 하인즈 하트만

하인즈 하트만(Heinz Hartman, 1894~1970)은 유대인 가정에서 출생했고 1920년에 오스트리아 비엔나 대학에서 의학학위를 받았다. 그의 관심은 프로이트 이론에 있었다. 순응(adaptation)은 하트만이 주장한 주된 개념으로, 인간이 환경의 변화에 따라 순응하는 존재라는 것을 의미한다. 인간은 내적으로 갈등만 하는 존재가 아니라 적극적으로 환경의 변화에 자신을 바꾸어 가면서 적응하는 존재이다. 하트만의 이론은 다음과 같은 두 가지 생각에 뿌리를 두고 있다. 그는 인간을 원초아(id)에 근거를 두면서 내적 세계를 다루어 가고 외부 세계에 적극적으로 대응하면서 순응하는 기능을 가지고 있는 존재로 보았다(Guntrip, 1973).

(4) 마가렛 쉰버거 말러

마가렛 말러(Margaret Schönberger Mahler, 1897~1985)는 유대인으로 1897년 헝가리에서 출생했으며 처음에는 소아의학 학위를 받았고 그 이후에 비엔나 정신분석연구에서 정신분석 훈련을 받았다. 그녀는 폴 말러(Paul Mahler)와 결혼한 후 1939년에 미국으로 건너왔다. 그 이후에 그녀는 미국의 국립정신보건 연구소(National Institute of Mental Health)로부터 후원을 받아 정신적인 문제가 있는 아동들과 어머니들을 연구했다. 말러는 위니컷의 연구에 많이 의존했고, 자신의 결론과 아동발달에 대한 클라인의 생각과 유사성을 강조하지 않았음에도 불구하고 이 두 사람 간의 이론은 매우 유사했다. 다만 클라인이 제시한 발달 단계가 생후 몇 개월에 집중되어 있고, 또 클라인은 자폐적 단계를 인정하지 않는다는 점이 예외일 뿐이다(Hamilton, 1988). 말러는 유아의 심리발달 과정에서 분리와 독립의 개념을 강조했다. 유아의 발달은 엄마와의 관계에서 분리와 독립을 어떤 방식으로 이루는가에 따라 달라지는데, 유아가 엄마로부터 성공적으로 분리와 독립을 하게 되면 잘 조직되고 분화된 상태로 살아가게 된다(McDevitt & Mahler, 1986). 한편, 유아가 엄마로부터 분리와 독립을 성공적으로 하지 못하면, 다른 사람들과 정서적으로 연결을 하는 데 어려움을 겪게 되고 결국 고립되는 삶을 살게 된다(Schoenewolf, 1990). 말러는 성공은 이상화된 것과 평가절하된 것을 통합할 수 있는 능력에 의해 결정된다고 했고, 따라서 자기와 대상 양쪽 모두가 불완전하지만 그러나 "충분히 좋은" 존재로서 받아들여지는 것에 주목했다(Mahler, 1975; McDevitt & Mahler, 1986).

말러의 영향을 받은 부부가족치료사들로서, 메이스너(Meissner, 1978; 1982), 슬립(Slipp, 1984), 샤프(Sharpe, 1981)가 있다. 메이스너는 분리/개별화를 성공적으로 한 성인들의 관계적 역동성은 분리/개별화에 대한 투쟁을 계속하는 사람들의 관계와는 현재하게 다르다는 것에 주목했다(Meissner, 1978, 1982). 슬립은 공생관계의 본질을 기술했으며(Slipp, 1984), 샤프는 모호한 경계선과 의존성의 결과를 강조했다(Sharpe, 1981).

(5) 나단 에커만

나단 에커만(Nathan Ackerman, 1908~1971)은 미국 정신과의사이자 정신분석가였으며, 가족치료분야에서 가장 중요한 개척자들 중 한 사람이었고, 결혼상담 전문가였다. 제1장 가족치료 발달사에서도 언급했다시피, 그는 임상에서 정신분석적 접근과 체계이론 접근 사이를 연결한 학자이다. 1930년 초 아동지도운동에서 아동 정신분석가였

3. 주요 인물

145

던 에커만은 아동에게 영향을 미치는 사회적 · 정서적 단위로서의 가족에 관심을 두었다. 그 당시에 대부분의 아동지도 클리닉에서 행해진 협동적 접근은 부모와 자녀를 따로 만난 뒤 치료사들끼리 협의하는 수준에 머물렀다. 캔사스 메닝거아동지도클리닉의 소장이었던 에커만은 진단적이고 치료적인 목적을 위해 전체 가족을 함께 보았다. 가족기능의 완벽한 그림을 얻기 위한 부분으로서, 그는 그의 보조자들에게 내담자 가족의 집을 방문하게 했다(Guerin, 1976).

에커만은 1950년대에 명확히 개인치료로부터 가족치료로 옮겨 갔고, 1960년에 뉴욕에 가족연구소(Family Institute)를 설립해 동부지역의 중심적인 가족치료 훈련과 치료센터로 만들었다. 이 연구소는 현재 에커만가족연구소(Ackerman Institute for the Family: http://www.ackerman.org)로 불리고 있다. '가족치료의 대부'로 간주되는 에커만은 가족을 상호작용하는 인격체로 보았다. 그는 가족기능이란 각각의 가족구성원의 독특한 성격, 가속역알 석응의 역동, 인긴 기치에 대한 사족이 연신, 그리고 시회적 단위로서이 가족행동의 영향을 받는다고 했다(Goldenberg et al., 2017). 에커만이 사용하는 개념인 "상호보완성의 실패"란 체계 내에 변화와 성장이 제한되었을 때 발생하는 것이다. 그는 전형적으로 가족의 연합과 상호 간의 갈등이 부부 두 사람 간의 상보성의 실패로 인해 발생되며, 이럴 때 가족은 협력적이고 지지적이며 전체로서 기능할 수 없다고 보았다. 그는 희생양이 된 개인행동으로부터 부부관계의 근본적인 문제로 초점을 변경했다.

에커만은 확실하게 심리역동적인 관점을 고수했다. 1971년에 그가 사망하면서 가족치료에 있어서 정신역동적인 관점을 가진 주요 인물을 상실하게 되었다. 가족치료 초기에 있어서 에커만의 중요성에도 불구하고, 오늘날 치료사로서 자신의 접근법이 에커만 스타일이라고 말하는 사람들은 드물다. 그는 어떤 정의된 가족과정의 이론 혹은 임상적 개입을 위한 가이드라인도 남겨 놓지는 못했다. 그를 기념해 명명된 에커만 연구소(이전의 가족연구소)에서조차 그의 선구자적인 노력을 인정하면서도 오늘날에는 정신역동적 관점으로 접근을 하지 않는다. 많은 치료사는 "가족생활의 정신역동"에 관심을 가지고 있고 전통적인 심리분석 개념들을 사용하나, 오늘날 심리분석이론이라고 불리는 심리역동적 관점은 대상관계로 표현된다.

(6) 하인츠 코헛

하인츠 코헛(Heinz Kohut, 1913~1981)는 오스트리아 비엔나에서 출생해 비엔나대학교에서 의학박사를 취득했다. 그는 1940년에 미국으로 건너와 시카고대학교에서 정신과 훈련을 받은 후에 시카고대학교 정신과 교수가 되었다(Schoenewolf, 1990) 그는 자기대상(self object)이라는 개념을 통해 엄마와 유아 관계의 중요성을 역설했고, 유아의 기본적인 심리적 기능들을 획득하기 위한 대상 사용에 대해 강조했다(Siegel, 2015). 코헛에 따르면 유아는 엄마와 활발하게 상호작용을 하는 동안에 엄마를 자신의 일부로 인식하게 되는데, 코헛은 이러한 개념을 자기대상(self object)이라고 불렀다(Schoenewolf, 1990). 코헛은 유아가 자기를 돌보는 환경을 필요로 하는 욕구를 가지고 태어난다고 했으며(Goldstein, 1981), 이러한 돌봄을 요구하는 유아의 욕구를 자기도취(narcissism)라고 보았다. 그는 유아의 자기도취는 발달을 통해 변화해 가는 데 엄마가 공감적이면 유아가 건강한 자기도취로, 엄마가 유아를 공감적으로 받아 주지 않으면 병리적 자기도취로 발달한다고 보았다(Schoenewolf, 1990). 부모가 유아를 지나치게 이상화해 아이의 상태를 받아 주고 공감하지 못하면 유아는 자신의 발달이 촉진되기보다는 자기도취의 단계에 고착되고 더 이상 발달하지 못하게 된다. 이렇게 되면 유아는 엄마를 자신의 일부로 생각하는 단계에서 한 사람의 독립된 대상으로 받아들이는 단계로 발전하지 못하게 된다(Greenberg & Mitchell, 1983; 김용태, 2019; 임윤희, 2018). 코헛은 치료를 받는 성인들의 많은 심리적인 문제가 돌봄과 위로를 받지 못한 데에서 오는 초기의 실망감과 실패로부터 기인한다고 믿었다(Kohut, 2013; Siegel, 2015).

코헛에게 영향을 받은 가족치료사들은 연인들이 서로에게 위로와 존중 및 밀접한 관계를 제공받기를 바라는 것에 대해 강조했다. 어린 시절에 양육자로부터 충분한 보살핌과 배려를 받지 못한 사람들은 그들의 성인 대상으로부터 무조건적인 확인을 추구한다(Singer-Magdoff, 1990). 커플 간의 갈등은 바라는 위로와 확인을 상대방이 제공받지 못했을 때 발생한다(Solomon, 1985). 리빙스턴은 파트너뿐만 아니라 치료사가 제공할 수 있는 치유자로서 감정이입의 중요성을 강조했다(Livingston, 1995). 앞의 세 치료사 모두 병리보다는 충분한 자기대상 반응으로부터 제공되는 감정이입과 확인의 치유하는 힘에 초점을 두었다(Siegel, 2015).

(7) 제임스 프라모

제임스 프라모(James Framo, 1922~2001)는 미국의 심리학자이자 가족치료 분야의 개척자로서, 초기 가족치료 운동에 있어서 몇 안 되는 심리사 중 한 사람이었다. 그는 1958년부터 가족과 부부에 관심을 갖기 시작해 주로 부부를 치료했고, 치료의 필수적인 부분으로서 성인 내담자를 부모 및 형제들과 함께 만났다. 그는 페어번(Fairbairn,

1952a)의 대상관계이론과 이 대상관계이론을 적용한 딕스(Dicks, 1967)의 부부치료를 그의 이론에 적용했다. 프라모는 사람들이 일반적으로 그들이 원하는 파트너를 선택하지 않고, 그들이 필요로 하는 파트너를 선택한다는 페어번과 딕스의 주장을 받아들였다. 사람은 무조건적인 사랑이라는 어린 시절의 꿈을 재창조할 수 있으나, 또한 투사될 수 있는 과거의 증오를 허락하기에 충분한 나쁜 내면의 대상과 같은 누군가에 끌린다. 프라모는 "자신의 현재 친밀한 사람, 배우자와 자녀들은 부분적으로는 옛날 어떤 사람의 이미지의 대역이고 오랫동안 묻혀져 있는 내면의 사람이다."라고 했다(Framo, 1992, p. 115).

프라모(Framo, 1981)는 심리분석이론과 체계 개념을 혼합했으며, 정신 내부적인 것과 사람 간의 관계를 강조한다. 그는 어린이들이 미묘하게 부모로부터 투사되어 '자기가 받아들인 것'(예: 나쁜 대상)을 동일시하고 행동하는 점에 있어서 세대 간의 투사적인 동일시를 상소한다. 즉, 그는 가족의 역기능을 확대가족체계에 뿌리기 있는 것으로 보았다. 궁극적으로 그는 각각의 배우자가 자신의 원가족으로부터 결혼생활에 가지고 오는 미해결된 문제들을 다루는 것을 돕는 일련의 개입 기술을 발전시켰다. 프라모의 원가족 접근법은 과거의 오해 또는 만성적인 불만족의 원천을 제거할 수 있는 직접적인 기회를 제공한다(Goldenberg et al., 2017).

프라모(Framo, 1992)는 부부치료, 부부 집단치료 및 원가족치료와 관련된 부부 대상 치료의 3단계 모델을 발달시켰다. 첫 번째 단계에서 치료사들은 부부의 개인적·관계적인 역동에 대한 통찰을 향상시키기 위해 일단 부부만을 대상으로 치료한다. 두 번째 단계에서 부부는 부부집단에 참가해 다른 부부들의 피드백을 듣고 그들의 역동을 보게 된다. 많은 부부의 경우, 그들의 문제가 다른 부부에게서 나타나는 것을 볼 때 좀 더 빨리 통찰을 할 수 있게 된다. 세 번째 단계에서 부부는 상대 배우자 없이 혼자서 본인의 원가족(부모, 형제, 자매)과 함께 네 시간 정도의 가족 상담을 한다.

그의 가족치료에서 두 가지의 주요 목표로서, 첫 번째는 원가족으로부터 현재 가족에게 투사될 수 있었던 문제가 무엇인가를 발견하는 것이고, 두 번째는 부모 및 형제와 교정적인 경험을 가지는 것이다. 간혹 공동치료사와 진행하는 원가족과의 상담은 2시간씩 두 번 회기로 진행되며 중간(몇 시간부터 밤을 지새는 것까지)에 휴식시간이 있다. 프라모는 만약 내담자가 과거로 돌아가 원가족과 걸려 있는 과거와 현재의 문제들을 부모가 사망하기 전에 직접적으로 다룰 수만 있다면, 내담자들은 원가족과의 관계로부터 해방되어 그들의 현재의 결혼생활 혹은 가족생활에 있어서 재건설적인 변화를 경험할 수 있을 것이라고 보았다. 일반적으로 치료 종반부에 하는 원가족상담은 내담자들로 하여금 과거 부적절한 애착에 대한 통찰을 할 수 있게 하며, 그들 자신으로부터 "유령들"을 제거해 해결되지 못한 문제를 투사하고 과거로부터 내면화하는 인물이 아닌, 바로 그들 자신으로서 배우자와 자녀에게 반응할 수 있게 한다(Framo, 1992; Goldenberg et al., 2017).

(8) 오토 프리드만 컨버그

오토 컨버그(Otto Friedmann Kernberg, 1928~)는 비엔나 출생의 유태인으로 그의 가족은 1939년 나치를 피해 칠레로 이민을 갔다가 미국 캔자스주의 토피카로 이주해 매닝거 재단의 교수로 합류했다. 그는 미국의 자아심리학과 영국의 대상관계이론을 접목시키는 작업을 했다(Hamilton, 1988). 그는 생물학과 의학을 공부한 후에 칠레 산티아고에 있는 정신분석연구소(Chilean Psychoanalytic Society)에서 멜라니 클라인의 방식으로 분석을 하는 라몬 간저레인(Ramon Ganzerain)으로부터 분석을 받았다. 그는 1959년에 존스홉킨스병원의 제롬 프랭크(Jerome Frank)와 심리치료에 관한 연구를 함께했고, 1961년에는 샌프란시스코 메닝거 미모리얼 병원에서 일하기 위해 미국으로 이주했다. 그 이후 1976년에 그는 코넬대학의 정신과 교수로 부임했으며, 뉴욕병원 코넬 메디컬센터에 있는 성격장애연구소장이 되었다. 그 후, 그는 컬럼비아대학교 교수를 했으며, 1997년부터 2001년까지 국제심리분석학회장이었다.

그는 멜라니 클라인의 영향을 많이 받아서 분열의 개념을 통해 경계선 성격장애 환자에 맞는 전이초점 심리치료(transference-focused psychotherpy)로 알려진 심리분석적 심리치료를 개발했다. 그는 멜라니 클라인의 개념들을 통해서 경계선 성격장애자들이 어린 시절 성장 과정에서 환경적인 요인들로 인해 형성된 공격성이 분열의 형태로 나타나면서 자신을 방어하게 된다고 보았다(Kernberg, 1990; Schoenewolf, 1990). 그는 경계선 성격을 신경증(neurosis)과 정신증(psychosis)으로 구분했는데, 신경증 상태에서는 억압의 방어기제를 사용하고 정신증 상태에 있는 사람은 기억 안에 있는 위협적 대상을 두려움으로 인해 만나지 않으려고 방어를 하게 되는데, 정신증 상태는 이와 같은 두려움을 방어하기 위한 분리 상태라고 했다.

그는 유아가 발달과정에서 부모 혹은 돌보는 사람 중 위협적 대상이 있을 때, 그 대상으로 인한 두려움이 해결되지 않고 내재된 상태에서 경계선 성격을 발달시킨다고 했다(Kernberg, 1990; 임윤희, 2018). 그는 또한 인간발달에 있어서 좋은 자신과 나쁜 자신이 어떤 방식으로 표출되는지에 대해 설명했고, 발달 단계를 통해 나쁜 자신과 좋은 자신이 발달하는 방식을 보여 주었다(김용태, 2019). 아동이 성숙해지면서 자신의 좋은 면과 나쁜 면뿐만 아니라 대상의 좋은 면과 나쁜 면이 궁극적으로는 합쳐진다고 주장했다(Siegel, 2015).

자기도취적이고 경계선 성격장애를 가진 내담자들을 상담한 분석가들은 그들의 환자들의 실패한 관계패턴, 감정이입의 부족, 양극화된 관점을 주목했으나, 그들은 개인에 초점을 두었다. 반면에, 컨버그의 영향으로 인해 경계선 혹은 자기도취적인 구조를 가진 내담자들에 대한 부부관계에 초점을 둔 가족치료사들로서 바넷(Barnett, 1971), 랜스키(Lansky, 1981), 코흐와 인그램(Koch & Ingram, 1985), 호로위츠(Horowitz, 1977), 넬슨(Nelsen, 1995) 그리고 쇼우우리와 쇼우우리(Schwoeri & Schwoeri, 1981)가 있다(Siegel, 2015).

(9) 데이비드 에드워드 샤프와 질 세비지 샤프

데이비드 샤프(David Edward Scharff)와 질 세비지 샤프(Jill Savege Scharff)는 부부로, 심리분석이론을 가장 충실하게 대상관계이론에 적용했던 정신과 의사들이다. 이들은 워싱턴 정신과연구소(Washington School of Psychiatry)에서 수년 동안 일했고, 지금은 자신들의 연구소인 국제대상관계치료연구소(International Institute of Object Relations Therapy)의 소장으로 재임하고 있다. 이 두 사람은 멜라니 클라인과 부부치료에서 투사적인 동일시의 중요성을 강조했던 영국의 대상관계 학파(British School of Object Relations)의 영향을 받았다(Scharff, & Scharff, 1991; 1992a; 1992b). 샤프 부부는 딕스의 모델과 비슷한 무의식적 부부교류의 모델을 제안했는데, 그들의 투사적 동일시에 대한 철저한 탐구는 딕스의 모델 이상으로 부부의 무의식적인 교류를 깊이 이해하는 데 도움을 주었다. 샤프 부부는 딕스의 계승자로 간주된다(Donovan, 2013). 투사적인 동일시란 분리불안에 대한 초기의 방어기제로서, 병리적이기도 하지만 정상적인 적응에 도움을 주는 역할을 하기도 한다(Spaulding, 1997). 샤프 부부는 투사적 동일시 현상과 관련이 있는 이상화(idealization)와 부인(denial)을 중요시했다. 그들은 치료에서 꿈과 환상에서 나타난 무의식적인 주제들을 탐색하며, 현재 관계와 관련되는 가족사와 연결해 해석한다. 또한 그들은 통찰을 통해 내담자의 이해와 성장을 위해 전이와 역전이 감정을 탐색한다(Goldenberg et al., 2017).

그렇지만 개별적인 심리분석과는 다르게, 이 접근법에서는 가족생활 발달 단계를 통해 가족이나 혹은 분리된 가족성원의 발전을 방해하거나 또는 지지하는 관계 체계로서 가족에게 초점을 둔다(Scharff & Scharff, 1987). 그들의 접근법에서는 개인뿐만 아니라 가족 내에 존재하는 무의식적이면서 의식적인 관계의 체계가 분석을 받는 문제가 된다(Scharff, 1989). 대상관계 치료사들은 새롭게 나타나는 이해를 위한 지지자가 되는 것이며, 해석의 형태로 가족에게 피드백을 준다(Scharff, 1989). 이 치료 접근법에서는 성공적인 치료가 내담자의 증상 경감에 의해 측정되는 것이 아니라 가족의 증가된 통찰력 또는 자아 이해 그리고 발달 단계의 스트레스를 지배할 수 있는 향상된 능력에 의해 측정된다. 대상관계 가족치료사들의 근본적인 목표는 가족구성원들이 다른 가족구성원의 애착에 대한 욕구와, 개별화 및 성장을 지지하는 데 둔다(Goldenberg et al., 2017). 데이비드 샤프와 질 샤프(Scharff, & Scharff, 1991)는 딕스의 모델과 비슷한 무의식적 부부교류의 모델을 제안했는데, 그들의 투사적 동일시에 대한 철저한 탐구는 딕스의 모델이상으로 부부의 무의식적 교류를 깊이 이해하는 데 도움을 주었다(Donovan, 2013).

3) 남미의 대상관계이론

1950년대와 1960년대에 남미에서는 문화의 르네상스가 시작되었고 이 시기에 여러 탁월한 작가와 화가 및 작곡가를 비롯해 창의적인 정신분석학파도 번성했다. 특히 아르헨티나 출생인 앙헬 가르마(Angel Garma)가 멜라니 클라인에게 분석을 받았고 그녀의 아이디어를 남미에 소개했다. 랙커(Racker)는 역전이를 연구했고, 그린버그(Grinberg)는 투사적 동일시를 깊이 연구해 중요한 기여를 했다. 한편, 미국에서 저명한 가족치료사가 된 살바도르 미누친(Minuchin, 1974) 또한 아르헨티나의 정신분석 공동체 출신이다. 미누친에 관해서는 이미 가족치료 발달사에서 언급을 했고 구조적 가족치료 이론에서 다시 언급이 될 것이다. 칠레에서는 매티-블랭코(Matte-Blanco, 1986)가 비온(Bion)의 아이디어를 수학 논리의 원리와 접목했다. 앞에서 언급한 오토 컨버그와 그의 두 번째 분석가였던 라몬 간자레인(Ramon Ganzarain) 또한 칠레 출신이었다. 중미와 남미의 여러 나라에서 영향력을 가진 많은 정신분석가가 대상관계이론에 많은 관심을 보였다.

북미의 분석가와는 다르게 남미의 많은 정신분석가는 공공연히 자신들의 가르침을 진보적인 정치적 사상과 연관시켰다. 사고와 표현의 자유는 정신분석적 기법과 과학적 논의의 기초가 되는데, 남미에서 이에 대한 억압으로 인해 많은 정신분석가가 미국으

3. 주요 이론

로 이주했다. 이주한 분석가들 중 일부는 생명의 위협을 받았고 영원히 그들의 모국으로 돌아가지 못했다(Hamilton, 1988).

4. 최근의 대상관계이론

1) 상호주관적 심리분석

상호주관적 심리분석이론(Intersubjective Psychoanalysis)은 1990년대에 미국에서 유래되었으며, 로버트 스토롤로우(Robert Stolorow, 1984), 버나드 부랜드채프(Bernard Brandchaft) 그리고 조지 앳우드(George E. Atwood)의 연구와 관련된다(Atwood & Stolorow, 2014; Stolorow, Brandchaft, & Atwood, 2014). '상호주관성'이라는 용어는 조지 앳우드와 로버트 스톨로로우(Atwood & Stolorow, 2014)에 의해 소개되었는데, 심리분석의 '메타이론'으로 간주된다. 상호주관적 심리분석이론에서는 모든 상호작용은 맥락적으로 간주되어야만 하며, 환자/분석가 혹은 자녀/부모 사이의 상호작용은 서로 분리될 수 없는 것이며 항상 상호적으로 서로에게 영향을 미치는 것으로 간주되어야만 한다고 보았다. 이와 같은 철학적 개념은 독일 이상주의와 현상학으로부터 나왔다. 상호주관성은 때로는 자아심리학과 유사한 것으로 간주된다. 두 이론 모두 관계에 대한 강조라는 점에서 추동(drive)의 개념을 거부하며, 치료의 주요원리로 내담자—치료사 관계의 재구조화뿐만 아니라 분석가의 감정이입과 자기성찰을 특징으로 한다(Trop, 1994). 그러나 2개의 이론은 주요이론을 공유하지만, 그 둘 사이에는 중요한 차이가 있다.

상호주관성이 환자의 자기대상과 자기대상 전이의 중요성과 필연성을 인정함에도 불구하고 분석가와 환자가 별개의 정신적 실체라는 자기 심리적 가정으로부터는 벗어나 있다. 전통적인 자아심리학자는 궁극적으로 타인들과 관계할 수 있는 독립된 자아감을 성취하는 것을 돕는 목적을 가지고 환자의 자기대상 전이를 해석한다. 반면, 상호주관적 분석가는 아동과 부모 혹은 내담자와 치료사 사이의 모든 상호작용이 상호주관적 장(field)내에서 형태를 갖추는 것으로 평가한다(Skelton, Burgoyne, Grotstein, Stein, & van Velsen, 2006). 상호주관적 장(또는 매트릭스)은 부모와 자녀(혹은 내담자와 치료사)의 상호작용하고 다르게 조직되는 주관적인 세계를 구성하는 역동적인 심리적 체계를 나타낸다(Goldenberg et al., 2017). 상호주관적 장내에서 2개의 주관성이 만나고 서로 교전한다. 두 사람(말하자면 자녀와 엄마 혹은 내담자와 분석가) 사이에 발생하는 상호주관적 교류의 반복되는 패턴들이 무의식적으로 이어지는 경험을 만들고 조직하는 원리를 형성시킨다(Skelton et al., 2006). 상호주관적 심리분석치료는 이전에 형성된 조직하는 패턴들을 조사하고 새로운 패턴의 가능성을 찾는 데 목적이 있다.

리온(Leone, 2008)은 이와 같은 기본적인 상호주관적인 개념들을 부부치료에 통합했다. 그는 어떻게 주관적인 욕구, 무의식적으로 조직하는 원리, 학습된 관계적 패턴이 부부의 어려움을 개념화하는 데 사용될 수 있는가를 보여 주었다. 그녀가 주장한 상호주관적 부부치료의 세 가지 치료 접근법은 다음과 같다. 첫째, 각각의 파트너의 주관적인 관점으로부터 경청, 둘째, 각각의 파트너의 자기대상 욕구, 조직하는 경험의 방법, 관계하는 패턴이 감정이입적으로 밝혀질 수 있고 변형될 수 있는 치료적 대화의 수립, 셋째, 치료사와 그리고 궁극적으로 파트너들 사이의 새로운 관계 경험을 촉진하는 것이다.

리빙스턴은 개인의 주관적/정서적인 경험과 상담 중에 상처받았던 경험을 강조하는 주관적 모델에 부부가 이전에 표현하지 못했던 고통스러웠던 정서과정을 포함했다(Livingston, 2004). 치유는 진행되는 상호주관적 차이와 상담 과정에서 발생하는 상처, 그리고 그 결과 발생되는 양쪽 배우자의 깊어지는 친밀성의 결과로 보인다.

2) 관계 심리분석

관계 심리분석(Relational Psychoanalysis)은 정신장애와 심리분석에 있어서 타인들과의 실제와 상상된 관계의 역할을 강조하는 미국의 심리분석학파이다. 관계 심리분석은 타인들과의 내면화된 관계의 심리적 중요성에 대한 영국 대상관계이론의 복잡한 아이디어와 함께 대인 간 상호작용의 세심한 탐색을 강조하는 대인 간 심리분석을 통합하려는 시도로서 1980년대에 시작되었다. 관계주의자들(relationalists)은 성격은 부모와 타인들과의 초기의 형성관계의 매트릭스로부터 형성된다고 보았고, 철학적으로 관계심리분석은 사회구성주의와 밀접하게 관련된다.

관계주의자들은 동기는 관계로부터 나온다고 주장한다. 관계이론에 따르면, 모든 동기는 부분적으로 타인과의 상호작용에서 구성된다. 욕구와 욕망은 관계적인 맥락으로부터 분리될 수 없다. 이것은 행동주의가 말하는 동기가 환경의 의해 결정된다는 것을 의미하는 것이 아니라, 동기는 개인과 환경의 체계적인 상호작용에 의해 결정된다는 것을 의미한다.

비록 분석 혹은 치료하는 동안 초점이 내담자와 내담자의 내부의 세계에 맞춰져 있을지라도, 태생부터 심리분석은 인간관계에 관심을 가지고 있었다(Mitchell, 2014). 한때 프로이트의 이론을 확신했던 유럽에서 가장 유명한 헝가리 정신분석가 샌도 페렌치(Sando Ferenczi, 1873~1933)와 미국의 해리 스택 설리번(Harry Stack Sullivan 1892–1949)은 프로이트와는 다른 길을 걸었다. 페렌치는 프로이트와는 다르게 사고했고, 상호분석을 실험해 내담자와 분석가가 서로를 분석했다. 심리분석의 상호성에 대한 페렌치의 아이디어는 수년간 지하에 숨어 있었다(Goldenberg et al., 2017).

한편, 미국에서 해리 스택 설리번과 다른 저자들이 발달하는 정신에 대한 외부세계의 충격에 대해 글을 썼다. 이들은 전반적으로 프로이트의 욕동이론을 버리지는 않았고, 초기에 이 대인관계주의자들(interpersonalists)은 외부 사건들의 관계, 개인적 관계와 내담자의 내부세계를 언급했다. 그러나 다시 이 시대의 전통주의자들은 이와 같은 깊은 구조의 변화를 거부했고 이와 같은 아이디어는 수년간 주변에 머물러 있었다.

오늘날 치료적 만남에서 치료사와 내담자의 상호적인 관계를 평가하는 이론가들은 이러한 접근방법을 두 사람 심리학(two-person psychology)이라고 지칭한다(Wachtel, 2010). 그린버그(Greenberg)와 미첼(Mitchell)은 영국의 대상관계에 대인관계주의자들을 통합하려는 노력의 일환으로 '관계적(relational)'이라는 용어를 만들었다(Greenberg & Mitchell, 1983). 이 두 사람 심리학은 상호주관주의자들(intersubjectivists)에 의해 잘 알려진 주로 무의식적인 상호주관적 장내에서 발생한다. 관계 심리분석은 외적, 관계적, 혹은 사회관계, 사람들 간의 내적 관계, 변화하는 자기상, 그리고 대상관계의 상호적인 충격에 관여한다(Skelton et al., 2006).

펄먼과 프랭클(Perlman & Frankel, 2009, p. 108)에 따르면, 모든 관계이론의 초석은 "인간은 타인과의 관계와 의사소통에 대한 일차적인 욕구를 가지고 태어난다"는 가정이다. 자아는 타인과의 상호작용을 통해 형성되며, 이와 같은 관점이 체계이론과 접촉되는 중요한 지점이다. 거슨(Gerson, 2009)은 가족치료사로서의 작업 안에 이러한 관계이론 분석을 접목한다. 비록 그녀가 부부 혹은 가족상담에서 전이–역전이 영역을 인정함에도 불구하고, 전통적인 두 사람 간의 전이와 역전이의 관계에 초점을 두기보다는 순환적인 특성에 더 초점을 둔다. 거슨은 개인상담을 할 때 개인사를 탐색하고 숨겨진 환상을 찾거나 부부상담에서 해석적인 입장을 취하기보다는 반복적이고 극적으로 구성된 문제를 붕괴하려고 노력한다. 관계적인 관점으로부터, 그녀는 부부상담을 할 때 실제로 공동으로 창조해 내지만 개인적인 자기 성찰을 증진시키기 위해 이러한 의식을 사용하지는 않는다. 그렇게 하기보다는 그녀는 뒤에는 분석적 지식과 앞에는 체계적 지식을 가지고 내담자와 더 직접적으로 그리고 장난스럽게(은유, 시각적 심상요법, 극적인 만남 등) 상담을 한다(Goldenberg et al., 2017).

5. 주요 개념

1) 분열

분열(splitting)은 대상관계이론에 있어서 가장 대표적인 발달적·심리학적 매커니즘으로서 대상관계이론의 근거를 이루고 있으며 인지와 정서에 영향을 미치는 방어기제이다(Siegel, 2015). 컨버그는 분열이란 "자기와 의미 있는 타자에 대한 상충되는 경험을 따로 떼어 놓는 것"이라고 했다(Kernberg, 1980). 상충되는 이런 내적 요소는 의식에는 남아 있지만 시간적으로나 공간적으로 서로 분리되어 있고 서로에게 영향을 미치지 않는다. 실제로 분열의 해결을 통해 이루어지는 대상관계의 성취는 목표를 달성하는 정상적인 발달과정에서 이루어지는 개인의 성장과 성숙에 있어서 핵심적인 부분이 된다(Hamilton, 1988). 아동은 나이와 발달 단계에 따라 긍정적 혹은 부정적 양상으로 내적 세계를 분리한다. 분열은 유아가 엄마와의 관계에서 금지되거나 위험수위를 넘나드는 즐거움과 같은 측면들을 자신으로부터 분리하고, 대상과 다른 부분을 내적 관계로부터 분리함으로써 엄마와의 만족스러운 관계를 보존하고자 하는 시도에서 비롯된다. 분열은 투사와 내사와 함께 대상관계이론의 주요한 정신기제를 이루며, 경계선 장애환자의 심리치료에서 특히 분명하게 나타날 수 있다(Hamilton, 1988: 김진숙, 김창대, 이지연, 윤경숙 공역, 2013).

2) 통합과 분화

통합(integration)과 분화(differentiation)는 상호보완적인 자아기능이다. 이 기능들은 생애 초기부터 발달해 일생에 걸쳐 지속된다. 통합이란 2개의 정신적인 요소를 의미 있게 합치는 것으로 지각, 기억, 표상, 정서, 사고 혹은 행동이 이런 요소가 될 수 있다

(Hamilton, 1988). 한편, 그린버그와 미첼(Greenberg & Mitchell, 1983)은 통합을 자신 속에 간직된 여러 가지 형상과 역할 그리고 이로 인해서 발생되는 정서들을 연관성을 가지고 연결하는 과정이라고 했다. 분화란 2개의 정신적인 요소를 따로 떼어놓는 것을 의미한다. 정신병적 장애에는 통합과 분화에서 기본적인 결함이 발견된다(Hamilton, 1988).

3) 투사

투사(projection)란 자기의 원하지 않는 면을 다른 사람에게 전가하는 것을 말한다. 투사는 외부 대상에게 나타날 때 가장 분명하지만, 어떤 이론가는 자기로부터 내적 대상에게 향하는 투사에 대해서도 말한다. 우리는 우리 안에 있는 어떤 면을 다른 사람에게서 볼 수 있다.

4) 내면화

내면화(internalization)는 어떤 새로운 것을 개인의 내면에 포함시키는 모든 기제에 해당되는 용어로서 내면화 범주에는 함입(incorporation), 내사(introjection) 및 동일시(identification)가 있는데, 제시된 순서대로 복잡성과 성숙도가 높다(Hamilton, 1988).

함입은 자기와 대상 간의 분명한 경계가 발달하기 전에 대상을 개인의 내면으로 받아들여서 자기와 대상이 어떠한 구분도 없이 하나로 융합되어 자아와 대상이 공생적 합일체가 되는 내면화 기제이다(권중돈, 2014). 그린버그와 미첼은 "만족한 경험은 융합의 환상을 불러일으키고, 좌절한 경험은 방출하고 분리하고자 하는 소망을 불러일으킨다고 주장했다(Greenberg & Mitchell, 1983, p. 315). 한편, 페어베언은 '완전한 함입', 바로 어떤 대상이 되어 버리는 생각을 포함하는 융합 환상은 이후 모든 대상관계의 기반이 된다"고 했다. 페어번은 이를 "일차적 동일시"라고 불렀다(Fairbairn, 1952b).

내사는 개인이 무의식적으로 자신과 대상에 대해서 여러 가지 조각난 경험에 대한 형상을 자신 속에 담아 놓는 과정을 말한다. 내사는 가장 초보적인 내면화 과정이다(Greenberg & Mitchell, 1983). 내사는 자기와 대상이 어느 정도 분화되어 대상의 행동이나 태도, 감정 등이 자기이미지로 융화되는 것이 아니라 대상이미지로 보존되는 심리적 기제이다(Hamilton, 1988). 내사된 대상은 내면세계에서 정서적인 힘을 발휘할 만큼 충분한 내적 대상이미지를 말한다. 내사는 외부보다 내부로 향하기 때문에, 심리치료에서 내사는 때로는 투사만큼 분명하지 않다. 또한 내사된 대상은 좀 더 정교한 동일시로 통합되고 분화될 때까지는 명백하지 않다(Hamilton, 1988). 내사된 형상들과 감정들은 유아가 발달하면서 동일시의 과정을 통해 유아 자신의 생각과 모습으로 변하게 된다(김용태, 2019).

동일시는 다른 사람의 성격 특성을 받아들이고, 정신적 표상을 물리적 현실과 연결하는 기제로서, 대상의 특성을 선별적으로 받아들여 대상과 자신이 구별되는 느낌을 유지하면서, 그 대상의 이미지를 자기표상으로 귀속하는 심리적 기제이다(권중돈, 2014). 동일시는 유아들이 자신의 역할과 대상의 역할이 구분되는 시기에 일어나며, 대상이 하고 있는 역할이 유아에게 좋은 역할로 인식되면서 긍정적 정서를 만들어 낼 때 동일시는 일어난다(Greenberg & Mitchell, 1983). 함입과 달리 동일시에서는 자기이미지와 대상이미지는 각각 따로 온전히 남아 있고, 서로 비교되고 대조된다(Hamilton, 1988).

그린버그와 미첼은 해밀턴의 내면화 범주와는 다르게 함입 대신에 통합(integration)을 넣고 있으며, 그 내용은 앞의 통합에서 설명했다. 유아의 내면화 과정은 내사, 동일시, 통합이라는 수준을 거친다(Greenberg & Mitchell, 1983).

5) 동일시

통합과 분화가 감정기복에 따른 변화의 영향으로부터 자유로워지면서 안정된 자기이미지와 대상이미지가 발달하지만 그 후에도 유아는 여전히 사랑하는 대상의 측면을 수용하고 이에 따라 자신의 이미지를 변화해 간다. 따라서 유아가 내사된 감정들과 형상들이 자신의 자아 속에서 일관성 있게 의미가 있는 구조로 바뀌는 과정을 동일시(identification)라고 한다(Hamilton, 1988). 동일시는 함입이나 내사보다 좀 더 선택적이고 세련된 것이다. 내사는 외적 대상의 행동이나 태도, 기분이나 자세를 받아들이는 것을 의미한다. 이와 같이 내사된 대상이나 부분대상은 비교적 신진대사작용을 거치지 않은 채 남아 있다가 통합과 분화의 능력이 발달하면서 내사된 대상-표상은 새로운 정신적 표상으로 대사작용을 거치면서 변형된다. 따라서 동일시는 대상이미지의 측면들을 자기이미지로 귀속하는 것을 의미한다(Sandler & Rosenblatt, 1962).

6) 투사적 동일시

투사적 동일시(projective identification)는 자신의 수용하기 힘든 내적 상태나 특성, 즉 나쁜 측면을 대상에 투사하고, 대상에게 투사된 자기의 측면을 통제하려는 무의식적인 심리적 기제이다. 대상 안에서 자기 자신의 특성을 통제하려고 시도함으로써 개인은 자신의 투사된 측면이 자기에게 속한 것임을 어떤 수준에서 자각하고 있음을 드러낸다. 투사적 동일시는 논리적으로 생각하면 상호배타적인 정신과정이 동시에 일어나기 때문에 이해하기가 어렵다(Hamilton, 1988). 비록 투사적 동일시가 무의식적 방어기제이지만, 이는 다른 사람으로 하여금 자신이 투사한 정서 및 태도와 일치하는 방식으로 행동하도록 영향을 미치기 때문에 상호작용적 과정 또한 포함하고 있다. 부부나 친밀한 관계에서 내담자는 어느 특정한 분리된 부분이나 그들 속에 있는 원치 않는 부분을 다른 사람에게 투사함으로써 불안에 대해 방어하는 것인데, 이때 투사의 대상은 이러한 투사에 따라 행동하도록 조정되게 된다(Scharff & Scharff, 1987).

담합이란 다른 사람들, 즉 투사적 행위를 보이는 사람들의 움직임에 동참을 하는 것을 의미하는데, 전이, 전가, 공생, 가족투사과정은 모두 투사적 동일시와 담합이라는 주제가 변형된 형태라고 볼 수 있다(Kilpatrick & Kilpatrick, 1991).

7) 전이

전이(transference)는 내담자가 초기 양육자에게 해결되지 못한 감정들을 치료사에게 투사하는 것을 말한다. 대상관계이론에서는 내담자와 치료사와의 관계에만 국한하지 않는다. 대상관계이론에서의 전이란 개인의 생애 초기 경험요소를 반영하고 있으며, 실제적인 관련 인물들을 근간으로 해 그들과의 관계 양상이 다소 수정된 형태로 현재의 대인관계를 형성해 가는 것을 의미한다. 즉, 내담자들은 실제적 인물뿐만 아니라 그 자체로 개인의 감정상태와 외현적인 행동반응에 영향을 미치는 정신적 표상으로서 내적 타인에게 반응하고 그들과 소통한다(Greenberg & Mitchell, 1983).

해밀턴에 따르면, 대부분의 치료사는 전이를 투사의 한 유형으로 생각하지 않으며, 심지어 그들은 투사적 동일시 같은 현상을 지칭할 때에 전이라는 용어를 사용하고 있다고 했다(Hamilton, 1988). 그는, 전이는 대상이미지의 외현화를 지칭할 때 사용하고, 투사적 동일시는 자기-대상-이미지의 외현화나 다른 부분적 투사를 지칭할 때 사용하는 것으로 구분했다.

치료사에 대한 내담자의 전이를 탐색하는 것과 유사하게, 대상관계 치료사들은 내담자의 다른 가족구성원에 대한 전이를 탐색한다. 가족구성원들 간의 전이는 다른 구성원으로부터 내면화되고 억압된 부분을 다른 사람에게 투사하는 개인과 관련된다. 따라서 치료사의 역할은 정신 내적이고 대인관계적인 역동에 대한 통찰을 할 수 있도록 해석해 줌으로써 가족구성원 간의 전이를 해결할 수 있도록 돕는 데 있다(Gehart, 2016; Scharff & Scharff, 1987).

8) 역전이

역전이(countertransference)란 치료사가 치료적 중립성을 잃고 내담자에게 강한 감정적 반사를 하면서 내담자에게 다시 투사하는 것을 말한다. 역전이는 타인의 전이에 대해 나타나는 상보적 상호작용으로서, 외적으로 분명히 나타나며 정신적 표상은 치료관계 내에서 이루어진다(Becvar & Becvar, 2013). 이러한 순간은 치료사와 내담자가 다른 사람으로부터 가져오는 반사행동들을 좀 더 잘 이해할 수 있도록 돕는 데 사용한다. 부부 및 가족 치료에서 전이와 역전이의 과정은 다중관계의 복잡한 관계망 때문에 개인 치료에서보다 더 자주 변화한다(Gladding, 2018).

이와 관련해, 가족치료 중 한번은 조현병을 가지고 있는 딸의 문제로 가족치료에 찾아온 어머니가 상담하는 과정에서 녹화와 녹음뿐만 아니라 상담기록까지 못하게 한 적이 있었다. 그 순간 저자는 저자를 통제하려고 했던 어머니의 모습을 그 내담자로부터 경험을 하게 되었고, 본의 아니게 상담을 하지 않겠다고 했던 적이 있었다. 역전이를 깨달은 후, 마음을 진정시키고 내담자에게 화를 냈던 행동의 이면에 저자 어머니의 통제하려고 했던 모습이 내담자의 모습과 겹쳐서 그랬다고 이해해 달라고 한 적이 있었다.

6. 분리와 개별화를 통한 발달 단계

대상관계이론에서 발달이란 타인과의 융합에서 독립되고 구별되는 개별적이고 개성적인 존재가 되는 것을 의미한다(Carver & Scheier, 2012). 학자들에 따라 대상관계이론의 발달에 대한 이론은 다양하다. 페어번은 유아의 발달에 있어서 관계의 의존성을 중시해 발달 단계를 초기 유아적 의존 단계, 과도기적 단계, 성숙한 의존단계로 구분했다(Fairbairn, 1952a). 캐시단은 어머니와 유아 관계의 분화를 어머니 분화 단계, 상상적 분화 단계, 자기 분화, 정체성 분화 단계로 구분했다(Cashdan, 1988). 이와 같이, 여러 학자의 발달 단계이론이 존재하지만 여기서는 가장 일반적으로 받아들여지고 있는 말러의 분리개별화 발달 단계를 살펴보기로 하겠다.

말러(Mahler)와 그녀의 동료들은 10년 동안 38명의 정상적인 유아와 22명의 어머니를 대상으로 유아가 만 3세가 될 때까지 이들이 혼자 있을 때와 어머니와 상호작용할 때를 관찰했다. 이와 같은 관찰을 통해 말러, 파인, 버그먼은 자아발달이 대상관계 속에서 분리와 개별화를 통해 발달한다고 했다(Mahler, Pine, & Bergman, 1975; 2000). 그녀는 유아의 발달은 유아의 마음 속에 있는 여러 가지 충동과 유아에 대한 부모의 태도가 서로 상호작용해 이루어신나고 보있다. 그녀는 특히 유아의 반달에 가장 중요한 영향을 미치는 변인은 유아에 대한 엄마의 태도라고 했다(Greenberg & Mitchell, 1983). 말러와 동료들은 유아의 심리적 탄생이라고 부른 유아의 성장 과정의 단계와 하위 단계를 서술했다(Mahler et al., 1975; 2000). 말러 등의 발달이론은 영아와 유아의 정상적인 심리 발달뿐만 아니라 유아 자폐증이나 성격장애 등과 같은 정신병리의 원인을 파악하는 데 많은 기여를 했고, 초기 대상관계에서의 부적절한 분리와 개별화는 이후의 대인관계에도 부정적인 영향을 미치게 된다는 사실을 이해하는 데 도움을 주었다. 말러 등은 발달 단계를 자폐 단계, 공생 단계, 분리개별화 단계로 구분했다(권중돈, 2014).

1) 자폐 단계(0~2개월)

일부 대상관계이론가들(Fairbairn, 1943; Klein, 1959)은 유아가 출생할 때부터 심지어 태내에서부터 대상과 관계를 맺는다고 했으나 말러는 대부분의 미국 이론가처럼 관계를 맺는 능력에 선행하는 자폐 단계(normal autistic phase)가 있다고 했다. 이 단계에서 신생아는 자기나 대상에 대해 전혀 인식을 못하고 신체 감각만을 인식하는 무대상(objectless) 단계로 삶을 시작한다. 영아는 어머니와 완전한 융합 상태에 있기 때문에 어머니나 타인에 대해 관심을 보이지 않으며 자폐적인 상태로 지낸다. 이 단계에서 신생아는 어느 정도 폐쇄된 심리체계를 형성하고 수면상태와 같은 공상에 잠겨 있다. 신생아의 심리적 철회는 격리된 태내에서의 삶과 유사하다. 이런 망각상태는 태내와 태

외 삶의 중간지대를 제공한다(Hamilton, 1988). 이 단계에서 영아는 외부 환경과의 상호 작용 과정에서 반사행동만을 보이는데 이러한 원시적 반응이 관계로 진화된다. 이 기간 동안 영아는 환경과 자신의 내분에서 발생하는 생리적 긴장을 감소시키고 생리적 평형상태만을 유지하고 쾌락의 원리에 의해 움직인다(권중돈, 2014).

2) 공생 단계(2~6개월)

공생 단계(normal symbiotic phase)에서 영아는 자신의 욕구를 충족시켜 주는 대상의 존재를 어렴풋이 인식하기 시작한다. 그러나 영아는 자기와 주 양육자인 어머니를 분리된 존재로 지각하는 것은 아니며, 어머니에 대한 애착을 통해 자기와 양육자가 하나인 것처럼 지각한다. 어머니와의 공생이 충분하면 영아는 마치 자신의 욕구나 소원이 충족되는 듯한 느낌을 받으며, 자신과 어머니가 하나의 경계선 안에 있는 이중적 자기-타자 합일체 또는 하나의 전능한 체계인 것으로 인식하지만, 아직은 진정한 양자관계로 발전하기에는 분화가 완전하게 이루어지지는 않은 상태이다(권중돈, 2014). 양자관계에 대한 인식은 경험이 축적되고 신경계가 성숙하면서 시작된다. 신경생리학적으로 이 시기에 영아의 기억과 운동협응의 자아기능이 발달한다. 유아는 자폐라는 일인 시스템에서 공생이라는 양극의 자기-타자 시스템으로 이동한다(Hamilton, 1988).

공생관계는 미소반응을 통해 나타나는데, 말러는 사회적 미소의 중요성을 중시해 어머니가 영아를 안아 주는 것이 매우 중요하다고 했다(Mahler et al., 1975, 2000). 어머니와 부분적으로만 분화되었을 때 영아가 경험한 어머니의 안아 주는 패턴은 이후에 영아의 건강한 관계 유형을 형성하는 데 많은 영향을 미치게 된다. 위니컷(Winnicott, 1953)의 "이만하면 좋은 양육"이라고 표현한 적절한 양육환경에서 자라난 영아는 이후의 단계에서 만족스러운 대상관계를 형성할 수 있으며, 이런 만족감의 경험은 자기신뢰와 자기존중감 발달에 초석이 된다.

3) 분리와 개별화 단계(6~24개월)

말러는 유아의 자아발달이 대상과의 관계 속에서 분리와 개별화를 통해 발달한다고 보았고, 분리와 개별화 단계(separation-individuation phase)를 분화 단계, 연습 단계, 재접근 단계, 개별성의 확립과 대상항상성 형성 단계라는 네 단계로 구분했다. 이 단계의 발달과제는 기본적인 자아정체감과 어머니에 대한 대상항상성을 형성하는 것이다.

(1) 분화/부화 단계(6~10개월)

분화/부화 단계(differentiation/hatching stage)에서 영아의 공생은 분리개별화 단계의 시작과 혼합된다. 이 단계에서 유아는 자신의 신체를 자각하고 자기와 어머니, 다른 사람을 구분하기 시작한다. 영아는 어머니의 품에서 떨어지려고 하고 다른 사람이나 담요 또는 인형과 같은 중간 대상에게로 관심을 확장하기 시작한다. 위니컷(Winnicott, 1953)은 영아가 각별히 소중하게 여기는 소유물을 '중간 대상'이라고 불렀다. 위니컷은 중간 대상이 자기와 어머니 둘 모두를 나타낸다고 생각했고, 이런 점에서 공생의 전능한 양자관계의 잔유물이라고 생각했다. 이때 영아는 어머니에 대한 자신의 정신적 이미지를 다른 사람과 비교하기 시작하고 낯선 사람에 대한 불안반응을 보이기 시작한다. 분화/분화 단계에서 영아는 어머니에게 다가섰나가 거리를 두었나가 하는 움직임을 통해 자아 안에서 자기와 대상의 분화 과정이 진행되며, 분리와 개별화가 시작된다(Hamilton, 1988). 이 단계에서 엄마는 영아에게 가장 중요한 참조체계로서의 역할을 함으로써 유아가 언제든지 돌아오거나 떠날 수 있게 한다. 이와 같은 과정을 통해 영아는 엄마와 자신만의 세계에서부터 한 단계 더 나아가 다른 여러 대상을 만날 수 있는 기회를 가지게 되며, 처음으로 엄마와 자신만의 세계에서 다른 외부세계로 확장한다(Greenberg & Mitchell, 1983).

(2) 연습 단계(10~16개월)

연습 단계(practicing stage)는 두 번째 분화를 하는 시기로 영아가 새로운 기술을 익히기 위해 자율적인 자아기능을 반복해서 실행에 옮기는 것을 즐기는 것처럼 보이기 때문에 말러는 이 시기를 연습 하위 단계라고 불렀다. 이 시기의 영아는 기어다니고 올라가고 일어서서 다니는 등 활발하게 움직인다. 이와 같은 신체적인 활발한 움직임으로 인해 영아는 행동반경이 넓어지면서 새로운 세상을 경험하게 된다. 영아가 처음에 기어서 엄마를 떠나려고 할 때 안전기지로서의 엄마를 눈으로 되돌아보고 점검하거나 그 주위를 맴돈다. 그러나 일어서고 보행을 하게 되면서 새로운 전경이 펼쳐지고 자율적으로 환경을 탐색하고, 이러한 탐색과정에서 자기를 위대하고 전능한 존재로 바라보며 자기애가 최고조에 이르는 단계로 넘어간다. 영아는 점점 더 복잡한 양상을 띠게 되는데 연습 단계는 다시 초기 연습 단계와 적절한 연습 단계로 나뉜다.

첫째, 초기 연습 단계에서 영아는 신체적으로 많은 분화를 형성한다. 신체적인 분화로 인해 영아는 활발한 운동을 할 수 있는 능력을 가지게 된다. 활발한 운동을 통해 영아는 엄마로부터 멀어지고 이로 인해 다른 여러 세계를 경험한다. 그렇지만 영아는 엄마와 정서적으로는 더욱 밀착되는 형태로 행동하고, 이러한 정서적 밀착은 영아로 하여금 더욱 자신을 분화할 수 있는 근거를 제공한다(김용태, 2019).

둘째, 적절한 연습 단계에서 영아는 서서 걸어다니기 시작하면서 급격히 개별화되고 자신만의 독특한 경험을 할 수 있게 된다. 영아는 자신의 세계를 확장하는 즐거움을 가지게 되며 자신의 기술과 자율 능력을 습득하게 된다. 영아의 자아는 전능의 환상을 가지게 되며, 유아는 엄마를 잃어버릴 수도 있다는 두려움에 휩싸이면서 엄마에게 더 집착하는 행동을 보인다. 이때 엄마는 영아에게 정서적으로 성숙한 행동을 보여야 하며, 영아가 엄마와 충분히 멀어질 수 있도록 적절한 거리를 유지하고 아이가 돌아왔을 때는 정서적으로 에너지를 제공할 수 있어야 한다(김용태, 2019).

(3) 화해/재접근 단계(15~24개월)

화해/재접근 단계(rapproachment stage)에서 유아는 자신이 매우 작은 존재라는 것을 깨닫게 되고 상처받기 쉬운 상태가 된다(Greenberg & Mitchell, 1983). 유아는 현실에서의 자발적 환경 탐색에서 좌절경험을 하게 되면서 자기전능감은 감소하고 자기능력의 한계를 인식하게 된다. 또한 유아는 엄마가 자신과 분리된 존재로 인식하게 되고, 엄마가 자신을 도울 수 있는 한계가 있는 대상이라는 사실을 깨닫는다. 유아는 자기 능력의 한계와 분리에 대한 자각을 하게 되면서 엄마에 대한 의존을 새롭게 인식하게 된다. 이 단계에서 유아는 엄마와 정서적인 갈등을 통해 어머니나 타인을 전적으로 좋은 또는 나쁜 대상으로 지각하고 중간 대상에 대한 애착도 증가하게 된다. 이 단계에서 유아에게 가장 중요한 변화는 언어의 습득이다. 언어의 습득과 함께 유아의 자아는 급속하게 복잡한 방식으로 발전해 가면서 분리와 개별화는 더욱 빠른 속도로 진행된다. 유아는 자신과 다른 성적 존재인 이성에 대해 초보적인 분화를 하게 된다. 이전 단계에서 엄마는 유아에게 기지의 역할을 했으나 이 단계에서는 엄마가 다른 대상으로서 서로 관계를 하는 존재로 인식하게 된다. 엄마가 기지에서 대상으로 전환되면서 유아는 빠르게 분리와 개별화를 진행하게 된다. 이 단계의 발달과제는 어머니에 대한 좋은 부분대상과 나쁜 부분대상을 전체대상으로 통합하는 것이다(권중돈, 2014; 김용태, 2019).

말러 등은 이 단계를 다시 3개의 세부 단계로 분류했다. 첫째, 약 15개월부터 시작하는 화해/재접근 시작, 둘째, 18~20개월부터 24개월까지의 화해/재접근 위기, 셋째, 개인적으로 화해/재접근 위기를 해소한 후 나타는 화해의 개인적 양식을 습득해 최적의 거리감을 갖게 되는 단계이다(최영민, 2010).

(4) 개별성 확립과 대상항상성 형성 단계(24~36개월)

개별성 확립과 대상항상성 형성 단계(individuality establishment and object-constancy formation stage)란 유아가 자신을 돌보는 대상과 안정된 관계를 유지할 수 있는 단계를 의미한다. 개별성은 다양한 상황과 기분상태에서 자신에 대한 더욱 안정된 감각을 가지는 것을 말한다. 대상항상성이란 어머니가 옆에 있거나 없거나 상관없이 또 욕구를 충족시켜 주거나 좌절시키거나 간에 어머니에 대해 일관된 상을 유지할 수 있는 능력을 의미한다. 개별성과 대상항상성은 이 단계뿐만 아니라 재접근 단계와 많이 겹쳐지며, 재접근 단계 동안 개별성과 대상항상성이 발달한다는 증서가 매우 많은데, 이는 개별성과 대상성의 발달이 평생 동안 지속되며 끝없는 과정이기 때문이다(Hamilton, 1988).

이 단계가 되면 재접근 단계에서, 유아의 매달리거나 거부하고 떼를 쓰면서 의존하는 행동은 줄어들고, 자기 일에 좀 더 집중할 수 있으며, 오랫동안 어머니를 보지 않더라고 어느 정도는 무시할 수가 있다. 이 단계에서 유아는 언어능력이 현저하게 발달하고 어머니에 대한 긍정적인 이미지를 내면에 유지할 수 있는 능력인 정서적 대상항상성을 획득하게 되어 어머니가 없는 동안 심리적인 위안을 받을 수 있다(권중돈, 2014). 유아는 자신과 관련된 여러 대상이 여러 가지 모습을 가지고 있다는 사실을 알게 되며, 이로 인해 유아는 좋은 대상으로서의 엄마와 나쁜 대상으로서의 엄마를 모두 수용할 수 있는 능력을 가지게 된다. 따라서 유아는 좋은 대상과 나쁜 대상이 하나로 통합되면서 안정된 상태에서 관계를 유지할 수 있게 된다. 안정된 상태를 유지한 유아는 분리와 개별화를 통해 더욱 자신의 고유하고 독특한 구조를 형성해 나간다. 대상들에 대한 분명하고 확고한 형상들이 내면화되면 자아와 다른 대상들 간에 경계선이 명확해진다. 이처럼 대상항상성의 형성과 함께 개별화가 진행된다(김용태, 2019).

7. 치료 목표

대상관계이론가에 따라 치료 목표에 차이가 있다. 클라인은 내담자의 초기 불안을 줄이고 내적 대상으로 인해 발생하는 고통을 줄이는 것을 대상관계치료의 목표로 보았다(Klein, 1986). 반면, 페어번은 내담자의 자아분열을 치료하고 인격을 재통합하는 것을 대상관계치료의 목표라고 했다(Fairbairn, 1952a). 코헛은 대상관계치료는 내담자의 약화된 자기를 강하게 만드는 것이며, 자기를 상실하지 않고 대상과의 관계를 향상시키는 것이 치료의 목표라고 했다(Kohut, 1971). 니콜스는 가족구성원들이 건강한 개인으로서 서로 상호작용할 수 있도록 하기 위해 무의식적인 제약으로부터 자유롭게 하는 데 대상관계 가족치료의 목표를 두었다(Nichols, 2014). 이와 같은 치료 목표를 위해 대상관계이론에서는 내면화된 대상들 가운데 분열되고 부적절한 대상을 확인한 후 통찰력을 통해 이를 적절하고 온전한 형태로 '재작업'하고, 유사한 방식으로 투사된 대상을 확인한 후 이를 원래의 모습으로 복구하기 위해 통찰력을 발휘해 '재작업'한다(Ryle, 1985). 따라서 치료사의 역할은 현재 개인의 대인관계 문제에 영향을 미치는 무의식적인 대상관계를 파악하고 이를 해결할 수 있는 적절한 양육환경을 제공하는 것이며 대상관계 치료의 목표는 다음과 같다(Becvar & Becvar, 2013).

- 과거 원가족 안에서 요구되었던 방어적인 투사적 동일시에 대해 인식하고 재작업하기
- 가족구성원의 애착 욕구와 성장 조건을 충족함으로써 가족구성원 간에 서로를 지탱해 줄 수 있는 맥락적 능력 향상 요인 다루기
- 각 개인이 '거기에서 그것을 행하도록' 하는 데 충분한 애착, 개별화, 성장에 대한 욕구를 지지하기 위해 가족구성원 간의 관계 유지에 필요한 요인을 회복시키고 구조화하기
- 가족구성원의 과업을 수행하는 데 있어서 각자의 선호와 욕구에 따라 적합한 발달 수준으로 가족을 회복시키기
- 가족구성원 중에 개인에게 충족되지 못한 욕구를 명료화하고, 개인이 필요로 하는 만큼 가족구성원들이 충분한 지지를 제공해서 개인의 욕구를 충족시켜 주기.

이와 같은 과정을 통해 치료사는 심리치료에서 다루어야 할 개인의 욕구가 무엇인지를 구체적으로 파악할 수 있을 뿐만 아니라 자신의 성장을 위해 많은 노력을 하고 있는 사람들의 욕구를 보다 더 잘 이해할 수 있다(Scharff & Scharff, 1987). 이러한 목표를 성취하기 위한 치료 기법은 가족의 맥락적 전이에 대한 작업 및 가족구성원들의 불안과 염려에 대해 함께 나누고, 이해하며 그 의미에 대해 해석을 해 주는 것이다. 치료사는 가족의 상호작용의 영향에 대한 인식에 항상 초점을 두어야 한다(Scharff & Scharff, 1987). 결국 구체적인 치료 목표에 대한 결정과 치료 결과에 대한 평가의 책임은 치료사와 가족이 함께 지게 된다(Becvar & Becvar, 2013).

8. 치료 기법

정신역동적 가족치료는 무의식과 초기의 기억들, 그리고 대상관계 등에 초점을 두며, 치료 기법으로는 전이, 꿈과 공상 분석, 대면(직면), 장점에 초점 맞추기, 생활 내력과 상보성, 명료화(Gladding, 2018; Hamilton, 1988), 경청, 공감, 분석적 중립을 유지하기(Nichols & Schwartz, 2001) 등이 있다. 이 모든 치료 기법의 목표는 내담자의 통찰과 성장을 촉진하기 위한 것이다.

1) 전이

앞에서 언급했다시피, 전이는 감정, 태도 또는 소망을 치료사에게 투사하는 것을 말한다. 이 기법은 내담자가 치료사를 자신의 과거에 해결되지 않았던 관계에 있는 중요한 사람으로 간주함으로써 자신의 감정을 볼 수 있도록 돕기 위해 개인분석 과정에서 사용하는 방법이다(Ellis, 2000). 전이는 가족의 지배적인 정서를 이해하고 어떤 감정이 누구를 대상으로 나타나는지를 파악하기 위해 가족치료에서 활용한다.

2) 꿈과 공상 분석

가족구성원들에게 꿈이나 공상에 대한 이야기를 하게 하는 목적은 충족되지 않은 욕구들이 있는지를 파악하고, 다른 가족구성원에게 환기가 필요한 부분들을 볼 수 있도록 돕는 데 매우 도움이 되는 방법일 수 있다. 그렇지만 꿈 분석은 만약 참석하는 가족 구성원의 수가 너무 많을 경우에는 문제가 되거나 다루기 어려울 수도 있다(Gladding, 2018).

3) 대면

대면이란 내담자에 대해 관찰한 어떤 내용을 내담자에게 말해 주는 것을 의미하며, 직면은 공격적인 함축된 의미를 갖는다(Hamilton, 1988). 대면(직면) 과정에서 치료사는 가족구성원에게 자신의 행위가 각자가 원하는 것과 어떻게 모순되거나 갈등이 되는지를 알려 준다(Ackerman, 1966). 대면(직면)의 목적은 가족구성원들로 하여금 자신들이 하고 있는 일들을 좀 더 통찰할 수 있도록 도와주며, 좀 더 효과적인 대처전략을 사용하도록 하는 데 있다(Gladding, 2018). 예를 들어, 여성 내담자가 치료사가 자신을 이해하지 못한다고 말했다가 금방 말을 바꿔서 치료사가 자신을 이해해 준다고 했을 경우에, 치료사는 내담자에게 "지금 선생님은 저로부터 이해를 받고 있다고 하셨는데, 방금 전에는 제가 선생님을 이해하지 못한다고 하셨어요. 왜 이런 차이가 있을까요?" 라고 말해 내담자의 전이 문제로 들어갈 수 있다. 직면은 대상관계이론가에 따라 사용 방식에 대한 이견이 있는데, 아들러(Adler, 1985)는 치료사가 내담자에게 강하게 직면할 때가 있다고 제안하나, 해밀톤(Hamilton, 1988)은 내담자는 치료사의 약간의 공격성만 느끼더라도 그것을 과장하기 때문에 강한 직면을 사용하지 말 것을 제안한다.

4) 장점에 초점 맞추기

정신역동적 가족치료사 대부분이 가족들은 자기와 가족의 약점을 인식하고 다루는 데 관심이 많기 때문에 치료를 받으러 오는 것이라고 생각한다. 따라서 치료사들은 내담자와 내담자 가족의 장점에 초점을 맞춤으로써 가족구성원들의 관점을 변화시키도록 돕는다. 치료사는 가족구성원들의 장점에 초점을 둠으로써, 가족구성원의 동기부여가 잘 되어 있고, 과거 상호작용패턴을 변화시킬 수 있다는 사실을 인식시킬 필요가 있다(Gladding, 2018).

5) 생활 내력

가족생활 내력을 탐색함으로써 정신분석 가족치료사는 가족구성원에게 가족의 현재와 과거의 상호작용패턴들을 설명해 줄 수 있다. 가족생활 내력을 탐색하는 것은 치료사에 대한 신뢰를 증진시키며 또한 가족구성원에게 통찰을 제공한다.

6) 상보성

상보성이란 가족역할의 복잡함 속에서 조화의 정도를 지칭하는 용어이다. 치료사의 역할은 각 가족구성원들에게 그들이 다른 가족구성원들에게 무엇을 원하며, 그 대신에 자신들은 가족을 위해 무엇을 하기를 원하는지를 물어보는 것을 의미한다(Gladding, 2018).

7) 해석

대상관계 가족치료에서는 가족구성원들이 가지고 있는 여러 가지 문제가 어린 시절 부모와의 관계에서 해결되지 못한 불편한 관계와 밀접한 관련이 있다고 본다. 따라서 해석은 가족구성원들 사이의 무의식적인 갈등을 의식적인 수준으로 끌어올리는 것이며(Broderick, Weston, & Gilling, 2009), 현재의 느낌이나 태도 혹은 행동이 이전 것의 반복이라는 것을 보여 주는 기술이다. 해석은 흔히 인과관계를 설명하는 것으로 이해되지만, 병렬성을 설명할 때 더 효과적이다. 가장 효과적인 해석은 유아기의 삶과 현재의 삶 및 전이 간의 병렬성 혹은 유사성을 설명하는 것이다(Hamilton, 1988). 해석에는 수직해석과 수평해석이 있는데, 수직해석은 가족구성원이 가지고 있는 현재의 경험들과 행동들을 부모와의 수직관계 속에서 연관 지으려는 치료사의 활동이다. 한편, 수평해석은 관계를 통해 이해한 내용들이 현재의 타인과의 관계를 확장하는 데 어떻게 기여하고 있는지를 이해할 수 있게 해 주는 치료사의 활동이다(김용태, 2019). 페어번은 내담자는 자신의 내면세계를 유지하기 위해 자신의 내면세계와 일치하는 지각체계에 맞추어 치료사를 인식하고 경험하기 때문에 내담자의 전이와 저항에 대한 해석이 중요하다고 했다(Fairbairn, 1958). 클라인은 내담자의 정신병리의 원인이 공격적이고 시기하는 대상관계에 있다고 보았다(Klein, 1932). 따라서 그녀는 내담자가 인생 초기에 경험

제4장 정신역동적 대상관계 가족치료 이론

한 적대적인 대상관계를 치료사에게 투사하고 치료사의 해석을 거부하고 저항한다고 보았다. 따라서 치료사가 해석을 할 때 내담자의 공격적 소망과 그에 따른 불안에 초점을 둠으로써, 무의식적인 소망을 완전히 의식화하고 불안을 감소시킬 수 있다고 보았다(권중돈, 2014).

8) 명료화

명료화는 치료사가 내담자에게 더 많은 정보를 요구하는 것을 의미하며, 치료사는 직접적인 질문을 통해 명료화할 수 있다. 치료사는 내담자의 애매모호한 내용 또는 연결이 안 되거나 생략된 내용을 질문함으로써 치료사뿐만 아니라 내담자 또는 가족구성원이 좀 더 명확하게 이야기를 할 수 있게 할 수 있고 더 분명히 상황을 이해할 수 있다. 예를 들어, "제가 그 말씀을 이해 못했는데, 좀 더 구체적으로 말씀해 주실 수 있으실까요?"와 같은 질문이 내담자의 말을 명료화할 수 있다.

9) 경청

치료사가 상담을 할 때 내담자의 말을 적극적으로 경청하기란 쉽지가 않으며, 치료사가 가족구성원의 역동을 제대로 파악하지 못한 채 적극적으로 가족구성원의 대화에 참여하게 되면 치료사 또한 가족구성원들의 투사동일시의 대상이 되어 치료를 더욱 어렵게 할 수 있다(김용태, 2019). 치료사가 경청하는 방식으로 인해 가족구성원은 치료사의 경청방식을 모델링할 수 있다. 정신분석적 치료 분위기를 조성하기 위해서는 변화를 도모하거나 문제를 해결하고자 하려는 생각을 버리고 내담자와 내담자 가족구성원을 단지 이해하려는 데 초점을 두는 것이 필수적이다(Nichols & Schwartz, 2001). 치료사가 말을 하지 않고 경청함으로써 내담자와 가족구성원들을 존중한다는 느낌을 줄 수 있으며, 이와 같은 치료사의 모습을 통해 가족구성원들은 자신들이 존중받고 있다는 것을 경험하면서 그들 또한 상대방의 말을 경청하고 이해하려는 노력과 서로에 대한 존중과 이해를 보여 줄 수 있다.

10) 공감

공감은 치료적 관계에서 보듬어 주는 측면과 담아내는 측면에 기여를 하며 의사소통의 양면적인 도구이기도 하다. 공감은 내담자를 깊이 있게 그리고 세심하게 이해할 수 있는 수단을 제공하며, 치료사의 공감적인 말은 해석적인 기능을 한다(Hamilton, 1988). 대상관계 치료사는 공감을 통해 가족구성원의 자아를 이해하려고 한다. 치료사는 가족구성원의 이야기 자체보다 이야기를 통해 나오는 감정들과 태도를 이해하려고 한다. 체계론적인 접근을 사용하는 치료사라면 갈등이 있는 부부에게 그들이 갈등이 발생했을 때 어떤 사건이 일어났으며, 그들의 행동과 상호작용이 어땠는지를 물어본다. 반면에, 정신분석적 치료사라면 부부의 개별적이면 정서적인 반응을 탐색함으로써 부부 쌍방을 돕는 데 더욱 관심을 둔다. 치료사는 내담자 부부에게 과거에 있었던 부모와의 관계에 대해 이야기를 듣는 동안에 그때 어떤 감정을 가지고 있었는지에 대해 질문을 한다. 이와 같이 내담자 부부가 배우자에게 분노하고 있는 이면에, 과거의 부모의 모습으로 인해 배우자에게 전이가 일어나는지를 점검한다. 대상관계 치료에서는 공감이라는 용어는 사용하고 있지 않으며 담아내기(container; Bion, 2013), 안아 주기 또는 버텨주기(holding)(Winnicott, 2018), 이만하면 좋은 어머니(good-enough mother)(Winnicott, 1953) 등의 용어를 사용하고 있다(권중돈, 2014).

담아내기는 어머니가 유아의 불편한 감정을 수용하고 적절한 형태로 변형해 되돌려 주는 것처럼 치료사 역시 내담자의 말을 경청하고 말을 도중에 끊지 않으며, 적절한 반응을 보여 주는 기법을 말한다. 안아 주기 또는 버텨 주기란 어머니가 유아의 욕구와 내적 상태를 공감적으로 눈치채고 적절한 반응을 해 줌으로써 유아가 어머니로부터 이해받고 가치 있는 존재로 여겨지고 사랑받는다는 느낌을 갖는 것처럼, 치료사가 내담자의 경험을 정서적인 차원에서 이해하고자 하며, 내담자의 욕구와 내적 상태를 민감하게 인지하고 수용하는 것을 의미한다(Scharff & Scharff, 1991). "이만하면 좋은 어머니" 기법은 치료사가 대리양육자가 되어 해묵은 감정의 상처를 보상해 주려고 애쓰거나 다른 식으로 내담자의 부모를 능가하는 기능을 수행하려는 것이 아니며 무관심하지도 내담자의 세계를 침범하지도, 지나치게 통제하지도 않으면서 내담자에게 돌봄이 감정을 전달하는 기법이다. 이와 같은 담아내기, 버텨 주기, 이만하면 좋은 어머니 기법은 모두 내담자의 감정을 공유하고 수용하면서 돌봄의 감정을 전달하는 공감적 이해의 기법이다(권중돈, 2014).

11) 분석적 중립 유지하기

치료사는 분석적 중립을 유지함으로써 가족구성원의 투사적 동일시를 객관적으로 볼 수 있다. 치료사가 분석적 중립을 유지할 수 없다면 가족구성원의 투사적 동일시를 치료사 자신이 가지고 있는 억압된 내용에 의해 왜곡할 수 있다. 따라서 치료사가 경험한 억압된 감정으로 인해 치료사는 가족구성원의 상호작용을 객관적으로 볼 수 없을 뿐만 아니라 오히려 가족구성원의 상호작용을 왜곡할 수 있다. 따라서 치료사는 분석적 중립을 유지함으로써 가족구성원이 편안하고 자유롭게 표현할 수 있도록 해야 한다. 이와 같은 치료사의 분석적 중립의 태도는 복잡한 상황들을 단순하고 명확하게 볼 수 있게 해 가족구성원이 자신들의 무의식 세계를 자유롭게 탐색하고 자신들의 상호작용이 어떻게 자신들의 무의식과 연관되는지를 통찰할 수 있게 해 준다(김용태, 2019).

12) 역전이

대상관계치료에서는 역전이를 치료관계에서의 내담자 행동에 대한 치료사의 반응이라고 보며(Cashdan, 1988), 프로이트의 역전이 개념에 내담자의 투사적 동일시로 촉발된 반응을 포함했다(Hamilton, 1988). 내담자의 투사적 동일시와 연관된 역전이는 치료사가 내담자를 더 깊은 수준에서 공감하고 내담자의 내면세계와 역동을 파악하고 치료적으로 다루는 데 중요한 단서로 활용될 수 있다(Cashdan, 1988). 치료사가 역전이를 치료적으로 활용하려면, 치료사가 자신의 역전이 반응을 의식적으로 자각하고 통찰해, 자신의 정서 반응을 내담자 역동과 연결할 수 있어야 한다. 치료 과정에서 치료사가 느끼는 지루함이나 혼란감, 내담자에 대한 평가절하, 지나친 열성, 분노, 죄책감, 무력감 등이 역전이의 전형적 반응이며, 역전이를 해결하는 방법으로는 담아내기 기법이 도움이 될 수 있다(Hamilton, 1988).

9. 치료사의 역할

1) 선생의 역할

정신역동 가족치료에서 치료사는 선생으로서의 역할을 한다. 내담자와 가족구성원이 과거의 무의식적인 것들이 현재 그들에게 미치는 영향을 이해하는 것은 매우 중요하다. 따라서 치료사는 내담자와 가족구성원들에게 기본적인 정신역동적인 개념들과 이와 같은 개념들이 개인과 대인관계적인 상황에서 어떻게 나타나고 있고 영향을 미치는지 가르치는 것이 중요하다(Gladding, 2018; Siegel, 2015).

2) "이만하면 좋은 어머니"의 역할

"이만하면 좋은 어머니"(Winnicott, 2018)는 자신이 사랑과 돌봄을 받았다고 느끼며 신뢰성과 진정한 자아감을 발달시킬 수 있는 어린아이를 가진 엄마이다. 치료사는 가족구성원이 과거의 부족했던 것들을 보충하는 데 도움이 되는 상호작용을 실행하는 데 이와 같은 역할을 활용할 수 있다. 이 역할을 실행하는 데 있어서 치료사는 격려와 칭찬의 형태를 사용한다(Gladding, 2018). 치료사의 가장 중요한 역할 중의 하나는 안전한 환경을 만들고 보존하는 것이다(Siegel, 2015).

3) 촉매자의 역할

치료사는 가족 안에서 가족구성원 간의 상호작용을 촉진하는 촉매자의 역할을 한다. 치료사는 촉매자 역할을 하면서 계속해서 가족구성원들에게 도전하고, 직면하며, 종종 해석하고 가족과정을 통합할 수 있도록 돕는다. 특히 촉매자의 역할을 하면서 과도하게 개입하거나 중심에 서지 않는 것이 매우 중요하다(Gladding, 2018).

4) 심판자의 역할

부부가 감정을 조절할 줄 모르고 상대방을 공격하고 비난하는 경우에, 치료사가 악화되고 있는 역동을 중재하고 조정하는 것이 중요하다. 이와 같은 상황에서 치료사는 부부가 왜 그렇게 화가 나고 비난하는지에 대해 이야기하게 하고, 과거의 원가족과의 경험을 탐색할 필요가 있다. 특히 여기서 치료사는 부부의 적대적인 공격과 반격을 멈추게 하는 심판자의 역할을 해야만 한다(Siegel, 2015).

10. 사례[1]

부인(내담자, 43세)은 신혼 초부터 남편(44세)이 성관계를 회피해 심한 스트레스를 받고 있었다. 내담자부부는 12세인 딸을 두고 있었다. 남편은 성욕구를 표현한 적이 없었고 내담자가 성관계를 원하면 짜증을 내거나 '주말에 하자' 혹은 '내일 하자'고 회피했다. 이러한 남편의 행동에 대해 내담자가 참다가 화를 내면 남편은 잠자리를 가졌지만 일시적일 뿐이었다. 반복되는 남편의 성관계 거부로 인해 내담자는 남편이 자신을 여자로 여기지 않는다고 생각하면서 수치심을 느꼈다.

한편, 내담자는 시댁식구들의 과도한 간섭으로 스트레스를 받았고 시댁과 관련된 일에서 남편이 방임만 하자 극단적인 방법으로 문제상황을 해결하면서 고부갈등은 악화되었다. 따라서 내담자는 섹스리스와 고부갈등에 대해 전문적인 치료를 받자고 남편에게 권유했지만 남편은 문제의식을 느끼지 못해서 거부했다. 그러나 내담자가 이혼을 언급하자 위기감을 느낀 남편은 어쩔 수 없이 상담을 받았지만 상담의 효과를 경험하지 못해서 중도에 포기했고 결혼생활이 지속될수록 부부는 정서적으로 소원해졌다. 이러한 과정에서 내담자는 아들을 임신했고 시댁에서 첫 손주에 대한 관심으로 잦은 시댁방문을 요구할 것 같아 불안하기 시작했다. 또한 첫째를 출산한 후에도 남편은 성관계를 거의 하지 않았는데 이번에도 이러한 패턴이 반복될까 봐 내담자는 불안해 저자에게 상담을 요청했다.

내담자는 무능력하고 무책임한 친정아버지로 인해 전적으로 집안일을 책임지는 친정어머니가 불쌍해서 착한 딸이 되기 위해 과도한 역할을 하면서 친정아버지에 대한 원망과 분노가 많았다. 따라서 내담자는 친정아버지와는 정반대의 성향을 가진 남편과 결혼했지만 남편의 소극적이고 회피하고 보호해 주지 못하는 모습 속에서 친정아버지

---

1) 이 사례는 질적 연구, 가족과 가족치료, 26(3), pp. 379-401에서 발췌했다.

와 유사한 모습을 발견하면서 남편에게 친정아버지에 대한 감정을 투사했다.

치료사는 친정아버지와 유사한 남편의 대처방식이 내담자가 친정아버지에게 느낀 부정적인 감정을 자극해서 남편에게 강하게 감정적으로 반응한다는 것을 내담자가 인식하도록 도왔다.

치료사: 피아노를 어떻게 옮기셨어요?

아내: 이불을 깔고.

치료사: 혼자서요?

아내: 네.

치료사: 냉장고도 그러시고요?

아내: 네. 냉장고를 옮기고 피아노를 옮길 때 정말 힘들었죠.

치료사: 그렇죠.

아내: 그런데 지금 (남편이) 그 얘기를 할 때 왜 눈물이 나왔냐면 '(나는) 도움이 없어도 되는 사람'이라고. 너무 기가 막혀서요. 너무 도움이 필요했는데. 전 진짜 힘들어서 했는데 그렇게 생각할 줄은 몰랐어요. 예전에 대학생 때 집을 지하방으로 이사를 해야 했는데 엄마가 이삿집 센터를 부르지 않아서 결국 리어카 하나에다가 냉장고며 뭐며 옮겨야 했어요. 엄마가 저보고 옮기라는 거예요. 제가 진짜 그날 그런 것들을 리어카로 혼자서 옮기고 3일을 앓아누웠거든요. 그때 정말 아빠가 너무 원망스러웠어요. 정말 죽을힘을 다해서 했거든요. 제가 가구를 옮길 때도 사실은 너무 힘들어요. 하지만 좋은 마음으로 했는데 그게 내가 여자처럼 보이지 않았다고 생각하니까, 기가 막혀요(울음). (6회기)

아내: (지하철을 몇 번씩 갈아타고 오면서 사람들이 임산부석을 비켜 주지 않는 상황에서 남편은 부인을 위해 임산부를 위해 자리를 양보해 달라고 요청하지 못했다.) 남편한테 이런 생각은 좀 들었어요. '만약 나라면 좀 말해 줄 텐데' 살짝 그런 생각도 하긴 했었어요. 근데 그렇다고 해서 남편한테 그렇게 짜증날 정도는 아니었거든요.

치료사: 아니었죠?

아내: 네. 약간 남편이 나를 대신해서 말해줬으면. 근데 못할 거라고 알고 있었던 것 같아요. (7회기)

앞의 두 가지 사건, 짐(피아노 등) 나르는 것과 임산부석에 대한 남편의 배려해 주지 못한 것뿐만 아니라 시댁 방문등에서 내담자는 남편이 자신을 배려해 주지 않았다고 생각하면서 그러한 남편의 모습 속에서 자신을 배려해 주지 않았던 친정아버지를 떠올리게 됐다.

한편, 남편은 가부장적이고 감정기복이 심했던 자신의 아버지가 두려웠고 어머니도 남편(아버지)이 무서워서 눈치만 보면서 항상 불안했다. 이러한 과정에서 남편은 자신의 감정을 표현하지 못해서 아버지에 대한 불안이 내재화된 것으로 나타났다. 따라서 치료사는 남편에게 시아버지와 유사한 내담자의 행동이 남편의 무의식 속에 내재화된 불안을 야기할 수 있다는 것을 인식하도록 도왔다. 즉, 남편은 내담자가 화를 내면 마치 어린 시절에 아버지에게 야단맞을 때처럼 심리적으로 위축되고 불안해져서 자신도 모르게 내담자의 시선을 피한다는 사실을 인식하게 되었다. 또한 남편은 내담자에게 솔직한 감정을 표현했을 때 내담자의 우는 모습을 보면서 아버지가 화를 내면 울고만 있었던 어머니에 대한 감정이 내담자에게 투사되었다는 것을 인식했다. 따라서 남편은 자신의 행동에 대해 참담함을 느끼면서 감정과 욕구를 억압한 채 내담자의 뜻대로 행동한다는 것을 인식했다.

치료사: 와이프가 마치 아버지처럼 나한테 화난 얼굴로 말하실 때 어떤 느낌이세요?

남편: 그 순간은 내가 많이 움츠려 들고, 야단맞는 느낌이 들고 내가 어른이라고 하는 느낌이 전혀 들지 않아요. 나는 그냥 어린 아이, 어른한테 야단맞는 어린 아이같이 이렇게 쪼그라들어요.(6회기)

치료사: 선생님 입장에서는 아버지의 버럭하고 세게 표현하는 거에 대해서 굉장히 힘들어하신 게 있으셨을 거예요.

남편: 예.

치료사: 그게 부인의 감정이 격해지면 '연상이 되지 않나' 싶은 거예요. 그러면 지금 부인이 화를 내셨을 때 부인의 눈을 똑바로 보신 적이 있으세요?

남편: 아, 화를 낼 때요?

치료사: 그러니까 와이프의 눈을 못 보시나요?

남편: 그렇죠. 피하는 편입니다.(9회기)

치료사: 처음에 (아내가) 막 우셨잖아요?

남편: 예.

치료사: 그랬을 때 굉장히 당혹스러우세요?

남편: 예. 그 말을 한 게 후회가 됩니다. 솔직하게 말하지 말걸.

치료사: 혹시 옛날에 어머니가 우신 적 있으세요?

남편: 예. 자주 우셨죠.

치료사: 아버지와의 관계에서 속상하고 그러면?

남편: 예. 이제 싸우면 (어머니는) 울고 아버지는 혼자 씩씩 대고.

치료사: 그럼 어렸을 때 엄마 우는 모습도 굉장히 힘들었을 거 아니에요?

남편: 그렇죠.

치료사: 근데 와이프께서 우시면 아까 뭐라고 하셨냐면 '(한숨을 쉬며) 내가 솔직하게 말해서는 안 되겠다' 와이프가 울면 과거에 우리 엄마가 울듯이. 그 연결은 못해 보셨어요?

남편: 집사람이 눈물을 보일 때 제가 가장 참담합니다. 제가 정말 못하는 거 같고. 차라리 화내는 게 낫지. 우는 거보다는.(6회기)

이처럼, 부부간의 섹스리스 문제로 상담을 받았지만, 실제로는 남편과 부인의 부모와의 미해결된 감정으로 인해 부인은 남편에 대한 아버지의 모습과 남편은 부인에 대한 아버지의 모습이 연결되고 있는 것을 분명히 볼 수 있다. 즉, 이 사례에서 부부 모두에게 대상관계이론에서 말하는 전이와 투사적 동일시 문제가 명확히 나타나고 있다는 것을 볼 수 있다. 이 사례에 대한 구체적인 내용을 보고자 하면 앞에서 밝힌 논문을 참조하기 바란다.

11. 요약

1980년대 중반부터 많은 가족치료사가 대상관계이론과 자아심리학에 대한 관심이 증가하고 있다(Nichols, 2014). 지금까지 대상관계 가족치료 이론에 관한 이론적 배경, 역사적 개보, 주요 인물, 최근의 대상관계이론으로서, 상호주관적 심리분석과 관계 심리분석이론, 주요 개념, 분리와 개별화를 통한 발달 단계, 치료 목표, 치료 기법, 치료사의 역할에 관해 살펴보았다. 오늘날 대상관계 가족치료 이론은 유아의 양육자의 애착에 대한 요구와 내면화된 정신적 표상에 대한 분석에 초점을 둔다. 즉, 대상관계 가족치료 이론은 원가족에서 해결되지 못한 심리내적 갈등이 현재의 친밀한 가족관계에 영향을 미치고 심리적 타인과의 관계와도 연결되고 있다고 본다. 이 장에서는 최근의 심리역동적 이론인 상호주관적 심리분석(Intersubjective Psychoanalysis)과 관계 심리분석(Relational Psychoanalysis)을 살펴보았다. 정신 내적인 경험을 넘어선 이 두 이론은 성격 발달에 대한 실제적인 관계의 영향을 포함한다. 대상관계 가족치료 이론의 주요 목적은 내담자들로 하여금 자신들의 내면의 깊숙한 곳에 있는 욕망을 이해하고 그 욕망을 표현을 함으로써 갈등을 해결하려는 데 있다.

프로이트 심리학자들은 리비도와 공격적인 충동을 강조했고, 자아심리학자들은 공감에 대한 갈망에 초점을 두었으며, 대상관계 치료사들은 안전한 애착에 대한 욕구에 초점을 두었다. 만약 내담자들이 자신들의 개인적인 갈등에 대한 근원을 이해하고 자신들의 갈등을 해결하기 시작한다면 부부와 가족들이 잘 지낼 수 있을 거라는 믿음 안에서 이 세 가지 이론들이 통합되었다(Nichols, 2014). 프라모, 스카이너, 샤프 부부 등의 이론을 통해 대상관계 가족치료 이론은 더욱 발전했다. 그럼에도 불구하고 어느 누구의 이론도 완전한 대상관계 가족치료 이론이라고 명명될 수는 없다.

토마스 홉스나 칸트는 인간이 어떤 사물이나 사건에 대해 생각할 때 인간의 사고는 결코 우연히 일어나지 않는데, 이는 과거에 경험하지 못한 일을 상상할 수 없기 때문이라고 했다. 그러므로 그는 상상이란 우리가 한 번도 생각해 본 적이 없는 방향으로 전개되지는 않는다고 했다. 즉, 이미 과거에 뒤이어 일어난 생각이 뒤따라 나타난다는 것이다(신재일, 2008). 포스트모더니스트인 자크 라캉은 소쉬르의 언어학과 레비스트로스의 구조주의 관점에서 프로이트의 이론을 재해석함으로써 새로운 이론을 만들었는데, 그는 프로이트 정신분석학의 기본으로 돌아가자고 주장하면서 인간의 억압된 무의식에 주목했다(민승기, 이미선, 권택영 공역, 2009). 제임스 도노반은 30여 년 동안 부부치료를 해오면서 다른 많은 이론을 시도해 보았지만, 대상관계이론보다 부부 문제를 더 완전하고 효과적으로 설명해 주는 이론은 발견하지 못했다고 했다(Donovan, 2013). 저자 또한 30년 가까이 가족치료를 해 오면서 의사소통 방식이 중요하다고 생각하지만(심지어 비트겐슈타인은 언어가 철학의 근본이라고 했으나) 부부와 가족문제의 근원을 파악할 수 있는 방법은 원가족과의 해결되지 못한 관계와 감정을 탐색하는 것이 그 무엇보다도 중요하다는 것을 발견했다. 물론 포스트모더니즘적인 가족치료모델들이 부상하고 있다고 할지라도, 내담자 문제의 핵심을 파악하기 위해서는 원가족 문제에 대한 파악이 무엇보다도 중요하다는 것을 가족치료를 하면 할수록 더욱 깨닫게 된다.

제5장
애착이론

1. 이론적 배경

　가족치료를 하다 보면 부부관계는 별 문제가 없는데 자녀들이 심각한 문제를 가지고 오는 경우가 있다. 그런 경우에 현재는 별 위기 없이 부부가 잘 지내고 있다 하더라도 과거에 자녀가 임신을 하고 영아기 때 시댁문제로 부부가 힘들었을 경우가 있거나 아니면 원하지 않았던 임신 또는 심지어 성폭행으로 인해 임신을 했거나 하는 경우가 있다. 또 다른 경우는 첫째 아이가 출생한 지 얼마 안 되어 둘째 아이를 임신해 본의 아니게 첫째 아이를 친정아버지모나 시부모가 양육을 하는 경우도 있다. 또는 형제간에 영아기 때 차별해 기른 경우 차별 받았던 아이가 어렸을 때는 별 문제 없이 지내다가 사춘기 심지어는 30~40대에 위기가 되어서 문제행동이 나타나는 경우도 있다. 이런 경우에 가족치료 이론 하나로는 이런 행동을 설명하는 데 한계를 느끼게 된다. 물론 가족구성원의 행동을 이해하기 위해서는 좀 더 폭넓고 체계적인 영향과 관련된 이론들을 이해해야 하지만 최근에 애착이론이 가족구성원의 밀접한 관계의 더 깊은 근원을 묘사하는 데 가장 중요한 도구로서 부상하고 있고(Nichols, 2014), 신경과학에 있어서 새로운 발전을 하고 있다(Prior & Glaser, 2006).

　존 볼비(John Bowlby)의 애착이론은 20세기 후반기에 발달한 주요 대상관계이론에서 파생된 새롭고 독립적인 지위를 얻게 된 이론이다(Gomez, 2002: 김창대, 김진숙, 이지

연, 유성경 공역, 2008). 볼비는 정신분석이론이 환경의 중요성은 거의 다루지 않고 지나치게 기질적인 개인차로 인한 내적 갈등만을 지나치게 강조한다고 비판했다. 그는 안나 프로이트와 멜라니 클라인과 같은 비과학자의 영향력 아래에서 정신분석학이 검증된 지식의 구성체가 아니라 의미와 상상에 관심을 둔 철학적 학문이 되어 간다고 비판했다(Bowlby, 1988). 아동발달에 대한 정신분석이론은 문제를 가진 아이와 부모뿐만 아니라 상황에 대한 내담자의 막연한 생각에 근거해 회고 형식으로 구성된 것이었다.

정신분석이론에 비해, 애착이론은 동물행동학의 엄격한 과학적 경험주의와 정신분석의 주관적인 통찰을 연결함으로써 아동발달, 사회복지, 심리학, 심리치료와 정신의학 분야에 많은 영향을 미쳤다(Holmes, 2014: 이경숙 역, 2005). 애착이론은 친밀한 유대와 비언어적 영역 그리고 경험에 대한 자기의 관계에 초점을 두고 발달해 왔고(김진숙 외, 2010; Wallin, 2007), 건강한 성인들조차 서로에게 의존할 필요성이 있다는 것을 설명해 주는 데 도움이 되기 때문에 부부 치료에 있어서 특히 유용하다(Johnson, 2002).

영아는 혼자서 안전하게 지내는 데 필요한 능력이 없는 상태로 태어난다(Bowlby, 1969). 영아가 살아남기 위해서는 영아의 안전을 책임질 수 있는 1명 이상의 양육자가 필요하다. 따라서 영아는 양육자와의 관계 속에서 애착관계를 경험할 수밖에 없다. 초기에는 애착에 대해 유아와 양육자 사이에 발달하거나 혹은 발달하는 데 실패한 초기의 정서적인 유대 관계만을 의미했으나, 그 이후에는 영아기에 형성된 애착관계는 전 생애를 거쳐서 지속되며 가족뿐만 아니라 타인과의 관계에서도 애착이 형성될 수 있다고 보았다(정옥분, 2007; Ainsworth, 1989; Hazan & Shaver, 1987). 존 볼비에 따르면, 유아는 발달과정 안에 주요한 욕구가 충족될 때 안전한 애착관계가 발달된다(Bowlby, 1969). 유아가 태어나면 자신을 돌보는 사람, 특히 어머니와 강한 정서적 유대를 맺게 되는데 이것이 애착관계이다. 아기의 애착행동(미소 짓기, 옹알이하기, 잡기, 매달리기, 울기 등)은 선천적인 사회적 신호이다(정옥분, 2007; Bowlby, 1969, 1973). 볼비는 태어나서 3년까지가 사회정서발달의 민감한 시기라고 보고, 만약 이 기간 동안 친밀한 정서적 유대를 형성할 기회를 갖지 못한다면 이후에 친밀한 인간관계를 형성하는 것이 거의 불가능하다고 보았다(Bowlby, 1988: 김수임, 강예리, 강민철 공역, 2014).

볼비에 따르면 아이는 어떤 한 대상에 대해 영속적인 신체적 애착이 필요하다고 했다. 만약에 아이가 원초적인 욕구를 거부당할 때 아이는 정서적 세계로부터 멀어져 무감정으로 돌아가는 의존성 우울증에 빠지게 된다. 따라서 부모가 자녀를 건전하게 양육하고자 한다면 부모는 유아기에 있는 자녀에게 안전하고 애정 있는 접촉을 해야만 한다(Bowlby, 1988). 애착경험이 결핍된 사람은 약간의 지지가 없는 상황에서 지나치게 상처받기 쉬우며 만성적 의존자가 되기 쉽고 이것은 밀착된 가족을 야기한다(서혜석, 강희숙, 이미영, 고희숙, 2013).

한편, 아동기에 부정적인 경험을 한 어머니는 불안정애착으로 인해 성장하면서 아이로부터 보살핌을 받고자 하는 경향이 있다. 이로 인해 아이는 불안해 하고, 죄책감을 가지며 공포증을 가질 수 있다(Bowlby, 1973). 아이를 학대하는 어머니의 연구에 따르면, 어머니가 아이에게 돌봄과 관심을 기대하고 요구하는 경향을 '역할전도'라고 하는데 이렇게 전도된 부모−자녀 관계가 학교 거부(학교공포증), 광장공포증, 우울증의 상당 부분 숨어 있는 진짜 이유라고 했다(Bowlby, 1988: 김수임 외 공역, 2014). 또한 볼비는 '신경증의 기원에 관한 일반이론'에서 어린 시절의 환경요인 중 특히 죽음이나 결손가정으로 인해 엄마와 헤어진 일이 신경증의 원인이라고 했다(Holmes, 2014). 한편, 볼비(Bowlby, 1944; 1953)는 '생후 5년간 아이가 엄마(또는 엄마와 대신할 만한 사람)와 오랫동안 떨어져 지낸 사실이 비행적 성격 발달을 유발하는 여러 원인 중 가장 중요한 요인이라고 했다(Homles, 2014).

어머니의 아이에 대한 감정과 행동이 어머니가 자신의 부모와 겪었던 그리고 아마도 현재도 겪고 있을 경험에 깊게 영향을 받는다. 잔 와슬러 등은 심리적 고통을 받고 있는 타인을 돕고 위로하는 행동이 보통 2세 무렵의 영아기 때부터 발달하는데 이러한 행동은 어머니가 아이를 대하는 방식에 영향을 받게 된다고 했다(Zahn-Waxler, Radke-Yarrow, & King, 1979). 즉, 어머니가 아이의 신호에 민감하게 반응하고 신체적 접촉을 통한 위로를 제공하게 되면, 아이는 타인의 심리적 고통에 신속하고 적절하게 반응한다. 이때 아이가 하는 행동은 어머니가 한 행동의 재연으로 나타난다(Bowlby, 1988: 김수임 외 공역, 2014). 볼비는 부모가 어린 시절에 해결하지 못한 문제점은 그 부모의 아이들에게도 동일한 문제를 유발하고 영원히 지속시키는 데 많은 역할을 한다고 했다(Holmes, 2014: 이경숙 역, 2005). 매인 등(Main, Goldwyn, & Hesse, 2003)도 부모의 애착유형이 자녀들에게 전수되는 경향이 있다고 했다. 따라서 부모의 아동기 경험이 아이를 대하는 데 중대한 역할을 한다(Bowlby, 1988; Parke & Collmer, 1975).

정신분석에 기초한 애착이론은 체계이론이나 인지심리학과도 연관되어 독자적인 분야로 발전했으며 정신분석뿐만 아니라 가족과 인지치료에도 영향을 미쳤다(Homles, 2014). 부부치료와 관련되는 애착이론의 전제는 그들의 개인적인 관계에서 사람들은 그들에게 익숙한 애착관계의 유형을 유지하는 경향이 있다는 것이다(Goldenberg,

Stanton, & Goldenberg, 2017). 따라서 애착이론은 아동뿐만 아니라 성인의 문제행동의 근원을 이해하는 데 많은 도움을 줄 수 있는 이론이다. 특히 애착이론은 부부가 자신과 상대배우자의 화나고 방어적인 상호작용 이면에 있는 애착 공포와 취약성에 대해 이해하는 데 도움을 준다(Gottman, 1994; Johnson, 1996). 애착에 초점을 둔 치료의 관계적 · 정서적 · 성찰적 과정은 그동안 부인해 온 경험의 통합을 촉진함으로써 환자에게 더 일관되고 안정된 자신감을 증진한다. 최초의 애착관계가 유아의 발달을 가능하게 했던 것처럼 내담자의 변화를 가능하게 하는 것은 궁극적으로 치료사와의 새로운 애착이다(Wallin, 2007). 볼비는 이러한 애착관계는 내담자에게 안전기지를 제공해 내담자가 스스로 느껴서는 안 된다고 여겨 온 것을 느끼고, 알아서는 안 된다고 여기는 것을 알아볼 수 있는 모험을 할 수 있게 해 준다고 했다(Bowlby, 1988). 여기서 치료사의 역할은 내담자가 과거의 애착패턴을 해체하고 새로운 애착패턴을 구성할 수 있도록 돕는 것이다(Wallin, 2007).

2. 존 볼비의 생애

존 볼비(John Bowlby, 1907~1990)는 1907년에 런던에서 출생했고 아버지는 영국 왕실 가족의 외과의사였다. 볼비는 6남매 중 넷째였으며, 그와 그의 형제들은 집 안에 있는 보육시설에서 보모에게 양육되었고, 보모는 엄마와 같은 역할을 했다. 볼비는 유아기 때 하루에 한 시간 정도 어머니를 볼 수 있었다. 그가 4세 때 그의 어린 시절에 일차적인 양육자로서 보모였던 미니가 그만 두고 떠났을 때, 이 사건은 엄마를 잃어버리는 것과 같은 비극이었다고 볼비는 서술했다. 볼비는 형 토니와 친하면서 경쟁적인 관계였고, 남동생 짐과는 놀리기도 하고 보호하기도 했다. 그는 아버지의 뜻에 따라 케임브리지대학에서 의학공부를 시작했으나 3학년 때 자신의 생애를 투자할 만한 가치가 있는 것은 발달심리학이라 생각하고 의학공부를 포기했다가 아동의 심리치료를 하기 위해 다시 의학공부를 시작했다.

볼비는 심리학자, 정신과의사 그리고 정신분석학자로서 전생애에 영향을 끼치는 두 가지의 경험을 했다. 첫째, 볼비는 장애를 지닌 아동들과 만났는데 그는 이들과 의사소통을

[그림 5-1] 존 볼비

할 수 있다는 사실을 알았으며 이 아이들의 장애가 불행하고 혼란스러웠던 어린 시절과 연관이 있다고 보았다. 둘째, 그가 알고 있던 존 알포드란 사람이 볼비에게 런던으로 가서 정신분석학자로서 교육을 받으라고 조언을 해 주었다(Holms, 2014). 특히 정신분석에서 볼비에게 영향을 준 초기 대상관계 분석가들은 클라인, 발린트, 페렌즈, 페어번이었다(Gomez, 2002).

그는 의학과 정신분석을 접목하려고 시도했고, 정신분석연구소(Institute of Psycho-Analysis)에서 멜라니 클라인의 친한 친구이자 동료인 리비에르 여사로부터 정신분석을 받았다. 그는 1933년에 의사 자격증을 취득한 후 성인 정신의학 실습을 위해 모슬리로 갔고, 1936년부터 1940년까지 런던 아동 가이던스 클리닉에서 정신과 군의관으로 근무했다. 그는 1937년 정신분석가로서의 자격을 취득했고 수련감독인 멜라니 클라인한테 아동 정신분석을 받기 시작했다. 그러나 그는 클라인이 내담자가 정신장애를 일으키는 데 미치는 환경의 역할에 관해 충분한 주의를 기울이지 않는다고 생각했기에, 두 사람 간의 갈등이 잦았다. 볼비는 정신분석의 실제적 효능은 인정했지만 이론적 근거에 대해서는 늘 회의적이었다. 그는 주로 아동 가이던스 클리닉에서의 경험에 기초해 자신의 사상을 발전시켰는데, 그곳에서 함께 일한 2명의 사회사업가로부터 많은 영향을 받았다. 그들은 볼비에게 세대를 초월하는 신경증의 전이, 즉 부모가 어린 시절에 해결하지 못한 문제들이 그 부모의 자녀들에게도 같은 문제를 유발하고 영원히 지속하는 데 많은 역할을 한다는 생각을 갖게 했다(Holms, 2014).

한편, 그는 기독교 정신과의사인 수티에의 책 '사랑과 증오의 기원'에서 유아의 성욕과 무관하게 엄마와 아이의 유대관계가 가장 중요하다는 생각을 애착이론의 핵심으로 발전시켰다. 그는 신경증의 기원에 관한 일반이론에서 어린 시절의 환경요인, 특히 죽음이나 결손가정으로 인해 엄마와 헤어진 경험이 신경증의 원인이라고 보았다. 또한, 그는 임상의로서 제2차 세계대전 후 고아원에서 성장한 아동들이 타인과 친밀하고 지속적인 관계를 맺지 못하는 등 정서적인 문제를 지니고 있다는 것과 어머니와 유아 간의 관계에 대해서 세심한 주의를 하지 않고서는 아동들의 발달을 이해할 수 없다는 것을 알게 되었다. 이 분야에 대한 관심으로 인해 그는 동물행동적 이론을 인간관계, 특히 유아와 어머니의 애착관계에 적용했다(정옥분, 2007). 그의 가장 큰 업적은 정신분석을 발달심리학과 동물행동학 및 체계이론과 연결한 일이었고, 이로 인해 그는 국제적인 명성을 얻게 되었다(Gomez, 2002; Holms, 2014).

그는 제임스 로버슨(James Robertson), 메어리 아인스워스(Mary Ainsworth), 메어리

보스톤(Mary Boston)과 함께 애착이론을 개발했고 이후에는 콜린 머레이 파크스(Colin Murray Parkes)와 함께 애도과정에 대한 연구를 했다. 또한 그는 소규모로 치료업무를 유지했고 그의 주된 초점은 연구와 사회정책에 있었다. 1969년부터 1980년까지 그는 『애착(Attachment)』, 『분리(Separation)』, 『상실(Loss)』를 저작했다. 그의 가장 큰 공헌은 영국뿐만 아니라 다른 나라에서 병원과 유치원, 보육시설 그리고 가정에서 어린아이들을 위해 만들어진 사회적 조치에 관한 것이다(Gomez, 2002).

볼비 사망 이후에 '후기 볼비학파' 또는 '신 볼비학파'로 알려진 미국의 메리 아인스워스(Mary Ainsworth), 메리 메인(Mary Main), 필 셰이버(Phil Shaver), 앨런 스트로프(Alan Strofe), 잉거 브리더톤(Inge Bretherton), 독일의 그로스만스(Grossmanns), 영국의 콜린 머레이 파키스(Colin Murray Parkes), 로버트 힌디(Robert Hinde), 존 빙홀(John Byng-Hall), 도로시 허드(Dorothy Heard), 로빈 스카이너(Robin Skynner) 등이 애착이론을 심리치료와 깊은 관련을 지어 발달심리학의 주요 체계로 발전시켰다(Holms, 2014).

3. 주요 개념

1) 민감한 시기

볼비는 프로이트처럼 인생 초기에 형성되는 사회적 관계의 질이 그 후의 발달에서 결정적인 역할을 한다고 보았고 인생에서 첫 3년을 사회정서발달의 민감한 시기라고 보았다. 만약 이 기간 동안 친밀한 정서적 유대를 형성하는 기회를 갖지 못하게 되면, 이후에 친밀한 인간관계를 형성하는 것이 거의 불가능하다고 보았다(Bowlby, 1988).

2) 애착반응

(1) 낯가림

낯가림(Stranger Anxiety)이란 영아가 특정 인물과 애착을 형성한 후 낯선 사람이 다가오거나 낯선 사람에게 맡겨지면 큰 소리로 우는 반응을 지칭한다. 낯가림은 6~8개월경에 나타나기 시작해서 1세 전후에 최고조에 달했다가 점차로 사라진다. 볼비의 동물행동학적 이론에 따르면, 한 종의 진화적 역사를 통해 어떤 상황들은 매우 자주 위험과 연결되어서 이에 대한 공포반응이나 회피반응이 생물학적으로 프로그램화되었다고 했다. 따라서 낯선 사람에 대한 회피나 경계는 이와 같은 생득적인 공포반응의 예라 볼 수 있다. 대부분의 영아는 낯선 사람에 대해 불안하게 반응을 하지만, 낯가림의 정도는 영아의 기질이나 환경요인에 따라 다르게 나타난다. 부모나 친근한 사람이 함께 있는 상황에서 영아는 낯가림이 덜하고, 기질적으로 순한 영아가 까탈스런 영아보다 낯가림을 덜 하는 편이다. 그렇다고 낯가림을 전혀 하지 않는 것이 바람직한 것은 아니다. 이런 영아들은 낯선 사람에 대한 변별력이 없기 때문에 애착형성이 잘 이루어지지 않는 경향이 있다(정옥분, 2007).

(2) 분리불안

분리불안(Separation Anxiety)이란 영아가 부모와 떨어지기 싫어서 분리될 때 나타나는 불안이다. 낯가림이 낯선 사람에 대한 불안에서 나오는 것이라면, 분리불안은 영아가 부모나 애착을 느끼는 사람과 분리될 때 느끼는 불안을 말한다. 볼비는 유아들은 낯선 사람, 낯선 장면, 친숙한 사람과 헤어지는 낯선 상황에 대한 생득적 공포를 가지고 있다고 했다(Bowlby, 1973). 분리불안은 1세 전후에 나타나기 시작하는데, 유아의 선천적인 탐색활동이 점점 증가하고 어머니를 안전기지로 삼아 탐색활동을 하며 어머니와 잠시 떨어지는 경험을 하게 되면서 20~24개월경에 사라진다(Bowlby, 1973).

그렇지만 오랜 기간 지속되는 분리는 6개월에서 3세 사이의 유아에게는 특히 해롭다. 왜냐하면 이 시기는 강하고 특별한 애착이 발달하는 시기이지만 유아가 부모의 부재가 일시적이라는 사실을 유아가 이해할 수 있기 전이기 때문이다. 이 연령집단 유아들이 분리에 대해 보이는 3개의 전형적인 반응에는 항거, 절망 그리고 거리두기가 있다. 볼비는 결정적인 초기 시기에 유아가 중요한 애착대상에게서 일주일이나 그 이상 분리되면 어느 정도의 거리를 두는 것을 발견했다. 하지만 거리두기의 정도와 가역성은 대신 주어지는 보살핌의 질과 유아가 되돌아가게 되는 상황에 따라 다양하다(Gomez, 2002).

항거, 절망, 거리두기의 순서는 분명하고 순차적으로 나타날 수도 있지만 뒤섞여 나타날 가능성이 더 높다. 감정의 강도는 분리 기간 동안 유아가 일관되고 반응을 잘해주는 애착대상 대리인에 의해 지지를 받는지 혹은 무반응적이거나 냉담한 보살핌 속에 유아가 남겨졌는지에 따라 매우 차이가 달라질 것이다. 짧은 분리 기간이 오랜 분리 기간보다 덜 해로우며, 높은 연령의 유아가 낮은 연령의 유아보다 더 잘 대처한다. 또한 분리불안을 완화하는 요소에는 알고 있는 누군가의 존재와 집에서 가져온 물건을 소지하는 것을 들 수 있다(Gomez, 2002).

3) 애착의 유형

애착의 유형은 아인스워스 등(Ainsworth, Blehar, Waters, & Wall, 2015; Ainsworth, 1985)이 개발하고, 미국 메인 등(Main, Kaplan, & Cassidy, 1985)과 스라우페(Sroufe, 1983) 그리고 독일의 그로스만 등(Grossmann, Grossmann, & Schwan, 1986)이 발전시켰다. 아인스워스는 1950년대에 볼비와 함께 연구했으며, 어머니와 자녀의 연구에서 할로우(Harlow, 1958)와 하인드(Hinde, 1982) 같은 동물 실험자들이 써 온 방법에 비해 자연스럽고 정확한 평가가 가능한 표준화된 평가절차를 고안했다. 이 평가절차는 아인스워스 등(Ainsworth, Blehar, Waters, & Wall, 1978)이 1세 된 영아기 상육지의의 짧은 분리에 대처하는 방식을 위해 고안한 실험 방법이다. 아인스워스 등(Ainsworth et al., 2015)의 낯선 상황에 대한 실험에서 어머니와 1세의 아동은 실험자와 함께 놀이방으로 처음 들어가 20분간 활동을 하게 된다. 놀이방에 들어간 후 어머니는 아이를 실험자에게 맡기고 3분간 방을 떠났다가 다시 돌아온다. 어머니가 방에 다시 돌아와 아이와 재회한 후, 어머니와 실험자 모두 아이만 홀로 남겨 두고 3분간 방을 떠난다. 이후 어머니와 아이는 한 번 더 만난다. 이 과정을 통해 아인스워스(Ainsworth, 1983)는 애착형성을 처음에는 세 가지(안정, 회피, 저항애착), 이후에는 다음과 같은 네 가지 반응 유형을 발견했다(Holms, 2014).

(1) 안정애착

안정애착(Secure Attachment) 유형의 아동은 어떤 어려움이나 무서운 상황을 만나게 될 때 부모(혹은 부모 역할 인물)가 반응할 것이며 도움을 줄 것이라고 믿는다. 이처럼 부모와 안정된 관계를 가진 아동은 세상을 향한 탐색이 담대해진다. 아동의 안정애착은 아동의 보호나 안전을 찾는 신호에 애정적으로 민감하게 반응하는 어머니에 의해 촉진된다. 부모와 안정적인 애착관계를 가진 아동은 어머니와 격리되었을 때에도 능동적으로 대처해 위안을 찾고 다시 탐색과정을 갖는다. 한편, 아동은 어머니가 돌아오면 반갑게 맞이하고 쉽게 편안해진다(Bowlby, 1988). 안정애착의 핵심은 능동적이고 호혜적인 상호작용이며(Rutter, 1981), 이때 상호작용의 양보다는 질적인 측면이 더 중요하다(Holms, 2014).

(2) 회피애착

회피애착(Avoidant Attachment) 유형의 아동은 자신에게 도움이 필요할 때 도움을 받지 못하고 거부당할 것이라고 예상한다. 회피애착 유형의 아동은 사랑이나 타인의 도움 없이 살고자 할 때, 정서적으로는 자기충족적이 되려고 하며 나중에는 자기애 혹은 위니콧(Winnicott, 1960)이 말한 거짓 자기유형을 갖게 된다. 이런 패턴은 아동이 안전이나 보호를 위해 어머니에게 다가갔을 때 어머니가 지속적으로 거절한 결과이며, 가장 극단적인 사례는 반복된 거절로부터 온다(Bowlby, 1988). 회피애착 유형의 아동은 어머니에게 반응을 별로 보이지 않으며, 어머니가 방을 떠나도 울지 않고, 어머니가 돌아와도 무시하거나 회피한다. 어머니와의 관계에서 친밀감을 추구하지 않으며, 타인에게나 어머니에게 유사한 반응을 보인다(정옥분, 2007; Bowlby, 1988). 회피형 아동은 비록 집에서는 까닭 없이 공격성을 보이기는 하지만 낯선 상황 속에서는 공격성을 거의 드러내지 않는다. 이러한 회피적 반응은 공격성을 한풀 꺾음으로써, 속으로는 어머니가 자신 옆에 있기를 간절히 바라지만, 이를 너무나 명확히 표현하면 거절당할까 봐 두려워한 나머지 어머니를 구슬리기 위해 혹은 자신을 버린 데 대해 얼마나 화가 났는지를 어머니에게 보여 주는 방식으로 볼 수 있다(Main & Weston, 1982).

(3) 저항애착

저항애착(Resistent Attachment)은 아동이 도움을 요청했을 때 부모가 반응적일지 또는 도움을 줄지에 대해 확신하지 못하는 것을 의미한다. 아동은 부모의 도움에 대한 확신이 없기 때문에 항상 분리불안을 가지게 되며, 집착하는 경향이 있으며 세상을 탐색하는 데 불안해한다. 이와 같은 유형은 어떤 경우에는 도움을 주나 다른 경우에는 분리와 유기에 대한 위협을 통제의 수단으로 사용하는 부모에 의해 조장된다(Bowlby, 1988). 저항애착 유형의 아동은 어머니가 방을 떠나기 전부터 불안해하고, 어머니가 방을 나가면 심한 분리불안을 보인다. 이러한 유형의 아동은 어머니가 돌아오면 접촉하려고 시도는 하지만, 안아 주어도 어머니로부터 안정감을 얻지 못하고, 분노를 보이면서 내려 달라고 소리를 지르거나 어머니를 밀어내는 양면성을 보인다(정옥분, 2007).

(4) 혼란애착

이 유형은 최근에 와서 분류되었다(Holms, 2014). 혼란애착(Disorganized Attachment) 유형은 불안정애착의 가장 심한 형태로 회피애착과 저항애착이 결합된 것이다. 유아가 어머니와 재결합했을 때에도, 얼어붙은 표정으로 어머니에게 접근하거나 안아 줘도 먼 곳을 쳐다본다. 안정 유형과 불안정 유형의 구분은 부모가 방으로 들어왔을 때의 유아의 반응에 근거하고 있으나, 이러한 반응은 상황요인의 영향을 크게 받는다. 또한 혼란 애착 유형은 유아 자신의 기질이나 부모의 양육태도 등 여러 요인의 영향을 받는다(정옥분, 2007).

볼비는 주로 환경적 영향의 관점에서 성격발달을 보았는데, 본능이나 유전적 특질보다는 관계를 우선시했다. 즉, 앞의 네 가지의 애착 유형은 영아의 기질이나 본능을 나타내기보다는 서로 나른 상호작용의 결과이다(Holms, 2014). 스누프(Sroufe, 1979) 또한 낯선 상황에서 드러난 '성격형성유형'과 기질을 구별했는데, 기질은 행동의 유사생리학적 형태의 반영인 반면에 성격형성유형은 보다 복잡한 습관적 관계유형을 나타낸다고 했다.

4) 애착형성의 단계

볼비와 아인스워스는 유아기에 나타나는 발달 단계와 관련해 애착의 발달 단계를 전 애착단계, 애착형성단계, 애착단계, 상호관계의 단계로 분류했으며(Goldberg, 2014), 특히 아인스워스(Ainsworth, 1973)의 애착형성 4단계에 대한 설명은 다음과 같다(권중돈, 2014; 정옥분, 2007).

(1) 전 애착단계

전 애착단계(Preattachment Phase: 출생~3개월)에서 영아는 빨기, 젖찾기, 붙잡기, 미소 짓기, 울기 등을 통해 계속해서 대상과 함께 있으려고 한다. 그러나 이 단계에서는 아직 애착이 형성되지 않아서 낯선 사람과 혼자 있어도 영아는 별로 두려워하지 않는다.

(2) 애착형성단계

애착형성단계(Attachment in the Making: 3~6개월)는 애착형성에 있어서 가장 결정적인 시기로, 영아는 친숙한 사람에게만 선택적으로 반응을 보이며, 낯선 사람에게는 부정적인 반응을 보이는 낯가림도 이 시기부터 시작된다. 그러나 낯선 얼굴과 친숙한 얼굴을 구별할 수 있음에도 불구하고 영아는 부모가 자기를 혼자 남겨 놓아도 이 단계에서는 분리불안을 보이지 않는다.

(3) 애착단계

애착단계(Clear-cut Attachment: 7~18개월)에서는 영아가 능동적으로 타인과 신체적인 접근을 하기 시작하며, 9개월경이 되면 부모와 분리하기 싫어하는 분리불안이 나타난다. 분리불안은 모든 문화권에서 보편적인 현상인 것으로 1세 전후에 나타나기 시작해서 15개월까지 지속된다. 분리불안은 애착대상이 눈앞에서 사라져도 계속 존재한다는 대상연속성의 개념을 영아가 획득했다는 것을 의미한다. 레스터 등의 연구에 따르면, 대상영속성 개념을 획득하지 못한 영아는 분리불안을 보이지 않는 것으로 나타났다(Lester, Kotelchuch, Spelke, Sellers, & Klein, 1974).

(4) 상호관계의 형성단계

상호관계의 형성단계(Formation of Reciprocal Relationships: 18개월~2세)인 2세 말경이 되면 영아는 정신적 표상과 언어발달로 인해 이미 애착을 형성한 사람의 행동을 예측할 수 있게 된다. 즉, 어머니가 언제 다시 돌아올지 예측할 수 있으므로 결과적으로 분리불안이 감소한다. 한편, 이 단계에서 유아는 부모의 애착행동을 유발하기 위한 다양한 행동을 시도한다.

볼비는 이상과 같은 네 단계를 거쳐 부모-자녀 간에 형성되는 애착관계는 개인의 성격발달에 많은 영향을 미친다고 보았으나, 볼비의 이론은 발달 단계에 따른 애착형성에 초점을 맞추고 있기 때문에 동일한 연령집단 안에서의 개인차는 간과하고 있다. 이러한 점을 보완하기 위해 아인스워스는 애착을 측정하기 위한 보편적으로 사용가능한 방법으로 '낯선 상황(strange situation) 실험'을 실시했다(정옥분, 2007).

한편, 아인스워스는 영아기에 형성된 애착은 전생애를 통해서 계속되고 가족 이외의 타인과의 관계에서도 애착이 형성될 수 있다고 보았다(Ainsworth, 1989; Hazan & Shaver,

1987). 따라서 애착은 영아와 양육자 간에 국한되지 않고 전생애를 거쳐 발달할 수 있는 애정적 유대관계로 정의할 수 있다.

5) 내적작동모델

볼비는 정신적 표상의 세계에 대한 정신분석적인 이론에 만족하지 못했다. 특히 그는 내면화된 대상관계와 무의식적인 환상이 유아가 현실의 인물들과 경험했던 실제 상호작용에서 비롯되는 것이 아니라 유아의 내면에서 나온다고 보는 클라인학파의 이론을 거부했다. 그는 이후에 인공지능이라고 불리게 되는 분야의 최첨단에서 혁신적인 역할을 했던 케네스 크레이크(Kenneth Craik)가 제안했던 '내적작동모델(Internal Working Model)'이라는 개념에 관심을 가지게 되었다(Bretherton & Munholland, 1999). 한편, 그는 대상과의 관계에서 유아가 하는 행동(붙잡기, 빨기, 힘껏 치기)은 물리적인 세계와 그것에 미치는 자신의 영향력에 대한 지식, 내면에서 '도식(schemata)'으로 저장되는 지식이 된다고 주장한 인지심리학자 장 피아제의 영향도 받았다. 비록 내적작동모델이란 개념이 정신분석의 관점에서 비롯되지만 인지치료 개념에 더 가까울 수도 있다(Beck, Rush, Shaw, & Emery, 1979). 그는 유아가 양육자와 반복적으로 경험하는 상호작용이 작동모델로서 내면에 저장되는 대인간 세계에 대한 지식이 된다고 보았다(Wallin, 2007, 김진숙 외 공역, 2010).

애착이론에 따르면, 인간은 성인의 보호 없이는 생존할 수 없는 매우 오랜 기간 동안의 영유아기를 가지기 때문에 유아가 생존을 높일 수 있는 방법으로 행동하기 쉽다(Goldberg, 2014). 애착이론은 양육자를 현실적인 안전과 심리적 안정을 제공하는 사람으로 본다. 따라서 유아는 돌보는 사람에게 신체적으로 가까이 접근하고, 양육자로부터 보호받을 수 있고 주의를 끌려는 방식으로 행동하는 경향이 있다고 본다(Main, Hesse, & Kaplan, 2005). 이와 같은 과정 동안에 유아의 양육자와의 반복되는 상호작용의 경험들은 내부적으로 저장되고 축적되어 유아가 세상을 이해하는 준거틀이 된다(Wallin, 2007).

볼비는 유아가 어머니와의 상호작용을 통해 자신에 대한 상보적 모형을 구축하는 동시에 어머니가 자신에게 소통하고 행동하는 방식으로 작동모형을 구축한다고 했다. 이러한 작동모형은 생애 첫 몇 년 사이에 만들어져서 곧 영향력 있는 인지구조로 확립된다. 아버지에 대한 모형도 이와 유사하다(Main et al., 1985). 부모와 자기에 대한 이러한 모형이 일단 구축되면 지속되는 경향이 있고, 무의식적 수준에서 작동하게 되는 것은 매우 당연하게 여겨진다(Bowlby, 1988). 볼비는 초기 유아기부터 애착에 대한 개인의 작동모델이 개인에게 이미 반복해서 발생한 양육자와의 상호작용패턴을 인식하고 양육자가 다음에 무엇을 할지를 알게 한다고 했다. 따라서 내적작동모델은 기대와 그 기대에서 나오는 행동에 모두 영향을 주기 때문에 상호작용에 영향을 받을 뿐만 아니라 상호작용에도 영향을 줄 수도 있다(Wallin, 2007). 또한 볼비는 내적작동모델이 고정적인 것이 아니라 영아와 애착 대상, 즉 양육자와의 상호작용적 경험과 변화된 관계나 지각을 통해 지속적으로 개선될 수 있는 잠재력을 가지고 있다고 믿었다. 한편, 그는 내적작동모델이 가끔 변화를 거부하는 경우가 있는데 그 이유는 내적작동모델이 의식적인 자각 밖에서 작동하기 때문이며, 또 부분적으로는 자기보호적인(비록 그것이 자기 패배적이라 할지라도) 방어 때문이라고 했다(Wallin, 2007).

내적작동모델의 발전은 영유아기뿐만 아니라 아동기, 청년기, 성인기, 즉 전생애에 걸쳐 애착발달을 개념화하는 이론적 토대가 되었다. 이는 개인의 발달과 함께 애착대상이 어머니에서 아버지, 교사 그리고 연인과 배우자로 다양하게 확대된다. 이와 같이 전생애적 애착발달의 이론적 토대가 내적작동모델이라면, 이를 경험적으로 가능하게 한 것은 성인애착면접(Adult Attachment Interview: AAI)의 개발이다. 면접방법을 통해 측정된 성인의 인생초기의 애착경험을 면밀하게 분석하면 현재 성인이 가지고 있는 애착발달에 대한 태도를 확인할 수 있게 된다(Wallin, 2007).

6) 정신화

정신화(Mentalization)는 자신의 마음의 상태에 대해 명확히 생각할 수 있는 능력이다(Fonagy & Bateman, 2006). 베이트만과 포나기에 따르면, 내담자가 치료사와 상담을 통해 감정이입적인 경험을 하게 되면, 내담자는 치료사와의 이와 같은 경험을 토대로 좀 더 폭넓은 사회적인 경험을 확장하고자 하는 소망을 발전시킬 수 있다(Bateman & Fonagy, 2004). 치료사에 의해 적용된 정신화 과정에는 정서 인식, 정서가 행동과 경험과 관련이 있다는 것을 통찰하는 것으로 인한 정서의 명백화, 정서적 표현기술 그리고 정서적 통제기술이 포함된다. 이 과정에서 치료사는 현실과 연결하기 힘든 무의식적인 마음의 상태보다는 내담자의 현재의 마음상태에 초점을 둔다. 개인과 가족상담을 통해, 내담자는 자신의 문제로부터 일어나는 불안을 인지하고 수용할 수 있다. 또한 내담자는 점차로 자신의 불안을 원가족과의 애착관계 문제로 인식을 확장한다(Koh et al., 2000).

포나기 등은 정신화가 애착에 절대적으로 중요하다고 주장하면서 애착은 그 자체가 목적이 아니라, 오히려 인간의 생존을 돕기 위해 진화해 온 것이라고 가정할 수 있는 표상적 체계를 만들기 위해 존재하는 것이라고 했다(Fonagy, Gergely, & Jurist, 2018). 내적 작동모델에 대한 메인(Main)의 이론과 일관되게 포나기는 초기 애착 경험의 표상에 있어서 중요한 것은 우리가 자신의 경험, 특히 감정이 담겨 있는 경험을 엄밀하게 탐색할 수 있게 해 주는 정신화 능력의 정도라고 했다(Wallin, 2007).

4. 치료사의 역할

애착심리치료에서 치료사의 역할은 관계의 최초 단계부터 분리에 이르기까지 아이에 대한 엄마의 역할과 많은 공통점이 있다. 애착심리치료사는 치료적 관계를 포함해 내담자의 과거와 현재 관계에 특별한 관심을 가지고 있어야 하며, 볼비는 내적작동모델을 구성하는 기대와 가정 및 능력의 형성에서 관계의 질과 일관성이 외상적 사건만큼 중요하거나 혹은 그보다 더 중요하다고 보았다. 따라서 치료사는 내담자의 관계의 질에 세심한 관심을 기울여야 한다. 즉, 내담자가 안정적, 저항적, 회피적, 혹은 혼란된 애착 유형을 보이는지, 그리고 이와 같은 유형이 어떻게 경험되고 실행되는지를 주목해야 한다. 볼비는 내담자와 치료사 사이가 위계적이기보다 동등한 협력관계여야 하며, 비처방적이고 비논쟁적이야 한다고 했다(Gomez, 2002). 볼비는 다음과 같은 치료사의 다섯 가지 역할에 대해 언급했다(Bowlby, 1988).

- 치료사는 내담자에게 안전기지를 제공한다.
- 치료사는 내담자가 삶 속에 존재하는 중요한 인물과 관련되는 패턴을 탐색할 수 있도록 돕는다.
- 치료사는 내담자가 자신에 대한 애착인물의 느낌과 행동을 어떻게 인식하고 해석하며 기대하는가를 이해할 수 있도록 돕는다.
- 치료사는 내담자에게 어떻게 정서와 행동과 관련된 현재의 인식과 기대가 어린 시절 사건의 결과가 될 수 있는가에 대해 생각할 수 있도록 격려한다.

- 치료사는 내담자에게 자신과 타인에 대한 이미지(또는 모델)가 현재와 미래에 적절할 수도 또는 적절하지 않을 수도 있다는 것을 인식할 수 있도록 격려한다.

5. 볼비와 애착중심 가족치료

볼비는 방대한 연구를 했지만 대부분이 이론적 연구였고 순수한 임상 연구는 단 한 편 '가족 내 집단 긴장의 감소에 관한 연구(The study and reduction of group tensions in the family)'(Bowlby, 1949)가 있을 뿐이다. 볼비는 학업부진현상을 보이는 소년을 2년 간 개인치료를 했는데 전혀 진전이 없었고 소년은 점점 더 저항적인 태도를 보여서 개인치료의 한계를 경험했다. 그 이후 절망한 볼비는 소년과 그의 부모 그리고 한 사회사업가를 치료에 참가시키는 집단치료를 실시했는데, 이 회기에서 부모와 소년이 서로를 이해하는 시간을 가지면서 부모는 소년에게 자신들의 방식이 잘못되었음을 인정했다. 이것이 이 사례의 전환점이 되었다. 이 한 사례의 경험을 통해 볼비는 서로 갈등을 일으키는 부분을 좀 더 자유스럽게 의사소통할 수 있게 함으로써 마침내 타협과 수용에 이르게 하는 가족치료 방식의 개념을 수립했다. 볼비는 이후에 가족치료를 구체적으로 다루지는 않았지만 타비스톡 클리닉에서 가족을 함께 보았다. 그 후에 그레고리 베이트슨(Gregory Bateson)의 팔로알토 그룹과 함께 가족 및 가족치료의 창안자라는 점에서 높이 평가받았다(Holms, 2014).

6. 사례[1]

내담자는 대기업에 다니는 31세의 미혼 남성으로서 중학생 때 부모가 이혼해 아버지, 누나와 함께 살았다. 누나는 결혼해 분가했고, 현재는 내담자 혼자 살고 있다. 내담자는 최근에 여자친구와 헤어지고 나서 극도의 불안을 느끼며 결혼할 수 없을 것 같은

1) 이 사례는 Koh, E. K., Park, T. Y., & Park, Y. H. (2020). Attachment and Romantic Relatioships Dissolution: A Case Study of Family Therapy. *Australian and New Zealand Journal of Family Therapy, 41*(4), 393–410에서 발췌했다.

두려움을 가지고 있었다. 내담자는 이별 후 6개월 이상 술, 폭식, 포르노에 의존하고 있었다.

내담자의 어머니는 친정 어머니에 대한 애착이 없었고, 원가족에서 기능적인 의사소통 방식을 전혀 배우지 못했다. 어머니는 내담자와 누나를 임신했을 때 시댁으로부터 받은 스트레스로 인해 극심한 불안과 우울증을 경험했다. 내담자는 불안정한 어머니로부터 과잉보호와 무관심, 학대, 방임을 모두 경험했다. 내담자와 누나는 모두 불안이 높고 자존감이 낮았다. 내담자의 어머니는 4명의 형제의 사망으로 인해 높은 불안감을 가지고 있었는데 특히 내담자가 천식으로 숨이 차자 그가 죽을까 봐 극도로 불안했다. 하지만 어머니는 내담자를 폭행하는 것으로 자신의 불안을 다스렸고, 그 결과 내담자는 매우 산만했다. 내담자는 어렸을 때 어머니에게 짜증을 내는 것으로 불안과 회피애착을 나타냈다. 어머니 또한 자신의 불안과 회피애착을 다른 사람에게 화를 내는 것으로 표현했다. 어머니는 매일 음수를 하는 내담자에게 잔소리를 했는데, 술을 마시는 내담자의 모습에서 전남편과 시아버지를 연상했다. 내담자와 아버지는 모두 알코올중독자였다. 내담자의 아버지는 집에서 술을 마시면서 자신을 패배자라고 불렀다. 내담자 또한 술을 마시고 친구들에게 하소연을 했는데 많은 친구들이 결국 그와 관계를 단절했다. 내담자는 여자친구와 헤어진 후 아무도 자신과 사귀거나 결혼하지 않을 것이라고 생각했다. 어머니와 누나는 내담자가 술에 많이 의존하고 무기력한 것을 보고 불안했다. 어머니는 자신이 남편과 시댁문제로 너무 힘들어 내담자와 딸을 제대로 돌보지 못해 불안했다고 했다. 부모 모두 내담자가 의지가 약하다고 보았고, 내담자를 신뢰하지 않았다.

다음은 이 사례에 대한 치료 과정으로서 문제 파악, 치료 목표, 치료 과정에 대해 살펴보겠다.

1) 문제 파악

이 사례에서 내담자의 애착문제를 애착경험과 애착 트라우마 사건을 기반으로 한 4개의 개인발달 단계 과정을 중심으로 설명할 수 있다.

(1) 유아기: 내적작동모델의 형성
내담자의 어머니는 내담자를 임신했을 때 몹시 불안했고, 내담자가 어렸을 때 아버지가 해외에서 근무를 했기 때문에 어머니는 자녀들을 혼자 키워야 했다. 내담자의 어머니는 시댁 식구들과의 갈등으로 높은 수준의 우울, 불안, 무기력, 스트레스를 겪었다. 어머니는 "매일 울었어요. 늘 처져 있고 아이들 밥만 먹이고 그냥 하루하루 그렇게 지냈던 것 같아요."라고 회상했다. 어머니는 매우 우울증이 심했고, 어머니의 차가움과 무관심으로 인해 내담자는 정서적으로 방임되었다. 내담자에게 무관심하고 일관되지 않은 태도를 보였던 어머니는 아버지가 해외에서 돌아오자 내담자에게 관심을 주지 않았다. 그렇게 내담자는 폭력적인 아버지와 무관심하고 강박적인 어머니의 비일관적인 양육을 받았다.

> 어머니: 아이를 임신했을 때 매일 눈물이 나고 죽고 싶었어요. 아이들이 부정적 영향을 받은 것 같아요. 너무 힘들고 불안해서 아이들을 제대로 돌볼 수가 없었어요.
>
> 내담자: 내가 어머니와의 분리에 대한 불안이 높았고 어머니와 떨어져 있을 때마다 많이 울었다는 얘기를 들었어요. 아버지는 제가 고집이 세다고 저를 좋아하지 않으셨어요. 아버지는 화를 내시며 그만 울라고 했어요.

(2) 유년기: 안전기지의 부재

내담자의 아버지는 아내와 자녀들에게 신체적·언어적 폭력을 사용했다. 어머니는 시부모와 남편과의 갈등으로 인한 스트레스와 불안을 해소하기 위해 자녀들과 불안한 애착관계를 형성했다. 어머니는 불안했으며 스스로 감정을 통제할 수 없었다. 예를 들어, 어머니는 자신의 친정아버지가 했던 것처럼 내담자를 묶어서 폭행했다. 내담자는 유년시절에 부모의 정서적·신체적 학대로 인해 부모로부터 안전기지를 경험하지 못했다.

> 내담자: 어렸을 때부터 부모님 관계가 좋지 않았어요. 행복하다는 생각을 하지 못했어요. 내 생각에 우리 어머니는 극도로 불안하셨고 어머니의 말은 나를 불안하게 했어요. 아버지는 나를 방에 가두어 놓고 공부하라고 강요했어요. 아버지의 기대에 미치지 못하면 때리고 한숨을 쉬셨어요. 나는 매우 불안했죠. 아버지는 집에 돌아오면 술을 마시고 안방 문을 세게 닫으셨어요.
>
> 어머니: 아들이 다섯 살 때 전남편이 아들을 많이 혼냈죠. 아들이 아빠에게 혼나면 나에게 더 안겼어요.
>
> 내담자: 어렸을 때 엄마가 제가 원하는 것을 이해해 주지 않아 좌절감을 느꼈어요. 나는 항상 어머니가 내가 무엇을 하기를 원하는지 혼란스러웠어요. 우리는 서로 직접적으로 표현하지 않았고 누

나를 통해 의견을 전달했어요. 부모님이 다투실 때도 나는 종종 중간에 껴 있었어요.

(3) 청소년기: 불안정한 애착체계의 악화

내담자의 부모는 내담자가 어렸을 때부터 끊임없이 부부싸움을 했고, 결국에 내담자가 중학생 때 이혼했다.

> 내담자: 이혼할 때까지 매일 마찰이 있었고, 부모님이 항상 나 때문에 싸웠다고 하셔서 죄책감을 느꼈어요. 부모님이 이혼했을 때 제가 심각한 역류성 식도염에 시달렸어요. 정말 죽고 싶었어요. 우리 엄마는 나를 버렸고 그 이후로 나는 혼자서 야생에서 살아남아야 했어요.

부모와의 반복적인 부정적인 경험으로 인해 내담자는 인간관계가 두려웠고, 반복적인 애착 드라마는 불안한 애착관계를 더욱 강화시켰다. 내담자는 애착관계에 긍정적인 변화를 가져올 수 있는 관계 경험이나 삶의 사건의 경험이 없었다. 청소년기에 내담자는 학교에서 긍정적인 친구관계를 맺지 못했고, 고등학교 시절에는 학교 내 집단따돌림을 당했다.

(4) 성인기: 애착패턴의 고착

어린 시절 형성된 내담자의 부정적인 내적작동모델은 내담자가 성인이 된 후에도 계속해서 대인관계, 특히 이성관계에 영향을 미치고 있었다. 내담자는 이성관계에서 지나치게 밀착된 관계를 추구했으나 애인에게 자신의 감정을 표현하는 것을 두려워했다. 내담자는 '집착 → 분노 → 속으로 삭이기 → 감정 폭발'의 과정을 반복하다가 결정적으로 자신이 필요로 할 때 애인이 곁에 있지 않으면 이별을 결심했다. 그리고 애인과의 이별은 내면화된 과거 관계의 틀로 조명되어 내담자를 더욱더 부정적인 감정에 빠지게 했다. 내담자의 삶에서 고통스러웠던 다양한 상실이 그의 현재 경험에 의해 작동되었다. 이처럼 어머니와 불안정한 애착관계를 경험한 내담자는 애인과의 이별로 인해 자신의 불안을 증폭시키면서 내담자를 더욱 무기력하게 했고, 결국 내담자는 술, 폭식, 포르노에 의존했다고 볼 수 있다.

> 내담자: 저는 여자친구를 계속 보는데 그 애는 저를 안 보는 것 같고, 저는 그 애한테 즉각 반응하는데 여자친구는 제가 스무 번, 서른 번 전화해도 안 받을 때가 있어요. 저는 그럴 때 엄청 불안하

거든요. 참다 참다가 결국 폭발하고 나서 헤어져요. 이번여자친구도 되게 좋아했는데, 6개월 만에 헤어졌어요. 불안해서 못 견디겠다 헤어지자고…… 패턴이 똑같았어요. 서로 연락이 안 되는 상황에서 그 친구는 전혀 불안해 하지 않는데 저는 그 불안을 못 견디겠더라구요. 여자친구가 옆에 있고, 누군가 옆에 있어서 안정이 됐다 싶을 때는 에너지도 넘치고 공부도 하고 운동하고 그러는데 이제 내 옆에 아무도 없다 싶을 때는 막 먹기만 하고 확 무너져요.

내담자에게 있어서 연애 상대와 헤어지는 것은 그가 유아기에 애착을 가진 인물과의 관계와 그에 따른 감정을 재경험하는 것으로 볼 수 있다.

2) 치료 목표

치료 목표는 내담자로 하여금 치료사가 불신, 분노, 죄책감, 슬픔을 포함한 내담자의 감정을 충분히 이해할 것이라는 믿음을 갖고 자신의 상실감에 대해 표출할 수 있도록 돕는 것이다. 치료사는 내담자에게 수용적인 환경을 제공하고 보듬어 주는 역할을 하며, 궁극적으로는 내담자의 어머니와 누나가 이와 같은 역할을 하도록 돕는 데 있다.

3) 치료 과정

(1) 새로운 안전기지 제공

치료사가 내담자에게 안전기지의 제공자로서의 역할을 함으로써 내담자는 변화를 하기 시작했다.

내담자: 옆에 아무도 없어서 외롭다는 느낌을 어떻게 표현해야 할지…… 제가 힘들 때 누군가가 옆에서 보듬는 말 한마디만 해 주어도 훨씬 덜 불안해요. 하지만 감옥에 있는 것 같아요. 이야기를 하고 싶은데 말할 곳이 아무데도 없어요. 친구들은 네가 뭐가 힘드냐는 식으로 말하고, 탈출구가 여자밖에 없다고 생각했어요. 하지만 상담받으러 와서 편하게 이야기해요. 제 외로움을 이해하는 사람은 없다고 생각했어요. 여기에서는 내가 겪은 어려움을 이야기하는 것이 안전하다고 느껴져요. 처음 상담을 시작할 때는 매일 술을 마셨는데 지금은 술을 마시지 않고 올 수 있어요. 무슨 이유인지는 모르겠는데 상담을 시작한 이후로 불안한 감정이 거의 사라졌어요.

어머니와 누나는 내담자의 문제가 부모의 결혼관계와 부모-자녀와의 갈등에서 비롯되었음을 인식했다. 그 후, 어머니와 누나는 내담자와 진솔한 대화를 나눔으로써 내담자에게 안전한 기지를 제공했다.

> 어머니: 내가 아들에게 마음을 연 후로 아들도 마음의 문을 열기 시작했어요. 이제야 내 아들을 알게 된 느낌이 들어요.
>
> 내담자: 지난주에는 술을 한 번도 안 마셨어요. 이번 월요일에 출근할 때에는 불안이 덜 했어요. 심지어 아침에 한 시간 동안 공부와 운동도 했어요. 왠지 모르게 불안한 게 좀 나아졌더라구요. 마음 답답한 게 좀 없어진 것 같고 살 만했어요.

(2) 정신화

정신화(Mentalization)는 자신의 심리 상태에 대해 명시적으로 생각하는 능력을 가리킨다(Fonagy & Bateman, 2006). 베이트만과 포나기에 의하면, 치료사와의 공감적 역동을 통해 이해되는 내담자의 경험은 내담자가 그러한 경험을 보다 광범위한 사회적 경험으로 확장하는 데 도움을 줄 수 있다(Bateman & Fonagy, 2004). 치료사가 사용한 정신화의 세부사항은 다음과 같다. 감정에 대한 통찰을 통한 감정의 해소과정은 행동과 경험, 감정표현, 정서적 통제기술을 포함한다. 이 과정에서는 현실과 연결되기 어려운 무의식적인 심리상태보다는 내담자의 현재의 심리적 상태에 초점을 두었다. 개인상담과 가족상담을 통해 내담자는 자신의 관계 해체로 인해 야기된 불안감을 더 명확히 인식하고 받아들일 수 있었다. 내담자는 불안에 대한 인식과 애착관계의 해체에 대한 이해를 점차적으로 확장했다. 그는 스트레스적 상황에서 안정을 얻기 위한 대체전략으로 애인들을 추구했다는 것과 이와 같은 대체전략이 결국 내담자의 연애관계의 해체를 가져왔다는 것을 인식했다. 치료사는 내담자가 자신의 불안을 인식하도록 도왔고, 내담자는 궁극적으로 자신의 성인애착 유형을 유지하려고 하는 왜곡된 전략을 극복하려고 시도했다.

> 내담자: 제가 남들보다 외로움을 더 느끼고 불안하다는 걸 일단 인정을 해야 하죠? 나는 왜 이런 걸까 생각하면서 인정하지 못하고 있었거든요. 그래서 더 불안했고.

3) 새로운 관계 경험의 촉진

치료사는 내담자가 자신의 감정을 받아들이고 유연하게 대응함으로써 기존의 관계 패턴을 넘어 새로운 감정과 대인관계를 경험할 수 있도록 도왔다. 이것은 내담자가 치료적 관계를 통해 다른 관계의 변화를 유도함으로써 내담자의 내적작동모델을 수정하도록 돕기 위한 것이다. 치료의 종결단계에서 내담자는 처음으로 아버지와 진술한 대화를 나눴다.

> 내담자: 전화로 내가 겪고 있는 어려움에 대해 아버지와 많은 이야기를 했어요. 내가 얼마나 외로운지 그리고 포르노에 중독되어 있다는 것도 말했어요. 아버지와 이야기할 때 처음으로 편안함을 느꼈어요. 아버지도 저에게 공감하고 인정해 주셨어요. 아버지가 "우리(부모)가 너의 외로움과 힘들게 한 것에 책임이 있다. 가족이 네가 힘든 것을 이해해야 하는데 우리의 역할이 부족했어. 그래서 네가 힘들었겠다. 네가 잘못한 것이 아니야!"라고 말했어요. 예상치 못했던 말이에요. 아버지가 정말 공감을 많이 해 줬어요.
>
> 상담자: 내가 아빠라면 내 아들이 나를 믿고 자신의 어려움에 대해 말해 줘서 고맙다고 생각했을 거예요. 아버지에게 말한 것 때문에 아버지가 마음 상하실 것은 염려하지 않으셔도 될 거예요.
>
> 내담자: 네. 나중에 만나면 저를 포옹해 주겠다고 이야기했어요. 제가 자책감과 답답한 감정이 있었지만, 아버지가 "네가 그렇게 느끼는 이유를 이해한다"라고 말해 줬을 때 정말 이해받는 느낌을 받았어요. 그리고 누나가 나를 돌봐 준다고 느껴질 때 덜 외로웠어요. 누군가가 내 마음을 알아주고, 나 혼자 잘못해서 일어난 것이 아니라, 어머니, 아버지, 누나 또한 나처럼 외로웠다는 것을 알게 되었어요."

내담자, 어머니, 누나가 참여한 상담회기에서 치료사는 내담자가 과거의 경험과 느낌에 대해 가족에게 편안하게 이야기할 수 있도록 도왔다. 또한 치료사는 가족구성원들이 새로운 의사소통 방식을 개발하고 사용할 수 있도록 개입했다.

> 치료사: 어머니, 누나 그리고 내담자님의 대화에서 약간의 변화를 발견했어요. 어머니와의 상담에서 (어머니에 대한) 감정이 덜 힘들다고 느껴지지 않으셨나요? 긴장한 관계가 느슨해지죠. 이러한 새로운 관계 패턴이 다른 대인관계에서도 적용될 수 있어요. 쉽지 않지만 계속되는 연습을 통해 연애관계를 끝내는 것과는 다른 방식으로 연애 위기에 대처할 수 있게 되죠.

내담자: 어머니는 내가 무언가에 대해 이야기할 때 해결책을 제시하려고 해요. 나는 어머니의 말을 거부했어요. 왜냐하면 감정이 느껴지지 않았기 때문이에요. 나를 전혀 이해하려고 하지도 않는 것처럼 보였어요. 해결책을 제시해야 한다고 생각하시는 것 같아요. 이야기할 때 생각나는 대로 해결책을 내뱉어요.

누나: 어머니는 저에게 공감하는 대신, 제가 하는 말에 대해 이상한 결론을 내려요. 어머니는 누구와도 긴 대화를 나눌 수 없어요. 절대 공감하지 않아요. 반면에, 아버지는 다른 사람을 즐겁게 하시려고 간접적으로 표현하셨어요. 별로 칭찬할 만한 것이 아닌 것에도 지나치게 칭찬하시고, 그리고 나서 상대방이 자리에 없을 때에 "이 사람이 정말 칭찬받을 만한가?"라고 얘기해요. 엄마는 아빠의 그런 이중성을 싫어하셨어요. 어머니는 단순하고 거짓말을 할 줄 몰라요.

어머니: 남편은 내가 자기를 좌절시킨다고 이야기했어요. 내가 맞는 말을 해도 따르기 힘들다고 해요. 왜 좌절했는지 이해하지 못했는데 이제야 이해할 수 있는 것 같아요. 내가 아이들에게 공감해 주시 못한 것도 알게 되었어요. 애들이 걱정거리를 이야기하면 공감하기보다는 더 긴장하고 그것을 표현했어요. 유머스럽고 얼굴도 두꺼워져야 할 것 같아요. 제가 그동안 잘못한 것 같아요."

치료사: 저는 어머님이 잘못했다고 생각하지 않아요. 다만 남편과의 의사소통 방식이 효과가 없었을 뿐이죠. 문제는 아들로부터 남편의 모습을 본다는 것이에요.

어머니: 맞아요. 둘이 비슷해요. 제가 공감해 줄 수 없었어요.

치료사: 그런 방법을 모르셨죠. 친정어머니가 어머니를 수용하지를 못하셨어요. 그리고 차갑고 냉정한 친정어머니로부터 공감할 수 있는 대화를 할 기회가 전혀 없으셨구요.

어머니: 맞아요. 어머니에게 받아들여지지 않았어요. 대화하는 방법을 배우지 못했고, 너무 융통성이 없었죠.

치료사: 내담자님은 어머니의 말씀을 들으면서 어머니를 더 잘 이해할 수 있으셨나요?

내담자: 이해했지만 어떻게 해야 할지 몰라서 회피했어요. 적어도 이 상담이 우리가 새로운 의사소통 방식이 필요하다는 것을 깨닫게 하는 데 도움이 되어 기뻐요. 어머니가 노력하실 거라고 믿어요. 그리고 저도 어머니와 잘 지내기 위해서 노력하고 있어요.

내담자: 이번 주에 어머니에게 내가 평안한 기분이 어땠는지 어머니에게 설명하고 있었는데 내 말을 자르셔서 "엄마, 말 자르지 말고 들어주세요"라고 말했지만 여전히 내 말을 잘라 버렸어요. 그 순간 기분이 상하고 더 이상 말하고 싶지 않았어요. 대화를 하고 싶었는데, 미안한 감정이 들고 어머니를 불편하게 만들었다는 것을 깨달았어요. 쉽지는 않을 것 같지만 이런 것들을 알게 되면 점점 변할 것 같아요.

내담자: 어머니가 노력한다는 것을 느낄 수 있어요. 며칠 전에 월세에 대해 물어봤을 때 전과는 완전히 다른 반응을 보이셨어요. 어머니가 좀 더 마음을 쓰시고 잠시 멈춰서 반응하는 노력을 한다고 느껴져요."

어머니: 일부러 시도한 게 아니고 그냥 한 거야.

누나: 하하! 어머니가 익숙해졌다고 생각해요. 동생이 감동받았어요.

치료사: 오늘 어머니와 이야기할 때 차이가 있었나요?

내담자: 어머니가 대화를 끊지 않으려고 의식적으로 노력하시는 것 같아요. 그래서 오늘은 어머니에게 실망하지 않았어요.

누나: 너가 힘들었을 때 감싸 주는 사람이 있었으면 그렇게 불안해 하지 않았을 텐데. 우리가 널 그렇게 해 주지 못했어. 소통이 잘 되면 마음이 편해질 것 같아요.

내담자는 치료사, 부모 및 누나와의 새로운 관계경험을 통해 자신의 심리, 가족관계, 대인관계에 대해 통찰하게 되고, 한편 새로운 의사소통 방식을 통해 자신의 삶의 패턴을 변화시키기 시작했다.

7. 요약

볼비는 프로이트를 제외한 다른 어떤 정신분석가보다 영국 사회에 더 많은 영향을 미쳤다. 그가 강조했던 것은 내적 현상보다 사건과 외적인 삶, 주요 인물의 부재가 영유아에게 미치는 측정가능하고 행동적인 영향이었다. 그는 다른 어떤 외상들보다도 모성의 박탈이라는 외상을 유아발달에 미치는 가장 중요한 요인이라고 보았다(Gomez, 2002). 볼비는 치료사들에게 진화의 맥락에서 인간발달을 보아야 하는 중요성을 깨닫게 해 주었으며, 아동의 행동을 이해할 수 있는 새로운 시각을 제공했다. 특히 볼비는 아동수용시설에서 거주한 아동이 수용시설의 결핍으로 인해 발생되는 해로운 영향과 아동격리로 인한 잠재적인 문제를 처음으로 인식한 인물이다(정옥분, 2007). 한편, 애착이론은 행동과 감정의 심리생물학적 결정요인에 대한 연구에서 매우 중요한 토대를 제공하고, 다양한 이론적인 접근과 전문적인 접근에 사용될 수 있는 준거들이다. 따라서 볼비는 정신분석 내부와 외부에 존재하는 관점의 통합을 위한 기초를 제공했다(Gomez, 2002).

마이클 루터는 볼비의 애착이론이 다음과 같은 점에서 친밀한 관계에 대한 이해를 확장해 주었다고 했다(Rutter, 1995). 첫째, 애착을 친밀한 관계의 다른 측면과 명확하게 구분했다. 둘째, 애착을 일생을 거쳐 확장되는 현상으로 보았다. 셋째, 애착을 적절한 생물학적 맥락에 두었다. 넷째, 초기 경험이 이월될 뿐 아니라 변할 수 있다고 했다. 다섯째, 초기 불안정한 애착이 이후의 정신병리학과 관련될 수 있다는 것을 제안했다(Goldberg, 2014).

하지만 볼비의 애착이론의 단점으로 다음과 같은 점을 들 수 있다. 첫째, 연구대상을 유아기에만 한정했다는 점을 들 수 있다. 둘째, 전통적인 동물행동학적 개념을 인간의 행동에 적용하는 범위가 명확하지 못하다는 점이다. 다시 말해, 인간의 본능에 영향을 미치는 요인으로서 대상관계 요인 외에 또 다른 요인에 대한 설명이 부족하다. 셋째, 애착 유형을 설명하는 데 있어서 유아의 기질적인 면은 고려하지 못했다(정옥분, 2007). 넷째, 애착이론은 너무 행동지향적이라서 개인의 주관적 세계를 세내로 다루지 못했다(Gomez, 2002).

최근의 애착이론은 애착 유형 혹은 패턴, 대상관계 그리고 자아상태가 애착과 관련한 개념화를 확대하는 차원에서 신경과학의 관점으로 확대되었다. 예를 들어, 쇼어(Schore, 2003a; 2003b)는 어떻게 과다각성 자아상태가 시상하부뇌하수체부신계의 과다활성화로 발생하는지를 보여 주었다. 이러한 신경의 조건들이 스트레스 받는 가족 역동을 설명할 수 있게 되었고, 이러한 발견은 부부와 가족들이 어떻게 상호작용하는가에 대한 우리들의 이해에 충격을 주었다. 쇼어와 쇼어(Schore & Schore, 2014)는 유아의 초기 관계 경험이 오른쪽 뇌 성숙에 영향을 줄뿐만 아니라 이후의 사회정서적인 단서를 제공하고 스트레스 통제에 영향을 미친다는 사실로 인해 이 두 사람이 조절이론(regulation theory)과 정서조절치료(affect regulation therapy)를 발달시켰다고 했다. 쇼어와 쇼어는 애착관계가 발달하는 신경과 생물학적 수단 때문에 과학에 이용 가능한 뇌-정신-신체 발달의 가장 복잡한 애착이론을 발표했다(Schore & Schore, 2014). 예를 들어, 정서관리는 자녀의 오른쪽 뇌 발달을 형성하는 "하위조절" 부정적 정서상태와 "상위조절" 긍정적 정서 모두 어머니와 양육자로서 각인된다(Schore & Schore, 2014, p. 184). 골드스타인과 타우(Goldstein & Thau, 2004)는 뇌기능이 부부에게 어떻게 영향을 미치는지를 보여 주었다. 이 두 연구자는 임상을 통해 각성상태를 인식할 수 있도록 격려했는데, 결국 이와 같은 인식이 언어적 비언어적 단서를 알아차릴 수 있게 한다. '정신화(mentalization)'란 "타자와 자아에 대한 상상적인 정신활동의 형태", 즉 의도적인 정신상태의 말로서 인간행동을 감지하고 해석하는 능력을 의미한다(Bevington, Fuggle, Fonagy, Target, & Asen, 2013). 긍정적인 인간 상호간의 관계를 촉진하는 정신화치료(mentalization-based therapies)는 애착이론과 정서적 신경과학으로부터 나왔다(Goldenberg et al., 2017).

휴즈는 학대받고 방임되었다가 위탁가정이나 양육가정에서 자란 아이의 치료를 위해 볼비의 애착이론과 상호주관성을 연계해 애착중심가족치료모델을 개발했다(Huges, 2011). 그는 애착중심 가족치료의 목표를 각각의 가족구성원이 일관성 있는 자서전적인 이야기를 구성하기 시작하는 안전한 기지와 안전한 천국을 제공하는 것이라고 보았다. 가족구성원이 가족 맥락 안에서 창조된 상호주관적인 경험들에 참가하면서 가족구성원의 이야기는 점차적으로 상당한 수준에서 일관성을 가지게 된다(Hughes, 2011: 노경선 역, 2017). 이처럼 볼비의 애착이론은 취약점 또는 단점을 가지고 있음에도 불구하고 심리치료에 엄청난 기여를 했고, 뇌과학, 신경과학 그리고 가족치료와 연합해 더 폭넓게 확장되고 있다.

제6장
보웬의 가족체계이론

1. 이론적 배경

대부분의 초기 가족치료 이론가는 통찰보다는 행동에 관심을 두었고, 이론보다는 기법에 더 치중을 했지만, 머레이 보웬(Murray Bowen)은 기법보다는 이론에 더 관심을 두고 연구를 했다. 특히 보웬, 보스조메니-내기 그리고 프라모는 다세대 가족치료의 개척자들이다. 이 세 인물 모두 정신분석학적으로 훈련받았으며, 그들의 이론적인 개혁은 조현병과 다른 심각한 정신질환을 가진 가족들과의 작업에 의해 형성되었다. 이 세 인물은 각각 핵심적인 접근법으로서, 보웬은 가족체계치료, 보스조메니-내기는 맥락적 가족치료, 프라모는 원가족치료라는 접근법을 개발했다(Skowron & Farrar, 2015). 이 중에서 보웬의 세대 간 치료는 가족이나 가족치료에 관한 것이라기보다는 인간 존재의 본성에 관한 것이라고 할 수 있다(Friedman, 1991).

보웬의 이론은 치료사가 인간의 진화와 모든 생태체계의 특징을 고려하는 폭넓은 인식을 가지고 상담하라고 권한다. 이를 위해 치료사는 현재의 증상 또는 문제를 더 잘 이해하기 위해 3세대 정서과정을 고려해야만 한다. 치료 과정은 내담자의 현재 행동이 다세대 과정과 그 결과로 나타나는 가족역동과 어떻게 관련되는지를 인식시키는 것이 포함된다. 내담자 변화를 촉진하기 위한 치료사의 기본적인 도구는 자신의 분화 수준, 즉 타인과 자신을 구분할 수 있는 능력과 대인관계 불안을 조절하는 능력이다(Gehart,

2016).

보웬의 자연체계이론 혹은 가족체계이론 혹은 보웬이론은 정신역동이론과 가족치료 이론을 연결하고 있다. 보웬은 진화의 원칙과 진화하는 존재로서의 인간에게 적합하게 설계된 이론을 개발했다(Kerr & Bowen, 1988: 남순현, 전영주, 황영훈 공역, 2005). 다른 인공두뇌학에 기초한 가족체계이론과 구별하기 위해 자연적 체계이론(natural systems theory)이라고 불리는 보웬의 가족체계이론은 인간가족을 살아 있는 체계의 한 유형으로 보는 생물학적 관점에서 유래되었다. 보웬은 자신의 이론을 자연체계이론 혹은 가족체계이론으로 지칭했다가 인생 후반기에 보웬이론으로 변경했다(Becvar & Becvar, 2013). 여기서는 보웬의 가족체계이론으로 지칭하겠다.

보웬은 가족을 서로 맞물린 관계망인 정서적 단위로 개념화했고, 다세대적 혹은 역사적인 틀을 가지고 분석할 때 가장 잘 이해된다고 생각했다. 그의 이론적 그리고 치료적 기여는 개인에 대한 과거 가족관계의 중요성을 강조하는 심리내적 접근법가 현재 구성되고 다른 사람과 현재 상호작용하는 것으로서의 가족단위에 초점을 두는 체계적인 접근법을 연결했다는 점이다(Goldenberg, Stanton, & Goldenberg, 2017).

보웬은 대부분의 정신분석적 개념이 지나치게 개인적이며, 가족의 언어로 전환될 수 없다고 보았다. 그는 무의식적인 동기와 같은 개념을 가족상호작용에 적용하려는 시도를 하지 않았다. 그는 모든 인간행동 밑에 있는 충동적인 힘은 가족생활의 감추어진 변화와 소원한 관계와 밀착된 관계를 위한 가족구성원 사이에서 동시에 발생하는 밀고 당기는 힘으로부터 나온다는 것을 믿었다(Wylie, 1990). 보웬은 2개의 생명력(가족이 함께하는 것과 개인의 자율성에 대한 균형)을 유지하려는 시도가 모든 인간의 핵심 문제라고 보았다. 이 두 생명력 사이에서 성공적으로 조화를 이루는 사람들은 자신들을 개인들로서 충분히 구별하면서 사랑하는 사람들과 친밀감을 유지할 수 있다(Goldenberg et al., 2017).

가족체계이론의 초점은 대부분의 가족치료의 이론들보다는 더 포괄적이나 실제 치료 단위는 더 적다. 가족체계이론에서는 가족을 정서적 체계로 보았고 이 체계는 핵가족과 확대가족으로 구성된다. 보웬은 정신분석적 개념인 '미분화 가족자아덩어리'라는 용어를 체계론적인 개념인 '융합과 분화'의 용어로 대체했다. 자아분화의 개념은 가족체계이론의 핵심적인 개념으로서 가족체계이론의 치료 목표는 개인의 불안 수준을 감소시키고 자아분화를 높이는 데 있다.

보웬의 가족체계이론은 다세대 가족치료 이론에 속하는 것으로, 다세대주의자들은 현재의 가족문제가 원가족과의 해결되지 못한 문제가 반영된 것으로 본다. 이것은 현재의 문제가 이전 세대에서 해결되지 못하고 다음 세대에 유지되어 세대를 통해 전수된다는 것을 의미한다. 현재의 핵가족의 애착 형성, 친밀감 형성, 및 갈등 해결 방식 등은 그 이전의 원가족과 관련이 되며, 따라서 해결되지 못한 원가족 문제는 그 이후의 세대에서 증상 행동이 나타난다고 볼 수 있다. 이 이론은 내력에 많은 의미를 부여하기 때문에 다세대 가족치료라고 불린다.

2. 머레이 보웬의 생애

머레이 보웬(Murray Bowen, 1913~1990)은 테네시 농촌지역에서 결속력이 강한 대가족의 장남으로 태어났다. 그는 의과대학을 졸업한 후 인턴생활을 마치고 5년간 군 복무를 했다. 그는 13년간 개인 분석을 포함한 철저한 정신분석 훈련을 받았다. 그럼에도 불구하고 그는 정신분석이론이 조현병 환자들이 경험하는 감정적 문제를 설명하는 기초는 되지만 정서적으로 심각한 문제를 가진 환자들의 치료에는 효과적이지 못하다는 것을 발견하고 조현병 환자들의 치료를 위해서 가족체계이론을 정립해 나갔다. 보웬은 조현병 환자의 증상이 개인의

[그림 6-1] 머레이 보웬

문제로 인해 발병하기보다는 어머니와의 관계로 인해 발생한다는 것을 이해하게 되면서 조현병 환자뿐만 아니라 환자와 어머니의 관계로 관심을 확장했다. 그는 메닝거클리닉에서 1954년까지 모자공생 관계에 대한 연구를 했는데, 이 연구에서 그는 반복적인 관계유형을 관찰하게 되었다. 즉, 그는 조현병 환자인 자녀와 어머니의 관계가 가까워졌다가 멀어지는 주기가 반복되면서 어머니와 자녀의 관계에서 정서적 긴장의 변화가 발생되고 있다는 것을 발견했다. 그는 이와 같은 모자 혹은 모녀 관계에서 격리불안이 그 저변에 있다는 것을 이해하게 되었다. 그는 이러한 관찰을 통해 '불안애착' 이라는 개념에 초점을 두었다. 이 '불안애착'은 이성과 자기통제가 불가능하다고 보는 불안에서 발생하는 것으로 일종의 병리적 애착이다. '불안애착'은 분화의 주요한 측면으로

볼 수 있는 '기능적 애착'과는 정반대의 개념이다(Nichols, 2014).

　그는 가족역동과 관련된 새로운 아이디어를 임상적 실천으로 옮기기를 원했지만, 전통적으로 개인 정신치료에 중점을 둔 매닝거클리닉에 답답함을 느껴서 1954년에 메릴랜드주 베데스다에 있는 국립정신보건연구원(National Institute of Mental Health)으로 옮겨 이 연구원 가족분과 첫 책임자가 되었다. 그는 조현병 환자의 모든 가족을 병원 연구소에 수개월 함께 거주하게 하면서 지속적인 가족구성원들의 상호작용을 관찰했다. 이 과정에서 보웬은 모자간의 상호작용에서 정서적 강도는 그가 가정했던 것보다 더 강했고 이러한 감정적 강도가 모자관계를 넘어서 전체 가족관계를 특징 지으면서, 동시에 아버지와 형제들의 가족문제를 만들고 유지하는 데 중요한 역할을 한다는 것을 발견했다. 여기서 보웬은 관계체계의 중요한 축을 이루는 삼각관계적 동맹이 계속 이루어졌다가 사라지는 것을 목격했다(Goldenberg et al., 2017). 이렇게 모든 가족구성원의 상호기능이 명확해지지 못지 공생관계에서 전체 가족을 단성세 단위로 보는 관점으로 확대했다. 특히, 보웬은 특별한 종류의 자연체계, 즉 가족의 정서적 체계 그 자체에 관심을 두었다(Kerr, 2003). 그 후 1959년 가족치료에서의 그의 이론적 기여는 자아발달과 과거를 중요시하는 정신분석적 접근, 현재 상호작용하는 단위로써의 가족에 관심을 두는 체계적 접근 사이의 교량적 역할이다. 그는 가족을 다세대적 현상으로 보았으며 다세대에 걸친 가족체계의 분석을 통해서 현재 가족의 문제를 파악하려고 했다.

　그는 1959년에 국립정신보건연구원에서 조지타운대학교 정신과로 옮겼으며, 이 대학에서 수행한 31년 동안의 연구를 활용해 포괄적인 가족체계이론을 개발했으며, 가족치료를 배우는 전체 세대에 엄청난 영향을 미쳤고 가족치료운동의 지도자로서 세계적인 명성을 얻었다. 그는 1978년에 그의 이론과 치료적 기술을 상세히 설명한 『임상실천에 있어서 가족치료(Family Therapy in Clinical Practice)』를 출판했고, 그의 이론적 사고와 임상 적용에 대한 가장 최근판은 1998년에 그의 제자인 마이클 커와 함께 출판한 『가족평가(Family Evaluation)』이다. 영향력 있는 많은 가족치료사가 가족체계이론에 대해 많은 매력을 느꼈으며, 보웬은 수년간 가족치료사들의 지도적인 훈련가였다. 보웬은 가족치료의 대표적인 저명학술지인 「가족과정(Family Process)」의 초대 편집장이었으며, 미국 가족치료협회(American Family Therapy Association)의 초대회장이었다.

　보웬은 1990년 오랜 투병 후 사망했다(Nichols, 2014). 그는 1976년에 그의 이론의 발달을 유지하고 지속하기 위해 워싱턴 디시에 임상 연구소를 창립했다. 초기 연구소의 이름은 조지타운 가족센터(Georgetown Family Center)였다가, 1990년 그가 사망한 후에 보웬 가족연구 센터(Bowen Center for the Study of the Family)로 개칭되었다. 미국 내에서 이 센터를 비롯한 다른 13개의 연구소가 보웬이론과 코칭에 관한 훈련세미나와 자문을 제공하고 있다(Baker, 2015).

3. 주요 인물

보웬의 이론적인 아이디어와 임상에 대한 몇 명의 주창자가 보웬이론을 더욱 발전시켰다. 특히 워싱턴 디시에 있는 조지타운가족센터의 교수인 마이클 커(Kerr, 2003; Kerr & Bowen, 1988)와 파페로(Papero, 1990; 2000)는 보웬이론과 실천으로 가장 많이 알려진 인물들이다. 마이클 커(Michael Kerr)는 보웬의 오랜 제자이자 동료로 1977년부터 조지타운 가족센터(Georgetown Family Center)에서 훈련소장을 맡아 왔다. 그는 아마도 보웬의 제자 중 보웬이론에 가장 충실한 주창자이며, 그의 책 '가족평가(Family Evaluation)'(Kerr & Bowen, 1988)에서 보웬의 이론을 아주 잘 설명해 주고 있다(Nichols, 2014). 마이클 커는 2009년에 한국가족치료학회 초청으로 2일간의 워크숍을 실시했다.

보웬의 제자 가운데 가장 우수하고 영향력 있는 제자는 필립 게린(Philip Guerin)과 토마스 포가티(Thomas Fogarty)였는데, 그들은 1973년에 뉴욕주 뉴로셀(New Rochelle)에 가족학습센터(Center for Family Learning)를 설립하기 위해 연합했다. 특히 게린의 지도 하에 가족학습센터는 가족치료 훈련의 주요센터들 중 하나가 되었다. 그는 느긋한 거장치료사이자 선생이었고 그의 두 권의 책인 『부부갈등의 평가와 치료(The Evaluation and Treatment of Marital Conflict)』와 『삼각관계와의 작업(Working with Relationship Triangles)』은 모든 가족치료 문헌 중에서 가장 유용한 책들이다.

베티 카터(Betty Carter)와 모니카 맥골드릭(Monica McGoldrick)은 가족생활주기이론(Carter & McGoldrick, 1999, McGoldrick, Preto, & Carter, 2015)과 가계도 연구로 가장 잘 알려진 인물들이며, 가족치료에서 여성주의자들의 대표적인 주자들이다. 베티 카터는 맥골드릭의 친구이자 동료였는데, 그녀는 활동적인 임상가로서 부부치료와 재혼한 사람들을 대상으로 가족치료를 실시했다. 맥골드릭과 카터 역시 보웬의 제자인데, 그들은 스승인 보웬이론의 주요 개념인 '자아분화'와 '융합'이 가부장적이며 남성중심적이라고 비판하면서 보웬이론을 더욱 확장했고 성과 문화의 측면에서 균형잡힌 이론으로 발전시켰다. 맥골드릭은 뉴저지 다문화 가족연구소(Multicultural Family Institute of New

Jersey)에서 보웬이론의 교육과 임상훈련을 실시하고 있다. 2003년에 저자를 비롯한 한국가족치료학회 임원 8명이 이 연구소에서 일주일간 보웬이론을 훈련받았다. 이와 인연이 되어 2005년에 한국가족치료학회에서 모니카 맥골드릭을 초청해 2일간의 보웬가족치료 워크숍을 진행했다.

그 외에도 보웬과 오랜 세월 동안 함께한 인물로 워싱턴 디시에서 활동한 에드윈 프리드만(Edwin Friedman)은 랍비인 동시에 가족치료사였다(Friedman, 1991). 그는 보웬에게서 훈련을 받고 확대가족체계이론을 신앙생활에 적용했다. 그의 가장 현저한 공헌은 목회상담자들에게 가족체계이론을 이해시키고 활용할 길을 지도했다는 점이다. 메사추세츠에 있는 피터 타이틀만(Titelman, 2010)은 보웬이론의 임상적 유용성에 초점을 두고 있으며, 오레곤 대학의 교수인 엘리자베스 스콜론(Skowron, 2004) 또한 개별화 평가에 있어서 영향력이 있는 인물이다.

4. 주요 개념

가족치료의 개척자들은 실용주의자들이어서 통찰보다는 행동, 이론보다는 기술에 더 관심을 가지고 있었다. 하지만 보웬은 예외적인 인물이었다. 보웬은 항상 개입방법보다는 사고방법으로서 체계이론에 더 심혈을 기울였다. 보웬에 따르면, 우리는 우리가 생각하는 것보다도 정서적인 삶에 있어서 더 적은 자율성을 가지고 있다. 우리 모두는 우리가 깨닫고 있는 것보다도 서로에게 더 반응적이다. 보웬이론은 어떻게 관계의 다세대적인 관계망으로서 가족이 6개의 상호 맞물리는 개념(자아분화, 삼각관계, 다세대 정서적 과정, 형제 순위, 정서적 단절, 사회적 정서적 과정)을 사용하는 개별화와 연합성의 상호작용을 형성하는지를 기술한다(Bowen, 1966. 1976).

보웬의 가족체계이론은 정서적 관계체계로서의 여덟 가지 맞물린 개념들로 구성되어 있다. 6개의 개념은 핵가족과 확대가족에서 발생하는 정서적 과정에 대해 설명하며, 나머지 두 가지 개념인 정서적 단절과 사회적 퇴행은 가족과 사회에서 세대를 거쳐서 일어나는 정서과정을 말한다. 이 8개의 구성개념은 서로 맞물려 있어서 다른 개념들과 떨어져서는 충분히 이해할 수가 없다(Kerr, 2003).

8개의 개념은 만성불안이 삶 속에 늘 존재한다는 가정하에 서로 엮여 있다. 만성불안은 특정한 가족상황이나 문화에 따라 다른 강도로 다르게 나타날 수도 있지만, 그것은 자연의 필수불가결한 부분이다. 보웬은 만성불안을 인간이 모든 삶의 형태와 함께 공통적으로 가지고 있는 생물학적인 현상으로서 보았다(Friedman, 1991). 이와 같은 자연체계 관점으로부터 과거세대는 가족구성원들이 연합성과 개인적인 자아분화 사이의 균형을 이루면서 가족구성원에게 충격을 주는 만성불안을 전수한다(Goldenberg et al., 2017).

실제적인 또는 가상적인 위협을 느낄 때 모든 유기체에서 불안이 나타난다. 특히 인간에게 있어서, 불안은 정서체계를 자극하고, 인지체계를 무력화해 자동적이거나 통제되지 못하는 행동을 야기한다(Kerr, 2003). 가족이 개별화와 연합성에 대한 압력 간의 균형을 맞추려고 노력할 때 불안은 반드시 발생된다. 만약 연합성이 지배적이라면 불균형이 야기되며, 가족의 정서적 기능이 증가하게 되며, 개인적인 자율성은 감소되면서 개인은 만성적 불안이 증가하게 된다. 모든 증상의 저변에는 만성불안이 존재하며, 개인들이 자아분화를 통해 만성불안의 해결이 가능하다. 자아분화란 개인이 가족 또는 타인의 의견을 따르는 것이 아니라 자신의 견해에 따라 행동하는 것을 배우는 과정이라 하겠다(Goldenberg et al., 2017).

1) 자아분화

(1) 자아분화의 개념

보웬이론의 초석은 심리내적인 그리고 대인관계적인 개념이며, 가족 안의 상반된 2개의 힘인 개별화와 연합성에 대한 초점이다. 개인의 자아분화 정도는 개인이 지적과정과 정서과정 간에 구별할 수 있는 정도를 말한다. 자아분화란 정서적 압력에 대해 자동적으로 반응하는 것이 아니라 사고하고 반추할 수 있는 능력을 의미한다(Kerr & Bowen, 1988). 자아분화는 불안에 직면했을 때조차 융통성 있게, 그리고 현명하게 행동할 수 있는 능력이다. 분화되지 못한 사람은 쉽게 감정적으로 반응하며, 그들의 삶은 주위 사람들에게 휘둘리고, 자기 감정을 사고에서 분리할 수 없으며, 객관적인 사고를 할 수 없다. 따라서 자아분화란 개인이 감정으로 인해 자동적으로 나오는 행동을 피할 수 있는 정도이다. 자아분화에서 있어서 핵심적인 개념은 개인이 성장하면서 부모로부터 정서적으로 분리되는 것이다. 즉, 자아분화의 목표는 감정과 인지의 균형이라고 할 수 있다. 또한 가족체계이론에 있어서 분화란 달성해야 하는 목표라기보다는 과정으로, 어떤 상태보다는 삶의 방향을 의미한다(Friedman, 1991).

미분화된 가정에서 지나치게 애착이 강한 자녀는 부모 없이는 살 수 없다고 느끼게 되는데, 부모 또한 자녀 없이는 살 수 없는 공생관계가 나타난다. 이와 같은 해결되지 못한 정서적 애착관계로 인해, 개인이나 가족에게 미분화 정도가 동등하게 나타난다(Papero, 1995). 사고와 감정 사이의 분화가 결여되면 자신과 타인 사이에서도 분화가 결여되기 쉽다. 분화가 되지 못한 사람은 분명하게 사고할 수 없기 때문에 가족이나 권위적인 사람들의 지시에 대해 감정적으로 반응한다. 이러한 사람은 자주적인 정체감이 없다. 한편으로, 이러한 사람은 타인들과 쉽게 융합되며, 자신과 타인을 분리하지 못한다. 사고와 감정 사이에 융화가 많이 되어 있는 개인(예: 조현병 환자와 그 환자의 가족)일수록 잘 기능하지 못한다. 이들은 자동적이고 비자발적인 정서반응을 할 가능성이 높으며, 낮은 수준의 불안에서조차 역기능적으로 되기 쉽다(Nichols, 2014). 가족 내의 강한 불안에도 불구하고 개인이 세운 원칙에 따라 행동을 사려 깊게 하는 정도는 그 개인의 문화 수준이나 성도를 보여 준다. 게린 능란 문회를 개신비 가죽비 성서지 혼돈으로부터 부분적으로 자유로워지는 과정이라 정의했다(Guerin et al., 1996). 자유스러워진다는 것은 문제에 대해 다른 사람을 비난하지 않고 관계체계에 적극적인 참여자로서 자신의 역할을 분석할 수 있다는 것을 의미한다(Guerin, Fay, Burden, & Kauggo, 1987).

보웬은 정신분석학에서 유래한 미분화 가족자아덩어리(undifferentiated family ego mass)라는 개념을 소개했다. 이는 가족이 정서적으로 "함께 고착"되어 "감정적으로 한 덩어리가 되어 한 수준의 강렬함 속에 존재하는" 상태를 말하는 것이다(Bowen, 1966). 미분화 가족자아덩어리라는 명칭은 후에 융합-분화와 같은 체계 용어로 변경되었다. 융합과 분화라는 두 용어는, 성숙과 자아실현이라는 것이 개인이 원가족과의 해결되지 못한 정서적 애착으로부터 자유로워지는 것이라는 다세대적인 관점을 강조한다. 보웬은 개인의 자아분화의 수준을 평가하기 위해 이론적 척도(실제적인 심리측정 도구는 아니다)를 제안했다. [그림 6-2]에서 보여 주듯이, 미분화 정도가 크면 클수록 타인과의 정서적 융합은 더욱 커진다. 강한 자아감을 가진 사람은 "이것이 제 의견입니다." "이것이 접니다." "이것은 제가 할 수 있지만, 저것은 할 수 없습니다." 등 확신을 표현하고 분명하게 자신의 신념을 말한다. 이와 같은 사람은 견고한 자아를 표현한다고 볼 수 있다. 이와 같은 사람은 부모를 기쁘게 하거나 또는 가족의 조화를 얻기 위해 자아와 타협을 하지 않는다(Goldenberg et al., 2017).

(2) 분화 수준에 미치는 요인

원가족으로부터 성취된 정서적 분리의 양은 사람들 간에 상당한 차이가 있다. 이러한 차이들은 다음과 같은 두 가지 주요 변인들과 연결이 되어 있다. 첫째, 한 개인의 부모가 그들 각각의 가족들로부터 정서적 분리를 성취한 정도, 둘째, 한 개인의 부모, 형제, 다른 중요한 친척들과의 개인적 관계의 특성들이다. 사람들이 자신의 원가족으로부터 성취한 정서적 분리의 변이 정도가 그들의 자아분화에 작용한다(Kerr & Bowen, 1988).

(3) 분화척도

분화척도의 개념은 사람들 간의 자아분화 수준의 차이를 설명하기 위해 개발되었다. 척도에서 다양한 점수에 해당하는 사람들 간의 차이를 설명하는 특징은 그들이 감정과정과 지적과정을 구별할 수 있는 정도이다. 감정과 사고를 구별할 수 있는 능력은 감정이나 생각에 의해 이끌린 개인의 기능들을 선택할 수 있는 능력이다.

사람들을 척도의 특정 수준에 속하게 하는 것이 어려운 이유 중 하나는 분화의 기본수준과 기능수준 간의 차이이다. 기본분화 수준은 관계과정에 의존하지 않는 기능으로서 원가족의 분화 수준, 즉 다세대 정서과정에 의해서 결정되는 분화 수준이다. 한편, 기능분화 수준은 관계과정에 의존하는 기능으로서 개인이 원가족에게서 물려받은 기본분화 수준보다 높거나 낮게 기능할 수 있다. 이것은 어떤 환경하에서는 서로 다른 기본분화 수준을 갖은 사람들이 유사한 기능수준을 가질 수 있다는 것을 말한다. 반면에, 기본분화 수준이 동일하더라도 상황에 따라 기능분화가 다를 수도 있다는 것을 말한다. 따라서 사람들이 현재 기능하는 방식이 그의 기본분화 수준에 반드시 대응하는 것은 아니다. 예를 들어, 부부가 동일한 40의 기본분화 수준을 가지고 있다고 할지라도 결혼관계에서 오는 스트레스로 인해 남편은 30, 부인은 50의 기능분화 수준이 될 수 있다. 이러한 교환하는 과정은 사람들이 불안을 경감시키기 위해 다른 사람에게 적응하는 방식과 관계가 있다. 반대로, 부부가 다른 기본분화 수준을 가지고 있다고 할지라도 결혼관계가 원만할 경우에는 기능분화 수준이 비슷할 수 있다. 기능분화 수준은 개인의 가장 중요한 관계체계의 만성불안 수준과 환경에 영향을 받는다.

척도수준은 일반적으로 기본분화 수준을 말하고, 그래서 기본분화 수준은 기능분화 수준에 의해 가장될 수 있다. 그러므로 종종 기본 척도수준을 결정하는 데 어려움이 따른다. 보웬은 분화척도(일반적으로 기본분화를 지칭함)를 4개의 기능범주(0~25, 25~50, 50~75, 75~100)로 나누고, 각 범주에 속하는 사람들의 특징들을 정의했다(Kerr

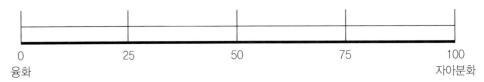

| 0 | 25 | 50 | 75 | 100 |

융화   자아분화

[그림 6-2] 보웬의 이론적 자아분화 척도

참조: Goldenberg, I., Stanton, M., & Goldenberg, H. (2017), p. 197.

& Bowen, 1988).

보웬에 의하면 이론적 자아분화척도는 감정적, 지적 기능의 융합이나 분화의 정도에 따라 나누게 된다. 가장 낮은 수준인 0~25점은 가족이나 타인에게 정서적으로 융합된 상태로 사고보다는 감정이 지배적인 상태이다. 25~50점은 정서체계와 타인의 반응에 의해 행동하며, 목표지향적 행동이 있으나 이는 타인의 인정을 구하기 위함이다. 50~75점의 범위는 사고가 충분히 발달되어 스트레스가 발생해도 감정에 의해 지배되지 않으며, 합리적으로 발달한 자아감을 가지고 있다. 75~100점 사이의 사람은 거의 없는데 사고와 감정이 분리되어 있으며 사고에 의해 의사를 결정하며, 친밀하고 가까운 관계로부터 자신이 자유롭다. 보웬은 75점을 매우 높은 분화상태라고 했으며, 60점 이상은 많지 않다고 보았다(Bowen, 1978).

① 0~25

이 수준에 있는 사람들은 감정과 사고가 너무 융화되어 그들의 삶이 감정에 의해 지배당하며, 스트레스를 받으면 쉽게 역기능적으로 변한다. 이 수준에 속하는 사람들은 타인의 인정을 받기 위해 개별성을 희생한다. 이들은 미분화된 거짓자아(pseudo self)를 가지고 있는데, 이러한 자아를 가진 사람은 사실은 남의 가치와 선택으로 이루어진 것이면서도 생각하는 것이 참자아인 것처럼 자신들을 속이게 된다. 거짓자아는 다른 사람과의 관계에서 협상하고 지적인 것에 의해 통합된, 다른 사람으로부터 얻어진 지식과 믿음을 말한다. 거짓자아는 집단사고에 의해 형성될 수 있다. 반면에, 참자아는 천천히 형성되고 단지 자아 내에서 변화될 수 있는 확고한 신념과 확신을 지닌다. 심하게 조현병적인 증세를 보이는 사람들은 0~10의 분화범주에 속한다. 어느 정도 일상생활이 가능한 만성조현병 환자는 좀 더 많이 분화되어 있다. 빈민 알코올 중독자와 치료 불가능한 마약중독자는 보통 25 이하의 기본분화 수준을 지닌다.

② 25~50

이 범주에 속하는 사람들은 자신을 잘 정의하지는 못하지만 분화하려는 능력을 가지고 있다. 이들은 자신에 대한 신념과 확신이 부족해 널리 알려진 이데올로기에 빨리 적응하면서 다른 사람을 모방한다. 이들은 인정이나 불인정을 의미하는 타인의 행동에 매우 민감하며 비판이나 무시에 낙담한다. 기본분화의 중요한 구성요소인 낮은 수준의 참자아(solid self)를 가지고 있으며 한편으로는 기분분화의 중요한 구성요소인 적당한 거짓자아의 수준에 머물러 있다. 0~25와 25~50 간의 중요한 차이는 25~50에 속하는 사람들은 그들의 분화 수준을 올릴 수 있는 능력을 가지고 있다는 점이다. 가능성은 35~50 범위에서 훨씬 더 높다.

③ 50~75

기본분화 수준이 50 이상이면 지적체계가 충분히 자기 스스로 여러 가지의 결정을 내릴 수 있는 능력을 가지고 있다. 이 범주에 속한 사람들은 가장 본질적인 문제에 대해 매우 잘 정의된 의견과 신념을 가지고 있다. 이들은 50 이하의 수준에 속한 사람들보다 감정과 지적 원리 간의 차이를 훨씬 잘 이해한다. 이들은 상당한 스트레스를 겪게 되면 상당히 심각한 신체적, 정서적, 사회적 증후를 발달시킬 수 있으나 그 징후는 이전 범주보다는 훨씬 덜 하며 회복도 훨씬 빠르다.

④ 75~100

이 범주에 속하는 사람들은 명확한 가치와 신념을 갖고 있으며 목표지향적이다. 이들은 융통성이 있고 안정적이며 자율적이다. 갈등과 스트레스에 대해 인내심이 있고, 잘 정의된 굳건한 자아감을 가지고 있으며, 거짓자아가 적다(Roberto, 1992). 이들은 자신에 대해 책임감을 가지고, 다른 사람에 대한 자신의 책임감에 대해 확신할 수 있으며, 과도하게 다른 사람을 책임지지 않는다. 또한 이들의 만성불안 수준은 매우 낮고

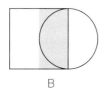
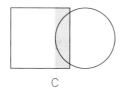
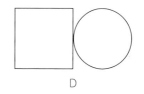

A   B   C   D

[그림 6-3] 분화와 만성불안

참조: Kerr, M. E., & Bowen, M. (1988). p. 71.

증상을 발달시키지 않으며, 대부분의 스트레스에 적응할 수 있다.

[그림 6-3]에서 관계 A는 각 개인의 기능이 거의 완전히 관계 진행에 의해 결정되는 경우이다. 개인이 기능하는 정도는 어두운 부분이 가리키는 관계에 의해 강화되거나 약화된다. 밝은 부분은 관계 속에서 자기결정 기능의 역량을 가리킨다. 관계 B와 C는 점진적으로 잘 분화된 상태이다. 그러므로 개인 기능은 관계 진행에 따라 덜 강화되거나 덜 약화될 수 있다. 관계 D는 이론적이다. 이는 두 사람이 적극적으로 관계에 개입되어 있으면서 여전히 자기결정 상태에 있는 것을 의미한다.

개인의 분화 수준은 가족과 타인으로부터의 정서적 독립의 정도를 나타낸다. 중간-상위 수준의 분화는 두려움을 가지거나 지나치게 융합하지 않고 타인과 상호작용할 수 있다는 것을 나타낸다. 분화가 덜 되어 있는 사람부터 잘 되어 있는 사람들의 모든 관계는 역동적인 평형상태에 있으며, 분화가 감소함으로써, 균형에 있어서 융통성은 감소한다. [그림 6-3]은 개인의 기능이 관계과정에 의해 영향을 받을 수 있다는 변화하는 정도를 보여 준다.

가족체계이론은 한 인간이 모든 인간에게 본능적인 인간의 삶의 힘이 발달하는 자녀를 정서적으로 개별화된 인간으로 성장하게 하며, 한 개인으로서 사고하고 느낄 수 있으며 행동할 수 있도록 성장시킨다고 가정한다. 동시에 개별화에 상응하는 본능적인 삶의 힘이 자녀와 가족을 정서적으로 연결한다. 이와 같이 평형을 이루는 힘들 때문에 어떤 사람도 원가족으로부터 완전한 정서적 분리를 이루지는 못한다. 가족으로부터 정서적으로 분리하는 정도에 있어서 형제들 사이의 차이를 포함해, 각자가 이루는 분리의 양에 있어서 상당한 차이가 있다. 형제들 사이의 차이는 각각의 자녀가 형성한 다른 부모-자녀 관계의 특성 때문인데(Goldenberg et al., 2017), 이에 대한 내용은 이 장 후반에서 살펴보겠다.

2) 삼각관계

가족체계이론은 개인 혹은 인간 관계에 있어서 정서적인 긴장을 강조한다. 예를 들어, 부부간에 융합이 높으면 높을수록 두 사람 모두 만족스러운 안정된 균형을 찾기는 어렵다. 보웬에 따르면, 불안한 두 사람 관계를 해소할 수 있는 한 가지 방법은 삼각관계를 맺는 것이다. 삼각관계란 세 사람의 상호작용을 형성하기 위해 중요한 가족구성원을 끌어들이는 것을 말한다(Bowen, 1978). 보웬은 삼각관계를 가장 작은 안정된 관계 체계라고 언급했으며(Bowen, 1976), 하그로브는 삼각관계란 스트레스 받는 두 사람 체계가 안정감을 얻기 위해 시도하는 공통적인 방법이라고 보았다(Hargrove, 2009).

삼각관계가 형성되면 두 사람 간의 불안을 감소시켜, 2인 관계보다 더 안정되고 유통성이 있으며 효율적으로 스트레스를 다룰 수 있게 된다. 가족의 융합의 정도가 높아지면 높아질수록 더 지속적이며 더 심한 삼각관계가 발생할 것이다. 가족 안에서 가장 덜 분화된 사람이 긴장을 감소시키기 위해 삼각관계에 연루되어 특히 상처를 받는다. 종종 이러한 사람이 환아가 된다. 긴장이 증가함에 따라 삼각관계가 확장되며 많은 집단에서 맞물리듯 형성된다(Roberto, 1992). 따라서 분화 수준이 높은 사람일수록 삼각관계에 연루되지 않고 불안을 더 잘 다룰 것이다(Paper, 1995).

커와 보웬은 삼각관계가 다음과 같은 네 가지 가능한 결과를 가진다고 했다(Kerr & Bowen, 1988; Kerr, 2003). 첫째, 안정된 두 사람 관계가 제3자가 개입됨으로써 불안정해질 수 있다. 예를 들어, 자녀의 출산이 사이가 좋은 부부에게 갈등을 야기할 수 있다. 둘째, 안정된 두 사람 관계가 제3자가 떠남으로 불안정해질 수 있다. 예를 들어, 자녀가 집을 떠나 부모의 갈등을 삼각화해 줄 수 있는 사람이 더 이상 없을 경우이다. 셋째, 불안정한 두 사람 관계가 제3자의 개입으로 안정화될 수 있다. 예를 들어, 갈등관계에 있는 부부가 자녀출산으로 인해 더 안정될 수 있다. 넷째, 불안정한 두 사람 관계가 제3자가 빠짐으로 인해 안정될 수 있다. 예를 들어, 부부갈등이 한 쪽 편만 드는 시어머니가 빠지면서 갈등이 감소된다).

일반적으로 가족 내의 삼각관계가 발생할 확률은 가족구성원들의 미분화에 의해 높아진다. 반대로 문제를 해결하기 위해 삼각관계에 의존하는 것은 특정 가족구성원의 미분화를 유지하도록 돕는 격이 된다. 맥골드릭과 카터가 언급했다시피, 삼각관계에 연루되는 것은 서로에게 관계하는 패턴이 가족 내의 세대를 거쳐서 전수되는 주요 기제를 나타낸다(McGoldrick & Carter, 2001). 만약 치료사가 부부 중 어느 한편을 들지 않으면서도 삼각관계에 연루되지 않는다면, 각각의 배우자가 자기 스스로를 분화된 개인이나 결혼파트너로 보는 것을 학습할 수 있을 것이다(Goldenberg & Goldenberg, 2003).

3) 핵가족 정서체계

보웬은 원래 과도한 정서적 반응 혹은 가족 내에서의 융합을 묘사하기 위해 미분화

가족자아 덩어리(undifferentiated family ego mass)라는 용어를 사용했다가 핵가족 정서체계라는 용어로 대체했다. 이 용어는 가족구성원들이 감정적으로 연결되어 있는 감정 상태의 질을 의미하며(Hall, 1981), 해소되지 못한 불안이 개인들에게서 가족구성원에게로 투사되는 것을 말한다. 가족 내의 미분화는 정서적으로 반응하는 자녀들을 양산하며, 이러한 현상은 부모와의 과도한 정서적인 연루 혹은 정서적 단절로 나타날 수 있다. 제한된 정서적 자원을 가진 사람들은 모든 자신의 욕구를 서로에게 투사하는 경향이 있기 때문에 결국에는 새로운 관계에서 융합을 맺게 된다(Nichols, 2014). 이와 같은 새로운 융합은 불안정하기 때문에, 다음의 증상 중 한 가지 또는 그 이상을 나타낼 수 있다. 첫째, 배우자의 신체적 또는 정서적 역기능, 둘째, 외현적, 만성적, 미해결된 결혼 갈등, 셋째, 문제를 자녀에게 투사함으로써 심리적 손상으로 인해 자녀가 제 기능을 못하는 경우이다(Kerr & Bowen, 1988). 이러한 문제의 심각성 정도는 분화의 수준, 원가족으로부터의 정서적 단절의 정도, 체계가 혹은 스트레스의 정도에 따라 다르다(Nichols, 2014).

자아분화의 정도와 가족 내의 만성불안의 정도는 가족의 관계체계에 많은 영향을 주어 증상을 발전시킨다. 증상이 가족 중 어느 구성원 혹은 어느 관계 내에서 발생하는가는 전 가족체계에 영향을 미치는 정서기능의 패턴에 의해 결정된다. 한 가족구성원들 사이의 상호작용에 있어서 역기능적인 유형이 지속된다면 불안이 높아지게 되고, 그 결과 가족 내의 어떤 한 배우자나 자녀들을 통해 증상들이 발달되어 간다. 이러한 증상들은 신체적 질병(의학적 장애), 정서적 질병(심리장애), 혹은 사회적 질병(범법장애)으로 나타난다. 가족체계이론은 이와 같은 의학적, 정신병리적, 범법적 장애들이 핵가족 내의 정서기능의 패턴과 어떤 관계가 있는가를 이해할 수 있도록 두 부분을 연결해 주는 다리 역할을 한다(Kerr & Bowen, 1988).

가족체계이론의 관점에서 볼 때, 가족구성원의 역기능적인 유형들이 신체화장애에 기여한 것과 같이 이러한 역기능적인 작용은 그 증상은 다르게 나타나지만, 다른 심리적·사회적 행동장애의 원인이 된다. 그러나 가족 내에서의 이러한 정서적 역기능의 유형만이 신체적·정서적·사회적 장애를 일으키는 원인이라는 것을 의미하는 것은 아니다. 어떤 특별한 질병이 발병하는 것에는 여러 가지 복합적인 요인이 작용한다. 그럼에도 불구하고 핵가족 내의 정서기능의 형태가 가족구성원의 역기능을 더욱 촉진할 수 있는 요인에 많은 영향을 미친다(Kerr & Bowen, 1988).

보웬에 따르면, 사람들은 무의식적으로 자신과 비슷한 분화 수준을 가진 배우자를 선택한다. 즉, 상대적으로 미분화된 사람은 원가족과 비슷하게 융합된 배우자를 선택한다. 이처럼 미분화된 사람들은 결혼관계에서도 몹시 융합되고 동일한 특성을 가진 가족을 만든다(Bowen, 1978). 핵가족 정서체계는 다세대적인 개념이다. 가족체계이론가들은 개인이 결혼 선택을 비롯한 다른 중요한 관계에 있어서 원가족으로부터 학습된 관계패턴이 반복되는 경향이 있으며, 유사한 패턴을 자녀들에게 전수한다고 믿는다. 현재의 가족문제를 해결할 수 있는 유일한 효과적인 방법은 원가족과의 개인적인 상호작용을 변화시키는 것이다. 그 개인이 변화함으로써, 그 또는 그녀와 정서적인 관계를 맺고 있는 다른 사람이 상보적인 변화를 하게 될 것이다(McGoldrick & Carter, 2001). 분화가 진행됨에 따라, 모든 가족구성원이 가족을 뒤덮고 있는 정서적인 힘에 덜 과도하게 반응하게 된다(Goldenberg et al., 2017).

4) 가족투사과정

가족투사과정이란 부모가 자신들의 문제를 자녀에게 전달하는 과정을 말한다. 부모는 가족 안에서 자녀들에게 같은 방식으로 대한다고 말하지만, 실제로 자녀들에게 똑같은 방식으로 대하지 않는다. 즉, 부모는 자신들의 분화 정도를 불공평한 방식으로 자녀에게 전수한다. 어떤 자녀들은 부모보다 높은 수준을, 어떤 자녀들은 부모보다 낮은 수준을, 또 다른 자녀들은 부모의 분화 수준과 거의 비슷한 수준을 보인다(Papero, 1995). 미성숙한 부모와 더 많은 관계를 맺은 자녀일수록 다른 형제보다 가족에 더 융합되기 때문에 부모로부터 유연하게 분리하는 데 어려움을 겪는다. 어머니의 불안에 반응하는 자녀들은 가족 내의 정서적인 스트레스에 더 취약하고, 결과적으로 그들의 형제보다 정서적인 격변에 더 많은 지배를 당한다.

융합되기 쉽고 초점이 된 자녀는 가족 내의 불안정과 다른 혼란의 초기 사인에 가장 민감한 사람이다. 보웬은 미분화된 부모들은 자신들이 미성숙하기 때문에 자녀의 출생 순위와 상관없이 자녀들 중 가장 유아적인 자녀를 투사대상으로 선택한다고 믿었다(Bowen, 1976). 자녀는 부모의 낮은 수준의 분화를 받아들이고 그 자신 또한 그와 비슷한 분화 수준을 가지게 된다. 보웬은 이와 같은 전수경험을 가족투사과정이라고 불렀다. 많은 경우에 이러한 자녀는 어떤 면에서 신체적 혹은 정신적으로 장애가 있거나 혹은 심리적으로 보호받지 못하며, 매우 분화가 안 되는 결과를 낳게 된다.

가족투사과정의 강도는 부모의 미숙함이나 미분화, 가족이 겪는 스트레스 혹은 불안의 수준과 관련이 된다. 싱글톤이 기술한 삼각관계의 시나리오에 따르며, 자녀는 어머니의 불안에 불안하게 반응하며, 어머니는 자녀의 문제로 인해 자녀를 과잉보호하게 된다(Singleton, 1982). 따라서 어머니는 자녀를 어린애 취급하고, 자녀는 결국 더 요구를 하게 되며 손상을 받게 된다. 아버지는 삼각관계의 세 번째 다리가 되어 아내의 불안과 그녀를 진정시켜 달라는 요구에 놀란 나머지, 본래의 문제를 다루지를 못하고, 자녀를 다루는 아내에게 지지적인 역할만 할 뿐이다. 협력자로서 부모는 "불안한" 자녀를 중심으로 지금은 그들의 관계가 안정화되며 이러한 과정 안에서 가족삼각구조가 영속화되어, 이 자녀는 미래에 있어서 덜 자율적으로 기능하게 될 것이다(Goldenberg et al., 2017).

5) 정서적 단절

정서적 단절이란 세대 간의 미분화와 이로 인한 정서적 강도를 처리해 나가는 방법을 말하는데, 이는 높은 불안 수준과 정서적 의존성이 높은 가족 안에서 가장 흔하게 발생한다(Bowen, 1978). 투사과정에 덜 개입하는 자녀는 융합되는 것에 주의하고 사고와 감정을 분리하는 능력을 더 많이 갖는다. 어떤 자녀는 부모와 멀리 떨어짐으로써 심리적인 거리감을 두고, 어떤 사람은 개인적인 문제에 대한 대화를 꺼리거나 자신을 가족구성원들로부터 고립시킴으로써 거리감을 둔다. 가족으로부터 극단적인 정서적 거리감을 두는 것은 실질적으로 가족으로부터 해방되는 것이 아니다. 보웬에 따르면, 부모 또는 다른 가족구성원과 정서적으로 단절하는 것은 종종 부모와의 미해결된 융합을 다루고자 하는 필사적인 노력을 의미한다. 헤리엇 골드허 러너에 따르면, 인간이 자아분화가 안 되면 분노를 표현하는 데 있어서, 요조숙녀형 또는 버릇없는 유형으로 나타나게 된다(Lerner, 1985: 김태련 역, 1995). 한편, 그녀는 인간이 자아분화가 안 되면 인간관계를 추구하는 데 있어서 지나치게 밀착되거나 단절을 하게 된다고 했다(Lerner, 1989: 박태영, 김현경 역, 2016). 또한, 마이클 니콜스는 사람들이 정서적 단절을 성숙으로 잘못 받아들이고 있다고 하면서 다음과 같은 예를 들어 묘사했다(Nichols, 1987).

"우리는 부모로부터 떨어지려는 것을 성장의 신호로 생각하며, 가족유대로부터 독립하는 것에 의해 성숙도를 측정한다. 그렇지만 여전히 우리 중 많은 사람은 가족들이 마치 방사능을 지닌 사람들처럼 그들을 대한다. 단지 가정의 한 부분인 어떤 것이 슈퍼맨으로부터 그의 특별한 힘을 강탈해 간다. 엄청나게 많은 남녀가 유사하게 자신들의 부모를 잠깐 방문하는 것으로 절망감에 빠진다."

　마이클 커는 정서적 단절은 문제(세대 간의 숨겨진 융합)를 반영하며, 문제(접촉과 관련된 불안을 줄이는 것)를 해결하고, 문제(더 가까운 접촉으로 이득을 볼 수도 있는 사람을 소외시키는 것)를 창출한다고 주장했다(Kerr, 1981). 맥골드릭과 카터는 물리적 혹은 정서적 거리감에 의해 관계를 단절하는 것은 정서적 과정을 끝내는 것이 아니라 실제로는 정서적 과정을 강화한다고 했다. 형제 또는 부모와의 단절하는 사람들은 모든 사람들과 더 강렬하고 새로운 관계에 있는 사람들과 훨씬 더 거리감을 두거나, 단절관계로 이끌 수 있는 새로운 관계(배우자 또는 자녀)를 형성하기 쉽다(McGoldrick & Carter, 2001). 보웬은 성인은 반드시 원가족과의 정서적 애착을 해결해야만 한다고 주장했다. 그는 자신이 원가족으로부터 자아분화를 이루려고 많은 애를 썼다고 공개적으로 말했다(Bowen, 1972). 그는 만약 가족치료사들이 분화가 이루어지지 않았다면, 자신들도 모르게 내담자 가족의 갈등 안에서 삼각관계(마치 그들이 자신의 원가족의 자녀들처럼)에 연루될 수 있다고 보았으며, 그로 인해 아마도 한 가족구성원으로서 과도한 동일시를 하거나 그 자신의 해결되지 못한 가족갈등을 또 다른 내담자 가족에게 투사할 수도 있다고 주장했다. 가족치료사들은 원가족과의 과거에 해결되지 못한 문제가 내담자 가족들을 다루는 현재에 침범하지 못하도록 해야 할 필요가 있다(Goldenberg et al., 2017).

6) 다세대 전수과정

　보웬은 다세대 전수과정을 여러 세대에 걸쳐서 전수된 만성불안의 결과라고 개념화했다. 다세대 전수과정에서는 앞에서도 언급했던 다음과 같은 두 가지의 개념, 즉 첫째, 비슷한 자아분화 수준을 가진 배우자의 선택, 둘째, 부모의 정서적 패턴에 특히 민감한 표적이 된 자녀가 낮은 자아분화 수준을 가지게 되는 가족투사과정이 포함된다(Bowen, 1976). 반면에, 부모의 과도한 초점에 덜 관여된 자녀들은 부모들보다 더 높은 자아분화 수준을 발달시킬 수 있다(Roberto, 1992). 따라서 단 하나의 다세대 가족이 다양한 분화 수준의 개인들을 창조해 낼 수 있다(Kerr, 2003). 가족의 정서과정(분화 수준, 삼각관계, 융합, 정서적 단절)은 대를 이어 전수된다. 예를 들어, 증상이 전수되는 것처럼 분화 수준도 여러 세대를 걸쳐서 부모-자녀 간의 정서적 과정을 통해 전수된다.

　부모보다 낮은 분화 수준을 가진 사람이 자신과 비슷한 분화 수준의 배우자와 결혼하게 된다. 두 사람은 결혼한 뒤에 자녀들과 정서적 융합을 이루게 된다. 만약 배우자가 자신의 부모보다 덜 분화되어 있다면 불안의 수준은 더욱 높아질 것이다. 불안이 더욱 높아진다면 이 부부는 부모보다 부부갈등, 배우자의 역기능, 또는 자녀의 역기능이 더욱 심할 것이다. 만약 부모가 그들의 불안을 가장 취약한 자녀에게 둔다면, 분화가 되지 못한 사람은 정서적인 반응을 다루기가 힘들고, 자율성을 유지하기가 어려운 사람으로 성장할 것이다(Goldenberg et al., 2017). 비록 과정이 느려지거나 혹은 한 세대 또는 두 세대 동안에는 정지되어 있을 수는 있으나, 궁극적으로 8세대 혹은 10세대에 이르면 역기능을 가진 손상의 수준에 도달할 것이다(Papero, 1990). 따라서 가족생활주기 상에서 어떤 위기가 발생하느냐에 따라 개인의 분화 수준과 함께 역기능을 발생할 수 있느냐 없느냐가 결정될 수 있다. 예를 들어, 분화 수준이 낮은 사람일지라도 생활 속의 위기가 발생하지 않으면 평화로운 삶을 살 수 있을 것이다. 그러나 분화 수준이 낮은 사람은 위기로 인해 증상이 발생할 것이다. 반대로, 분화 수준이 높은 사람인 경우는 위기가 발생되더라도, 덜 분화된 사람보다는 위기를 잘 대처해 나갈 것이다. 이처럼 다세대 전수과정은 현재에 미치는 과거의 영향을 설명해 주고 정서적 과정이 세대를 이어 전수된다는 것을 보여 준다.

7) 형제 순위

독일 임상심리학자인 토만은 출생순위에 따른 열 가지의 성격유형을 분류했는데(Toman, 1961; 1993), 보웬은 토만의 연구 결과를 받아들여 핵가족 정서과정에서 형제 순위의 영향을 명료화했다. 토만은 아동들이 가족 내 출생 순위에 근거해 어떤 특정한 성격특성을 발전시킨다고 가정했다. 그는 기본적인 열 가지 성격 형제 프로필(형, 여동생, 남동생, 누나, 독자, 쌍둥이)을 만들었는데, 아동기의 형제 순위가 가까운 사람끼리 결혼이 성공할 확률이 더 높다고 보았다. 따라서 첫째가 둘째와 결혼하면 더 잘 지낼 것이라고 했다. 또한 그는 일반적으로 동성의 형제자매에서 자란 사람보다 이성의 형제자매와 자란 사람이 성공적인 결혼생활을 할 가능성이 높아질 것이라고 주장했다(Goldenberg et al., 2017).

보웬이론은 형제간의 경쟁에 대한 관점을 재고하게 하는 시각을 제공했다. 예를 들어, 어떤 어머니가 비록 사실은 자녀들을 공평하게 대하지 않을 수도 있지만, 자녀들이 똑같이 사랑받고 있다고 느끼게 하는 데 민감한 경우가 있다. 어머니의 불안은 자녀들을 똑같이 대하려는 행동을 통해 표현되는데, 이러한 완벽한 공평성의 시도 이면에는 어머니의 불안이 있다는 것을 의미한다. 각각의 자녀는 형제관계에서 받는 많은 주목에 매우 민감해진다. 이와 같은 결과는 어머니가 방지하려고 노력했던 의도와는 달리 형제간의 싸움과 분노를 야기할 수 있다. 더군다나, 어머니는 자녀들이 불공정한 관계에서 느낄 수 있는 것을 통제하는 것에 대해 불안했기 때문에, 자녀들의 싸움을 해결하는 데 관여함으로써, 오히려 자녀들이 스스로 싸움을 해결할 수 있는 기회를 박탈하고, 형제 간에 불공평하게 대우받고 있다는 것을 느낄 또 다른 이유를 제공하게 된다(예: "왜 내가 양보해야 해? 쟤가 먼저 잘못했는데!"). 따라서 형제 갈등은 종종 필수불가결한 경쟁(비록 경쟁심이 단지 형제자매간의 자연스러운 관계라고 할지라도)의 결과로서 설명되며, 단지 삼각관계의 한 면일 수도 있다. 자녀에 대한 어머니의 집착은 그녀의 친구, 직업, 남편을 포함하는 다른 삼각관계와 관련될 가능성이 있다(Nichols, 2014).

프랭크 설로웨이는 그의 저서 『반항하기 위한 탄생(Born to Rebel)』에서 형제순위의 중요성에 대해 언급했다(Sulloway, 1996). 그는 성격이란 형제들이 가족 안에서 자신의 자리를 확보하기 위한 경쟁전략의 레퍼토리라고 주장했다. 장남은 권력과 권위를 확인하려는 경향성을 가지고 있다. 그들은 자신들의 지위를 방어하기 위해 몸집과 힘을 사용하고 동생을 지배함으로서 형제를 두는 것에 대한 대가를 최소화하려고 한다. 알프레드 아들러는, 장남은 가족 내에서 잃어버린 자신의 최고의 자리를 되찾기 위해 노력하는 "권력에 굶주린 보수주의자"가 된다고 했다. 윈스턴 처칠, 조지 워싱턴 그리고 아인 랜드 모두 맏이로서의 예가 될 수 있다. 한편, 가족 내의 약자로서, 그 뒤에 출생한 형제들은 자신들을 억압받는 자들로 확인하고 현재의 상황에 대해 의문시하는 경향이 더 많다. 그들은 경험하는 데 더 개방적인데, 왜냐하면 그들은 아직 차지하지 못한 자리를 찾는 데 있어서 개방성이 그들에게 도움이 되기 때문이다. 그들은 용감한 탐험가, 인습타파주의자, 역사의 이단자들이 되었다. 마르크스, 레닌, 제퍼슨, 루소, 버지니아 울프, 빌 게이츠가 그 대표적인 인물이라 할 수 있다(Nichols, 2014).

과거에 발달주의자들이 모든 자녀에게 동일한 가족환경으로 생각했던 것들이 전혀 그렇지 않은 것으로 확인되었다. 모든 가족은 미시적인 환경들의 집합체이며, 형제들이 똑같은 사건들을 매우 다른 방법으로 경험하게 된다(Nichols, 2014). 따라서 보웬은 배우자 간의 상호작용적인 패턴이 원가족 내에서 각각의 배우자들의 출생순위와 관련될 수 있다는 것을 깨닫게 되었는데, 왜냐하면 출생순위가 종종 자신의 가족의 정서적 체계 내에서 어떤 역할과 기능을 예견하기 때문이다. 따라서 막내와 결혼한 장남(장녀)은 책임감이 있고, 결정하는 역할을 할 것이라고 기대할 수 있다. 장남(장녀)과 결혼한 막내인 배우자는 또한 가족 내에서 막내로서의 경험에 근거한 행동을 기대할 수 있다. 결혼한 두 막내자녀들은 두 사람 모두 책임감과 해야 할 결정에 과도한 부담을 느낄 수 있을 것이다. 장남과 장녀의 결혼은 두 사람 모두 책임지는 것에 익숙하기 때문에 각각의 배우자가 지나치게 경쟁적일 수 있을 것이다(Kerr, 1981). 보웬은 형제 순위의 개념을 이용해 어떠한 가족패턴이 다음 세대로 전수될 것이며, 아동이 가족의 정서과정에서 어떤 역할을 수행할 것인지 예측 가능하다고 보았다(Becvar & Becvar, 2013). 그렇지만, 출생 순위와 관련된 역할은 개인의 문화적 배경에 의해 영향을 받으며(Gehart, 2016), 미래의 기대와 행동은 반드시 실제적인 출생순위가 아니라 가족체계 내에서의 개인의 기능적인 위치이다(Goldenberg et al., 2017).

8) 사회적 퇴행

사회적 퇴행은 그의 이론적 형성에서 가장 덜 발전된 개념인데 보웬은 가족처럼 사회도 미분화와 개별화에 대한 반대적인 힘을 가지고 있다고 주장했다. 이 개념으로 보웬은 가족의 정서적 역동성의 원칙을 확대해 가족에서 관찰되는 역기능과 똑같은 과정이 사회에서도 나타날 수 있다고 가정했다. 한편, 사회적 퇴행이란 사회적 불안이 증가함으로써 가족 내에서의 기능적인 분화 수준을 점진적으로 감소시킬 수 있다는 것을 의미한다.

예를 들어, 사회가 전쟁, 자연재해, 경제적 압력이나 트라우마와 같은 지속적인 만성적 불안을 경험할 때, 이성적인 결정보다는 감정적이고 반사적인 결정을 하게 되고, 낮은 기능 수준으로 퇴행하게 된다(Bowen, 1978). 사회는 이와 같은 상황에서 지역사회 이익보다는 사리사욕에 근거한 단기해결책을 강조하게 된다(Kerr, 2003). 또한 커와 보웬은 막대한 사회적 압력을 가진 지역사회 내에서 발생되는 높은 범죄율의 예를 들고 있다(Kerr & Bowen, 1988). 보웬은 성차별, 계급과 인종 편견이 독소적인 사회적 퇴행이라고 했으나, 그는 높은 분화 수준을 가진 가족들이 이러한 파괴적인 사회 영향에 더 잘 저항할 수 있다는 것을 믿었다. 여성해방론자인 모니카 맥골드릭과 베티 카터는 성차별을 무시하는 것과 인종에 대한 편견이 불행한 사회적 퇴행이라고 보았다(McGoldrick, Preto, & Carter, 2015). 보웬은 사회의 기능적인 분화 수준이 지난 수십 년 동안에 감소했다는 비관적인 견해를 내놓았다. 커 또한 미분화되고 낮은 기능을 하는 개인이 훨씬 많아졌다고 결론을 지었다(Kerr, 2003). 그는 부적합한 쉬운 해결책으로 인한 고통이 더 많은 사람들로 하여금 깊은 사고와 책임지는 행동을 하도록 강요하게 될 때 반전이 일어날 것이라고 예견했다(Kerr, 2003).

5. 치료 목표

보웬의 가족체계이론은 제시되고 있는 임상적 문제에 상관없이, 다음과 같은 두 가지 기본 목표를 가진다. 첫째, 체계 내의 만성적인 불안에 대한 감정적인 반사행동 줄이기, 둘째, 적응력을 증진하기 위한 각 개인의 분화 수준을 높이기(Kerr & Bowen, 1988)이다. 일반적으로 두 번째의 목표가 성취되기 위해서는 첫 번째의 목표가 성취될 필요가 있다. 궁극적으로, 확대가족에 대한 과도한 감정적인 상호작용이 변화되어야만 하며, 이로 인해 핵가족구성원들에 대한 더 높은 자아분화가 이루어진다.

첫째, 체계 내의 만성적 불안에 대한 감정적인 반사행동을 줄인다는 것은 분화를 높이는 것과 밀접하게 관련이 있다. 분화가 높아질수록 불안은 감소된다. 불안 감소가 일반적으로 분화 수준을 높이는 것보다 선행되어야 하므로, 치료의 최종 목표라기보다는 치료 과정에 포함될 수 있다. 불안 감소라는 일반적인 목표는 불안장애를 다룰 때와 혼동이 될 수 있기 때문에 좀 더 실제적인 임상적 목표는 내담자의 구체적인 역동을 반영하는 것이 좋다. 예를 들어, 자녀의 폭력적인 행동에 부모의 감정적인 반사행동을 줄이거나 혹은 자녀 양육 또는 가사분담에 있어서 배우자에 대한 감정적 반사행동을 줄이는 것이다.

둘째, 분화 수준을 높이는 것은 각 내담자에 따라 다르게 정의될 필요가 있다. 예를 들어, 부부관계에서 친밀감을 향상시키면서 서로의 차이에 대한 포용심을 높여서 분화 수준을 높이는 것은, 단순히 분화 수준 높이기라는 목표를 정의하는 것보다 더 잘 정의한 것이라고 볼 수 있다(Gehart, 2016).

보웬가족체계 치료사들은 정신분석에서와 같이 증상 또는 문제를 해결하려 하거나 사람을 변화시키려고 시도하지 않는다. 왜냐하면 문제는 개인이 아니라 바로 체계에 있다고 생각하기 때문이다. 그들은 치료를 내담자들이 자신의 문제들에 대한 책임감을 가질 수 있도록 하기 위해 자신들과 타인들과의 관계에 대해 배울 수 있는 기회를 제공하는 것으로 보았다. 보웬의 가족체계 치료사들은 가족구성원들로 하여금 가족 문제에 있어서 자신들의 역할을 탐색하기 위해 적극적인 질문을 통해 과거 비난하는 것을 이해할 수 있도록 돕는다. 가족문제들의 패턴을 추적한다는 것은 과정과 구조에 초점을 두는 것을 의미한다. 여기서 과정이란 정서적인 반응의 패턴을, 구조는 연결된 삼각관계망을 의미하는 것이다. 체계를 변화시키기 위해서는 부부가 연루되어 있는 가족 내에서의 가장 중요한 삼각관계 안에서 수정이 일어나야만 한다. 만약 치료사가 부부와 상담하면서 정서적으로 중립적으로 있다면, 그들은 전체 가족체계에 심오하게 영향을 미칠 수 있는 탈삼각화와 분화의 과정을 시작할 수 있다(Nichols, 2014).

결혼갈등에 있어서, 치료사는 배우자들 사이의 정서적 과정을 추적하고 다음에 부부 간의 수준에서 각자의 배우자가 배우자로부터 분화가 되었는지에 대한 자아수준으로 강조점을 변경시킨다. 이 과정에서 가족치료사는 가족체계를 통해 내려오는 가족패턴이 현재의 가족에게 나타나는 패턴뿐만 아니라 이전 세대들이 가족패턴을 만들어 왔던 역사적인 방법에 똑같은 주의를 기울여야 한다(Aylmer, 1986).

보웬가족치료의 일반적인 방식은 2명의 성인과 치료사가 상담하는 것이다. 내담자가 증상을 가진 자녀라 할지라도, 보웬은 부모로 하여금 기본적인 문제는 부모 두 사람 간의 문제(가족의 정서적 체계)라는 사실과 확인된 환자는 문제의 근원이 아니라는 가정을 받아들이도록 요구했다(Hargrove, 2012). 커는 "가족이라는 용어로서 가족체계의 향상을 위해 작업하는 치료적 방법을 가진 이론적인 체계의 초점은 상담에 오는 참여자의 수와는 상관없이 '가족'이다."라고 했다(Kerr, 1981, p. 232). 또한 보웬은 내담자들이 원가족으로부터 분화 능력을 발달시키는 데 관심이 있었기 때문에 그의 작업의 초점은 원가족을 탐색하는 데 있었으나, 2세대 보웬가족치료사들은 핵가족에게 더 많은 초점을 두었고, 내용을 보강하고 개인의 기능과 가족의 기능을 증진하기 위한 방법으로서 원가족과의 작업을 시작하는 것을 기다리는 경향이 있다(Nichols, 2014).

6. 치료사의 역할

보웬의 가족체계이론에서 치료사의 분화는 매우 중요하며, 보웬은 치료사의 자아분화 수준이 항상 내담자의 자아분화 수준보다 높아야 한다고 했다. 치료사는 반드시 침착함을 유지해야만 하며 자신의 원가족으로부터 분화되어야만 한다(Friedman, 1991). 치료사는 내담자와 상담을 할 때 반드시 객관성과 중립성을 유지해야만 한다. 또한 가족들과 상담을 할 수 있으려면 치료사가 먼저 감정의 변화를 경험해야만 한다(Kerr,

1981).

보웬은 가족체계이론의 치료 목표는 자아분화의 향상이기 때문에 자아분화는 개인 스스로 동기를 부여해 이루어져야 하며, 치료사에 의해서 시작되어서는 안 된다고 했다. 자신의 원가족의 문제를 해결한 사람으로서 보웬 치료사는 보통 코치, 교사, 중립적 관찰자로서 분위기를 조성한다(Kerr, 2003). 이 두 활동은 처음에는 주로 가족, 개인 혹은 부부와 인지적인 차원에서 이루어지며, 가족구성원은 자신의 감정적인 문제로 인해 상대방과 의사소통이 모호하게 되지 않도록 치료사에게 이야기를 하거나 혹은 치료사의 도움을 받아 서로 이야기한다(Gladding, 2018). 특히 치료사는 내담자가 가지고 온 특정 문제에 초점을 두기보다는 체계적인 관점에서 생각하고 패턴을 살피는 것이 무엇보다 중요하다. 치료사는 내담자에게 체계와 다세대 전수과정에 관한 것을 가르쳐야 하며, 내담자를 이성적인 차원으로 끌어올리는 데 도움이 될 수 있는 가계도, 질문 또는 기타 다른 도구(예: 피규어)를 이용할 수 있다. 무엇보다 중요한 것은 치료사가 내담자로 하여금 이야기를 하게 함으로써 생각을 유도하고 격한 감정을 감소시키는 것이다. 치료사는 가족이 경험하고 있는 여러 부담이 어떻게 표현되어 왔으며 가족구성원들이 스트레스를 받기 시작했을 때부터 어떻게 대처해 왔는지에 대한 단서를 찾는 작업을 할 것임을 내담자에게 고지한다. 이 정보를 얻는 방법 중 하나는 가계도를 그리게 하거나 혹은 그들의 원가족을 방문하는 것이다. 이 과정에서 나타나는 가족의 역동을 탐색함으로써 치료사는 내담자와 함께 다세대적인 융합과 단절의 패턴을 평가하고 작업하는 해석자가 된다(Gladding, 2018). 치료사는 치료 과정 내내 내담자와 정서적 거리감을 유지해야 한다. 치료사가 가족투사과정과 삼각관계에 대한 지식을 가지고 있고 동시에 감정적인 표현보다는 인지적 통찰에 초점을 두는 것이 치료사가 정서적 거리감을 유지하는 데 도움이 된다(Becvar & Becvar, 2013). 한편, 보웬은 가족치료가 종종 5회기 혹은 10회기 정도로 좋은 결과를 얻을 수 있을지 모르지만, 일반적으로 가족들은 20회기에서 40회기 정도가 필요하다고 보았다(Bowen, 1975).

7. 치료 기법

보웬은 가족치료에 있어서 치료 기법보다는 가족체계가 어떻게 작용하는가를 이해하는 것이 더 중요하다고 생각했다. 따라서 그는 특정 기법에만 초점을 두지 않는 것이 더 중요하다고 보았다. 보웬의 치료 기법은 주로 질문을 사용하며, 내담자의 행동이나 정서의 변화에 초점을 두기보다는 내담자의 인지적 자각을 촉진하는 데 있다. 보웬의 가족체계치료는 단계적으로 이루어진다. 치료사는 상담을 시작하기 전에 평가인터뷰와 측정기술을 통해 먼저 과거와 현재 및 가족의 정서적 체계를 평가한다.

보웬가족치료에 있어서 주요 치료기술에는 평가 면접, 과정질문, 가계도, 코칭, 탈삼각화, 원가족 재방문하기, "내-입장" 취하기, 관계 실험이 포함된다. 보웬이론은 어떻게 가족문제가 확대가족의 역사 안에 포함되어 왔는지뿐만 아니라 가족문제 안에서 개인의 역할을 보는 것이 중요하기 때문에, 평가는 그 어떤 것보다도 더 중요하다.

1) 평가 면접

승상을 가신 가족의 평가는 초기 진화면접으로 시짜낀나. 거아 보웬은 치료사에게 가족문제에 대한 전화를 건 사람의 강압적이고, 매력적이거나 혹은 과장된 표현에 과도한 반응을 함으로써 가족의 정서적 체계에 빠지는 것에 조심하라고 주의를 주었다 (Kerr & Bowen, 1988). 후속적인 치료를 통해 치료사는 가족문제에 함몰되고, 논쟁에 한쪽 편을 들거나 혹은 한 사람에게 과도하게 동조하거나 혹은 다른 사람에게 화내는 것을 주의해야만 한다. 하그로브는 "가장 중요한 작업은 치료사가 아니라 가족관계 안에서 내담자에 의해 행해지는 것이다."라고 했다(Hargrove, 2012, p. 293). 가족의 정서체계에 융합되고 가족갈등의 삼각관계에 연루되었거나 혹은 가족불안에 사로잡힌 치료사는 가족기능에 분열적인 영향을 미칠 수 있고 가족구성원들의 분화를 촉진하는 데 실패할 수 있다. 가족은 치료사가 자신들을 염려하고 관심이 있다는 것을 확신해야 하지만, 치료사는 가족구성원이 자신을 정서적으로 과도하게 연루하려는 노력에 대해서는 저항해야 한다. 정서적 반응에 대한 반대 개념으로서의 객관성은 치료사가 지녀야 할 중요한 요건이다. 치료사가 어느 편에 서지 않고 모든 참여자와 연결을 유지하는 것이 중요하다(Goldenberg et al., 2017).

보웬은 자신이 중립적인 위치에서 연구를 할 수 있었던 가족들이 직접적인 도움을 주었던 가족들보다 더 효과가 있었다고 보고하면서, 내담자와 가족구성원에 대한 부적절한 도움이 오히려 무력감을 조장했다고 말했다(Bowen, 1976). 한편, 보웬은 치료사가 자신의 원가족으로부터 분화되는 것에 작업을 하면 할수록 치료사가 더 분리되고 객관적일 수 있다고 믿었다. 프리드만은 치료사의 존재란 어떤 특별한 행동 혹은 치료적인 개입기술을 사용하기보다는 반응하지 않고 개입하지 않으며 구조해 주지 않는 가운데 자극하며 생각하는 방법을 가르치는 사람이며, 이것이 바로 변화의 궁극적인 대리인이라고 했다(Friedman, 1991). 따라서 내담자의 자아분화 과정은 치료사의 자아분화 수준과 관계가 되기 때문에, 주요한 치료도구는 특별한 기법이라기보다 치료사 그 자체이다(Becvar & Becvar, 2013).

가족평가 면접은 가족구성원의 어떤 구성(부모, 부부, 핵가족, 혹은 확대가족까지 포함)으로도 행해진다. 보웬은 가족치료가 상담에 참석하기 위한 어떤 가족구성원을 요구하는 과정이라기보다는 문제를 개념화하는 방법이라고 보았기 때문에, 그는 특히 만약 한 사람이 원가족으로부터 자아분화를 작업할 동기화가 되었다면 한 가족구성원과 작업하는 것에 만족했다. 실제로 커와 보웬에 따르면, 합동회기가 일반적으로 유용하지만, 때로는 가족구성원을 함께 보는 것이 한 사람 혹은 다른 사람의 진척을 방해할 수도 있다. 대신에 그들은 만약 한 부모가 자신의 기본적인 분화 수준을 증진할 수 있다면, 자녀뿐만 아니라 다른 부모의 기능도 필연적으로 향상될 것이라고 주장했다(Kerr & Bowen, 1988).

가족평가 면접은 특히 신체적 · 정서적 · 사회적 증상과 증상을 가진 사람 혹은 관계에 대한 증상의 영향에 초점을 두면서 현재 나타나고 있는 문제의 역사를 탐색하는 것으로 시작한다. 만약 한 사람 이상이 상담을 받는다면, 치료사는 어떤 문제가 발생되었으며, 그들이 해결하고자 하는 문제를 유지하는 것은 무엇이고, 왜 그들은 지금 그와 같은 도움을 받고자 하는지, 각자가 경험으로부터 무엇을 얻고자 하는지에 대해 관심을 가져야 한다. 이와 같은 일련의 과정질문을 통해 치료사는 증상을 가진 내담자의 핵가족 내의 정서적 과정의 강도뿐만 아니라 정서기능의 패턴을 평가한다(Goldenberg et al., 2017).

이 가족의 관계체계는 무엇인가? 현재 스트레스원은 무엇인가? 가족구성원은 얼마나 잘 분화되었는가? 가족의 적응수준은 어떠한가? 가족은 얼마나 안정적이며, 얼마나 성공적으로 불안을 잘 다루고 있는가? 어떤 삼각관계가 존재하는가? 정서적 단절이 있는가? 이처럼 몇 회기까지 확대될 수 있는 초기 면접은 한 사람 혹은 두 사람 이상에게서 현재 나타나는 증상과 관련된 가족 역기능의 정도를 평가하는 정보를 탐색한다. 다세대 시각을 가진 보웬의 가족체계 치료사들은 특히 가족의 정서적 기능의 역사적인 패턴과 변화하는 가족생활단계에서의 가족의 불안 수준 그리고 현재 기능과 비교되는 과거에 경험한 스트레스의 양에 관심이 있다. 보웬이론가들의 특별한 관심은 부부관계의 과정을 통해 한쪽의 배우자의 기능이 현저하게 향상되면 다른 쪽 배우자의 기능이 현저하게 감소되었는가의 여부에 있다. 각 가족구성원의 병력을 조사함으로써, 치료사들은 가족에 대한 다양한 압력이 어디에서 표현되어 왔고 가족이 시작부터 스트레스에 어떻게 효과적으로 적응해 왔는지에 대한 단서를 찾는다. 이 지점의 평가에서 초점은 증상을 가진 개인을 넘어 핵가족의 관계망의 조사로 확대되기 시작한다(Goldenberg et al., 2017).

평가면접의 마지막 부분은 부모의 확대된 가족체계의 맥락 안에서 핵가족을 이해하려고 시도한다. 가족치료사는 다세대적인 융합패턴, 확대가족들과의 핵가족 관계의 속성 그리고 각각의 배우자의 정서적 단절의 강도에 관심을 둔다. 남편과 부인, 그리고 그들의 부모와의 관계패턴의 유사함은 원가족으로부터의 미분화의 중요한 단서를 제공할 수 있다. 치료사의 목표는 가족의 정서체계의 로드맵을 개발하는 것인데, 왜냐하면 각각의 핵가족이 이전 세대의 정서적 과정과 패턴을 포함하고 있다고 믿기 때문이다(Goldenberg et al., 2017).

2) 과정질문

과정질문은 또한 치료사와 가족구성원 사이에 발전할 수도 있는 잠재적인 삼각관계를 다루고 중립화하는 것을 돕기 위해 사용된다. 과정질문은 가족이 문제에 대해 어떻게 생각하며 그 문제에 영향을 미치고 있는 기제들이 어떻게 작동하는가에 대한 정보를 얻고, 감정을 낮추며 정서적 반응에 의해 유발된 불안을 감소시키고, 생각을 촉진하기 위한 목적을 가지고 있다(Nichols, 2014). 보웬이론의 치료사들은 내담자들에게 과정질문을 통해 체계론적 과정이나 자신들이 행하고 있는 가족 내의 역동들을 볼 수 있게 하도록 돕는다. 치료사는 과정질문에서 상대방이 얼마나 화를 나게 만들었는가보다는 상대방에게 어떤 방식으로 반응했는가를 묻는다. 만약 과정질문이 불안을 감소시킨다면, 사람들은 더 분명하게 생각할 수 있을 것이다.

예를 들어, 치료사는 내담자가 배우자와 겪고 있는 갈등이 그들의 부모의 관계에서 관찰해 온 패턴과 어떻게 관련이 되는지를 보여 주기 위해 다음과 같은 과정질문을 사용할 수 있다. "지금 선생님께서 겪고 있는 갈등과 부모님의 갈등과 비교했을 때 어떤 차이가 또는 유사성이 있을까요?" "지금 선생님께서 하고 계신 역할이 부모님 중 어느 분의 역할과 비슷할까요?" "지금 선생님께서 배우자와의 갈등에서 부인에게서 경험하는 모습이 어렸을 때 가족 내의 누구와 유사할까요? 또는 배우자가 볼 때 선생님은 배우자 가족 중 누구와 닮았다고 생각하실까요?" 이와 같은 질문은 부부가 현재 부부갈등 이면에 걸려 있는 자신의 원가족 문제와 연결할 수 있게 하며, 배우자와의 원가족 문제와 자신의 원가족 문제를 함께 보게 할 수도 있다. 이와 같은 과정질문 외에도 도전, 직면, 설명을 사용하기도 한다. 게린은 가족 개념에 대한 이해를 발달시킬 수 있는 최선의 방법은 자신의 가족 내에서 자신의 모습을 철저하게 이해하는 것이라고 했다(Guerin & Forgary, 1972).

3) 가계도

가계도는 기하학적인 도형, 선 그리고 단어들로 묘사된 한 사람의 가족 상황의 시각적인 표현이며(Sherman, 1993), 가계도는 최소한 한 가족의 3세대와 관련된 정보와 가족구성원 상호 간의 관계 등을 포함한다. 보웬은 다세대적 패턴과 영향이 핵가족 기능의 중요한 결정요인이라고 믿었기 때문에, 가계도 안에서 최소한 3세대에 걸친 가족을 도표화해 현재 나타나고 있는 문제의 기원을 조사하는 그래프적인 방법을 개발했다. 보웬이 원래는 '가족도표(family diagram)'라는 용어를 사용했으나 그 후에 그의 제자인 게린(Guerin)이 '가계도(genogram)'로 명명했고 보웬의 제자인 맥골드릭(McGoldrick)과 거슨(Gerson)이 표준화된 가계도 작성법을 정리해 더욱 일관성을 가진 다양한 방식으로 가계도를 활용할 수 있게 했다(Nichols & Schwartz, 2001).

초기의 상담회기에서 가계도는 사람들이 과거와 현재의 사건들에 대한 정보를 모으고 가정하며, 관계 갈등, 단절, 삼각관계(Nichols, 2014), 관계 변화를 추적하는 것을 도와주고(Dunn & Levitt, 2000), 체계 내의 핵가족과 확대가족구조와 정서적 과정 그리고 패턴을 조사할 수 있는 유용한 도구이다(Platt & Skowron, 2013). 가계도를 그리는 과정에서 정보를 수집하는 과정이 때로는 그 자체로서 치료적이다(Nichols, 2014).

가계도에서 남자는 사각형, 여자는 원으로 표시하며 그 속에 나이를 적는다. 수평선은 결혼한 부부 사이를 가리키고, 수직선은 부모와 자녀의 관계를 가리킨다. 매우 친밀한(또는 융합된) 관계는 세 줄로, 갈등은 지그재그로, 정서적 거리감은 점선, 단절은 단절된 선으로 표시할 때, 3세대에 걸친 삼각관계의 유형을 분명히 알 수 있다. 치료사는 가계도를 통해 내담자 모든 가족구성원의 구성, 이름, 성별, 나이, 형제위치, 인종, 생일, 결혼, 이혼, 사망 그 외의 다른 중요한 가족사건을 한눈에 볼 수 있게 해 준다(Frame, 2000). 필요하다면 종교, 직업, 민족근원, 지리적 위치, 사회경제적 상태 등에 대한 부가적 정보도 포함될 수 있다. 핵가족에 대한 간결한 그림적 묘사를 제공하는 이상으로 가계도는 각 배우자의 원가족에서의 특정 정서유형을 제안하며, 각 배우자의 확대가족과의 융합 정도를 측정할 수 있는 자료를 제공해 준다.

보웬가족치료사들은 내담자와 가족구성원의 패턴을 관찰하기 위해 그들의 가계 상황을 더 윗세대까지 거슬러 올라가 묘사한다. 이때 패턴을 관찰하는 것은 순환하는 단순한 정보를 탐색하기보다는 가계도 안에 표시된 각 사람에게 발생했던 상황과 환경에 대한 느낌을 얻는 게 중요하다(White, 1978). 왜냐하면 이 과정은 감정적으로 반발하기 쉬운 상태에서 사람이나 사건에 대한 명확한 인식의 전환을 가져오게 하기 때문이다(Gladding, 2018).

가계도는 약물 남용에서부터 영성에 이르기까지 모든 것을 나타내기 위해 색깔로 표시할 수 있다(Frame, 2000). 가족사를 설명할 때 작은 조각상이나 동물과 같은 소형 장난감들을 사용함으로써 보다 창의적이고 상상력 있는 방법으로 가족 구성원을 나타내는 것도 좋다(Weston, 2009). 쿡과 파울센은 부부치료에 있어서 가계도를 풍성하게 하고 정서를 이끌어내기 위해 내담자 사진을 사용할 것을 제안했다(Cook & Poulsen, 2011). 또한 가계도는 성격상 다문화적일 수 있으며 가족구성원의 행동에 영향을 미치는 세계관과 문화적 요소들에 대한 평가를 포함한다(Thomas, 1998). 실제 가족치료를 하다 보면, 앞에서 언급한 내용들을 빽빽이 넣은 가계도를 통해 치료사뿐만 아니라 내담자가 한눈에 자신의 문제에 대한 패턴을 볼 수 있다. 마지막으로, 가계도를 그리는 데 도움이 되는 유용한 인터넷 프로그램은 제노프로가 있다(http://www.genopro.com/). 또한 가계도에 관한 보다 자세한 내용에 대한 참고도서로 『가계도 사정과 개입(Genograms: Assessment and Intervention)』(McGoldrick, Gerson, & Petry, 2008: 이영분, 김유숙, 정혜정, 최선령, 박정희 공역, 2011), 『초점화된 가계도(Focused genograms)』(DeMaria, Weeks, & Twist, 2017: 임춘희, 김수정, 김향은 공역, 2019), 『당신은 다시 집에 갈 수 있다(You Can Go Home Again)』(McGoldrick, 1997: 남순현, 황영훈 공역, 2007) 등이 있다.

[그림 6-5]는 무단결석을 하는 내담자(중 2) 가족치료 사례에 대한 가계도이다. 내담자의 무단결석 이면에 3세대에 걸친 가족관계를 보여 주고 있다. 내담자와 아버지의 관계가 아버지와 친조부와 연결되어 있는 것과, 어머니와 시어머니(친조모) 관계 및 어머니와 친정아버지(외조부)와의 관계가 표면적으로는 괜찮은 관계로 보이나 실제로는 폭력적인 친정아버지에 대한 두려움이 폭력적인 시아버지와 남편과 걸려 있는 관계를 볼 수 있다. 한편, 친조부모와 외조부모의 부부관계가 스트레스받는 관계로 나타나고

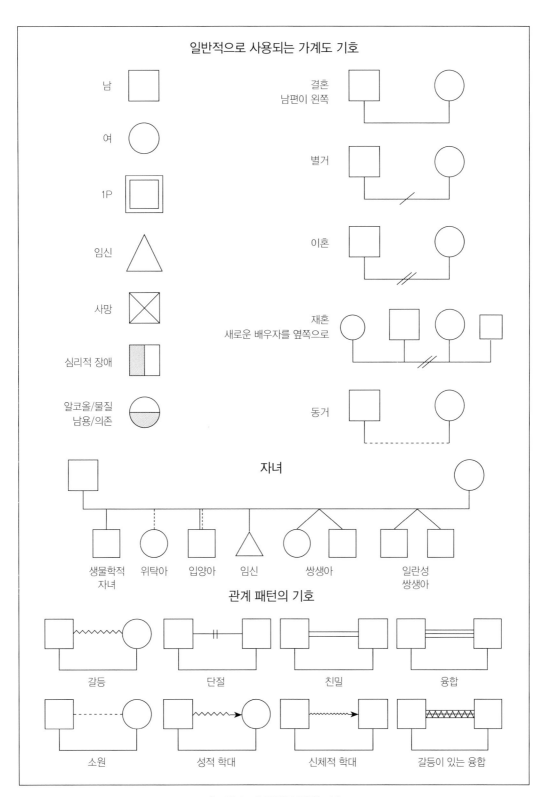

[그림 6-4] 가계도 그리는 법

참조: Gehart, D. (2016), p. 205.

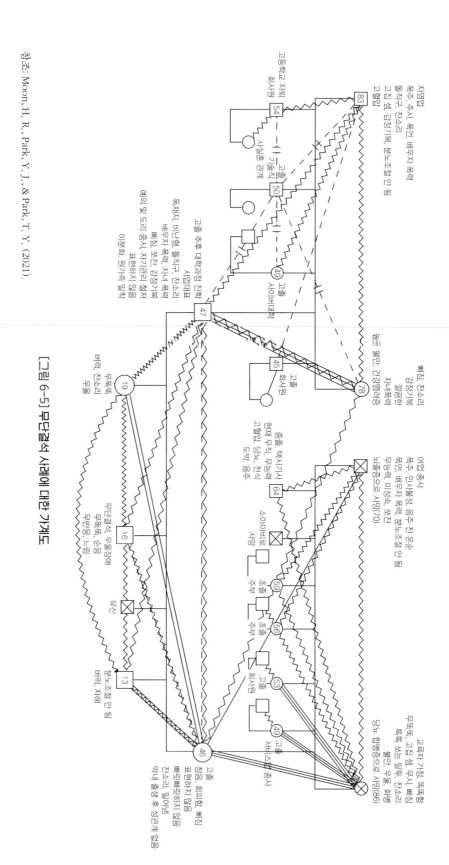

[그림 6-5] 무단결석 사례에 대한 가계도

참조: Moon, H. R., Park, Y. J., & Park, T. Y. (2021).

있는데, 이 역시 내담자 부모의 부부관계에서도 나타나고 있다. 또한 아버지 형제들의 단절된 관계가 내담자와 누나 및 동생, 그리고 누나와 막내 동생과의 관계에서도 유사한 패턴으로 나타나고 있음을 보여 준다. 가계도를 그릴 때 가능한 한 여러 차원에서의 내용을 빼꼭히 채울수록 3~4세대 간의 유사한 패턴을 확인할 수 있을 것이다.

4) 코칭

보웬가족치료는 치료사가 모든 가족을 대상으로 작업해야 한다고 생각하지 않는다. 보웬가족치료사는 종종 단지 한 사람과만 작업을 했고, 그 사람을 통해 가족체계가 변화할 수 있다고 보았다. 코칭은 사람들에게 무엇을 하라고 말하는 것을 의미하지 않으며, 가족의 정서적 과정과 그들의 역할을 생각할 수 있도록 돕기 위한 것이다(Nichols, 2014). 한 사람과 작업할 때의 치료 과정을 코칭이라고 했는데 맥골드릭과 카터는 다음과 같이 서술했다(McGoldrick & Carter, 2001, p. 281). "코칭의 목적은 내담자가 정서적 단절이나 포기 없이 가족구성원과 관계를 맺고 있다는 것을 능동적으로 정의할 수 있도록 돕는 것이다. 코칭은 가족구성원의 행동패턴에서 내담자가 자신의 역할에 대한 관찰자이자 연구자가 되도록 훈련시킴으로써 시작한다. 내담자들을 코칭하는 것은 그들이 가장 깊은 신념과 일치하는 행동을 하도록 돕는 것이다. 물론 이것이 가족 '규칙'에 복종하지 않음으로써 가족구성원을 화나게 할 수도 있다는 것을 의미할지도 모른다."

보웬은 자신이 가족구성원 스스로 기능하는 방법에 대한 객관적인 연구자가 될 수 있도록 돕는 연구자라고 했다. 그는 코치를 가족구성원의 서로에 대한 정서적 반응을 정의하고 명료화하는 데 있어서 절제된 직접적인 질문을 통해 조용히 가족구성원을 돕는 적극적인 전문가라고 보았다. 코칭의 과정에서 가족구성원은 상황에 대해 경청하고 생각하고 정서적인 반응을 통제하고, 자신이 정의한 "내–입장(I-position)"을 표현하는 것을 배우도록 격려된다. 코치가 내–입장을 모델링하게 함으로써, 가족구성원에게 이를 성공적으로 가르쳤을 때, 개별적인 가족구성원은 변화하는 실제적인 역할에 책임을 지게 된다. 코칭기법은 때로는 직면과 설명, 과제부여 등을 사용하기도 하지만, 주로 질문을 통해 가족의 역할을 변화시킨다. 보웬 치료의 근본적인 목적인 자아분화는 치료사로부터 오는 것이 아니라 내담자 가족구성원들로부터 와야 하며, 가족의 정서적 관계망과 전수과정에 대한 합리적인 이해의 토대에서 성취되어야만 한다(Goldenberg et al., 2017).

5) 탈삼각화

보웬은 불안한 혹은 혼란된 관계체계에 중요한 타자(친구, 교사, 성직자)의 성공적인 개입이 가족 내의 모든 관계를 변화시킬 수 있다고 했다(Bowen, 1976). 탈삼각화라는 개념은 "관계를 유지하고 있으면서 감정적으로 분리되는 과정"을 의미한다(Kerr, 1988, p. 55). 탈삼각화는 적어도 다음과 같은 두 수준에서 발생한다. 첫 번째 수준에서는 가족상황에 대한 자신의 불안을 스스로 해결하고 자신의 감정을 타인에게 투사하지 않는다. 두 번째 수준에서, 보웬치료사들은 내담자들로 하여금 가족 내에서 긴장이나 불안이 야기되었을 때, 자기 자신이 초점의 대상이 되는 것을 피하도록 돕는다. 이와 같은 방법을 통해 사람들은 불안에 차 있는 타인의 분풀이 대상이나 희생양이 되지 않는다. 만약 늘 삼각관계에 연루되었던 사람이 감정적으로 스트레스받는 동안에 이성적인 상태를 유지하게 되면 그는 거의 다른 두 사람의 관심의 대상이 되지 않는다(Bowen, 1972).

에일머(Alymer, 1986)가 말했던 '분리되면서 개입된 위치'라고 명명한 것을 가족치료사가 유지할 수만 있다면, 즉 가족치료사가 2명의 가장 중요한 가족구성원과 불안하지 않은 상태로 정서적인 접촉을 하면서 가족갈등으로부터 연루되지 않고 분리된 채로 남아 있는 한 치료사는 탈삼각화의 역할을 수행할 수 있다. 갈등에 삼각관계화될 수 있는 압력이 있음에도 불구하고 만약 치료사가 이와 같은 자세를 유지할 수 있다면 부부 사이의 긴장이 진정될 것이며, 두 사람 사이의 융합이 서서히 해결될 것이고, 다른 가족구성원이 더 많은 자아분화를 성취할 가능성을 포함한 자신들의 삶에서 긍정적인 효과를 느끼게 될 것이다(Goldenberg et al., 2017).

6) 원가족 재방문하기

보웬가족치료사들은 성인 내담자들에게 부모와 지나치게 정서적인 삼각관계로부터 떨어질 수 있도록 돕고 그들의 원가족을 좀 더 잘 알기 위해서 원가족을 다시 방문해 볼 것을 권유한다(Bowen, 1976). 전형적으로 이와 같은 구조화된 방문은 내담자가 자신의 고통을 야기하는 문제를 알고 싶다고 사전에 고지하는 전화 혹은 편지를 통해 준비된다. 내담자는 긴장과 불안에 둘러쌓여 있음에도 불구하고, 분리된 느낌을 유지한 채로 자신의 고통스런 정서적이고 행동적인 패턴을 관찰하면서 처음에 가능한 한 많이

제6장 보웬의 가족체계이론

236

"관찰자" 자세를 유지할 것을 지시받는다. 원가족을 방문하기 전에 내담자들은 어떻게 냉정을 유지해야 하는지에 대해 학습한 것을 연습할 필요가 있다(Bowen, 1976). 원가족 방문을 통해 내담자가 과거 패턴 안에 사로잡히는 것이 감소하고 더 기능적이고 지지적인 관계를 협상할 수 있다(Roberto, 1992). 이 기법의 이면에 있는 생각은 가족관계에 관한 많은 정보를 가진 사람들은 좀 더 분명하게 자기 자신을 분화할 수 있다는 것이다. 그러한 과정은 사람들이 자기 가족이 처한 모든 상황에서 보다 효과적인 역할을 하도록 한다(Gladding, 2018).

보웬은 내담자들이 특히 원가족으로부터 분화하는 능력을 발달시키는 데 관심이 있었기 때문에, 그의 작업 중 많은 부분의 초점이 확대가족에 있었다. 이러한 점에 있어서, 보웬은 프라모와 유사했다(Framo, 1981). 그렇지만 보웬이 내담자의 분화하는 노력 안에서 그들을 코칭한 후에 원가족을 자주 방문해 자기를 관찰하도록 한 반면에, 프라모는 원가족들을 내담자와의 마지막 치료단계에 데려오도록 했다. 보웬에게 집에 다시 간다는 것은 직면이나 원한을 풀거나 혹은 오랫 동안의 차이에 대한 화해가 아니라 서로로부터 더 많은 자아분화를 하는 것이었다. 특히 엄격하고 이전에 투과할 수 없었던 경계선이 있을 때, 원가족과의 정서적인 연결을 하는 것이 정서적인 단절로 인한 내담자의 남겨진 불안을 줄이고, 가족구성원으로부터 탈삼각화하며, 가능한 감정반사 행동이 감소하면서 궁극적으로는 자아분화를 성취할 수 있다(Friedman, 1991).

7) '내-입장' 취하기

'내-입장' 취하기는 개인 의견에 대한 차분하고 명확한 진술을 의미한다. 증가되는 긴장 상황에서, '내-입장'을 취하는 것은 감정으로부터 분리하고 '내-입장'을 취하려는 사람을 안정화시킨다. 다른 사람의 행동에 대해 말하는 것보다 자신이 느끼는 것을 말하는, 즉 개인적인 입장을 취하는 것이 감정적인 반응의 주기를 끊을 수 있는 가장 직접적인 방법이다(Nichols, 2014). 예를 들어, "당신은 집에 들어오면 늘 누워서 TV만 봐서 정말 미치겠어!"라는 말과 "옛날에 내가 어렸을 때, 내 아버지가 늘 누워서 TV만 봐서 엄마가 힘들었는데, 당신은 가능하면 TV 보기 전에 애들과 놀아 주었으면 좋겠네요." 라는 말 사이에는 큰 차이가 있다.

보웬치료사들은 내담자에게 "내-입장"을 취하게 할 뿐만 아니라 치료사들 또한 이러한 입장을 취하게 한다. 예를 들어, 내담자가 치료사에게 남편이 말기 암 판정을 받았는데 자녀들에게 알리고 싶지 않다고 했을 때, 치료사는 "내－입장"을 취해 "나라면, 아이들에게 아빠의 말기암이라는 사실을 알릴 것 같은데요. 왜냐하면 애들이 알 권리가 있지 않을까요?"라고 자신의 입장을 말할 수 있다. 그렇지만 그 사실을 자녀들에게 알릴 것인지 말 것인지는 전적으로 내담자에게 달려 있다.

8) 관계 실험

관계 실험은 행동주의적 접근의 과제인데, 이것은 가족에서 비생산적인 관계 과정들을 드러내어 변화시키기 위해 고안되었다(Guerin, Fogarty, Fay, & Kautto, 1996). 이 실험은 두 사람 사이에 직접적인 의사소통을 향상시키거나 분화가 덜 되어 유지되고 있는 추적자(거리를 두는 자)의 위치를 뒤집어서 삼각관계를 구조적으로 변화시키기 위해 사용한다(Gehart, 2016; Nichols, 2014). 관계 실험의 목적은 가족 / 성원이 제게 과정을 인식하고, 그 과정들 사이에서 자신의 역할을 인식하도록 학습시키는 데 있다. 아마 관계 실험의 가장 좋은 예는 정서적 추적자와 거리를 두는 자에 대해 사용하기 위해 포가티가 개발한 방법일 것이다. 추적자들에게는 추적하는 것을 삼가고, 요구하는 것을 멈추며, 정서적인 연결에 대한 압력을 감소시키며, 그들 자신과 관계 안에서 무엇이 발생되는지를 보도록 격려한다. 이러한 연습은 어떤 사람들이 기대하는 것처럼 마술적인 치료는 아니나, 연루된 정서적 과정을 명확히 하는 데 도움이 된다. 거리를 두는 자들은 다른 사람들의 요구를 회피 또는 굴복하는 것에 대한 대안을 발견하기 위해 상대방에게 다가가서 개인적인 생각과 감정을 말할 것을 격려한다(Nichols, 2014).

8. 사례[1]

이 사례는 부부갈등 상황 시 아내가 남편을 구타하고 물건을 집어 던지는 등 폭력을 행사한 부부의 가족치료로서, 남편이 상담을 의뢰했다. 남편은 부인과 결혼한 지 5년 차였으며, 자녀는 없었으며, 부부 모두 직업이 있었다. 남편은 첫 회기에서 아내의 폭

---

1) 이 사례는 여성 가정폭력 행위자 가족상담 사례 연구: Bowen 가족치료모델의 관점을 중심으로. 복지상담교육연구, 8(1), 183-209에서 발췌했다.

력적인 성향의 원인을 알고 그것을 해결하고 결혼을 유지하고자 하는 자발적인 내담자였다. 이에 비해 부인은 상담을 원하지 않는 비자발적인 내담자였으며 이혼하기를 원했다. 치료사는 부부 상담과 부인과 남편의 개인 상담, 부인의 친정 식구들인 남동생들과 친정어머니에 대한 가족 상담을 실시했다. 1~2회는 부부, 3회는 부인, 4회는 부인의 첫째 남동생, 5회는 부인, 6~7회는 남편, 8회는 부인의 둘째 남동생, 9~10회는 부인의 친정어머니, 11회는 부인의 둘째 남동생, 12회는 부인과 둘째 남동생, 13회는 부부, 14회는 부인과 친정어머니에 대한 가족치료가 진행되었으며, 치료 과정은 다음과 같다.

1) 문제 파악

(1) 참 좋은 부인의 이해할 수 없는 폭력 행위 : 이성적 성찰 없는 감정 반사적 행동

남편에 의하면 부인은 '결혼 당시에는 서로 대화가 되는 사람'이었고 '싸울 때를 제외하고 부인이 기분이 좋을 때는 참 좋은 사람'이었다. 그래서 남편은 도대체 아내의 폭력 행위의 원인이 뭔지, 왜 자신들이 그렇게 싸워야 되는지, 그리고 아내가 왜 그런 폭력적인 성향이 나타나는지 알고자 상담에 왔다. 갈등 상황이 되면 부인은 컴퓨터나 의자를 던지거나 칼을 들고 위협한다든가, 남편을 물어뜯는 등의 폭력을 행사했다. 아내 역시 상담 초기에 자신의 폭력적 행위가 스스로 통제할 수 없는 '정신병자' 같은 행위이자 스트레스 상황에서 나오는 반사적 행동이라고 설명했다.

(2) 부인의 심한 자책감

부인은 자신이 남편에게 폭력 행위를 했다는 사실로 인해 심한 자책감을 가지고 있었으며, 이혼하기를 바랐다.

2) 부인의 폭력과 관련된 요인

(1) 감정 반사적 행동을 촉발하는 스트레스: 남편의 비난하는 의사소통 방식

부인은 남편과 대화가 안 되었으며, 남편은 부인에게 '너만 잘하면 돼'라는 식으로 비난하곤 했다. 이처럼 남편이 부인을 비난할 때 부인은 분노 폭발과 함께 폭력적인 행동이 나왔다.

(2) 감정 반사적 행위를 촉발하는 또 하나의 스트레스: 시어머니 편만 드는 남편

부인과 시어머니의 갈등 상황에서 남편이 자신의 어머니 편만 드는 상황에서 부인은 다시 폭력을 사용했다. 어머니가 40세가 넘어 낳은 막내아들인 남편은 어머니의 사랑을 매우 많이 받았고, 아버지와 사이가 나빴던 어머니에게 연민이 컸으며 어머니와 밀착되어 있었다.

(3) 남편의 비난에서 연상되는 아버지의 비난

부인이 스트레스 상황에서 이성을 잃을 정도가 된 것은 남편의 태도나 말이 친정아버지와의 상황을 생각나게 했기 때문이었다. '너만 잘 하면 돼 '라는 남편의 비난이 부인에게 매우 힘들었던 이유는 아버지가 똑같은 비난을 했기 때문이었다. 부인에게 아버지는 매우 엄격하고 자신을 인정하지 않는 사람이었으며, 그녀를 몰아세우고 비난만 하며 한 번도 딸 편을 들어주지 않은 사람이었다. 부인은 남편의 모습에서 '니만 문제야'라고 똑같이 비난하던 아버지의 모습이 중첩되는 느낌을 받게 되었다. 벗어나고 싶었던 아버지의 모습을 남편에게서 확인하는 순간 부인은 화가 나고 '돌았던 것' 같은 행위를 하게 되었다.

(4) 부인의 원가족과의 미분화

① 아버지의 외도로 인한 어머니와의 밀착

부인의 아버지는 자주 외도를 했으며, 이로 인해 정서적으로 힘들어진 어머니는 딸과 밀착하게 되었다. 어머니와 밀착된 딸이었던 부인은 어머니의 정서상태와 융합되어 아버지와 어머니가 싸울 때면 어머니 편을 들면서 아버지를 공격했다(삼각관계). 아버지는 어머니 편만 드는 딸에게 욕을 퍼부었다.

② 어머니와 융합되어 과도한 역할을 한 딸

부모와 삼각화를 이루면서 어머니와 밀착된 부인은 어머니와 자신을 분리하지 못하고 어머니의 역할을 대신하려는 과도한 역할을 수행했다. 부인은 어린 시절 항상 아버지가 외도하지나 않을까 염려했고, 심지어 이발소에 간 아버지의 머리를 깎는 여자 직원을 의심의 눈초리로 지켜보며 감시하는 역할까지 하게 되었다.

③ 어머니에 대한 연민: 불쌍한 우리 엄마

자아분화 수준이 낮고 부모와 삼각관계에 빠진 부인은 어머니에게 기쁨을 주는 역할이 되어 결혼도 어머니가 원하는 사람을 만나야겠다고 생각했으며, 그 결혼생활에서 힘든 것을 말하면 어머니의 마음이 힘들까 싶어 말하지 않았다. 부인은 자녀인데도 불구하고 어머니의 고민을 들어주고 경제적인 부분과 아버지와의 관계까지 해결해 주려고 하는 과도한 역할을 또 하게 되었다.

④ 부인의 또 다른 삼각화 : 남편의 원가족 미분화

남편 역시 부인과 마찬가지로 자신의 어머니와 밀착되었고, 고부갈등 시 남편은 시어머니와 부인과의 관계에서 삼각관계를 이루고 있었다. 남편에게서 자신을 비난했던 아버지의 모습과 함께 부인은 시어머니와의 사이에서 시어머니의 편을 드는 남편에게 매우 화가 났다.

> "제가 너무 화가 났던 건 뭐냐면 어머님이 저한테 야단치실 때 남편이 '어머니, 그게 아니라 그거 제가 그랬어요.' 저는 그 말이 나올 줄 알았는데 그 말은 하나도 안 나오고, 그래서 제가 화가 나서 이성을 잃었어요. 왜냐하면 너무 억울해서."
> "남편은 항상 어머니 편을 들었어요. 옳든 그르든 간에."

장인처럼 남편의 아버지도 외도를 해 부부 사이가 나빴던 어머니는 막내아들(남편)과 밀착되어 있었다. 부인과 시어머니와의 관계는 점점 더 나빠졌으며 남편과의 관계도 더 악화되었다. 이처럼 부인은 시어머니와 미분화된 남편이 어머니 편만 드는 것에 대한 불만에 친정아버지를 생각나게 하는 남편의 비난하는 의사소통 방식까지 더해지면서 무시당한다는 생각을 하게 되었고, 분노가 폭발하는 상황에서 부인은 폭력까지 행사하게 되었다.

3) 치료 개입

(1) 원가족으로부터 분화되는 부인: 탈삼각화

① 어머니에 대한 양가감정: 짜증나는 엄마

부인은 어머니와 정서적으로 한 덩어리가 되어 어머니에 대해 불쌍하고 안타까운 마음만 느끼고 있었다. 그러나 가족치료를 통해 부인은 딸에게 의지하는 어머니에 대해 화가 나기 시작했다.

> "제가 짜증을 못 느끼다가 상담 받으면서 제가 이제까지 한 과도한 역할에 대해 생각을 하다 보니까 화가 막 나더라고요. 내 일도 힘들어 죽겠는데 내가 이렇게까지 해야 되나. 엄마는 왜 속 상한 모습을 보이시 않고 나안테 힝상 연약한 모습을 보였을끼?"

상담을 하면 할수록 부인은 어머니에 대한 부담스러움을 더 많이 느끼게 되면서도 연민과 짜증을 동시에 느끼는 양가감정이 심해졌다. 이러한 과정을 통해 부인은 엄마로부터의 자아분화를 하기 시작했다.

> "그런데 모르겠어요. 왜 엄마를 그렇게 애처롭게 생각하고 사랑하는지. 그렇게 엄마를 좋아했는데 왜 힘들어해서 내가 이렇게 딱 놓으려 하는지!"

② 어머니에 대한 배신감: 엄마가 아빠를 사랑하는지 몰랐어요

상담을 통해 부인의 어머니가 부인 앞에서 자신의 남편이 외도를 해서 속을 상하게 했지만 가정을 지켰으며 이혼의 의지가 전혀 없었다는 점을 설명하면서 자신과 남편이 서로 사랑한다고 말했다. 부모 사이에 끼어 어머니 대신 아버지와 싸워 왔던 부인은 어머니가 아버지를 사랑한다는 솔직한 마음을 알게 된 후 '뒤통수를 맞은 듯한' 배신감을 느꼈다. 오랜 세월 동안 아버지를 미워했던 부인이 정작 어머니는 그 아버지를 사랑한다는 사실을 알게 되었고, 이는 부인에게는 전혀 예상하지 못했던 사실이었다.

> "제가 한 가지 충격을 받은 건 엄마가 아빠를 사랑한다는 그 말에 전 뒤통수를 맞은 듯한…… 제가 철이 들면서 아버지랑 나랑 사이가 멀어진 것도 엄마 때문이기는 하지만

제6장 보웬의 가족체계이론

그때 엄마한테 뭐라고 말을 할 수가 없었어요."

아버지를 미워할 줄 알았던 어머니가 아버지를 사랑한다는 사실에 배신감을 느낀 부인은 자신에게 아버지를 감시하게 하고 아버지와 대신 싸우게 한 어머니에 대한 원망감이 들었다. 부인은 어머니가 자녀에게 하지 말아야 할 이야기를 했으며, 부모 사이에 자신이 개입한 것이 잘못되었다는 통찰을 하게 되었다.

> "엄마는 아버지를 사랑하면 왜 저한테 못할 말을 하고 감시하러 나를 보내고 결국에
> 는 아버지 하고 내 사이가 왜 나빠졌겠어요? 엄마 대신 내가 싸워 준 게 한두 번이 아니
> 었고. 친정에 대한 상처가 너무 큰 것 같아요."

(2) 원가족과의 미분화가 부부관계에 미친 영향에 관한 통찰: 남편과의 융합 추구
어머니와 아버지 관계에 대해 자신이 알고 있었던 것과 다른 진실을 알게 된 부인은 감정적 상처를 받았지만 한편으로는 인식의 확장이 가능했다. 즉, 자신이 아버지와 어머니에게 사랑을 받지 못했다는 사실과 채워지지 않았던 부모의 사랑에 대한 집착이 있었다는 것을 자각하게 된다. 그리고 그 집착의 대상을 남편으로 옮겨 부모로부터 못다 받은 사랑을 받으려고 했던 것에 대해 통찰하게 되었다. 그리고 사랑을 받으려는 집착으로 인해 남편과 더 부딪치고 갈등을 겪게 되었다는 것으로까지 부인의 인식이 확대되었다.

> "내가 아버지나 엄마한테 받지 못한 사랑에 대해서 너무 집착을 했었나 봐요. 그래서
> 그 받지 못한 사랑을 남편한테서 받으려고 그랬었나 하는 생각에, 그게 채워지지 않으
> 니까 남편하고 더 부딪치는 것 같았고."

(3) 남편의 통찰을 통한 변화: 어머니로부터의 분화
가족치료 과정을 통해 남편 역시 무조건 어머니 편을 들던 태도에서 아내의 편을 들어주는 모습으로 변화했다. 남편은 가족치료 과정을 통해 부인의 폭력행위가 자신의 비난하는 방식과 어머니를 편듦으로 인해 촉발되었고, 이는 부인과 친정아버지와의 관계와 연관되어 있다는 것을 통찰하게 되었다. 이러한 통찰로 인해 남편은 어머니와 분리하려고 노력하면서 시어머니 앞에서 부인의 입장을 두둔하기 시작했고, 이와 같은

남편의 태도 변화로 인해 부인도 변화하게 되었다. 그동안 시어머니와의 관계에서 매우 힘들었던 부인은, 남편이 처음으로 자신의 편을 들어주자 감정 반사적 행동으로 분노하지 않고 자신의 입장을 논리적으로 설명하게 되었다. 또한 남편이 시어머니가 옳지 않다는 객관적인 말을 하게 됨으로써, 부인은 시어머니에 대한 불만도 사라지게 되었다.

> "남편이 자기도 어머니가 잘못한 거 안다고 하면서 남편이 처음으로 제 편을 들어준 거 아네요. 남편이 제 편을 들어주다 보니까 논리적으로 설명해 주고 딱 끝나더라고요."
> "정말 신기해요. 남편이 되게 많이 변했어요. 저도 어머니에 대한 불만이 없어지더라고요."

(4) 부부의 가정폭력 행위 중단을 위한 노력: 의사소통 양식의 변화

상담 과정을 통해 자신의 폭력 행위 촉발과 부모와의 미분화 상태에 대해 통찰하게 된 부인은 분노가 폭력 행위로 연결되지 않도록 노력했다. 부인은 화가 날 때도 빨리 화를 풀려고 노력했다.

> "제(부인)가 제발 안 싸웠으면 좋겠다고 생각했어요."
> "제가 그때 화냈거든요. 그래도…… 아내가 씨익 웃으면서 뭐라고 그러면 내가 풀리고…… 요즘은 아내가 제가 하는 것을 이해하고, 웃고, 그러면은 제가 이제 제 마음도 열려 가지고 이야기할 수 있는 그런 계기가 되는 것 같아요."

남편도 이러한 부인의 노력에 함께 부응하면서 부인과 남편 모두 서로 갈등을 일으키지 않으려고 노력했다. 이러한 노력의 결과, 비난하던 남편과 사소한 비난에도 분노가 폭발하던 부인은 서로 대화가 되지 않던 사이에서 대화가 되는 부부로 변화했다. 이제 남편은 친구와 있었던 일을 이야기하는 부인에게 '너만 잘하면 돼'가 아니라 '걔 누구냐?'라는 말로 부인의 입장에서 듣고 부인의 편을 들어주게 되었다. 이러한 남편의 말에 부인은 남편이 자신을 편들면서 상황을 좋게 만들고 웃기려 한다는 것을 이해하고 대화가 잘 이어지게 되었다.

> "남편이 많이 달라진 거 같아요. 예전에 친구랑 있었던 일 애길 하면 옛날 같으면 '네가

제6장 보웬의 가족체계이론

더 잘해라!' 뭐 이런 식으로 하든가 아예 말도 안 하든가 그랬거든요. 그러면서 싸움이 더 커졌어요. 이번엔 남편이 '걔 누구야?' 하면서 남편이 절 편들어 주니까 웃겨 가지고."

이러한 의사소통 방식의 변화는 남편이 가족치료 과정을 통해 부인의 감정 반사적 폭력 행위가 발생하는 상호작용 상황을 통찰하게 된 결과로 인해 가능해졌다. 부인 역시 자신의 폭력 행위가 자기 분화 수준이 낮은 자신이 스트레스 상황에서 감정 반사적으로 행동한 결과임을 통찰한 결과였다. 부인이 짜증을 내거나 힘든 일을 얘기하면 남편은 오히려 부인을 비난하거나 화를 내서 스트레스 상황을 만들고, 그 상황이 종종 폭력 행위로 이어졌던 과거에 비해 부부가 서로 갈등을 일으키지 않으려고 노력하는 대화를 하게 되었다. 결과적으로 스트레스 상황에 덜 노출된 부인의 감정 반사적 폭력 행위도 발생하지 않게 되었다.

"저희들이 갈등을 일으킬 필요는 없다고 생각합니다. 저도 말 스타일이 좀 아내하고 비슷해져 가고 있지 않습니까?"

(5) 원가족과 자아분화 촉진: 부부체계의 강화
가족치료를 통해 부인과 남편은 모두 자신의 원가족과 분화가 촉진되었다. 자신의 가정폭력 행위가 원가족과의 미해결된 감정과 관련 있다는 것을 통찰한 부인은 우선 친정 식구들과 만나는 횟수를 줄였다. 그리고 어머니가 아버지를 사랑한다는 사실을 인정하고 부모와의 삼각화에서 벗어나서 자신은 남편과 살아야 한다는 사실을 인정하게 되었다. 이렇게 되자 남편에게만 관심이 집중되고 부부체계가 강화되는 모습을 보였다. 그래서 부인은 예전에는 엄마에 대해 걱정하는 마음이 항상 있었는데, 이제는 남편이 아프면 안 된다고 걱정하게 되는 신기한 경험을 하게 되었다.

"상담받고 나서부터 불필요하게 친정 식구 만나지 않고 그냥 이렇게 하다 보니까 정말 편하더라고요. 저는 엄마를 매일 걱정했었거든요. 내가 엄마를 보호해야 된다는 그게 항상 있었는데. 엄마가 아빠를 사랑한다는 사실을 인정하고 받아들이고 나니까 엄마한테 거리를 두고 생각할 수 있겠더라고요. 남편하고 살아야 하니깐. 요즈음엔 남편한테만 관심이 집중되어 있고, 이 사람 아프면 안 될 거 같고. 참 신기한 거 같아요."

9. 요약

보웬의 가족체계이론은 인간행동이 진화적 과정의 결과이며 살아 있는 체계의 한 유형으로 보는 자연체계 관점에 입각한 세대를 초월하는 견해를 가지고 있다. 보웬은 가족을 정서적인 관계로 개념화했고 세대를 넘어 핵가족과 확대가족에서 발생하는 정서적 과정들을 설명하기 위한 여덟 가지의 맞물린 개념을 제공했다. 이 개념 안에는 자아분화, 삼각관계, 핵가족 정서적 체계, 가족투사과정, 정서적 단절, 다세대 전수과정, 형제순위 그리고 사회적 퇴행이 포함되어 있다. 보웬이론은 만성적 불안이란 자연의 필수불가결한 부분으로 보고 있으며, 가족이 연합성과 분화 간에 조화를 이루려고 시도하는 것으로 이전 세대로부터 전수되어진다고 보았다.

보웬가족치료사들은 외부인으로서 가족의 감정적인 관계망에 삼각화되지 않도록 노력을 함으로써 객관성과 중립성을 유지할 것을 강조한다. 가족치료사는 가족구성원들이 상호관계에 좀 더 분화되고 유연성을 가지고 참여해 세대 간의 유형을 좀 더 인지할 수 있도록 돕는다. 따라서 보웬이론은 세대 간 관계와 반복되는 유형의 특성을 강조하는 가족관계에 대한 심층적인 이론이며, 심리치료 과정의 결과에 대한 구체적인 평가를 제공하는 체계적인 인지이론이라고 말할 수 있다. 특히 가계도는 최소한 3세대에 걸친 가족관계체계에 대한 유용한 시각적 묘사를 제공한다. 보웬가족치료사들은 부부 간의 융합을 해결하려고 시도하면서, 차분하고 주의깊은 탈삼각화하는 방식으로 작업을 한다. 그들의 목적들은 불안을 줄이고 증상을 해결하며, 궁극적으로는 핵가족 내의, 그리고 원가족으로부터의 각각의 가족구성원의 자아분화를 최대화하는 것이다. 개별적인 가족구성원에게 스스로를 재정의하고 부모로부터 탈삼각화하도록 코칭하는 것이 실천의 중요한 부분이다(Goldenberg et al., 2017).

보웬의 가족체계이론은 문제의 원인을 선형적인 인과관계론적으로 설명하며, 이론과 치료의 목표가 동일하고 명확하다. 보웬의 이론은 다세대 전수과정이라는 문제가 발달되는 특별한 과정이 있으며, 이러한 문제를 다루는 치료법이다. 그러나 보웬의 가족체계이론은 개인을 변화시킴으로써 가족을 변화시킬 수 있다고 했으나, 이론에 의해 단일한 관점만 제공함으로써 다양한 관점과 생각을 배제하고 있다. 따라서 보웬의 가족체계이론이 가장 완벽하고 인정받는 가족치료 이론 중의 하나(Gladding, 2018)임에는 분명하지만, 이러한 완벽함으로 인해 체계적 일관성의 시각에서 볼 때 뭔가를 잃고 있다. 물론 이러한 점이 보웬 이론이 가족을 돕는 데 있어서 효과적이지 않다는 것을 의미하지는 않는다(Becvar & Becvar, 2013). 보웬이론은 인간행동을 과학적인 눈으로 볼 수 있게 했다. 가족치료의 방법과 기술을 발달시킨 것보다도 훨씬 더 중요한 것은 보웬이 우리가 개인으로서 어떻게 기능하고 우리가 가족들과 어떻게 지내는지, 그리고 우리와 가족이 어떻게 관계되는지에 대해 이해하는 데 많은 공헌을 했다는 점이다.

그럼에도 불구하고 보웬이론은 자기의 이해를 통한 인지적 접근을 강조하기 때문에 나이가 어린 사람들이나 인지능력이 떨어지는 내담자들에게 적용하는 데 한계를 가지고 있다. 한편, 조현병 환자에 대한 원인을 물론 아버지와 다른 가족들이 영향에 대해서도 언급을 하고 있지만, 지나치게 모자공생 관계에 초점을 맞췄다는 점에서도 비판을 받고 있다. 또한 보웬의 제자였던 맥골드릭과 카터와 같은 페미니스트 가족치료사들은 보웬이론의 주요 개념인 '자아분화'와 '융합'이 가부장적이며 남성중심적이며, 성과 문화적으로 다른 대상자들에게는 중립적이지 못할 수도 있다고 비판했다. 그럼에도 불구하고 이들은 보웬이론을 더욱 확장했고 성과 문화의 측면에서 균형잡힌 이론으로 발전시켰다.

특히 전통적인 가족관계, 역할분담, 정서적인 감정표현, 남자중심의 윤리관을 가진 한국가족문화에서 어머니가 소외되고 무력하며 존중받지 못하는 위치에서 위로받고 살아남을 수 있었던 것은 자녀들에 대한 애착과 보람이었다. 따라서 보웬이론은 한국문화에서 특히 불안하고 힘든 상태에서 자녀를 삼각관계로 끌어들이는 현상을 지나치게 부정적으로 사정평가할 가능성이 있다. 이와 같은 한국 가족구조 내에서 "미분화 가족자아덩어리"와 "삼각관계"라는 개념을 중심으로 한국 가족의 역기능을 측정하기 위한 준거 개념으로 사용하는 데는 무리가 있을 수 있다. 따라서 먼저 한국문화에서 가족치료사들은 가족을 중심으로 하는 가치관, 윤리관, 도덕관, 가족관계, 가족기능, 가족문제 등에 관한 지식을 갖추어야 한다. 이와 같은 보웬이론의 한계점에도 불구하고 다양한 문화와 학문적인 배경을 가지고 있는 보웬의 제자와 추종자에 의해 보웬이론은 계속해서 보완되면서 발전하고 있다는 것은 분명하다.

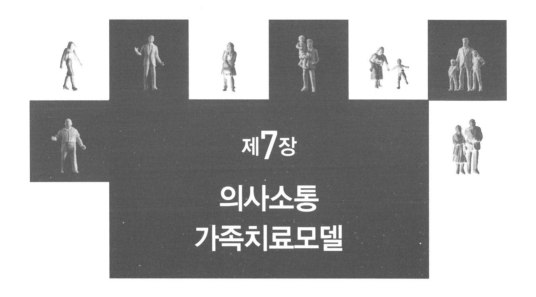

제7장

의사소통 가족치료모델

1. 이론적 배경

의사소통이론으로부터 나온 전략적 치료는 베이트슨의 조현병 프로젝트로부터 발전했으며, 이 프로젝트를 통해 3개의 특별한 모델인 MRI의 의사소통 가족치료모델, 제이 헤일리와 클로이 메다니스의 전략적 치료 그리고 밀란 체계적 모델이 개발되었다(Nichols, 2014). MRI의 의사소통 가족치료모델은 때로는 '팔로알토 모델' 혹은 'MRI 모델'이라고도 불리는데(Rohrbaugh & Shoham, 2015), 이 모델은 1950년대 후반 캘리포니아의 팔로알토(Palo Alto)에서 인류학자인 그리고리 베이트슨(Gregory Bateson)이 중심이 되어 연구한 조현병 연구프로젝트와 돈 잭슨(Don Jackson)이 세운 정신조사연구소(Mental Research Institute: MRI)에 관여한 연구자들(이후 Palo Alto집단으로 칭함)이 개발한 의사소통이론에 기초하고 있다. 이 중대한 프로젝트는 가족치료의 지적 산실로서 간주될 수 있었으며, 사람들 사이의 다양한 측면의 메시지 교환이 그들의 관계를 정의한다는 결론을 내놓았다(Nichols, 2014).

1954년 MRI의 최초의 팀구성원 안에는 화학공학자이자 인류학자 존 위클랜드(John Weakland), 의사소통 전공자 제이 헤일리(Jay Haley), 정신과의사 윌리엄 프라이(William Fry)와 돈 잭슨(Don Jackson) 그리고 심리학자인 폴 바츠라비크(Paul Watzlawick) 등이 포함되어 있었고, 그 이후 1957년에 정신과의사 줄리스 러스킨

(Jules Ruskin), 심리학자 아더 보딘(Arthur Bodin)과 제닛 비빈(Janet Beavin)이 합류했다 (Greene, 1996a). 이외에도 다른 탁월한 가족치료사들인 존 벨(John Bell), 카를로스 슬루 즈키(Carlos Sluzki), 클로이 마다네스(Cloe Madanes) 스티브 드 셰이저(Steve de Shazer) 가 MRI 훈련센터와 관련되었다(Goldenberg, Stanton, & Godlenberg, 2017).

　　MRI 집단은 의사소통의 과정, 형태에 초점을 두어 이를 학문적으로 정립했다. 내적 인 심리역동에 초점을 두지 않는 의사소통이론가들은 사람의 비언어적 의사소통 방법 을 연구함으로써 가족체계에 대해 배울 수 있다는 것을 가정하고 있다. 따라서 의사소 통이론가들은 가족성원들의 개인적이며 역사적인 분석에 초점을 두는 것이 아니라 가 족체계 내의 관찰할 수 있는 현재의 상호작용(관계)에 초점을 둔다. 따라서 의사소통 가 족치료모델은 문제를 개인보다는 체계와 관련된 것으로 보는 대안적 관점을 제시한다.

　　MRI의 의사소통 가족치료모델은 의사소통, 체계이론, 인공두뇌학적(사이버네틱적) 사고, 구성주의 그리고 밀튼 에릭슨(Milton Erickson)의 기법기도 등을 근거로 하고 있다 (Schlanger & Anger-Diaz, 1999; 박태영, 김현경, 2005). MRI의 의사소통 가족치료모델에 의해 발전된 가족치료는 체계적인 사고로 전환하는 직접적인 결과였으며, 또한 구성주 의 인식론에 의해 강하게 영향을 받았다. 구성주의에 의하면, 인간은 자신과 자신을 둘 러싸고 있는 세상 사이의 상호작용을 통해 세계관과 진실을 구성한다. 인간은 자신이 접촉한 것과 상호작용 속에서 판독하기 위해 자신이 배운 기호에 의존한다. 인간은 태 어나면서부터 세상 밖에서 접근하고 해석하며 반응하면서 자신을 변화시키고 내부의 세상(신경의 망상조직에 의해 창조된 구조)을 구성한다. 인간의 상호작용과 행동의 상호 적인 적응에 있어서, 인간은 다른 사람들과 공유하는 세상의 어떤 면을 확립한다. 인간 은 실제적으로 자신의 세계관을 공동으로 구성하며 의사소통의 교환에 의존한다고 할 수 있다(Schlanger & Anger-Diaz, 1999). 또한 인간 존재는 다른 사람들과 기본적인 상호 작용의 맥락에 의해 결정되며, 상호작용하고 있는 사람에 따라 다르게 경험을 하게 되 는 이유이다. 인간의 정체성은 고정된 어떤 것이 아니며 과정이다. 인간의 정체성은 어 떤 주어진 방법에 있어서 존재하는 상호작용 안에 있다. 인간의 상호작용적인 본성 때 문에 치료적인 변화가 가능하다.

　　MRI집단은 문제 상황에 둘러싸여 있는 상호작용을 면밀히 연구하고, 상호작용에 있 어서 다른 결과를 얻기 위해 변화될 필요가 있는 것을 결정하는 것에 의해 이 집단의 치 료를 발전시켜 왔다. 의사소통과 체계이론의 시각에서 문제의 기원은 정신 내부적인 곳에 있는 것이 아니라 사람들 사이의 상호작용 안에 있으며, 해결책은 바로 의사소통

안에 있다고 보았다. MRI집단은 내담자들에 의해 보고되는 증상들이 더 근원적인 병리의 부분이라고 결론 맺는 것보다는 나타나고 있는 문제에 초점을 두기 시작했다. 해결되어야 할 문제가 있는 것이지 찾아야 할 병리가 있는 것이 아니었다. 이것은 치료적인 작업을 더 간단하게 만드는 것의 시작이었다.

의사소통 가족치료모델은 1950년대 이후 30여 년 동안 발전을 해 오는 과정에서 학자에 따라 강조점을 달리한 다양한 모델로 분화 발전했다. 경험주의적 모델 창시자인 버지니아 사티어(Virginia Satir)는 초기에 MRI에서 연구자로서 참여했고 그 이후에는 의사소통이론의 기본적 개념을 정립했고 발전에 기여했다. 또한 전략적 가족치료모델의 창시자 제이 헤일리(Jay Haley)의 경우도 1950년대 초에 MRI에서 연구원으로 일했고, 특히 그는 밀튼 에릭슨(Milton Erickson)의 관점과 개입방법을 '전략적 치료(strategic therapy)라고 명명했다. 밀란 모델 또한 MRI의 그리고리 베이트슨(Gregory Bateson)의 연구에 영향을 받아서 의사소통이론에 입각한 모델이다. 그 외에도 해결중심 단기 가족치료모델과 이야기치료, 구성주의 치료도 MRI 이론에 뿌리를 두고 있다(Eron & Lund, 1996). 한편, 오늘날 MRI 가족치료팀의 몇몇의 직접적인 후계자(Ray & Sutton, 2011; Rohrbaugh & Shoham, 2015)를 제외하고는 역설적인 과정을 방해하는 데 입각한 MRI 가족치료모델의 순수한 형태의 적용은 상대적으로 드문 편이다. 반면에, 이 접근법의 원리와 실천이 몇 개의 통합적인 모델의 중심적인 역할을 해 오고 있으며(Eron & Lund, 1998; Fraser & Solovey, 2007; Scheinkman & Fishbane, 2004), 더 일반적으로 체계치료 접근모델들에 중심적인 영향을 미쳐 왔다(Rohrbaugh & Shoham, 2015).

2. 주요 인물

1) 그레고리 베이트슨

의사소통이론의 선구자이며, 인류학자인 그레고리 베이트슨(Gregory Bateson, 1904~1980)은 MRI집단의 리더로서 1952년부터 팔로알토에 있는 퇴역군인 행정(Vaterans Administration) 병원에서 다른 연구자들과 팀을 구성해 의사소통이론을 개발했다. 베이트슨은 원래 록펠러 재단으로부터 "의사소통에 있어서 추상성의 역설에 대한 중요성(The significance of the paradox of abstraction in communication)"이라고 명명

[그림 7-1] 그레고리 베이트슨

된 프로젝트를 지원받았다. 이 프로젝트는 동물들 사이와 동물과 인간 사이에서 의사소통을 포함한 비임상적인 대상들과 상황에서 의사소통에 있어서의 추상성의 역설에 관한 인류학적인 연구를 포함했다(Weakland, Watzlawick, & Riskin, 1995). 그 프로젝트를 실시한 2년 후 베이트슨과 그의 연구팀은 팔로알토 지역에 있는 퇴역군인 병원에서 조현병 환자와 그들의 가족구성원들의 상호작용을 관찰하고, 녹화하고, 연구하기 시작했으며, 특히 문제행동과 그것의 치료와 관련해 오로지 사람의 의사소통에 초점을 맞추기 시작했다. 베이트슨의 프로젝트의 팀원들에 의해 처음으로 출판된 논문들 중의 하나인「조현병 환자의 이론에 관해(Toward a theory of schizophrenia)」에서 인간관계에 있어서 중요한 요소로서 이중구속이론의 개념을 소개했다(Bateson, 1972). 따라서 이 논문이 MRI 팀이 출판한 논문 중에 가장 영향력 있는 논문이라고 볼 수 있다. 베이트슨은 조현병 환자 가족 전체를 분석대상으로 관찰해 그때까지 정신의학자들이 치유 불가능한 신경증으로 간주했던 조현병을 의사소통분석을 통해 재해석했다. 그 결과 베이트슨은 의사소통이 가족 간의 관계를 규정한다는 것과 규정된 관계가 항상성을 유지하려는 가족본래의 속성에 의해 확고해진다는 결론을 이끌어냈다(Nichols, 2014).

현재 국내에서 출판된 베이트슨 관련 번역서으로는『마음과 물질의 대화』(홍동선 역, 1993)와『마음의 생태학』(서석봉, 2006)이 있다.

2) 밀턴 에릭슨

밀턴 에릭슨(Milton Erickson, 1901~1980)은 최면을 전문으로 다루는 정신과 의사였다. 그는 최면 요법의 선구자로서 20세기의 가장 영향력 있는 심리학자 중 한 사람이었다. 그는 1920년대 말에 정신과 의사로 활동하였는데, 그는 자기만의 독특한 치료방식을 개발하였다. 그 당시 대부분의 정신과 의사는 대체로 말에 초점을 맞췄고, 환자와 대화를 통해, 특히 어린 시절에 관한 것들을 털어놓게 한 뒤에 환자의 무의식에 접근하였다. 그러나 에릭슨은 환자의 정신적 삶과 무의식에 들어가는 입구로서 환자의 몸짓에 주로 초점을 맞췄다. 말은 무언가를 숨기는 도구로 사용될 때가 많다. 따라서 에릭슨은 환자를 편안하게 한 다음에 그들의 표정이나 목소리, 자세에서 흘러나오는 숨은 긴장감이나 충족되지 못한 열망 등의 신호를 감지하였다. 이 과정에서 그는 비언어적 소통의 세계를 깊이 탐구하였다(Greene, 2018). 그는 미국 임상최면협회의 창립 회장을 지냈다. 에릭슨은 창조적이며, 긍정적이며 해결을 낳는 실체로서의 무의식에 특히 많은 관심을 가지고 있었다. 에릭슨은 내담자가 어떤 형태를 취하든지 증상의 자세한 부분에 최대한 중점을 두었다. 예를 들어, 에릭슨은 신념, 자라온 배경, 경력, 습관과 같이 내담자를 돕는 데 도움이 되는 것이라면 무엇이든지 초점을 맞추었다. 오늘날 대부분의 전략적 치료자처럼, 에릭슨의 관심은 내담자에게 통찰력을 주입하는 것이 아니라 행동을 조정함으로써 행동을 바꾸는 것이었다. 에릭슨은 은유나 이야기를 통해 내담자에게 의견을 제시했으며, 대개 시행착오나 독학을 통해 어떤 것이 효과적인 방법인지를 발견했다. 현재 국내에서 출판된 에릭슨 관련 책으로는 『밀튼 에릭슨』(2013), 『에릭슨최면과 심리치료』(2009), 『최면상담』(2009), 『은유와 최면: 밀턴 에릭슨 상담의 핵심』(2007) 등이 있다.

3) 돈 잭슨

돈 잭슨(Don Jackson, 1920~1968)은 1954년에 팔로알토의 조현병 환자의 의사소통 연구팀에 정신의학 고문으로서 참여하게 되었다. 그는 팔로알토 집단의 연구에서 사용된 두 가지 주요한 개념인 이중구속과 가족 항상성을 발견했다(MRI, 2002; Watzlawick, Beavin, & Jackson, 1967). 또한 그는 1959년에 팔로알토에서 MRI의 설립을 주도했으며, 이곳을 중심으로 사티어, 헤일리, 위클랜드, 바츨라비크 등과 함께 가족치료모델을 연구했다. 잭슨은 바츨라비크 등과 함께

[그림 7-2] 돈 잭슨

병리적인 의사소통에 대해 연구를 했는데, 그들은 병리적 의사소통은 조현병의 발병에 중요한 관계가 있지만, 이러한 의사소통 유형은 결코 조현병 환자가족의 고유한 것은 아니라는 사실을 밝혔다. 그는 또한 정상성(normality)의 신화에 의문을 제기한 최초의 인물이다(Jackson, 1967). 그는 치료 목표로서 가족의 규칙을 지적해 주고 확실히 해 주는 것을 포함시켰다. 또한 그는 가족 내의 새로운 관계적 균형을 발전시키기 위해 오래된 항상성을 깨고자 했다. 그는 현재의 상호작용 유형에 대한 통찰과 재구성 및 증상 처방과 같은 역설적인 개입을 모두 사용했다(Becvar & Becvar, 2013).

4) 존 위클랜드

존 위클랜드(John Weakland, 1919~1995)는 원래 화학과 화학공학을 전공했으며, 그 후에는 사회학과 인류학에 관심 있었다. 그 후 1953년에는 인간의 의사소통에 대한 베이트슨의 팔로알토 연구에 참가하기 위해 캘리포니아 지역으로 이동했다. 거기서 그는 밀튼 에릭슨과 함께 최면술과 치료적 임상을 연구했다. 가족항상성의 개념을 세우는 데 있어서 그는 조현병 환자와 가족을 연구하기 시작했다. 팔로알토 집단에서의 그의 견해는 상호작용적인 관점이었지만, 그의 방향은 인류학적이었다. 가족은 특별한 문화로 보였으며, 집단의 목적은 이러한 문화 내에서 정상적이고 비정상적인 행동패턴의 양면을 기술하는 것이었다. 비록 치료가 원래 계획에 속했던 것은 아니지만, 그의 팀은 스트레스를 감소시키고 문제를 해결하는 데 관심을 가지기 시작했다. 이러한 관심의 결과로서 단기치료의 개념이 탄생되었다(Watzlawick & Weakland, 1977). 단기 가족치료 모델의 가정에 따르면, 단지 가족에 의해서 정의된 문제만이 변화를 위한 목표가 되어야만 한다는 것이다. 그러한 문제들이 행동적인 용어로 분류되고 그렇게 행동적인 용어로 정의된 문제들을 제거하는 것이 치료의 목표가 된다. 문제 행동을 유지했던 의사소통의 패턴을 발견한 후에 치료자는 역설을 통해 이러한 패턴을 막는 것을 추구하게 되는 것이다. 1974년에 위클랜드를 비롯해 바츨라비크, 피쉬 등이 이러한 모델을 토대로 『변화(Change)』(Watzlawick, Weakland, & Fisch, 1974: 박인철 역, 1995)라는 책을 저술하게 되었다.

5) 폴 바츨라비크

폴 바츨라비크(Paul Watzlawick, 1921~2007)는 오스트리아 사람으로서 이태리에서 철학, 현대 언어학과 융 연구소에서 심리치료를 연구했다. 1960년에 전통적인 치료 방법인 정신분석적 심리치료 결과에 실망한 그는 MRI연구팀의 일원으로서 일하게 되었다. 바츨라비크의 의사소통이론의 기본적인 가정은 어떠한 현상도 상황을 고려하지 않는 상태에서는 완전히 이해될 수 없다는 것이다. 따라서 의사소통을 통해 드러난 관계들은 적합한 연구의 대상이 된다(Watzlawick, Beavin, & Jackson, 1967). 그는 특히 MRI의 단기치료에 관심을 가졌는데 이 단기치료의 특징은 내담자의 현재의 구체적인 문제를 치료하는 것으로 이것은 그가 치료경험에서 발견한 사실, 즉 작은 문제의 해결이 가족의 다른 전반적인 문제에 긍정적인 영향을 미친다는 사실을 발견한 것에 근거한 것이다. 그는 내담자의 문제를 잘못된 현실 인식에 기인한 것으로 보았다. 즉, 현실 인식이란 내담자가 맺는 세상과의 관계이며 세상에 대한 내담자의 이미지라는 것이다. 그리고 이러한 관계와 이미지는 그의 언어를 통해 표출된다. 따라서 그의 문제를 해결하기 위해서는 그의 현실 인식을 수정할 필요가 있고 이러한 수정은 구체적

[그림 7-3] 폴 바츨라비크와 저자

으로 그의 언어를 수정하는 것을 통해 가능하다는 것이다. 따라서 내담자의 언어, 의사소통 방법을 변화시키는 것이 치료의 주된 기법이었다(Hansen, & L'Abate, 1982). 바츨라비크는 "치료사들은 내담자에게 영향을 미치지 않을 수 없으며, 적극적이며, 그들이 결정한 도덕적인 판단에 책임이 있다."라고 했다. 더군다나 그는 행복, 개별화 또는 자아실현 등을 목표로 하는 정신치료 학파는 유토피아를 지향하기 때문에 성취할 수 없는 결과를 지향한다고 생각했다.

6) 리처드 피쉬

피쉬(Richard Fisch, 1926~2011)는 잭슨에 의해 새로운 단기치료 프로젝트의 책임자로 임명되었으며, 이 프로젝트는 에릭슨의 단기 최면치료에 영감을 받은 것으로서 단기 심리치료의 고도의 교수 기술을 발달시키기 위한 목적을 가지고 있었다(Watzlawick, Weakland, & Fisch, 1974). 따라서 피쉬는 언어와 간접적인 영향을 통해 타인에게 영향을 미치는 법을 연구하면서 MRI 치료모델의 발달을 이끄는 인물이었다(Fisch & Schlanger, 1999; Fisch, Weakland, & Segal, 1982).

3. 의사소통모델의 가정

MRI의 초기 연구는 인간의 의사소통의 어용론(pragmatics), 즉 의사소통이 어떻게 행동에 영향을 미치는가에 초점을 두었다. 바츨라비크 등(Watzlawick, Beavin, & Jackson,

[그림 7-4] MRI 연구소와 저자(가운데)

1967)은 "말뿐만 아니라 모든 행동이 의사소통이며, 모든 의사소통-비인격적인 맥락에 있어서 의사소통적인 단서조차 행동에 영향을 미친다고 가정했다. 무수한 치료적인 사례는 변화된 행동이 상호작용을 변화시키고, 변화된 상호작용이 개념과 결과를 변화시킨다는 증거를 제공해 왔다. 하인즈 본 포에스터(Heinz von Foerster)는 "만약 당신이 어떻게 볼 것인가를 배우기를 원한다면 어떻게 행동할 것인가를 배워라."라고 했듯이 MRI집 난은 행동의 변화에 초점을 두고 있다. MRI 심난의 치료의 중심은 인간이 창조하고 재창조할 수 있다는 신념에 있다. 어떤 인식이 우리의 구성된 진실이 더 이상 생명력이 있지 않다고 했을 때, 치료는 이러한 재창조적인 과정을 촉진할 수 있다. 효과가 없는 행동 때문에 만약 우리가 상호작용의 악순환을 만들어 왔다면, 우리는 다르게 행동하는 과정에서 우리 자신을 재창조함으로써 새로운 상황을 창조할 수 있다. 인식의 변화가 행동에서의 변화를 야기하는 것처럼 변화된 행동이 변화된 인식과 경험을 야기한다(Schlanger & Anger-Diaz, 1999: 박태영, 김현경 역, 2005).

일상적인 어려움이 질질 끄는 어려움으로 변할 때, 체계적이고 구성주의적인 사고는 개인에게 집중하지 않고 문제의 관계적인 맥락에 초점을 두게 한다. 어떤 상호작용에서 창조된 진실은 상호작용적인 패턴의 변화와 함께 변화될 수 있다. 체계의 모든 성원은 변화된 행동에 대한 반응으로 변화할 것이다. 구성주의자 시각으로부터 모든 상호작용은 받아들여지며, 모든 상호작용은 어떤 외부의 맥락 혹은 준거틀에 의해 명명되거나 판단되지 않는다. 관계가 어떻게 되어야만 한다거나 혹은 어떻게 되어서는 안 된다는 미리 결정된 생각은 없다. 따라서 어떠한 인도하는 원리도 우리가 어떻게 서로에게 행동해야만 하는가에 대해 우리가 알려주고 있지 않기 때문에 접근법이 비규범적이다. 이러한 준거틀 내에서, 치료가 선택되고, 단지 내담자에게 문제가 되어 왔던 그러한 상호작용을 변화시키는 데 초점을 둔다. 내담자를 존중하는 이러한 방법이 MRI집단의 연구를 다른 가족치료 접근법들과 구분하게 하는 것이다(Schlanger & Anger-Diaz, 1999).

4. 주요 개념

1) 정보

어떤 사람도 정보를 언급하지 않고서는 의사소통을 할 수 없다. 베이트슨(Bateson, 1979)에 따르면, 정보는 "차이를 만드는 차이"이다. 정보는 사회적 체계가 행동하는 데 영향을 미친다. 사회적 체계와 환경은 상호적으로 피드백을 통해 서로에게 영향을 미친다. 피드백은 산출(output)에 대한 정보로서 체계 안에 재도입되는 체계의 산출 부분을 포함한다. 바츨라비크 등에 따르면, 의사소통의 하나의 단위는 메시지이며, 상호작용은 두 사람 간에 일련의 메시지의 교환이다(Watzlawick et al., 1967). 시간이 지남에 따라 의사소통적인 피드백 과정이 반복되고 패턴화되며, 이러한 상호작용의 패턴이 규칙이 된다. 베이트슨에 따르면, 체계는 정보 없이는 변할 수 없다(Bateson, 1979). 즉, 새로운 투입이 그들의 현재의 규칙 혹은 가정을 넘어서기 위한 체계의 촉매로 작용한다.

2) 의사소통의 공리

MRI의 상호작용적인 견해의 중심에는 다섯 가지의 의사소통의 공리가 있다 (Watzlawick et al., 1967).

첫째, 사람들이 행동하지 않을 수 없듯이 의사소통 또한 하지 않을 수 없으며 모든 행동은 의사소통이다(Watzlawick et al., 1967). 사람들이 타인을 분명히 이해하도록 하는 의사소통을 하지 못할 때 문제가 발생될 수 있다.

둘째, 모든 의사소통은 내용과 관계의 면을 가지고 있으며, 이러한 관계는 내용을 분류한다. 내용(report, digital) 측면은 정보를 전달하고, 관계(command, analog) 측면은 정보가 받아들여지는 방법을 전달한다. 사람들이 서로 의사소통할 때, 그들은 단지 구체적인 메시지만을 전달하는 것이 아니라 또한 두 사람 사이의 관계에 대한 정의를 진술하고 있는 것이다(Haley, 1963).

의사소통이란 정보만을 전달하는 것이 아니라 의사 교환자들의 관계를 규정한다 (Watzlawick et al., 1967). 예를 들어, 남편이 아내에게 "목말라!"라고 말을 했다면 이것은 '물이 먹고 싶다'는 정보 외에 '아내가 물을 가져다줄 것'이라는 의도가 내포되어 있고, 이것을 통해 아내와 남편의 관계가 드러나는 것이다. 생활 속에 이러한 관계가 항상 인식되는 것은 아니다. 또한 관계에 대해 관련자가 이의를 제기하지 않는다면 문제가 되지 않지만 이의를 제기하는 경우에는 문제가 된다. 앞의 예에서 아내가 기꺼이 물을 갖다 주면 문제가 없지만, 그러한 자신의 역할과 남편과의 관계에 대해 불만스러울 경우에 두 사람의 관계는 문제가 되는 것이다.

셋째, 관계의 본질은 의사소통하는 사람들 간에 대화의 구두점에 따른다(Watzlawick et al., 1967). 이 공리는 관계에 있어서 원인과 결과 혹은 비난의 문제를 포함한다. 일반적으로 대화는 계속 이어지는 흐름으로서 시작과 끝이 어디인지에 대해 정확히 알기가 어렵다. 그러나 사람들은 자신들의 입장과 이해관계에 따라 대화를 끊어서 이해한다. 사람들은 관계에서 대화의 흐름을 토막 내고 그 토막 낸 대화의 내용에 의미를 부여하며 그 과정에서 상호작용의 시작과 끝을 발견하는 타당한 방법을 가지고 있다. 이러한 토막 낸 대화의 부분들은 각자의 입장을 강화하거나 자신의 이해관계에 따라서 유리한 방향으로 사용된다. 예를 들어, 폭력을 행사하는 부부의 경우, 부인은 남편이 먼저 자신을 때린다고 하고 남편은 부인이 자기를 무시한다고 비난한다. 그러나 엄밀히 말하면 두 사람 간에 남편의 폭력과 부인의 무시하는 현상은 연속되어 온 흐름이다. 그럼에도 불구하고 두 사람은 자신의 행동은 상대방으로 인해 발생된다고 주장한다. 즉, 남편은 부인의 무시가 자신의 폭력을 유발하는 데까지 점을 찍고 부인은 남편의 폭력으로 인해 자신이 남편을 무시하게 된다는 데까지 점을 찍는다. 따라서 각자가 자신의 입장에 따라 구두점을 찍는 위치가 달라진다. 이와 같이 자신의 입장에 따라서 대화의 흐름에 점을 찍어서 대화를 토막 내는 현상을 '구두점 원리'라고 한다.

넷째, 사람들은 디지털 방식과 아날로그 방식 두 가지로 의사소통을 한다(Watzlawick et al., 1967). 디지털 의사소통 방식은 말로 구성되며, 그것은 언어의 논리적인 구문에 따라 조작되어지는 임의의 표징들이다. 반면에, 아날로그 의사소통은 좀 더 넓은 의미에서 의사소통이 발생하는 맥락뿐만 아니라 모든 비언어적인 의사소통을 포함한다(Waztlawick et al., 1967). 사람들은 정보를 전달하는 데 있어서 디지털 의사소통 방식을 사용한다. 정보의 전달은 일정한 규칙을 통해서 이루어지며 일정한 규칙들이 논리를 구성해 다른 사람에게 전달된다. 따라서 다른 사람들은 이미 알려진 규칙에 의해서 정보를 이해한다. 언어는 일정한 규칙을 따르는 단어들의 연결이고 이러한 단어의 연결은 논리에 의해서 뒷받침된다. 아날로그 의사소통은 일성한 규칙을 가지고 있지 않으며 특수한 상황에서 적용되는 경우가 많다. 그리고 특수한 상황에서 아날로그 의사소통은 상징성을 가지고 상대방에게 전달된다. 상징성은 주로 언어로 표현되기보다는 신체를 통해서 전달된다. 또는 전체의 상황을 통해서 전달되기도 한다(김용태, 2019). 이 네 번째 공리는 메시지의 내용이 일반적으로 디지털 의사소통 방식으로 전달되고, 메시지의 관계적인 면은 아날로그 의사소통 방식으로 전달된다는 점에서 두 번째 공리와 관련된다(Greene, 1996a).

다섯째, 말하는 사람들이 동등한 관계냐 혹은 차이가 있는 관계냐에 따라 모든 의사소통 교환은 대칭적이거나 상보적이다(Watzlawick et al., 1967). 베이트슨에 따르면, 상보적인 관계란 지시를 상호적으로 주고받고, 상호적으로 질문하고 대답하며, 상호적으로 주장하고 동의하는 것으로 정의된다(Bateson, 1972). 대칭적인 관계란 지시적인 말과 동의를 서로 교환하는 것으로 정의된다. 상보적인 관계는 불평등성과 차이의 극대화에 있다. 상보적인 관계에 있어서 한 사람은 한 수 위의(one-up) 위치를, 다른 사람은 한 수 아래의(one-down) 위치를 차지한다. 한편, 대칭적인 관계란 평등성에 의해 특징지어진다(Bodin, 1981). 잭슨은 베이트슨이 발전시킨 이 개념을 가족의 상호작용패턴을 설명하는 데에 적용했다(Jackson, 1968). 그렇지만 어느 관계가 보다 안정적이거나 우월하다고 할 수는 없으며 두 가지 모두 병리적으로 발전할 가능성을 가지고 있다. 즉, 의사교환자 한쪽의 반응이 다른 쪽에 영향을 주고 이것이 다시 한쪽의 반응을 상승시키는, 즉 대칭적 상승(symmetrical escalation)의 효과를 가져오게 되어 언쟁으로 발전하게 될 수도 있다. 예를 들어, 부부 중 한쪽이 "지리산이 가장 멋있는 산이야!"라고 할 때, 다른 한쪽이 "말도 안 돼. 설악산이 훨씬 더 멋있어!"라고 대응하고, 이에 대해 상대방이 "너야말로 말도 안 돼. 네가 산에 대해 뭘 안다고 하는 소리야!"라고 대응을 하면서 두 사람이 점점 경쟁적인 관계로 발전하게 되는 것이다. 이러한 의사소통을 통해 전달되는 것은 산에 관한 정보가 아니라 상호 간의 지배력이나 영향력인 것이다.

이러한 다섯 가지의 공리로부터 인간의 의사소통은 다른 수준에서 발생된다는 것이 명백하다. 의사소통을 하는 데 있어서 혼동과 애매모호함이 필수적으로 발생하게 되는데, 이 때문에 관계 속에 있는 사람들은 서로에게 솔직하고 직접적으로 의사소통할 필요가 있다.

3) 의사소통의 두 가지 수준

의사소통/상호작용 이론가들은 모든 행동은 어떤 수준에서 의사소통 되는 것으로 본다. 어떤 사람도 행동을 하지 않을 수 없는 것처럼 어떠한 사람도 의사소통을 하지 않을 수는 없다. 모든 의사소통은 두 가지 수준에서 발생하는데, 일차적 수준이 현재적이고 표면적이며 내용 수준의 의사소통이라고 한다면, 이차적 수준은 일차적 수준에서 표현된 것을 특징 짓는 메타커뮤니케이션(metacommunication)으로 발생된다. 이러한 언어적 또는 비언어적 의사소통은 모두 매우 중요하다(Watzlawick et al., 1967). 의사소통하는 사람들 사이의 관계는 명령 메시지에 의해 정의된다. 의사소통은 다른 사람과 의미를 이해하고 해석하는 과정이며(Pearson, 1989), 메시지를 전달하는 데 사용되는 단어들이 수신자에게 오해하게 하거나 잘못 전달될 수도 있다(Guttman, 1991). 의사소통 유형(정보가 가족 내에서 교환되는 방식과 의사전달의 선명성, 의사소통의 행동적 혹은 실질적인 영향)이 의사소통 내용만큼이나 인간관계를 결정하는 데 중요하다(Goldenberg, Stanton, & Goldenberg, 2017). 따라서 의사소통이론은 실제적으로 인간관계의 통제에 관심을 가진다.

4) 역설적 의사소통

의사소통의 두 가지 수준에서 언급했다시피, 현재의 표면적인 또는 내용 수준의 언어와 메타커뮤니케이션, 즉 잠재적 수준의 언어가 서로 불일치하는 경우를 말한다. 즉, 입을 통해 하는 말과 표정이나 어조에서 느껴지는 의미가 서로 다른 메시지를 전달하는 경우를 말한다. 예를 들어, 아들을 사랑한다고 말을 하는 엄마가, 실제로 아들이 엄마를 안으려고 접근했을 때 차가운 표정으로 아들에게 대하면 아들은 엄마의 어떤 메시지를 따를 것인지 혼동하게 된다. 이와 같이 메시지 간에 상호 모순되고 일치되지 않는 것을 역설적 의사소통이라고 한다.

5) 이중구속

팔로알토 집단의 연구결과인 이중구속(double bind)은 역설적 의사소통의 대표적 유형이다. 이중구속이란 한 사람이 다른 사람에게 논리적으로 상호 모순되고 일치하지 않는 두 가지 메시지를 동시에 전달하는 것을 의미한다. 초기의 의사소통이론가들은 조현병을 가진 내담자의 가족에게서 이러한 상호 모순된 의사소통이 매우 빈번히 일어나는 것을 발견했다. 즉, 가족들의 상호 모순된 메시지는 아동을 어떠한 메시지에도 반응할 수 없는 혼란된 상황에 놓이게 함으로써 결국 조현병으로 반응할 수밖에 없게 된다는 것이다. 이중구속 상황은 주로 개인(주로 아동)이 중요한 관계를 맺고 있는 동일한 인물(주로 성인)로부터 반복된 모순적 메시지를 받을 때 생긴다(Goldenberg, Stanton, & Goldenberg, 2017).

이중구속에는 다음과 같은 공통적인 요소들이 포함되어 있고(Bateson et al., 1956), 그 뒤에 이러한 공통적인 요소들이 더욱 정교화되었다(Sluzuki, Beavin, Tarnopolsky, & Veron, 1967; Sluzki & Veron, 1971).

첫째, 한 수 위의 입장에 있는 사람과 한 수 아래의 입장에 있는 사람, 두 사람 혹은 그 이상의 사람들이 관련된 강한 관계이다.

둘째, 이중속박 역동성은 한 수 위의 입장에 있는 사람(부모)이 한 수 아래의 입장에 있는 자녀에게 일반적으로 어떻게 느끼고, 생각하고, 적절하게 행동하는가(무엇을 해야 하며 혹은 하지 말아야 하는지)에 대한 언어적인 메시지를 전달하는 것을 포함한다.

셋째, 부모가 자녀에게 언어적인 메시지를 주는 동시에, 부모는 또 다른 메시지, 일반적으로 언어적인 메시지와는 갈등을 일으키는 비언어적인 메시지를 보낸다.

넷째, 모든 부모가 때때로 갈등적인 메시지를 주거나 일관적이지 못하다. 상황을 이중구속적으로 만드는 것은 그 상황을 빠져나갈 수 있거나 혹은 메타커뮤니케이션에 의한 갈등적인 메시지에 대해 분명하게 이해 할 수 있는 능력이 자녀에게는 없기 때문이다. 매우 어린 자녀는 생존을 위해서는 부모에게 의존할 수밖에 없기 때문에 피할 수가 없을 수도 있다.

다섯째, 지속적인 방법으로 이중구속적인 렌즈를 통해 세상을 감지하는 것을 배우는 자녀에게는 이중구속적인 경험이 반복되어야만 하며, 스며들어야만 한다.

다음에서 이중구속에 대한 세 가지 예를 들어 살펴보자.

아이를 원치 않고 사회활동에 열심이던 어머니에게 예정에 없던 아이가 태어났다. 그로 인해 어머니는 자신의 모든 사회적인 활동을 중단할 수밖에 없었기 때문에 자신의 자녀에 대해 양면적인 감정을 가지고 있다. 지적인 어머니는 아이에게 사랑이 필요하다고 생각해 아이를 향해 "엄마는 널 사랑해."라고 말하며, 아이가 자신의 곁으로 다가오도록 요구한다. 아이는 당연히 어머니가 전적으로 자기를 사랑한다고 믿으면서 곧바로 어머니에게로 다가간다. 그러면 어머니는 "너 지금 하던 레고를 다 만들었니? 그걸 해야지."라고 말하며 무관심한 태도를 보인다. 이와 같은 경험이 여러 번 반복되면 또다시 어머니가 부를 때 아이는 흔쾌히 달려가는 것을 망설이게 될 것이다. 아이는 곁에 오라는 어머니의 요구에 응하든 응하지 않든 어머니로부터 비난을 면치 못한다. 이것이 이중구속적인 상황이다.

"당장 나가! 안 나가면 나한테 혼날 줄 알아!" "거짓말하지 말고 솔직히 말해. 그러면 혼내지 않을 테니까." 이러한 이중구속적인 상황에는 네 가지의 기본요소가 있다. 첫째, 제1의 부정명령이다. 둘째, 처음과는 모순되는 다른 제2의 부정명령이 있다. 셋째, 메시지를 받은 사람이 어떤 의견을 말하거나 그 장면에서 벗어나는 것이 금지되어 있다. 넷째, 메시지를 받는 사람에게 메시지의 판별이 중요한 의미를 가지는 상황이다.

예를 들어, 고등학교 2학년 학생이 수업시간에 교실 창밖을 보다가 선생님께서 나오라고 했다. 선생님은 학생이 교단 앞에 나오자 학생에게 소리를 지르며, 교실 밖으로 나가라고 했다. 그래서 학생이 그 말을 믿고 나갔더니, 선생님은 학생이 나간다고 때렸다. 그러고 나서 며칠 후에 그 학생이 수업시간에 또 창밖을 늘끄더니 바라보다가 또 같은 선생님한테 걸렸다. 그래서 다시 교실 앞에 불려나갔다. 선생님은 지난번과 마찬가지로 학생에게 소리를 지르며 또 교실 밖으로 나가라고 했다. 학생은 지난번의 경험 때문에 이번에는 교실 밖으로 나가지 않았다. 그랬더니 이번에는 선생님 말을 안 듣는다고 또 때렸다. 그래서 그 학생은 선생님의 나가라는 말에 어떻게 대응할지 매우 당혹스러웠다. 이와 같이 이중구속은 반응을 해도 벌을 받고, 반응을 하지 않아도 벌을 받게 되는 경우를 말한다. 결국 학생은 선생님이 만족할 만한 반응을 할 수도 없고(아동의 경우 빠져나갈 수 없다) 벌을 안 받을 수도 없는 딜레마에 빠지게 된다. 이러한 상황에 처한 개인은 혼란에 빠지고, 결국 모든 메시지에는 숨겨진 의미가 있다고 의심하게 된다. 이러한 불가능한 상황이 반복적이며 지속적으로 노출된 전형적인 결과로 아동이 동일하게 비일관적인 메시지로 반응함으로써 상처와 벌을 피하는 것을 배운다는 것이다. 자기보호의 수단으로서 아동은 모든 관계를 이러한 왜곡된 방식으로 다루고, 결국은 자신과 타인 간의 의사소통의 진정한 의미를 이해하는 능력을 상실하게 된다. 이러한 결과 아동에게 조현병 행동이 나타나게 된다.

베이트슨 등은 자녀에 대해 적대감 혹은 애정과 같은 강한 감정을 가지고 있거나 혹은 자녀로부터 물러나고 싶은 강한 욕구를 느끼고 있는 부모의 예를 든다(Bateson et al., 1956). 부모는 때때로 "저리가. 나는 혼자 있을 시간이 필요해."라고 말하는 대신에, 어머니는 "가서 자. 너 피곤하니까 나는 네가 자러 갔으면 좋겠어."라고 말한다. 이러한 사랑스러운 진술은 "나는 너에게 질렸기 때문에 내 눈앞에서 꺼져 버려."라는 부모의 진실된 감정을 위장할 수도 있다.

6) 문제와 증상

계속되는 이중구속적인 상황에서 자라 온 자녀의 일반적인 결과는 다양한 형태의 증상적인 행동이다. 비록 이중구속적인 상황이 근본적으로 조현병의 기원에 중요하게 기여하는 것으로 개념화했을지라도, 슬루즈키와 베론은 이중구속적인 상황이 모든 임상적인 장애의 기원에 있어서 중요한 기여를 하는 요소로 보았다(Sluzki & Veron, 1971). 의사소통이론의 관점으로부터 증상적인 행동은 메시지 수준 간의 불일치를 포함한다. 증상의 발달은 한 사람이 관계의 정의를 통제하기 위한 방법인 동시에 자신이 그렇게 하고 있다는 것을 부정하는 것이다.

5. 치료 목표

일반적으로 MRI 단기 가족치료는 10회기를 초과하지 않는 단기적이고, 실용적이며, 비역사적인 접근방법이다. 대부분 인간의 문제는 삶 속에서 정상적인 어려움을 잘못 다루는 것에 의해 발전된다는 생각에 입각한, 단계적이고 전략적인 접근방법이다. MRI 관점에서 볼 때, 가족들에 의해 시도해 온 '해결책'이 문제가 되기 때문에 이 해결책은 사람들이 문제를 해결하기 위해 자멸하게 하는, 거의 똑같은 시도를 유지하는 방법이다. MRI의 행동적인 관점에서 내담자의 문제라는 것은 심리역동적인 접근이 이론화할 수 있는 근본적인 장애의 증상이 아니라 내담자의 불평이 문제이다(Goldenberg, Stanton, & Goldenberg, 2017).

MRI 접근법은 단기치료이기 때문에 내담자들에게 그들의 현재의 문제를 일반적으로 말하기("우리가 가족문제를 가지고 있어요")보다는 문제를 좀 더 구체적으로 말할 것을 요구한다("우리 아들이 학교에서 집단따돌림을 당하고 있어요"). 치료사는 정확히 그 문제가 어떻게 모든 가족구성원에게 영향을 미치고 있으며, 왜 지금 도움을 요청하는지에 관심을 가진다.

MRI 단기 가족치료사는 문제를 유지하는 현재의 상호작용적인 행동뿐만 아니라 특별한 문제에 대한 명확한 그림을 그리고, 그 문제를 계속 유지하는 체계를 변화시키는 계획을 고안한다(Segal, 1987). 반복적으로 사용되지만 작동하지 않는 해결책을 저지하고 체계를 변경함으로써 치료사는 가족구성원에게 역기능적인 행동주기를 깰 수 있도록 도울 수 있다(Goldenberg, Stanton, & Goldenberg, 2017).

6. 치료사의 역할

치료사는 신속하고 구체적으로 제시된 문제를 해결하는 데 초점을 맞추며, 가족내력이나 개인적인 진단은 무시하고 증상에 초점을 맞추며 행동 지향적이다(Snider, 1992; Wylie, 1990). 치료사는 적극적이며 유연성이 있고 가족문제를 해결하기 위한 전략을 고안하며(Gladding, 2018), 가족구성원들이 경쟁적인 자세(승리자와 패배자가 존재하는)에서 협력하는 자세(모두 나 승리하는)로 가족역동성을 비 / 는 변화들 이루도록 돕는다 (Watzlawick, 1993). 치료사는 내담자와 내담자 가족구성원에게 과제를 부여함으로써 변화를 가져오도록 돕는다(Gladding, 2018). MRI 가족치료사는 모든 가족구성원이 상담에 참여해야 한다고 주장하지 않는다. 그들은 단지 동기화된 가족구성원과 상담하는 것에 만족한다. 그들의 중요한 작업은 위기 이전에 실패한 해결책에 대한 정보를 수집함으로써 실패한 해결책을 반복하지 않게 하는 것이다. 그다음에 사례 계획을 세우고 문제를 영속화하는 데 영향을 미치는 초기의 반복적인 시도된 해결책을 방해하기 위해 기회가 될 때마다 시도된 해결책에 개입을 하는 특별한 치료 목표를 세운다(Segal, 1991). 한편, 치료사는 가족의 문제를 그들의 변화를 가져오는 방식으로 사용하고자 했으며 이를 위해서 보통 치료 회기 사이에 실행될 수 있는 과제를 내준다(Snider, 1992).

MRI 치료는 팀접근방식을 취하는데, 비록 가족이 주 치료사에게 할당이 되긴 하지만 다른 팀원들도 일방경 뒤에서 상담을 관찰하고 상담이 진행되는 과정에서 조언과 피드백을 제공한다. 그리고 제안을 하는 치료사가 직접 전화를 걸기도 한다. 이와 같은 모든 노력은 가족의 상호작용패턴에 대한 변화를 가속화하기 위한 것이다. 특별한 경우(예: 치료사와 가족이 교착상태에 빠졌을 때)에 팀원 중 1명이 방에 들어가서 주 치료사나 혹은 내담자들에게 관찰자로부터 지시사항이 곧 나올 가능성이 높다고 언급할 수도 있다. 팀 토론은 첫 번째 가족을 만나고 나서 각각의 상담 세션 전후에 이루어진다. 주 치료사가 아닌 1명의 팀원이 추후전화를 해 상담센터에서 치료를 받고 있는 각각의 가족구성원에게 현재의 문제에 있어서 변화를 평가한다(Goldenberg, Stanton, & Goldenberg, 2017).

7. 치료 기법

치료 기법에는 재구성, 변화에 대한 제지, 입장 취하기, 행동적인 처방이 있다(Dowd & Pace, 1989).

1) 재구성

재구성(reframing)은 치료사가 내담자의 제시된 문제 상황의 '사실'의 어떤 면에 그럴 듯하고 대안적인 의미를 제공하는 것을 포함한다. 따라서 상황의 '사실'이 변하는 것이 아니라 내담자 혹은 중요한 다른 사람들에 의해 그 사실에 부여되었던 의미가 변하는 것이다(Watzlawick et al., 1974). 치료사는 옳고 그른 것에 대해 내담자와의 불필요한 세력다툼을 피하기 위해 잠정적인 방법으로 그럴 듯하고 대안적인 의미를 제공하는 것이 중요하다. 재구성이 성공적일 때, 내담자는 문제를 유지하는 악순환에 기여했던 이전의 자신의 좁은 현실관으로 다시 돌아갈 수 없다. 재구성의 목적은 가족관계와 상호작용의 구조를 변경하는 것이다. 치료사는 나타나는 문제점을 탐색하면서 행동을 재구성할 수 있는 방법들을 찾아야 한다. 재구성에 의해 상황에 기여한 의미와 그것의 결과는 변화하나 그것의 구체적인 사실들은 변화하지 않는다. 비록 상황의 객관적인 환경은 인간의 통제를 훨씬 넘는다 할지라도 재구성은 초현실의 수준에서 이루어지기 때문에 변화가 발생될 수 있으며, 재구성은 제2차 변화를 달성하기 위한 것이다.

예를 들어, 부모가 늘 싸우고 아빠가 엄마를 구타하는 가정에서 6세 된 아들이 틱 장애를 가진 경우에, 부모가 싸울 때마다 아들의 틱증상이 더욱 심해지는 현상을 보였다. 아들은 불안이 증가할 때마다 틱증상이 나타난다고 했다. 우울증에 걸린 엄마는 아들의 틱증상으로 인해 더욱 아들에게 관심을 쏟게 되었고, 아들은 다른 아이들과 어울릴 수도 없었으며, 틱증상은 더욱 심해지게 된다. 부모는 이혼하고 싶어도 아들의 틱 증상으로 이혼할 수도 없는 상황이다. 이러한 틱증상은 부모의 불안정한 부부관계를 잠정적으로 중재하려는 것이었다. 근본적으로는 부부관계가 변하고 아빠와 아들의 관계가 회복되어야 한다. 아빠와 아들 간의 관계가 향상되면 엄마와 아들이 밀착관계에서 다소 떨어지게 되며, 이러한 가족관계의 변화로 인해 아들의 틱증상은 서서히 사라진다. 따라서 치료사는 아들의 틱증상이 불안한 부부관계의 결과로 인해 아들이 불안할 때 나타나는 현상이라고 재구성해 주는 것이다.

2) 변화에 대한 제지

내담자의 변화를 제지하는 것은 초기의 세션에서 긍정적인 변화가 나타나기 시작할 때 유용할 수 있다. 변화에 대한 제지(restraint from change)는 "지금부터 변화에 대한 노력을 천천히 해야만 합니다." 혹은 "너무 많은 변화가 너무 빨리 일어나도록 노력하는 것은 좋은 것이 아닙니다."라는 제안을 하는 것을 포함한다. 제지하는 개입방법은 강박관념, 불안 그리고 불면증과 같은 증세를 보이는 사람들에게 도움이 될 수 있다(Teenen, Eron, & Rohrbaugh, 1991). 또한 변화를 제지하는 개입은 치료에 저항하는 내담자에게도 유용할 수 있다. 이러한 개입은 내담자가 그들 자신이나 타인의 변화에 대해 지나친 기대를 가지고 있을 때도 유용할 수 있다. 변화에는 그것이 작은 변화일지라도 안정화되는 데 시간이 필요하며, 변화에 대한 제지는 그런 안정화를 가능하게 한다. 또한, 내담자가 변화에 저항하는 경향이 있다면 변화에 대한 제지는 더욱 긍정적인 변화를 야기할 수 있으며, 그것은 내담자가 치료에서 일어나길 원했던 것이다(Greene, 1996a).

3) 입장 취하기

종종 문제 유지의 패턴에는 내담자, 친구, 가족구성원 그리고 다른 사람들이 지속적으로 내담자에게 더 잘할 수 있고 더 잘하게 될 것이라는 낙관적인 입장을 전달하는 것이 포함된다. 그런 낙관설에 대한 내담자의 반응은 비관적이다. 중요한 타인이 더욱 낙관적인 입장을 취하면 취할수록 내담자는 더욱 비관적으로 반응하고 그러한 악순환은 지속된다. 이러한 고리를 끊기 위해 치료사는 내담자보다 더욱 비관적인 자세를 취한다. 치료사가 내담자보다 더욱 비관적으로 반응한다면, 내담자는 이런 비관주의를 통해 낙관주의에 대한 도전을 받게 될 것이다. 입장 취하기(positioing)는 특히 도움을 거절하거나 불평하는 사람(도움을 주는 사람이랑 "예, 그러나" 게임을 하는 사람)인 반항적인 내담자에게 도움이 될 수 있다(Greene, 1996a).

4) 행동적인 처방

치료사는 내담자가 바람직스러운 변화를 위해 노력할 수 있도록 좋은 충고와 정보를 제공함으로써 처방을 직접적으로 사용할 수 있다. 이미 오랫동안 내담자는 여러 사람으로부터 수많은 충고를 들어왔기 때문에 변화하는 방법에 대한 충고를 제공하는 것은 일반적으로 효과가 없다(Haley, 1987). 일반적으로 충고하기는 문제와 증상을 그만두는 방법에 대해 이야기하는 것을 의미하며, 이러한 충고와 정보는 일차적인 변화에 대한 개입들이다(Dowd & Pace, 1989). 이러한 충고와 정보제공이 아무리 올바른 것이라 할지라도 내담자는 누군가로부터 비판받는다는 느낌을 받을 수 있고 따라서 잘 따르려 하지 않는다(Greene, 1996b). 어떤 내담자는 원가족으로부터 이중구속적인 메시지를 받아 본 경험으로 인해 그런 직접적인 개입을 거부할 수도 있다. 이러한 경우에, 내담자는 이중구속적인 렌즈를 통해 세상을 바라본다. 따라서 직접적인 의사소통을 신뢰하지 않는 경향을 보이고 그들은 숨은 의도를 주시하려는 경향을 보인다(Greene, 1996a).

행동적인 처방(behavioral prescriptions)은 2차적인 변화를 포함할 수 있고, 역설적인 것으로 간주될 수 있다. 병리적인 모습을 보이는 내담자는 성장할 때, 원가족으로부터 '변화하라'는 언어적인 메시지와 동시에 '변화해서는 안 된다'는 비언어적인 메시지를 전달받아 왔다. 치료적인 역설에서 내담자는 수많은 말로 변화를 추구하는 상황에서 '변화하지 말라'는 메시지를 전달받게 된다(Hoffman, 1981).

치료적인 역설에서는 문제 자체의 빈도나 강도뿐만 아니라 현재 문제가 나타나는 일련의 패턴들에 대해 변화시키려는 지시까지도 포함된다. 여기서 치료사는 내담자에게 문제/증상을 지속하도록 요구한다. 즉, 문제를 그만두도록 직접적으로 지시하는 것 대신에 내담자의 치료에 대한 저항을 이용하고 내담자가 변화하길 원하는 그 문제/증상을 사용하는 것이다. 적절한 치료적인 역설의 계획은 다음과 같다. 첫째, 내담자가 치료사의 처방에 따르면, 문제유지 패턴은 방해받게 될 것이고 따라서 변화가 시작될 것이다. 둘째, 내담자가 치료사의 처방에 따르지 않는다면, 내담자가 저항할 수 있는 유일한 방법은 바람직스러운 방향으로 어떠한 변화를 하는 것이다(Haley, 1987; Nardone & Watzlawick, 1993).

대부분의 치료적인 모순은 문제주위에 있는 패턴과 연속성 속에서 어떤 변화를 처방하는 것을 포함한다. 그러한 이차적인 변화 처방은 간접적인 것으로 간주된다. 간접적인 처방들이 발전되어 왔으며, 이러한 간접적인 처방은 다음과 같다(Nardone &

Watzlawick, 1993).

- 감추는 것 대신에 홍보하기(advertizing instead of concealing): 어떤 문제들은 감추려는 과정에서 더 악화되기도 하는데, 분노나 공포증을 가진 한 개인이 자신의 증상을 감추고 통제하려는 경우를 예로 들 수 있다. 이런 증상이 표출되는 것에 대한 불안감으로 인해 개인은 더욱 불안과 공포가 가중되어 질 수 있다. 이런 경우 자신의 불안감이나 공포감에 대한 사실을 즉시 다른 사람들에게 알림으로써 그런 공포 요소로부터 빨리 해방되는 것이 바람직하다. 이러한 처방을 수행함으로써, 내담자는 자발적이지 않았다고 생각했던 것들에 대해 자발성을 가지게 되고, 통제할 수 없었던 것에 대해 통제력을 얻게 된다.

- 작은 원인의 큰 효과(the great effects of small causes): 내담자는 완벽하게 되려는 것에 의해 불안이 가중될 수 있는데, 이러한 내담자에게 매일 부담 없는 작은 실수들을 의도적으로 하도록 제안하는 것이다. 통제할 수 없다고 여겼던 부분들에 대해 이러한 반복적인 경험을 해 봄으로써 점차 통제능력이 증진된다.

- 악마의 협정(the devil's pact): 내담자의 근본적인 문제는 발생할 변화를 위해 불가피한 위기를 받아들이기를 거부하는 것이다. 변화를 위한 위기 때문에 변화 의지가 없는 내담자에게는 시도된 해결책을 지속하는 것이 안전하다고 말해 줄 수 있다. 이러한 방법은 자신에게 알맞은 치료사가 없다고 불평하는 내담자에게 효과가 있다. 악마의 협정을 할 때, 내담자는 과제를 듣기 전에 과제를 수행하겠다는 동의를 하게 된다. 만약 내담자가 이런 개입에 동의하는 위험을 감수한다고 하면, 이미 어느 정도 변화가 일어난 것이 된다. 동의를 얻은 후 치료사는 내담자에게 어떻게 해도 수행할 수 없는 과제를 지시한다. 자신들이 늘 옳은 결정을 한다고 확신하는 내담자에게 이런 방법을 사용함으로써 변화를 자극할 수 있다.

- 홀수/짝수 날 의식(odd-day/even-day ritual): 내담자는 어떤 날은 일상적인 한 가지 행동을 하도록 하고 또 다른 날에는 일상적인 행동과 반대되는 행동 하나를 하도록 요구받게 된다. 이런 지시는 내담자의 저항을 감소시키고, 바람직한 변화를 완수하는 것이라기보다는 일부 경험해 보도록 제안함으로써 위험을 감수하는 태도를 증진시켜 준다. 이런 변화는 하루 이상 지속하도록 요구하지 않기 때문에 더욱 받아들이기 쉬워진다. 부모로부터 이중적 메시지를 받고 자란 아동의 가족을 치료하기 위해서 치료사는 어머니에게 일주일 중 짝수 날에, 아버지에게는 홀수 날

에 부모로서의 역할을 수행하도록 지시한다. 일요일에는 가족 모두 자발적으로 일상적인 생활을 해야 한다. 이런 지시는 조부모가 손주들에게 부모와 반대되는 메시지를 전달하는 한부모 가정에도 적용될 수 있다. 또한 한부모가 자녀에게 불일치한 메시지를 전달할 때도 이 방법이 사용될 수 있다. 예를 들어, 한부모에게 짝수 날에는 자녀에게 엄격하게 하고, 홀수 날에는 관대하도록 요청할 수 있다.

- **자세 낮추기**(taking a one-down position): 치료사가 한 수 위의 입장을 차지하는 치료 상황에서, 내담자는 문제를 해결하기 위해 왔기 때문에 자연스럽게 한 수 아래의 입장을 취하는 느낌을 받게 된다. 이런 경우 치료에 대한 저항은 더욱 증가해 치료를 위한 전문적인 도움에 협조하지 않는 경향을 보이기도 한다. 이런 어려움을 피하기 위해, 치료사가 한 수 아래의 입장을 취하는 것이 도움이 된다. 이 기법은 내담자가 치료사에게 치료 초기에 자신이 특별한 상황에서 무엇을 해야만 하는가를 질문할 때 사용될 수 있다. 이런 상황에서 치료사는 "제가 정말로 지금 말할 수가 없습니다. 저는 여전히 선생님에 대해 알아 가고 있는 중이며, 선생님은 선생님에 대해 그 누구보다도 자신에 대해 잘 알고 전문가입니다. 그래서 저는 선생님을 더 잘 알기 위해서 선생님의 도움이 필요합니다."라고 말할 수 있다.

- **제한적인 언어를 사용하기**(using qualifying language): 치료사가 내담자와 불필요한 세력다툼을 하는 것을 방지하기 위해 분명한 입장을 취하는 것을 삼가는 것이다. 치료사가 추측이나 가설적인 단어를 사용하는 것이다. 예를 들어, "제가 내어 놓을 수 있는 제안을 가지고 있지만, 저는 그 제안이 얼마나 성취될 수 있는지에 대해서는 확신할 수 없습니다. 그것은 상상력을 활용하는 선생님의 능력과 개선하고자 하는 선생님의 준비성에 달려 있습니다."(Fisch et al., 1982, p. 31)라고 말할 수 있다.

8. 치료 과정

1) 문제해결 방법

MRI 집단에서는 문제란 생활주기를 통해 개인이나 가족에 의해 만나는 기회 혹은 변하는 환경으로 인해 형성되는 것이라고 본다. 변화에 대한 적응을 문제를 발전시키는 어려움으로 인식하게 될 때, 그것이 문제가 되는 것이다. MRI 집단은 문제발달에 필요한 것으로 두 가지 조건을 제시했는데, 첫째는 어려움을 잘못 다루는 것이고, 둘째는 문제를 해결하려는 시도의 실패와 결국에는 악순환을 유발할 똑같은 문제해결방식의 계속적인 적용이라고 했다(Watzlawick et al., 1974). 즉, MRI집단은 '문제'란 오랫동안 그 문제를 변화시키려고 지속해 온 바람직하지 못한 행동들로 이루어진 것이라고 본다. 그러한 문제행동들이 지속되는 것은 일차적으로 사람들이 그 문제행동들을 변화시키려고 행해 왔던 방법, 즉 사람들의 '시도된 해결'에 있다고 본다. 내담자는 효과가 없는 방법으로 문제를 해결하려는 시도 속에서 곤경에 처하게 된다는 것이다. 이와 같은 결실이 없는 노력이 오히려 내담자의 삶을 진척시키는 것을 막을 수 있다. 따라서 치료사의 일차적인 임무는 기존의 행동을 다른 새로운 행동으로 대체하거나 본래의 문제행동을 '하찮은 문제'로 재평가함으로써 내담자에게 지금까지 시도해 온 해결책이 어떤 것인지 알려 주는 것이다(Weakland, 1993). 한편, 앤거 디아즈는 MRI 모델이 행동주의적이면서도 인지수의적인 모델이라고 보고 있으며, 위클랜드 역시 MRI 모델이 질문을 통해 내담자의 사고(인지)의 변화를 추구한다고 했다(Anger-Diaz, 2003).

MRI집단의 시각에서는 행동을 사회체계 내에서 더 폭넓게 진행되는 의사소통의 교류들 중에서 설명할 수 있는 것으로 본다(Duncan et al., 1992). MRI집단에서는 인간이 두 가지 방법으로 '문제'를 발달시키는 것으로 본다. MRI집단은 생활 속의 어려움을 지나치게 강조하거나, 강조하지 않는 것에 의해 일반적인 어려움을 문제로 다루거나 '일반적인(혹은 더 심한) 어려움'을 '전혀 문제가 아닌 것'으로 다룬다(Watzlawick et al., 1974). MRI접근법은 문제를 유지하는 현재의 해결방식을 제지하고 '똑같은 행동을 덜 하게(less of the same)' 하는 데 초점을 두고 있으며, 가정 내에서 행동적인 변화가 일어나게 하는 데 집중하는 경향이 있다(Shoham et al., 1995). 기존에 악순환을 일으키던 문제해결고리(loop)를 차단할 수 있는 가장 직접적인 방법은 어떤 이에게 똑같은 행동을 덜 하도록 요구하는 것으로, 어떤 특수한 상황하에서 어떤 특수한 행동을 제안하는 것이다(Fisch et al., 1982). 이러한 제안은 내담자 자신의 용어, 위치 혹은 세계관과 양립할 수 있는 방식으로 구성되어야만 한다(Shoham et al., 1995).

피쉬(Fisch, 1986; 1988)는 문제가 바로 시도된 해결책이기 때문에 치료의 초점은 그 시도된 해결책을 중지하는 데 있다고 말한다. 피쉬는 "우리는 문제를 다루는 것이 아니라 해결책을 다루는 것이다."라고 말하고 있다(Fisch, 1986). 치료의 세션을 줄이기 위해, MRI 모델은 의식적으로 치료에 중요한 정보들을 제공하는 것에 관련해 질문들을 제한한다. 이러한 질문들에는 현재 나타나고 있는 문제에 대한 명확한 묘사, 관련된 상호작용 그리고 내담자의 입장과 시도된 해결책을 포함한다. 치료를 더 간단하게 만드는 또 다른 방법은 주요 불평자, 즉 '고객(customer)'과 상담하는 것이다. 문제에 의해 가장 고민을 하는 사람이 그 상황을 변화시키기 위해 어떤 것을 얻고자 하는 사람일 것이라는 가정을 유지하면서, '고객성(customership)'을 점검하고, 그 사람을 변화시키는 데 초점을 둔다. MRI의 시각에서는 체계가 어떤 지점에서 차단되었는지는 별로 중요하지 않다. 한 가족성원의 변화된 행동이 다른 가족성원으로부터 변화된 반응을 야기할 것이다(Schlanger & Anger-Diaz, 1999; 박태영, 김현경, 2005).

2) 일차적인 변화와 이차적인 변화

MRI 모델은 문제에 대한 비효과적인 해결책, 즉 "똑같은 방식을 유지하게 하는" 반복적인 패턴을 일차적인 변화(first-order change)라고 한다. 일차적인 변화는 내담자 체계가 변화에 대해 가지고 있는 규칙 혹은 가정에 따라 시도되는 변화이다. 변화에 대한 이러한 시도는 변화에 대한 자신의 가정(규칙)을 유지하기 때문에 내담자 체계에 논리적이고 상식적이다. 종종 일차적인 변화는 문제의 반대를 적용하는 것을 포함한다. 예를 들어, 불면증을 경험하고 있는 사람이 의식적으로 그리고 의도적으로 자려고 노력할 수 있다. 혹은 부모가 10대에게 변화하라고 합리적인 호소를 사용할 수도 있다. 일차적인 변화를 야기하는 것은 충고를 하거나 바가지를 긁거나 처벌하고 다른 사람에게 논리적으로, 합리적으로 호소하고, 설교하고, 가르치는 것 등의 시도이다. 이러한 결과로 "사물은 변하나 모든 것은 같은 상태로 남아 있게 된다"(Watzlawick et al., 1974, p. 1).

일차적인 변화에 대한 시도는 내담자 체계에 새로운 것을 전혀 소개하지 못한다. 따라서 그들은 일반적으로 어떠한 변화도 야기하지 못하는 결과를 낳는 세상에 대한 자신의 가정에 따라 동화된다(Dowd & Pace, 1989). 따라서 일차적인 변화는 문제에 대한 비효과적인 해결책이라고 할 수 있으며, 체계의 근본적인 조직은 변화하지 않고 체계에 국한된 변화를 의미한다. 일반적으로 내담자들이 자신의 상황에서 벗어나 새로운 관점으로부터 상황을 볼 수 있는 충분한 융통성을 가지지 못할 때, 내담자 체계는 악순환에 빠진다. 이러한 곤경에서 벗어나기 위해 내담자 체계는 이차적 변화(second-order change)를 경험할 필요가 있다(Dowd & Pace, 1989). 내담자들에게 부족한 것은 문제해결과 관련된 규칙(메타규칙)을 변화시키기 위한 규칙이다. 규칙을 변화시키기 위해, 문제의 상황 내에 있는 사람은 자신의 의사소통(메타 의사소통하는 것)에 대해 의사소통할 수 있어야만 한다.

이차적인 변화는 내담자 체계의 현재 규칙(가정) 밖에 있는 변화이다. 이차적인 변화는 규칙(가정) 내에서 팽창과 복잡성을 증가시킨다. 이러한 변화에 대한 촉매는 내담자가 수용해야만 하는 환경으로부터 내담자에게 새로운 것을 소개하는 것이다. 이차적인 변화는 내담자의 현재의 가정된 세상을 넘어서기 때문에 내담자는 일반적으로 그러한 변화를 비논리적이고 비상식적이라고 생각하거나 급진적이라고 느끼거나, 심지어 이상하게 생각할 수도 있다. 따라서 이차적인 변화로 인해 내담자들은 어느 정도의 불균형을 경험하게 될 것이다. 그러나 일단 내담자가 성공적으로 그 새로운 것을 수용하게 되면, 내담자는 성장과 발전 그리고 변화를 경험할 것이다(Dowd & Pace, 1989). 따라서 이차적인 변화란 체계의 근본적인 조직을 변화시키는 변화를 의미한다(Watzlawick et al., 1974). 이차적인 변화에서는 가족의 구조 혹은 가족구성원 간의 의사소통 패턴에 있어서의 변화를 추구한다.

이차적인 변화와 관련된 네 가지의 원리가 있다. 첫째, 이차적인 변화는 일차적인 변화 관점에서 해결책이라고 본 것을 대상으로 이루어진다. 왜냐하면 이차적인 변화의 관점에서 지금까지 시도된 '해결책'은 문제의 근본으로 인식되기 때문이다. 둘째, 일차적인 변화가 상식적인 수준에서 세워진 것처럼 보이는 반면에, 이차적인 변화는 일반적으로 이상하고, 갑작스러우며 비상식적으로 보인다. 즉, 당황하게 하는 역설적 요소가 변화의 과정에 내재한다. 셋째, '해결책'에 대한 이차적인 변화 기법을 사용하는 데 있어서 상황은 항상 여기-현재를 다룬다. 이러한 기술은 가정된 원인이 아니라 결과를 다룬다. 따라서 중요한 문제는 '무엇'이지 '왜'가 아니다. 넷째, 이차적인 변화기술의 적용은 시도된 해결책에 대한 깨달음으로 인해 알게 된 역설의 함정으로부터 상황을 벗어나게 해서 그 상황을 다른 준거틀에 놓는다(Watzlawick et al., 1974).

바츨라비크(Watzlawick, 1978)는 치료가 단지 일차적인 변화(내담자가 다르게 행동하기 위해 의식적으로 결심하는 것)에서 그치기보다는 이차적인 변화(관점의 변화, 종종 그 결과 치료사의 상황 재구성)를 달성해야 한다고 했다. 그는 두 가지 대뇌 반구가 각각 다른 기능과 언어를 가지고 있다고 했다. 오른쪽 반구는 상상, 상징 그리고 종합하는 것을 다루며, 변화의 언어와 유추의 언어가 오른쪽 반구의 언어이다. 왼쪽 뇌의 활동에 상응하는 디지털 언어는 논리, 이성 그리고 설명의 언어인데, 바츨라비크는 디지털 언어가 가장 심리적인 언어라고 했다. 바츨라비크는 역설, 재담, 애매모호함, 상상 그리고 이차적인 변화를 용이하게 하는 것을 활용해 오른쪽 뇌에 접근할 것을 권한다. 그 과정에서 왼쪽 반구(논리적 감시자)는 종종 기법의 재구성(오래된 상황에 새로운 사회적 상황 또는 새로운 규칙을 주는)을 통해 또는 치료적 이중구속을 활용해 우회해서 가야 한다(Watzlawick, 1978).

프레이저와 솔로비는 이차적인 변화가 전략적인 접근법이든 그 외 다른 접근법이든 간에 효과적인 치료 접근법에 있어서 가장 중요한 면이라고 했다. 이차적인 변화는 교육과 사업 환경에 있어서 변화를 이해하기 위해 확대되어 왔으며, 이 개념은 이와 같은 환경에서 일하는 가족치료사에게 중요하다(Fraser & Solovey, 2007).

3) MRI 모델의 개입 단계

MRI 모델에서는 기본적으로 해결할 문제를 하나만 정하고 그 한 문제의 해결에만 초점을 둔다. 이러한 문제에 접근하기 위해 바츨라비크 등(Watzlawick et al., 1974)은 네 단계의 절차를 개발했으나 그 후 나돈과 바츨라비크(Nardone & Watzlawick, 1993)에 의해서 MRI의 6단계 치료전략으로 수정되었다.

(1) 내담자의 체계에 합류한다

합류는 치료사가 내담자와 비언어적으로 조직화하면서, 내담자의 언어를 사용할 때 증진된다. 나돈과 바츨라비크는 사람들은 자신들에게 친밀하고 유사한 것들에 의해 가장 편안함을 느낀다고 했다. 일차적으로 내담자의 언어적이고 비언어적인 의사소통 스타일을 채택하는 것이 내담자에게 그러한 친밀성과 유사성을 제공할 수 있다.

(2) 문제를 정의한다

문제를 정의하는 것에는 내담자로부터 구체적이고 특별한 정의를 얻는 것을 포함한다. 문제는 다음의 세 가지 범주에 속할 수 있다. 첫째, 자신과의 관계, 둘째, 다른 사람들과의 관계, 셋째, 사람이 살고 있는 사회적인 맥락의 가치와 규범을 포함하는 세상과의 관계, 즉 세상과 사람의 관계를 포함한다. 문제는 가능한 한 '누가' '무엇을' '어디서' '언제' '어떻게' 그리고 '얼마나 빈번하게'라는 용어로 정확하고 자세하게 내담자의 시각에서 정의되어질 필요가 있다.

(3) 결과목표를 정의한다

목표를 설정하는 데 있어서 치료사는 내담자에게 문제가 더 이상 존재하지 않는 미래에 대해 묘사해 보도록 요청하며 혹은 최소한 내담자의 만족감을 감소시켜 왔던 것을 묘사해 보도록 요청한다. 결과목표를 정의하는 데 있어서 더 구체적이고 정확한 것을 얻기 위해서 MRI접근법은 내담자가 첫 번째 아주 작은 변화의 징후가 무엇이라고 생각하는지에 대해 내담자에게 물어보게 한다. 이것을 얻기 위해 치료사는 내담자에게 다음과 같은 질문을 할 수 있다. "만약 변화가 발생한다면, 당신은 설사 아주 적은 변화라 할지라도 중요한 변화가 일어났다는 처음의 징후로서 무엇을 볼 수 있습니까?"(Fisch, Weakland, & Segal, 1982, p. 79.) 이와 같은 질문은 문제와 목표를 분리하며, 치료에서 내담자가 조금 더 빠르게 성공을 성취하고 경험할 수 있는 가능성을 증가시킨다(Greene, 1996a, p. 126).

(4) 시도된 해결책을 확인한다

시도된 해결책을 확인하는 것은 어떻게 내담자 혹은 중요한 타자가 일차적인 변화의 악순환에 붙잡혀 있는가를 알려 준다. 이 시점에서 치료사는 내담자와 중요한 다른 사람들이 제시하는 문제를 해결하려고 시도해 왔던 것과 바람직한 목표에 도달하는 것이 무엇인가를 알기를 원한다. 일차적인 변화의 시도된 해결책을 확인하는 것에 의해, 치료사는 초기에 사용을 피해야 할 개입방법을 미리 배우게 된다. 피쉬 등(Fisch et al., 1982)은 이것을 '지뢰밭(mine field)'이라고 언급했는데, 이것은 내담자가 일차적인 변화의 문제를 해결하려고 시도했던 방법이자 사용해서는 안 되는 개입방법을 말한다.

MRI 접근법은 악순환의 문제를 유지하는 패턴이 처음 장소에서 진행되고 있는 전체 과정에서 얻어지는 것과 아무런 관련이 없을 수도 있다고 가정한다. 따라서 내담자의 심리내부적인 세계 혹은 과거사를 조사하는 것은 불필요하다(Nardone & Watzlawick, 1993).

일반적으로 문제를 지속하는 해결책은 다음의 세 가지 범주에 해당된다.

첫째, 해결책은 문제가 존재한다는 사실을 거부하는 것이다. 행동이 필요함에도 불구하고 취하지 않는다. 예를 들어, 10대 아들이 마약을 하고 있다는 증거가 있음에도 불구하고 부모는 아무런 조치를 취하지 않는다.

둘째, 해결책은 실제로 문제가 아닌 어떤 것을 해결하려고 노력하는 것이다. 행동을 취해서는 안 됨에도 불구하고 행동을 취한다. 예를 들어, 부모가 자위행위를 하는 자녀를 야단친다.

셋째, 해결책은 해결이 불가능한 준거들을 가지고 문제를 해결하려고 노력하는 것이다. 행동이 잘못된 수준에서 취해진다. 예를 들어, 부인이 애정을 원할 때, 남편이 부인에게 비싼 선물을 사 준다(Watzlawick, Weakland, & Fisch, 1974).

이처럼 문제를 지속시키는 세 가지 범주의 시도된 해결책은 치유 전략을 내포하고 있다. 첫째, 내담자가 행동할 필요가 있다. 둘째, 행동하는 것을 멈출 필요가 있다. 셋째, 다른 방식으로 행동할 필요가 있다. 일단 치료사가 문제를 유지시키던 연속적인 행동을 변화시킬 수 있는 전략을 고안해 낸다면, 내담자는 이 전략을 따를 것인가에 대해 확신을 해야만 한다(Nichols, 2014).

(5) 변화전략을 발전시키고 실행한다

변화전략을 발전시키고 실행하는 단계는 사정된 문제, 목표, 시도된 해결책을 발견한 다음에 나온다. 악순환에 막힌 내담자 체계를 위해, 변화전략은 일반적으로 지속되는 긍정적인 변화를 야기시키기 위해 이차적인 본질이 변화되어야만 한다. 이차적인 변화전략은 악순환에 관련된 문제를 유지시키는 시도된 해결책을 방해하는 데 초점을 둔다(Fisch et al., 1982). MRI 접근법은 일단 악순환이 저지된다면 내담자는 바람직스러운 변화를 할 수 있는 자원을 가지고 있다고 가정한다. 내담자는 조그마한 변화에 대한 요청을 더 열심히 따르려고 하게 되며, 이것이 더 큰 변화로 갈 수 있는 순간을 얻을 수 있는 변화 과정으로 움직이게 할 수 있다(Fisch et al., 1982).

치료에 대한 MRI 접근법은 대부분의 다른 접근법보다 더 단기적으로 되는 경향이 있다. 왜냐하면 MRI 접근법이 문제와 목적에 초점을 맞추고 있으며, 일차적인 개입은 일상생활에서 내담자들이 실행할 수 있는 과제들이기 때문이다. 따라서 치료관계가 내담자의 변화를 위한 일차적인 매개수단이 되기보다는 치료사가 내주는 과제에 내담자가 순응하게 하는 데 있어서 중요한 것으로 보인다(Fisch et al., 1982).

(6) 종결

치료사와 내담자가 제시된 문제를 해결하고 치료를 통해 최종목표를 성취하는 데 초점이 맞춰지며, 이것이 성취되었을 때 치료는 종결된다.

한편, MRI 라티노 단기치료센터장들인 쉬랑어와 앵거—디아즈(Schlanger & Anger-

Diaz, 1999)는 내담자의 첫 전화인터뷰에 대한 8단계 대응 지침을 마련했다.

- 문제 정의하기
- 시도된 해결책 확인하기
- 내담자 위치 결정하기
- 개입방법을 구상하기
- 내담자에게 개입방법 설명하기
- 과제 부여하기
- 과제 추후 수행하기
- 종결

9. 사례[1]

이 사례는 6세인 명호(가명)가 "뛰어내려 죽어 버릴 거야!" "이 집 다 부숴 버릴거야!" 라고 부모를 위협해 부모가 아동을 데리고 가족치료사인 저자를 찾아온 사례였다. 치료사는 부모에게 "어떤 경우에 명호가 이와 같은 말을 할까요?"라고 질문했다. 그러자 어머니는 명호가 거실에 장난감을 나열해 놓고 놀려고 하는 순간 그것에 대해 못마땅해 명호에게 당장 치우라고 소리를 지를 때와 명호가 어머니의 귀에 거슬리게 웃는 경우에 "그렇게 웃지 마!"라고 소리를 지를 때 그런다고 대답했다. 치료사는 다시 다음과 같은 질문을 했다. "그럴 경우에 명호는 어떤 행동을 하나요?" 그러자 어머니는 "명호가 저를 째려보면서 마지못해 장난감을 치우거나 웃음을 멈추고 할머니 집으로 가요"라고 했다. 모자가 서로에게 스트레스를 주고받고 있는 상황이었다.

아버지는 명호가 과격하게 행동하거나 부모의 요구를 듣지 않는 경우 체벌을 했고 명호는 네 살짜리 동생을 때렸다. 어머니는 자신의 무능력이나 실수에 대해 남편이 거친 말을 서슴없이 해 상처를 받았고 심지어 모멸감을 느끼곤 했다. 아버지는 가정에서 가족과 함께하는 시간이 별로 없었으며, 남편과 아빠로서의 역할을 수행하는 시간이 절대적으로 부족했다. 어머니는 남편의 미흡한 역할로 많은 스트레스를 받고 있었다.

1) 이 사례는 MRI 모델을 적용한 '자살하겠다'는 아동의 가족치료. 정신보건과 사회사업, 8, 105-132에서 발췌했다.

앞의 사례에 대한 치료 목표와 과정은 다음과 같다.

1) 치료 목표

내담자의 분노표현 방법을 변화시키는 것이 치료 목표이다.

2) 치료 과정

(1) 첫 번째 단계

치료사는 내담자와 어머니 간의 대응하는 방식에 문제가 있다고 보았고, 그 이면에는 부부간의 의사소통 문제가 있다고 보았다.

(2) 두 번째 단계

치료사는 어머니가 내담자에게 시도했던 역기능적인 의사소통 방식 "장난감 치워!" 또는 "그렇게 웃지마!"라는 표현방식이 내담자에게 스트레스를 주었고 내담자는 그 스트레스를 해결하기 위해 조부모 집에 가서 "죽어 버리겠다" "다 부숴 버리겠다"라고 표현하는 방식이 지금까지 모자간의 문제를 해결하기 위해 시도했던 방식이라고 보았다. 한편, 치료사는 부부간에 있어서 부인이 뭔가를 잘못했을 때 남편이 부인을 변화시키려고 사용해 왔던 표현방식이 부인에게 모멸감을 주었다는 것과 그로 인해 부인은 남편에게 불평을 하는 방식이 여태까지 문제를 해결하기 위해 시도해 온 역기능적인 표현방식이라고 보았다. 한편, 치료사는 어머니가 이와 같은 남편의 표현방식으로 인한 스트레스를 내담자에게 풀었다고 생각했다.

(3) 세 번째 단계

치료사는 MRI 모델의 준거틀에 의거해 다음과 같은 두 가지 차원의 변화 목표를 수립했다.

① 제1차적 변화 목표

내담자와 어머니의 관계에서의 변화를 위해 내담자에 대해 어머니의 시도된 해결책에 대한 변화를 시도한다.

② 제2차적 변화 목표

부부간의 역기능적인 의사소통 패턴의 변화, 남편은 자신의 부모의 역기능적인 표현 방식을 자신도 모르게 부인에게 사용하고 있었고, 특히 부인의 실수에 대해 무시하는 말이나 심한 욕을 하는 의사소통을 사용했는데 이러한 방식의 변화를 시도한다.

(4) 네 번째 단계

제1차적인 변화 목표를 실행하기 위해 치료사는 부모에게 다음과 같은 과제를 주었다. 첫째, 내담자가 거실에서 장난감을 펼치고 놀 때, 어머니가 치우라고 소리 지르는 방식에서 내담자가 자기가 원하는 대로 놀고 난 다음에 어머니가 내담자와 함께 장난감을 치우도록 과제를 주었다. 둘째, 내담자의 웃음소리가 어머니의 귀에 거슬릴지라도 내담자가 웃을 때 그대로 놔두라는 과제를 주었다.

제2차적인 변화 목표를 위해 남편에게 부인이 남편의 말에 상처를 받는다는 것을 깨닫게 해 무시하는 말투를 사용하지 못하도록 했으며, 아버지가 내담자와 함께 더 많은 시간을 보내도록 했다. 한편, 내담자에 대한 아버지의 대응방식에도 변화를 주도록 했다.

3) 치료 결과

첫째, 어머니가 내담자와 함께 장난감을 치우고 웃음소리에 관여를 하지 않으면서 내담자는 조부모집을 방문하지 않았고 결과적으로 모자관계에 변화가 왔으며 "죽겠다."라는 말을 하지 않았다.

둘째, 상담 이전에 남편은 부인의 양육하는 방법이 마음에 들지 않으면 자녀 앞에서 부인을 나무라거나 무안을 주었지만, 상담 이후에는 부인과 자신의 자녀양육 방법에 차이가 있다는 것을 인정하게 되었고, 내담자 앞에서 부인을 나무라는 것을 자제했다. 또한 남편은 부인의 실수를 수용하려고 노력했고, 부인이 모멸감을 느낄 수 있는 언어 사용을 자제했다. 상담을 통해 부부는 어떻게 대화를 해야 하는가를 학습하게 되었다. 부부는 내담자의 행동의 변화뿐만 아니라 자신들의 부부관계가 변했다는 것을 인정했고 상담이 끝난 지 6개월 후에 내담자 부부를 통해 확인한 결과 가족이 편안하게 잘 살고 있다고 했다.

10. 요약

1950년대에 팔로알토에서 탄생한 MRI의 의사소통 모델은 개인의 문제를 상호작용적이고 상황적인 맥락에서 보는 시각을 제공했다. 베이트슨, 잭슨 등을 비롯한 여러 이론가에 의한 인식론은 상호작용적인 치료적 접근법의 토대를 만들었고, 지금은 전략적 가족치료로서 확장되었다. 에릭슨의 최면기법과 베이트슨의 인공두뇌학에서 유래한 전략적 치료는 심리적인 문제를 치료하는 영향력 있는 접근법으로서 초기 가족치료분야에서 엄청난 영향을 미쳤다.

MRI의 의사소통 모델은 내담자들이 지금까지 문제를 해결하려고 시도했으나 결국에는 문제를 해결할 수 없었던 역기능적인 의사소통 방식을 찾아서 과거에 성공한 경험이 있는 방식 또는 지금까지 시도해 보지 않았던 새로운 방식으로 문제를 해결하는 접근법이다. 내담자의 과거에는 초점을 두지 않으며 현재에 초점을 두고 구체적으로 행동의 변화에 집중한다.

이처럼 MRI 모델은 문제중심적이며 변화하는 일련의 행동에 초점을 두면서 치료사가 치료의 결과에 대해 책임을 진다. MRI 모델은 상호작용하는 사람들의 감정이나 의도를 파악하려고 하지 않고 오로지 문제를 해결하려고 시도해 왔던 상호작용적인 의사소통 방식을 찾는 데 초점을 둔다. 따라서 이 접근법은 가족구성원의 상호작용하는 방식을 변화시키기 위해 지시적 기법을 사용하며, 문제에 대한 통찰과 이해에는 초점을 두지 않는다. 특히 이 MRI 모델의 특성은 가족규칙과 관계유형의 변화를 위해 치료사가 치료적 이중구속 또는 역설적 기법을 사용한다는 점이다. MRI의 의사소통모델은 가족치료의 현장뿐만 아니라 학교, 회사, 그리고 정치적인 장에서 적용하고 있는 문제해결 접근법이다.

제8장
구조적 가족치료모델

1. 이론적 배경

구조적 가족치료와 관련된 이론가로는 부라울리오 몬탈보(Braulio Montalvo), 버니스 로즈만(Bernice Rosman), 해리 아폰테(Harry Aponte), 찰스 피쉬맨(Charles Fishman) 등이 있으나 가장 유명한 이론가는 이론의 창시자인 살바도르 미누친(Salvador Minuchin)이다(Gladding, 2018). 미누친은 지금까지의 가족치료 이론이 미국 중산층 가족들을 위한 이론이라고 보고 빈곤가족들에게는 적합하지 않다고 생각했다. 그는 대부분의 빈곤가족은 복합적인 문제를 가지고 있기 때문에 그들을 위해서는 새로운 개념과 기법이 필요하다고 보았다. 그렇게 살바도르 미누친과 그의 동료들이 뉴욕주 에소퍼스 도심지역의 비행청소년을 위한 거주시설인 월트위크학교에서 겪었던 경험을 토대로 구조적 가족치료가 개발되었다. 이곳에 사는 아동의 가족에 대한 장기적이며 수동적인 전통적인 접근법은 성공적인 결과를 내지 못했다(Piercy, Sprenkle, & Wetchler, 1997). 월트위크학교 학생들 가족의 외향적·공격적 성격과 다른 사람들을 탓하며 즉시 반발하는 성향으로 인해 그들을 상대하는 치료사들은 반드시 강하고 기민해야만 했다. 따라서 미누친은 이러한 내담자들과 효과적인 상담을 하기 위해서는 치료사가 극적이고 적극적인 개입을 해야 할 필요성을 발견했다(Gladding, 2018).

구조적 가족치료는 1960년대와 1970년대에 필라델피아 아동보호 클리닉에서 더욱 발전했으며, 특히 1970년대에 가장 영향력 있는 치료모델로 대두되었다. 구조적 가족치료가 이렇게 영향력 있는 모델이 된 것은 구조주의적 가족치료모델이 지녔던 효용성 때문만이 아니라 이 모델의 창시자인 미누친의 탁월함이었기 때문이다. 그는 본래 이론가라기보다는 임상가로서 극적이면서 탁월한 교육을 실시함으로써 자신의 명성을 쌓았다. 또한 그는 가족이 원래 조직을 가지고 있다고 보았고 가족 진단과 치료를 위한 명확한 지침을 제공했다(Nichols, 2014).

특히 구조주의적 가족치료는 가족의 복잡한 상호교류에 질서와 의미를 부여하는 명확한 준거틀을 제공해 준다. 또한 구조적 가족치료는 다른 가족체계적 접근과 마찬가지로 문제와 해결에 관한 개인적 초점보다는 맥락적 초점에 관심을 가진다. 구조적 가족치료의 독특성은 문제를 서술하고 해결책을 확인하는 데 있어서 공간적이고 조직적인 은유를 사용하는 것과 적극적인 치료사의 방향을 강조하는 데 있다(Colapinto, 1991). 이 모델의 수요 주제는 나음과 긑은 세 가지이다. 첫째, 개인의 증상은 가족상호 교류패턴의 맥락에 뿌리를 두고 있다. 둘째, 증상이 해결되기 전에 가족조직이나 가족구조가 변화되어야 한다. 셋째, 치료사는 그 증상을 포함한 구조나 맥락을 변화시키는 데 있어서 직접적인 지도력을 발휘해야만 한다. 이와 같은 세 주요 주제는 최소한 30년 동안 많은 가족치료사에게 엄청난 영향을 끼쳤다(Goldenberg, Stanton, & Goldenberg, 2017).

미누친 등은 구조주의적 가족치료모델의 주요 결정 요인으로 가족체계의 전체성, 가족의 위계적 조직의 영향 그리고 가족의 하위체계들의 독립적인 기능을 기술했다(Minuchin, Lee, & Simon, 2006). 구조적 가족치료모델의 개념인 가족규칙, 역할, 연합, 하위체계, 경계선, 전체성 그리고 조직은 이제 가족치료의 일상적인 용어이며 이와 같은 사실은 이 모델이 역사적으로 탁월하다는 것을 보여 준다(Goldenberg et al., 2017).

일관성 있고 반복적이면서 예측할 수 있는 가족의 행동유형은 가족치료사로 하여금 가족 속에 존재하는 구조를 보게 해 준다. 물론 여기서의 구조란 기능적인 측면의 구조를 의미한다. 이와 함께 가족의 구조를 형성하는 정서적 경계선과 연합이라는 개념은 가족치료사들에게 가족구조의 개념을 제공해 주며, 가족을 치료하는 데 체계적이고 조직적으로 접근할 수 있게 해 준다. 구조적 가족치료모델은 가족의 상호교류의 맥락이 변하면서 증상의 감소뿐만 아니라 개인행동의 변화가 발생한다고 가정을 하며, 이 모델의 주요 목표는 역기능적인 가족에서의 조직적 변화를 적극적으로 추구한다.

가족생활주기로 인해 변화하는 조건에 반응을 하는 데 있어서, 가족의 근본적인 조직구조와 그것의 유용성은 기능적 혹은 역기능적인 패턴의 출현을 촉진하기도 하고 저지하기도 한다. 미누친은 가족을 가족생활주기에 따라 안정과 변화 사이의 미묘한 조화를 유지하려고 한다고 보았다. 미누친은 가족이 기능적일수록 다음 단계로 전환되는 기간 동안에 새로운 조건이 요구하는 변화와 구조 수정에 더 개방적이라고 했다 (Minuchin, 1984). 미누친은 가족체계에 영향을 미치는 더 큰 사회문화체계의 중요성을 인식한 가족치료사로서, 현대 사회의 성(gender) 불평등의 중요성에 대해서도 인식했다. 그는 거시사회학과 성역할을 구조적 가족치료 이론에 통합했다(박태영, 2007b).

구조적 가족치료는 가족치료 실천에 있어서 특히 다음과 같은 두 가지의 현저한 공헌을 했다. 첫째, 구조적 가족치료는 혼란스러운 환경에 살고 있는 사람들을 포함한 빈곤가족들이 가족치료로부터 혜택을 받을 수 있다는 것을 보여 주었다. 둘째, 구조적 가족치료는 파괴되고 조직되지 못한 가족들을 포함한 가족구조가 가족 역기능을 치료하기 위한 강력한 수단들이 될 수 있다는 것을 조사했다(Aponte & DiCesare, 2000).

구조적 가족치료는 다른 치료 접근법과 결합해 사용되어 왔다. 예를 들어, 가족지향적 구조적 치료는 구조적 가족치료의 전통적인 개념들에 입각했으나, 강점에 입각한 접근과 집단이론의 시각을 추가했다(McLendon, McLendon, & Hatch, 2012). 이 접근은 시간 제한적이며 목적 지향적이다. 이 접근은 가족구성원의 강점을 확인하고 상담 회기 안과 밖에서 발달시킬 수 있는 구체적인 기술을 찾는다(Goldenberg et al., 2017).

2. 살바도르 미누친의 생애

살바도르 미누친(Salvador Minuchin, 1921~2017)은 아르헨티나에서 러시아계 유태인 이민자 부모 사이에서 태어났다. 그는 한 번도 아르헨티나에 대한 충성심을 느껴 본 적이 없었지만, 라틴민족의 자부심을 일깨우는 의식들과 반유태인 발언에 대해서 반발하며 유태인으로서의 명예를 지키는 방법을 배웠다(Minuchin & Nichols, 1998). 그는 아르헨티나에서 의학훈련을 마치고 소아과의사로서 개업을 했다. 1948년에 이스라엘 군대에 자원해 아랍연합국과의 전쟁에서 18개월간 군의관으로 복무했다. 1950년에 미누친은 시카고의 브루노 베틀하임(Bruno

[그림 8-1] 살바도르 미누친

Bettelheim)과 함께 연구하기 위해 미국으로 건너왔다. 그는 미국에서 아동정신의학과 의사로서 훈련을 받았는데, 그중 상당한 부분을 나단 에커만에게서 지도를 받았다. 그후 그는 홀로코스트에서 살아남은 아동을 위해, 그리고 나중에는 아랍 국가들로부터의 유태인 이민자들을 보호하기 위해 1952년에 이스라엘로 돌아가서 2년을 보내고 나서 미국으로 영구히 이주했다.

1954년에 그는 설리번의 대인관계 정신의학 아이디어를 창출한 연구소인 윌리엄 알랜손 화이트 연구소(Wiiliam Alanson White Institute)에서 설리번과 함께 정신분석 훈련을 받았으며, 몇 년 뒤에 뉴욕시 외곽에 있는 비행청소년을 위한 기숙학교인 월트위크 학교에서 인테이크 정신과의사로 근무했다. 1959년에 돈 잭슨(Don Jackson)의 논문으로부터 영감을 받은 미누친은 뉴욕시 도심에 있는 주로 아프리카계 미국 청소년과 푸에르토리코계 청소년뿐만 아니라 그들 가족의 고충을 조사하고 분석하기 시작했다. 미누친과 그의 치료팀은 그들이 만나는 기숙의 난선비고 소지더이 아한 구조로부디 발생되는 복합적인 문제에 반응할 수 있는 이론과 특별한 개입기법을 발전시키기 시작했다. 점차적으로 미누친은 가난한 삶의 경험이 가족기능에 어떻게 영향을 미치는지에 대한 사회적 맥락의 사회학적 분석으로 시선을 돌렸다. 미누친과 그의 동료들은 성격 혹은 행동적인 문제에 초점을 두기보다는 가족맥락을 변화시킬 수 있는 치료적 방법을 발전시켰다. 장기간의 해석적인 심리분석 기법들이 이민 온 대상들에게는 효과적이지 않다는 것을 발견한 미누친과 그의 동료들은 가족을 재구조화하는 것으로 인해 맥락변화에 영향을 미칠 수 있는 단기적인 그리고 직접적이며 구체적이고 행동지향적인 문제해결 개입방법을 고안했다. 이러한 점에 있어서는 병리를 가지고 있는 가족들과 작업할 때 보여 주는 나단 에커만의 도발적이고 카리스마적인 모습이 미누친에게 영향을 미쳤을 것이다(Goldenberg et al., 2017). 한편, 미누친은 구조적 가족치료 이론의 개념들을 정립해 나가는 과정에서 주위 환경과 상호작용하는 개인을 강조했던 스페인 철학자인 오테가 가세트(Ortega Gasset)의 철학의 영향을 받았다(Gladding, 2018).

1962년에 미누친은 제이 헤일리(Jay Haley)와 폴 바츨라비크(Paul Watzlawick), 리차드 피쉬(Richard Fish)등이 선구적으로 가족치료 접근법을 개발하고 있었던 MRI를 방문했는데, 그곳에서 그는 헤일리와 친구가 되었다. 두 사람의 우정은 서로의 치료 작업에 많은 영향을 미쳤다(Gehart, 2016). 헤일리는 전략적 가족치료 접근을 발전시켰으며, 미누친은 동료들인 딕 아우어스왈드(Dick Auerswald), 찰리 킹(Charlie King), 브라울리오 몬탈보(Braulio Montalvo) 그리고 클라라 라비노위츠(Clara Rabinowitz)에게 전체 가족을 만나는 상담을 제안했다. 공식적인 모델도 없이 그들은 일방경을 통해 서로를 관찰하면서 상담모델을 개발했다. 그렇게 1959년에 미누친은 앞의 동료들과 더불어 사회경제적 수준이 낮은 흑인가족들을 대상으로 하는 심리치료 작업을 하기 위한 세 단계 접근을 발전시켰다.

그 후 미누친팀은 가족들이 직접 가족구조를 바꿀 수 있도록 하기 위한 가족구조와 방법을 묘사하는 개념을 개발했다(Simon, 1984). 미누친과 그의 동료들이 월트위크에서의 8년 동안의 가난하고 혜택을 받지 못한 가족들과 함께한 노력이 『슬럼가의 가족들(Families of the slums)』(Minuchin, Montalvo, Guerney, Rosman, & Schumer, 1967)에 잘 묘사되었고, 이 책으로 인해 미누친은 엄청난 명성을 얻었다(Simon, 1984). 월트위크의 경험에서 발견한 가족 재구조화와 가족구성원 간의 효과적인 위계에 대한 초점이 구조적 가족치료의 초석이 되었다. 또한 이 책은 다문화주의라는 용어가 쓰이기 이전에 구조적 치료를 묘사하고 다양성에 관해 논의한 최초의 서적이다. 점차적으로 미누친과 그의 동료들은 문화적 상황과 특정 진단을 다루기 위해 그들이 이 모델을 어떻게 발달시켜 왔는지에 관한 수많은 책을 저술했다(Minuchin, Rosman, & Baker, 1978: 김임, 한정옥, 이선미 공역, 1987).

노동자 계층과 중산층 계층을 포함하는 더 폭넓은 계층의 가족들에게 그의 기법을 시험하고자 했던 미누친은 1965년에 필라델피아 아동지도센터의 소장을 맡았다. 그 이후에 그는 월트위크에 있던 사회복지사 브라울리오 몬탈보와 팔로알토에 있던 제이 헤일리를 영입했다. 필라델피아 아동지도센터에 미누친이 기여했던 가장 큰 업적은 식욕부진증을 앓고 있는 가족구성원을 둔 가족에 대한 치료 기법을 개발한 것이다(Simon, 1984).

원래 필라델피아 아동지도센터는 아프리카미국계 사람들에게 봉사하는 10명의 직원으로 운영되었다. 그러나 대담한 상상력이 풍부한 미누친의 지도하에 필라델피아 아동지도센터는 우아한 현대적인 시설을 갖추고 300명의 직원을 가진 규모의 가장 큰 센터로 성장했고, 펜실베이니아대학의 캠퍼스에 위치한 아동병원과도 제휴하게 되었다. 이 센터는 내담자 대부분이 가난한 가족으로 구성된 미국 내에서의 첫 번째 클리닉이 되었다. 1974년에 미누친은 『가족과 가족치료(Families and family therapy)』(Minuchin, 1974, 2018: 김종옥 역, 1988)를 발행했는데 그 책은 구조적 가족치료를 통한 가족들 내에서의 변화와 관련된 아이디어를 매우 정교하게 설명하고 있다. 이 책으로 인해 미누친은 광범위한 관심을 받았으며, 구조적 가족치료는 당시에 학계의 대세가 되었다(Kuehl,

2008).

1975년에 필라델피아 아동지도센터의 소장과 1981년 그 연구소의 훈련소장직을 사직한 후에 미누친은 대부분의 시간을 가르치고, 상담하고 지도감독하며, 저술 작업과 더불어 전 세계를 돌아다니며 전문가 청중 앞에서 그의 극적인 기법들을 시연하면서 지냈다. 그는 1981년에 뉴욕시에서 지역조직들 특히 빈민가족들에게 자속적인 서비스를 제공하는 가족연구소(Family Studies)(지금은 미누친 가족센터라고 개명되었다)를 1996년까지 이끌었다(P. Minuchin, Colapinto, & Minuchin, 2006). 그 후 미누친은 플로리다로 은퇴해 전 세계적으로 강의를 계속하다가 2017년에 사망했다.

1981년 이래 미누친은 여러 권의 연극대본과 책을 서술했으며, 그중에는 그에게 슈퍼비전을 받았던 9명의 제자와 공동 저술한 『가족치료 마스터링: 성장과 변화로의 여정(Mastering family therapy: Journeys of growth and transformation)』(Minuchin et al., 2006)이 있다. 이외에도 미누친과 그의 제자인 니콜스가 저술한 『가족치유(Family healing)』(Minuchin & Nichols, 1998; 오제은 역, 2013) 등 많은 저서가 있다.

3. 주요 인물

미누친이 구조적 가족치료 이론을 개발하기까지 그 주위에는 여러 분야에서의 임상가가 함께했다. 정신과의사인 찰스 피쉬맨(Fishman, 1993), 사회복지사인 해리 아폰테(Aponte, 2009), 심리학자인 마리온 린드블래드-골드버그(Lindblad-Goldberg, Dore, & Stern, 1998) 등의 임상가는 모두 필라델피아에 있었으며, 특히 경제적으로 빈곤한 가족들에게 가족치료 훈련을 제공함으로써 구조적 관점을 발전시키는 데 기여를 했다. 워싱턴 디시에 있는 마리앤 월터스(Marianne Walters)는 그녀의 동료들과 함께 가족관계를 연구하기 위해 오랫동안 지속되어 온 젠더의 렌즈를 적용한 여성 프로젝트의 일부를 발전시킨 내용을 구조적 가족치료에 기여한 것으로 잘 알려져 있다(Walters, Carter, Papp, & Silverstein, 1991). 정신과의사인 조지 콜라핀토(Colapinto, 2000)는 미누친센터에서 훈련과 자문 조정관이었다. 초창기의 필라델피아 아동지도센터는 수천 명의 가족치료사를 훈련시키는 공간이었는데, 10년 전쯤에 문을 닫았다가 다시 가장 현대적인 필라델피아 아동과 가족지도훈련센터로서 운영되고 있으며, 현재 린드블래드-골드버그 지도하에 여전히 구조적 가족치료 관점으로 운영되고 있다(Goldenberg et al., 2017).

앞에서 언급한 인물들 외에도 브라울리오 몬탈보(Braulio Montalvo), 딕 아워스왈드(Dick Auerswald), 찰리 킹(Charlie King), 버니스 로스만(Bernice Rosman), 제이 헤일리(Jay Haley), 카터 움바거(Carter Umbarger), 클로이 메다니스(Cloe Madanes), 스테판 그린슈타인(Sptephen Greenstein) 그리고 클라라 레이노위치(Clara Rabinowitz) 등이 구조적 가족치료를 개발하는 데 많은 기여를 했다. 특히 미누친의 그늘에 가려 외부에 많이 알려지지 않았던 인물로서 브라울리오 몬탈보는 가족치료에 있어서 천부적인 재능을 가지고 있었다. 그는 푸에르토리코에서 출생해 소수민족의 가족들을 위해 공헌했고, 필라델피아 아동지도센터를 세우는 데 초석과 같은 역할을 했다. 또한 뉴욕에 있는 미누친가족치료센터에는 에이미 베겔(Amy Begel), 카라 브렌들러(Cara Brendler), 조지 콜라핀토(Jorge Colapinto), 패트리시아 도우드스(Patricia Dowds), 에마 게니조비치(Ema Genijovich), 데이비드 그리난(David Greenan), 리차드 홀름(Richard Holm), 데니얼 미누친(Dnaiel Minuchin), 로니 쉬나도우(Roni Schnadow), 조지 사이몬(George Simon), 그리고 웨이–융 리(Wai-Yung Lee)가 있다. 특히 웨이–융 리는 홍콩에서 가족치료사로서 활발히 활동하고 있으며 한국에서도 워크숍을 진행했다. 한편, 미누친의 탁월한 학생들이었던, 찰스 피쉬맨(Charles Fishman)은 필라델피아에서 개인 상담소를 운영하고 있고, 제이 라핀(Jay Lappin)은 델라웨어주의 아동복지국에서 상담을 하고 있으며, 마이클 니콜스(Michael Nichols)는 윌리엄메리대학(College of William and Mary)에서 강의를 하고 있다(Nichols, 2014).

4. 주요 개념

구조주의자들은 대부분의 가족치료 이론가처럼 체계의 구성요소들이 어떻게 상호작용하고, 어떻게 균형 혹은 항상성이 이루어지는지, 어떻게 가족피드백 기제들이 작용하는지 그리고 어떻게 역기능적 의사소통 패턴이 발달하는지 등에 관심을 가지고 있다(Goldenberg et al., 2017). 따라서 구조주의 가족치료 이론은 가족의 상호작용 과정을 분석하는 청사진을 제공한다. 구조주의적 가족치료 이론은 구조, 하위체계 그리고 경계선이라는 세 가지 주요 개념을 가지고 있다. 특히 구조주의자는 가족상호작용의 가족구조, 가족 하위체계 간의 침투성 그리고 연합 혹은 제휴의 존재에 대한 암시를 제공하기 때문에 이것들에 대한 중대한 관심을 가진다. 앞의 모든 개념이 궁극적으로 가족의 안정성과 변화 사이에서 미묘한 균형을 성취하게 하는 가족의 능력에 영향을 주는 것이다. 여기서는 구조적 가족치료 이론의 가장 핵심적인 세 가지 개념인 가족구조, 경계선, 하위체계와 제휴, 권력, 동맹에 관해 살펴보겠다.

1) 가족구조

가족은 어떻게, 언제 그리고 누구와 관계하는지를 규정하는 내적 조직의 어떤 형태를 필요로 하며, 이어지는 상호작용패턴들이 가족의 구조를 만든다(Colapinto, 1991). 가족구조란 상호작용이 개인과 개인 간의 경계선에 의해 조절되는 하위체계 안에서 가족이 조직되는 방법으로, 보이지 않는 기능적 유형이다. 따라서 가족구조는 가족구성원이 상호작용하는 방법을 조직하는 은밀한 기능적 요구나 코드이다(Minuchin, 1974). 구조는 가족이 가족의 중요한 기능을 수행하기 위해 발전해 온 운영규칙의 총합을 나타낸다. 가족구조는 가족구성원이 서로의 관계에서 어디에 앉고, 상호작용하기에 더 편하게 하는 혹은 덜 편하게 하는 사람 옆에 누가 앉는지를 의미한다(Nichols, 2014). 가족구조는 가족의 안정성을 유지하기 위해 혹은 새로운 조건 하에서 적응적인 대안을 찾기 위해 가족이 어떻게 구조를 조직하는가를 보여 주는 일관적이고 반복적이며 지속되는 패턴을 이해하기 위한 준거틀을 제공한다. 일단 가족구조가 형성되면, 그와 같은 패턴은 변화하는 환경이 체계 내의 긴장과 부조화를 일으킬 때까지 자기 영속적이게 되며 변화에 저항한다(Goldenberg et al., 2017). 예를 들어, 어머니가 아들에게 심부름을 시킬 때 아들이 어머니 말은 듣지 않지만, 아버지가 심부름을 시킬 때는 두말없이 순종하는 경우가 있다. 이와 같은 가족구조는 아버지가 권위적인 인물이고, 어머니는 아버지에 비해 권력 혹은 영향력을 훨씬 덜 가진 구조라고 이해할 수 있다.

가족구조는 일련의 숨은 규칙을 가지고 있어서 가족구성원 간에 상호작용을 규제한다. 가족구조는 가족구성원 간의 의사소통 패턴이 변함없는 관계를 갖추고(Umbarger, 1983), 가족의 일상생활의 기능을 규제하는 새로 수립된 청사진을 반영한다. 그렇지만 구조는 정적이거나 고정적이지 않다. 이와는 반대로, 어떤 일시적인 구조(아버지에게는 비밀로 하는 불규칙한 학교 출석 혹은 안 좋은 성적에 대한 어머니와 아들의 동맹)가 발생은 할 수 있지만 오래는 지속될 수 없을 것이기 때문에 가족구조는 역동적이라고 간주되어야만 한다. 구조적 가족치료사는 재구조화가 필요로 하는 문제를 발견하거나 혹은 비효과적인 패턴을 감지하기 위해 상담 도중에 일어나는 반복적인 가족과정을 주시한다(Goldenberg et al., 2017). 가족구성원 간의 실제적인 상호작용을 관찰할 때 그 가족구조는 분명해지며, 가족구조 안에서의 가족구성원의 역할을 알기 위해서는 가족구조 안에서의 상호작용 모습을 관찰해야 한다(Nichols, 2014).

가족의 상호작용패턴은 가족구성원의 행동을 규제하고, 두 가지의 규제, 즉 일반적인 혹은 보편적인 규칙들과 특이한 또는 개별화된 규칙들에 의해 유지된다(Minuchin, 1974). 예를 들어, 구조주의자는 잘 기능하는 가족에서는 부모가 자녀보다 더 많은 권위와 세력을 가지고 있고, 나이 많은 자녀(형 또는 언니)가 나이 어린 자녀(동생)보다 더 많은 특권뿐만 아니라 더 많은 책임감을 가진 것과 같이 위계적으로 조직화되어 있다고 주장한다. 게다가 기능의 상보성은 보편적이다. 예를 들어, 남편과 부인은 한 팀으로서 활동하며, 그들의 상호의존성을 수용한다. 양쪽 배우자의 필요와 능력이 서로 딱 들어맞고 상보적인 역할관계와 만족을 제공하는 정도가 조화로운 가족기능에 있어서 중요한 요소이다. 어떤 경우에는 가족 균형이 부과된 상보적인 역할 혹은 기능(좋은 자녀-나쁜 자녀, 부드러운 어머니-엄한 아버지)이 가족구성원에 의해 이루어진다. 상보성은 잘 기능하는 가족에게 있어서 팀워크의 형태를 취한다. 특이한 규제는 특정한 가족들에게 적용되며 서로에 대한 가족구성원의 행동과 관련해 상호적인 추정에 대한 내용을 포함한다. 기대감이 어디에서 왔는지 기원이 불분명할 수 있으나, 이는 수년 동안 암묵적이고 명시적인 협상과 상호작용 속에 묻혀 있을 가능성도 있으며, 그럼에도 기능적인 효과성은 유지된다(Minuchin, 1974).

선택되어진 가족구조가 무엇이든 간에 그 구조는 스스로 지속하면서 변화에 대해 저항하는 경향이 있다. 비록 다른 대안이 있을지라도 가족들은 변화하는 환경이 가족체계 내에 스트레스와 역기능을 고조시키기 전에는 다른 대안에 대해 고려하지 않을 것이다. 가족구조를 식별하는 데에는 두 가지 방법이 있다. 첫째, 구조를 설명하는 이론적 체계를 통해 식별할 수 있으며, 둘째, 그 가족의 행동을 관찰하는 것을 통해 가능하다. 예를 들어, 두 딸을 둔 가족에서 둘째 딸과 아버지가 심한 갈등을 가지고 있을 경우에 아버지와 둘째 딸의 갈등상황만 아는 것으로 가족구조를 알 수는 없는 것이다. 하지만 가족구성원 간의 실제적인 상호작용을 관찰할 때 그 가족구조는 좀 더 선명해진다.

미누친은 이상적인 것으로서 전형적인 도구적 역할(예: 집안에서 경영적인 결정을 하는 것) 대 표현적인 역할(예: 가족의 정서적인 욕구를 돌보는 것)에 대한 전형적인 구분을 주장하기보다는, 모든 가족이 어떤 종류의 구조, 어떤 위계의 형태 그리고 하위체계 간의 구별이 필요하다고 보았다(Colapinto, 1991). 가족은 가능한 한 오랫동안 현재의 가족구

4. 주요 개념

조인 선호하는 패턴을 유지하려고 노력한다. 반면에, 가족은 변화하는 환경에 적응할 수 있어야만 한다. 가족은 패턴의 충분한 범위를 가지고 있어야만 하며, 만약 가족구성 원이 가족으로서 지속되려 한다면 급박한 변화에 직면해 이러한 새로운 패턴들을 동원할 수 있을 정도로 충분히 융통성이 있어야만 한다(Goldenberg et al., 2017).

2) 가족의 하위체계

가족은 위계적인 질서로 배열된 공존하는 하위체계로 조직된다. 미누친은 가족을 다 양한 하위체계를 가진 하나의 체계로 개념화했고, 부부, 부모, 형제 그리고 분리된 하 위체계는 거의 모든 가족에게서 발견된다(Minuchin, 1974). 가족에 따라서 다른 영향력 있는 하위체계가 성별(남성/여성), 세대(부모/자녀), 취미(스포츠, 음악), 공통 관심사(지 직, 사회직), 기능(누가 가사를 책임지는지) 그리고 심지어 성격(신지한 성격, 유쾌한 성격) 에 따라 발달되기도 한다(Gehart, 2018; Goldenberg et al., 2017). 하위체계는 가족구조의 구성요소로 전반적인 가족구조의 기능에 필요한 다양한 가족과업을 수행하기 위해 존 재한다. 각각의 가족구성원은 동시에 여러 개의 하위집단에 소속될 수도 있고 많은 하 위집단을 조직할 수도 있다. 각각의 개인은 다른 하위집단 안에서 차이가 나는 권력 수 준을 가질 수도 있으며, 다른 기술을 사용할 수도 있고, 가족 내의 다른 하위체계의 구 성원과 다른 상호작용을 할 수도 있다. 역할의 상보성(이 개념은 미누친이 나단 에커만의 영향을 받았다)이 여기서 중요하다. 미누친이 지적했듯이, 자녀는 아버지가 아버지로서 의 행동을 할 수 있는 것처럼 자녀는 동생과 단 둘이 있을 때는 행사할 수 있는 권력을 가질 수 있다(Minuchin, 1974). 하위체계는 개인 상호 간의 경계선과 구성원에 대한 규 칙에 의해 정의되며, 실제로 이와 같은 경계선과 규칙이 다른 하위체계와 접촉할 수 있 는 양을 규제한다. 하위체계 조직은 가족구성원이 다른 수준에서 대인관계 기술을 연 마하는 과정에 있어서 자아감을 발달시키는 데 귀중한 훈련을 제공한다. 그런데 일반 적으로 부부, 부모, 형제 하위체계가 가족 내에서 가장 중요한 하위체계이며, 하위체계 에서 고려해야 할 가장 중요한 문제는 부모와 부부 체계 사이의 명확한 구분, 부모와 자 녀/형제 하위체계 간의 명확한 경계선이다.

(1) 부부 하위체계

두 사람이 결혼해 새로운 가족을 형성할 때 부부 하위체계가 생긴다. 특히 부부 하위체계의 견고함과 내구력이 가족의 안정성에 대한 열쇠를 제공한다. 부부 하위체계를 형성하는 데 관련되는 과정이 조정인데, 조정은 배우자 간의 역할에 적응하고 역할을 협상하는 것을 의미한다. 배우자가 자신의 원가족으로부터 어느 정도 독립성, 즉 분화가 이루어져 있는지가 부부간의 조정에 많은 영향을 미친다. 결혼 후에도 배우자가 자신의 부모와 밀착된 관계를 유지하게 되면 부부간의 역할을 조정하고 협상하는 데 어려움을 겪게 된다. 부부가 차이를 어떻게 협상하고 서로의 욕구를 어떻게 수용하며 상보적인 역할을 어떻게 발전시키는가를 배우는 것이 변화하는 환경에 적응할 수 있는 가족의 안정성과 융통성의 가능성에 영향을 미친다.

어떠한 주제에 대한 조정과 협상이든 부부 하위체계에서 이루어지는 결혼 초기의 협상과 조정 과정은 가족이 기능적이도록 하는 기본 도구로서 중요하다. 각각의 배우자가 자신의 원가족이나 원가족의 규칙, 패턴과 역할에 지나치게 얽매이지 않고 진정한 주체가 될 때, 협상과 조정이 잘 이루어질 수 있다. 부부 하위체계에서 중요한 것은 각 배우자가 자신의 고유한 재능과 흥미를 개발시키는 데 있어서 서로를 지원해 주어야 한다는 것이다. 따라서 한 배우자만이 상대방에게 전적으로 적응해서 자신의 개별성을 잃게 되어서는 안 된다(Becvar & Becvar, 2013).

(2) 부모 하위체계

자녀가 출생하면 자연히 가족체계가 변하는데, 부부 하위체계와 함께 부모 하위체계가 생기게 된다. 부모 하위체계는 자녀를 양육하고 보호하며 자녀의 사회화에 대한 책임 등으로 이루어진다. 구조적 가족치료는 유대관계가 있고 협력적인 부모 하위체계가 가족이 건강하게 기능하는 데 매우 중요하다고 확신한다(Madden-Derdich, Estrada, Updegraff, & Leonard, 2002). 만약 부부 하위체계에서 조정과 협상이 원만하게 이루어졌다면 조정과 협상의 기술은 부모 하위체계를 발전시키는 데 있어서도 매우 유용할 것이다. 부모 하위체계에서는 역할의 상보성이 매우 중요한데, 이를 통해 부부가 부모화의 태도와 스타일에 있어서 차이들을 협상하게 된다. 자녀가 성장함에 따라 상대방의 관점에 대한 수용이 재협상되어야 하며, 가족생활주기 단계에 따라서 부모가 다르게 반응할 것이 요구된다. 자녀양육에 대한 요구와 효과적인 부모 하위체계의 발전이 무엇이든 간에, 부모들이 가족 안녕에 근본적인 부부 하위체계를 유지하고 강화하는 것이 무엇보다 중요하다(Goldenberg et al., 2017). 부모 하위체계는 부모와 자식이 동맹을 맺지 않고 기능할 때 건강하게 유지된다(Gladding, 2018). 가족은 민주주의가 아니며, 자녀는 부모와 동등한 존재이거나 친구가 아니다. 부모가 소유하는 권위를 기초로 해, 자녀는 권위자를 대하는 방법과 불평등한 상황에서 상호작용하는 방법을 배워야 한다(Becvar & Becvar, 2013).

(3) 형제 하위체계

형제 하위체계는 가족 내에서 같은 세대의 구성원으로 이루어진 구성단위이다. 어떤 가족에서는 형제 하위체계가 같은 부모에서 태어난 자녀로 이루어진 반면에, 혼합된 형제(즉, 계부모)와 같이 형제 하위체계가 혈연관계가 없는 아이들로 이루어지기도 한다(Gladding, 2018). 형제 하위체계는 동료집단의 일부가 되는 것에 있어서 경쟁하고, 싸우고, 차이를 협상하는 것뿐만 아니라 지지하고, 협력하고, 보호하는 것을 배우는 첫 번째 경험을 제공한다. 형제 하위체계는 자녀들이 경험하는 발달적 변화에 해당되는 관계 변화를 해결하기 위해 부모 하위체계와 협상을 한다(Goldenberg et al., 2017). 자녀는 발달상 필요한 변화에 협상하는 과정에서 자녀끼리 연합함으로써 부모 하위체계에 대항하는 법을 배운다(Becvar & Becvar, 2013).

잘 기능하는 가족에게 있어서, 앞에서 언급한 세 가지 하위체계는 가족체계의 분화와 통합을 보호할 수 있는 통합적인 방법 안에서 작동한다. 통합적인 가족구조가 진행되는 가족 발달적인 도전에 충분히 대처할 정도로 융통성이 있으면, 가족이 기능적이라고 본다. 반면에, 가족이 변화하는 환경에 적응할 수 없을 때 가족은 역기능적이라고 볼 수 있다. 구조적인 접근에서는 가족의 역기능은 일반적으로 밀착, 유리, 연합, 세력 그리고 동맹과 같은 경계선 문제를 포함한다(Goldenberg et al., 2017).

3) 경계선의 투과성

경계선은 사람들을 서로 분리하고 조직하는 물리적이고 심리적인 요소이다. 가족구성원이 서로 상호작용하며 관계를 맺는 정도는 가족구성원 사이와 하위체계 간에 존재하는 경계선에 의해 좌우된다(Kindsvatter, Duba, & Dean, 2008). 경계선은 실제로 눈에 보이지는 않지만 타인과 접촉하는 수준을 규제하는 장벽이며 개인, 하위체계, 전체 가족은 대인관계상의 경계선에 의해 구분된다. 경계선은 위계와 거리를 조정하면서 가족, 개인, 하위체계의 자율성을 보호한다(Nichols & Schwartz, 2001). 하위체계의 특별한 구성은 체계의 명확한 경계선만큼 중요하지는 않다. 가족 내의 경계선들은 그들의 투과성에 따라 변하며, 가족구성원 간의 접촉의 본질과 빈도를 결정하는 데 영향을 미친다(Goldenberg et al., 2017). 가족 내 경계선의 융통성과 침투성에 가족이 적절하게 기능하기 위해서는 하위체계의 경계선이 명확해야만 한다(Minuchin, 1974). 구조적 가족치료에서 경계선의 강도는 절선, 실선과 점선으로 표시되며 세 가지 주요 경계유형(명확한 경계, 경직된 경계, 모호한 경계)이 존재한다.

보웬가족체계 치료사가 세대에 걸쳐 가족관계를 그리기 위해 가계도를 활용하는 것처럼 구조주의자는 가족의 관계 패턴과 가족의 현재 상호작용패턴을 그리기 위해 가족지도 그리기(family mapping)를 사용한다. 즉, 구조주의자들은 가족이 잘 기능하는 영역과 역기능이 발생할 수 있는 영역에 대한 가설들을 세우기 위해 구조적 지도(structural map)라고 불리는 단순한 그림도구를 사용한다. 가족지도 그리기는 특히 특별한 하위체계가 문제를 영속화하는 것과 관련된 복잡한 가족의 상호작용패턴을 이해하기 위한 조직적인 도식을 제공하며, 그러한 것이 치료계획에 매우 귀중할 수 있을 것이다(Goldenberg et al., 2017).

가족지도는 서로에 대한 가족구성원의 위치를 나타낸다. 그것은 동맹과 연합, 명시적이고 암묵적인 갈등과 갈등해결에 있어서 가족구성원이 집단을 이루는 방법 등을 나타낸다. 가족지도는 누가 갈등을 우회하는지, 교환원으로서 기능하는 가족구성원이 누구인지를 확인한다. 그 지도는 양육자, 치유자 그리고 희생자를 그린다. 하위체계 사이의 경계선의 묘사는 어떤 움직임이 있는지를 나타내고, 강점 혹은 역기능의 가능한 영역을 보여 준다(Minuchin & Fishman, 1981).

[그림 8-2]는 구조주의자가 가족 경계선들의 명확성, 하위체계의 작용 그리고 가족 상호작용 유형을 묘사하기 위해 사용하는 공통적인 상징을 보여 준다. [그림 8-3]은 가족갈등을 묘사하는 데 있어서 구조적 지도 그리기의 사용에 대한 두 가지 예를 보여 준다. 위쪽 그림은 부모가 부부문제를 자녀에게 돌리는 것으로 관계갈등에 대처하는 가족 내에서 익숙한 우회하는 동맹에 대한 예시를 보여 준다. 아래쪽 그림은 모호한 모자 경계선을 가진 가족 안에서 세대 간 동맹에 대한 구조적 가족치료사의 표시이다(Goldenberg et al., 2017).

지도 그리기는 가족 경계선과 제휴, 연합, 동맹 그리고 우회적인 전략 등을 그리기 위한 거의 무한한 수의 가능한 조합을 보여 준다. 예를 들어, 가족밀착은 과도한 연루의 상징 혹은 다른 가족구성원에게 반대하기 위한 가족구성원의 동맹을 확인하는 괄호

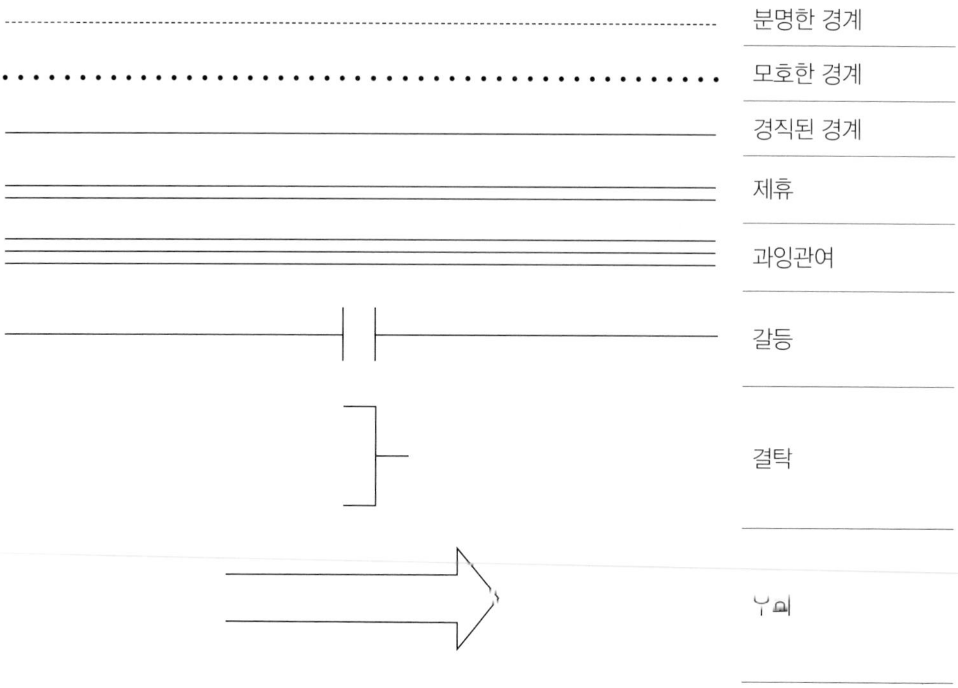

[그림 8-2] 가족지도 제작을 위한 미누친의 상징

참조: Minuchin, S. (1974), p. 53.

에 의해 나타낼 수 있다. 가족지도 그리기는 두 가지의 유용한 목적을 가진 단순한 속기도구이다. 지도 그리기는 가족이 어떻게 조직되는지를 도표로 묘사하고, 치료사가 재구조화를 요구하게 되는 가족 하위단위를 발견할 수 있도록 돕는다(Umbarger, 1983). [그림 8-4]는 다른 부모에 대한 가족동맹뿐만 아니라 과도하게 연루된 부모-자녀 유대관계를 보여 준다. 구조적 지도는 치료를 통해 창조되며 새로운 가족정보를 얻게 되면서 수정되거나 버려진다(Goldenberg et al., 2017).

[그림 8-3]은 가족의 하위체계 경계에 관한 스트레스의 효과를 다룬다. 아버지(F)와 어머니(M)가 모두 직장에서 스트레스를 받고 집으로 와서 서로를 비난하지만, 그 후 자녀(C)를 공격하는 것에 의해서 그들의 갈등을 우회한다. 아래쪽의 그림은 남편이 부인을 비난하는데 부인은 남편에 대항하기 위해 자녀와의 동맹을 모색하고 있다. 어머니와 자녀의 경직된 세대 간 하위체계에 주목할 필요가 있다. 두 사람은 남편(아버지)을 제외시키는 결과를 가져온다. 미누친은 이것을 교차-세대 간 역기능적 유형이라고 부른다.

이 그림은 밀착된 어머니와 아들이 부모 하위체계를 이루는 폐쇄적인 가족단위 경계를 보여 준다. 그들과 다른 자녀들 사이에는 경직된 경계가 있지만, 모두가 아버지에

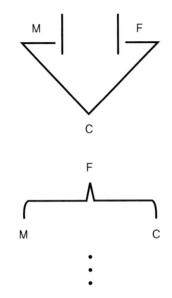

[그림 8-3] 교차-세대 간 역기능적 유형

참조: Minuchin, S. (1974), p. 61.

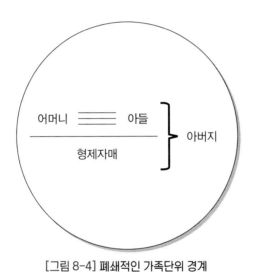

[그림 8-4] 폐쇄적인 가족단위 경계

출처: Umbarger, C. (1983), p. 36.

대항하는 동맹상태에 있다는 것을 보여 준다.

(1) 명확한 경계선

　명확한 경계선은 가족구성원이 서로 대화를 나눔으로써 의사소통과 관계를 원활하게 하는 규칙과 습성을 나타낸다. 명확한 경계선을 가진 가족구성원은 자유롭게 의견을 교환하며 순차적으로 말을 하며, 협상과 조정이 자유롭게 이루어진다. 이와 같은 과정은 가족의 변화를 촉진하면서 한편으로는 가족의 안정성이 유지된다. 부모와 자녀는 가족에 대한 소속감을 느끼면서 개성을 잃지는 않는다(Gladding, 2018).

(2) 경직된 경계선

경직된 경계선은 융통성이 없으며, 가족구성원으로 하여금 서로 분리하지 못하도록 만든다. 경직된 경계선을 가진 가족구성원은 서로 친밀한 관계를 맺는 것에 대해 어려움을 경험하며, 각 구성원은 다른 가족구성원으로부터 감정적으로 차단하려고 한다. 경직된 경계선을 가진 가족구성원은 자율성이 유지될 수는 있어도, 서로 간의 양육, 관여 그리고 애정교환은 물론, 가족에 대한 충성심이 거의 없다. 이와 같은 가정에서 자란 자녀는 독립성을 얻을 수 있을지는 몰라도 타인들로부터 소외감을 느낄 수 있으며 위기 시에 지지받지 못하는 느낌을 받게 된다(Goldenberg et al., 2017).

(3) 모호한 경계선

모호한 경계선은 가족구성원 간에 분리가 충분히 이루어지지 않고 일부 가족구성원을 융합되게 만든다. 모호한 경계선으로 인해 하위체계가 보호받지 못하면 그 하위체계 내의 개인이 상호작용 기술을 제대로 발달시키지 못하게 된다. 자녀에 대한 부모의 지나친 관여는 독립적인 생각과 행동을 발전하지 못하게 할 수 있으며, 가족 밖의 대인관계를 위한 기술을 배울 수 있는 기회를 놓치게 한다. 만약에 부모가 항상 자녀 간의 싸움에 끼어들어 중재자 역할을 한다면 자녀는 사회생활을 할 때 동료와의 갈등 상황에 대처할 수 있는 기술을 제대로 발달시킬 수 없다(Nichols, 2014). 모호한 경계선을 가진 가족에서 자란 자녀는 부모에게 지지받고 양육받았다는 느낌을 가질 수는 있으나, 종종 독립적인 행동을 취할 수는 없게 된다(Goldenberg et al., 2017). 명확한 경계선을 가진 가족구성원은 독립과 자율성을 획득할 수 있는 반면에, 모호한 경계선을 가진 가족구성원은 낮은 분화 수준과 의존성이 발달한다(Gladding, 2018).

잘 기능하는 가족 안에서, 명확한 경계선은 각자의 가족구성원에게 '우리'라는 집단의식과 함께 '나-자신'이라는 느낌을 가지게 한다. 각각의 가족구성원은 가족에 대한 소속감을 잃지는 않으면서 각자에 대한 개별성을 유지한다. 비록 가족이 모호하거나 경직된 하위체계를 가질 수는 있으나, 대부분의 가족체계는 밀착(모호한 경계선)과 유리(경직된 경계선) 사이의 연속선상의 어느 지점에 위치한다(Minuchin et al., 1967). 개인이 스트레스를 받게 되면 밀착된 가족은 과도하게 빠르고 강력하게 반응하는 반면에, 유리된 가족은 거의 정서적 지지를 보내지도 않거나 심지어 반응조차 하지 않는 것으로 보인다. 밀착된 가족의 부모들은 만약 자녀가 식사를 안 한다면 엄청나게 의기소침해지는 반면에, 유리된 가족의 부모는 야단을 친 담임선생님에 대한 자녀의 분노에 대해 무관심할 수도 있다.

4) 제휴, 권력, 동맹

경계는 가족이 어떻게 조직되어 있는가에 의해 정의되어지는 반면에, 제휴(alignments)는 가족구성원이 가족활동을 수행하는 데 있어서 서로에게 협력하거나 반대하는 방법에 의해 정의된다(Goldenberg et al., 2017). 가족발달 과정에서 가족의 유형에 관계없이 가족의 경계선과 구조는 바뀌기 마련이다. 가족은 정적이지 않으며 새롭거나 어려운 일이 가족구성원을 더 가깝게 할 수도 더 멀어지게 할 수도 있다(Pistole & Marson, 2005). 가족의 발달과 성장에서 경험하는 정상적인 고통을 병적인 패턴으로 오해하지 않는 것도 매우 중요하다(Minuchin, 1974). 이와 함께 시간이 경과함에 따라 가족구성원들 사이에 제휴가 형성된다. 가족 내 권력(power)은 권위(누가 결정권자인가)와 책임(누가 결정을 하는가)과 관련된다. 따라서 제휴는 가족구성원들이 서로와 맺는 정서적 혹은 심리적 연결을 의미한다. 반면에, 권력은 경영 결과에 대한 각 가족구성원의 상대적인 영향력을 말한다.

가족의 상호교류의 모든 예는 경계선, 제휴 그리고 권력에 대해 말한다(Aponte & Van Deusin, 1981). 하위체계의 경계선은 어떤 가족구성원이 참여할 것인지, 특별한 기능을 수행하는 데 필요한 상호교류와 활동에 있어서 가족구성원들이 무슨 역할을 할 것인지를 정의하는 규칙들이다(예: 자녀 양육에 있어서 아버지 혹은 어머니, 할머니 혹은 형제들 중 누가 책임을 질 것인가?). 반면에, 제휴는 과제를 수행하는 데 있어서 다른 가족구성원에게 지지적일 것인지 아니면 지지하지 않을 것인지를 말하는 것이다(예: 아버지가 자녀에 대한 아내의 훈육방식에 대해 찬성을 하는지 아니면 반대를 하는가?). 권력은 거의 절대적이지 않으며, 맥락 혹은 상황과 관련된다(예: 어머니는 가정 안에서 청소년 딸의 행동에 상당한 영향력을 가질 수 있으나, 외부에서의 딸의 사회적 접촉에 대해서는 최소한의 영향력을 가질 수 있다). 권력은 또한 가족구성원이 능동적으로 혹은 수동적으로 힘을 결합하는 방법과 관련된다(예: 어머니의 권위는 자녀의 묵인뿐만 아니라 남편의 지지와 지원에 의존한다)(Goldenberg et al., 2017).

구조주의자는 어떤 제휴가 역기능적이라고 보았다. 미누친이 삼각화라고 부른 것에서, 각각의 부모는 자녀에게 다른 부모에 대항해 자신의 편에 서(제휴)라고 요구한다. 하지만 자녀가 한 부모 편에만 설 때마다 다른 부모는 그 제휴를 자신에 대한 공격 혹은 배반으로 보며, 자녀가 이기지 못하는 상황에 놓이게 한다. 자녀가 취하는 모든 행동은 한 부모 혹은 다른 부모에게는 패거리를 지어 자신을 공격한다고 느끼게 한다. 부모가 둘이서 문제를 해결할 수 없기 때문에, 제3자를 불러들여서(보웬의 삼각관계와 유사함) 상호작용의 부분이 되는 것이다(Minuchin, 1974).

동맹(coalitions)은 제3자에 대항하기 위한 특별한 가족구성원의 연합(alliances)이다. 안정된 동맹은 가족의 일상적인 기능 중에서 지배적인 부분이 되는 고정되어 있고 융통성이 없는 설합이나. 우회직인 농맹(detouring coalition)은 부부가 배우자외의 어러유을 책임질 수 있는 제3의 가족구성원을 끌어들여서 그들의 관계에서 오는 스트레스를 감소시키는 것을 말한다(Minuchin et al., 1978).

제휴, 권력, 경계선 그리고 동맹은 가족체계 안에서 서로 관련되는 현상들이다. 권력은 종종 가족구성원 사이에서 제휴로부터 야기되며, 기능적 혹은 역기능적인 삶의 중요한 결정요소가 될 수 있다. 구조주의자는 강력한 부모의 제휴로부터 오는 권력이 자녀양육과 한계상황에 유익하다고 믿는다. 반면에, 다른 부모에 대한 한 부모와 한 자녀 사이의 동맹은 가족기능을 잠식하는 영향을 미칠 수도 있다. 우회(detouring)는 한편으로는 가족이 조화되었다는 인상을 줄 수도 있지만, 종종 명확한 경계선을 유지하는 데는 파괴적일 수 있다.

구조주의자는 가족 안에서 바람직스러운 결과를 성취하기 위해서는 다음과 같은 세 가지가 있어야만 한다고 믿었다. 첫째, 부모가 함께 권력을 가진 하위체계를 형성하기 위한 명확히 정의된 세대 간 경계선, 둘째, 자녀 훈련과 같은 주요 문제에 대한 부모 간의 연합, 셋째, 만약 부모가 동의하지 않을 때 부모 중 누가 결정할 것인가에 대한 합의와 함께 서로 동의할 때 자신들의 원하는 바를 수행할 수 있을지를 나타내는 권력, 권위와 관련된 규칙이 있어야 한다. 강력한 세대 간 경계선이 부모가 자녀들의 부모화 기능을 막는 것처럼 조부모로부터의 간섭 또한 막을 수 있다. 제휴는 적절하게 기능해야만 하는데, 만약 그렇지 못하면 개인들은 그들이 원하는 것을 얻기 위해 세대 간 경계선을 넘게 될 것이다(예: 만약 어머니가 안 된다고 했을 때 허락받기 위해 할머니에게 가는 것)

(Goldenberg et al., 2017).

그런데 미누친은 『제도화되고 있는 광기(Institutionlizing Madness)』(Elizur & Minuchin, 1989)라는 책에서 가족을 넘어서 전체 지역사회를 포함하는 정서적인 문제에 대한 체계론적 시각을 제시했다. 미누친이 지적한 것처럼, 만약 치료사가 작업하는 제한된 생태학적 시각을 뛰어넘어 더 큰 사회적 구조를 보지 못한다면 그들의 노력은 헛수고가 될 것이다(Nichols, 2014).

5. 치료 목표

구조적 가족치료사에게 문제해결은 구조적 치료의 목적이 아니며, 증상행동은 가족구조의 기능으로 간주된다. 현재의 가족구조 혹은 가족이 조직된 방식을 놓고 볼 때 증상행동은 가족 안에서의 논리적 반응이다. 따라서 구조적인 반응이 적절히 이루어질 때 문제는 자연스럽게 해결될 것으로 본다. 그러므로 문제해결은 가족의 몫이며, 문제가 해결될 수 있도록 구조적 변화를 유도하는 것이 구조적 가족치료사의 몫이다 (Becvar & Becvar, 2013). 따라서 구조적 가족치료사들은 가족문제가 역기능적인 가족구조에 의해 유지되기 때문에 치료는 가족이 그 문제를 해결할 수 있도록 가족구조를 변경시키는 데 두어야 한다고 믿었다. 따라서 치료 목표는 가족구조의 변화, 즉 가족의 재구조화이다.

가족문제가 역기능적인 가족구조에 있다는 구조적 가족치료의 아이디어는 병리적이라고 비판을 받았으나 이러한 비판은 사실이 아니다. 구조적 문제란 변화하는 환경과 발달적 요구에 적응하는 데 실패했다는 것을 의미한다. 구조적 치료는 가족에게 본래 문제가 있다고 보는 것이 아니기 때문에 그들은 이미 가족 내에 가지고 있는 잠재적인 적응하는 패턴을 활성화하는 데 목표를 두었다(Simon, 1995). 가족구조를 변화시키는 것은 서로에게 대하는 규칙을 변화시키는 것을 요구하며, 결국에는 더 분명한 경계선을 성취하기 위해 체계의 경직되었거나 혹은 모호한 경계선을 변화시키는 것을 포함한다(Prochaska & Norcross, 2018).

구조적 가족치료의 중요한 목표는 가족구성원으로 하여금 가족구조 맥락 안에서 그들 스스로의 행동을 볼 수 있게 하는 것이며, 이를 위해 가족의 상호작용패턴이 적극적이면서 직접적으로 도전을 받게 함으로써 내담자의 증상 너머에 있는 것을 볼 수 있도록 하는 것이다(Colapinto, 2000). 예를 들어, 부부관계에서 한 배우자의 행동이 다른 배우자를 얽어 맬 수 있다(Minuchin & Nichols, 1998). 그들의 행동은 서로에 의해 결정되며 관계를 지지하거나 양극화시키는 상호적인 힘에 의해 지배된다. 따라서 구조적 가족치료사의 임무는 각각의 배우자가 자신의 개별성, 권력 그리고 책임을 발견할 수 있도록 도우면서 부부가 그들의 자동적인 굴레를 씌우는 반응으로부터 벗어나게 하고(Goldenberg et al., 2017), 효과적인 위계질서를 만드는 것이다(Nichols, 2014). 예를 들어, 가족구성원의 상대적인 위치에서의 변화가 부부간을 더 가깝게 만들고 모자관계는 좀 더 거리를 둘 수 있게 할 수 있다. 한편, 부모는 자녀와 동등한 위치로 관계하는 것이 아니라 책임지는 위치에 있어야 한다. 또 다른 공통적인 치료 목표는 부모가 함께 가정을 경영하는 체계로 기능하도록 돕는 것이다. 한부모만 있거나 혹은 여러 명의 자녀가 있을 때 가장 나이 많은 자녀 중 1명 또는 그 이상의 자녀가 부모의 보조자가 될 수 있도록 격려할 수는 있다. 그러나 이러한 자녀들의 욕기기 부서되어서는 안 된다. 밀지된 가족에 대한 치료 목표는 그들 주위의 경계선을 강화하는 것으로, 개인과 하위체계를 분화하는 것이다. 유리된 가족에 대한 치료 목표는 경계선들을 더 투과할 수 있게 함으로써 상호작용을 증진시키는 것이다(Nichols, 2014). 구조적 가족치료사에게 있어서 역기능적인 행동을 변화시키고 증상을 제거하기 위한 가장 효과적인 방법은 문제를 유지하는 가족의 상호작용패턴을 변화시키는 것이다(Goldenberg et al., 2017).

구조적 가족치료의 목표에 대한 내용을 다음과 같이 정리할 수 있다(Becvar & Becvar, 2013).

- 가족에는 효율적인 위계구조가 있어야 한다. 부모가 모든 책임을 맡아야 하고, 부모의 권위를 바탕으로 세대 차이가 인정되어야 한다.
- 부모 간의 연합이 있어야 한다. 부모는 서로를 지원하고 서로에게 적응해 자녀에게 통일된 모습을 보여 주어야 한다.
- 부모가 연합할 때, 형제 하위체계는 동료체계가 된다.
- 경계선이 분리된 가족을 대상으로 한 치료 목표는 상호작용의 빈도를 증가시키고 경직된 경계선이 아닌 분명한 경계선을 갖도록 한다.
- 경계선이 밀착된 가족을 대상으로 한 치료 목표는 개인과 하위체계의 분화를 조정한다.
- 부부 하위체계는 부모 하위체계와는 분리된 하나의 실체로서 존재해야 한다.

6. 치료사의 역할

구조적 가족치료사는 가족의 기초를 이루는 구조를 수정해서 변화시키는 치료적인 개입을 한다는 점에서 영화감독과 같은 적극적인 관찰자이자 전문가이다(Simon, 2004). 성공적인 구조적 가족치료사가 되기 위해서는 내담자 가족이 치료 회기에서 보여 주었던 상호작용을 통해 새로운 가족 구성을 형성할 수 있도록 많은 에너지를 쏟아야 하며, 정확한 시기포착이 필요하다(Minuchin et al., 1967).

미누친에 의하면, 구조적 가족치료는 다음과 같은 세 단계, 즉 첫째, 치료사가 가족에 합류해 지도자로서의 위치를 확립하고, 둘째, 치료사가 가족의 기본 구조를 확인하며, 셋째, 치료사가 가족구조를 변화시키는 단계로 이루어진다(Minuchin, 1974). 따라서 치료가 진행되는 동안에 치료사는 가족에 개입해 가족의 일상적인 생활양식에 적응하며(Becvar & Becvar, 2013), 가족이 하는 것을 관찰한 후에 가족구성원과 합류하고, 가족구조를 치료적으로 전환하기 위해 가족의 상호작용에서 벗어난다(Friedlander, Wildman, & Heatherington, 1991).

구조적 가족치료사는 가족의 위계를 존중하며, 먼저 부모의 의견을 물어본다. 반대로 치료사가 먼저 자녀의 의견을 물어보며 치료를 시작한다면, 치료사는 부모의 저항에 직면할 수도 있다. 치료사는 가족의 의견을 들으면서 사건에 대한 가족의 해석을 재구조화해, 개인적인 병리나 외부의 영향을 중시하는 관점으로부터 체계론적 관점이나 구조적 관점으로 시각을 전환한다. 구조적 가족치료는 활동지향적이며 치료시간에 발생하는 것을 대상으로 영향을 미치는 데 목적을 둔다. 물론 치료 중의 논의 내용이 상담실 밖에서 일어나는 것에 관한 것일 수도 있지만, 치료사는 상담실에서 일어난다고 생각하는 것을 대상으로 작업한다. 따라서 치료사는 자신이 받아들이고 관찰한 바에 따라 변화를 촉구한다(Becvar & Becvar, 2013).

치료사는 가족의 변화를 일으키기 위해 탈균형화(예: 가족 중 한 사람의 편을 드는 것), 칭찬, 도전, 직접적 지시 그리고 판단과 같은 다양한 기법을 사용한다(Fishman, 2017; Minuchin & Fishman, 1981). 치료사는 영화감독처럼 극적인 장면을 연출하는 책임을 가지고 있으며, 가족구성원 가운데 누가 상담에 참여해야 하는지, 그들이 무엇에 대해 말을 하고, 그것을 어떤 방식으로 이야기해야 하는지를 지정한다(Simon, 2004). 일단 장면이 설정되면, 치료사는 실연과 관찰을 계속한다. 구조적 가족치료사는 '실연'과 '자발적인 행동순서'라는 두 종류의 '지금-여기' 활동에 초점을 둔다. 치료사가 실연을 요청하는 것은 가족이 특정한 종류의 문제를 어떻게 다루는지를 관찰하기 위한 것이다(Becvar & Becvar, 2013). 실연이 교착상태에 빠지거나 이전의 역기능적인 패턴으로 돌아가게 되면, 치료사는 가족구성원 사이에서 명백하게 보이는 자기 이익을 포기하도록 요구하는 '비난자' 또는 신랄한 비판자의 역할을 한다(Simon, 2004). 어떤 경우에(만약 이것이 가족의 관심을 유발할 수 있는 유일한 방법이라면)는 치료사가 극적으로 행동한다(Simon, 2004). 비판자로서 치료사는 치료에 참여하지 않거나 거부하는 가족구성원에게 "당신의 행동과 무책임이 당신의 가족에게 얼마나 영향을 미쳤는지를 인정해야 합니다. 당신은 이기적이고 그것으로 인해 가족이 고통을 받고 있습니다."라고 말한다. 일반적으로 치료사는 실연을 통해 가족이 상호작용하는 것을 관찰한 후에 가족이 실연을 변화시키도록 유도한다. 이는 비판을 함으로써 이루어지는 것이 아니라 가족 간에 상호작용하는 다른 방법을 제시함으로써 이루어진다. 그래서 실연은 치료 과정이며, 치료사는 실연을 통해 특정한 종류의 상호작용이 일어날 수 있도록 하고 가족구조의 수정을 시작할 수 있다(Becvar & Becvar, 2013).

자발적인 행동순서는 가족의 자연스러운 패턴의 일부분으로서 가족에서 일어나는 상호작용을 말한다. 만약 치료사가 성공적으로 가족에 개입한다면 가족은 상호작용을 통해 가족구조의 부분이 드러나기 시작할 것이다. 실연의 경우에서처럼, 행동순서도 치료사에 의해 특별히 요청되는 것은 아니지만 상호작용을 수정하고 난 후에 가족구조를 수정하기 위한 기회를 치료사에게 제공한다(Becvar & Becvar, 2013).

어떤 경우라도 치료사는 가족의 상호작용에 직접 개입해서는 안 되며, 내담자의 체계와 너무 친밀해져서는 안 되고 중간거리를 유지해야 한다(Simon, 2004). 이렇게 함으로써 치료사는 가족의 한 부분이 되지 않고도 중요한 시기에 가족구조에 변화를 가져다줄 수 있어야 한다(Gladding, 2018).

앞에서 언급한 가족치료사의 역할을 요약하면 다음과 같다.

- 합류와 수용
- 가족상호작용 평가
- 가족의 역기능적인 부분 모니터링
- 상호작용패턴 재구조화

이와 같이 구조적 가족치료사가 가족구조의 변화에 일차적인 초점을 두고 있음에도 불구하고, 치료사는 개인의 문제에도 주의를 기울인다. 미누친 등은 "치료사가 체계를 너무 존중한 나머지 개인을 무시하지 않도록" 경고했다(Minuchin et al., 1978, p. 91). 또 미누친은 "병리는 내담자의 내면이나 그의 사회적 환경 또는 이 둘 간의 피드백에서도 발생할 수 있다"라고 말했다(Minuchin, 1974, p. 9). 그러므로 구조적 가족치료사는 개인의 학습 부진이나 신경증적 문제의 가능성에도 당연히 주의를 기울이고 적절히 의뢰할 수 있어야 한다. 그러나 예를 들어, 한 자녀에게 문제가 있더라도 다른 형제와 부부 하위체계의 발달적 욕구를 손상하지 않고 이 자녀에게 적합한 구조를 발전시키는 것은 구조적 가족치료사에게 있어서 중요한 쟁점이 된다(Becvar & Becvar, 2013).

7. 치료 기법

구조적 가족치료에는 많은 순서가 있고, 기법은 종종 순서적으로 혹은 결합되어 사용된다(Friesen, 1985; Munuchin & Fishman, 1981). 기본적으로 기법은 '치료체계를 형성하는', 즉 치료 과정에 합류하는 기법과 '보다 직접적으로 불균형과 변화를 일으키는 것을 목적'으로 하는 기법으로 나눠진다(Colapinto, 2000, p. 152).

1) 합류

합류(joining)는 "치료체계의 발달을 가져오는 치료사와 가족 사이의 결합하는 과정"으로 정의된다(Sauber, L'Abate, & Weeks, 1985, p. 95). 이 과정에서 치료사는 자신의 방어를 누그러뜨리고 편안한 마음과 함께(Nichols, 2014), 가족구성원의 의사소통 스타일과 생각에 적용한다(Carlson & Ellis, 2004). 치료사는 합류를 하기 위해 가족구성원 모두에게 관심을 표현하며 그들과 함께 작업함으로써 그들과 제휴한다(Minuchin & Fishman, 1981). 구조적 가족치료사는 전형적으로 가족의 감정적 유형에 적용하는 것으로 시작하며(Goldenberg et al., 2017), 솔직한 감정이입과 함께 가족구성원과 협력적인 관계를 형성한다(Hammond & Nichols, 2008). 합류는 재구조화를 위해서 가장 중요한 선결 과제 중의 하나이며, 연속적이고 상황적인 과정이다(Gladding, 2018). 밀어붙이지 않으면서, 위협적이지 않고 친근하면서 도와줄 준비가 된 구조적 가족치료사는 동시에 가족조직에 적응하고, 가족의 언어패턴, 상호작용적인 유형 그리고 공통적으로 사용하는 용어를 이해하고, 가족 패턴과 구조에 대한 감을 얻는다(Goldenberg et al., 2017).

치료사로서의 미누친은 자신을 '가족체계와 합류하고 가족체계의 유형에 공손하게 적응하는 먼 친척처럼 행동하는 것'이라고 묘사했다. 치료사가 가족의 주제와 가족신화를 이해하고, 가족성원 중 배제된 혹은 희생양이 된 사람의 고통을 감지하며, 누가 열린 대화 통로를 가지고 있고, 누가 닫힌 통로를 가지고 있는지를 구별하게 되면서, 치료사는 가족의 위계구조, 하위체계의 작동, 경계선, 동맹 등에 대해 이해하게 된다(Minuchin, 1974). 구조적 가족치료는 가족들과 합류하는 데 다음과 같은 네 가지 방법을 사용한다.

(1) 추적

추적(tracking)은 치료사가 가족구성원이 말한 내용을 이어가는 것을 말한다. 예를 들어, 치료사가 "선생님의 공황장애가 발생했을 때가 결혼식 날이었다고 했는데, 맞나요? 그런데 결혼식과 관련해 어떠한 상황이 있었나요?" 치료사가 추적의 방법을 사용할 때는 판단을 내리지 말아야 한다. 그보다는 가족구성원의 관심과 염려에 대해 알아보기 위해 개방형 질문들을 사용해 필요한 정보를 수집한다. 추적을 통해 구조적 치료사는 가족생활에 대한 가족구성원의 의사소통으로부터 수집된 가족생활의 상징(예: 인생의 주제, 가치, 중요한 가족사건 등)을 채택하고, 의도적으로 가족과의 대화에서 그것들을 사용한다. 가족구성원이 말하는 것을 치료사가 귀중하게 여긴다는 것을 확인시키는 치료사의 노력이 정보를 요청하지 않고서도 가족구성원의 의사소통패턴에 영향을 줄 수 있는 방법 중 하나이다(Goldenberg et al., 2017). 미누친은 이러한 기법을 '따르는 것에 의한 주도하는 것'이라고 불렀다(Minuchin, 1974).

특정한 가족을 추적하는 것은 또한 가족구조에 대한 단서를 드러낼 수 있다. 예를 들어, 밀착된 가족과 작업을 했을 때, 미누친은 문을 닫는 것을 싫어한다는 아버지의 말에 주목했다. 미누친은 자녀 또한 그들의 문을 닫는 것이 허용되지 않는다는 것과 남동생이 누나의 방에서 함께 잠을 잔다는 것, 부부의 침실 또한 열려 있는 상태로 있기 때문에 부부의 성생활이 어렵다는 것을 발견했다. 나중에 미누친은 가족이 경계선을 명확하게 하는 것을 돕기 위해 문에 대한 은유를 사용했다. 이와 같이 가족을 재구조화하고(Goldenberg et al., 2017), 가족구성원에게 피드백을 줄 경우에 추적기법은 가장 잘 사용된다(Gladding, 2018).

(2) 모방

모방(mimesis)은 'copy'에 대한 그리스어로 치료사가 가족구성원과 연합을 공고히 하기 위해 의사소통의 매너, 스타일, 감정적 정도, 내용을 흉내 냄으로써 가족에 합류하는 과정을 말한다. 치료사는 개인의 경험을 공유하거나(예: "나도 엄마와 그처럼 부딪힌 적이 있어요.") 혹은 내담자의 행동을 따라 한다(예: 남자 고등학생이 옆 머리카락을 만지작거릴 때 치료사 또한 옆 머리카락을 만지거나 초등학생이 하는 행동을 따라서 하는 등). 이와 같은 노력은 때로는 자발적으로 일어나기도 하며, 때로는 의도적으로 발생되는데, 어떤 경우든 이와 같은 행동은 가족과의 연대감을 증진하고 치료사가 체계의 일부분이 됨으로써 신뢰감을 얻는 효과를 가진다.

(3) 확인

가족구성원에 대한 확인(confirmation) 과정은 치료사가 가족구성원의 표현된 혹은 표현되지 않은 감정을 반영하기 위해 감정적인 단어를 사용하는 것을 포함한다. 인정은 개인의 행동에 비판단적인 묘사를 통해 성취될 수 있다(Gladding, 2018). 예를 들어, 내담자가 불특정 다수의 사람에 대한 죽음을 떠올리고 있었을 때 치료사가 "혹시 어린 시절에 나를 학대했던 아버지와 형에 대한 억압된 감정이 그렇게 나타났다고 보시지는 않나요?"라고 질문해 확인을 할 수 있겠다.

(4) 적응

치료사는 치료적인 연합을 성취하기 위해 개인적인 적응을 할 수 있는데, 예를 들어 만약 가족이 셔츠만 입고 상담실에 왔을 때, 치료사는 가족과 유사한 모습으로 코트를 벗을 수도 있을 것이다(Minuchin, 1974). 치료사가 언제 적응 기법을 사용할 것인지를 결정하기 위해서는 그 시기를 주의 깊게 살필 수 있는 능력이 필요하며, 이것은 치료사가 자신의 새로운 생각을 소개함으로써 현재 기능하고 있는 가족의 경계선을 좀 더 넓혀야 할지 혹은 가족구성원들과의 치료를 위한 동맹을 유지하거나 강화하기 위해 가족의 생각에 계속 적응해야 할지에 대해 지혜로운 결정을 내리는 것이다(Kindsvatter et al., 2008).

2) 불균형 기법

불균형 기법은 체계의 변화를 목적으로 하는 개입방법이다. 실연과 경계 만들기처럼 일부 불균형 기법은 주로 일의 순서를 다르게 하려는 데 목적을 두며, 재구조화, 구두점원리와 균형 깨뜨리기와 같은 방법은 현실을 다르게 인식하는 데 사용한다(Colapinto, 2000). 이와 같은 기법은 사용하는 방법에 상관없이 모든 과정에서 치료사의 적극적인 개입이 요구된다.

(1) 진단하기

구조적 가족치료사의 주요한 역할 중의 하나는 가족을 진단하는 것인데, 진단은 모든 가족구성원이 가족체계에서 어떻게 상호관계를 이루고 있는지를 설명하는 방식으로 이루어진다. 진단은 합류 다음에 오는 것도 아니면서 개입 앞에서 오는 것도 아니고, 합류 및 개입과 함께 공존한다. 진단은 내담자와 대면 전에 가족체계의 예비 지도를 그리는 과정에서 시작되기 때문에(Colapinto, 2016) 가족이 치료사를 자신들의 체계의 한 부분으로 받아들이기 이전인 초기 치료 과정에서 이루어진다. 가족구성원 사이의 상호작용을 진단함으로써 치료사는 구조적인 개입을 촉진하는 데 반발하기보다는 적극적으로 개입하게 된다(Gladding, 2018). 가족치료사는 내담자의 증상을 전체 가족에 영향을 미치고 있는 역기능적인 상호관계 유형이 표출된 것이라고 본다. 구조적 진단은 문제를 한 개인의 수준을 넘어서 가족체계에까지 확대하고 과거의 사건들로부터 현재까지 지속되고 있는 상호작용으로 초점을 이동시킨다. 가족진단은 가족구성원 모두를 유익하게 하는 방식으로 가족을 변화시키기 위한 목표에 입각해서 이루어진다. 진단은 첫 상담에서 발생하는 상호작용의 관찰을 토대로 이루어지고, 그 이후의 상담에서 첫 번째의 진단들이 수정된다. 진단과 계획이 없다면 치료사는 수동적인 역할을 하게 된다. 치료사의 가족구조에 대한 일관된 인식과 한두 가지의 구조적 변화에 대한 초점이 가족구성원이 가져오는 다양한 내용의 이면에 있는 것을 볼 수 있게 한다(Nichols, 2014).

(2) 재구성

재구성(reframing)은 어떤 상황을 다른 문맥에서 설명함으로써 생각을 바꾸려고 하는 기법이다. 발생한 일에 대한 사실은 바꾸지 않으면서도 그 상황의 의미는 새로운 관점에서 볼 수 있다(Sherman & Fredman, 2013). 예를 들어, 부인은 남편이 퇴근해 집에 오면 TV나 컴퓨터만 본다고 불평했는데, 남편이 그렇게 행동하는 이유를 '부인이 자신을 싫어해서'라고 생각했다. 치료사가 남편의 어린 시절을 들어 본 결과, 남편은 너무 가난해 영화관에 갈 수 없어서 스트레스를 푸는 유일한 방법은 집에서 TV를 보는 것밖에 없었다고 했다. 치료사는 부인에게 남편의 TV 시청이 어린 시절 유일한 스트레스 해소 방식이라는 것을 전했고, 부인은 눈물을 글썽이며 자신의 오해가 있었다는 것을 깨닫게 되었다. 치료사는 재구성을 통해 내담자의 부정적인 관점을 긍정적인 관점으로 변화시킬 수 있다.

(3) 균형 깨뜨리기

균형 깨뜨리기 또는 하위체계와의 동맹은 치료사가 나머지 가족에 반대하는 사람 혹은 하위체계를 지지하는 것을 말한다(Gladding, 2018). 균형 깨뜨리기 단계에서의 목표는 하위체계 내에 있는 가족구성원 간의 관계를 변화시키는 것이다. 종종 가족이 막다른 골목에 몰린 채로 고착되는 경우가 있는데 이는 갈등관계에 있는 가족이 평형상태를 이루어서 꼼짝달싹 못하게 하기 때문이다. 이와 같은 경우에 치료사는 균형을 무너뜨리기 위해 가족에 합류해서 한 개인이나 하나의 체계를 편들거나 지지한다. 얼핏 봤을 때는 한 사람을 편드는 것은 구조적 가족치료 및 일반적인 심리치료의 특징인 중립성의 원칙에 어긋나는 것처럼 보이지만, 치료사는 누가 옳고 그른지를 판단하는 심판관으로서 행동하는 것이 아니라 고착된 체계의 균형을 깨뜨려서 체계를 재조정하기 위한 목적을 가지고 있다. 전체적으로 봤을 때, 치료사가 번갈아 가면서 가족구성원의 편을 듦으로써 궁극적으로는 균형과 공평함은 지켜진다고 볼 수 있다(Nichols, 2014). 균형을 깨뜨리는 것은 위계에 있어서 좀 더 극단적인 어려움을 가지고 있거나 희생양이 있는 경우나 실연과 도전적인 가설 같은 좀 더 직접적인 개입이 실패한 이후에 재배치라는 특별한 목적으로 아주 잠시 동안 사용된다(Minuchin, 1974; Minuchin & Fishman, 1981).

(4) 구두점 원리

구두점(punctuation)은 보편적인 현상이며 모든 인간 상호작용의 특징이다. 구두점은 사람이 어떤 상황을 설명하는 방법인데, 선택적인 반응이나 어떤 사건에 대한 감정적인 개입으로 인해 한 문장을 시작하고 마친다(Colapinto, 2000). 만약 치료사가 한 엄마에게 그녀가 자신의 아이의 행동을 통제할 수 있는 능력을 가지고 있다는 것을 보여 주고자 한다면, 치료사는 그녀가 아이의 잘못을 바로 잡아 주거나 훈계할 때에 그녀에게 능력이 있음을 분명히 말하는 것이다. 시기에 맞추어 특정한 순간 및 특별한 상황에 구두점을 찍음으로써, 관련된 모든 사람의 생각이 바뀐다. 구두점은 미래의 새로운 능력과 행동에 대한 가능성을 향상시킨다(Gehart, 2016).

(5) 실연

실연(enactment)은 치료사가 내담자와 가족구성원에게 서로 직접적으로 상호작용하라고 요청했을 때 발생된다(Simon, 2004). 가족치료사는 가족구성원의 실연을 통해 그들이 어떻게 상호작용하는가를 명확히 파악할 수 있다. 실연 과정을 통해 치료사와 가족구성원 사이의 의사소통의 방향을 재정립하도록 하며, 그 목적은 의사소통과 그 결과로 일어나는 행동의 변화가 가족과 치료사 사이에 대신에 가족구성원 사이에서 발생하도록 하기 위한 것이다(Kim, 2003). 즉, 실연은 변화의 주체 또는 과정인 가족구성원 사이의 관계를 사용하는 것이며, 동시에 직접적으로 관계 내의 변화를 촉진한다(Davis & Butler, 2004). 실연을 통해 가족구성원은 자신이 문제를 해결하려고 시도해 왔던 상호작용패턴과 규칙을 인식할 수 있으며, 그들 가운데 존재하는 패턴과 규칙을 논의할 수 있다. 그 결과 가족구성원은 이전보다 향상된 인식과 함께 자신들의 새로운 상호작용 방식을 경험하게 된다(Minuchin, 1974).

니콜스와 펠렌버그는 실연에 대한 세 단계(시작, 촉진, 종결)를 발견했다(Nichols & Fellenberg, 2000). 첫째, 성공적인 시작단계에서 치료사는 가족구성원에게 대화를 하라고 요청한다. 치료사는 대화에서 빠지기 위해 의자를 뒤로 젖힌다. 치료사는 대화주제를 명시하고 가족구성원이 서로 얼굴을 볼 수 있도록 의자의 위치를 배치한다. 둘째, 촉진단계에서 치료사는 가족구성원을 방해하지 않으며, 가족구성원에게 치료사를 쳐다보지 말고 상대방을 보고 직접적으로 대화를 하도록 권유한다. 대화가 교착상태에 빠졌을 때 치료사는 가족구성원에게 스스로에 대해 충분히 설명하거나 그들이 느끼고 있는 것에 대해 더 설명하라고 권유한다. 셋째, 종결단계에서 치료사의 임무는 내담자들이 이러한 경험이 어떻게 유익했는지에 대한 통찰을 할 수 있도록 돕는다. 니콜스와 펠렌버그의 연구는 성공적인 종결에는 발생된 문제적 역동에 대한 설명, 내담자들에게 그들의 대화를 어떻게 계속해서 향상시킬 수 있는가에 대한 조언, 내담자들이 감정을 표현한 것에 대한 칭찬 그리고 지속적인 대화에 대한 필요성을 강조하는 것이 포함된다는 것을 보여 준다(Nichols & Fellenberg, 2000).

한편, 데이비스와 버틀러 또한 실연의 세 단계 모델(시작, 개입, 평가)을 제안했다 (Davis & Butler, 2004). 그들의 연구에서는 의사소통 기술을 촉진하는 것, 관계과정 혹은 패턴에 대한 방향 수정, 관계 재구성, 애착지향적인 감정적 노출을 촉진하는 것, 평가와 관련된 내용에 대한 효과성을 확인했다. 버틀러 등은 실연을 행하는 데 있어서 초보 치료사들이 종종 경험하는 함정을 발견했다(Butler, Davis, & Seedall, 2008). 초보치료사들의 집단 작업을 조사한 후에, 그들은 대부분의 치료사가 실연 시작단계에서는 효과적으로 진행했으나 촉진하고 평가하는 단계에서는 더 힘들어한다는 사실을 발견했다. 그들은 실연이 비구조화되거나 불안하거나 혹은 감정적으로 반응하는 내담자의 임상적 경험을 더욱 악화할 수 있는 상황으로 흘러가도록 내버려두어서는 안 된다고 경고했다(Butler et al., 2008).

(6) 체계적 재구조화

가족이 자신의 문제점을 말하기 시작하면, 치료사는 체계적 재구조화(systematic reframing)를 이용해 문제점을 이해하고 반영한다(Colapinto, 1991; Minuchin, 1974). 체계적 재구조화는 모든 행동이 상호 간에 선행요인이 있다고 보는 것이다. 부인은 남편의 반응에 영향을 받고, 남편 또한 부인의 반응에 영향을 받아 이와 같은 패턴이 계속 반복된다. 재구조화는 가족 안에서 추적자/도망자와 같은 상보적 관계를 조명한다. 재구조화를 통해 문제역동에 각 가족구성원이 어떻게 기여하고 있는지를 설명함으로써, 항상 한 사람에게 쏟아지는 비난을 각 가족구성원에게 똑같이 분산시킨다. 일단 이처럼 되면 비난은 더 이상 문제가 되지 않는다. 체계적 구조화는 문제에 대한 각 가족구성원의 진술을 함께 짜 맞추고 그것을 좀 더 넓은 체계적 역동으로 드러내기 위해 재구성한다. 예를 들어, 만약 부인의 입장에서는 남편이 자신의 말을 듣지 않는다고 불평하고, 남편은 부인이 끊임없이 잔소리를 한다고 느끼고 있다면 부인이 남편을 더욱 밀어붙일수록 남편은 더욱 힘들어 하고 도망갈 것이고, 남편이 도망갈수록 부인은 남편을 더욱 밀어붙일 것이라는 것을 인식할 수 있도록 그들의 진술을 체계적으로 재구성한다 (Gehart, 2016).

재구조화는 구조적 접근의 핵심으로서 이 접근의 목적은 가족의 구조적인 변화이다. 재구조화의 이면에 들어 있는 원리는 문제가 더 이상 유지되지 않도록 기존의 위계와 상호작용패턴을 변경함으로써 가족이 좀 더 잘 기능하도록 돕는 것이다. 재구조화는 실연, 탈균형, 지시와 경계 형성 등에 의해 이루어진다(Gladding, 2018).

(7) 경계 세우기

경계 세우기는 가족이 경직된 경계와 모호한 경계를 좀 더 분명하게 하기 위한 실연의 특별한 형태이다(Colapinto, 1991; Minuchin, 1974). 구조적 치료사는 이 기법을 누가 어떻게 참여해야 하는지를 지도하기 위해 사용한다. 경계를 적극적으로 설정함으로써, 치료사들은 습관적 상호작용패턴을 중단시키고 가족구성원이 아직 충분히 활용하지 못한 기술과 능력을 경험하도록 한다(Gehart, 2016).

구체적으로 경계를 세우기 위해 치료사는 가족구성원에게 의자를 바꾸어 앉도록 요청하거나, 서로 가까이 또는 멀리 옮겨서 앉거나 서로를 향해서 바라보고 앉도록 요청한다. 하위체계의 경계를 강화하기 위해 개인이나 하위체계와 함께하는 독립적인 회기를 갖기도 한다. 또한 치료사는 경계를 세우기 위해 1번이나 또는 7 이상의 가족구성원에게 상호작용하는 동안 침묵을 유지하도록 요청하거나, 문제 경계 영역을 밝히는 질문(예: "아들이 질문을 받을 때 항상 아들을 대신해 어머니께서 대답하시나요?")을 하고, 또한 덜 지배적인 사람이 말할 수 있도록 끼어들기를 차단하거나 잠시 말이 없어도 격려를 한다(Gehart, 2016).

(8) 가족신념에 도전하고 가족의 진실과 현실의 확장

기본적으로 구조적 가족치료는 인지적 접근 치료는 아니지만 치료사는 때때로 가족구성원의 현실 지각체계에 도전할 때가 있다. 가족구성원이 상호관계 유형을 변화시키면 현실에 대한 다른 관점을 제공할 수 있다. 반대로 가족구성원이 현실을 바라보는 관점을 바꾸면 가족구성원 간의 서로 관계를 맺는 방식 역시 바꿀 수 있다(Nichols, 2014). 치료사는 가족구성원에게 가족체계에서 드러내놓고 이야기되거나 비밀리에 진행되는 방식으로 기능하고 있는 신념과 가설에 대해 질문함으로써, 가족의 신념이나 비생산적인 가설에 도전한다(Colapinto, 1991; Minuchin, 1974; Minuchin & Fishman, 1981). 개인이나 부부 그리고 가족에게 문제를 야기하는 가장 흔한 신념과 가설은 다음과 같은 내용을 포함한다. "아이들의 욕구가 우선시되어야 한다." "갈등을 만드는 것보다 조용히 있는 것이 낫다." "내가 원하는 것을 요청하는 것보다 내 욕구를 희생하는 게 편하다." "내가 여기에서 양보하면 너는 거기에서 양보해야 한다." "우리가 불행한 결혼생활을 유지하는 것이 아이들을 위한 길이다."

구조적 치료사들은 종종 실제로 이와 같은 신념과 가설이 자신들의 기대에 맞는 효과가 있는지를 공개적으로 질문함으로써 이러한 신념과 가설에 도전한다. 예를 들어, 치료사는 10대 자녀를 양육하기 위해 더 이상 부부가 함께 노력할 필요가 없다는 부모의 신념에 도전을 하고, 부모가 지금 겪고 있는 갈등이 아들의 학교문제와 어떤 영향을 미치고 있는지를 설명하며, 이혼가정의 성공적인 양육이 어떤 것인지에 대한 비전을 갖도록 함으로써 부모를 연합시킨다(Gehart, 2016).

경계선이 허물어진 가족과 작업을 할 때, 구조적 치료사는 가족의 신념과 현실에 직접적으로 도전한다(Minuchin & Fishman, 1981). 그렇지만 이와 같은 신념 중에 가족의 기능을 새로운 방향으로 확장하기 위해 필요한 것이라면 가능한 한 언제든지 인용한다. 예를 들어, 치료사가 내담자 부모에게 다음과 같이 말할 수 있다. "자녀에 대한 엄청난 관심을 가지고 계시기 때문에 자녀가 자신의 생각을 정리할 공간이 필요하다는 것을 충분히 이해하실 수 있는 부모님이신 것 같네요." 또는 "그 정도까지 하실 정도로 도움이 되기를 원하시기 때문에 조금 더 도전적인 방식, 예를 들어 아들의 실수를 충분히 허용하실 수 있을 것 같습니다." 구조적 치료사는 문제를 유지해 온 가족의 근본적인 전제를 받아들이고, 가족이 핵심적인 신념을 유지한 채로 새로운 방법을 사용하도록 일련의 대안적 행동과 상호작용을 지지하면서 그들의 논리를 교정해 준다(Gehart, 2016).

(9) 긴장과 위기상황 유도

문제 상황에 대한 긴장(intensity)과 위기를 유도하는 것(crisis induction)은, 특히 가족이 다른 개입을 시도하는 치료사에게 귀 기울이지 않을 때, 위계와 경계선에 있어 구조적 변화를 야기하기 위해 감정을 사용하는 개입이다(Minuchin, 1974; Minuchin & Fishman, 1981; Minuchin & Nichols, 1998). 치료사가 사용하는 어조, 소리 크기, 속도와 말의 선택 등은 말하는 내용의 정서적인 강도를 높일 수 있다. 만약에 치료사가 가족구성원에게 "뭔가 다른 것을 하라!"라고 계속 강압적으로 말을 한다면 긴장이 분명하게 나타난다(Minuchin & Fishman, 1981). 이 기법은 항상성을 유지하려는 가족의 패턴을 깨뜨려서 가족들의 실재에 대한 생각에 도전하게 한다. 만약 치료사가 자신이 무엇을 말하려고 하는지를 구체적으로 알고, 목적 지향적으로 직접적이고 담대하게 그것을 말한다면 이 기법은 가장 큰 효과를 나타낼 수 있다(Gladding, 2018). 예를 들어, 자녀가 방과 후에 많은 활동을 하므로 매주 상담할 시간이 없다고 말하는 부부에게 치료사는

"선생님의 아드님이 축구를 하고 이혼한 부모를 갖게 되는 것과 방과 후 활동을 덜 하더라도 온전한 가정을 갖는 것 중 무엇을 선호할 것이라고 생각하세요?"와 같이 말할 수 있다.

긴장과 밀접하게 관련지어서 위기상황 유도는 갈등이나 문제를 만성적으로 회피하는 가족을 위해 사용하는 구조적 치료 기법이다(Colapinto, 1991). 예를 들어, 알코올문제를 가지고 있는 경우에 치료사는 가족이 문제를 다루어 볼 수 있도록 문제 상황으로 가족을 유도해 본다. 이렇게 되면 가족이 새로운 상호작용과 패턴을 발달시켜 나가도록 치료사가 도울 수 있게 된다(Gehart, 2016).

(10) 칭찬과 역량 형성

칭찬과 역량 형성의 과정에서 구조적 가족치료사는 가족구성원에게 긍정적인 행동을 상소함으로써 좀 더 잘 기능할 수 있도록 돕는다. 미누친과 피쉬민은 진문적인 수련이 정신병리학에서 종종 가족의 장점과 긍정적인 상호작용패턴에 눈을 멀게 만들고, '추적해서 파괴하는'(진단과 치료) 방식의 접근을 야기할 수 있다고 치료사에게 강하게 경고했다(Minuchin & Fishman, 1981). 대신에 치료사는 가족의 긍정적인 패턴이나 강점을 강화하고 증가시켜야만 한다. 칭찬은 가족을 목표와 방향이 같은 행동을 강화하기 위해 사용되고, 역량 형성은 목표에 이르기 위한 길을 가다가 발견되는 작은 성공과 관련지어 사용된다(Gehart, 2016).

역량 형성은 치료사가 반드시 해야만 하는 역할이다. 예를 들어, 상담 중 가족구성원의 실연 이후의 진행되는 회기에서 가족구성원이 말하는 중간에 끼어들거나 서로 대신해서 말하는 행위가 개선된다. 치료사는 회기 중이나 주마다 이루어지는 가족구성원의 보고에 따라 이런 변화에 주목하면서 수행 능력을 주의 깊게 형성시킬 수 있다(Gehart, 2016). 치료사는 반드시 가족구성원이 옳은 것을 하거나 혹은 그들이 보기에 적절한 결정을 내리도록 그들을 강화해야만 한다(Minuchin et al., 2006). 예를 들어, 만약 아이가 가족치료 회기 동안에 장난감을 가지고 놀기 위해 자리에서 일어나면, 치료사가 직접 아이를 교정하기보다 부모에게 아이를 멈추게 하도록 요청한다. 또한 만약 치료사가 부모의 위계를 강화하려면, 부모가 먼저 질문에 답을 하게 하며, 자녀가 화장실을 가거나 물을 마시러 갈 때 부모에게 묻고 허락을 구하도록 지도함으로써 부모의 권위를 인정해 준다. 그 결과 부모의 긍정적인 능력이 강조되고 문제를 해결하기 위한 적절한 대안이 되는 방법이 생긴다(Gehart, 2016; Gladding, 2018).

8. 치료 과정

미누친(Minuchin, 1974)에 의하면, 구조적 치료는 다음과 같은 세 단계를 거친다.

첫째, 치료사가 가족에 합류해 지도자로서의 위치를 확립한다. 둘째, 치료사가 가족의 기본 구조를 확인한다. 셋째, 치료사가 가족구조를 변화시킨다.

치료사는 가족에 개입해 가족의 일상적인 생활양식에 적응해야 하는데, 이와 같은 합류는 가족의 재구조화를 위해 먼저 이루어져야 한다. 치료사는 가족의 실연을 통해 긍정적인 상호작용이 일어나게 함으로써 가족구조를 수정할 수 있다. 구조적 가족치료 기본 과정은 다음과 같다(Becvar & Becvar, 2013). 첫째, 가족구조의 개념을 배우고 신뢰한다. 둘째, 구조를 의미하는 과정의 특징인 상호작용의 패턴을 관찰한다. 셋째, 현재의 가족구성원과 환경을 중심으로 가족의 이상적인 구조에 대한 생각을 명확히 갖는다. 넷째, 치료사는 지도자의 역할을 맡으면서 치료 목표를 달성하기 위해 가족에 합류하고, 가족을 수용하며 존중한다. 다섯째, 치료사는 일어나기를 원하는 것이 치료 과정에서 일어날 수 있도록 가족을 존중하지만 확고한 방법으로 가족에 개입한다. 여섯째, 가족을 지원하고, 가족구성원이 치료 과정에 새로운 방법을 시도할 수 있도록 하며, 그들이 성공할 때 칭찬을 한다.

구조적 가족치료 과정은 가족의 문화적 맥락과 연결되어 몇 가지 일반적인 패턴을 똑같이 거친다. 치료의 과정이 성공적으로 이루어질 때 증후의 해결과 구조적인 변화가 그 결과로 나타난다. 보통 중요한 변화들은 몇 차례의 상담 회기 후에 이루어지는데, 왜냐하면 치료사는 가족구성원이 새로운 방식으로 상호작용하는 것을 돕기 위해 특정한 기법을 사용하기 때문이다. 이러한 기법은 종종 가족이 항상성을 덜 유지하도록 하기 위해 중복해서 사용되는데, 그 이면에는 통찰력보다는 행동을 더 강조한다. 가족구성원은 치료 회기 동안 무언가를 할 뿐만 아니라, 상담 회기 후에도 주어진 과제를 수행해야 한다(Gladding, 2018).

치료가 성공적으로 끝나게 되면 가족구조가 변화되고 재조직된다. 가족구조의 변화는 가족구성원이 좀 더 기능적이고 생산적인 방식으로 관계를 형성할 수 있도록 도와준다. 이러한 과정에서 효과가 없는 규칙은 가족의 최근 상황과 보다 관련된 규칙으로 바뀌게 된다. 이에 더해 부모는 자녀를 관리하며 다른 하위체계 사이의 분화가 이루어진다(Piercy et al., 1997).

9. 사례[1]

이 사례는 학교와 교회 내에서 어려서부터 친구들에게 집단따돌림을 당하고 있는 고등학생 사례로, 상담에는 내담자 부모, 남동생, 여동생이 참여했다. 내담자는 2남 1녀 중 장남이었으며, 내담자가 태어났을 때 아버지는 해외에 있었다. 아버지는 내담자에게 자신의 기준을 강요해 왔으며, 내담자는 강압적인 아버지를 이해할 수 없어 대화하는 것을 회피했다. 부모는 내담자에게 매일 새벽기도와 가정예배를 강요했으며, 부모의 신앙에 대한 강요로 인해 늘 부모와 충돌했다. 내담자는 동생들과 충돌했고, 부모는 내담자 동생들 앞에서 내담자에게 핀잔을 주는 경우가 많았다. 내담자는 학교 친구들이 약하게 보인다고 집단따돌림을 당했으나 나중에는 따돌림을 당하지 않으려고 도끼눈을 하고 욕을 하면서 강한 척하려는 행동으로 인해 도리어 또 다른 차원의 집단따돌림을 당했다.

1) 치료 목표

첫째, 가족구조를 이해하기 위해 내담자와 부모의 상호작용 방식을 탐색한다. 둘째, 내담자와 어머니의 밀착된 경계선과 내담자와 아버지와의 경직된 경계선을 명확한 경계선으로 변화시킨다. 셋째, 부부체계와 자녀 하위체계 간의 경계선을 설정하고, 형제 하위체계에서 내담자를 장남으로서 위계질서를 세운다.

2) 치료 과정

(1) 가족구조의 특징인 내담자와 부모와의 상호작용패턴 확인

내담자: 예전에 부모님하고 이야기를 하는데 누구도 나하고 시간을 가져 주지 않고 제 편이 없었어요. 아무도 제 말을 안 들어줘요. 그래서 이 상황에서 더 이상 살아갈 수가 없다. 차라리 죽자 생

---

1) 이 사례는 집단따돌림 당하는 고등학생에 대한 상호작용적 가족치료와 구조적 가족료모델의 적용. 정신보건과 사회사업, 12, pp. 95-119에서 발췌했다.

각했어요.

치료사: 부모님이 네 편을 들어주지 않았던 경우를 이야기해 줄 수 있니?(실연기법)

내담자: 수도 없어요. 예전에 중학교 때 선생님이 자꾸 저에게 뭐라고 그랬어요. 별로 엄청난 잘못도 아니었거든요. 그런데 엄마, 아빠가 제 말은 안 믿고 선생님 말만 100% 믿어요. 중학교 때는 엄마, 아빠와 굉장히 말이 안 통했고요. 지금은 아버지가 생각하는 인격적인 인간상과 제가 생각하는 인격적인 인간상이 차이가 상당히 크거든요.

치료사: 네가 부모님께 원하는 것이 뭐니?

내담자: 지나친 간섭을 안 했으면 좋겠어요. 간섭이 사랑의 표현이라는 것도 알고 체험도 했지만 지나치면 오히려 해가 될 수도 있거든요.

아버지: 저는 아들에게 항상 강조하는 것이 공부보다도 사람다운 사람이 되라는 거예요. 지금 저희 아이에 대해 걱정되는 것은 사회성이 부족하고 행동이 그 나이에 비해 더디고 집중력이 결여된 것입니다.

어머니: 제가 염려하는 것은 이 아이의 분노, 앞날에 대한 부정적인 생각이에요. 그것으로부터 자유롭게 해 주고 싶어서 온 거예요. 아이들이 민형이의 말을 듣고 악귀가 연상된다고 하는데 민형이는 말을 무섭게 함으로써 스트레스를 푸는 거예요.

내담자: 저는 부모님보다는 사회에서 괴롭힘을 많이 당했어요. 특히 교회에서요. 교회에서는 저한테 지옥에나 가라고 그랬어요. 부모님은 하나님께서 모든 것을 해결해 주실 거라고 그러면서, 제가 교회 안 다닌다고 그러면 부모님 자식이 아니라고 하셔서 교회는 억지로 다니고 있어요. 특히 아버지는 용돈으로 협박을 하면서 은근히 교회 다니라고 강요하고 있어요.

치료사는 내담자의 문제를 가족구성원 간의 의사소통이 안 되는 것에 초점을 맞추고 내담자와 부모와의 상호작용하는 방식을 발견하고자 했다. 내담자와 부모의 상호작용 방식에서 내담자의 스트레스를 풀어 주지 못하고 내담자를 오히려 스트레스받게 하는 상호작용패턴을 볼 수 있다.

(2) 내담자와 친구들과의 상호작용패턴 확인

치료사: 왕따 당하면서 너는 어떻게 행동했니?(실연기법)

내담자: 유치원 때부터 중학교 때까지는 무조건 애들한테 당했지만, 고등학교 때부터는 처세술로 일부러 사악하게 하고 다녔어요. 제가 7년간 왕따로 지내다 보니깐 성격이 약간 신경질적으로 변

했거든요. 그래서 애들이 건드니깐 짜증이 나서 또다시 눈이 도끼눈으로 변했어요.

내담자는 왕따를 당하면서 왕따가 되지 않기 위해 '도끼눈'을 하고 다녔으며, 이러한 '도끼눈'으로 인해 친구들에게 또 다른 왕따를 당하는 악순환을 낳게 되었다. (내담자의 악순환을 낳는 상호작용방식 확인)

(3) 모의 상호작용패턴에 대한 통찰과 인식의 변화

치료사: 민형이는 새벽기도에 가는 것 자체를 싫어했는데, 아버지가 용돈을 준다는 조건부로 교회에 데리고 다니신 거예요. 문제 있는 가족은 규칙이 엄격하다는 거예요.(가족신념에 대한 설명)

어머니: 교수님 말씀을 들어 보니까 저희가 아이의 입장에서 전혀 생각하지 못한 것 같네요. 저희는 민형이 문제를 하나님께 기도하고 교회를 열심히 다니면 하나님께서 해결해 주신다고 믿고 있었거든요. 교회에서 시키는 대로 양육하는 것보다 지금의 상황에서는 아이 입장에서 생각하고 아이에게 정말 필요한 것이라면 그것도 버려야겠다는 생각이 드는 거예요.

치료사: 교회생활 너무 열심히 하는 사람들의 자녀가 잘못된 경우가 많아요.(가족신념에 대한 도전)

어머니: 민형이와 충돌하는 이유는 민형이가 정상적인 애들하고 달리 조금 튀는 행동을 하는 것을 하지 말라고 해서 그래요. 아빠는 민형이의 성격에 문제가 있다고 생각하고 사회성이 부족하다고 학교에서나 교회에서 문제가 있을 때 무조건 이겨 내라고 강요해요. 아빠는 계속해서 자신의 방식대로 아들을 밀어붙이고 있어요.

치료사: 민형이가 변하려면 아빠가 변해야 해요. 아빠의 기준을 강요하면 민형이는 더 튀게 됩니다.(균형 깨뜨리기)

이 회기에서 어머니는 모자의 상호작용 방식뿐만 아니라 부자의 상호작용 방식에 대해 통찰했고 자신들의 방식이 아들을 더 힘들게 했다는 것을 깨닫게 되었다.

(4) 아버지의 의사소통 방식의 변화로 인한 부자관계의 개선과 하위체계 간 모호한 경계선 확인

치료사: 학교를 그만 두고 나서 어떤 변화가 있니?

내담자: 저는 학교에서 받은 스트레스를 집에서 푸는 경우가 많았는데, 이제는 부모님과의 갈등은 거

의 없어졌어요. 그리고 아버지와의 관계도 호전됐어요. 예전에는 아버지가 '하지 마라!' 하거나 때리셨는데, 지금은 안 그러세요. 크게 마찰은 없어요.

여기서 내담자에게 아버지가 시도했던 의사소통 방식 '하지 마라!' 또는 '때리는' 방식에서 아들의 행동을 허용하는 방식으로 변화함으로써 부자관계가 호전된 것을 볼 수 있다.

치료사: 민형이가 이제 많이 변한 것 같구나!. 특히 눈이 정상적으로 돌아온 것 같구나!
내담자: 그것은 얽매어 있던 것을 풀어 버렸기 때문이에요. 그 전에는 사회에서 받은 스트레스를 못 풀었기 때문에 눈이나 성격 또는 언행으로 나타났어요. 그런데 지금은 그것들을 풀어 버려서 괜찮아요.

처음에 상담실에 왔을 때 보여 주었던 내담자의 도끼눈이 완전히 사라지는 변화가 나타났다.

치료사: 동생들과의 관계는 어떠니?
내담자: 부모님은 제가 동생에게 조그만 행동을 해도 과민반응을 해요. 제가 말을 하면 동생들이 막 무시해요. 그래도 여동생하고는 말이 통하는데, 남동생하고는 마찰이 심해요.

여기서 내담자와 형제 하위체계 간에 위계질서가 부모의 관여로 인해 경계선이 무너져 있다는 것을 볼 수 있다. 부모와 자녀 간의 경계선과 형제간의 경계선이 모호하다는 것을 보여 준다.

아버지: 제가 앞으로 민형이를 강압적으로 키우지 않으려고 합니다. 그전에는 강압적으로 해서라도 견딜 수 있도록 강하게 했지만, 지금은 제가 그런 방법을 사용하지 않기로 결심했습니다.

여기서 아버지의 민영이에 대한 강압적인 교육방식에 대한 통찰과 함께 행동의 변화가 나타나고 있다. 따라서 부자관계에 혁신적인 변화가 일어났다.

(5) 내담자와 부모관계의 상호작용 방식의 변화 확인

치료사: 학교 그만두고 지금 상태가 어떠니?

내담자: 보다 안정적이고 아빠하고도 별로 마찰이 없어요. 아빠가 이제는 저의 이야기를 잘 받아 주세요. 엄마하고는 여전히 사이는 좋지만, 제가 욕을 하기 때문에 가끔 마찰이 생겼어요. 하지만 지금은 제 욕이 많이 줄어서 사이가 더 좋아졌어요.

치료사: 민형아, 너 요즘 가족예배를 어떻게 드리니?

내담자: 이제는 더 이상 가족예배를 드리지 않고 있어요. 제가 세 살 때부터 일곱 살 때까지 부모님이 저랑 동생을 집에다 두고 저녁예배를 다녔어요. 그때 집에서 남동생이랑 집에서 울고 있었어요. 그때부터 교회에 반감을 가졌어요. 저는 저를 괴롭히는 애들을 교회에 가면 또 만났어요. 다른 교인들은 사회에서 받은 스트레스를 교회에서 풀면서 행복하지만 저에게 교회는 지옥 그 자체예요. 저에게 교회는 믿음 심어 준 곳이예요 학교에서 받는 스트레스가 교회에서 두 배가 됐어요.

여기서 내담자는 부모의 지나친 교회생활과 교회에서 받았던 스트레스를 솔직하게 내놓게 되었다.

(6) 부모의 내담자 행동에 대한 인식의 변화와 내담자 변화 유지

치료사: 민형이가 여기 처음 왔을 때와 달리 민형이 얼굴이 많이 변했어요.

아버지: 민형이는 지금 지극히 정상적인 생활을 하고 있어요. 오전 10시부터 12시까지 과외를 하고 오후 2시부터 6시까지 학원에 갑니다.

어머니: 민형이는 학교에서는 강압적으로 공부를 하게 했지만, 학원에서 선생님들이 모두 경어를 쓰고 인격적으로 대해 주고 민형이의 가능성과 능력을 인정해 줘서 학원 가는 게 즐겁대요.

치료사: 아빠하고 대화는 어떠세요?

아버지: 전혀 지장 없어요.

어머니: 아침에 아빠랑 같이 나가고 올 때도 함께 오기도 하는데 돈을 타기 위해서 최대한 아빠한테 애교를 떨어요. 제가 어제 민형이한테 물어봤는데, 민형이가 그동안의 삶은 굉장히 꽉 막혔고 인생에 대해서 회의감을 느꼈는데 '요즘은 내가 살아서 할 일이 많구나!' 하는 생각이 든다고 하네요.

아버지: 민형이는 인상을 쓰고 욕을 하는 것이 자신의 방어 능력이라는 거예요. 그런데 이제는 다 옛

날 이야기죠. 지금은 안 그래요.

치료사: 형제관계는 어때요?

어머니: 이제는 학교에서 부딪히는 문제가 없으니까 민형이가 욕도 안 하고 편안해지고, 또 우리가 보기에도 아이의 변화가 오니까 좋고 인정해 주니까 동생들도 민형이에 대해서 잘못 생각하지 않고 질서가 제대로 잡혀 가요. 그리고 또 거기에 아빠가 빨리 결정하고 대처를 잘해 줘요.

치료사: 아버지께서 지혜롭게 잘 대처해 주신 것 같네요. 민형이의 변화가 아버지의 노력 덕분에 온 거죠.(치료사의 아버지 노력에 대한 인정과 칭찬으로 아버지를 위계질서에서 가장으로서 인정해 줌과 동시에 역량 형성)

어머니: 솔직히 저는 남편이 민형이 학교를 중퇴하는 결정을 내린 것에 큰 충격을 받았어요. 저도 생각은 하고 있었지만 결정은 못 내렸거든요. 그런데 아빠가 용기 있게 결정을 내렸고, 지금 민형이에 대해서 엄청나게 뒷바라지를 하고 있어요. 애들이 컴퓨터 한 대 가지고 서로 싸우니깐 지금은 아빠가 컴퓨터 두 대를 더 사서 세 명이 똑같이 컴퓨터를 하니깐 싸울 일도 없어요.

치료사: 아버지께서 무척 노력을 많이 하셨군요.

어머니: 남편이 무척 노력 많이 했죠. 처음에는 제대로 학교를 졸업시키려고 했지만 도저히 안 되겠다 싶으니까 용단을 내리고 그때부터 교육방법에 대해 또 다른 결정을 내린 거죠.

치료사: 그러시기가 보통 어려운 것이 아닌 건데요. 아버님 나름대로 굉장히 많은 갈등이 있었을 겁니다. 정말 아버님이 대단하신 겁니다.

어머니: 이제는 아빠가 나갔다 들어오면 민형이를 보고 웃어요. 민형이도 이제는 아빠에게 개구쟁이 표정을 짓고 들어오는 거예요. 지금은 민형이가 아빠를 웃게 하고 나서 용돈을 타요. 이제는 아들을 보면서 감사하고 있습니다.

부모의 아들에 대한 인식의 변화와 의사소통 방식으로 변화로 내담자가 변하면서 동생들과의 위계에서 장남으로서 권위를 인정받게 되었다. 따라서 부모 체계와 자녀 체계 간 그리고 형제 하위체계에서 좀 더 명확한 경계선이 생기게 되었다.

10. 요약

구조적 가족치료는 1960년대에 뉴욕 북부의 월트위크학교에서 근무했던 살바도르 미누친과 그의 동료들의 가족치료 경험을 바탕으로 탄생했다. 미누친은 정신분석이

저소득층 가족의 아이들에게는 거의 효과가 없다고 결론지었다. 구조적 가족치료는 1970년대와 1980년대의 필라델피아 아동지도상담소에서 발전했으며, 계속해서 가족의 변화를 돕는 주요 가족치료 이론이 되었다.

체계이론에 근거를 둔 구조적 가족치료는 가족 전체와 가족의 상호작용 유형들을 통해 가족이 스스로 조직하는 방법들에 초점을 두고, 균형과 항상성이 어떻게 이루어지는지, 가족피드백 장치는 어떻게 작용하는지, 역기능적인 의사소통 패턴들이 어떻게 발달되며 유지되는지에 관심을 가진다. 특히 구조적 가족치료는 가족구조를 이해하기 위해 하위체계, 경계, 제휴와 동맹 등을 연구한다. 구조적 가족치료는 가족구성원의 통찰력이나 이해보다는 행동에 더 많은 관심을 두며, 내담자의 증상을 포함한 모든 행동을 가족구조의 맥락 안에서 본다. 구조적 가족치료사는 경직되거나 가족생활주기 단계 또는 상황에 맞지 않는 구조를 변화시키기 위해 적극적이고 주의 깊게 계산된, 심지어 조작적인 노력을 한다. 구조적 가족치료사는 부부, 부모와 형제 하위체계와 그 사이의 명확히 경계선 설정에 관심을 두며, 가족 내의 역할, 규칙과 권력을 강조한다.

구조적 가족치료의 기법은 치료체계를 형성하는 기법과 불균형과 변화를 일으키는 것을 목적으로 하는 기법으로 나눌 수 있다. 첫째, 치료체계를 형성하는 기법으로서 합류가 있으며, 합류를 위해, 추적, 모방, 확인, 적응 등이 있다. 둘째, 불균형과 변화를 일으키는 것을 목적으로 하는 기법에는 진단하기, 재구성, 균형 깨뜨리기, 구두점 원리, 실연, 체계적 재구조화, 경계 세우기, 가족신념에 도전하고 가족의 진실과 현실의 확장, 긴장과 위기상황 유도, 칭찬과 역량 형성 등의 포함된다.

구조적 가족치료는 가족구성원의 행동에 대한 깊은 통찰 또는 인식보다는 행동, 즉 상호작용패턴에 대한 변화를 초점을 두어 서로 관계를 이루는 새로운 방법을 알게 한다. 구조적 가족치료는 전략적 가족치료와 같은 다른 가족치료 접근들과 결합해 사용하기가 용이하다. 이와 같은 면에 대해 구조적 가족치료는 지나치게 피상적인 이슈들에 초점을 두고 있으며 성차별적이라고 비판을 받는다. 그럼에도 불구하고 구조적 가족치료는 치료 접근으로서 계속 확고한 위치를 굳혀 가고 있다.

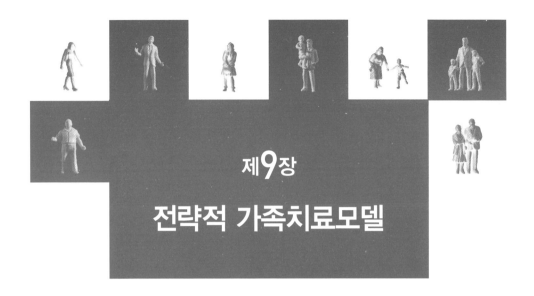

제9장
전략적 가족치료모델

1. 이론적 배경

MRI의 의사소통/상호작용 접근은 1960년대에 가족치료 전문영역에서 가장 큰 주목을 받았고, 1970년대에는 미누친의 구조주의적 가족치료가 가장 일관성 있게 연구되었고 인정을 받았으며, 1980년대에는 전략적 가족치료가 가장 주목을 받았다.

전략적 가족치료는 가족치료 운동과 함께 시작되었다. 그러나 전략적 치료의 특징인 역설적 개입과 증상 처방 등의 개념은 오랜 역사를 지닌다(Dunlap, 1928). 역설적 치료는 제6장 MRI 의사소통 가족치료모델에서 이미 언급했던 바츨라비크, 비빈과 잭슨의 책 『인간 의사소통의 실용성(Pragmatics of Human Communication)』의 출판으로 가족치료 분야의 주류가 되었다(Watzlawick, Beavin, & Jackson, 1967). 헤일리의 초기 저서인 『심리치료전략(Strategies of Psychotherapy)』은 역설이 모든 치료적 접근의 공통요인이라는 것을 증명하려고 했는데, 이는 밀턴 에릭슨(Milton Erickson)의 연구를 기초로 했다. 헤일리는 『비상한 치료(Uncommon Therapy)』에서 에릭슨의 최면기법을 더욱 발전시켰다. 전략적 가족치료의 개념들은 MRI에 있었던 사티어, 잭슨, 바츨라비크, 위클랜드와 함께 그레고리 베이트슨(Bateson, 1972)의 연구를 기초로 하고 있다. 따라서 전략적 가족치료에는 2개의 분파가 있다. 첫째는 정신건강연구소(Mental Research Institute, MR)를 중심으로 한 전략적 가족치료사 그룹(http://www.mri.org), 둘째는 제이 헤일리

(http://www.jay-haley-on-therapy.com)와 클로이 마다네스(http://www.cole-madanes.com/index.htm)를 중심으로 한 가족치료연구소(Family Therapy Institute)의 전략적 가족치료그룹이 있다. 한편, 전략적 치료는 문제해결치료, 단기치료, 체계적 치료와 같은 다른 이름으로도 알려져 있다(Becvar & Becvar, 2013).

MRI팀의 창립 멤버였던 헤일리(Jay Haley)는 아내 마다네스(Cloe Madanes)와 함께 전략적 가족치료라는 접근법을 발전시켰다. 전략적 가족치료와 MRI 접근은 일반 체계이론, 의사소통이론, 사이버네틱 이론 그리고 단기치료적 접근이라는 공통적인 입장을 취하고 있으며, 독특하게 고안된 행동적 처방을 공통으로 사용한다. 그렇지만 사례개념화와 행동적 처방인 지시(directive)에 있어서는 차이가 있다. 전략적 가족치료의 특징은 수수께끼 같고, 창조적이고, 때로는 극적인 지시, 즉 문제가 있는 연속적 상호작용을 변화시키기 위해 사용되는 행동적 처방에 있다(Gehart, 2016). 전략적 가족치료의 주요 특성은 치료사가 내담자의 현재 문제를 해결하기 위한 전략을 고안해 내는 데 책임을 진다는 것이다.

한편, 헤일리는 『심리치료의 전략(Stragies of Psychotherapy)』(Haley, 1963)이라는 책에서 모든 인간관계는 관계 규정을 위해 세력다툼을 하는 것이라고 했다. 즉, 사람의 병리적 증상은 다른 사람을 통제하기 위해 사용하는 수단이라고 보았다. 그는 치료사와 내담자 사이에도 세력다툼이 존재하므로 치료사는 내담자와의 관계를 활용해 저항을 막거나 이용해야 한다고 강조했으며, 치료사가 내담자와의 관계에서 완전한 주도권을 갖는 것을 치료의 중요한 조건이라고 했다(Haley, 1963).

또한 헤일리는 조현병을 단지 의사소통 장애의 결과라고 보았던 초기 개념에 덧붙여 조현병이 관계규정을 위한 지속적인 권력다툼의 결과라는 개념을 추가했다. 이처럼 헤일리의 후기 이론에서는 의사소통보다는 가족구조, 성장보다는 변화에 초점을 둠으로써 구조적-전략적 가족치료 또는 반성장적 치료라고 불리기도 했다.

전략적 가족치료는 1970년대 중반에 발달했으며, 헤일리와 마다네스는 워싱턴가족치료연구소를 공동 창립했는데, 이 연구소는 지금은 존재하지 않는다(Keim, 2000). 그럼에도 불구하고 전략적 가족치료는 다른 이론과 이론가들 그리고 MRI 그룹과 이탈리아의 밀란 그룹과 같은 연구팀에게 영향을 주었다(Gladding, 2018).

2. 주요 인물

1) 제이 헤일리

제이 헤일리(Jay Haley, 1923~2007)는 가족치료 초기세대 가운데 한 사람이며, 그의 저술과 기술은 세계적으로 가족 치료를 발달시키는 데 많은 기여를 했다. 그는 사람과 그룹 간의 효과적인 의사전달자로서의 역할을 했다. 그는 선동적 으로 보일 수 있지만 공적이고 전문적인 장소에서 강력하게 가족치료를 주장했다. 그는 가족치료를 발전시키는 데 가장 영향력을 끼쳤던 밀턴 에릭슨, 그레고리 베이트슨 그리고 살 바도르 미누친으로부터 배웠으며, 그들과 함께 연구를 했다

[그림 9-1] 제이 헤일리

(Gladding, 2018).

헤일리는 미국 캘리포니아 로스앤젤레스대학(UCLA)에서 연극을 전공했고, 스탠포 드대학에서 커뮤니케이션 전공으로 석사를 마쳤다. 그는 스탠퍼드대학 석사과정에 있 는 동안 인류학자인 그레고리 베이트슨을 만나서 친구가 되었고, 1952년에 베이트슨 프로젝트에 참가했다. 그는 커뮤니케이션을 전공했기 때문에 이 프로젝트에 그가 맡 았던 주요 책임은 조현병 환자를 가진 가족들의 의사소통 형태를 진단하는 것이었다. 1953년에 헤일리는 존 위클랜드와 함께 최면가와 피험자 사이의 최면에서 일어나는 의 사소통을 이해하는 데 관심을 가지게 되었고, 베이트슨의 권유로 밀턴 에릭슨의 워크 숍에 참여했다. 그는 최면을 통한 간접적인 제안을 하기 위한 에릭슨의 은유적인 치료 에 흥미를 가지게 되어 위클랜드와 함께 수년 동안 피닉스에 있는 에릭슨을 방문했다. 전략적 치료의 근본적인 가정과 치료 기법은 에릭슨에 의해 영향을 받았다. 특히 헤일 리는 밀턴 에릭슨에게 최면에 대해서 배웠으며 나중에는 최면을 가르치고 실행했다 (Simon, 1982).

헤일리는 실제적으로 에릭슨을 전략적 가족치료의 일반적인 접근법의 발명자로서 여기고 있다(Haley, 1973; 1976). 에릭슨의 치료는 간단하고, 적극적이며, 지시적이면서 주의 깊게 고안되었다. 치료사가 변화에 대한 책임을 지고 있기 때문에, 에릭슨은 전형 적으로 개인의 풍부한 자원을 찾고 그것을 상담에 이용하기 위해 각각의 사례에 대한

새로운 접근책을 고안했다(Hoffman, 2002). 전형적으로 증상 제거에 초점을 맞춘 에릭슨의 최면 기술의 사용은 치료사가 치료에 대한 전적인 책임을 지고 문제가 되는 증상을 제거하기 위한 수단으로서 미묘하거나 간접적인 지시를 할 것을 요구했다. 내담자들과 합류하고, 그들 스스로를 도울 수 있는 타고난 지혜를 믿었던 에릭슨은 내담자들의 오래된 행동패턴을 깨고 치료 과정에서 그들의 증상을 버리도록 격려하기 위해 간접적인 제안을 사용했다. 에릭슨은, 유능한 치료사는 때로는 개인에게 적합하고 내담자의 문제를 해결할 의도를 가진 특별한 치료적 계획과 함께 각각의 내담자에게 접근하는 전략가가 되어야만 한다고 주장했다(Goldenberg, Stanton, & Goldenberg, 2017).

헤일리는 에릭슨의 비전통적이지만 예술적인 전략, 관찰의 예외적인 솜씨 그리고 내담자들에 있는 예전에 인지되지 못한 자원을 발견할 수 있는 놀라운 능력을 기록했다(Haley, 1973). 창의적이고 비관습적인 최면기술로 알려진 에릭슨은 역설적 지시의 사용을 통해 "내담자의 저항을 우회하는 데" 특히 능숙했다. 에릭슨은 내담자들에게 중성을 유지(증상과 싸우거나 내담자에게 증상을 단념할 것을 주장하지 않는 것에 의해)할 것을 설득하고 다음에는 변화를 유도하기 위한 지시를 미묘하게 소개했다. 따라서 그는 저항과 함께 나타날 수 있는 책략인 증상을 직면하지 않으면서 증상을 포기하도록 할 수 있는 내담자의 능력을 사용하게 할 수 있었다. 최면상태의 내담자가 최면가에 의한 통제상실을 경험하지 않게 하기 위해 개발된 이와 같은 기술은 후에 가족들을 치료하는 데 있어서 헤일리의 많은 전략적 개입의 토대가 되었다(Goldenberg et al., 2017).

1959년에 헤일리는 MRI의 소장이 되었으며, 1967년에는 미누친이 있었던 필라델피아 아동지도센터에 스태프로 합류했다. 헤일리는 필라델피아 아동지동센터에서 미누친과 몬탈보와 오랜 교제를 하면서 많은 영향을 받았다. 그는 미누친과 함께 가족상담연구소(The Institute for Family Counseling)를 통해 고등학교 이상의 정규교육을 받지 못했던 필라델피아 빈민가 출신의 가족치료사를 훈련시켰다(Simon, 1982). 그는 가족치료 분야 최초의 저널인 「가족과정(Family Process)」의 첫 번째 편집자로 1962년부터 1969년까지 일했다.

1976년에 헤일리는 두 번째 부인인 클로이 마다네스와 함께 워싱턴 디시에 '가족치료 연구소(Family Therapy Institute of Washington DC)'를 설립했다. 그는 이 연구소에 있는 동안 여러 권의 책을 출판했는데, 그중 가족치료 영역에서 가장 획기적인 책인『문제해결치료(Problem Solving Therapy)』(Haley, 1976; 이근후, 김영화 공역, 1992)와『출가(Leaving Home)』(Haley, 1980)를 출판했다. 이 두 책은 헤일리의 전략적 가족치료의 핵심에 대해 설명을 했고, 힘과 계급을 강조함으로써 전략적 가족치료를 다른 심리치료 이론과 구별했다. 특히 '문제해결치료'에서 헤일리는 가족이 조직되는 방법을 변화시키기 위한 전략을 소개하고 있다. 이외에도 그는 『시련치료(Ordeal Therapy)』(Haley, 1984)를 저술했는데, 이 책에서 그는 만약 내담자가 증상을 단념하기보다는 유지하는 것이 더 고통스럽다는 것을 발견한다면, 내담자는 증상을 단념할 것이라는 전제를 보여 주었다. 매들렌 리치포트-헤일리와 함께 쓴 헤일리의 『지시 가족치료(Directive Family Therapy)』(Haley & Richeport-Haley, 2007)는 그의 주요 아이디어를 요약하고 효과적인 임상적 개입의 예를 보여 준다.

일반적으로 어떤 치료사는 헤일리가 정통적인 가족치료 방법을 따르지 않았다고 간주했지만 그는 실용주의자였다. 그는 복잡한 치료 과정을 이해할 수 있는 여러 단계와 누구나 알 수 있는 개념으로 나누었다. 또한 그의 22권의 책이 16개국 언어로 번역되었으며, 100개 이상의 논문이 출판되었고, 많은 영화를 만드는 데 도움을 주었다(Bobrow, 2007). 헤일리는 정치적인 실력자나 군사적 전략가와 같은 기술을 가지고 있었으며, 그런 기술을 사용해 훌륭한 치료 기법을 만들어 낸 인물로 묘사된다(Wylie, 1990). 그는 1995년 캘리포니아 라 졸라에서 은퇴해 2007년 샌디에고의 자택에서 사망하기 전까지 메릴랜드대학교, 하워드대학교, 펜실베니아대학교 등에서 교수로 일했다(Becvar & Becvar, 2013).

2) 클로이 마다네스

클로이 마다네스(Cloe Madanes, 1940~)는 아르헨티나 부에노스아이레스 대가족에서 태어났다. 그녀는 아르헨티나에서 심리학을 전공했으며 1965년부터 1968년까지 폴 바츨라비크의 연구조교로 일했다. 그는 잠시 아르헨티나에 귀국해 정신병원에서 임상학자와 임상감독으로 일하면서 MRI에서 배운 것을 가르쳤다. 아르헨티나의 정치적인 상황으로 인해 미국으로 돌아온 그녀는 살바도르 미누친이 있던 필라델피아 아동지도센터에서 근무했다(West & Bubenzer, 1993).

[그림 9-2] 클로이 마다네스

그는 살바도르 미누친의 구조적 가족치료보다는 제이 헤일리의 전략적 가족치료에 더 매력을 느꼈다. 그녀는 1976년에 제이 헤일리와 결혼했는데, 그 당시 제이 헤일리는 두 번째의 결혼이었다. 결혼한 후 부부는 필라델피아를 떠나 워싱턴 가족치료연구소를 개설했다. 저자가 2003년 MRI에서 6일 간의 워크숍에 참석했을 때, 그 당시 MRI 소장이자 워크숍 강사였던 제임스 케임(James Keim)을 만나 개인적으로 이야기를 하게 되었다. 그에 따르면, 자신이 헤일리와 마다네스의 딸과 결혼을 했는데 자신의 장모인 마다네스가 다혈질적이라고 하면서 장모와 장인이 이혼을 했고, 자신 또한 마다네스의 딸인 전 부인과 이혼을 했다고 하면서 4명의 자녀를 자신이 키운다고 했다.

마다네스는 헤일리보다 전략적 가족치료를 좀 더 온건한 방식으로 접근했으며, 가장 오랫동안 영향을 끼쳤던 기법인 가장 기법은 그녀의 혁신적이고 창조적인 정신을 잘 보여 준다. 마다네스의 혁신적인 공헌은 성과 폭력에 관한 연구이다(Madanes, 1990). 그녀의 저서로는 『전략적 가족치료(Stragegic Family Therapy)』(Madanes, 1981; 오창순 역, 1998)와 최근에 출판된 『일방경 뒤에서: 전략적 치료의 실천에서의 진전(Behind the One-Way Mirror. Advances in the Practice of Strategic Therapy)』(Madanes, 2018) 등이 있다.

헤일리와 마다네스 외에 또 다른 전략적 치료사로는 제임스 케임(James Keim, 2000), 제롬 프라이스(Jerome Price, 1999), 닐 쉬프(Neil Schiff, 1988), 스태펀 청(Stephen Cheung, 2005), 빅토리아 미트라니(Victoria Mitrani)와 마르코스 페레즈(Marcos Perez)(Mitrani & Perez, 2003), 토마스 토드(Thomas Todd, 1986)가 있다. 이들의 연구들은 전략적 체계적 치료 저널(과거에는 Journal of Strategic and Systemic Therapies였다가 현재는 Journal of Systemic Therapies로 개칭됨)에서 볼 수 있다.

3. 주요 개념

1) 증상의 의미

헤일리는 가족패턴을 서술할 때 권력과 통제의 개념을 이용한다. 왜냐하면 그는 의사소통의 순서와 증상을 통제하거나 영향을 미치려는 시도로 보기 때문이다. 그렇지만 그레고리 베이트슨은 통제라는 개념의 존재를 인정은 했지만, 통제가 가능하다는 믿음은 실용적인 면에서나 인식론적인 시각에서 볼 때 병리적인 개념이라고 보았다. 베이트슨은 "통제를 원하는 것은 병리이다. 통제를 못해서가 아니라 통제란 결코 할 수 없기 때문이다."라고 했다(Brand, 1974, p. 16). 그러므로 베이트슨은 통제의 개념을 없애기를 원했다. 통제가 가능하다는 환상 때문에(체계이론에 따르면 통제는 가능하지 않다.) 사람들은 생태학적으로 또는 대인관계적으로 파괴적인 행동을 일삼을 수 있다는 것이다(Becvar & Becvar, 2013).

한편, 헤일리는 실용적인 차원에서 통제의 개념을 사용하며, 모든 체계와 가족의 특징적 패턴을 기술하는 데 통제의 개념이 유용하다고 보았다. 헤일리는 사람들은 어쩔 수 없이 의사소통을 통해 관계를 통제하려고 한다고 보았다. 더군다나 그는 관계에서 통제권을 잡으려는 시도는 병리적인 것이 아니라고 보았고 사람이 통제권을 잡으려는 시도를 부정할 때, 사람은 증상을 보이는 것이라고 주장했다(Haley, 1963). 따라서 그는 증상을 통제하기 위한 수단으로 보았다. 증상이란 사람이 어찌할 수 없는 행동이나 상태를 나타내는 것처럼, 증상은 동시에 통제를 부정하는 것이다(Haley, 1963).

비록 일반적으로 증상이란 비자발적이고 비적응적인 것이라고 받아들여졌음에도 불구하고, 헤일리는 증상이란 다른 모든 전략이 실패했을 때 관계를 통제하기 위한 현재의 사회적 상황에 적응하는 전략이라고 보았다(Haley, 1963). 증상을 가진 사람은 증상이 자신이 의도하지 않았다고 주장하는 것에 의해 단순히 통제를 할 어떤 의도도 부인한다(예: 내가 당신을 거절하는 것이 아니라 나의 두통이 오늘밤 당신과 성관계를 원하는 것을 막고 있어요). 따라서 증상은 종종 간접적으로 다른 사람을 통제하고 증상형성을 통한 모호한 의사소통하는 방식이 전체 가족체계의 기능으로 작용할 수 있다.

전환장애를 가진 부인의 예를 들어보자. 자녀 교육 방식부터 시댁문제까지 부인을 지나치게 통제하는 남편이 있었다. 남편은 안동 사람으로서, 1년에 열댓 번의 제사와 부모 생신, 양부모 생신, 어버이날, 명절 두 번 등 매년 스무 번 이상 고향을 방문했다. 자녀의 학원 선택과 옷 입는 방법 등 모든 것을 남편이 통제하고 자신의 기준을 맞춰주지 않을 때 삐져서 말을 하지 않았다. 이와 같은 남편과 타협할 수 없었던 부인은 어느 날 전환장애가 나타나면서 남편의 통제에서 벗어날 수 있었을 뿐만 아니라 남편이 부인의 전환장애가 나타날 때마다 부인에게 꼼짝도 못하게 되었다(박태영, 박신순, 김선희, 2013b). 앞의 사례에서 부인은 전환장애라는 증상을 가짐으로써, 남편과의 관계에서 상당한 권력과 통제력을 갖게 되었다.

2) 위계질서와 권력다툼

전략적 치료사는 위계질서에 대해 많은 관심을 가지고 있으며, 한편 위계질서를 존중한다. 가족에서 누가 영향력을 지니고 있는지는 가족과 문화에 따라 부모일 수도 또는 조부모일 수도 있다(Haley, 1991). 종종 부모는 서로 다른 형태의 영향력을 가지고 있지만, 때로는 한쪽 부모가 훨씬 더 많은 영향력을 가지고 있다. 이런 경우에 치료사는 영향력이 적은 부모와 먼저 상담을 시작한다. 치료사는 누가 '권력'을 가지고 있는지에 관한 말에 의한 보고에 의존하지 말고 각자의 요구가 어떻게 반응되고 있는지, 누가 논쟁에서 자신의 뜻대로 하려고 하는지 등의 가족상호작용을 자세히 관찰해야 한다. 헤일리는 모든 의사소통에는 관계를 규정하기 위한 전략적 행동이 포함되어 있으며, 관계를 규정하는 과정에서 더 많은 권력을 차지하기 위해 싸움은 피할 수 없다고 보았다(Haley, 1963). 이와 같은 싸움을 헤일리는 권력다툼이라고 했다.

예를 들어, 겉으로는 아버지를 가장으로 여기지만, 종종 어머니가 실제적인 권력을 가지고 있는 경우가 있다. 위계질서는 한 번의 상호작용으로 정확히 파악될 수는 없고 반복적인 상호작용을 통해 관찰되어야 한다. 대부분의 가족에서 치료사가 개입방법을 찾기 위해 추적하는 위계질서와 권력의 패턴은 매우 복잡하다(Haley, 1963).

치료사는 부모와 자녀 사이의 위계관계를 관찰해 자녀가 부모의 요구를 실제로 수행하는지 또는 부모가 자녀의 요구에 굴복하는지 여부를 파악해야 한다. 효율적인 부모-자녀 위계는 대부분의 경우 부모의 요구에 자녀가 거의 화를 내지 않고 따른 것에서 나타난다. 비효율적인 위계는 대부분의 경우에 자녀의 협력을 얻어 내지 못하는 경우이다(Gehart, 2016).

헤일리는 심지어 치료사와 가족구성원 사이에서 권력다툼이 발생한다고 보았다. 변화에 대한 두려움을 가진 가족구성원은 가족 중 한 사람의 증상행동을 나타내어 희생되더라도 그들이 성취한 항상적 균형을 유지하기 위해 치료사를 조정하거나, 속이거나, 배제하거나 제압하려고 한다. 그들은 치료사를 괴롭히려고 그렇게 하는 것이 아니라 그것이 문제에 대한 유일한 해결책이라는 믿음에 매달리기 때문이다. 따라서 전략적 치료사는 권위적인 자세를 취해야만 한다(Haley, 1963).

3) 관계규정

헤일리(Haley, 1963; 1991)는 관계는 의사소통을 통해 이루어지며, 모든 의사관계를 파악하기 위해서는 순환적으로 이루어지는 의사소통 유형을 분석해야 한다고 했다. 그는 '무엇을 말하는가'보다는 '어떻게 말하는가'가 중요하다고 보았고, 의사소통의 수준을, 첫째, 전달하는 메시지의 내용, 둘째, 억양, 음색, 음조와 신체적 동작 등을 통해 메시지에 질적인 의미를 부여하는 메타커뮤니케이션으로 구분했다. 한편, 헤일리는 이와 같은 의사소통의 두 가지 수준에 더해 의사소통의 구성요소를 주체, 대상, 내용 그리고 상황이라는 네 가지로 구분했다. 한편, 그는 가족구성원이 의사소통의 수준이 불일치하는 역설적 메시지를 사용해 상호작용하게 되면 위계질서의 혼란을 초래해 결국에는 관계의 성격을 규정하는 데 있어서 문제를 겪게 된다고 했다. 또한 헤일리는 다음과 같은 세 가지 관계유형이 있다고 했다.

(1) 대칭적 관계

대칭적 관계(symmetrical relationship)란 권력과 지위가 거의 비슷한 두 사람이 상대방을 비판하고 충고하는 등 같은 유형으로 행동을 교환하는 관계를 말하는 것이다. 예를 들어, 동료관계를 들 수 있지만, 권력과 지위가 비슷하므로 경우에 따라서는 두 사람 간의 경쟁관계로 변화될 가능성이 있다.

(2) 보완적 관계

보완적 관계(complementary relationship)란 한 사람이 우월한 지위에서 지배하고, 충고하며 지시하는 반면에, 다른 사람은 종속적 지위에서 상대방의 요구와 지시를 수용하고 순종하는 관계를 말한다. 예를 들어, 명령하는 남편과 순종하는 부인, 가르치는 교사와 배우는 학생을 들 수 있다.

(3) 초보완적 관계

초보완적 관계(metacomplementary relationship)란 권력이나 지위가 낮은 사람이 실질적인 통제권을 갖고 있는 관계를 말하는 것으로, 지위가 낮은 사람이 지배적인 위치에 있는 사람을 통제함으로써 오히려 관계 규정에 있어서 주도권을 잡고 있는 경우를 말한다. 예를 들어, 앞에서 언급한 전환장애를 가진 부인의 경우나 부모가 자녀의 행동을 통제하지 못하는 가족구조가 있다.

4. 치료 목표

전략적 가족치료의 치료 목표는 문제의 근원이나 문제 이면의 의미를 탐색하는 것이 아니라 현재의 문제 또는 증상을 경감하는 데 있다. 따라서 치료 목표는 사람들의 주관적인 경험(기분, 생각, 행동)의 변화를 촉진하는 데 있으며, 개인이나 가족 기능에 대한 장기적인 목적을 설정하지는 않는다(Gehart, 2016). 그러므로 전략적 가족치료는 해결책에 초점을 두기 때문에 단기간이 될 가능성이 있다. 헤일리는 치료의 주된 목적은 사람들이 다르게 행동하도록 해, 그에 따라 달라지는 주관적인 경험을 해 보도록 하는 것이라고 했다(Haley, 1991).

마다네스(Madanes, 1990; 1991)는 치료를 받으러 오는 모든 문제를 사랑과 폭력이라는 외적인 딜레마에서 야기하는 것으로 사례개념화했는데, 이것은 두 가지 경험이 인간사에 매우 긴밀하게 관련되어 있기 때문이라고 보았다. 따라서 전략적 가족치료의 목표는 내담자들이 지배하려고 하거나 강요하지 않고, 상대방에게 해를 끼치지 않으면서 사랑하는 방식을 찾도록 돕는 것이다. 이와 같은 목적은 다음과 같은 개입을 통해 달성될 수 있을 것이다(Madaness, 1991).

- 부부나 가족의 위계 수정(강화 또는 축소)하기
- 부모나 부모의 관여수준을 변화시켜서 강요를 줄이고 관심을 증가시키기
- 가족구성원을 재결합시키기
- 자녀가 적절한 수준으로 도움이 되는 사람이 되도록 격려하는 것을 포함해, 누가 어떻게 도움이 될 것인가를 변화시키기
- 불공정한 것에 대해 사과하고 용서하기
- 위로와 화합에 관한 표현 증가시키기

5. 치료사의 역할

전략적 가족치료사의 역할은 가족문제를 해결하기 위한 전략을 세우는 것이며, 치료사는 구체적으로 제시된 문제 또는 증상을 해결하는 데 초점을 맞추어서 행동지향

적이나 가족의 내력이나 개인적인 진단은 무시한다(Wylie, 1990). 마다네스는 치료사의 첫 번째 역할은 해결될 수 있는 방식으로 제시된 문제를 정의하는 것이라고 했다(Madanes, 1991). 전략적 치료사는 문제를 가족이 임의적으로 통제해 왔으며 힘의 갈등이 포함되는 방식으로 정의한다. 이와 같은 방식으로 문제를 정의할 때, 치료사는 가족구성원이 경쟁적인 자세(승리자와 패배자가 존재하는)에서 협력하는 자세(모두 다 승리하는)로 가족역동성을 변화시킬 수 있도록 돕는다(Watzlawick, 1993).

헤일리는 최초의 3회기 동안에 가족 안에 변화를 일으키는 것이 가장 중요하다고 했다. 그는 내담자의 인지와 제시된 불만을 재구조화하기 위한 노력을 했고 각 사례에 사용할 수 있는 독특하고 혁신적인 방법을 찾고자 많은 애를 썼다. 그는 그의 멘토였던 밀튼 에릭슨이 사용했던 방법처럼 수술의사가 수술을 계획하는 것과 같은 방식으로 각 가족을 위한 접근방식을 세웠다(Haley, 2013). 전략적 가족치료사는 가족문제를 그들의 변화를 일으키는 방식으로 사용하고자 했는데, 이를 위해서 보통 치료 회기 사이에 실행할 수 있는 과제를 내주었다. 또한 치료사들은 갈등관계에 있는 1명 또는 그 이상의 가족구성원과 합류해 가족체계의 균형을 깨거나 세대 사이의 경계를 명확하게 하며, 가족구성원이 특정한 시간에 특별한 목적을 이루도록 지지해 주는 개입을 실행한다(Snider, 1992). 그렇지만 전략적 가족치료사는 가족 내에서 연합하려는 유혹을 회피해야만 한다. 전략적 가족치료사는 어려움을 극복하기 위해 한 사람 또는 그 이상의 사람과 동맹을 발전시킬 수는 있지만 또다른 가족분쟁에 연루되기 전에 빨리 벗어나야만 한다(Haley, 1976). 한편, 헤일리는 자신의 임무를 가족조직을 변화시키는 데 책임감을 가지고 가족이 그에게 가지고 온 문제를 해결하는 것으로 보았다. 그는 가족구성원에게 자세한 설명을 해 주고, 그들이 자신의 지시에 따라야 한다고 주장했다(Haley, 1976).

6. 치료 기법

전략적 가족치료사는 무엇을 잘못하고 있는지 말하는 것이 내담자에게 전혀 도움이 되지 않으며, 카타르시스를 위한 격려도 도움이 되지 않는다고 믿었다(Haley, 1976). 헤일리는 만약 가족이 변하려고 한다면, 가족구성원의 행동방식의 변화가 인지와 감정들에 선행되어야만 한다고 보았다. 13세 딸이 어머니가 야단을 치면 그때만 잠깐 반성하는 듯하다가 곧바로 아무 일 없다는 듯이 행동하는 걸로 인해 어머니는 딸이 반성하는 기미가 없다고 또 야단을 쳤다. 저자는 어머니에게 만약 딸이 일주일 동안 시무룩해서 엄마와 말도 안 하면 어떻겠냐고 물어봤더니 그 행동도 못 봐줄 것이라고 했다. 어머니는 딸이 야단맞은 후 금방 풀어지는 행동에 대해 과도하게 반응하지 않음으로써, 어머니는 딸의 행동을 더 이상 문제로 여기지 않게 되었다.

전략적 치료에서 각각의 개입은 내담자의 특이성과 문제에 맞춰져 있다. 이러한 맞춤성은 전략적 치료를 모든 가족치료 중에서 기법을 가장 많이 사용하는 접근 중 하나가 되게 했다(Gladding, 2018). 일반적으로 전략적 가족치료 기법으로는 다음과 같은 것이 있다.

표 9-1 치료적 지시

	식섭적 지시	긴접직 지시
과제 유형	• 무언가 다르게 하라: 행동 장면 수정 • 행동을 멈추라(거의 사용 안 함) • 좋은 충고: 심리 교육(거의 사용 안 함)	• 역설적 과제 • 은유적 과제
치료적 관계 유형	• 치료자가 영향력 지님: 내담자가 치료자를 전문가로서 인정됨	• 치료자의 전문성이 덜인정됨
문제 유형	• 내담자가 과제의 일부로 요청된 작은 행동에 대해 조절 능력이 있음	• 내담자가 거의 조절 능력이 없음

참조: Gehart, D. R. (2016), p. 110.

1) 지시의 사용

지시(directives)는 가족치료사가 가족구성원에게 다르게 행동하도록 충고하고 상호작용패턴을 수정하라고 제시하는 행동적 과제이며, 지시는 종종 처방(prescription)이라고 불린다. 마다네스는 전략적 치료와 지시의 관계는 정신분석과 해석에 대한 관계와 같다고 보았고, 지시는 전략적 치료 접근의 기본적인 도구라고 했다(Madanes, 1991). 지시는 다음과 같은 이유 때문에 사용된다. 첫째, 가족구성원이 다르게 행동함으로써 다른 주관적인 경험을 할 것이기 때문이다. 둘째, 상담 회기 사이에 가족의 행동 안에 치료사를 포함시킴으로써 치료적인 관계를 강화하게 될 것이기 때문이다. 셋째, 가족구성원이 제안된 변화에 대해 어떻게 반응하는지에 대한 정보를 얻게 될 것이기 때문이다(Madanes, 1991).

지시의 방법에는 치료사가 바라는 어떤 것을 가족구성원으로 하여금 하게 만드는 방법과 치료사가 바라지 않는 어떤 것을 오히려 하도록 하게 만드는 방법이 있다. 이 방법에서 치료사는 가족구성원이 저항을 해 변화되기를 바라게 된다. 헤일리는 직접적인 지시와 간접적인 지시를 사용하는데, 직접적인 지시는 치료사가 사람들로 하여금 요청받은 것을 하도록 만들 수 있는 권력과 영향력을 지니고 있을 때 사용된다. 한편, 간접적인 지시는 치료사가 내담자에게 아직 권위가 있어 보이지 않을 때 사용된다. 간접적인 지시는 일반적으로 역설적이거나 은유적인 과제의 형태로 제공되는데(Gehart, 2016), 내담자로 하여금 증상 행동을 실연하게 하거나 가족구성원의 일련의 문제행동을 실연해 보도록 하는 것이다(Nichols, 2014). 〈표 8-1〉은 직접적인 지시와 간접적인 지시의 차이점을 보여 준다(Gehart, 2016).

(1) 직접적 지시

가족에게 좋은 충고를 주는 것은 유용하지 않다. 왜냐하면 내담자나 가족구성원은 이와 같은 좋은 충고를 그전부터 다른 사람들에게서 들어왔으나 그것을 실행할 수 없었기 때문이다. 문제를 가진 사람들은 일반적으로 자신의 행위에 대해 이성적 통제능력이 부족하기 때문에 이와 같은 좋은 충고는 도움이 되지 않는다(Haley, 1987). 따라서 효과적인 지시는 일반적으로 간단한 충고의 형태를 취하지 않는다. 내담자가 어떤 정보를 모르거나 문제가 작은 것이 아니라면 충고는 거의 도움이 되지 않는다. 그러므로 대부분의 직접적인 지시는 충고를 제안하기보다는 새로운 행동을 안내하면서 가족상호작용 방식을 변화시키고자 하는 것이다. 헤일리는 다음과 같이 경고했다. "만약 치료사가 누군가에게 평상시의 행동을 완전히 멈추라고 요구하면, 그는 틀림없이 극단으로 가 버리거나, 혹은 다른 가족구성원을 끌어들여 자신에게 협조하도록 하면서 다른 가족구성원의 행동을 변화시키려고 한다(Haley, 1987, p. 60)." 따라서 대부분의 전략적 지시는 가족규칙을 깨뜨린 자녀를 다른 부모가 교육시키거나, 부부가 싸울 때 10초간 쉬었다가 말을 하게 하는 등의 작은 행동이나 맥락에서의 변화를 요청하면서 상호작용패턴을 재배열한다. 이러면 좀 더 작은 변화를 달성하기가 훨씬 쉽다(Gehart, 2016).

전략적 치료사는 가족구성원이 서로에게 그들의 행동을 변화시키기 위해 지시를 따르기를 원하거나 기대하기 때문에, 그들에게 특별한 행동(예: 어머니에게 아버지와 아들이 서로 말하려고 할 때 개입하지 말 것을 지시하는 것)을 하도록 직접적(보고와 명령이 동시에 포함된) 지시를 한다. 하지만 누군가에게 어떤 행동을 하지 말라고 요구하는 것은 강요하기가 어려운 지시이다. 지시의 성공여부는 지시를 주는 치료사의 지위, 행동의 강도 또는 만성적인 정도, 지시가 얼마나 종종 반복되었는지 그리고 특별히 과제를 달성하는 데 있어서 치료사와의 협력하려는 가족구성원의 의지에 달려 있다(Goldenberg et al., 2017). 헤일리는 가장 좋은 과제는 가족의 구조적 변화를 만들어 내기 위해 제시된 문제를 활용하는 과제라고 했으며, 직접적인 지시의 계획에는 다음과 같은 몇 가지 단계가 있다(Haley, 1987).

① 상황평가

치료사는 제시된 문제를 구성하는 상호작용 행동 장면을 파악한다. 예를 들어, 24세인 딸이 소비중독으로 신용카드를 남발해 어머니가 딸을 때리고 잠을 안 재우는 사례가 있었다(박태영, 조성희, 2005b). 아버지는 딸이 안쓰러워 어머니를 제지했는데, 어머니는 제지하는 남편이 더욱 미웠다.

② 작은 상호작용 장면의 변화를 목표로 하기

치료사는 가족이 문제 장면 중 합리적으로 수정이 가능한 장면에서 작은 행동적 변화를 발견하도록 한다. 앞의 사례에서 치료사인 저자는 어머니가 딸의 쇼핑중독과 신용카드 사용을 관리하지 말고 아버지가 관리하도록 하며, 딸도 이와 같은 약속에 동의하도록 한다.

③ 가족구성원 동기화하기

헤일리(Haley, 1987)는 과제가 주어지기 전에 가족을 동기화해야 하는 중요성을 강조했다. 직접적인 과제를 가족구성원 모두 공유하도록 요구한다. 모든 가족구성원이 딸의 문제행동(쇼핑중독과 신용카드 남용)이 멈추기를 얼마나 원하는지에 대해 다음과 같은 말로 시작하면서 가족구성원을 동기화한다. "모든 분이 따님의 쇼핑중독과 카드남용으로 인한 모녀싸움을 멈추기를 원하는 데는 동의합니까?"

④ 지시에 관한 정확하고 행동 가능한 지침 제공

치료사는 과제를 어디서, 어떻게, 누가, 무슨 요일에 하는 식으로 매우 구체적으로 제시해야 한다. 치료사는 아버지와의 개인상담 과정에서 딸이 다시 규칙을 어길 때(쇼핑으로 인해 카드남용을 할 때), 미리 문을 잠그고, 딸을 데리고 들어가 소리 지르면서 야단을 치라고 했다. 그리고 어머니는 아버지가 딸을 야단칠 때, 관여하지 말라고 부탁했다. 만약 어머니가 딸에 대해 논의하고 싶을 때는 아버지하고만 논의하라고 했고, 어머니가 너무 집안일에만 몰두하지 말고, 친구와 운동을 하면서 시간을 보내라고 지시했다.

⑤ 과제 검토

치료사는 가족구성원에게 자신의 역할을 검토하도록 다음과 같이 요청한다. "저의 과제에 대한 내용을 이해하셨는지요? 이해하셨다면 이제 세 분이 각자 이번 주에 하실 일을 저에게 말씀해 주시겠습니까?"

⑥ 과제보고를 요구하기

그다음 주에, 치료사는 가족구성원에게 어떻게 지냈지를 묻는다. 일반적으로 다음과 같은 세 가지 중 하나가 발생한다(Haley, 1987). 과제를 했거나, 과제를 하지 않았거나, 과제를 일부만 한 경우이다. 만약 내담자와 가족구성원이 과제를 잘 수행했다면, 그들을 칭찬해 준다. 만약 부분적으로 과제를 수행했다면, 치료사는 가족구성원이 치료사의 권위를 간과하는 메시지를 보내는 것으로 받아들이고 쉽게 용서하지는 않는다. 과제를 하지 않은 경우에는 헤일리는 친절한 반응과 친절하지 않은 반응, 이 두 가지 반응을 모두 활용한다. 친절한 반응으로 치료사는 다음과 같이 말한다. "제가 여러분의 상황을 잘 몰라서 그런 과제를 제안했던 것 같네요. 그렇지 않았다면 여러분이 과제를 하셨을 거예요."(Haley, 1987, p. 71). 친절하지 않은 반응으로는, 치료사는 가족이 좋은 변화를 할 기회를 놓쳤다는 것을 강조하고, 이것은 실패이자 가족들의 손실이라고(치료사를 실망시키는 차원이 아니라) 말한다. 치료사는 가족들이 다시 해 보겠다고 하더라도, 그들에게 같은 과제를 다시 제시하지는 않는다. 대신에 치료사는 이 경험을 다음 과제를 위한 동기 강화를 위해 사용한다(Haley, 1987).

(2) 간접적인 지시(역설)

종종 직접적인 접근은 성공하지 못한다. 만약 직접적인 제안이 성공했다면 가족이 친구의 충고를 받아들여 치료사에게 오지 않았을 가능성이 크다. 과제를 부여하는 또 다른 더 간접적인 지시는 내담자들에게 직접적으로 어떻게 하라고 요청하지 않고 어떤 행동을 취하도록 내담자들에게 영향을 주기 위한 시도이다. 과제는 종종 역설적인 형태로 제시되는데, 전략적 가족치료사는 내담자들이 증상을 포기하도록 하기 위해 가족이 치료사에게 반항 또는 저항하기를 기대한다. 역설적인 과제 부여는 개별적인 가족구성원, 두 사람의 한 쌍 혹은 가족체계에게 주어질 수 있다(Weeks & L'Alate, 2013).

역설적 과제는 아무런 설명 없이 주어질 수 있고 그런 경우도 비일비재하다. 그러나 치료사가 가족구성원과 그들의 가치관과 현재 가족조직의 양식을 이해하게 되면 '역설'이라는 명칭이 시사하듯이 가족구성원에게 분명히 비논리적인 과제를 더 이상 비논리적이지 않은 식으로 제시할 수 있다. 이러한 처방은 가족구성원이 볼 때 납득이 되는 것으로 고안될 수 있는데, 이는 가족구성원의 개념틀을 이해하기 때문에 가능하다(Becvar & Becvar, 2013).

전략적 가족치료에서 가장 논쟁의 대상이 되고 있지만, 반면에 영향력이 있는 기법 중 하나가 역설이다(Sexton & Montgomery, 1994). 역설을 사용하는 것이 적절할 때는 겉보기에 역설적인 것처럼 여겨지지 않고(적어도 치료사의 관점에서는), 오로지 논리적이어서 행동을 취하기에 명확할 때이다. 따라서 치료사는 역설을 사용할 적절한 때를 알게 된다. 역설은 다음과 같은 두 가지 일반적인 문제유형에 효과가 있다. 첫째, 다른 치료적 변화로는 가족의 현재 수준을 방해하는 것이 어려울 때, 둘째, 내담자의 관점에서 문제를 스스로 조정할 수 없다고 여겨질 때이다. 예를 들어, '난 더 이상 내가 걱정, 잔소리, 먹는 것, 싸움 등을 안 하도록 할 수가 없다.' 등과 같은 경우이다(Gehart, 2016).

순응에 입각한 개입을 거부하는 가족들을 목표로 하고, 이중구속 상황에 빠트리게 하는 전략적 역설적 접근은 다음과 같은 7단계를 포함한다(Andolfi, 2012). 첫째, 치료사는 변화를 기대하는 가족과 관계를 수립하는 것을 시도한다. 둘째, 수정되어야 할 문제가 명확하게 정의된다. 셋째, 목적이 분명하게 언급된다. 넷째, 치료사는 구체적인 계획을 제시해야만 한다. 만약 역설적인 과제가 이치에 맞는 것처럼 보일 수 있는 이유가 있다면 치료에 그 과제를 포함하는 것이 도움이 된다. 다섯째, 문제에 대한 현재의 권위(의사 혹은 부모로서)를 상황을 제대로 다루지 못한 것으로 무력화한다. 여섯째, 치료사가 지시를 내린다. 일곱째, 치료사는 반응을 관찰하고 역설을 유지하기 위해 일반적인 문제행동을 계속 유지하라고 격려한다.

한편, 역설적 지시는 내담자가 위기에 처해 있거나 변화에 저항할 때 상대적으로 드물게 사용되어야만 하며, 공통적으로 2개의 형태(처방적 혹은 묘사적) 중 하나를 취하게 된다. 처방적 역설은 내담자에게 무엇인가를 하라고 요청하는 반면에, 묘사적 역설은 이미 행해진 어떤 것을 긍정적인 방식으로 재명명하는 것이다(Goldenberg et al., 2017). 일반적으로 헤일리와 마다네스가 주로 사용하는 역설적 기법은 개인 또는 가족이 역기능적인 행동을 포기하도록 교묘하게 다루는 독창적인 방법을 대표하며, 역설기법에는 재정의, 처방, 제지, 시련, 가장 그리고 입장 밝히기가 있다.

① 재정의

재정의(redefining)는 증상에 대한 가족의 인식을 변화시키려는 의도이다. 증상을 유지하는 행동은 가족이 안정성을 유지하기 위한 사랑의 몸짓과 같은 좋은 의도를 가진 것으로 재정의된다. 따라서 분노는 배려, 자기희생으로서의 고통, 친밀감을 강화하는 방법으로서의 거리감을 두는 것으로 재정의된다. 치료사는 재정의를 함으로써 체계를 직접적으로 변화시키려고 노력하는 대신에, 체계를 지지하고 체계가 작용하는 정서적인 논리를 존중하고 있는 것처럼 보일 수 있다(Goldenberg et al., 2017).

② 처방

처방(prescription)은 증상을 없애기 위해 증상을 지속하게 하거나 과장하게 하며 자의로 통제할 수 있게 하는 역설적 개입전략이다. 치료를 받으러 온 개인이나 가족이 잠재적으로는 증상행동을 유지하길 원하고 있기 때문에 이와 같은 증상의 처방기법을 활용할 수 있는 것이다. 만약에 가족의 행동체계와 관련이 없는 처방을 하게 되면 문제는 변화하지 않고 그대로 남아 있기 때문에, 치료사는 증상을 처방할 때 문제와 관련된 가족의 행동체계를 명확히 파악하고 있어야 한다. 따라서 문제와 관련된 가족의 행동체계를 정확히 파악해 증상을 처방하게 되면, 가족구성원은 역기능적인 행동체계의 속성을 인식하게 되어 증상을 계속하라는 지시를 받았더라도 증상행동을 포기하고 다른 행동유형을 찾게 된다(Haley, 1987).

처방 시에 치료사는 내담자에게 다루기 힘든 기능장애의 행동을 재현하도록 지시를 한다. 처방하는 말(예: "우울한 것처럼 행동하세요." "부모님에게 반항을 계속하세요.")은 간결하고, 정확하고, 그리고 받아들일 수 없어야만(가족이 지시에 반동하게 하기 위해) 하나, 치료사는 처방에 대한 확신하는 이유를 말함으로써 진실하게 보여야만 한다. 추후에 가족구성원이 변화에 대한 압력을 받을 때, 치료사는 새로운 어려움이 발생할 수도 있다는 것을 지적하고 제지하도록 촉구함으로써 변화속도의 조절을 시도한다. 동시에, 치료사는 이러한 예기된 어려움에도 불구하고 가족에게 조심스럽게 변화하는 것을 허락하는 것처럼 보인다(Goldenberg et al., 2017).

예를 들어, 헤일리(Haley, 1987)의 '꼬마 한스' 사례를 보면, 6세 한스는 개를 무서워했다. 한스는 개가 무서워서 개를 피해서 찻길로 뛰어들기도 하고 밖으로 나갈 수가 없었다. 그래서 한스의 부모는 한스가 어디를 가든지 따라다녀야만 했다. 개에 대한 공포가 너무나 심각해 부모는 한스를 치료받게 했다. 어머니는 한스를 지나치게 보호했고, 아버지는 겉돌았다. 이 사례에서 치료사는 내담자에게 강아지를 보면 부모 앞에서 무서워서 공포에 떠는 모습을 하게 했고, 어머니에게는 더욱 보호하고 아버지에게는 더욱 냉담하라고 지시를 내렸다. 이와 같은 역할은 한스와 부모가 지금까지 해 왔던 역할을 똑같이 반복하게 함으로써 효과가 없다는 것을 인식하고 저항을 불러일으키면서 역할을 포기할 수 있게 하였다.

③ 제지

제지(restraining)란 치료의 효과를 증진하기 위해 재발을 예측해 경고하거나 변화의 속도가 지나치게 빠르다고 지적해 변화의 속도를 통제하는 것을 말한다. 치료사는 만약 변화가 너무 빠르게 나타난다면 체계의 항상적인 조화가 위험에 빠진다는 것을 강조한다. 만약 치료사가 내담자에게 믿을 만한 이유("변화라는 것은 시간이 걸리며, 단계적으로 진행되어야만 합니다. 만약 너무 많은 변화가 너무 빠르게 발생한다면 재발의 위험에 처하게 됩니다.")와 함께 지시를 제공한다면, 내담자는 그 지시에 따를 가능성이 있다. 이 전략은 내담자가 변화를 준비하고, 변화에 대한 거부를 인정하며, 일단 시작된 변화를 견고하게 하기 위한 것이다(Shoham, Rohrbaugh, & Cleary, 2008). "천천히 가라."라는 메시지는 새로운 해결책을 발견하는 것에 대한 내담자의 긴박감을 감소시키는 부가적인 혜택을 제공한다(Fisch, Weakland, & Segal, 1982). 또 치료사가 내담자와 가족구성원에게 그들이 하는 것 외에는 다른 어떤 것도 할 수 없다는 것을 말한다. 치료사는 "변화를 고려해 볼 때, 나는 당신이 현재 하고 있는 것 외에 어떤 것을 할 수 있을지 확신할 수 없습니다."라고 말한다(Gladding, 2018). 이와 같은 메시지는 가족의 사기가 꺾이지 않거나 포기하지 않으면서 발생하는 재발을 정상화하는 부가적인 효과를 가진다(Fisch et al., 1982).

집에만 있는 20세 성인 아들의 사례(Schlanger & Anger-Díaz, 1999; 박태영, 김현경 공역, 2011)에서 치료사는 아들에게 부모는 늘 "너는 잘할 수 있어!"라고 했지만 아들에게는 아무런 효과가 없었다는 것을 알게 되었다. 그런데 먼 친척을 돌볼 수 있는 일을 할 수 있는 기회가 생겼는데 치료사는 부모들이 지금까지 사용했던 긍정적인 표현(부모의 속마음에는 이 아들이 해낼 수 없다는 걱정과 불안이 담겨 있었다.)보다는 아들에게 "너는 해

낼 수 없을 것이다."라는, 즉 "아들을 좌절시키는 것에 의해 용기를 북돋아 주는 것"을 제안했다. "칭찬은 고래도 춤추게 한다"는 말이 있지만, 상황에 따라 그 말이 오히려 독이 될 수도 있다는 것을 알아야 한다. 칭찬의 맥락과 칭찬하는 방법에 따라 상대방을 불쾌하게 만들거나 더욱 좌절시키는 경우도 있다는 것이다. 그러므로 칭찬하는 방법이 효과적이지 않았을 때, 오히려 반대의 방식이 효과적일 수도 있다는 것을 염두에 둘 필요가 있다.

비평가는 전략적 방법이 지나치게 조작적이고 권위주의적이며, 대부분의 역설적인 노력은 단순하고 속이 훤히 들여다보인다고 주장했다. 전반적으로 전략적 기법은 시대에 뒤떨어졌고, 상호신뢰와 존중에 입각한 가족과의 파트너십에 대한 경향에 반대하는 것처럼 보였다. 그렇지만 헤일리는 대부분의 사람이 인정을 하지 않았음에도 불구하고, 모든 치료는 가족문제의 해결을 위해 치료사의 영향력과 전문성에 크게 의존하기 때문에 이러한 견해를 근거 없는 것으로 무시했다. 아마도 권력과 도발의 사용을 부정하지 않는 전략적 기술의 노골성은 비판을 공유하는 것 이상으로 열려 있다 (Goldenberg & Goldenberg, 2013). 심리치료의 윤리와 권력책략에 관한 내용을 보고자 한다면 헤일리(Haley, 1976; 이근후, 김영화 공역, 1992)의 『증상해결치료(Problem-Solving Therapy)』의 '7장 치료자 수련의 문제점'과 '8장 치료상의 도덕적 문제'를 참고하기 바란다. 이 두 장에서는 치료사로서 정직하고 진술해야 하는지 아니면 치료를 위해서라면 이 문제를 뛰어 넘어서도 되는가? 와 같은 관점에 대해서 잘 서술하고 있다.

④ 시련

에릭슨의 연구를 기초로 한 시련기법(ordeal technique) 또는 시련치료(ordeal therapy) (Haley, 1984)는 내담자가 증상이 나타날 때마다 불쾌한 허드렛일(예: 결벽증을 가진 내담자에게 한밤중에 일어나 마룻바닥을 청소하도록 지시하기, 불면증을 가진 내담자에게 잠을 자지 않고 독서하도록 지시하기, 바퀴벌레 공포증을 가진 내담자에게 TV로 바퀴벌레 수를 점차적으로 늘려서 보도록 지시하기)을 하도록 지시한다. 이처럼 시련기법은 내담자가 증상을 유지하면서 얻는 가치보다는 문제가 더 있는 증상을 포기하도록 돕는 것이다(Haley, 1984). 시련은 바람직하지 않은 행동을 하기 전에 반드시 이루어져야만 하는 건설적 혹은 중립적 행동이다. 본질적으로 시련은 항상 건전한 것이지만, 시련을 하도록 지시받는 사람들이 즉시 참여를 바라서는 안 된다. 시련을 행해야만 하는 사람들이 건설적인 행동을 실행하는 것을 회피하기 위해서 행동이나 증상을 포기하거나 수정하기를 바라는 경우도 있다(Gladding, 2018).

따라서 원래 증상의 고통보다 더 심한 역경의 결과로 인해 고통받게 된다. 해가 없거나 약간은 해로운 일, 그러나 실행하는 데 있어서는 시련이 되는 내담자가 원하는 것을 선택함으로써, 헤일리는 내담자가 문제 또는 증상을 포기하기보다는 그것을 가지는 게 더 어렵도록 만든다. 시련치료는 현재의 문제에 대한 논리나 관련 여부와는 상관없이, 치료사의 지시를 따르겠다는 약속된 의지뿐만 아니라 비록 고통이 따른다 할지라도 내담자에 입장에서 변화에 대한 헌신과 문제 또는 증상에 대한 분명한 진술을 요구한다(Goldenberg et al., 2017).

대식증과 구토 증상을 가진 어머니를 다룬 마다네스의 사례에서 사용된 시련기법에 대해 살펴보자. 세 자녀를 둔 35세 내담자는 결혼 몇 달 전부터 구토를 시작했으며, 증상은 13년 동안 지속되었다. 그녀는 하루에 몇 번씩, 특히 집을 청소하거나 식사를 준비하고 있는 동안에 음식을 마구 버리고 나서 토했다. 내담자의 증상은 남편에 대한 복종과 반항 양면에 대한 은유였다. 가족체계를 둘러싼 부부의 상호작용 체계는 부인이 외관상으로는 복종적이었지만 내면으로는 남편에게 반대하고, 반항하고, 피해를 다른 문제들로 둘러싼 상호작용의 은유였다.

남편은 오로지 돈을 버는 데만 몰두했고 가정을 등한시했다. 그래서 치료사는 내담자에게 매일 5달러 상당의 음식을 버리라고 했고, 남편에게는 부인이 만약 토했다면 부엌으로 데리고 가서, 의자에 앉혀 놓고, 다정하게 손을 잡아 주며 부인이 스스로 배 터지게 음식을 먹게끔 해야 한다고 했다. 남편이 집에 없을 때 토했을 경우라면 그녀는 토하기 전에 먹은 음식이 무엇이었는지를 그에게 말해 주어야 하고, 그러면 그는 다시 그녀로 하여금 스스로 배 터지게 먹게 하라고 지시했다.

치료사는 전에는 구토가 부부를 갈라놓았다고 한다면, 이제는 그들을 묶게 할 것이라고 보았다. 내담자가 토할 경우에 남편은 부드럽고 애정스럽게 그녀와 함께 앉아서 그녀 스스로 양껏 먹게끔 도와주어야 하기 때문이다. 이전에는 내담자가 스스로 지나치게 많이 먹었기 때문에 토했다. 그러나 이제는 토하기 때문에 배가 터지도록 먹어야 했다. 이 같은 지시로 치료사는 결혼 위계질서의 부조화를 역설적으로 과장하고 있었다. 이와 같은 지시는 부인을 남편과의 관계에서 보다 무기력한 동시에 더욱 강력하게 만들었다.

2주 후에 왔을 때 내담자의 구토가 멈췄다. 치료기간 동안, 치료사는 내담자의 증상이 급속하게 호전됨으로써 생기는 불화를 역설적으로 막기 위한 방법으로서 부부가 얼마 안 가서 싸우게 될 것이라고 예고했다. 이 예고는 부부로 하여금 치료사가 틀렸다는 것을 입증하기 위해 오히려 조화로운 관계를 갖기 위한 노력을 기울일 것이라는 심리를 활용한 것이다. 이 사례에 대한 좀 더 자세한 내용은 마다네스의『전략적 가족치료』 3장을 참고하기 바란다(Madanes, 1981; 오창순 역, 1998).

⑤ 가장

가장기법(pretend technique)은 덜 도전적이며 저항적이지만 여전히 가족의 저항을 극복하는 데 유용하다. 기본적으로 치료사는 가족구성원에게 싸움과 같은 문제를 일으키는 행동을 흉내 내도록 요구한다. 싸우는 척하는 행동은 전에 무심결에 한 행동을 통제하도록 함으로써 개인의 변화를 돕는다(Madanes, 1991). 많은 경우에 가족이 가장하고 있다면, 실제 증상은 사실일 리가 없고 바라는 대로 포기할 수 있다. 마다네스는 현재 문제 또는 증상이 은유적으로 근본적인 가족갈등 또는 행동의 연쇄과정이라는 것을 발견했다(Madanes, 1991). 특히 그녀는 가족위계와 관련되는 가족의 상호작용 연쇄과정에 관심이 있었다. 그녀는 부모가 가족을 통제하는 데에서 뒤로 물러나도록 하고, 모든 가족구성원은 가족균형을 유지하기 위해서 증상의 발달에 호소하지 않고 서로 직접 즐기고 배려하도록 했다.

60세의 남자 내담자가 5년간 심한 우울증 때문에 심각해진 직장문제를 걱정했다. 치료사는 남편의 우울증을 결혼생활의 부조화스러운 위계라고 규정짓는 상호작용체계에 초점을 맞추었다. 이 사례에 대한 연쇄과정은 다음과 같다. 남편은 결혼 초 몇 년 동안은 부인과의 관계에서 우월한 위치에 있었으나, 부인이 치료사로서의 직업을 가지게 되었다. 부인이 자신의 일을 더 잘할수록 남편은 더욱 자신의 일에 어려움을 겪었다. 그의 어려움이 커질수록 부인은 남편보다 더욱 유능해졌다. 남편의 우울증을 둘러싼 상호작용은 부인의 상승하는 성공에 대한 남편의 반응과 위축을 둘러싼 부부간의 상호작용에 대한 것으로 유추되었다. 남편의 우울증은 결혼생활의 어려움에 대한 은유인 동시에, 부인을 그에게 계속 관여시키기 위한 것이었기 때문에 이 문제에 대한 해결책이기도 했다.

치료사는 내담자에게 다음 주 동안 매일 밤 취침 전에 시계를 새벽 3시 30분에 맞춰 놓고, 종이 울리면 일어나서 30분 동안 걱정을 하라고 지시했다. 그 외의 시간에 걱정해서는 안 되고, 밀렸던 일을 만회하라는 지시도 했다. 그는 그 지시에 따라야만 했고, 치료사는 만약 그렇게 하지 않으면 그다음 주에 또 다른 걱정을 하게 될 것이라고 말했다. 내담자는 2주 동안에 단 한 번만 새벽 3시 30분에 시계를 맞춰 놓았고, 그것이 너무 바보스럽게 생각되어서 다시는 그렇게 하지 않았다고 했다. 그는 그 주에 잘 잘 수 있었고, 그렇게 이 문제는 치료 중에 다시 거론되지 않았다. 그는 또한 걱정도 많이 하지 않았고, 직장에서 제대로 근무할 수 있었다(Madanes, 1981: 오창순 역, 1998).

⑥ 입장 밝히기

치료사의 입장 밝히기는 가족구성원이 말하는 것에 대한 수용과 과장을 함께 포함한다(Piercy & Sprenkle, 1990). 치료사가 자신의 입장을 적절하게 밝힌다면 가족구성원은 그들의 행위에서 불합리함을 볼 수 있게 되고, 그것에 의해 가족구성원은 자유롭게 다른 것을 할 수 있게 된다. 예를 들어, 한 가족구성원이 아버지와의 관계가 힘들다고 했을 때 치료사는 "아니요. 그것은 절망적이라고 할 수 있지요."라고 응답하는 것이다(Watzlawick, 1984).

7. 치료 과정

전략적 가족치료의 목표는 가족이 함께 노력하기로 한 문제를 해결해 제거하거나 개선하는 데 있다(Snider, 1992). 최소한 가족구성원은 간접적으로라도 어떻게 효과적인 방식으로 말을 해야 하는지를 학습해야만 한다. 전략적 가족치료는 내용보다는 과정을 강조한다. 변화를 야기하기 위해 사용되는 방법은 지속적인 논쟁을 하는 상호작용의 악순환을 깨뜨리고, 상대방의 반대에 동의하며 서로에게 동의할 수 있는 행위를 하는 등의 대안적인 행위방식을 강조하는 선순환으로 바꾸는 것에 초점을 둔다(Friesen, 1985).

전략적 가족치료는 대개 주 1회 간격으로 총 10~15회기의 치료를 실시하고 현재 가족이 제시하는 문제만 해결하는 데 초점을 둔다. 전략적 가족치료는 가족구성원이 문제를 야기하는 역기능적 상호작용의 과정에 대한 인식이나 통찰력을 증진하기보다는, 치료사가 이와 같은 상호작용의 과정에 연합하고 분리하는 과정을 통해 직접적인 변화를 일으키는 데 관여하기 때문에 치료 과정이 매우 행동주의적이다(Haley, 1976). 한편, 치료 과정에 있어서 헤일리는 매우 지시적이고 의도적이며 조작적이다. 일반적으로 헤일리의 가족치료의 전반적인 치료 과정은 문제규정 단계, 치료전략의 수립과 개입 단계, 분리 단계의 3단계로 나누어진다(Haley, 1976; Madanes, 1991).

1) 문제규정 단계

문제규정 단계에서는 가족문제를 파악하기 위해 가족의 조직적 문제와 가족 외부와의 관계에서 나타나는 상호작용의 연쇄과정을 관찰해 가족의 위계질서를 탐색한다. 그리고 문제를 직접 관찰이 가능하고 해결이 가능한 구체적인 가족의 위계질서의 문제로 정의를 내린다. 헤일리는 첫 회기 상담에서 전체 가족이 참석해야 하며, 전체 치료 과정에 대한 구체적 단계를 설정해야 한다고 주장했다(Haley, 1976). 특히 헤일리는 문제규정 단계의 초기 상담을 매우 중요시했고 그에 대한 구체적인 내용은 다음과 같다.

(1) 초기 상담

헤일리는 치료가 잘 종결하려면 시작이 중요하다고 했다. 즉, 해결이 가능한 문제를 찾고, 문제가 야기된 사회적 상황을 발견하는 것이다. 따라서 그는 초기면접을 치료의 전 과정에 있어서 매우 중요한 단계라고 보았고, 초기 상담에 많은 시간을 투자하고 관심을 집중했다(Haley, 1976). 헤일리의 초기상담 과정은 다음과 같은 다섯 단계를 거친다(Haley, 1976; Goldenberg et al., 2017; Nichols, 2014).

① 사회적 단계

가족이 상담을 하기 위해 상담실에 들어오면 각자가 원하는 대로 자리를 잡도록 한다. 치료사는 먼저 자신을 소개한 후에 가족구성원 각자에게 자신을 소개하도록 요청한다. 일반적으로 가족구성원은 자신의 문제를 인정하지 않을 뿐만 아니라 치료사의 권위나 지시를 기꺼이 받아들일 준비가 안 되어 있기 때문에 이 단계에서 치료사는 가족구성원에게 정중하게 예의를 지켜 모두가 편안함을 느낄 수 있도록 해야 한다. 치료사는 사회적 단계(Social Stage)에서 가족구성원이 어떻게 행동하고 어떻게 상호작용하는지를 관찰한다(Haley, 1976; Nichols, 2014).

② 문제 단계

문제 단계(Problem Stage)에서 치료사는 문제에 대한 각각의 가족구성원의 견해를 물어본다. 일반적으로 어머니가 아버지보다는 더 중심적인 역할을 하기 때문에 헤일리는 아버지가 더 많이 참여할 수 있도록 아버지에게 먼저 질문을 하라고 제안한다. 이러한 제안은 가족들에 대한 전체적인 접근을 특징 짓는 헤일리의 전략적인 책략을 보여 준다. 이 단계에서 그는 가족구성원이 문제에 대해 정의하는 것과 그들이 문제에 연관되어 있다는 점에 주의해서 경청하고, 한 사람의 이야기가 끝날 때까지 다른 사람이 방해하지 않도록 한다. 이 단계에서 헤일리는 가족구성원이 말을 하는 동안에 다른 사람에 대항하는 가족구성원 사이의 동맹과 위계를 탐색한다(Nichols, 2014).

헤일리의 접근법의 독특한 점은 정신적 증상의 상호간의 보상에 대한 그의 초점이었다. 사람들이 자신들의 증상으로부터 무언가를 얻는다는 아이디어는 대부분의 가족치료 학파로부터 거부당했다. 왜냐하면 대부분의 가족치료 학파는 그러한 아이디어를 피해자를 비난하는 것으로 보기 때문이다. 헤일리의 견해는 사람들이 다른 사람들을 조정하기 위해 불안해 하거나 우울해지는 것이 아니라 일단 문제들이 나타나기 시작하면 그런 문제들이 가족 안에서 개인 간의 투쟁에 있어서 역할을 할 수도 있다는 것이다. 이것이 헤일리가 탐색했던 증상의 명백한 기능이다(Haley, 1976). 헤일리의 접근법에 있어서 가설의 일차적인 목적은 증상이 발생하는 가족 드라마의 핵심을 이해하는 것이다. 헤일리는 사람들의 문제 이면에 있는 의미에 초점을 두기 때문에 문제는 합리적인 해결책을 가지고 있어야만 한다고 믿는다. 그 답은 가족이 자신의 문제에 대한 새로운 방법을 발견하는 것을 돕는 것이다(Nichols, 2014).

헤일리는 치료사가 가족문제를 경청하는 데 있어서 다음과 같은 네 가지의 주의사항을 제시했다(Haley, 1976). 첫째, 치료사는 문제에 대해 서로 다른 관점에서 보도록 돕기 위해 어떤 해석이나 비평을 해서는 안 된다. 둘째, 치료사가 조언을 해 달라고 요청을 받더라도 이 단계에서는 어떤 충고도 해서는 안 된다. 이럴 경우에는 "어떻게 해야 하는가를 말씀드리려면 제가 상황에 대해서 좀 더 알아야 하겠습니다."라고 말한다. 셋째, 누가 무엇에 대해 어떻게 느끼는가를 물어서는 안 되며 단지 사실과 의견만을 수집해야 한다. 넷째, 치료사는 내담자를 도와주려는 진실된 태도를 보여야 한다.

③ 상호작용 단계

상호작용 단계(Interaction Stage)는 문제에 대해 가족구성원이 서로 의견을 나누도록 격려하는 단계로 가족의 상호작용을 관찰하는 단계이다. 이 단계에서는 치료사가 상담의 구심점이 되는 것을 멈추고 가족구성원끼리 이야기하도록 해야 한다. 가족구성원의 상호작용을 돕기 위한 또 다른 방법은 가족 중 두 사람의 대화를 돕기 위해 제3자를 그 대화에 끼게 하는 것이다(Haley, 1976). 이 단계에서 가장 도움이 될 수 있는 방법은 가족이 제시하는 문제를 직접 상담실에서 실연해 보도록 하는 것이다(Thomas, 2014).

이 단계에서 치료사는 가족 안에 존재하는 연쇄적 행동의 유형을 관찰할 수 있으며, 따라서 상호작용관계가 효과적으로 진행되면 가족구조도 분명하게 나타날 수 있다. 헤일리는 초기상담에서 치료사들이 권력투쟁을 무시하거나 인정하고, 가족이 문제들을 해결할 수 있다는 생각을 가지고 권력이 가족 내에서 어떻게 사용되고 있고, 잘못 사용되는가를 관찰하는 데 많은 노력을 했다(Nichols, 2014). 이 단계에서 치료사는 미래의 치료적 개입에 대한 실마리를 제공하는 가족구성원 간의 역기능적인 의사소통 연쇄과정뿐만 아니라 동맹, 문제적인 위계, 두 사람 간의 갈등 등을 관찰한다(Goldenberg et al., 2017).

④ 목표설정 단계

상호작용 단계를 통해 가족의 주요문제가 명확해지면 치료사는 가족구성원과 함께 해결되기를 원하거나 제거되기 원하는 문제를 아주 자세하게 결정하기 위한 기회를 갖는다. 목표설정 단계(Goal-Setting Stage)에서 치료사는 구체적이고 행동적인 질문을 한다. 또한 치료사는 모든 참석자가 변화를 측정할 수 있고 치료가 진행되면서 그들의 노력의 성공에 대한 것을 측정할 수 있는 분명한 목표를 가진 계약을 맺는다(Goldenberg et al., 2017).

⑤ 과제주기 단계

과제주기 단계(Task-Setting Stage)는 마지막 단계로 전략적 가족치료사는 가족 간 상호작용의 연쇄과정을 변화시키는 과정을 시작하는 차원에서, 첫 번째의 단순한 과제부여 또는 지시를 하면서 첫 상담을 마친다. 만약 첫 회기 상담이 성공적이라면, 가족구성원은 치료사에게 안도감을 느끼며, 변화를 위해 함께 작업하는 데 헌신할 것이다(Haley, 1976).

2) 치료전략 수립과 개입 단계

단계들을 통한 체계적으로 진행하는 전략적 치료사들은 해결받기를 원하는 문제를 결정하기 위해 가족과 협상을 하며, 그다음에는 문제를 제거하기 위해 가족의 역기능적인 연쇄과정 혹은 잘못된 위계를 변화시킬 수 있는 행동계획을 수립한다(Goldenberg et al., 2017). 개입전략은 대부분 직접적 지시와 역설적 개입으로 구성된다. 헤일리는 가족문제 유형별로 독특한 개입전략과 단계를 제시하고 있다. 예를 들어, 부모-자녀 간의 세대 간 동맹에 개입하기 위해서는 첫 번째 단계로 치료사는 동맹을 맺지 않고 있는 부모와 자녀를 중심으로 치료를 하며, 동맹을 맺고 있는 부모는 주변적인 위치로 이동시킨다. 두 번째 단계로 치료사는 역기능적인 위계질서를 변화시키기 위해 부모만을 대상으로 부부치료를 실시하고, 치료 과정에서 자녀에게 초점을 두지 않고 자신의 연령에 맞는 활동을 하게 한다(Haley, 1976).

3) 분리 단계

치료적 개입을 통해 가족문제와 가족의 역기능적인 상호작용의 연쇄과정이 변하게 되면, 가족이 변화를 유지할 수 있는 능력이 있기 때문에 치료사는 가족체계로부터 분리되어 나온다. 만약에 가족이 치료를 시작하면서 제기했던 문제는 새겼띠있으나, 치료 과정에서 새로운 문제가 제기되어 가족이 치료를 받기 원한다면 일단 치료를 종결한 후에 다시 새롭게 제기된 문제에 대해 계약을 맺고 치료를 실시한다(Haley, 1976).

8. 다른 모델과의 비교

앞에서도 언급했다시피, 헤일리의 전략적 가족치료는 초기에는 MRI의 의사소통이론에 후기에는 구조적 가족치료모델에 많은 영향을 받았다. 따라서 전략적 가족치료는 의사소통과 상호작용적 연쇄과정 그리고 위계질서에 관해 초점을 두게 되었다. 물론 학자에 따라 전략적 가족치료에 MRI 의사소통 모델, 제이 헤일리의 전략적 가족치료모델, 밀란 모델을 포함하기도 한다. 한편, 호프만(Hoffman, 1981)과 미트라니와 페레즈(Mitrani & Perez, 2003)는 헤일리의 입장을 구조적-전략적 접근으로 분류한다. 미누친 또한 구조적 관점과 전략적 관점 사이에는 분명한 유사성이 있다고 지적한다(Simon, 1984). 여기서는 헤일리의 전략적 가족치료모델과 MRI 의사소통 모델 그리고 구조적 가족치료모델의 공통점과 차이점을 살펴보겠다.

1) 전략적 가족치료모델과 MRI 의사소통 모델의 비교

MRI집단은 미국 서부 캘리포니아 팔로알토에서, 전략적 치료의 헤일리와 마다네스는 동부 워싱턴 디시에서 활동했다. 두 모델은 모두 가족생활주기상의 위기를 점검하며, 치료 목표는 가족의 현재 증상 및 문제의 제거와 행동변화에 초점을 둔다. 두 모델 모두 치료기술로서 모두 증상 처방, 치료적 이중구속, 역설적 지시, 재명명 등을 사용한다.

두 모델의 차이점으로, 전략적 치료는 MIR 모델에서는 별로 중요시하지 않았던 관계구조와 증상의 조정하는(보호하는) 기능을 강조했다(Weakland, 1993: Rohrbaugh & Shoham, 2015; Szapocznik & Hervis, 2020). MRI 모델은 개인의 감정이나 의지보다는 의사소통, 즉 상호작용적인 방식에만 초점을 두나 전략적 가족치료는 동기에 관심을 두었으며, 헤일리는 주로 다른 사람을 조정하려는 욕구에, 마다네스는 사랑을 하고 사랑은 받고자 하는 욕구에 관심을 두었다(Nichols, 2014). 전략적 가족치료가 MRI 모델과 차이를 보이는 것은 단순한 문제의 해결인 의사소통 방식뿐만 아니라 구조적인 개념들을 적용했다는 것이다. 즉, 전략적 가족치료는 치료가 성공하기 위해서는 가족구조가 변화해야 한다고 보았으며, 이는 가족구조 내의 위계질서가 확립되어야 한다는 것이었다. 따라서 전략적 가족치료는 의사소통의 연쇄과정과 구조적 위계질서에 초점을 둔다.

2) 전략적 가족치료모델과 구조적 가족치료모델의 비교

전략적 가족치료와 구조적 가족치료 간의 공통점은 과거보다는 현재를 중시한다는 점이다. 두 모델 모두 가족생활주기가 부부(가족)가 발전하는 데 있어서 중요한 발달 준거틀로 인식하며, 개인 또는 가족 문제나 증상을 이러한 발달적인 맥락에서 이해하고, 체계에 의해 유지된다고 본다. 두 모델 모두 반복되고 파괴적인 행동유형을 변화시켜야 할 목표로 설정한다. 개입 시 중점에 두는 것은 내용이 아닌 가족과정이고, 증상은 치료지향적이다. 두 모델 모두 통찰보다는 재구조화를 강조하고 치료 회기 이외에 과제를 부여하며 치료에 소요되는 시간은 대략 6개월로 비교적 짧다(Gladding, 2018). 두 모델의 공통적인 치료사의 역할은 적극적이며, 지시적이고 치료에 대해 책임을 진다. 두 모델이 모두 체계적 관점을 가지며, 단기적이며, 문제에 초점이 맞추어져 있으며 실용적이다.

두 모델 간의 차이점으로 구조적 가족 치료는 치료사가 치료적인 목적을 성취하기 위해 개인적인 영향을 사용하도록 권할 뿐만 아니라 '부부 혹은 가족과 합세'하는 것을 강조한다. 반면에, 전략적 가족치료는 구조적 가족치료보다는 치료 목표가 전형적으로 덜 분명하다. 솔직한 치료적인 영향보다는 상황의 진전에 따라 이러한 목표는 방향성 없이 또는 도발적으로 성취된다. 구조적 치료사는 체계와 역할관계의 중요성을 강조하는 반면에, 전략적 치료사는 주로 기능이나 과정을 강조한다(Fraser, 1982). 본질적으로 구조적 치료사는 가족구성원으로 하여금 가족 내에서 그들의 위치를 바꾸도록 노력하며, 전략적 치료사는 역기능적으로 반복되는 형태를 깨뜨리거나 변화시키는 데 집중한다. 구조적 치료는 부정적 피드백 순환과 항상성을 이루는 결속력을 깨뜨리는 데 중점을 두는 반면에, 전략적 치료는 긍정적인 피드백 순환과 선순환을 만들기 위해 악순환을 저지하는 데 집중한다. 구조적 치료의 개입 대상은 전체 가족과 현재 기능하고 있는 하위체계이나, 전략적 치료의 개입 대상은 각 가족 개인을 포함하는 가족체계의 하위체계이다(Fraser, 1982). 구조적 치료는 더 긴 기간을 강조하고 상호작용패턴에 있어서 상대적으로 안정되고 고정적인 것으로 보는 경향이 있으나, 전략적 치료는 더 짧은 기간을 강조한다(Todd, 1986).

9. 사례

이 사례는 마다네스가 한 야경증(night terrors)을 가진 10세 아들(내담자)에 대한 상담이다(Nichols, 2014). 이 가족은 내담자, 어머니, 누나 2명, 아기 남동생으로 구성되었다. 치료사인 마다네스는 내담자가 야경증을 가지고 있기 때문에 모든 가족구성원에게 각자의 꿈 이야기를 말하도록 했는데, 오로지 어머니와 내담자만 꿈을 꾸는 것으로 나타났다. 어머니의 악몽은 누가 집에 침입하는 것이었고, 내담자의 악몽은 마녀의 공격을 받는 것이었다. 마다네스는 내담자에게 악몽을 꾸었을 때 어머니는 어떻게 대응했는지에 대해 물었다. 어머니는 내담자를 자신의 침대로 데려와 내담자에게 하나님께 기도하라고 말한다고 했다. 어머니는 내담자의 악몽이 악마의 소행이라고 보았다.

치료사는 내담자가 야경증을 가진 것은 어머니의 두려움과 어머니를 도우려는 시도를 모두 은유적으로 표현하는 것이라고 추측했다. 내담자가 두려워하는 한 어머니는 강해져야만 했다. 불행하게도 어머니가 내담자를 보호하려고 노력은 했지만, 하나님과 악마에 대한 이야기로 인해 내담자를 더욱 놀라게 했다. 따라서 어머니와 내담자는 비생산적인 방법으로 서로를 돕고 있었다.

치료사는 가족구성원에게 집에 있는 척하고 어머니는 누군가 침입해 올 것을 두려워하는 척 가장하라고 했고 내담자에게는 어머니를 보호하라고 요청했다. 이렇게 함으로써 어머니는 내담자의 도움이 정말 필요하기보다는 도움이 필요한 척 행동해야 했다. 처음에 가족구성원은 그러한 장면을 연기하는 것을 힘들어했는데 그 이유는 내담자가 어머니를 돕기 전에 어머니가 가상적인 도둑을 공격하려고 했기 때문이었다. 그렇게 함으로써 어머니는 자신을 보호할 능력이 있다는 것과 내담자의 보호가 필요 없다는 것을 보여 주었다. 내담자가 도둑을 공격하는 이 장면이 제대로 연기된 다음에 가족구성원은 모두 각자의 연기에 대해 논의했다. 어머니는 자신의 역할을 하는 것이 어려웠다고 했는데, 그 이유는 자신은 자신을 방어할 수 있는 능력이 있는 사람이기 때문이라고 했다. 마다네스는 일주일 동안 매일 밤마다 이 각본을 반복해 보는 과제를 주었다. 만약에 내담자가 자면서 비명을 지르면, 어머니는 내담자를 깨우고, 이러한 장면을 다시 연기하도록 했다. 이 일은 중요하기 때문에 아무리 늦은 시간이나 아무리 피곤하더라도 반드시 해야 한다고 했다. 그 이후에 소년의 야경증은 사라졌다.

이 사례는 문제를 중심으로 연속행동을 추적하고, 이를 변화시키는 과제를 제시하는 전략적 치료의 특성을 잘 보여 준다(Nichols, 2014).

10. 요약

전략적 가족치료는 단기적이며 구체적이고 긍정적이며, 가족체계나 발달에 어려움을 겪고 있는 가족에게 적합한 접근법이다. 헤일리와 마다네스의 전략적 가족치료는 세심하게 계획된 책략과 가족문제를 해결하기 위한 지시를 제공하는 것이 특징이다. 전략적 가족치료에서 사용하는 기법인 가장, 시련 등의 기법은 대단히 혁신적이다. 헤일리는 비지시적인 역설적 개입뿐만 아니라 직접적인 지시나 과제를 사용한다. 마다네스는 가장기법이라는 형태의 역설적 원리를 사용했는데, 이 기법은 저항을 일으키지 않으면서 변화를 이루도록 이끄는 비직면적 개입방법이다. 전략적 치료는 가족이 효과적으로 기능할 수 있도록 도와서 가족의 변화를 이루게 한다는 점에서 인정받고 있다. 그러나 이러한 단기 지향적인 전략적 치료가 가족의 문제를 충분히 광범위하게 다루지는 못하고 있다는 비판을 받는 것도 사실이다. 그럼에도 불구하고, 전략적 접근은 역설의 존재를 인정하고 가치판단을 최소로 줄임으로써 역설을 다루는 데 있어서는 가장 선두를 달리고 있다.

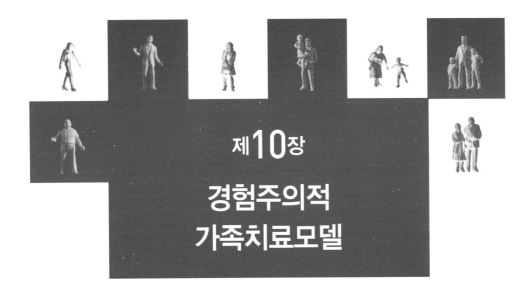

제 10장
경험주의적 가족치료모델

1. 이론적 배경

경험주의적 가족치료는 1960년대에 지금-여기의 경험을 강조하는 인본주의 심리학으로부터 탄생되었다. 경험주의적 가족치료는 개별치료와 집단치료에서 기술들을 빌려왔을 때인 가족치료의 초기시절에 유행했다. 경험주의적 가족치료의 기법인 역할극, 정서적 직면과 같은 기법은 현상학적인 기법(게슈탈트치료, 사이코드라마, 로저스의 내담자 중심 치료, 참만남 집단)으로부터 왔고, 조각과 가족그림과 같은 표현방법은 예술과 심리극의 영향을 받았다. 상호작용의 역동성보다는 정서적 경험에 더 많은 초점을 두는 경험주의적 가족치료는 체계와 상호작용을 다루는 다른 가족치료 접근법과는 잘 맞지 않는 것으로 보일 수도 있다.

경험주의적 가족치료는 모든 가족 안에 본래 내재되어 있는 잠재성을 통해 건강한 가족을 성취하기 위해 치료사와 가족구성원의 협력적인 노력을 강조한다(Satir & Bitter, 2000). 또한 사티어는 일치하는 의사소통이 조화롭고 양육적인 가족체계를 유지하기 위해 중요하며, 만약 모든 사람이 한 개인으로서 그리고 기능적인 체계의 부분으로서 성장하려면, 자존감을 높이는 것이 중요하다고 보았다. 경험적 가족치료에서 중요한 것은 종종 자기노출 기술을 통해 치료사 자신의 솔직한 감정을 보여 주는 등 치료사와의 개인적인 관련을 맺는 것이다. 경험주의적 가족치료사는 가족구성원으로 하여금 감정 수준에서 서로 대화하는 것을 좌절시키거나 심지어 어떤 경우에는 막고 있는 엄격한 규칙을 변화시키는 것을 학습하고 감정을 직접적으로 표현하기 위한 과정을 발전시키도록 격려한다(Goldenberg, Stanton, & Goldenberg, 2017).

사티어는 자신의 접근을 치료사와 가족이 힘을 합쳐서 행복을 도모한다는 차원에서 과정모델이라고 명명했다(Satir, 1982). 이 모델은 가족이 균형된 체계이고, 규칙에 의해 지배받는 체계이며, 의사소통과 자아존중감이라는 기본 요소를 통해 성장과 발달의 맥락을 제고한다(Gehart, 2016). 경험주의적 접근은 즉시성, 지금-여기, 가족 내력이 아닌 각 개인의 심리적인 경험과 대면, 과정, 성장, 자발성과 행동 등의 개념을 강조한다. 이 접근에서는 이론과 추상적인 요인들은 최소한으로 다루어지며, 가족 안에서 진행 중인 경험의 상태에 따라 심리 건강 여부를 측정하고 치료를 위한 개입을 할 것인지의 여부가 결정된다(Gladding, 2018). 경험주의적 접근에서는 감정의 표현을 모든 사람이 공유할 수 있는 공통적인 수단으로 보기 때문에 주로 정서, 즉 감정을 강조하고 의식과 감정의 표현은 개인과 가족이 치료목적을 성취하기 위한 수단이다. 따라서 치료사는 내담자에게 분명하고 효과적인 방법으로 감정을 표현하도록 격려한다(Kane, 1994).

경험주의적 가족치료의 발달에 지대한 공헌을 한 인물로는 데이비드 칸토(David Kantor), 프랭크 덜(Frank Duhl), 버니 덜(Bunny Duhl), 버지니아 사티어(Virginia Satir), 칼 휘태커(Carl Whitaker), 버나드 구에니(Bernard Guerney) 루이스 구에니(Louise Guerney), 월터 켐플러(Walter Kempler), 아우구스투스 내이피어(Augustus Napier), 레슬리 그린버그(Leslie Greenburg)와 데이비드 케이스(David Keith) 등을 들 수 있다.

게하르트는 경험주의 가족치료에 사티어의 성장모델, 칼 휘태커의 상징-경험적 치료, 그린버그와 존슨의 정서중심 치료, 쉬와르츠의 내적가족체계를 포함시키고 있다(Gehart, 2016). 또한 그는 앞의 네 가지의 접근을 다음과 같이 구별하고 있다. 첫째, 사티어 성장모델은 따뜻함과 지지를 사용해 가족 간 의사소통과 가족구조에 초점을 맞춘다. 둘째, 상징-경험적 치료는 변화를 촉진하기 위해 따뜻함과 직면을 균형적으로 사용해 가족 간의 상징적 의미와 감정의 교환에 초점을 둔다. 셋째, 정서중심 치료는 경험적, 체계적, 애착이론을 사용하는 커플치료의 선두적인 증거기반 접근이다. 넷째, 내적 가족체계는 원래 트라우마와 학대 생존자들을 치료하기 위해 개발된 이 통합적인 접근법은 체계적 원리를 활용해 개인의 내적 부분을 작업한다.

이 전통의 영적 지도자들인 버지니아 사티어(Virginia Satir)와 칼 위태커(Carl Whitaker)가 사망한 후에는 인기가 있었던 경험주의적 가족치료는 다소 구시대적인 모델처럼 보였다. 그렇지만 이들의 영향은 월터 캠플러(Walter Kempler)(Kempler, 1981), 어거스트 나피어(Agust Napier)(Napier, 1987), 데이비드 키스(David Keith)(Keith, 2017), 로라 로버토(Laura Roberto)(Roberto, 2014), 프레드와 버니 덜(Fred Duhl and Bunny Duhl)(Duhl & Duhl, 1981), 윌리암 범베리(William Bumberry)(Whitaker & Bumberry, 1988)의 활동을 통해 지속되었다. 더군다나 최근에 두 가지의 새로운 모델인 그린버그와 존슨(Greenberg & Johnson, 1986; Johnson & Brubacher, 2016)의 정서중심적 부부치료(emotionally focused couple therapy)와 쉬와르츠(Schwartz, 1994; Schwartz & Sweezy, 2019)의 내적 가족체계모델(internal family systems model)로 다시 활성화되고 있다. 이 두 가지 모델은 가족체계의 더 복잡한 이해와 함께 개인에 대한 경험의 정서적 충격을 조합했다(Nichols, 2014).

특히 칼 휘태커와 버지니아 사티어가 경험주의적 가족치료를 대표하는 인물이라고 볼 수 있으며, 이 장에서는 경험주의적 가족치료의 대표적인 인물인 버지니아 사티어의 이론을 살펴보겠다.

2. 버지니아 사티어의 생애

버지니아 사티어(Virginia Satir, 1916~1988)는 1950년대에 백인 남성 정신과 의사가 주류를 이루는 가족치료운동의 창시자 가운데 유일한 여성이자 사회복지사였다. 그녀는 1916년에 미국 위스콘신주의 한 농가의 5명의 자녀 중 장녀로 태어났다. 그녀는 고등학교에 입학했을 때인 1929년에 대공황을 겪었고, 고등학교를 졸업한 해인 1932년에 위스콘신대학교 교육학과에 입학했다. 그녀는 사회복지사로 보육원, 흑인을 위한 커뮤니티센터 등에서

[그림 10-1] 버지니아 사티어

일하면서 영육아기의 경험, 흑인들에 대한 인종 차별과 편견 등에 대해 눈을 뜨기 시작했다. 대학 졸업 후 그녀는 어린 나이에 공립학교 교사로 6년간 근무했고, 사회복지기관에서 9년간 임상훈련을 받았다. 1948년에 그녀는 시카고대학에서 사회사업학 석사학위를 취득했다. 그 뒤 시카고대학교 사회복지학과 대학원 과정에 입학했는데 그 당시 여성이 박사학위를 취득하는 것을 쉽게 허용하지 않았던 분위기 때문에 박사과정을

끝낸 후 5년이 지나서야 사회복지학 박사학위를 취득했다(김영애, 2020).

1951년 사티어는 시카고에서 개인 사회복지사 사무실을 열었으며, 1955년에는 일리노이즈 정신과 연구소에서 근무했다. 가족을 대상으로 한 그녀의 독특한 치료 접근은 조현병에 걸린 한 젊은 여성을 치료한 경험에서부터 시작했다. 그녀는 조현병 환자에 대한 머레이 보웬과 돈 잭슨의 작업에 영향을 받았으며, 1959년에 잭슨과 그의 동료들로부터 캘리포니아 팔로 알토에 있는 정신조사연구소(MRI)를 건립하는 데 합류해 달라는 요청을 받았다. 자신의 임상작업과 MRI의 다른 전문가들과 함께 작업을 하는 가운데, 사티어는 그녀의 가족치료 접근법을 더욱 연마해 나갔다. 사티어의 경험주의적 접근법의 핵심은 "사람들에게는 성장할 수 있는 잠재력이 있다는 것에 대한 확신이며, 훌륭한 조력자들은 내담자의 변화 과정을 가정할 필요가 있다는 것이다"(Simon, 1989, p. 38).

사티어는 심리치료 작업에 구조화된 경험수의적 접근을 사용했고(Wood & Martin, 1984), 의사소통의 대가이자 가족의사소통이론(가족구성원 사이의 교류를 명료화하는 데 중점을 둔 접근)의 창시자로 불린다. 그녀는 5천 가족 이상을 대상으로 심리치료 작업을 했고, 또한 청중 앞에서 자신의 기술과 접근방식을 유감없이 보여 주었다(Satir & Bitter, 2000). 1964년 사티어는 가족치료 분야에서 최초의 주요 서적 중 하나인 『공동가족치료(Conjoint Family Therapy)』(Satir, 1964)를 출판했는데 이 책으로 인해 그녀는 세계적인 인물이 되었다. 이 책은 가족치료 분야의 고전적인 교재가 되었으며, 이 저서의 발간은 그녀가 각종 워크숍의 주강사가 되는 계기가 되었다. 같은 해에 그녀는 에설런성장센터(Esalen Growth Center)에서 훈련프로그램의 지도자가 되었다. 에설런에서 그녀는 감각적인 자각, 마사지, 집단만남, 게슈탈트치료, 무용, 신체, 기타 비전통적인 치료를 처음으로 접하게 되었다. 그 결과 그녀는 치료에 전체적인 접근을 지향하기 시작했다. 비록 그녀의 모델이 의사소통에 기초를 두고 있지만, 본질상 매우 경험적이며, 그녀가 엘설런에서 처음으로 접하게 되었던 많은 분야로부터 유추한 요소를 통합했다(Becvar & Becvar, 2013).

사티어는 강한 카리스마를 가진 리더십을 가지고 있었다(Beels & Ferber, 1969). 그녀는 효과적이고 비효과적인 의사소통 패턴에 대한 단순하지만 설득력 있는 견해(Satir & Baldwin, 1983)를 가지고 있었고, 모든 사람이 자기가치감과 자존감을 세워야 한다고 주장했다. 그녀가 1988년 사망할 때까지 30년 기간 동안 많은 저서가 꾸준히 출판되었다. 말년에 사티어는 가족치료 분야에 대한 자신의 비전과 다른 영향력 있는 지도자들의 비전이 상충하자 가족치료의 주류에서 벗어나 더 이상 직접적으로 관여하지 않았다 (Pittman, 1989). 그 이후, 사티어는 보다 인간적인 가족치료를 촉진하는 데 매우 적극적이었고 더 큰 체계에 영향을 미치는 데 전념했다.

사티어는 사람들이 온전하고 믿을 만하며, 민감하며, 서로에 대해 진실되기를 원한다고 가정했다. 따라서 그녀는 이러한 사람들의 성향이 건강하지 못한 행동으로 인해 감춰져 있다고 할 지라도 사람들의 건전한 의도의 사인을 사람들 안에서 찾았고 발견했다(Lawrence, 1999). 그녀는 증상적인 행동을 개인의 고착된 특성이라기보다는 '실패한 적응적 시도'라고 보았고(Waters & Lawrence, 1993), 그녀는 인간의 삶의 향상뿐만 아니라 인류의 구원에 초점을 두었다. 사티어는 자신의 저서(Satir, 1986; Satir & Bitter, 1991)에서 자신의 접근을 가족 안에 내재되어 있는 건강증진 과정을 자극하기 위해 치료사와 가족이 연합한다는 점에 있어서 인간존중 과정모델이라고 규정했다(Satir, 1986). 그녀는 성장경험을 제공하고 다른 사람들을 훈련시키기 위해 그녀의 언어 스타일에서 나온 모델과 방법을 사용했다(Bandler, Grinder, & Satir, 1976).

1977년 사티어는 자신이 치료적 관점과 과정을 훈련시키는 비영리조직인 아반타 네트워크(Avanta Network: 'avanta'는 '전진하다' '초월하다'를 의미하는 이탈리아 말이다)를 결성했다. 그 구성원은 세계 곳곳에서 열린 세미나에서 그녀가 영향을 미쳤던 충실한 추종자들이었다. 아반타 네크워크는 오늘날에는 버지니아 사티어 세계적 네트워크(Virginia Satir Global Network)로 개명했다(Haber, 2011). 이 비영리기관은 가족치료와 사회에 대한 그녀의 유산이었고, 여전히 사티어는 이 기관을 통해 영향력을 미치고 있다(Becvar & Becvar, 2013).

그녀는 지속적으로 저술활동을 했으며, 사망 전까지 유럽과 북미, 남미와 아시아를 포함한 전세계에 자신의 치료 과정 모델을 소개했다(Bermudez, 2008). 사티어의 성공 비결은 그녀의 치료모델과 그녀 존재의 일치성 때문이다(Becvar & Becvar, 2013). 그러나 사티어가 최고의 가족치료 선생 중 1명이면서 그녀가 가진 엄청난 영향력에도 불구하고(Braverman, 1986), 사티어의 추종자는 감소하고 있다. 이와 같은 추종자의 감소는 아마도 이론에 입각한 체계적인 치료적 절차라기보다는 많은 사람이 습득하기가 힘든 그녀의 성격과 창의성이 더욱 분명히 나타나는 그녀의 개입방법 때문이라고 볼 수 있다(Goldenberg et al., 2017).

그럼에도 그녀의 철학적 가정과 치료 기법은 여러 학자의 문헌에서 발견할 수 있다(Woods & Martin, 1984; Brothers, 2013; Andreas, 1991; Satir, Banmen, Gerber, & Gomori,

1991; Satir & Bitter, 2000). 한국에 사티어가 알려지게 된 것은 1994년 한국가족치료학회에서 반맨을 초청해 사티어 모델 워크숍을 개최하면서부터이다. 2001년 6월에는 한국사티어변형체계학회가 발족되었다. 특히 김영애가족치료연구소 소장은 사티어의 경험주의적 가족치료를 오랜 동안 임상현장에서 적용하고 있으며, 국내에 경험주의적 가족치료를 뿌리내리는 데 많은 기여를 했다.

한편, 부루하커는 명확한 이론, 관계 원리, 그리고 치료적 기술과 과정에 있어서 탄탄한 근거를 두고 있는 치료적 접근인 정서중심적 치료와 사티어 모델간의 연결이 있다고 보았다(Brubacher, 2006). 게다가 청은 사티어의 언어에 대한 중요성과 사람들의 변화할 수 있는 잠재성에 대한 그녀의 관점과 참여자(촉진자)로서의 치료사에 대한 시각이 사회구성주의 이론에 영향을 미쳤을 것이라고 주장했다(Cheung, 1997). 청은 사티어의 가족재구성은 신념을 재검토하고 과거 경험에 대한 의미를 재구성하는 이야기치료와 유사하다고도 보았다(Cheung, 1997).

3. 주요 개념

경험주의적 가족치료모델에 있어서 가장 핵심적인 개념이자 사정과 치료적 접근의 기초가 되는 주요 개념에는 자기가치감과 자아존중감, 의사소통 및 대처(생존)유형, 가족규칙, 가족 역할, 생존 삼인군(원가족 삼인군)이 있다.

1) 자기가치감과 자아존중감

사티어는 모든 사람이 성장과 발달을 위해 노력하고 있고, 만약 단지 우리가 가지고 있는 자원들에 접근할 수 있고 그것을 소중하게 관리하는 방법을 배울 수만 있다면, 우리가 잠재력을 충족시키기 위해 필요로 하는 모든 자원을 소유하고 있다고 믿었다. 그녀는 인간발달에 영향을 미치는 세 가지의 요인으로서, 첫째, 신체적, 정서적 그리고 기질적 잠재성을 결정하고 변할 수 없는 유전적 자질, 둘째, 성장과정에서 획득된 학습 결과로서의 장기적인 영향, 셋째, 끊임없는 심리-신체의 상호작용을 지적했다. 사티어는 그중에서 출생 이후부터 학습된 것의 총합인 장기적인 영향은 특히 중요하다고 했다.

사티어는 자아정체감의 근본적인 자원으로서 일차적인 생존 삼인군(아버지, 어머니, 자녀)에 대한 자녀의 경험을 강조했다. 성인의 자기가치감 혹은 자아존중감은 이와 같은 부모와 자녀와의 건설적인 상호작용과 파괴적인 상호작용의 상대적인 비율로부터 발전한다. 자녀는 또한 부모의 메시지를 해석하는 것을 배우게 되는데, 특히 단어들, 어조, 접촉, 표정 사이의 차이가 나중에 성인으로서의 의사소통 패턴을 형성하게 되는 데 영향을 미친다(Goldenberg et al., 2017).

개인의 성장에 영향을 미치는 또 다른 요인은 마음, 신체, 감정의 삼인군이다. 사람들은 자신의 신체 부분에 대해 각각의 긍정적 혹은 부정적 가치와 함께 은유적인 의미를 가지게 된다. 사티어는 내담자가 이러한 부분을 인식하고 '조화롭고 통합적인 방식'으로 이러한 부분을 사용하는 것을 배울 수 있도록 용기를 북돋아 주어야 한다고 했다(Satir & Baldwin, 1983, p. 258).

사티어는 내담자의 자존감 구축, 자기가치감 증진, 인식 확장 그리고 가족 의사소통에 있어서의 차이를 노출하고 교정하는 것과 같은 것이 각각의 가족구성원을 더욱 건강하게 지낼 수 있게 만드는 것이라고 보았다. 한편, 가족구성원의 새로운 가능성을 발견하고 실천할 수 있는 정도가 가족생활 안에 변화를 할 수 있는 기회를 결정한다고 보았다(Goldenberg et al., 2017).

사티어는 치료사가 내담자의 안 좋은 행동의 원인으로 자존감이 낮다거나 혹은 없다고 평가하는 것보다는 내담자가 가치 있게 여기는 부분을 다루는 것이 치료에 더 도움이 된다고 했다. 예를 들어, 아이가 게임을 잘하거나 대인관계가 좋은 것을 소중하게 여길 수 있는 반면에, 학교 성적에서는 자신감이 떨어질 수 있다. 네프는 자아존중감에 관한 연구에서 자기 연민, 자신의 강점과 약점의 수용이 자존감보다 행복의 지수를 더 높일 수 있다고 보았다(Neff, 2003). 자기 연민은 건강의 가장 중요한 지표로서 자신과 타인 속에서 자신의 강점과 약점을 수용하는 개인의 능력이다. 타인의 약점에 대해서 판단하고, 인내하지 못하며, 너그럽지 못한 사람들은 거의 자신에게도 똑같이 가혹하다. 반대로, 자신에게 가혹한 사람들은 비록 말로 표현되지는 않지만, 거의 타인에게도 똑같이 가혹하다. 자기 연민과 자아가치감이 올라가면서 현실적으로 자신들의 행동에 대한 책임감을 지면서 사람들은 자신과 타인의 약점에 더 현실적이고 너그러워진다(Gehart, 2016).

2) 의사소통 및 대처(생존)유형

사티어는 모든 행동을 의사소통으로 보았다. 의사소통은 정보를 보내고 받는 과정이므로 사람이 생존하고 발전하려면 가족 안에서 메시지가 분명하게 송수신되어야 한다. 분명한 의사소통을 할 때 어려움이 나타나는 이유는 동일한 메시지에 대해 수없이 많은 해석이 가능하기 때문이며, 언어적인 의사소통 과정과 맥락에 따라 언어적 의사소통의 질이 달라질 수 있기 때문이다. 따라서 의사소통은 복잡한 교류이며, 사티어는 의사소통을 중심으로 가족의 역기능을 탐색했다(Becvar & Becvar, 2013).

한편, 사티어는 가족의 의사소통하는 방식이 가족구성원의 자아가치감을 반영한다고 주장했다. 역기능적인 의사소통(간접적인, 불분명한, 불완전한, 명료하지 않은, 부정확한, 왜곡된, 부적절한)은 역기능적인 가족체계를 나타낸다. 사티어의 가장 중요한 기여는 스트레스를 나누는 데 있어서 특히 분명한, 그러니 간소하면서도 선처 난눈자시 있은 의사소통 유형을 분류했다는 데 있다. 그녀는, 사람은 스트레스를 받는 상황에서 다섯 가지 유형 중 하나로 의사소통한다고 주장했다(Satir, 1972; 1988). 이러한 유형은 언어적 행동뿐만 아니 신체 언어나 신체 위치를 통해 표현된다. 사티어 등(Satir et al., 1991)은 또한 감정적인 문제가 상징적이거나 기능적인 방식으로 신체에 징후를 보이는 마음과 신체의 연결에 대해서도 언급했다. 예를 들어, 부담감을 많이 느끼는 경우에 이러한 감정은 상징적으로 굽은 어깨로 나타나거나 '짐을 짊어진 자세'로 나타난다. 또한 사람이 감정에 압도당하게 되면 종종 아프거나 기능적으로 소진이 되는 증상을 보인다. 따라서 사티어는 신체가 사용되는 방식이 그 사람의 의사소통 입장을 나타낸다고 했다(Satir et al., 1991). 한편, 역기능적인 가족의 가족구성원은 보통 일인칭 복수(우리)로 말하며 불확실하고 불특정한 메시지를 주고 독백의 형식으로 다른 사람들에게 말하는 경향이 있다(Stoltz-Loike, 1992).

사티어는 의사소통의 불일치는 다음과 같은 형태로 나타난다고 했다. 첫째, 느꼈지만 말할 수 없는 것(금지), 둘째, 느꼈지만 의식하지 못하거나(제지) 다른 것에 반응한 것(투사), 셋째, 의식적으로 느꼈지만 규칙에 들어맞지 않아서 그 자체를 부인했던 것(억압), 넷째, 느끼지만 중요하지 않다고 무시하는 것(부정)의 형태로 나타난다(Satir, 1982). 사티어는 자신을, 가족에게 새로운 언어를 소개하고, 의사소통 '차이'를 이해할 수 있도록 도와주며, 가족구성원으로 하여금 불일치하는 의사소통 유형에 빠지게 하는 반복적인 순서의 대화를 차단하는 선생님으로 소개했다(Bandler et al., 1976).

경험주의적 가족치료사는 비효과적이고 간접적인 의사소통 패턴을 사용하는 가족 구성원에게 '나' 진술문을 사용하도록 한다. '나' 진술문은 개인적이고 책임감 있는 방식으로 감정을 표현하는 것이며, 다른 사람에게도 그들의 의견을 말하도록 격려한다. 이런 유형의 의사소통은 앞뒤가 서로 조화를 이루는 의사소통을 증진시키는데, 자신의 감정과 원하는 바를 솔직하고 진실되며 사실적인 표현을 사용하면서 이루어진다. 따라서 이와 같은 의사소통이 증가하면 선입견이 감소하면서 자존감과 자기가치감이 향상한다(Satir, 1972). 사티어에 따르면, 일치하지 않는 의사소통을 하는 사람들은 네 가지 역할(비난자, 회유자, 산만한 자, 초이성자)을 한다고 했다. 어떤 상황에서는 이런 것이 도움이 되기도 하지만, 타인과의 상호작용에서 지속적으로 사용하면 문제를 유발하며 역기능적으로 작용한다(Gladding, 2018). 다음은 앞에서 언급한 네 가지 역할자가 사용하는 역기능적인 의사소통 유형과 일치형의 기능적인 의사소통 유형에 대해 알아보겠다.

(1) 비난자

비난자(blamer)는 다른 사람의 욕구와 바람을 희생시키고 대신 자신의 입장과 힘을 주장하며, 지배적이고 항상 남의 결점을 찾아내며 독선적으로 상대방을 비난한다. 비난자는 문제의 핵심을 타인에게 두려고 시도하며 발생한 일에 대해 책임을 지지 않으려고 하는 사람이다. 비난자는 자존감이 높아 보이지만, 사실은 그렇지 않다. 비난자는 자신감보다는 두려움을 바탕으로 입장을 취하기 때문이다(Satir et al., 1991). 따라서 비난자는 종종 외롭거나 스스로 성공하지 못했다고 여기는 사람들이다. 사티어의 초기연구에서는 비난자도 회유자와 마찬가지로 상황을 무시하는 것으로 나타났지만(Bandler et al., 1976), 후기 연구에서는 상황에 대한 인식이 있는 것으로 보고되었다. 상황에 덜 민감한 비난자는 공공장소에서 부적절하게 분노를 표시하거나 상황과 맞지 않는 방식으로 분노를 표현한다. 반면에, 상황에 좀 더 민감한 비난자는 자신의 실수를 주어진 환경에서 상식적인 수준에서 표현한다(Gehart, 2016). 비난자가 사용하는 의사소통은 종종 자기가 의롭다는 자세에서 나오며 뻔뻔스럽고 전제적이다. 비난자가 사용하는 말은 다음과 같다. "너가 잘하는 게 뭐야?" "우리 집에 너만 아니면 아무 문제가 없어!" "너가 하는 게 다 그렇지!" 비난자는 상대방을 자신의 손가락으로 가리키면서 꾸짖거나 훈계하는 자세를 취하는 경향이 있다.

치료사는 비난자에게 다른 사람의 생각과 감정에 대해 알아차릴 수 있는 능력을 증진시키려 하고, 그들이 다른 사람의 개인적인 견해를 존중하는 방법으로 소통하도록 도우려 한다. 이러한 유형의 내담자에게는 직접적인 직면이 종종 치료적 관계를 강화시킨다. 대개 비난형의 내담자는 자신에게 능숙하고 솔직하며 직접적인 의사소통을 두려워하는 나약한 치료사를 존경하지 않는다. 비난형의 내담자는 점잖은 사회에서 일반적으로 허용되는 것보다 더 솔직하고 직접적으로 이야기하는 것을 선호한다(Gehart, 2016).

(2) 회유자

회유자(placater)는 자신의 정직함을 희생해서 갈등을 피하려는 사람으로, 행동은 약하고 주저하며 자기를 내세우지 않고 항상 남에게 동의하고 사과하고 애원한다. 이러한 행동은 소심한 마음이나 남을 기쁘게 하려는 목적에서 나온다. 회유자는 자신이 동의하지 않는 어떤 일에 대해서 "괜찮아!" 또는 "별 일도 아닌데 뭘!"이라고 반응한다.

사티어의 초기 연구에서 그녀는 회유자를 자신과 상황에 대한 인식을 하지 않는 사람이라고 묘사했지만(Bandler et al., 1976), 후기에는 그들이 상상 또한 잘 인식할 수도 있다고 주장했다. 회유자는 상황에 대한 민감성에 따라 달라질 수 있는데, 상황에 대한 대응력이 떨어진 사람들은 더 많은 어려움을 겪을 수 있다(Gehart, 2016). 치료사는 회유형의 내담자에게는 의견 제시를 삼가면서 회유형의 내담자가 자신의 의견을 자각할 수 있도록 해야 한다. 치료사는 지나치게 많은 개인적 정보를 제공하는 것을 주의 깊게 피해야 하는데, 왜냐하면 회유형 내담자가 이러한 정보를 갖고 어느 부분에서 자기 자신을 숨기고, 또 어느 부분에서 치료사의 승인을 얻기 위해 내세워야 할지 이용할 수도 있기 때문이다. 어떤 내담자는 치료가 진전되었다는 인상을 주기 위해 사실을 꾸며대기도 한다(Gehart & Lyle, 2001). 회유형의 내담자는 라포가 충분히 형성된 이후에야 비로소 치료사에게 자신의 의견을 솔직하게 표현할 수 있다(Gehart, 2016).

(3) 산만한 자

산만한 자(irrevant 또는 distracting person)는 관계가 어려워질 때 관련성이 없는 대화와 유머로 자신이나 타인, 상황에 대한 인식을 피해가는 사람으로(Satir et al., 1991), 논의 중에 있는 문제에서 관심을 다른 데로 돌리는 의도로 관계없는 말을 한다(O'Halloran & Weiner, 2005). 산만한 자는 다른 사람의 주의를 분산시키며 어떤 일에도 관여되지 않은 것처럼 보인다. 산만한 자는 다른 사람들이 중요한 이슈에 대해 말할 때, 농담을 한다거나 "오늘 저녁에 뭐 할 거야?"라는 말을 한다.

대부분의 경우에 산만한 자는 흥겨운 사람으로 보이며, 어떤 것에도 속상해 하지 않기 때문에 문제가 전혀 없어 보이기까지 한다. 그러나 산만한 자는 결코 현재와 접촉하지 못하기 때문에 높은 자기가치감이나 친밀성을 갖지 못하며 종종 혼란스러워 하고 균형감각을 상실한다. 이와 같은 산만한 자 유형의 내담자는 자신과 타인, 상황에 대해 일관된 시각을 갖고 있지 못하므로 이런 내담자를 이해하고 소통하는 것이 치료사에게는 독특한 도전이 된다. 치료사가 산만한 자를 파악하기 위해서는 내담자의 산만함에 같이 표류하며 시간을 보내야만 한다. 첫 번째 단계는 내담자가 산만한 대화를 줄일 수 있는 최상의 안전감을 제공하기 위해 치료적 관계를 잘 형성해야 한다. 치료가 진행됨에 따라, 치료사는 산만한 자가 자신과 타인의 생각과 감정 그리고 상황의 요구를 인식하는 능력을 높일 수 있도록 한다. 전형적으로 산만형의 내담자와의 치료 진행은 오래 걸린다(Gehart, 2016).

(4) 초이성자

초이성자(super-reasonable person)는 오로지 인지적이고 지적인 차원에서만 생각하며 지나치게 이치에 맞는 방식으로 행동하는 사람을 지칭하며, 다른 사람과 자신을 희생시키고 상황을 중시한다(Satir et al., 1991). 일반적으로 감정이지 않은 특정한 논리체계에 고착된 형태를 취하는데, 이는 단순히 실용적일 수도 있고 때로는 종교적 규칙체계일 수도 있다. 이러한 유형의 사람은 경직된 자세와 함께 거리감을 두면서 조용하고 냉정하며 감정적으로 되는 것을 피해 감정과의 분리를 유지한다. 이런 유형의 사람은 우리나라 옛말에 "저 사람은 바늘로 찔러도 피도 한방울 안 나오는 사람이야!"라는 말에 해당된다고 볼 수 있다. 저자가 상담한 사례 중 한 내담자가 6세 때 쥐불놀이를 하고 있었는데, 외할머니가 내담자한테 (임종을 앞둔) "엄마가 너를 불러!"라고 했을 때 내담자는 엄마한테 가지 않고 계속해서 쥐불놀이를 하면서 자신에게 "엄마 없어도 나 혼자 살 수 있어!"라는 말을 하면서 엄마한테 가지 않았다고 했다. 그 얘기를 들으면서 상담자인 저자는 눈물을 흘리고 있었음에도 불구하고 내담자는 감정의 동요가 전혀 없었다. 오히려 눈물 흘리고 있는 상담자를 보고 별 감정을 못느끼는 것 같았다. 그 내담자의 딸은 초등학교부터 대학까지 집단따돌림을 당했고 정신과를 다니고 있었다.

초이성형의 내담자와 상담할 때는 논리와 원칙이 가장 중요시된다. 치료사가 그들의 세계에서 인정받기 위해서는 상황을 언급해야만 한다. 이 입장에 대한 목표는 그들 자신과 상대방의 내적이고 주관적인 현실에 대해 가치를 갖도록 돕는 것이다(Gehart, 2016).

(5) 일치하는 의사소통자

일치하는 의사소통자(congruent communicator)는 스트레스 받는 상황 하에서, 현실적이고 진술하게 표현하며, 적절한 상황에서 이중속박 혹은 혼란스러운 메시지가 아니라, 단어와 감정이 일치하는 솔직한 메시지를 보낸다(Satir & Bitter, 2000). 자신의 욕구와 잘 소통하는 일치하는 의사소통자는 상대방은 물론이고 상황을 부인하지 않으며(Becvar & Becvar, 2013), 자신들의 행동이 타인에게 해를 끼치지 않기 때문에 평안함과 자존감을 유지할 수 있다(Gehart, 2016). 사티어는 치료의 주요 초점을 내담자의 의사소통 및 메시지의 여러 수준 간의 불일치를 일치하도록 하는 데 두었다.

이러한 유형의 다양한 조합이 대부분의 가족 안에서 존재한다. 〈표 10-1〉은 사티어의 역기능적 가족의사소통의 네 가지 유형에 대한 예를 보여 준다.

표 10-1 스트레스 상황에서 택하는 네 가지 역기능적 의사소통

영역	풍자	전형적 언어표현	신체 포즈	내적 감정
회유자	서비스	"네가 원하는 건 뭐든지 좋아. 나는 너를 기쁘게 해 주기 위해 존재해."	감사하고 아첨하고 구걸하고 자신을 채찍질하는	"나는 아무것도 아닌 것 같아. 너 없인 난 죽을 것 같아. 난 무가치해."
비난자	힘	"넌 잘하는 게 없어. 뭐가 문제야?"	손가락으로 지적, 큰소리치기, 폭군, 분노하기	"나는 외롭고 실패자야."
초이성형자	지성	"누군가 주의깊게 살펴보면 여기 있는 누군가의 일에 찌든 손을 발견하게 될 거야."	단조로운 목소리, 굳은, 기계 같은, 컴퓨터 같은	"나는 취약해."
산만한 자	자발성	다른 사람들이 하는 말과는 무관한 말. 예를 들어, 가족 논쟁 중에 "오늘 저녁 뭐 먹어?"	부단한 움직임, 부단한 지껄임, 주의산만	"아무도 나를 좋아하지 않아. 내가 설 곳이 없어."

참조: Bandler, Grinder, & Satir (1976).

3) 가족규칙

가족규칙은 일종의 명령으로서 인간이 원가족 삼인군의 경험에서 획득되어 내재화된 것으로써, 가족체계를 조절하고 유지하는 역할을 한다. 가족규칙의 순기능은 부모가 자녀에게 생활방식을 제공해 가족체계를 유지하고, 사회구성원으로 살아가는 데 도움을 주는 것이다. 사티어는 가족구성원이 조직화된 가족체계 내에서 반복적인 방법으로 행동하는데, 이와 같은 행동의 유형들은 가족생활을 지배하는 규칙에 의해 형성된

다고 보았다(Satir & Baldwin, 1983; Satir et al., 1991). 그러나 가족치료에서 언급되는 가족규칙은 규칙의 허용범위가 너무 제한되어 체계와 구성원 모두에게 부정적인 영향을 미치는 기능을 할 때 붙이는 명칭이다(Satir & Baldwin, 1983).

사티어는 규칙을 틀렸다고 지적하기보다는 규칙을 각자에게 맞는 방식으로 융통성 있게 적용되어야 한다고 보았다. 특히 사티어는 분명한 가족 규칙도 중요시하지만 관심의 초점은 감정규칙에 두고 있다. 가족 내에 존재하는 감정규칙과 금지된 화제, 가족성원의 고통스러운 규칙은 모든 가족성원의 행동에 영향을 주는 보이지 않는 힘이다. 사티어는 고통의 원인을 "나쁜 사람"에게서 찾지 않고 "나쁜 규칙"에서 찾았는데 이것은 가족구성원이 상호간에 어려움을 당하는 것은 융통성 없는 가족규칙이라고 생각하기 때문이다. 자녀들은 가족의 인정과 사랑을 받기 위해 또는 거부당하거나 버림받지 않기 위해 융통성 없는 규칙이라 할지라도 가족규칙을 지키려고 노력한다. 그러나 성장은 각 가족구성원에게 맞는 방식을 택할 때 이루어지는 것이지, 정해진 규칙에 대한 무조건적인 복종을 통해서 이루어지는 것이 아니다. 가족규칙보다 더 강력하게 지켜야 하는 가족규칙을 가족신화라고 하는데, 가족신화는 가족구성원이 왜 이러한 규칙이 만들어지고 지켜져야 하는지에 대한 어떠한 질문도 허용되지 않으면서 지켜야 하는 규칙을 말한다. 따라서 사티어는 행동을 규제하고 행동의 지침이 되며, 가족구성원 간의 상호작용에 영향력이 큰 가족규칙을 변화매개체계로 보았다(Satir & Baldwin, 1983; Satir et al., 1991).

가족규칙은 가족구성원이 지킬 수 있을 정도로 인간적이어야 하며, 변화하는 상황에 맞게 변화할 수 있는 융통성이 있어야 한다. 또한 정보는 모든 가족구성원에게 공유되어야 하며, 경험과 감정은 표현되어야 한다. 사티어는 감정규칙에 더해 사회화에 관한 규칙, 상황의 변화에 따른 규칙의 융통성, 차이를 다루는 규칙, 정보를 다루는 규칙, 금지된 주제, 성과 연령에 따른 규칙 등을 중요하게 다루었다. 사티어의 가족규칙에 대한 지침은 다음과 같다.

- 인간적으로 가능한 규칙인가?
- 변화하는 상황에 따라 규칙은 변화하는가?
- 차이는 어떻게 받아들여지는가?
- 정보 공유에 관한 규칙은 어떠한가?
- 비밀이나 금지된 화제가 있는가?

• 경험(느끼고, 보고, 들은 것)과 감정의 표현에 관한 규칙은 어떠한가?

사티어 등은 경직된 가족 규칙을 유연하게 하기 위한 지침이라는 이름으로 가족을 지도했다. 예를 들어, "나는 화는 내면 안 돼!"라고 말하는 대신에, 내담자나 가족구성원에게 "내가 화가 날 때, 나는 다른 사람과 나 자신을 존중하는 방식으로 화를 표현하겠다."라는 제한된 규칙으로 재고해 표현하도록 격려했다(Satir et al., 1991). 또 다른 예로, "타인을 기쁘게 하라!"라는 가족규칙이 있다면 이러한 가족규칙은 타인을 존중하고 친절하게 대하라는 의미로 긍정적으로 해석할 수도 있다. 그러나 이런 규칙은 타인을 기분 좋게는 할 수 있어도 자신에 대한 배려는 없기 때문에 결국에는 자신의 자존감을 낮추게 된다.

4) 가족 역할

사티어는 문제가 수행하고 있는 기능을 이해하기 위해서 가족체계 내에서 각 개인의 역할을 평가했는데, 가능한 역할로서 순교자, 희생자 또는 무력한 사람, 구조자, 착한 아이나 착한 부모, 나쁜 아이나 나쁜 부모를 포함했다(Satir, 1972, 1988). 어떤 가족체계든 체계가 안정적이고 효율적으로 유지되기 위해서는 가족구성원의 능력에 맞는 적절한 역할이 분배되고 수행되어야 한다. 하지만 한 사람이 지나치게 한 역할만 하게 되면 그 역할에 얽매이게 되어 자신의 고유성은 상실하고, 그 역할을 하지 못하게 되는 상황이 오면 오히려 역기능적인 가족체계를 만들게 된다. 이러한 역기능적인 가족에서 자녀가 태어나면 그 자녀는 가족의 문제아로 살아가거나, 가족의 문제를 공유해 역기능적인 가족체계를 떠맡으면서 자녀들이 돌아가면서 문제아의 역할을 감당하게 된다. 저자의 경우에 틱장애를 가진 첫째 아들이 치료되니까 둘째 아들에게 틱장애가 나타났다. 또 지하철에서 몰카를 찍던 첫째 아들이 좀 잠잠해지자 셋째 아들이 지하철에서 자위행위를 했던 경우가 있었다. 어떤 경우는 문제아의 역할을 둘 이상의 자녀가 동시에 진행하는 경우도 있다. 또는 자녀가 부부갈등에 대한 반응으로 자녀의 문제가 나타나기도 한다(Satir & Baldwin, 1983).

5) 생존 삼인군(원가족 삼인군)

프로이트는 자녀가 부모의 사랑을 쟁취하려는 과정에서 문제가 발생한다고 본 반면에, 사티어는 부모가 자녀의 사랑을 쟁취하는 과정에서 문제가 발생한다고 보았다. 따라서 사티어는 자녀에게 문제가 발생하면 모든 자녀는 부모와 나, 세 사람의 관계를 형성하기 때문에 부모와 자녀와의 관계, 즉 삼인군의 맥락에서 문제를 이해해야만 한다고 강조했다. 삼인군 패턴의 모습은 부모와 자녀 사이의 상호작용의 강도, 순서, 자녀개인의 특성, 서열, 각 자녀에 대한 부모의 태도, 특히 부모가 특정 자녀에게 차별적으로 반응하는 태도에 따라 결정된다(Satir & Baldwin, 1983).

따라서 사티어는 아이가 인간다워지는 법을 배우는 것은 아이, 어머니, 그리고 아버지인 세 사람 사이에 있다고 주장했다(Azpeitia, 1991). 생존 삼인군은 아이를 위한 양육 체계의 기능을 수행하므로 아이가 어려움을 겪고 있을 때, 치료사는 이러한 관계에서의 양육 기능을 어떻게 향상시킬 수 있는지를 고려해야 한다(Gehart, 2016).

4. 치료 목표

사티어는 가족치료의 목표로 다음과 같은 세 가지를 언급했다. 첫째, 각각의 사람이 자신과 다른 사람들에 대해 보고, 듣고, 느끼고, 생각하는 것을 다른 사람 앞에서 일치하고 완전하며 정직하게 말할 수 있어야만 한다. 둘째, 각각의 결정이 어느 한 사람의 힘보다는 협상에 의해 이루어질 수 있도록 각 사람은 그의 고유성을 존중해야 한다. 셋째, 개인 간의 차이는 공개적으로 인정되고 성장을 위해 사용되어야 한다(Satir, 1972).

5. 치료사의 역할

사티어는 내담자와 가족구성원이 자신의 감각의 사용과 자신이 진짜로 느끼는 것을 접촉하고 수용할 수 있는 능력을 회복할 수 있도록 돕기 위한 방법으로 일치하는 의사소통 방법을 가르쳤다. 그렇게 그녀는 개인들과 가족들에게 자아감을 형성할 수 있도록 도왔으며 선택할 수 있게 하고 관계에서 변화를 가져올 수 있는 가능성을 열어 놨다

(Bandler et al., 1976). 그녀는 치료사로서 내담자와 가족구성원에게 다음과 같은 역할을 했다. 첫째, 각 가족구성원이 자신에 대해 말하게 함으로써 그들의 개인적인 차이를 인식하게 했다. 둘째, 똑같은 상황 안에서 불일치와 차이 나는 인식을 받아들인다. 셋째, 불일치하는 것을 밖으로 드러내기 위해 그들이 보고, 생각하고 느끼는 것을 말한다. 이 중에서도 특히 세 번째 내용이 그 무엇보다도 중요하다(Satir, 1967). 특히 경험주의적 가족치료사는 가족 간의 거리와 상호작용패턴을 나타내거나 설명하기 위해 소품이나 다른 물건을 사용한다(Satir & Baldwin, 1983). 경험적 가족치료사는 더욱 참여적이고, 에너지가 넘치고, 창조적일수록, 그들과 함께 심리치료 작업을 하는 가족에게 중요한 영향을 끼칠 수 있는 기회가 훨씬 많아진다고 생각한다(Gladding, 2018).

사티어는 치료사로서 내담자의 억압된 감정에 많은 관심을 두었고 조각기법과 심리극을 통해 자연스럽게 느껴지는 감정을 느끼도록 했으며, 새로운 측면에서 가족관계를 경험하게 했고, 느낌을 솔직하게 표현하도록 함으로써 내담자의 성장과 치료의 목표가 동시에 이루어질 수 있도록 치료상황에 적극적으로 개입했다. 또한 사티어는 치료사의 최선의 접근은 미리 계획된 접근법보다는 순간적으로 창의력을 발휘하는 것이라고 주장했으며, 사티어 자신도 상황에 따라 독창적인 방법을 자유롭게 적용했다. 따라서 모든 기법의 궁극적인 목적은 기법에 의존하지 않고 기법에서 벗어나는 것이라고 보았다(Satir, 1967, 1972).

6. 치료 기법

사티어가 개발한 기법으로는 가족재구성(가족지도, 가족생활 연대기, 영향력의 수레바퀴), 빙산 탐색, 가족조각, 신체적 접촉, 은유, 명상, 소품, '나' 메시지 사용 등이 있다.

1) 가족재구성

가족재구성은 1960년대 사티어가 개발한 혁신적인 가족치료 기법이며, 이 기법은 게슈탈트치료, 유도된 환상, 최면술, 심리극, 가족조각 등의 요소를 혼합한 것이다(Goldenberg et al., 2017). 이 기법의 기본적인 아이디어는 맞지 않은 가족규칙을 버리고 초기의 잘못된 개념들을 제거하기 위한 것이다. 즉, 가족재구성의 목적은 가족구성원이 원가족으로부터 발생한 삶의 역기능적인 패턴을 발견하도록 돕는 데 있다. 가족재구성은 가족구성원의 오래된 학습의 원천을 드러내게 하고, 자신들의 부모가 누구인지에 대해 보다 사실적으로 이해하도록 하며, 가족구성원 각각의 개성을 발견하는 방법을 만드는 데 초점을 둔다(Gladding, 2018; Goldenberg et al., 2017).

가족치료와 집단치료에 사용하는 가족재구성은 가족구성원을 그들 삶의 어느 단계에 고정시킨다. 그들 가족의 다세대적인 드라마를 재현함으로써, 가족구성원은 자신의 뿌리를 되찾고, 견고하게 확립된 인식, 느낌 그리고 신념을 변화시키는 새로운 관점 안에서 옛 인식을 보게 되는 기회를 가지게 된다(Nerin, 1989). 가족재구성은 시각적인 방법으로 자신의 원가족의 그림을 그리고 '스타' 또는 '탐험가(중심 인물)'로 시작한다(Nerin, 1986; Satir, Bitter, & Krestensen, 1988). 안내자(치료사)는 스타 또는 탐험가가 아버지, 어머니 그리고 원가족 이야기로부터 여러 세대에 걸친 중요한 가족사건들에 대한 연대기적인 설명을 도표로 만드는 것을 도와줄 수 있다. 가족재구성은 왜곡된 학습의 출처, 부모 그리고 분리된 자기로서의 가족구성원에 대한 사실을 밝히고자 시도하는 것이다. 탐험가가 과정으로부터 학습을 극대화하려면 안내자, 탐험가 그리고 보조적인 가족구성원 간의 신뢰가 매우 중요하다(Gladding, 2018; Goldenberg et al., 2017).

사티어는 인간의 삶을 신성한 것으로 볼 때, 가족재구성은 과거의 인간의 에너지를 과거의 족쇄로부터 자유롭게 하고, 더 완전한 인간의 발달을 위한 길을 닦는 인지적인 경험일 뿐만 아니라 영적인 경험이 된다고 보았다(Nerin, 1989). 가족재구성을 위한 도구에는 가족지도, 가족생활 연대표, 영향력의 수레바퀴가 있다(Satir & Baldwin, 1983).

(1) 가족지도

가족지도(family map)는 스타 가족의 3대에 걸친 구조를 시각적으로 보여 주고 있다(Satir et al., 1988). 여기에는 각 가족구성원의 성격을 묘사하는 형용사가 포함되어 있다. 원은 지도에서 사람을 나타내며, 선은 가족 내의 관계를 보여 준다([그림 10-2] 참조).

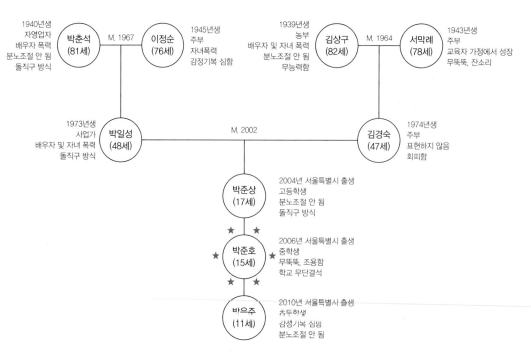

박춘석
(81세)
1940년생
자영업자
배우자 폭력
분노조절 안 됨
돌직구 방식

M. 1967

이정순
(76세)
1945년생
주부
자녀폭력
감정기복 심함

김상구
(82세)
1939년생
농부
배우자 및 자녀 폭력
분노조절 안 됨
무능력함

M. 1964

서막례
(78세)
1943년생
주부
교육자 가정에서 성장
무뚝뚝, 잔소리

박일성
(48세)
1973년생
사업가
배우자 및 자녀 폭력
돌직구 방식

M. 2002

김경숙
(47세)
1974년생
주부
표현하지 않음
회피함

박준상
(17세)
2004년 서울특별시 출생
고등학생
분노조절 안 됨
돌직구 방식

박준호
(15세)
2006년 서울특별시 출생
중학생
무뚝뚝, 조용함
학교 무단결석

바으즈
(11세)
2010년 서울특별시 출생
초두학생
감성기복 심림
분노조절 안 됨

[그림 10-2] 스타의 가족지도

(2) 가족생활 연대기

가족생활 연대기(family life fact chronology)는 가족재구성에서 가족지도 다음으로 사용되는 도구이다(〈표 10-2〉 참조).

스타는 자신의 삶과 확대가족에서의 모든 중요한 사건에 대한 목록을 작성함으로써 연대기를 만든다. 연대기는 할아버지의 출생으로부터 시작해 발생한 모든 중요한 사건을 포함해 가족에게 영향을 미쳤던 모든 사건을 순서대로 기록한다. 가족생활 연대기는 이미 가족지도에 나와 있는 인구학적인 정보뿐만 아니라 질병, 이사, 전학, 결혼, 이혼, 음주문제, 도박 등의 중요한 내용을 기록한다. 가능하다면, 날짜와 관련된 주요 사건들이 발생한 시간과 장소도 적으면 도움이 된다(Satir et al., 1988).

표 10-2 스타 가족생활 연대기

날짜	사건	관계	장소
친가			
1940. 10. 16.	박춘석 출생	스타의 친할아버지	대구
1945. 7. 8.	이정순 출생	스타의 친할머니	대구
1959. 5. 7.	박춘석 고등학교 졸업 후 장사 시작	스타의 친할아버지	대구

1967. 1. 4.	박춘석과 이정순 결혼	스타의 친조부모	대구
1971. 12. 4.	박일도 출생	스타의 큰아버지	대구
1973. 5. 19	박일성 출생	스타의 아버지	대구
외가			
1939. 3. 22	김상구 출생	스타의 외할아버지	천안
1943. 10. 5	서막례 출생	스타의 외할머니	예산
1964. 4. 7.	김상구와 서막례 결혼	스타의 외조부모	천안
1966. 3. 30	김경화 출생	스타의 큰이모	천안
1968. 8. 5	김준성 출생	스타의 큰외삼촌	천안
1972. 5. 26	김준성 소아마비로 사망	스타의 큰외삼촌	천안
1974. 9. 22	김경숙 출생	스타의 어머니	천안
1976. 7. 15	김문성 출생	스타의 작은외삼촌	천안
원가족			
2001. 8. 17	박일성과 김경숙 만남	스타의 부모	서울
2002. 11. 3	박일성과 김경숙 결혼	스타의 부모	서울
2004. 6. 19	박준상 출생	스타의 형	서울
2006. 1. 30	박준호 출생	스타	서울
2010. 3. 21	박은주 출생	스타의 동생	서울
2019. 5. 9	박준호 무단결석 시작	스타	서울

(3) 영향력의 수레바퀴

영향력의 수레바퀴는 스타 혹은 탐험자에게 중요했던 사람들을 나타내는 것으로서 가족재구성을 할 때 마지막으로 사용되는 도구이다([그림 10-3] 참조). 스타는 자기에게 긍정적 혹은 부정적 영향을 끼친 사람들의 가운데에 둔다. 선이 두꺼울수록 더 중요하거나 가까운 관계를 의미한다. 영향력의 수레바퀴는 그 스타의 내면화된 강점과 약점, 자신이 새로워지며 보다 효과적인 대처방안을 위해서 반드시 필요한 자원을 보여 준다(Gladding, 2018).

가족재구성의 마지막 단계는 스타 혹은 탐험가가 자신이 발견한 사건에 생명을 부여하는 것이다. 이것은 중요한 가족 장면을 재연하기 위해 안내자(치료사)의 지도를 받은 (적어도 10명 정도의 사람으로) 이루어진 집단과 함께 작업함으로써 완성된다. 이 집단의 구성원은 스타나 그의 가족의 삶 속에서 중요한 인물의 역할을 담당한다. 이 접근의 목적은 스타 혹은 탐험자가 가족의 특징과 패턴에 대한 새로운 시각을 갖도록 돕는 데 있다. 사티어 등은 이 작업을 통해 치료사의 중요한 질문에 대해 내담자는 솔직하고 분명

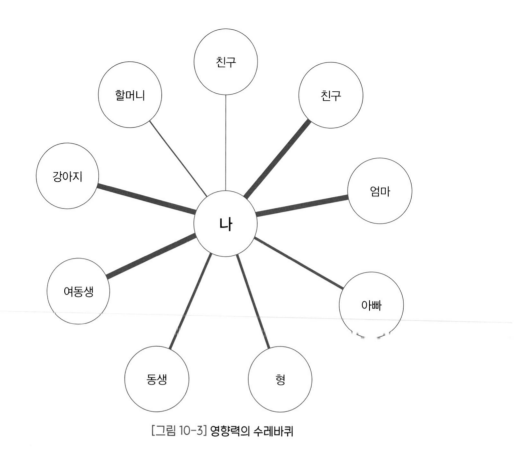

[그림 10-3] 영향력의 수레바퀴

하게 대답할 수 있으며, 오래되고 왜곡된 메시지가 잘 정리되고, 판단이나 정죄가 이해
될 수 있다고 했다(Satir et al., 1988).

2) 빙산 탐색

개인의 빙산(personal iceberg)은 개인과 가족의 심리내적 경험을 이해할 수 있는 지
도이다. 개인이나 가족에 대한 개입에서, 경험은 다양한 수준에서 이루어진다. 그것을
개인의 빙산에 비유해 보면, 수면 위에 보이는 것이 사람의 행동과 대처(생존) 유형이
고, 수면 밑에는 감정, 감정에 대한 감정, 지각, 기대, 열망의 경험 수준이 가정된다. 그
리고 가장 바닥에 내적 경험의 근원인 자아가 있다. 치료사는 빙산의 부분을 경험적으
로 변화시켜 에너지 흐름을 좋게 하고, 균형을 이루어 자아를 강화해 자존감을 높여 주
어야 한다. 이런 작업을 위해 사티어는 마치 가족체계의 구성원을 변화시켜 가족체계
의 변화를 이루듯이 빙산의 부분을 하나의 체계로서 이해하고 각각의 부분을 변화시키

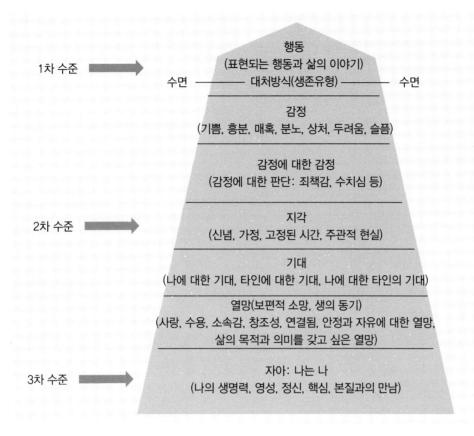

행동
(표현되는 행동과 삶의 이야기)

1차 수준 ➡ 수면 ——— 대처방식(생존유형) ——— 수면

감정
(기쁨, 흥분, 매혹, 분노, 상처, 두려움, 슬픔)

감정에 대한 감정
(감정에 대한 판단: 죄책감, 수치심 등)

지각
(신념, 가정, 고정된 시간, 주관적 현실)

2차 수준 ➡

기대
(나에 대한 기대, 타인에 대한 기대, 나에 대한 타인의 기대)

열망(보편적 소망, 생의 동기)
(사랑, 수용, 소속감, 창조성, 연결됨, 안정과 자유에 대한 열망,
삶의 목적과 의미를 갖고 싶은 열망)

3차 수준 ➡

자아: 나는 나
(나의 생명력, 영성, 정신, 핵심, 본질과의 만남)

[그림 10-4] 빙산에 비유한 인간의 심리내적 경험

참조: Banmen, J. (2002).

는 구체적인 방법을 소개했다(Satir et al., 1991; 김영애, 2020). 빙산기법을 통해 전달하고
자 하는 주요 개념은 우리 경험 대부분이 '수면 아래'에서 경험된다는 것이며, 사티어가
말하는 경험의 여섯 가지 수준(층)은 다음과 같다(Satir et al., 1991).

- 행동: 수면의 행동 층으로 개인 내부 세계가 외적으로 드러난 것을 의미한다.
- 대처: 방어와 생존 입장으로 회유형, 비난형, 초이성형, 산만형이 있다. 스트레스
  상황에서 드러나며, 한 사람이 다른 맥락에서 다른 입장을 취할 수도 있다.
- 감정: 과거에 강하게 기반을 둔 현재 감정을 말한다.
- 지각: 신념, 태도, 개인의 자기가치감을 알려 주는 가치로 대체로 매우 어린 시절
  의 제한적인 현실감에 기초해 형성된다.
- 기대: 인생이 어떠해야 하고, 인간이란 어떤 행동을 해야 하는지 그리고 개인이 어

면 행동을 수행해야 하는지에 대한 강한 믿음이다. 대부분의 기대는 어렸을 때 형성되어 종종 비현실적일 수 있으며, 어느 특정한 상황에는 적용될 수 없기도 하다.

• 열망: 사랑받고, 수용되고, 인정받고, 승인되고 싶은 보편적인 갈망을 말한다.

사티어는 내담자의 문제를 일으키는 행동과 상호작용의 이면에 존재하는 동기를 평가하기 위해 경험의 여섯 가지 수준을 활용했다. 문제를 일으키는 행동과 대처법, 감정을 지속적으로 유지하게 만드는 지각과 기대, 열망을 이해함으로써 치료사는 내담자로 하여금 그들의 초감정을 변형시켜서 좀 더 기저에 있는 사랑과 수용에 대한 갈망을 좀 더 효과적으로 자각하고 충족할 수 있도록 돕는다(Gehart, 2016).

빙산 탐색 과정은 감정, 기대, 지각, 열망을 자각하고 수용하는 일차 수준의 단계와 점차 감정, 기대, 지각, 열망 그리고 자아(중심-나)를 만나서 통합하는 이차 수준의 단계, 개체적 자아가 영수성 자아에서부터 확대하는 삼차 수준의 단계로 이루어진다. 삼차 수준의 단계는 개체적 자아와 영성 자아가 만나 자아가 확장되는 단계이다. 사티어 모델이 익숙하지 않은 치료사들은 일차 수준의 단계에서 빙산을 탐색하면서 변화를 시도한다. 예를 들어, 신체적 경험, 언어적 표현과 행동, 감정, 감정에 대한 감정을 탐색한 후에 지각체계에 속한 다양한 신념, 가치관, 생각, 가족규칙 등을 탐색한다. 그 후 충족되지 못한 기대들을 탐색하고, 열망과 자아에 관한 질문을 한다(Satir et al., 1991; 김영애, 2020).

가족구성원의 생존 유형을 일치형으로 변화시키기 위해서는 생존 유형 이면에 숨겨져 있는 충족되지 못한 기대 및 욕구에 많은 관심을 두고, 각 생존 유형이 이미 변화의 씨가 될 수 있는 장점을 가지고 있다고 믿어야 한다. 각 생존 유형은 각기 다른 내면의 경험 세계에 머물고 있다. 개인의 빙산에 비유해 보면, 회유형은 감정에, 비난형은 기대에, 초이성형은 지각의 수준에 머물고 있다. 그리고 산만형은 내면의 어디에도 초점을 두지 못하고 수면 앞의 상황에 머무를 뿐이다. 생존 유형을 변화시키는 작업에서 중요한 것은 어떤 것을 제거하는 데 초점을 두는 것이 아니라 가족구성원이 이미 지각하고 인식하는 내면의 경험에 새로운 경험을 추가하는 것이다(김영애, 2020).

• 회유형은 다른 사람을 돌보고 염려하는 자원을 가지고 있다. 따라서 이들은 자신의 유형을 인식하고 다른 사람을 돌보듯이 자기 자신을 돌보도록 이끈다.
• 비난형은 자기주장이 자원이므로 비판하지 않고 주장하는 것이 중요함을 깨닫도록 한다. 즉, 내면에서 자신에 대한 기대가 타인에 대한 기대로 확산되면서 비난한

다는 것을 인식하도록 촉진한다. 역할극, 가족조각을 통해 비난하는 사람과 비난받는 사람의 역할을 직접 경험하거나 관찰하도록 한다. 이들에게는 '어떻게 느끼는가?'라고 질문함으로써 취약한 자신의 감정을 인식하도록 돕는다.

- 초이성형의 경우에는 내면이 지각 수준에 머물고 있음을 인식하도록 돕고, 애정, 감정과 지적인 체계의 모든 것이 통합되도록 '감정에 귀 기울이기, 가족의 감정에 귀 기울이기'를 훈련하도록 한다.
- 산만형은 내면 어디에도 초점이 없으므로 신체를 통해 내면으로 들어갈 수 있도록 신체활동을 권고한다. 심호흡으로 호흡을 느끼기, 산보하면서 느껴지는 감각에 접촉하기, 수시로 어머니와 자녀가 눈 맞추기 등이 도움이 된다.

빙산 질문을 통해 어떤 영역에 문제가 있는지 확인하고, 그 부분을 집중적으로 다루면서 동시에 다른 영역과의 연관성도 확인하고 기대, 열망 그리고 자아까지 연결될 수 있어야 한다. 예를 들어, 내담자가 자신의 감정을 잘 모를 때, 치료사는 내담자가 표현하는 감정에 공감하면서도 정확한 감정을 탐색해 경험적으로 변화할 수 있도록 해야 한다. 그러기 위해서는 감정이 발생했을 때 어떤 의미를 부여했는지를 확인하고, 충족되지 못한 기대가 무엇이었는지와 기대는 어떤 열망을 채워 주기를 바랐는지, 그리고 그 시점에서 자아에 대한 경험을 확인한다. 이렇게 통합적으로 작업을 하면 그 감정이 내담자에게 전달하려는 메시지가 무엇인지 알 수 있게 되며, 그 메시지가 전달하는 문제를 통해 해결하면서 작업을 진행할 수 있다.

대부분의 문제 혹은 증상은 자아가 약해서 발생한다. 자아가 불안한 사람은 열등한 자아 혹은 우월한 자아를 형성하게 된다. 사람마다 정도의 차이는 있지만 두 형태 모두 진정한 자아와는 거리가 멀다. 생명 에너지가 자연스럽게 흐르려면 빙산의 모든 영역이 조화를 이루어야 한다. 빙산 탐색 과정은 매우 어려운 과정인데, 어떤 사건을 중심으로 일기 쓰듯이 매일 자신의 빙산 탐색 작업을 하는 것은 자기 개인의 성장과 치료사로서의 성장에 도움이 된다. 탐색과정에 익숙해지면 자아에서 행동으로 빙산을 탐색하는 이차 수준의 체계적 탐색을 통해 효과적으로 각 영역을 탐색할 수 있다(김영애, 2020). 한국가족에 대한 빙산 탐색 치료 사례를 보고자 하는 사람들은 『사티어 경험주의 가족치료: 이론과 실제』(김영애, 2020)를 참고하기 바란다.

3) 가족조각

가족조각(family sculpture)이란 어느 시점을 선택해 그 당시의 가족관계, 다른 가족구성원에 대한 느낌과 감정을 동작과 공간을 사용해 표현하는 비언어적인 기법을 말한다. 이 기법은 원래 데이비드 캔터(David Kantor)와 프레드 덜(Fred Duhl)이 1960년대 말에 고안한 기법으로 '심리 사회적 모델'이라고도 부른다. 그 이유는 이 기법이 사회체계를 자극할 뿐만 아니라 같은 사회체계에서 다른 위치를 차지하고 있는 조각가의 지각과 정서적 반응을 표면화하기 때문이다.

치료사는 가족구성원에게 치료 회기 동안에 가족구성원 중 1명 또는 그 이상이 보았던 실제 관계를 상징하는 자세를 취해 보라고 요청한다(Sauber, L'Aate, & Weeks, 1985). 조각 기법을 통해 가족구성원의 사건이나 태도가 동시에 지각되며 경험될 수 있고, 가족관계의 의미와 은유, 이미지를 세공해 구기 때문에 침 여지와 신 관계가 참세 곤유값 수 있다(Duhl, Kantor, & Duhl, 1973). 가족조각을 통해 가족구성원은 3차원적인 그림과 시간을 구조화할 수 있는 능력을 갖게 되고 현재의 가족에게 영향을 미치는 과거의 사건과 패턴을 인지적으로 구성할 수 있다(Weston, 2009).

가족조각은 세 가지 역할과 네 단계로 구성되는데(Duhl et al., 1973; Ziff, 2009), 세 가지 역할은 다음과 같다.

- 조각가(내담자인 가족구성원): 가족구성원들을 특별한 자세로 조각한다.
- 촉진자(가족치료사): 조각가를 지지하고 보호해 주며 안내하는 사람이다.
- 가족구성원: 조각하는 과정에 참가해 관찰하고 의견을 말해 준다.

또한 가족조각은 다음과 같은 네 단계로 진행된다.

- 장면 정하기: 치료사는 조각가가 탐구할 장면을 선택하도록 돕는다.
- 역할극을 담당할 사람 선택하기: 가족 개개인이 가족구성원을 표현하기 위해 선택된다.
- 조각 만들기: 조각가는 각 사람을 특정한 비유적인 위치에 공간적으로 배치한다.
- 조각 처리하기: 조각가와 다른 참여자들이 역할을 마친 후에 연습에 참여해서 느낀 경험과 통찰에 대해 서로 의견을 교환한다(Gladding, 2018).

4) 신체적 접촉

사티어는 치료 초기에 내담자와 라포를 형성하기 위해서 먼저 신체적 접촉을 사용했을 뿐만 아니라 내담자들이 새로운 의사소통 방법을 연습하고 있을 때에도 그들에게 확신을 주고 격려하기 위해 신체적 접촉을 사용했다(Satir, 1988). 이런 과정에서 사티어는 감정의 내용을 강조하고 확실한 지지를 제공했다. 치료사는 내담자 또는 가족구성원의 팔을 잡거나, 어깨를 가볍게 톡톡 친다거나, 악수를 나누고, 포옹을 한다. 극단적인 경우에는 씨름까지 한다(Napier & Whitaker, 2011). 사티어는 공격적인 행동의 대안으로 또는 부모가 다루기 힘든 아이들을 다루는 모델로서 신체적 접촉을 사용했는데, 그녀의 매우 양육적인 여성의 모습은 내담자들이 그녀의 신체적 접촉을 경험하는 방식에 많은 공헌을 했다(Gehart, 2016).

그럼에도 불구하고 경험주의적 가족치료사는 접촉을 사용할 때 내담자가 가지고 있는 경계를 침범하지 않도록 주의를 기울인다. 신체적인 접촉은 돌봄과 관심을 표현하는 것이지만, 부적절하거나 과도하게 사용한다면 접촉이 가진 좋은 점을 상실하게 된다(Gladding, 2018). 저자는 신체적인 접촉을 경험해 보지 않은 내담자 중 주로 남성의 경우에 이 기법을 활용하나 특히 청소년 이상의 여성의 경우에는 이 기법을 삼간다. 성추행 또는 성희롱 등의 문제가 민감한 상황에서 치료사는 신체적 접촉에 특히 유의해야 한다.

5) 은유

사티어는 모든 치료단계에서 내담자가 직접 선택하게 한다. 그러나 이미 알고 있더라도 자신과 상황을 다루는 새로운 가능성을 보지 못하거나, 내담자가 자신의 생각이 위협적이라고 느낄 때 두려움을 완화하기 위해 은유를 사용했다(Satir et al., 1991: 한국버지니아사티어연구회 역, 2000). 그런데 은유는 지각하고 있던 내용을 새로운 경험으로 인해 변화를 일으키는 의사소통 방식인데, 내담자의 상황에 적절하게 사용하면 내담자의 문제를 해결할 뿐만 아니라 새로운 경험을 통해서 보다 높은 2차 수준의 사고를 끌어내고, 내담자의 저항을 최소화한다(김영애, 2020).

6) 명상

사티어는 치료 효과를 높이기 위해 우뇌를 자극하는 명상을 자주 사용했다. 명상은 에너지 집중, 우뇌 활성화, 내적 대화 가라앉히기, 현재에 집중하기, 자기 자원과 만나기, 부분들을 통합하기, 치료 전 마음 준비하기 등 다양한 경우에 활용했다. 명상은 사람들이 성장과 자존감을 높일 수 있도록 변화를 촉진하고, 변화에 대한 가능성을 개방하기 위해 뇌의 직관적인 부분을 활성화할 수 있는 기법이다(김영애, 2020).

7) 소품

소품은 행동을 나타내거나 행동의 영향을 생생하게 설명하기 위해 사용하는 도구로서, 사티어는 가족을 대상으로 심리치료할 때 로프와 눈가리개와 같은 소품을 이용했다(Satir & Baldwin, 1983). 소품은 문자 그대로의 의미일 뿐만 아니라 은유적으로도 사용한다. 로프는 가족구성원이 서로 어떻게 연결되어 있는지를 나타낸다. 가족과 작업할 때, 사티어는 종종 모든 가족구성원의 허리에 로프의 끝을 묶고 그들 중에서 누군가를 선택해서 한번 움직여 보라고 요청한다. 이런 방식으로 가족 전체는 서로 묶여 있는 존재라는 경험을 할 수 있다. 그들은 또한 로프를 통해 한 사람의 움직임이 어떻게 나머지 가족구성원에게 영향을 주는지를 느낄 수 있다(Murray & Rorter, 2002). 소품을 사용한 후에, 치료사는 가족구성원에게 이 경험이 현재 그들의 가족관계의 역동과 어떤 차이와 유사성이 있는지를 질문한다(Gladding, 2018).

8) '나' 메시지 사용

일반적으로 역기능적인 가족의 경우에 가족구성원은 보통 일인칭 복수인 '우리'를 사용하며 불확실하고 불특정한 메시지를 주고 독백 형식으로 다른 사람들에게 반응하는 경향이 있다(Stoltz-Loike, 1992). 저자의 가족치료 사례에서, 부인은 남편에 대한 불만을 다음과 같이 말했다. "당신은 늘 TV만 보고 자기밖에 모르는 이기주의자예요." 이와 같은 문장에서 부인은 자신의 감정에 대해서는 말을 하지 않고 남편에 대한 불만을 말하면서 남편 탓을 하고 있다. 여기서 만약 부인이 '나' 메시지를 다음과 같이 사용하게 된다면, 남편은 부인의 심정을 더 이해하게 되면서 부인이 자신만을 탓한다고는 생각하지 않을 수 있다. "나는 어려서부터 아버지가 늘 TV만 보아서 엄마가 힘들었고, 아버지가 엄마의 가사를 도와주지 않아서 그 모습이 너무 싫었는데, 당신한테서도 유사한 모습을 보면 아버지가 떠올라 우울해지네요. 그러니 당신이 TV 보는 시간을 좀 줄여서 기호(가명)하고 놀아 줬으면 좋겠어요. 그러면 내가 기호한테 스트레스를 덜 받을 수 있을 것 같네요."

'나' 메시지 전달법은 개인적이고 책임감 있는 방식으로 자신의 감정을 표현하는 것이며 다른 사람에게도 의견을 말하도록 격려한다. 이와 같은 유형의 의사소통은 앞뒤가 조화를 이루는 의사소통을 증진하며, 자기의 감정과 바람을 솔직하고 진실되고 사실적인 표현을 사용하면서 적절한 상황에서 이루어지게 된다. 이처럼 앞뒤가 조화를 이루는 '나' 메시지 전달법으로 의사소통이 증가하게 되면 내담자의 선입견이 줄어들면서 자존감과 자기가치감이 증가한다(Satir, 1972).

7. 치료 과정

사티어는 직접적인 개입을 통해 가족구성원 간의 잘못된 의사소통 방식을 변화시키고자 했다. 이와 같은 목적을 달성하기 위해 경험적 가족치료사의 첫 번째 과업은 각 가족구성원과의 접촉인데, 이때 치료사 자신의 자존감을 모델링할 수 있도록 하고 동시에 모든 다른 사람의 가치를 인정하도록 해야 한다. 치료사는 자발적으로 내담자의 성장을 도와야 하며, 자발적으로 실험을 해야 한다. 사티어는 치료 시간, 장소와 양식에 융통성이 있어야 한다고 했으며, 치료적 개입을 통해 무엇인가가 일어나도록 해야 할 순간에 은유, 조각, 소품을 이용했다(Satir, 1982).

치료에는 가능한 한 모든 가족구성원을 포함하나 사티어는 흔히 부부를 먼저 보는 것을 선호했으며, 4세 이하의 아이는 치료에서 제외했다. 치료사는 역사적 관점을 취하거나 가족의 연대기를 활용함으로써 좋은 정보를 얻을 수 있으며, 치료 초기의 면접을 조직할 수 있고, 내담자의 불안감을 감소시킬 수 있다(Becvar & Becvar, 2013). 보통 치료는 가족구성원 각자가 전체로서의 가족의 필요성에 너무 지나치게 걱정하지 않으면서도 자신을 위해 실행해야 할 역할을 각자가 발견할 수 있도록 도와주는 방향으로 진행된다. 반면에, 부모-자녀 놀이치료에서는 체계적인 변화가 발생한다(Johnson, Bruhn, Winek, Krepps, & Wiley, 1999). 비록 가족 전체가 참여한다고 할지라도, 보통 대부분의 경험주의적 가족치료사는 가족을 하나의 체계적인 단위로 다루지 않고 치료사와 다른 가족구성원이 회기 안에서 작업한 내용의 영향을 강조한다. 치료사는 회기 동안에 있었던 것의 영향을 간접적으로 가족구성원에게 알렸을 때보다 참석한 모든 사람과 함께 공유했을 때 더욱더 강력한 효과가 있다고 믿는다(Gladding, 2018).

사티어는 내담자와 가족구성원 사이에 문제가 되는 의사소통 유형을 지적하고, 그들에게 자신의 감정에 접촉해 보도록 하며, 기능적인 상호작용패턴을 시범으로 보였다. 또한 그녀는 차이 또는 개별성의 전 영역뿐만 아니라 각 개인이 선천적으로 서로 어떻게 다른지에 대해 내담자를 교육했다(Satir, 1967).

사티어는 치료 과정을 통해 가족구성원이 서로 믿고 보살펴 주는 맥락을 조성하는데, 이 환경에서 가족구성원이 더 이상 스스로를 방어하지 않고, 자신의 감정을 느끼고, 새로운 행동을 하게 했다. 그녀는 가족구성원이 문제에 대처하기 위해 필요한 인적 자원을 일단 얻게 된다면 가상 어려운 가족문제도 해결될 수 있다고 믿었다. 따라서 그녀는 가족은 이전의 의사소통 패턴을 유지하려고 고집하기보다는 변화를 시작하고 선택을 할 수 있는 존재라고 보았다(Becvar & Becvar, 2013). 일단 가족이 더욱 효과적으로 의사소통 방식을 학습하게 되면, 가족체계는 더욱 개방적이 되고, 목적을 성취하기 위해 더 잘 지원할 수 있게 되며, 내담자는 더욱 창조적이고 효율적으로 위기와 문제에 대처할 수 있다. 따라서 사티어는 가족이 어느 정도의 잠재력과 장기적인 자원을 가지고 있으며, 이 자원으로 가족은 건강한 방식으로 기능할 수 있다고 주장했다(Satir, 1967; 1988).

사티어의 치료 과정은 접촉하기, 혼돈, 통합과 종결이라는 세 단계를 포함하고 있으며, 이 세 단계가 각 회기에서의 면접과 전체적인 치료 과정에서 나타난다.

1) 접촉하기 단계

이 단계에서 사티어는 각 가족구성원과 악수를 나누며, 각자의 자기가치감(자존감)의 수준을 높이기 위해 모든 관심을 그에게 집중했다. 사티어는 자기가치를 항아리로 비유했는데, 자기가치라는 항아리가 '꽉 차 있을 때' 사람들은 활기 넘치게 살아가며 자신을 믿지만, 자기가치의 항아리가 '거의 비어 있을 때'는 오히려 반대가 된다고 했다(Satir, 1988). 치료사와 내담자 간의 신뢰와 희망의 구축은 최초 45분에서 60분간의 비판단적인 회기에서 이루어진다. 치료사는 가족구성원에게 치료를 통해 무엇이 이루어지기 원하는지에 관해 질문을 한다. 그런 후 사티어는 적극적인 기법을 통해 치료 개입을 시작했다.

2) 혼돈 단계

이 단계에서 가족구성원은 혼돈과 혼란을 경험하게 되며, 각 개인은 위험을 무릅쓰고 각자의 상처와 아픔을 공유한다. 이 단계는 과정이나 내용을 예측할 수가 없는데, 왜냐하면 가족구성원이 마음을 열고 정해진 절차가 없이 자유롭게 문제를 내놓고 이야기를 하기 때문이다.

3) 통합과 종결 단계

이 단계에서는 두 번째 단계에서 제기된 문제들에 대해 작업을 하는데, 특히 이 단계에서는 감정에 치우치기가 쉽다. 이를 방지하기 위해 사티어는 가족구성원이 자기 자신과 문제들을 보다 잘 이해할 수 있도록 인지적인 정보를 사용한다. 저자의 사례에서, 치료사는 성관계를 기피하고 있는 남편에게 "선생님은 지나치게 강요하는 부인으로 인해 힘들어 하고 계신데요. 그 이면에는 어려서부터 자신과 아버지에게 강요하던 어머니로 인해, 강요당하는 것을 힘들어 하는 것 같군요." 라고 설명할 수 있다.

가족구성원은 교류를 다 마치고 나서 다른 가족구성원이 자기를 보는 것처럼 스스로를 보게 될 때 치료는 종결된다. 무엇보다 가족구성원이 상담 과정에서 솔직하게 자신의 마음을 교류하는 것이 중요하다. 이 과정에서 가족구성원이 서로 논쟁을 하면서 다른 의견을 말하고 결과에 책임을 지면서 선택을 하는 것은 매우 긍정적인 것이다. 가족구성원 간에 자신의 견해를 분명하게 의사소통할 수 있다는 것은 치료를 종결할 수 있다는 것을 의미한다(Satir, 1964). 이 세 단계의 과정을 통해, 경험주의적 가족치료사는 가족구성원이 그들의 내적 경험과 외적 행동 사이에 조화를 얻도록 돕는 데 있다.

8. 사례

이 사례는 심각한 신체적 학대의 경험을 가진 혼합가족이다. 남편(아버지)은 알코올

중독자였으나 현재는 단주를 했고, 전처가 낳은 두 자녀인 4세 아론과 2세 로비가 있다. 전처는 이혼하기 전에 두 아들을 계단에서 밀어뜨리고, 담뱃불로 지지거나, 싱크대 밑에 묶어 놓는 등과 같은 학대를 했다. 남편의 전처는 정신치료를 받아서 두 아들을 돌볼 수 없었다. 이후 남편 밥은 베티와 재혼을 했다. 베티의 전남편은 알코올중독자였으며, 베티는 전남편으로부터 학대를 당했다. 베티는 현재 임신 중이었고, 두 아들이 자신의 아이를 학대할까 봐 두려워했다. 두 아들은 자신들이 부모에게 당했던 것처럼 다른 아이들을 비난하고 분노를 나타냈으며 폭력을 일삼아 왔다. 밥과 베티는 좌절감과 두려움을 느꼈고 이로 인해 두 아들에게 거칠게 대했는데 이와 같은 행동은 폭력만 증가시켰다.

상담회기가 진행될수록 사티어는 부모에게 자녀가 무엇인가를 그만두도록 할 때 자녀를 부드럽게 대하는 방법, 그러면서도 단호한 방법을 가르쳤다. 또한 사티어는 자녀를 부드럽게 다루는 것과 화를 내며 거칠게 다루는 것의 차이점을 설명했다. 밥이 아론에게 이야기를 시작하자 사티어는 가까이 다가서서 접촉을 하도록 계속해서 강조했다. 사티어는 아론을 아빠 앞에 앉게 했고 밥에게 아들 손을 잡고 직접 이야기하도록 했다. 다음은 치료의 예이다.

"아이들은 많은 것을 알아요. 아이들에게는 재교육이 필요합니다. 마치 두 분에게 에너지가 많이 있듯이 이 아이들에게도 많은 에너지가 있습니다. 저는 두 분이 자녀로부터 쉬어야 할 시간이 필요하다고 생각됩니다. 그러나 기회가 되는 대로 신체적 접촉을 많이 가지시기 바랍니다. 그리고 또 두 분이 무엇을 기대하고 계신지 정확하게 말씀해 주시기 바랍니다.

그리고 밥이 베티로부터 자녀에게 관심을 기울이는 방법을 배우실 수 있으면 좋겠습니다. 밥이 아이들에게 "하지 마라."라는 말을 하지 않고도 아이들에게 필요한 말을 할 수 있었으면 좋겠습니다. 팔을 들어 올리면 팔에 힘이 들어간 걸 느끼지요. 내가 아빠의 팔을 잠시 동안 들고 있어 볼게요. (밥이 팔을 내밀었다.) 차이를 말씀해 보세요. 나를 잡으려는 것처럼 제 팔을 들어보세요. (밥이 사티어의 팔을 잡았다.) 좋아요. 이제 당신이 그렇게 할 때 내 모든 근육이 굳어지기 시작합니다. 나는 반격을 하고 싶어요. (밥이 고개를 끄덕였다.) 이제 나를 보호하는 것처럼 내 팔을 들어보세요. (밥이 사티어의 팔을 잡았다.) 좋아요. 나는 당신의 힘을 이제 느낄 수 있어요. 그러나 나는 이렇게 뒤로 물러서고 싶다고는 느끼지 않아요. (밥은 "예."라고 대답했다.)

그리고 제가 당신에게 원하는 것은 자녀들에게 될 수 있는 한 많이 접촉하는 것이에요. 접촉을 많이 할수록 아이들을 있는 그대로 받아드릴 수 있어요. "하지 마라." 라는 말을 하지 않고 (둘째 아들인 로비의 양 손목을 보호하듯이 감싸 안는 시연을 보이면서) 그러나 당신은 아이들을 밀쳐내지 않는다는 것을 내면에서 분명히 알아야만 해요. (아론은 자기 손을 사티어와 로비의 팔에 잠시 갖다 대는 시연을 보이고, 양손으로 아빠의 팔을 만지면서) 그러나 당신은 이 차이점을 보았듯이 팔을 강하게 잡아야 해요. (두 손으로 밥의 팔을 잡았다.) 제가 시범을 보이겠습니다. 첫째, 저는 당신을 이렇게 잡으려고 해요. 당신은 저를 밀쳐내고 싶을 겁니다. 좋아요. 이제 제가 하려는 대로 당신에게 힘을 가할 거예요. (두 손으로 그의 팔을 올리는 것을 보여 주었다.) 이제 당신은 힘을 느끼실 겁니다. 이제 제가 하고 싶은 것은 당신에게 힘을 주는 거예요.(두 손으로 팔을 잡는 시범을 보이면서, 로비는 사티어의 손을 어루만진다.) 저는 당신에게 보복하라고 시키지는 않을 겁니다. 이제 당신이 시작하는 것이 무엇보다 중요합니다.

(사티어가 베티를 향해 팔을 벌린다.) 이제 저는 당신에게도 똑같이 하려고 합니다. 제 팔을 꽉 잡아 보세요. (베티가 사티어의 팔을 잡으면서, 첫째 아론도 그렇게 한다.) 좋아요. 당신이 저를 지지해 주는 것처럼 저에게 팔을 주세요. 하지만 저에게 한계를 그어 주시길 바랍니다. (아론은 새엄마인 베티의 손을 잡고 사티어가 아론의 나머지 손을 잡았다. 약간 힘을 주었다.)

이번에 무엇이 일어나는지를 보세요. 당신이 하는 것을 당신에게 맡기고 그것과 접촉하고 (아론의 팔을 잡는 시연을 보인다.) 그리고 난 뒤에 그냥 내버려 두세요. (사티어는 아론의 팔을 잡고 베티의 무릎에서 데려왔다.) 아론아! 난 일어난 일을 엄마에게 시연해 볼게. (아론이 "예"라고 대답했다.) 내가 잠시 동안 생각하지 않고 너를 잡는다고 상상해 보자. (갑자기 두 손으로 베티의 손을 잡는다.) 당신이 원하는 것이 무엇인지 보십시다. (베티가 끄덕였다.) 좋아요. 이제 나는 다른 방법으로 하려고요. 내가 똑같은 메시지를 당신에게 줄게요. (사티어가 양손으로 베티의 팔을 강하게 붙잡는다. 그녀의 눈을 똑바로 쳐다보면서 일어나기 시작한다.) 하지만 저는 이렇게 하려고 해요. 그리고 나는 당신을 보면서, 직접적인 메시지를 주려고 합니다. 좋아요. 이 시점에서 당신의 몸이 나에게 부정적이지는 않아요. 멈춰지는 것을 느끼지만 부정적이지는 않네요. 그리고 나는 당신을 이렇게 잡으려고 해요. (사티어가 베티를 안으면서) 이처럼 나는 당신을 한동안 이렇게 안고 싶네요."

이 사례에서 사티어는 사고를 치는 두 아들에게 많은 두려움을 가지고 있는 부모의 손을 자신의 얼굴에 갖다 대는 신체적인 접촉을 통해서 아이들에게 부드럽게 접근하는 방법을 배우게 했다. 이러한 시연 자체가 가족구성원에게 어떻게 하는가를 보여 주는 거울 역할을 한다. 즉, 보고 만지는 것이 때로는 말로 표현할 수 없는 것들을 표현하게 해 준다.

앞의 사례는 니콜스의 저서에서 인용된 사례를 재인용한 것임을 밝힌다(Nichols, 2014).

9. 요약

경험주의적 가족치료는 1960년대 인본주의적-실존주의적 심리학 운동에서 파생되었다. 특히 사티어의 경험주의적 가족치료는 가족구성원 간의 의사소통의 일치를 통해 자아존중감과 자기가치감을 형성하기 위한 접근이며, 개인의 문제해결보다는 개인의 성장에 관심을 두었다. 그녀는 인간은 성장할 수 있는 자원을 가지고 있다고 보았고 자신의 잠재력을 전개할 수 있도록 돕고 사람들로 하여금 그들의 자원을 효과적으로 사용할 수 있도록 가르쳤다. 경험주의적 가족치료는 개인의 성장과 자아성취는 인간의 기본적인 성향이며, 충동과 방어기제가 감소되었을 때 자연스럽게 나타난다고 보았다. 따라서 경험주의 가족치료사는 가족구성원 간의 방어기제와 가족구성원 개인의 내적 방어기제를 감소시키는 것을 목표로 삼는다.

경험주의 가족치료사들은 친숙하고 습관적인 행동에 도전하고 질문을 함으로써 변화를 시도한다. 경험적 가족치료는 통찰과 해석보다는 행동을 강조하고 경험에 초점을 두며, 가족과 치료사 간의 상호작용을 통해 성장을 강화하는 경험을 제공한다. 특히 사티어는 가족치료 과정에서 순간순간의 정서적 경험을 중시했다.

특히 경험주의적 가족치료는 치료사가 내담자를 촉진하는 능력과 창의력이 풍부해야 한다는 점을 강조한다. 경험주의적 가족치료사는 가족구성원 개개인의 변화를 격려하며 그러한 과정이 발생할 수 있는 따뜻하고 수용적인 분위기를 만드는 것을 중요시한다. 경험주의 가족치료사는 다양하고 구체적이며, 은유적인 기법을 사용하면서, 가족구성원의 친밀감과 자율성을 향상시키기 위해 명확한 의사소통에 대한 모델로서 역할을 한다. 경험주의적 가족치료가 치료방법과 연계된 책임감으로 인해 전에 비해서 요즘은 덜 사용하고 있지만, 이 접근은 계속적으로 많은 임상치료사의 관심을 받고 있으며, 사티어와 구에니가 설립한 연구소들이 이 접근의 지속적인 발달과 성장을 기대하고 있다(Gladding, 2018).

제3부

포스트모던 가족치료모델

포스트모던 사회구성 치료는 모든 사람이 관찰할 수 있는 객관적인 진실이 있다는 생각을 거부한다. 대신에, 그들은 각각의 내담자가 가지고 있는 진실 혹은 현실의 주관적인 인식에 초점을 둔다. 진실이 주의 깊고, 객관적인 관찰과 측정에 의해 발견될 수 있다는 모더니즘적 과학적 가정에 회의적인 포스트모더니스트들은 절대적인 진리란 결코 알 수 없으며, 현실에 대한 다양한 관점이 존재한다고 주장한다. 종교, 예술, 정치학, 과학에 있어서 당연하게 여겼던 가정에 대한 이와 같은 도전은 고정된 사고방식의 해체와 새로운 가정에 대한 탐색 그리고 새로운 구성의 발달을 초래했다. 가족치료에 있어서 포스트모던 아이디어는 프랑스 철학자 자크 데리다(해체의 창시자), 미국 문학이론가 폴 디만(Paul de Man) 그리고 프랑스 후기구조주의 역사가이자 사회비평가인 미셸 푸코의 연구로부터 파생되었다. 포스트모던 관점에서는 포스트모더니즘 그 자체를 포함해 모든 것이 도전받는 것에 열려 있다. 구성주의자 인식론을 가진 포스트모던 운동은 가족치료의 영역에 엄청난 충격을 주었으며, 오늘날의 실천의 최첨단에 위치하고 있다. 포스트모던 가족치료를 실천하고 있는 가족치료사의 수는 엄청나게 증가하고 있고(Bradley et al., 2010), 북아메리카에서 실천하는 대부분의 접근 중에 행동주의 가족치료와 보웬 가족체계이론만큼이나 활성화되고 있다. 다양한 생활스타일과 인식에 대해 빠르게 변화하고 있는 사회적 · 정치적 인식이 중요해지면서 이러한 포스트모던 경향이 부상되는 사회적 맥락에 주목하는 것이 중요하다(Goldenberg, Stanton, & Goldenberg, 2017).

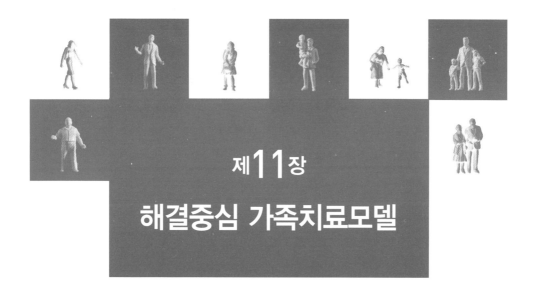

제11장
해결중심 가족치료모델

1. 이론적 배경

해결중심 가족치료는 전략적 가족치료 접근 중 특히 MRI 모델의 영향을 많이 받았다. 이 모델은 MRI 의사소통 모델에서 역사와 병리를 강조하지 않으며 간결한 것을 중시하는 점을 그대로 유지했으나 문제에는 초점을 두지 않는다. MRI 가족치료사는 문제를 해결하려고 시도했던 상호작용 방식에 내담자와 대화를 하면서 문제해결에 효과적이지 않았던 해결책을 발견하려고 하지만, 해결중심 가족치료사는 내담자에게 효과적이었던 해결책을 찾아보게 한다. 따라서 이 접근은 문제에 초점을 맞추는 MRI의 의사소통 모델에 비교해 해결책을 찾는 데 초점을 둔다는 점에서 전통적인 가족치료 접근과는 구분이 된다.

해결중심 가족치료에 있어서 가장 경험이 풍부한 인물로 스티브 드세이저(Stever de Shazer)와 인수 김 버그(Insoo Kim Berg)가 있고, 해결지향 가족치료 분야에서는 빌 오한론(Bill O'Hanlon)과 미셸 와이너 데이비스(Michele Weiner-Davis)이다. 이들 중에서 드쉐이저와 오한론은 밀턴 에릭슨(Milton Erickson)으로부터 직접 사사했으며, 앞의 네 사람 모두 에릭슨의 원리를 이용했다(Gladding, 2018). 앞의 세 가지 주요 접근법은 차이점보다는 서로 유사한 점이 많다(Becvar & Becvar, 2013).

① 해결중심 단기치료(Solution-Focused Brief Therapy: SFBT)

이 모델은 스티브 드세이저(Steve deShazer, 1984; 1988; 1994)와 인수 버그(Insoo Berg)에 의해 위스콘신주 밀워키에 있는 단기 가족치료센터(Brief Family Therapy Center)에서 개발되었다. 이 치료법은 현재의 문제나 과거는 최소한으로 다루면서 미래에 초점을 두고 해결을 향한 낮은 단계의 목표로부터 서서히 개입한다.

② 해결지향 치료(Solution-Oriented Therapy)

이 치료(O'Hanlon, O'Hanlon, & Weiner-Davis, 2003)와 가능성 치료(Possibility Therapy, O'Hanlon & Beadle, 1999)는 빌 오한론(Bill O'Hanlon)과 동료들에 의해 개발되었으며, 해결중심 단기치료처럼 미래지향적이지만, 에릭슨의 최면치료 언어기법에서 더 많은 부분을 도입했다. 해결지향 치료는 해결중심 단기치료에 비해 과거와 현재를 이용해 해설방법 모색을 위한 개입을 더 많이 사용한다.

③ 해결지향 에릭슨 최면치료(Solution-Orientd Ericksonian Hypnosis)

해결중심 치료와 해결지향 치료는 밀튼 에릭슨의 연구에서 영감을 얻었는데, 이 접근법은 특히 에릭슨의 최면기법을 사용한다.

이외에도 해결중심과 해결지향적인 이론을 사용하고 있는 사람들에 패트리셔 오한론 허드슨(Patricia O'Hanlon Hudson), 알란 구어만(Alan Gurman), 이브 립칙(Eve Lipchick)과 스캇 밀러(Scott Miler) 등이 있다(Gladding, 2018).

해결중심 가족치료는 가족에게 문제가 왜 발생했는가에 대해서는 관심을 두지 않는다. 해결중심 가족치료사는 치료를 시작할 때 내담자에게 문제 상황을 설명하게 하면서 치료적 대화에 합류시킨다. 대상관계 가족치료나 보웬의 체계적 가족치료는 가족문제를 원가족과의 관계에서 오는 것으로 보고 전이와 투사과정, 불안, 분화 수준 등을 탐색하지만, 해결중심 치료사들은 가족구성원에게 왜 그들에게 그와 같은 문제 혹은 어려움이 발생했는가에 대해 깊이 생각하거나 혹은 근원적인 가족문제의 경과 상태를 찾지 않는다. 반면에, 해결중심 치료사들은 가족구성원이 자신의 상황을 설명하는 데 사용하는 언어와 가족구성원이 원하는 갈등해결에 관심을 둔다. 치료사는 내담자가 제시한 목표를 달성하기 위해 함께 가능한 해결책을 구상한다.

드세이저는 초기에는 전략적 가족치료에 속한 MRI 모델의 영향을 받았다가 후기에 와서는 현실을 결정하기 위해 사람들이 서로 관여하는 대화인 '언어 게임'과 관련한 언어 철학자인 루드비히 비트겐슈타인의 아이디어에 의지했다(Goldenberg, Stanton, & Goldenberg, 2017). 해결중심 치료사는 의미를 결정하는 언어를 강조하거나 전문가로서 진실을 탐색하고 외적인 분석을 하지 않는다. 비트겐슈타인은 철학에 있어서 본질이 존재하는 게 아니라 언어가 그 본질이라고 했던 것처럼, 포스트모더니즘과 구성주의에 입각한 해결중심은 해결중심적인 언어로의 전환에 초점을 두었다. 즉, 해결중심 치료는 치료사와 내담자가 함께 구성하기 원하는 해결책을 토의하는 "해결중심 대화"에 초점을 둔다. 이처럼 해결중심 치료는 치료사와 내담자의 대화와 구성주의에 의한 인식론적이고 이차적 인공두뇌학적으로 주장되는 현실에 대한 다원적 전망을 강조한다. 수많은 현실이란 개인적인 구성과 이야기에 입각한 임의적이고 주관적인 각각의 현실과 함께 존재하며, 우리가 현실이라고 부른 것에 동의하는 것은 언어를 통해 공유된 우리의 관점에 대한 동의에 불과하다고 본다. 따라서 해결중심 치료사는 내담자들이 치료사와 함께 대화하는 진실 혹은 현실을 믿을 수 있고, 해결중심 치료사는 합의에 의한 타당성 있는 인식과 일치하는 해결책을 구성할 수 있는 해결적인 대화를 수단으로 가족들을 돕는다(Goldenberg, Stanton, & Goldenberg, 2017). 가족구성원이 자신의 삶에 대한 이야기를 재기술함으로서 실행가능한 해결책이 탄생하게 되는데, 실제로는 가족이 자신에 대한 새로운 그리고 임파워링하는 이야기를 창조한다. 만약 이와 같은 과정이 성공적으로 진행된다면, 내담자는 현존하는 문제를 해결하고, 통제하며, 억제할 수 있는 능력에 대한 감각을 재구성하는 인지적인 변화를 성취한다(Shoham, Rohrbaugh, & Patterson, 1995).

해결중심 가족치료는 현장에서 가장 주요한 강점중심을 강조하며 시간이 갈수록 내담자, 보험회사, 그리고 지역 정신건강기관에게 인기가 높아지고 있는데, 이는 치료 효과가 좋고 내담자를 존중하는 접근을 하기 때문이다. 이름에서도 알 수 있듯이, 해결중심 치료사들은 문제에 대해 이야기하는 시간을 최소화하고 내담자들이 해결책을 찾아가게 하는 것에 초점을 둔다(Gladding, 2018). 치료사는 해결책을 내담자에게 제시하기보다는 내담자의 경험과 가치에 따라 내담자 본인이 해결책을 모색할 수 있도록 돕는다. 내담자가 원하는 목표를 선정한 후에 치료사는 내담자가 그 목표를 성취하기 위해 서서히 단계적으로 나갈 수 있도록 돕는다(Becvar & Becvar, 2013).

해결중심 치료의 총 상담회기는 전형적으로 5회기에서 10회기로 한정하고 있는데, 치료사는 내담자가 수행 가능한 목표를 성취하게 하는 변화의 기대감을 창조해낼 수 있도록 돕는다. 이런 점이 치료사에게 치료 길이를 줄이라고 계속 압력을 넣는 관료의료조직에게 해결중심 가족치료가 사랑을 받게 한다(Goldenberg, Stanton, & Goldenberg, 2017).

해결중심 가족치료가 MRI 모델과 구별되는 이론적 관점은, 내담자가 변화에 대해 요청을 하면서 동시에 변화에 저항한다는 생각을 거부한다는 것이다. 해결중심 가족치료사는 내담자가 진정으로 협력하고 변화하기를 원한다고 주장한다. 내담자는 단지 치료사의 해석 혹은 치료사의 개입이 자신에게 적합하지 않다고 보일 때만 거부한다. 협력을 촉진하기 위해서, 치료사는 내담자의 장점 혹은 과거 성공에 초점을 두면서 내담자에게 칭찬을 한다("당신은 어려운 환경 속에서도 좋은 엄마가 되기 위해 정말로 노력을 하고 계신 것 같군요.")(Seedall, 2009). 일단 가족구성원이 치료사가 자신의 편에 서 있다는 것을 알게 되면, 치료사는 내담자가 더 기분 좋게 느끼게 할 수 있는 새로운 어떤 것을 시도하는 제안을 할 수 있는 위치에 있게 된다. 전형적으로, 치료사는 일단 성취되었고 더 큰 변화를 일으킬 수 있는 작은 변화를 격려한다(예: "남편께서 지난주에 부인을 위해 해 주신 설거지를 다음 주에도 두 번 더 해 주실 수 있으신가요?)(Goldenberg, Stanton, & Goldenberg, 2017).

한국에서는 해결중심단기치료가 1987년에 소개되었으며, 상담 관련 교수와 정신과 의사가 '가족치료연구모임'을 만들어 팀 접근으로 해결중심 치료를 1991년부터 실행해 왔다. 이 모임이 기초가 되어 '한국단기 가족치료연구소(http://brief-therapy.or.kr)'가 개설되었으며, 2011년 9월에 해결중심 치료학회가 창립되었다(정문자 외, 2018).

2. 주요 인물

해결중심 가족치료가 개발되었던 밀워키에 있었던 단기 가족치료센터에서 일했던 주요 인물로는 부부로 활동했던 스티브 드세이저(Steve de Shazer)와 인수 김 버그(Insoo Kim Berg), 이브 립첵(Eve Lipchick), 윌리엄 오한론(William O'Hanlon), 제인 펠러(Jane Peller), 존 월터(John Walter) 그리고 미셸 와이너-데이비스(Michele Weiner-Davis) 등을 들 수 있다(Anderson, 2016). 비록 빌 오한론(Bill O'Hanlon)은 이 집단의 일원으로 함께 일하지는 않았지만, 와이너-데이비스와 함께 저술 활동을 하면서 직간접적으로 단기 가족치료센터의 영향을 받았다(Gladding, 2018). 여기서는 드세이저와 버그를 중심으로 인물 소개를 하겠다.

1) 스티브 드세이저

스티브 드세이저(Steve de Shazer, 1940~2005)
는 사고가 깊은 가족치료 분야의 선구자였으며,
다방면에서 뛰어난 재능을 가지고 활동했다. 그
는 고전 음악을 전문적으로 배운 음악가, 뛰어난
시각 미술가 그리고 일류 요리사였으며, 청빈주
의 철학과 변화의 과정을 일상생활의 피할 수 없
는 역동적인 부분으로 보았던 것으로 잘 알려진
창의적인 천재였다. 내담자들에게 구체적으로 해
결책을 묘사하도록 질문하는 기법으로 기존의 심
리치료 인터뷰 과정을 뒤엎고 치료의 중심을 문

[그림 11-1]스티븐 드세이저와 인수 김 버그 부부

제에서 해결로 바꿔 놓은 인물이다(Trepper, Dolan, McGollum, & Nelson, 2006, p. 133).

드세이저는 1970년대 중반에 MRI에서 제이 헤일리, 폴 바츨라비크, 존 위클랜드 그
리고 버지니아 사티어 등의 대가와 함께 일한 경험을 바탕으로 아내인 인수 김 버그와
함께 해결중심 단기치료를 개발했다. 그는 1978년에 위스콘신주의 밀워키에서 동료들
과 함께 단기 가족치료센터를 설립해, 센터 소장을 맡았다. 그는 전국적인 명성을 얻기
시작했으며, 문제중심의 치료 대신에 해결을 강조하는 치료 기법으로 인해 1980년대 가
족치료계의 주요 이론가로 인정받기 시작했다. 초기에 드세이저는 밀턴 에릭슨뿐만 아
니라 그레고리 베이트슨과 MRI 스탭들의 영향을 받은 전략적 가족치료사로서 알려졌
다(Gladding, 2018). MRI가 해결중심 단기치료에 미친 영향은 다음과 같다. 첫째, 문제로
삼지 않은 것은 건드리지 않는다. 둘째, 효과가 없다면 그것을 시도하지 않고 다른 것을
시도한다. 셋째, 효과가 있는 것을 더 많이 한다(de Shazer & Berg, 1995).

한편, 드세이저는 에릭슨의 최면치료 기법을 배웠고, 결과적으로 내담자가 가지고
있는 것을 활용하는 것과 심리적 장애의 원인을 찾아내거나 교정하려 하지 않는 것을
해결중심 단기치료에 사용했다. 이 두 가지 요소는 해결중심 단기치료의 주요 가정인
내담자의 강점과 자원을 인정하는 것과 변화시킬 수 없는 과거보다 현재와 미래에 초
점을 두는 것에 영향을 주었다(Kim, 2008).

하지만 1980년대에 이르러서, 드세이저와 버그는 전략주의 가족치료와는 전혀 다른
글을 쓰고, 강연을 했다. 그는 자신의 이론을 단기 가족치료라고 불렀으며, 한편 생태

계적인 접근이라고 설명했다. 그는 가능하면 항상 팀으로 작업을 했으며, 컨설턴트로 알려진 팀은 일방경 뒤에서 치료 상황을 관찰하며 치료 회기 중 미리 정해진 휴식시간에 치료사에게 메시지를 전달했다. 따라서 치료를 받는 가족은 다양한 의견을 청취할 수 있는 혜택을 받을 수 있었다(Gladding, 2018).

드세이저는 해결중심 가족치료 이론의 주요 개발자이나 임상을 더 이상 많이 하지는 않았으며, 연구와 집필에 더욱 몰두했다(Nichols, 2014). 사람들은 말년의 드세이저를 '가족치료계의 위대한 선구자'라고 불렀다. 그는 오스트리아 비엔나에서 2005년 9월 11일에 예기치 않게 사망했고, 아내인 인수 김 버그가 그 옆에서 임종을 지켜보았다(Dolan, 2006).

2) 인수 김 버그

인수 김 버그(Insoo Kim Berg, 1935~2007)는 부유하며, 사회적인 명망이 높고, 교육을 많이 받은 한국 가정에서 출생했다. 그녀는 한국전쟁이 한창일 무렵, 폭탄으로 어머니가 아끼던 아름다운 골동품과 귀한 가구가 부서지는 것을 보았다. 인수 김 버그는 그 시기에서 인생에서 가장 중요한 것은 물건이 아니라 사람이라는 사실을 깨닫게 되었다(Dolan, 2007).

인수 김 버그는 스티브 드세이저와 결혼한 후에, 밀워키에서 단기 가족치료센터를 설립하는 데 많은 기여를 했다. 버그는 임상에 탁월한 능력을 보였으며, 치료사에게 이론을 적용시켜 훈련시키는 일을 했고, 미시간주의 '가족독립기관(Family Independence Agency)에서도 열정적으로 일했다. 대표적인 저서로 『가족치료: 해결중심접근법(Family Based Services: A Solution-Focused Approach)』(Berg, 1994)이 있으며, 이 책에서 그녀는 해결중심접근을 가족복지에 적용했다(정문자 외, 2018). 드세이저는 버그가 치료 현장에서 사용했던 것들을 다른 사람들도 활용할 수 있도록 하기 위해 그녀의 회기를 관찰해 기록했다. 버그는 해결중심 치료에 관한 10여 권의 책을 단독 혹은 공동으로 저술했고, 많은 논문을 출판했다(Gladding, 2018). 그녀는 알코올 중독(Berg & Miller, 1992), 약물 남용(Berg & Kelly, 2000), 아동문제(Berg & Steiner, 2003), 개인적 코칭(Berg & Szabo, 2005)에 대해 해결중심 접근을 시도함으로써 해결중심 단기치료의 개발에 많은 기여를 했다(Gehart, 2016). 버그는 남편인 드세이저와 사별한 지 14개월 만에 갑작스럽지만 평온한 가운데 밀워키에서 사망했다(Gladding, 2018).

3) 다른 주요 인물

이 두 사람 외에 해결중심단기치료에 영향을 미친 인물로 빌 오한론(Bill O'Hanlon)이 있는데 그는 아리조나주립대학교에서 가족치료로 석사 학위를 받은 후에 밀턴 에릭슨에게 특별 개인지도를 받았다. 이때 그는 개인지도를 받는 댓가로 에릭슨의 정원사로 일했다. 오한론은 에릭슨으로부터 많은 영향을 받았으며, 해결에 중심을 두었던 자신의 치료 접근을 바꾸는 계기가 되었다. 이와 더불어 오한론은 MRI에서 했던 치료 작업의 영향 또한 받았다(Gladding, 2018).

그는 친근한 작가 겸 연설가였으며, 언어의 중요성을 강조했고 언어 속의 작은 변화를 통해 큰 변화를 촉진했다. 그는 내담자가 상황을 보는 시각을 변화시키면서 동시에 내담자가 처해 있는 큰 그림의 상황 속의 문제들에 대해 다루었다(Bertolino, O'Hanlon, & O'Hanlon, 2002). 1980년 오한론은 해결지향적 치료의 주요 이론가의 대열에 올랐다. 당시에는 해결지향적 치료라는 용어를 사용했지만, 그는 오히려 가능성 치료(Possibility Therapy)라고 부르는 것을 선호했다(Bubenzer & West, 1993; Krauth, 1995). 오한론은 자신의 접근의 주요 특징은 실용주의적이며 미중서부 지역의 가치를 대변하고 있다고 했다.

미셸 와이너-데이비스는 1970년 그린넬대학교에서 심리학으로 학사학위, 1997년 캔사스대학교에서 사회복지학으로 석사학위를 받았다. 석사학위를 취득한 후, 일리노이주 시카고 교외의 우드스탁에서 결혼 및 가족치료사로 활동했다. 그녀는 이 시기에 『이혼 방지(Divorce Busting)』를 포함한 해결지향적 가족치료를 주제로 유명한 책을 여러 권 저술했으며, 콜로라도 보울더에서 '이혼방지센터(Divorce Busting Center)'를 설립해 부부를 위한 집중워크숍을 하루에서 이틀 정도 열었다. 그녀는 관계향상 프로그램인 '사랑을 유지하기(Keeping Love Alive)'를 처음 만들었으며, '오프라 윈프리쇼'와 '투데이 쇼'를 비롯한 유명한 텔레비전 쇼에 자주 출현해서 국제적으로 알려진 치료사이다. 와이너-데이비스가 출판한 책으로는 『성에 굶주린 결혼(The Sex Starved Marriage)』, 『당신이 사랑하는 남자에게 연락하기: 여성을 위한 말도 안 되며 잔소리도 하지 않는 가이드(Getting Through to the Man You Love: The Nonsense, No-Nagging Guide for Women)』 그리고 『당신의 인생과 그 안의 모든 사람을 바꿔라(Change Your Life and Everyone In It)』 등이 있다(Gladding, 2018). 오한론과 와이너-데이비스는 드세이저가 작업한 토대를 더욱 발전시키기 위해 서로 공동작업을 했다(O'Hanlon,

O'Hanlon, & Weiner-Davis, 2003).

1980년 중반부터 드세이저와 버그의 학생이었던 이본 돌란(Yvonne Dolan)은 트라우마와 학대 치료에 해결중심 모델을 적용했고(Dolan, 1991), 영향력 있는 사례집을 버그와 함께 공동 집필했다(Berg & Dolan, 2001). 또한 돌란은 『기관에 있어서 해결중심 가족치료모델의 적용(Solution-focused brief therapy: Its effective use in agency settings)』에 대해 저술했고(Pichot & Dolan, 2014), 가장 최근에는 『해결초점 치료의 예술의 상태(More than miracles: The state of the art of solution-focused brief therapy)』라는 책을 출판했다(de Shazer et al., 2021). 돌란은 전세계에서 해결초점 치료를 훈련시키고 있으며, 해결중심 단기치료협회의 회장이다(Nichols, 2014).

또 다른 잘 알려진 해결중심 치료사로는 이브 립칙(Eve Lipchik), 스캇 밀러(Scott Miller), 존 월터(John Walter), 피터 드 종(Peter De Jong)(De Jong & Berg, 2012) 그리고 제인 펠러(Jane Peller)가 있다. 단기 가족치료센터에서 8년간 일하고 1988년에 그 센터를 떠난 립칙은 아내 폭행에 해결중심 치료를 적용했으며(Lipchick & Kubicki, 1996), 밀워키에서 치료를 계속하고 있다(Goldenberg, Stanton, & Goldenberg, 2017). 또한 해결중심 치료에 대한 가장 유용한 책 중 하나인 『해결중심 치료 기법을 넘어서(Beyond technique in solution-focused therapy: Working with emotions and the therapeutic relationship)』(Lipchick, 2011)를 출판했다. 스캇 밀러는 단기 가족치료센터에서 알코올과 마약 치료서비스를 지향하면서 3년간 근무했고, 그 모델에 대해 폭넓게 저술을 했다. 존 월터와 제인 펠러 부부로서 단기 가족치료센터에서 훈련을 받았으며, 그들은 시카고에서 개업 중이다. 그들은 해결중심 단기치료 접근법의 단계를 설계하는 책인 『단기치료에 있어서 해결중심이 되기(Becoming solution-focused in brief therapy)』(Walter & Peller, 2013)를 저술한 후, 워크숍의 유명 강사가 되었다

3. 주요 개념

1) 내담자의 강점 평가

해결중심 가족치료의 핵심 요소 중의 하나는 내담자가 가지고 있는 강점을 파악하는 것이다(Bertolino, O'Hanlon, & O'Hanlon, 2002; De Jong & Berg, 2012; O'Hanlon, O'Hanlon,

& Weiner-Davis, 2003). 내담자의 강점은 여러 종류의 자원(개인적인, 관계적인, 재정적인, 사회적인, 또는 영적인)이 될 수 있으며, 가족의 지지, 긍정적인 관계, 종교적 믿음 등이 포함될 수 있다. 하지만 많은 치료사가 내담자의 강점을 파악한다는 것이 얼마나 어려운 일인지 과소평가하곤 한다. 이것은 내담자들이 해결받기를 원하는 문제의 목록만을 가지고 그 문제들에 대해서만 이야기할 준비가 되어 있는 상태로 상담에 임하기 때문이기도 하고, 놀랍게도 많은 내담자가 자기 삶 속에서 문제가 없는 부분을 잘 찾지를 못하기 때문이기도 하다. 예를 들어, 오랫동안 잦은 부부싸움에 지친 많은 부부는 배우자의 강점, 결혼 후 행복했던 시절을 잘 기억조차 하지 못한다. 그러므로 치료사들은 더 세밀한 질문을 하거나 작은 단서에 유의하며 내담자의 강점을 파악해야 한다(Gehart, 2016).

해결중심 단기 가족치료사는 다음과 같은 두 가지 방법으로 내담자의 강점을 파악한다. 첫째, 내담자의 강점, 취미 그리고 삶 속의 긍정적인 부분에 대해 직접적으로 질문을 한다. 둘째, 문제 상황 속에서의 예외나 발견되지 않은 강점을 찾기 위해 내담자의 말을 주의 깊게 경청한다(Bertolino, O'Hanlon, & O'Hanlon, 2002; De Jong & Berg, 2012). 더욱이 어떤 상황에서의 강점이 다른 상황에서는 약점이 될 수 있고, 한 분야에서의 강점이 다른 분야에서 약점이 될 수도 있다. 그러므로 내담자가 강점에 관해 이야기하는 것을 어려워하고 약점과 문제만을 이야기한다면, 잘 훈련된 해결중심 치료사는 그 안에서 어떤 '약점'이 강점이 될 가능성이 있는지를 잘 파악할 수 있을 것이다. 예를 들어, 관계적인 부분에서 걱정이 많고, 부정적이고, 비판적인 사람은 대부분 세부적이고 신경을 써야 하는 일을 할 때 뛰어난 능력을 보인다. 이것은 내담자가 해결책을 향해 나아갈 방법을 모색하는 데 있어서 도움이 될 수 있는 정보이다. 해결중심 가족치료사는 정신건강이라는 큰 틀 안에서 내담자의 강점을 이용해 좋은 임상결과를 내는 데 선구자 역할을 해 왔다(Bertolino, O'Hanlon, & O'Hanlon, 2002).

치료사는 내담자의 강점 평가를 할 때 개인의 강점과 두 사람의 관계적인 강점뿐만 아니라 두 사람이 각자의 가족들과 맺은 강한 유대감이나 내담자의 확대가족 중 두 사람의 만남을 지지하고 있는 많은 사람, 그리고 내담자가 속한 종교 단체의 지도자에 대해서도 이야기를 한다. 그 후 치료사는 이런 자원을 두 사람이 어떤 식으로 관계를 이어 나갈 것인지에 대한 어려운 결정을 하는 데 이용할 수 있게 돕는다. 따라서 해결중심 가족치료사는 모든 사람이 자기만의 강점과 자원을 가지고 있다고 생각하고, 그 강점들을 명료화하고 내담자가 목표달성을 위해 이용할 수 있도록 돕는 역할을 한다(Gehart, 2016).

2) 내담자 유형

드세이저는 내담자의 동기에 따라 내담자를 세 가지 유형으로 분류했다(de Shazer, 1988).

(1) 방문형

내담자는 불평이 없지만, 대부분의 다른 사람이 그 사람에 대한 불평이 있는 경우이다. 방문형은 일반적으로 법원, 직업훈련, 보호관찰관, 학교, 부모, 파트너와 같은 타인의 의뢰로 상담에 임하게 되는 경우가 대부분이다. 이러한 내담자는 치료 목적, 목표, 해결방안 등이 자신이 원하는 것과 상반되다고 느끼기 때문에 문제에 대한 책임감이 없거나 자신의 문제를 인정하지 않는 경향이 있다. 이처럼 방문형의 내담자를 상담할 때, 치료사는 그들이 원하는 상황과 의뢰인이 원하는 상황을 함께 고려하며 상담을 진행해야 한다.

(2) 불평형

인수 김 버그는 불평형의 내담자는 자신을 위해서가 아니라 다른 사람을 위한 목표를 가지고 있을 때 발생한다고 보았다. 즉, 내담자는 문제가 있다는 것을 인식은 하지만 다른 사람이 변화되어야 한다고 생각하거나 치료사가 치료해 주길 원하는 유형이다. 이러한 불평형의 내담자를 상담할 때 가장 유용한 접근방법은 증상이 있는 가족에 대해 생각과 관찰을 계속하지만 과거와는 다른 방법으로 할 것을 격려하는 것이다. 한편, 불평형 내담자의 경우 치료사는 내담자 본인이 문제해결에 도움을 줄 수 있는 방법을 제시하거나 관점을 바꿈으로써 내담자가 스스로 행동을 바꿀 수 있도록 동기를 유발한다.

(3) 고객형

고객형의 내담자는 문제를 해결하기 위해 어떤 것이든 시도하려는 동기를 가지고 있는 사람을 의미한다. 고객형의 내담자는 문제를 인식하고, 문제해결을 위해 도움을 요청하며, 변화를 위해 무엇인가를 할 준비가 된 것을 언어적으로 혹은 비언어적으로 표현한다. 따라서 고객형의 내담자는 치료사와 매우 긍정적이고 협력적인 치료관계로 발전할 수 있다. 고객형 관계란 내담자가 자신과 관련된 치료 목표를 표현하고, 자신의 행동을 변화하기 위한 많은 방법을 제시하는 경우이다.

내담자의 동기를 파악하는 것은 내담자와 어떻게 동맹을 맺고 나아갈 것인지에 대한 정보를 제공한다(Gehart, 2016).

4. 치료 목표

치료 목표와 관련해 드세이저는 내담자가 치료에서 상황 그 자체보다는 문제 상황에 대한 그들의 관점을 제공한다고 보았다(de Shazer, 1991). 내담자의 그와 같은 관점은 해결책의 달성을 목표로 삼는 언어게임의 한 부분으로 치료적으로 오해될 수 있다. 그래서 목표를 세우는 것은 불평 내러티브로부터 해결 내러티브로 맥락을 변화시키는 과정에서 중요한 부분이 된다. 해결중심 치료사는 현존하는 불평의 세부적인 것에 초점을 두지 않고 새로운 행동양식으로 시작하는 것을 목표로 한다. 해결중심 치료사는 사람들이 문제를 해결할 능력을 이미 갖추고 있지만 이러한 능력을 보지 못하는데, 그 이유는 문제가 너무 크게 느껴져 자신들의 강점을 생각하지 못하기 때문이라고 믿는다. 가끔은 잘 되고 있지 않는 것에서 이미 잘하고 있는 것에 초점을 맞추는 간단한 변경이 내담자로 하여금 이러한 자원을 상기시키고 자원의 사용을 확장시킬 수 있다. 드세이저의 치료 목표는 만약 문제가 해결된다면 무슨 일이 발생할 것인지에 관한 내담자의 그림을 구성하는 것이다. 그는 실행할 수 있는 목표란 내담자에게 작고 의미 있으며, 분명하고 명확한 용어로 설명하고, 성취 가능하며, 내담자가 힘든 일로 인식하는 것을 포함하며, 끝이라기보다는 새로운 시작과 관련되어 있고, 이미 발생한 어떤 것의 소멸이라기보다는 뭔가 새로운 것에 대한 증거라고 정의했다(de Shazer, 1991). 해결중심 가족치료의 목표에는 다음과 같은 특성을 포함해야 한다(Bertolino, O'Hanlon, & O'Hanlon, 2002; De Jong & Berg, 2012).

- 목표는 내담자 본인에게 중요한 의미가 있는 것이어야 한다.
- 일반적인 감정을 반영하기보다는(예: '기분이 나아진') 다른 사람들과의 관계를 어떻게 변화시킬 것인가에 대한 설명이 포함되어야 한다.
- 목표는 일반적이고 전체적인 용어보다는 상황적인 용어(예: '직장에서 개선된 기분')

를 사용해야 한다.

- 목표는 단기적이고 확인 가능한 낮은 단계에서부터 점진적으로 나아간다.
- 목표는 다른 사람보다는 내담자를 위한 확실한 역할을 지정해 주어야 한다.
- 목표는 현재 내담자의 상황에 맞게 현실적이어야 한다.
- 목표는 합법적이어야 하고, 내담자와 치료사에게 적합하며, 전문가 윤리에서 벗어나서는 안 된다.

5. 치료사의 역할

1) 치료사의 자세

해결중심 치료사의 자세는 '알지 못함'의 자세를 가지고 상담을 한다. 원래 '알지 못함'의 자세는 애더슨과 굴리시안에 의해 발달된 매우 사려 깊고 협동적인 상담적 접근이다(Anderson& Goolishian, 1992). '알지 못함'의 자세란 치료사가 내담자에 대해 아는 바가 없기 때문에 내담자에게 알려 달라는 것으로, 불확실성의 태도로 질문과 새로운 생각을 내담자에게 제공하는 것을 말한다(De Jong & Berg, 2012; 노혜련, 허남순 역, 2015).

치료사는 내담자에 대한 진실한 호기심을 가져야 하며 내담자가 변화되어야 한다고 생각하거나 기대하기보다는 내담자의 행동과 말에 대해 보다 더 많이 알고 싶어 하는 의향을 보여 줘야 한다. 따라서 치료사는 내담자로부터 항상 더 많은 정보를 얻으려는 자세를 갖는 것이 중요하다. '알지 못함'의 자세에서 나오는 대화적 질문은 가족이 아직 말하지 못한 것을 말해도 괜찮다는 안전감을 느끼는 하나의 시작점을 만들 수 있으며, 정서적·내면적 차원의 억압을 제거할 수 있도록 돕는다. 내담자와 가족구성원으로부터 이러한 억압이 제거된다면 그들은 새로운 의미와 이야기들이 만들어질 수 있고, 이러한 것이 가족구성원으로 하여금 극적인 변화를 야기할 수 있다(De Jong & Berg, 2012: 노혜련, 허남순 역, 2015).

2) 치료사의 역할

 내담자 가족이 치료에 전념하도록 돕는 과정에서 해결중심 가족치료사는 "변화의 촉진자, 즉 내담자가 자신들이 이미 가지고 있지만 의식하지 못하거나 또는 활용하지 못했던 수단이나 강점들을 볼 수 있도록 돕는 사람이다"(Cleveland & Lindsay, 1995, p. 145). 이 역할을 하기 위해서 해결중심 치료사는 내담자 가족이 변하기 원하는 문제에 초점을 맞추어서 그들이 문제를 다른 시각으로 볼 수 있도록 돕는 작업을 한다. 해결중심 치료사는 내담자가 이야기할 때 예외와 어떤 상황이 성공적인 상황인지에 대해 주의 깊게 듣는다(de Shazer, 1985, 1988; O'Hanlon, O'Hanlon, & Weiner-Davis, 2003).

 해결중심 치료사는 예외와 성공적인 상황에 대해 다음과 같은 두 가지 방법으로 파악한다. 첫째, 간접적으로 내담자의 설명을 듣고, 둘째, 직접적으로 질문함으로써 파악한다. 치료사는 예외를 이용해 내담자가 삶 속에서 해결책을 모색할 수 있도록 돕는다. 또한 무엇이 성공적인지를 파악하기 위해 예외 질문을 하기도 한다. 예외 질문들 이면의 전제는 문제의 심각성이 변한다는 것이다. 즉, 문제가 덜 심각할 때가 예외상황으로 간주되고, 이런 상황이 무엇이 성공적인지에 대한 단서가 되는 것이다(de Shazer, 1985; O'Hanlon, O'Hanlon, & Weiner-Davis, 2003). 또한 치료사는 누가 주목할 것인지 그리고 각자는 어떻게 반응할 것인지에 관한 질문들로써 기적에 대한 내담자의 묘사를 따라야만 한다. 치료사는 일이 어떻게 더 좋아지는지에 대해 항상 질문하면서 진보적 내러티브를 창조하는 것이 중요하다(Becvar & Becvar, 2013).

 해결중심 가족치료사는 가족이 작은 변화라도 빨리 만들도록 권유한다(de Shazer, 1985; O'Hanlon, O'Hanlon, & Weiner-Davis, 2003). 치료사는 가족들이 그들의 행동, 인지 그리고 인식의 변화에 초점을 맞추며 문제가 되는 상황을 이겨 낼 수 있도록 가족이 가지고 있는 수단과 강점을 사용하도록 격려한다(Cleveland & Lindsay, 1995). 이처럼 해결중심 접근은 변화를 중심 요소로 보고 있다(Muarry & Murray, 2004). 그러한 변화를 일으키는 한 가지 방법은 성(性)해결중심 가계도를 그리는 것이다. 이것은 내담자가 현재 가지고 있는 문제와 연관된 신념과 행동을 식별하도록 도와주는데, 특히 그들이 현재 나타내는 행동에 부정적으로 영향을 미쳐 왔던 과거의 성역할 메시지까지 포함한다(Softas-Nall, Baldo, & Tiedemann, 1999). 어떤 방법을 사용하든지 일단 작은 변화라도 이루어지면, 치료사는 좀 더 진전을 볼 수 있으며, 변화가 가지고 온 미세한 차이가 자연스럽게 긍정적으로 확대되도록 한다(Fleming & Richkord, 1997).

해결중심 가족치료사는 단기적인 문제와 장기적인 문제 사이의 차이를 염두에 두지 않는데, 그 둘의 차이가 별로 큰 관계가 없기 때문이다. 또한 해결중심 치료사는 항상 가족에게 변화를 일으킬 수 있는 미래를 보라고 권유한다(Bubenzer & West, 1993). 미래에 상황이 어떻게 달라질 것인가에 대한 강조는 내담자에게 희망을 제시하며 해결을 위한 선택을 확장한다(Erdman, 2000).

6. 치료 기법

해결중심 치료는 치료사와 내담자가 함께 공동으로 해결책을 마련하며(Kiser, Piercy, & Lipchik, 1993), 가장 기본적인 기법은 가족과 함께 문제를 구체화하는 것이다. 치료 과정이 생산적이기 위해서는 가족이 해결하고자 하는 문제가 무엇인지에 대해서 일치를 해야만 한다.

해결중심 치료사는 문제-유지 행동유형을 방해하기만 하고 더 이상 쓸모없는 가족 신념을 변화시키기 위한, 그리고 변화할 수 없다는 내담자의 이전의 사고를 행동에 대한 예외로 확장하기 위한 다양한 치료적 질문을 고안했다. 치료사가 첫 회기 동안 종종 하는 질문에는 기적 질문, 예외 질문, 척도 질문이 포함되며, 이 세 질문이 해결중심 치료의 중심이 된다(De Jong & Berg, 2012). 이외에도 대처 질문, 관계 질문, 차이 질문, 악몽 질문 등이 있다.

1) 질문 기법

(1) 기적 질문

기적 질문(miracle questions)이란 가족에게 그들의 상황이 가상적으로 해결되었다고 생각하도록 하는 것이다. 이 과정에서 치료사는 내담자에게 자주 기적 질문을 던진다. 예를 들어, "만약 오늘 밤에 기적이 일어나서 내일 선생님이 일어났을 때 문제가 해결되었다면 선생님은 어떻게 이전과 다르게 행동하시겠나요?"라는 질문이다(Walter & Peller, 1993, p. 80). 이와 같은 질문은 가족에게 지금 가지고 있는 준거틀을 잠시 내려놓고 그들이 얻기를 원하는 실재 속으로 들어가라고 초청하는 것이다. 가설적인 해결을 밝히기 위한 미래지향적이고 의도된 이와 같은 치료적인 행위는 가족이 치료에 가지고 온 문제(예: 부부갈등, 부모와 청소년자녀 간의 갈등)가 해결되었을 때 가족구성원에게 그들의 삶이 어떻게 될 것인가를 생각할 수 있는 기회를 제공한다.

모든 가족구성원이 변화하는 데 있어서 더 밝은 미래에 대한 고려가 변화가 발생할 가능성을 높이며, 이를 위한 해결책이 가족구성원이 제안한 목적에 어떻게 도달할 것인가를 생각하게 만든다. 또한 치료사는 각각의 가족구성원에게 다른 사람들이 의식할 수 있는 자신의 행동에 있어서 차이를 노출시키도록 격려한다. 이 아이디어는 치료사가 내담자에게 잘 세워진 목적과 함께 성취하고, 생산적이며 보상받는 미래의 이미지를 점차로 구성하는 데 초대를 하는 것이다(De Jong & Berg, 2012). 목적에 대한 이러한 움직임이 '해결책'을 구성한다(Fish, 1995). 그런데 기적 질문은 치료사가 가족에 대한 충분한 배경 지식을 가지고 있으며 내담자 가족이 긍정적으로 치료에 임하고 자신들이 가지고 있는 어려움에도 예외가 있다는 것을 의식할 능력을 보여 준 후에만 사용한다(Gladding, 2018).

(2) 예외 질문

예외 질문(excetion questions)은 어떤 것도 항상 혹은 결코라고 할 수는 없는데, 이는 과거에 짧지만 문제가 되지 않았던 시기와 상황들이 있었다는 것을 전제로 한다. 예외들에 관한 초점이 일단 만들어지면, 그 문제는 다소 덜 억압적이고 광범위하게 느껴지며, 이런 예외의 수 혹은 기간의 확대로 문이 개방된다(Becvar & Becvar, 2013). 따라서 해결중심 가족치료사는 내담자가 이야기할 때 예외와 어떤 상황이 성공적인 상황인지에 대해 주의 깊게 듣는다(de Shazer, 1985, 1988; O'Hanlon, O'Hanlon, & Weiner-Davis, 2003). 즉, 치료사는 내담자의 습관적인 것 중에서 예외적인 것에 초점을 맞추는 것에 의해 문제를 해결한다.

치료사가 귀를 기울여 듣기만 하면, 많은 경우에 내담자는 자신의 예외적이고 성공적인 상황에 대해서 이야기를 시작한다. 예를 들어, "간혹 아빠와 게임을 함께할 때는 사이가 좋아요." "형과 엄마에 대해 이야기를 할 때는 죽이 잘 맞아요." "남편이 술 먹고 와서 침대에 오줌을 싸지 않는 경우도 있어요." 등이다. 이런 예외들은 어떤 것이 성공적인 상황을 만들어 낼 수 있는가에 대한 단서를 제공한다. 그러므로 이러한 사실은 내담자가 무엇을 더 자주 해야 하는지에 대한 정보를 제공해 주는 것이다.

해결중심 가족치료사는 간접적으로 내담자의 설명을 듣거나 또는 치료사가 직접적으로 질문을 함으로써 내담자의 예외와 성공적인 상황에 대해 파악할 수 있다. 그들은 의학적 모델을 바탕으로 한 치료사들이 병리적 상황에 대해 주의 깊게 듣는 것처럼, 예외에 주의해 듣는다. 그리고 이와 같은 예외를 이용해 내담자가 삶 속에서 해결책을 모색할 수 있도록 돕는다(Gehart, 2016).

(3) 척도 질문

척도 질문(scaling questions)은 처음에 치료사와 내담자가 우울과 의사소통 같은 구체적이지 못한 주제에 관해 말할 수 있게 하기 위해 개발되었다(Berg & de Shazer, 1993). 따라서 척도 질문은 내담자가 상황에 대한 자신의 지각을 계량화하고 긍정적인 견해를 가지게 하고, 그 견해를 성취하기 위해 만들어진 것이다. 척도 질문은 문제(예: 우울증)를 도표와 단계로 측정하려는 관점에서 정의한다. 자신을 우울 정도표에 배치하는 것은 우울하다거나 우울하지 않은 경험과는 다르다. 따라서 치료사가 "0에서 10까지의 척도에서 10은 우울이 시내 신 상태를 비비하고 0은 가장 우울한 때라고 본다면, 현재 당신의 우울감은 어디쯤에 표시할 수 있으실까요?"라고 질문한다. 내담자가 3이라고 말했을 때, 치료사는 "선생님은 어떻게 0에서 3으로 바뀔 수가 있었을까요?" 혹은 "선생님은 4가 되기 위해서 무엇을 할 수 있을까요?" 라고 질문한다.

치료사의 이와 같은 질문에 내담자가 대답함으로써 내담자와 내담자 가족은 자신들이 세운 목적과 그것을 실현하기 위해 현재 당면한 실제적이며 측정할 수 있는 단계가 무엇인지에 대해 새롭게 인식할 수 있다(Fleming & Richkord, 1997). 척도 질문은 치료 중에 여러 번 사용하면서 내담자 또는 가족구성원이 한 사건에 대한 지각의 범위를 재는 것을 돕는다. 한편, 치료는 내담자의 진술이 목표가 달성되었다는 것을 나타낼 때 종료된다.

(4) 대처 질문

대처 질문(coping questions)은 만성적인 어려움과 위기와 관련된 질문으로 미래를 매우 비관적이고 절망적으로 보는 내담자에게 주로 사용한다(De Jong & Berg, 2012). 치료사는 내담자가 힘든 상황 속에서 어떻게 대처해 왔는지에 관해 질문함으로써, 내담자의 경험을 활용하게 하고, 새로운 힘을 가지게 하며, 자원과 강점을 발견하게 한다. 그리고 대처 질문을 통해 치료사는 내담자에게 어려운 상황에서 견디어 내고 더 나빠지지 않은 것을 강조하며, 위기에서 살아남기 위해 해 온 것을 발견하고, 그것을 인식, 강화, 확대하기 위한 근거로 이용한다. 예를 들어, "선생님은 그렇게 어려운 상황에서 어떻게 단주를 하실 수 있었을까요?" "어머니께서는 남편의 학대 속에서 어떻게 가정을 유지해 오실 수 있으셨을까요?"라는 식의 대처 질문이 있다.

(5) 관계 질문

관계 질문(relationship questions)은 내담자와 중요한 관계에 있는 사람들이 가지고 있는 생각, 의견, 지각 등에 관한 질문이다. 관계 질문은 내담자의 생각에 도전하고, 그들을 사랑하고, 그들에게 중요한 사람들을 내담자의 현재와 미래의 삶에 포함하도록 만드는 유용한 도구이다(Nelson & Thomas, 2012; 김희정 역, 2017). 이와 같은 관계 질문은 내담자로 하여금 자신의 능력, 긍정적인 특징, 강점, 한계, 성공에 초점을 맞추고 이와 같은 것들이 대인관계적인 맥락 안에서 이루어진다는 것을 보게 한다(Ziegler & Hiller, 2001). 즉, 내담자가 지각하는 방식은 자신에게 중요한 타인이 자신을 어떻게 볼 것이라는 생각과 밀접한 관계가 있다. 따라서 내담자가 자신의 입장으로 자신을 보다가 중요한 타인의 눈으로 보게 되면, 이전에 없었던 가능성을 만들어 낼 수 있다(정문자 외, 2018). 예를 들어, "선생님은 부인께서 선생님과의 관계를 어떻게 보신다고 생각하실까요?" "부인께서 지금 저에게 하신 말씀을 부군께서 들으신다면 뭐라고 하실까요?" 등이 관계성 질문이라고 볼 수 있다.

(6) 차이 질문

차이 질문(difference questions)은 해결중심 개입의 다른 기법과 결합해 사용할 수 있다. 차이 질문은 과거와 현재 또는 제시된 변화에 대한 의미 있는 탐색을 가능하게 한다. 이 질문은 특히 우울증을 겪고 있는 내담자에게 유용한데, 우울한 내담자는 종종 작은 변화가 의미 있는 차이를 만들어 낸다는 것을 알아차리지 못하기 때문이다. 차이 질문은 내담자 자신 또는 내담자에게 중요한 사람에게 일어난 변화를 탐색할 수 있게 해 준다. 드세이저는 "일단 어떤 변화를 알아차리기 시작하면 그 후에 관찰자는 더욱 적극적으로 유사한 사건과 패턴을 찾게 될 것이다."라고 했다(de Shazer, 1988, pp. 2-3). 이러한 적극적인 태도는 우울 증상으로 에너지가 낮은 내담자의 에너지를 증가시킨다. 더불어, 이것은 내담자가 참여하고 있는 상담에 대해서도 의미와 목적을 부여한다(Nelson & Thomas, 2012; 김희정 역, 2017). 예를 들어, "선생님이 지난주에는 술을 한 번밖에 안 드셨는데, 그 전에 비해 이렇게 횟수가 줄어든 이유가 뭘까요?" "네가 무단결석을 하다가 지난주에 결석을 하지 않은 것은 뭐 때문일까?" "네가 지난번까지는 폭식을 하다가 이번 주에 폭식을 하지 않은 차이가 뭐 때문에 생겼다고 보니?" 등이 차이 질문에 속한다.

(7) 악몽 질문

악몽 질문(nightmare questions)은 해결중심 치료에서 기적 질문과 유사하나 특수한 형태의 문제중심적 질문이다. 목표 설정을 위해 상담 이전의 변화에 대한 질문, 예외 질문, 기적 질문 등이 효과가 없을 때 이 질문을 사용할 수 있다. 내담자에게 뭔가 더 나쁜 일이 발생되어야만 내담자가 무엇인가를 하거나 문제에서 벗어날 수 있을 것이라고 치료사가 믿을 때 사용한다. 예들 들어, "오늘 밤에 악몽을 꾸었다고 가정해 보겠습니다. 선생님이 더 불안해서 안절부절못하신 거예요. 그게 바로 악몽이에요. 그런데 그 악몽이 실제로 발생한 거예요. 내일 아침에 무엇을 보면 그 악몽 같은 불안한 삶을 살고 있다는 것을 알 수 있을까요?" "어떻게 하면 더 나빠지지 않을까요?" 등을 들 수 있다. 이 질문은 치료적 역설을 사용할 때처럼 내담자와의 관계가 잘 형성된 후에 사용한다(정문자 외, 2008).

이외에도 많은 질문 기법이 있는데, 각 질문 기법의 목적이 있지만 때로는 2개의 질문 기법을 혼합해 사용하기도 한다. 특정한 질문 기법의 명칭을 붙여서 사용하지는 않지만 수시로 반복적으로 사용되는 질문이 있고, 자주 사용하지는 않지만 특별한 상황에서 유용하게 사용하는 질문도 있다. 질문은 전화로 예약할 때부터 또는 내담자가 상담실에 들어올 때부터 시작된다. 예를 들어, 초기 관계 형성을 위한 질문, 문제 파악을 위한 질문, 시작을 위한 질문, 간접적인 칭찬(예: "어떻게 그렇게 할 수 있었나요?" "그 외에 또 무엇이 있나요?") 등이 있다(정문자 외, 2008).

2) 치료적 피드백: 메시지

많은 해결중심 가족치료사가 상담 회기 중에 공식적인 휴식을 취하지 않을 수도 있지만, 이 접근의 '순수한' 혹은 '전통적인' 형식은 회기 중에 전형적으로 5분에서 10분의 짧은 휴식 혹은 30분에서 45분의 중간 휴식시간을 취하는 특징을 갖는다(Hoyt, 2015). 이러한 휴식시간 안에서 치료사와 관찰팀은 치료적 피드백인 메시지를 구상한다. 치료적 피드백인 메시지는 칭찬, 연결문, 과제로 구성되며, 구체적인 내용은 다음과 같다.

(1) 칭찬

드세이저는 칭찬(compliment)이 가족구성원에게 그들이 강점을 가지고 있다는 것을 인정하고 긍정적인 분위기를 형성하기 위해 글로 쓴 메시지라고 정의한다(de Shazer, 1982). 칭찬은 모든 가족구성원이 일치할 수 있는 긍정적인 진술로 이루어진다. 예를 들어, 치료사가 "나는 여러분이 변화하기 위해 얼마나 열심히 노력해 오셨는지, 그것을 위해 앞으로 무엇을 할 필요가 있는지 의견을 나누는 모든 방식에 매우 깊은 감명을 받았습니다."라고 말한다. 칭찬은 가족구성원에게 어떤 임무나 과제를 내 주기 위한 방편으로 사용된다(Gladding, 2018). 그런데 우울 증상을 겪고 있는 사람은 칭찬을 받아들이기가 어려울 수 있다. 따라서 칭찬은 내담자의 감정을 무시하지 않고 수용해 주면서 민감하게 사용해야만 한다. 그렇지 않으면 내담자는 자신의 문제가 자신이 느끼는 것만큼 치료사에게는 심각하게 들리지 않는 것이라고 오해할 수 있다. 그럼에도 불구하고 피초트와 돌란은 내담자의 성취에 대해 긍정적인 놀람을 표현하고 어떻게 그런 성취를 이룰 수 있었는지를 물어보라고 했다(Pichot & Dolan, 2014). 칭찬할 때 중요한 것은 내담자가 스스로 설정해 놓은 목표의 방향으로 나아갔을 때나 문제와 관련되는 내담자의 강점을 부각할 때만 칭찬을 해야 한다는 것이며, 그의 인성을 칭찬하는 것은 아니다(Gehart, 2016).

(2) 연결문

연결문(bridge)은 칭찬과 제안 또는 과제를 연결해 주는 메시지의 한 부분이다. 이것은 칭찬과 마찬가지로 치료사의 제안이 내담자에게 의미 있게 느껴져야만 수용될 것이다. 그러므로 연결문은 치료사의 제안에 대한 근거를 제공한다. 연결문의 내용은 보통 내담자의 목표, 예외, 강점 또는 지각에서 나오는 것으로 내담자가 사용한 단어나 어구를 만들어 넣는 것도 좋은 방법이다(정문자 외, 2008). 예를 들어, "오늘 부모님을 뵈니 두 따님을 위해 정말 헌신적으로 많은 것을 해 주신 것을 보았습니다. 두 따님 또한 부모님께서 이와 같이 많은 노력을 해 오신 것을 인정하셨고요. 그래서 오늘 다음과 같은 과제를 드리도록 하겠습니다."라고 연결문을 작성할 수 있다.

(3) 과제

메시지의 세 번째 요소는 내담자에게 주는 과제이다. 예외가 있기는 하지만, 해결중심적 가족치료에서는 보통 과제를 내준다. 과제는 관찰과제와 행동과제의 두 가지 유형으로 구분된다. 관찰과제란 치료사가 생각하기에 해결책을 구성하는 데 도움이 될 것에 내담자가 주의를 기울이게 하는 것이다. 예를 들어, "오늘부터 다음 상담에 오실 때까지 부부가 덜 부닥칠 때를 잘 살펴보세요. 특히, 그럴 때 무엇이 다른지, 그런 상황이 어떻게 일어나는지를 관찰해 보세요. 그리고 그러한 상황이 일어나도록 하기 위해 누가 무엇을 하는지를 잘 살펴보시고 다음 상담에서 저에게 말씀해 주시기 바랍니다." 라는 문장에서 관찰과제의 예를 볼 수 있다.

그에 비해, 행동과제란 치료사가 생각하기에 해결책을 구성하는 데 도움이 될 만한 일을 내담자가 해 보도록 제안하는 것을 말한다. 예를 들어, "언니가 동생의 편견과 동생과의 관계에서 오는 벽에 대해 긍정적으로 받아들이고 계시네요. 언니가 이제 자신을 좀 더 객관적으로 보실 수 있게 되어 정말 대단하시네요. 그런데 다음 상담에 오실 때까지 어떻게 하면 동생이 언니를 더 인정해 주고 더 솔직하게 털어놓을 수 있을지를 잘 생각해 보시고 혹시 그중에 하나라도 할 수 있으시다면 해 보시고 오세요." 와 같은 문장을 사용할 수 있다. 그런데 관찰과제와 행동과제는 상담에서 얻은 정보에 기초하기 때문에 내담자의 준거틀에서 볼 때 의미가 있어야만 한다.

내담자를 위한 해결중심적 메시지를 구상할 때, 치료사가 언제 어떤 형태의 과제를 부여할 것인지를 결정하는 일이 매우 힘든 일일 수 있다. 과제를 작성하기 위해서 치료사는 내담자와 나눈 대화, 내담자의 문제와 잘 형성된 목표, 예외, 동기, 자신감 등에 대한 대화의 내용을 활용할 필요가 있다(정문자 외, 2008).

해결중심 치료집단은 일방경과 구내전화를 사용한다. 치료사는 상담회기가 끝나기 전에 10분간의 자문휴식시간을 갖고 팀과 개입메시지를 작성하는 것이 일반적이다. 메시지의 첫 부분은 내담자가 유용한 것을 이미 행하고 있다는 것을 칭찬한다. 그다음에는 가능한 해결책에 대한 실마리를 제공하고, 행동과제를 부여하거나 혹은 해결로 이끌 수 있는 팀이 구성한 아이디어를 줄 수도 있다(Goldenberg, Stanton, & Goldenberg, 2017).

3) 만능열쇠 기법: 오즈 마법사 기법

만능열쇠(skeleton keys)은 가족이 다양한 문제를 해결할 수 있도록 도와준다(de Shazer, 1985). 만능열쇠를 다른 말로 하면 마스터키라고도 할 수 있겠다. 이 기법은 '비록 문제 원인은 복잡할지 모르겠지만 해결책까지도 그럴 필요는 없다'는 생각을 전제로 한다(Trepper et al., 2006, p. 137). 이에 더해 '문제의 원인 또는 심지어 문제를 해결하기 위해 문제 그 자체에 대해 너무 많은 것을 알 필요가 없다'는 생각을 전제로 한다(Cleveland & Linday, 1995, p. 145).

드세이저는 "단기치료에서의 해결의 열쇠(Keys to Solution in Brief Therapy)"에서 더 많은 '개입 공식'을 개발했고, 그것을 통해 해결책을 구축하는 과정을 설명했다(de Shazer, 1985). 그는 만능열쇠를 예로 들며, 오직 하나의 만능열쇠가 있으면 각각의 자물쇠에 딱 맞는 정확한 열쇠를 발견할 필요 없이 다양한 자물쇠를 모두 열 수 있다고 했다. 몰나와 드세이저는 이러한 개입 공식을 다음과 같이 상세하게 설명했다(Molnar & de Shazer, 1987).

- 내담자의 문제 행동과 다른 성공적인 행동이 있다면 그것을 더 많이 하도록 한다.
- 내담자가 '~을 하고자 하는 유혹 또는 강요'를 극복할 수 있을 때 자신이 무엇을 하고 있는지 주의를 기울이도록 한다.
- 내담자에게 회기와 회기 사이에 자신의 문제행동에 예외가 일어나고 있는지 살펴보도록 하는 예측 과제를 내준다.
- 내담자에게 "지금과 다음 회기 사이에 무언가 다른 일을 해 보시고, 무슨 일이 일어났는지 다음에 오실 때 저에게 말씀해 주세요."라고 말한다.
- 내담자에게 문제행동이 감소하거나 없을 때와 관련된 구조화된 과제(예: 특정한 일들을 기록하는 것)를 내준다.
- 내담자에게 "상황이 매우 ~(예: 복잡한, 변덕스러운 등) 하지만, 지금과 다음 회기 사이에 이보다 상황이 더 나빠지지 않은 이유는 무엇인지 생각해 보세요."라고 말한다.

이러한 개입방법의 공통점은 병리적인 문제를 탐색하거나 진단하기보다는 과거에 효과적이었던 것, 현재 효과가 있는 것, 미래에 효과가 있을 것 같은 것과 관련되어 있다는 점이다. 또한 내담자가 그런 것들에 초점을 맞추도록 한다는 공통점이 있다. 이런 개입방법은 변화가 불가피하며 내담자는 이미 변화를 경험하고 있고, 그들이 변화를 위해 필요한 모든 것을 가지고 있다는 가정에 기초하고 있다. 해결중심단기 가족치료 사는 치료적인 상담에 필요한 핵심, 즉 무엇이 효과적인가를 좀 더 명확하고 자세히 설 명하고자 했다. 이러한 과정에서 그들은 가설, 사고의 방식 또는 개입방법 등을 생략하 기 시작했다(Nelson & Thomas, 2012: 김희정 역, 2017).

7. 치료 과정

1) 해결중심 개입을 위한 지침

드세이저 등은 치료사를 위한 해결중심 개입에 대한 기본적인 지침을 다음과 같이 세워 놓았다(de Shazer et al., 2021).

- 고장 난 것이 아니라면, 바꾸지 마라. 심리치료이론으로 개입 영역을 정하지 마라.
- 성공적인 것이 있다면 더 하라. 현재 성공적인 것에 집중하고 그것을 토대로 발전 시키라.
- 도움이 안 되고 있다면 다른 것을 시도하라. 좋은 아이디어라도 도움이 안 되고 있 다면 다른 해결책을 모색하라.
- 작은 변화가 모여서 큰 변화가 된다. 실천 가능한 작은 변화를 가지고 시작하라. 이것은 대부분 이루어지고 더 큰 변화로 이어진다.
- 해결책은 항상 문제와 관련이 있는 것만은 아니다. 왜 문제가 있는지에 집착하지 말고, 발전을 향해 나아가라.
- 해결책을 설명할 때의 용어와 문제를 설명할 때의 용어는 다르다. 문제에 대한 대 화는 부정적이고 과거 중심적이다. 해결책에 대한 대화는 희망적이고 긍정적이며 미래지향적이다.
- 항상 일어나는 문제는 없다. 언제나 예외가 있다. 정말 작은 변화라도 해결책을 찾 는 데 도움이 될 수 있다.
- 미래는 만들어지는 것이다. 내담자는 자신의 미래를 개척해 나갈 수 있다.

2) 첫 회기 과제 공식

첫 회기 과제 공식은 문제와 상관없이 거의 모든 내담자와의 첫 회기에서 이용되는데, 특히 상담과정에 대한 내담자의 희망과 신뢰를 높이기 위해 사용한다(de Shazer, 1985). 첫 회기 과제 공식에 대한 예를 들어 다음과 같다. "우리가 다음 주에 다시 만날 때까지, 저는 선생님의 가족(또는 삶, 결혼생활, 관계) 안에서 일어나고 있는 일 중에 계속 일어나기를 원하는 것을 한 가지 발견해서 와 주셨으면 좋겠습니다. 그리고 다음에 저희가 만날 때 저에게 그것이 무엇인지 설명해 주셨으면 합니다"(de Shazer, 1985).

이와 같은 과제를 주는 것은 내담자로 하여금 자신의 삶 속에서 무엇이 성공적인지, 지금 어떤 강점과 자원이 있는지를 발견할 수 있도록 돕고, 나아가 내담자 스스로가 변화할 수 있을 거라는 희망을 주게 한다.

3) 매주 과제에 대한 척도 질문

척도 질문은 앞에서 언급했듯이 목표설정에 도움이 되고, 또한 매주 과제를 설정하는 역할도 한다(O'Hanlon, O'Hanlon, & Weiner-Davis, 2003). 내담자가 무엇이 더 높은 숫자의 상태를 의미하는지 결정을 한 후에, 치료사는 내담자와 협력을 통해 그 상태에 도달하기 위한 활동이나 행동을 구체적으로 세운다. 이 개입을 통해 매주 내담자가 목표를 향해 한 단계씩 올라갈 수 있는 과제를 준비할 수 있다. 내담자가 주어진 과제를 해 오지 않을 경우 치료사는, 첫째, 나는 지금 불평형 내담자가 고객형 내담자처럼 자발성을 가지고 행동하기를 바라는 것인지, 둘째, 주어진 과제의 범위가 너무 넓은지, 셋째, 적절한 사람들과 관계되어 있는지, 넷째, 무엇이 실제로 내담자를 변화할 수 있게 하는 동기를 부여하는지와 같은 질문을 통해 자신을 돌아봐야 한다.

4) 전제 질문과 미래 해결 상황 가정하기

미래 해결 상황을 전제로 하는 질문과 대화는 내담자로 하여금 문제가 사라진 미래를 상상할 수 있게 돕는데, 이것은 내담자의 희망과 동기부여와 직접 연결된다 (O'Hanlon & Beadle, 1999: O'Hanlon, O'Hanlon, & Weiner-Davis, 2003). 해결중심 치료사는 변화를 전제로 하기 때문에 내담자의 상황이 변하지 않을 수 없다고 본다. 변화는 피해갈 수 없는 것이고, 대부분의 내담자가 상담을 통해 좋아진다는 것을 아는 치료사는 다음과 같은 질문을 할 때 자신감을 가질 수 있다. "이 문제를 해결하고 난 후에 무엇이 달라져 있을까요?"

5) 활용

밀턴 에릭슨의 최면치료 기법을 활용해 드세이저는 내담자가 해결책을 발견하고 이행할 수 있도록 도움을 주었다(de Shazer, 1988). 활용(utilization)은 내담자가 가지고 있는 강점이나 관심사, 성향, 습관 등을 이용해 해결할 수 있는 계획을 수립하는 것을 말한다. 예를 들어, 내담자가 인간관계를 힘들어하지만 몇 마리의 반려동물이 있다면 치료사는 내담자의 동물에 대한 관심을 활용해 인간관계를 확대하도록 도울 수 있다. 치료사는 내담자에게 공공 장소에서 산책시를 산책을 시키거나, 강아지 훈련수업을 듣게 하거나 동물보호소에서 봉사하는 것 등을 제안한다(Gehart, 2016).

이외에도 치료사는 내담자가 향상되지 않는다고 느낄 때나 위기를 겪고 있을 때 또는 절망적일 때 대처 질문을 사용해 내담자로 하여금 어떻게 현재나 과거의 역경을 이겨냈는지에 대해 생각하게 한다. 한편, 치료사는 칭찬과 격려를 사용해 내담자의 의욕을 증진시키고 강점을 부각시킨다.

8. 사례

이 사례는 인수 김 버그와 피터 드 종(Berg & De Jong, 1996)의 사례에 대한 1회기의 내용이다.

내담자인 낸시는 19세로 아프리카 미국인이며, 3세, 4세의 두 자녀를 두고 있다. 두 자녀는 18개월 전에 낸시를 떠나 양부모 집에 머물고 있다. 낸시는 전 남자친구에게서 신체적 학대를 당했다.

치료사는 낸시에게 "제가 어떻게 하면 당신에게 도움이 될 수 있을까요?"라고 질문을 했다. 낸시는 치료사에게 자신은 매우 우울하고 스트레스를 받고 있으며, 자기 아이들과 함께 살고 있지 않기 때문에 누군가와 이야기를 나누고 싶다고 했다. 그리고 더이상 만나지는 않지만 자신을 학대한 전 남자친구와의 관계에 대해 언급했다.

치료사는 낸시의 감정이나 곤경에 대해 대화를 더 나누지 않고, 전 남자친구의 학대적인 관계를 어떻게 깰 수 있었는지에 대해 여러 가지 질문을 했다. 그렇게 하는 것은 힘든 일이었는데, 그 이유는 그녀의 남자친구가 그녀가 떠나는 것을 원하지 않았고 그녀를 죽이겠다고 협박했으며, 그녀를 볼 때마다 때렸기 때문이었다. 치료사는 "대부분의 여자는 그럴 때 마음이 약해져서 다시 남자친구를 받아들이는데 당신은 어떻게 해서 그러지 않았죠?"라고 질문했다. 낸시는 "저도 두렵기 때문에 몇 번은 그랬어요. 내가 그를 다시 받아들이면 받아들일수록 심해졌어요. 그리고는 결국 내 아들의 다리를 부러뜨린 것으로 끝났지요." 그녀는 전 남자친구가 자기 아들의 다리를 부러뜨린 것에 대해 계속해서 설명했고, 그녀는 더 이상 전 남자친구를 받아들이지 않기로 결정했다고 했다. 치료사는 낸시가 자신의 아이들을 보호하는 데 보여 준 능력을 부각하는 말을 했다. "대부분의 여자가 그런 남자를 무서워하거나, 아니면 당신도 알다시피, 그가 변할 것이라고 생각해서 받아들이죠. 와! 정말 놀랍군요. 당신은 어떻게 그렇게 할 수 있었죠?"

치료사는 낸시의 유능함에 감동받았다는 것을 그녀에게 알게 한 후에 목표설정을 위한 질문들을 했다. 그녀는 자신의 아이들을 되찾고 싶으며 더 이상 전 남자친구를 두려워하지 않고 싶다고 말했다. 그녀는 또한 전 남자친구에게 강해지는 것에 대해 충고받기를 원했다. 치료사는 "그러나 당신은 이미 충분히 강한 것처럼 들리는데요." 라고 말했다.

치료는 낸시의 목표를 명확하게 하기 위해 그녀에게 기적 질문을 했다. 밤에 가서 잠자리에 든 뒤 기적이 일어나 그녀의 문제가 해결되는 것(아이들을 되찾고, 강해지는 것)을 상상해 보도록 했다. 그다음에 치료사는 낸시에게 "기적이 일어났음을 어떻게 알 수 있을까요?"라고 질문하자, 낸시는 아이들이 집에 돌아와 있을 것이며 자신은 매우 흥분해 있을 거라고 했다. 치료사는 기적상황에 대해 좀 더 자세히 설명하도록 요청했다. 그녀는 아이들과 함께 무엇을 하며 모두 어떻게 느낄지에 대해 말하면서 상담시간의 대부분을 즐겁게 보냈다. 치료사는 이어서 낸시에게 "그처럼 훌륭하고 사랑스런 어머니의 모습을 어디서 배웠죠?"라고 물었다.

치료사는 척도 질문을 다음과 같이 했다. "1에서부터 10까지의 척도가 있을 때, 10점은 당신이 드디어 아이들을 되찾았을 때이고, 1점은 당신이 아이들을 빼앗겼을 때라고 한다면, 오늘은 몇 점이라고 할 수 있을까요?"라고 물었다. 낸시는 8점에서 9점 사이라고 했다. 치료사는 어떻게 해서 그렇게 높은 점수로 올라갈 수 있었는지에 대해 질문했다. 낸시는 아이들이 곧 돌아올 것을 확신하기 때문이라고 대답했다. 치료사는 낸시에게 칭찬을 해 주고 잠시 휴식시간을 가진 후 다시 돌아와서 그녀에게 피드백을 주었다. 치료사는 낸시가 자신의 삶에 있어서 잃어버린 것과 경험한 것들 때문에 우울한 것은 잘 알겠지만 낸시가 배운 것을 이용한 것에 대해 다음과 같은 놀라움을 표현했다. "그것은 정말로 놀라운 일이네요. 당신처럼 젊은 사람이 정말 굉장히 현명하군요!" 치료사는 낸시가 전 남자친구와의 관계를 끊은 것에 대해서도 칭찬을 하며, "이 시점에서 우리가 다시 만나는 것이 필요한지 잘 모르겠군요. 어떻게 생각하세요?"라고 말했다. 그녀는 더 이상의 도움이 필요치 않다고 해 치료는 종결되었다. 그녀는 더 이상 상담약속을 하지 않았으며 그녀의 아이들은 그녀에게 되돌아왔다.

9. 요약

포스트모던적 관점으로 볼 때 객관적 입장에서 인식할 수 있는 영역은 없고 오히려 우리가 현실이라고 보는 것은 단지 사회적으로 구성되어진다. 해결중심 가족치료는 MRI 접근에서 직접 나온 것이지만 이 접근법은 제거해야 할 실패한 문제해결책을 찾고 상호작용적인 패턴의 변화에 초점을 두는 MRI 모델과는 다르게 잊었던 해결책을 재발견하는 데에 초점을 둔다. 따라서 해결중심 단기치료는 내담자가 그들의 문제나 증상에 대한 설명을 찾는 것보다 해결책을 구축할 수 있도록 협력한다.

이 두 모델에서의 차이는 MRI 접근법이 행동에 초점을 둔 반면에, 해결중심 접근법은 행동뿐만 아니라 인지를 강조한다는 점이다. MRI 치료사는 내담자에게 다르게 행동하라고 하는 반면에, 해결중심 치료사는 내담자들에게 사물을 다르게 보라고 촉구한다(Shoham, Rohrbaugh, & Patterson, 1995). 이와 같은 관점이 문제중심의 대화에서 해결중심의 대화로의 전환을 위한 치료 기법을 발달하게 했다. 따라서 해결중심 치료사는 기적 질문, 예외 질문 그리고 척도 질문을 사용한다. 해결중심 가족치료는 치료 작업을 단기로 하고 내담자의 부정적인 경험에 머무르지 않도록 하고 오히려 긍정적인 면에 초점을 둔다.

해결중심 치료는 심리치료에서 여전히 엄청난 호소력을 가지고 있고, 이 모델의 인기 요인 중 일부는 상담 횟수를 제한시키는 관리의료공단에 의한 효과적인 방법을 찾으려 애쓰는 많은 치료사와 관련이 있기도 하다. 드세이저는 대부분의 내담자(80.37%)는 평균 4.5회기 동안에 그들의 목표를 달성하거나 많은 진전을 보인다고 했다. 빠른 변화를 추구하는 모든 해결중심접근의 경향은 밀턴 에릭슨의 영향을 많이 받았다는 것은 분명하다(Gladding, 2018).

또한 해결중심 치료의 기법은 배우기가 쉬워서 기본적인 것은 워크숍에 몇 번 참석하면 습득할 수 있고, 이 접근법이 지니고 있는 긍정적인 특징이 많은 치료사를 더 즐길 수 있게 만든다(Nichols, 2014). 그러나 비평가는 치료사가 내담자를 단지 낙관적으로 달랠 때 치료사가 내담자와 정말로 존중받는 대화를 하고 있는지에 대해 의문시한다(Nichols, 2014).

피쉬는 해결중심 치료의 "최소한의 우아함"에 대해 찬사를 보냈지만(Fish, 1995), 애프란과 쉔커는 이 접근법이 지나치게 정형화되어 있다고 하면서, 만약 내담자들이 해결중심 치료사에게 단지 동조하기만 하고 자신들의 불만들을 여전히 담아 두고만 있는게 아니냐는 지적을 한다(Efran & Schenker, 1993). 실제로, 해결중심 치료사는 본인들의 낙관적 인지 담론을 덜 주입하기 시작했는데, 치료사는 때로는 치료의 한 부분으로서 내담자 감정과 관계 욕구를 다루기도 한다. 립칙은 상담 회기 안에 감정적인 문제를 통합하는 것에 영향을 미쳤는데, 그는 단지 기법에만 의존하기보다는 내담자-치료사 관계의 중요성을 강조했고, "진도가 안 나가는(unstuck)" 사례에서 성공적인 해결책에 이르기 위해 치료적 연합의 대인관계적 측면들을 사용했다(Lipchik, 2011). 립칙은 말년에 해결중심 단기치료의 이해에 대한 발전적(진화적) 접근을 주장했던 드세이저(Trepper, Dolan, McCollum, & Nelson, 2006)와 동일한 입장을 취한다(Liptick, 2011). 이 입장은 특히 해결중심 단기치료에서 감정의 역할을 명료화함으로써 이 모델을 더 역동적이게 만들어 확장해야 한다는 것과 해결중심 가족치료의 전반적 효과성을 평가하기 위한 대안적인 결과 연구방법(론)을 결정해야 한다는 것을 주장했다. 포스트모던 치료와 연구의 관계는 그 둘 사이의 경계선이 반드시 명확한 것은 아니라고 주장하는 연구자와 학자의 관심을 얻었다(De Haene, 2010).

그럼에도 불구하고 해결중심 가족치료의 발전이 의료공단의 규제나 원칙에 대한 독선적인 집착에 지배되지 말아야 한다. 한편, 치료사는 내담자를 위해 긍정적인 혹은 낙관적인 면에 초점을 둘 필요는 있지만, 실제의 상담에서 많은 내담자가 항상 낙관적이지만은 않다는 점 또한 인정할 필요가 있다. 또한 숲은 못 보고 나무만 보는, 즉 전체는 못 보고 현재 문제에 대한 긍정적인 인식의 변화에만 초점을 두는 것만으로도 치료가 될 수 있겠지만, 과연 깊이 있는 치료가 이루어질 수 있는지도 고민해 볼 문제이다.

마지막으로, 해결중심 가족치료는 정신역동 치료와 같은 다른 접근들에 비해서 치료 회기는 적지만 비용은 더 비싸다. 일부 다른 결혼 및 가족치료처럼 해결중심 가족치료 역시 전통적인 의료 치료를 보조하는 역할로도 사용된다(Gladding, 2018).

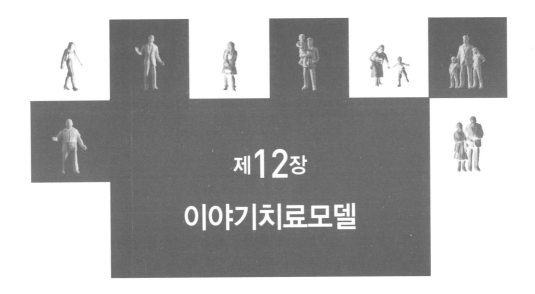

제12장
이야기치료모델

1. 이론적 배경

가장 최근에 개발된 가족치료를 포스트모던 치료라고 부르는데, 이 치료에는 제10장에서 언급한 해결중심 치료 관련 세 가지의 접근과 이야기치료 관련 두 가지 접근으로 나눌 수 있다. 그중 이야기치료 관련 접근에는 두 가지가 있는데, 첫 번째 치료는 호주와 뉴질랜드에서 마이클 화이트와 데이비드 앱슨(M. White & D. Epston, 1990)에 의해 개발된 이야기치료(narrative therapy)이고, 두 번째 치료는 텍사스의 할린 앤더슨과 해리 굴리시안(Anderson & Gollishian, 1988; 1992; Anderson, 1997; Goolishian & Anderson, 1987) 및 노르웨이의 톰 앤더슨(Tom Andersen)이 개발한 협력적 치료(collaborative therapy)이다. 물론, 학자에 따라 톰 앤더슨의 치료 접근을 반영팀(reflecting team) 접근이라고 부르기도 한다.

이야기치료와 관련된 이 두 접근은 후기구조주의와 해체주의로부터 나왔다(Dickerson, 2014). 후기구조주의적 사고는 모든 현상에 깊은 구조가 있다는 것과 구조의 복잡성이 구조의 요소로 나눠질 수 있다는 구조주의자의 생각을 거부한다. 구조주의자는 행동을 개인 안에 묻혀 있는 더 깊은 요소의 표면적인 표출이라고 보며, 객관적인 외부 전문가가 행동의 의미에 대한 '진실'을 나타내기 위해 이러한 더 깊은 층을 해석할 수 있다고 믿었다. 그리고 이를 위해 이러한 요소는 분류될 수 있고 검색될 수 있다고 했다. 이와 같은 유형의 치료는 근저에 있는 원인을 찾으며, 결함을 수리하는 것에 목적을 두고 있으며, 단순히 증상을 감소하거나 혹은 제거하는 것에 만족하지 않는다. 구조주의적 사고(프로이트의 정신 내적 구조로부터 가족구조에 대한 가족치료의 전통적인 초점까지)는 사회과학에 있어서 20세기 사고의 대부분을 특징 짓고 있다.

인지심리학자 제롬 브루너(Bruner, 1986), 인류학자 바바라 메이어호프(Meyerhoff, 1986), 프랑스 정치·사회철학자 미셸 푸코(Foucault, 1980)의 생각에 의존하는 마이클 화이트(White, 1995)와 같은 이야기치료사는 고정된 표현/깊이 이분법을 의문시했다. 따라서 이 두 접근은 모두 새로운 의미를 공동으로 구성하는 것에 관심을 둔다. 해결중심 가족치료처럼 포스트모던 치료사는 내담자의 강점과 능력에 초점을 둔다. 이야기 치료와 협력적 치료에는 유사점이 많음에도 불구하고, 철학적 토대, 치료사의 입장, 중재 방식의 역할, 정치적인 문제에 대한 가정 등의 부분에서 많은 차이를 보인다. 이야기치료사는 내담자가 선호하는 이야기를 만드는 데 도움이 되는 질문과 전략을 가지고 있는 반면에, 협력적 치료사는 표준화된 기법을 피하고, 대신 포스트모던 및 사회구성주의적 가정을 사용해 내담자 자신만의 고유한 관계와 담화 과정을 촉진한다(Gehart, 2016). 이 장에서는 이야기 가족치료를 중심으로 살펴보기로 하겠다.

이야기 가족치료는 후기모더니즘과 사회구성주의와 맥을 같이하는 해방철학을 기초로 삼아 개인과 가족의 문제를 다루는 비체계적인 접근이다(Schwarzbaum, 2009). 이야기 가족치료를 개발한 화이트와 앱슨은, 사회과학을 포함한 인간과학은 사람을 객관화시키는 척도에 따라 규정하고, 분류하며, 한정 지으려 한다는 미셸 푸코(Foucault, 1980; 2003)의 생각에 많은 영향을 받았다. 미셸 푸코가 말하는 지배적 담론(dorminant discourses)이란 삶이란 어떠해야 하는가에 관한 문화적으로 생성된 이야기를 의미한다. 이러한 이야기는 사회적 행동, 예를 들어 결혼한 사람들이 어떻게 행동해야 하며, 행복은 어떤 것이며, 어떻게 해야 성공하는지와 같은 행동을 조율하기 위해 생성된다. 이 지배적 담론은 큰 규모의 문화적 집단으로부터 커플이나 가족과 같은 작은 사회적 집단까지 모두 조직한다. 이 담론이 지배적이라고 불리는 이유는 우리가 어떻게 처신해야 하며 우리의 삶을 어떻게 평가하는가에 대한 너무 기본적인 가정이기 때문에, 그것이 우리에게 어떻게 영향을 미쳤는지에 대해 거의 의식하지 못하게 만들기 때문이다.

또한, 푸코는 지배적 담론을 지엽적 담론(local discourses)과 대조했는데, 지엽적 담론은 개인과 좀 더 친밀한 관계, 그리고 소외된(주류가 아닌) 공동체 안에서 발생한다.

지엽적 담론은 지배적 담론과 다른 '선(goods)'과 '당위성(shoulds)'을 갖고 있다. 예를 들어, 전형적으로 직무 환경에서 남성은 성과를 중요시하는 반면에, 여성은 관계를 중요시한다는 것이다. 두 담론 모두 함께 지향하는 가치를 지니고 있다. 하지만 이와 같은 남성의 담론은 일반적으로 여성의 담론보다 우선시되므로 지배적인 담론으로 간주되고, 여성의 담론은 지엽적인 것으로 여겨진다(Gehart, 2016).

[그림 12-1] 미셸 푸코

이처럼 지배적 담론의 영향을 받는 인간과학은 개인의 경험과 이야기를 억압하며, 그 결과 사람들은 자신의 선택군을 제한하는 논리적이고 규범적인 방식으로 그들 스스로를 내면화하며 판단한다. 따라서 이야기치료는 경험주의와 논리학을 강조하는 논리과학적 추론과 이야기, 하부이야기, 의미 등으로 이루어진 이야기 추론을 구별한다. 이야기치료는 "사람은 이야기를 만들어 가면서 삶을 살아간다"(Kurtz, Tandy, & Shields, 1995, p. 177) "가족은 가족구성원이 공유하는 이야기를 통해서 형성되며 끊임없이 이어져 가고 변해 간다"(Ponzetti Jr., 2005, p. 132)는 관점을 가진다. 이야기치료사는 지엽적 담론과 지배적 담론 간의 유동적인 교류에 초점을 맞추고, 무엇이 '선한' 것이며 중요한 것인가에 관한 서로 다른 이야기가 사회적 관계에서 어떻게 충돌해 문제와 어려움을 유발하는지에 관심을 둔다. 사회적 상호작용의 이러한 수준에 관심을 기울이면서, 이야기치료사는 서로 다른 담론들이 내담자의 삶에 어떤 영향을 끼치는지 내담자가 자각할 수 있도록 돕는다. 이러한 자각은 내담자 자신의 어려움에서 주체성을 증가시키고, 문제를 성공적으로 해결할 수 있는 방법들을 찾게 해 준다(Gehart, 2016).

이야기치료는 오늘날 가족치료의 이론과 실천의 중심에 있으며, 현실에 대한 우리의 지식은 우리 자신들과 세상에 대해 우리가 말하는 이야기를 통해 조직되고 유지된다는 것을 가정한다(Kaslow, 2010). 우리의 이야기들은 어떻게, 그리고 왜 우리가 살아가고 있는가를 이해하기 위해 특별한 순서 안에서 삶의 사건들을 연결한다. 이와 같이 사건들을 함께 엮어 내는 과정에는 우리 자신, 우리의 능력, 기능, 행동, 관계, 성취와 실패에 대한 이야기가 포함된다(Morgan, 2000). 어떤 지배적인 이야기들이 우리의 현재의 행동을 설명하고 우리 미래의 삶에 영향을 미친다. 이야기치료는 우리가 지배적인 담론을 사용해 삶에서 발생하는 사건의 의미에 관한 이야기를 만들고 의미를 재창조한다는 전제에 근거를 둔다. 지배적 담론이란 우리가 어떻게 살아야 하는가에 관한 폭넓은 사회적 이야기, 사회문화적 관습, 가정 그리고 기대를 의미한다. 사람들은 자신의 개인적 삶이 이러한 지배적인 사회적 담론과 기대에 부합하지 않을 때 문제를 경험한다 (Freedman & Combs, 2000).

우리 삶의 현실은 우리가 그들에 대해 말하는 이야기의 현실이다. 이러한 생각은 이야기치료에 대한 강력한 결과이다. 이와 같은 접근법에 영향을 받은 많은 가족치료사들에게 체계의 은유(피드백 고리, 상호작용적인 행동패턴)는 언어와 이야기의 은유와 사람들이 조직하고, 해석하며, 그들의 경험에 의미를 부여하는 방법으로 대체되었다. 프리만은 삶의 이야기의 네 가지 군에 대해 다음과 같이 언급했는데(Freeman, 2015), 첫째, 중심적으로 이야기된 자아(the core narrated self)(자신의 내적 · 외적 정체성), 둘째, 삶의 예상들과 기대들(life predictions and expectations)(미래에 대한 낙관주의 혹은 비관주의), 셋째, 생활사건과 요소(life events and actors)(이야기에 대한 사람들과 환경들의 영향), 넷째, 의미를 만드는 것과 성장을 위한 기회(opportunities for meaning making and growth)(반영을 허락하는 조감도)가 포함되었다. 이 네 가지 군에 대한 요소는 [그림 12-2]를 참

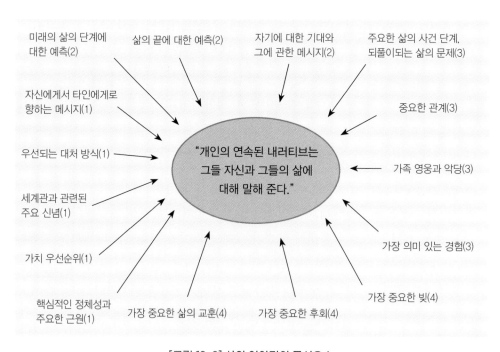

[그림 12-2] 삶의 이야기의 구성요소

참조: Freeman (2015), p. 72.

고하기 바란다.

이야기치료사들에 따르면, 가족은 빈번하게 그들의 삶에 대한 부정적이고 자멸적이며 발전성이 없는 이야기들(신화, 변명, 부정적인 자아 라벨링, 압도되거나 혹은 부적절한 혹은 패배한 느낌에 대한 이유들, 왜 그들이 다르게 할 수 없는가에 대한 설명과 합리화)을 구성한다. 이야기치료는 변화를 성취하기 위해 사람들이 그들의 삶에 대한 가치관, 가정 그리고 의미를 조사하는 대안적인 방법을 고려하고, 어떻게 존재하고 있는 이야기들이 그들 자신들의 관점과 그들의 문제를 지배하는가를 보는 것을 배울 필요가 있다고 본다. 궁극적으로, 가족들은 새로운 이야기를 창조하고 내면화하며, 새로운 가정을 만들고 새로운 가능성에 자신들을 개방한다. 간단히 말해서, 그들은 미래 이야기 라인을 재저작하며, 적극적으로 그들의 삶을 변화하고 재형성한다.

이야기치료는 내담자가 각자의 삶에 있어서 전문가이며, 그들에 대한 긍정적인 이야기를 구성하기 위해 필요한 기술과 능력을 가지고 있는 것으로 가정한다는 점에 있어서 존중하고 비난적이지 않은 담론을 포함한다. 이와 같은 새로운 관점에 의해, 만약 과정이 성공적이라면 삶의 경험과 새로운 행동에 의미를 부여하는 새로운 방식을 낳게 한다. 문학 속의 많은 이야기처럼 우리의 삶은 여러 층으로 되어 있으며, 애매모호하고 다른 의미들로 가득 차 있다. 우리가 새로운 사건에 대해 전형적으로 인지하는 것은 이전에 이미 수립된 지배적인 이야기에 맞춰진다(Goldenberg, Stanton, & Goldenberg, 2017). 해체 또는 사건의 변화된 해석("엄마가 나에게 이것을 시킨 것은 아마도 나를 제일 믿기 때문일 거야!")이 과거의 자신을 부정하는 견해("엄마는 이 일을 하려고 하는 사람이 없기 때문에 마지막으로 나에게 일을 시켰을 거야!")인 과거의 자신을 부정하는 관점을 대체할 수도 있을 것이다. 일단 새로운 해석("내가 이 일을 할 수 있다는 것을 나는 알아!")이 채택되면, 이러한 새로운 자신감을 다른 상황("나는 기꺼이 엄마의 부탁을 들어줄 거야!")에 연결하기 시작할 수도 있을 것이다. 이와 같은 새로운 지배적인 이야기가 관점, 태도, 행동을 재형성하게 한다. [그림 12-2]는 지배적인 이야기의 예이다.

2. 주요 인물

1) 마이클 화이트

[그림 12-3] 마이클 화이트

마이클 화이트(Michael White, 1948~2008)는 호주 아델레이드에서 출생했으며, 1979년에 남호주대학교(University of South Australia)에서 사회복지사 학사학위를 받고 아델레이드(Adelaide) 아동병원의 정신과 사회복지사로 일했다. 그리고 그는 1983년에 둘위치센터(Dulwich Centre)를 창설했고, 가족치료사로서 개인 상담을 시작했다. 또한, 그는 사망할 때까지 둘위치센터와 계속해 관련을 맺고 있었다.

마이클 화이트는 그레고리 베이트슨과 그의 체계분석에 대한 해석모델에 관심을 가지고 있었으나, 이후에 이야기적인 은유를 선호하면서 베이트슨의 사이버네틱적인 사고를 버리게 되었다. 그는 그의 부인인 셰릴 화이트(Cheryl White)의 페미니스트적 사고에 영향을 받았고, 뉴질랜드 오클랜드에 있는 가족치료센터의 동료인 데이비드 엡슨이 제공한 인류학적인 아이디어에 영향을 받았다(Goldenberg et al., 2017).

그 후 화이트는 우연히 도서관에서 자료를 찾던 중 에드워드 브루너의 민족에 관한 연구를 알게 되었다(Monk, 1998). 화이트는 브루너로부터 이야기는 단지 어떤 사물을 기술하는 것에 그치는 것이 아니라, 이야기 그 자체가 사물을 구성하고 있는 것이라는 아이디어를 얻었다. 이야기가 인간의 존재를 형성한다는 것이다. 더 나아가 기억에 남아 있는 경험, 즉 서사는 지배적인 문제가 가득한 이야기에 의해서 가려져 있을 수 있다. 따라서 치료사가 해야 할 일은 내담자와 함께 대안적이고 좀 더 긍정적인 줄거리를 구성하는 것이다.

한편, 화이트는 자신의 이론을 개발하는 과정에서 지식과 권력에 관한 프랑스 철학자 미셸 푸코의 영향을 받게 된다. 푸코는 사람들이 널리 받아들이는 사회규범과 관계를 맺으면서 어떻게 자신의 가치를 끊임없이 평가하는지를 서술했다(Monk, 1998). 자기 자신과 타인을 비교하고 평가하는 행위는 인간의 삶 속에 많은 문제를 일으키는 원인이 된다. 따라서 한 문화의 가치와 생각이 질문과 도전을 받게 될 때 문제의 실체가 드러날 수 있다. 화이트는 가족치료 분야 이외의 많은 저서를 읽었으며, 자신의 접근을 체계화하는 데 문학이론이나 인류학, 비평이론 그리고 페미니스트 이론의 영향을 받았다(Bubenzer, West, & Boughner, 1994).

화이트는 점점 더 시사적 은유로 깊이 빠져들면서 이야기치료를 발전시켜 나가는 과정에서 체계적 사고로부터 멀어져 갔다. 사회구성주의에 기초한 다른 접근들과 비교해 이야기치료의 독특한 면은 실재를 단지 기술하는 것이 다른 어떤 방식보다 더 낫다고 간주하지 않는다는 데 있다. 화이트는 가치가 힘의 남용, 태만, 야만, 불의에 저항하는 행동과 같은 실제적인 행동에 영향을 미치는 것이라고 생각했다(Gladding, 2016). 그는 사회적 · 정치적 의제를 가진 배려하고 헌신적이며, 집요한 임상가였다. 그는 문화적으로 억압받고 문제로 가득 찬 이야기로부터 사람들을 해방하고, 그들이 더 보상받는 지배적인 이야기를 개발하고 더 성취적인 삶으로 나아가기 위해 그들을 임파워링시켜 그들의 삶을 재저작하기를 원했다(Goldenberg et al., 2017).

마이틀 화이트는 외현(재)화 과정에 대해 처음으로 저술했으며, 호주의 둘위치센터(Dulwich Centre)에서 이야기치료에 관한 훈련을 실시했고, 책과 소식지 등을 발간했다. 데이비드 엡슨과 더불어 이야기치료에 관한 첫 저서인 『치료적 종결에 대한 이야기적 수단들(Narrative Means to Therapeutic Ends)』(White & Epston, 1990)을 출판했고 마지막 저서로 『이야기적 실천의 지도들(Maps of Narrative Practice)』(White, 2007)을 출간했다. 그는 2008년 4월 갑작스럽게 사망했다(Gehart, 2016).

2) 데이비드 엡슨

데이비드 엡슨(David Epston, 1944~)은 캐나다 온타리오에서 출생했으며, 브리티시 콜롬비아대학에 입학했다. 1964년 그의 나이 19세에 캐나다에서 뉴질랜드로 이주했으며, 1969년에 뉴질랜드 오클랜드대학에서 사회학과 인류학 학사 학위를 취득했다. 1971년에는 에딘버러 대학에서 지역 발달 과정을 수료했고, 1976년에는 영국 워릭대학에서 응용 사회과학연구의 석사학위를 마쳤으며, 1977년에는 사회복지자격증을 받았다.

[그림 12-4] 데이비드 엡슨

데이비드 엡슨은 사회복지사이자 가족치료사였으며, 인류학과 스토리텔링에 관심을 가지고 있었다. 그는 마이클 화이트에게 이야기적 은유사고를 소개했다고 알려져 있다. 그는 특히 가족들에게 혁신적인 치료적 편지로 알려져 있다. 혁신적인 치료적 편지란 삶을 재저작하는 데 목적을 둔 대화의 확장을 의미한다(Goldenberg et al., 2017).

데이비드 엡슨은 마이클 화이트와 함께 이야기치료에 관한 토대를 이루었다. 그는 내담자에 대한 독특한 지지 자원을 만드는 것을 강조했다. 예를 들어, 새로운 이야기를 공고히 하도록 내담자에게 편지를 쓰는 것과 내담자가 다른 사람들과 더불어 서로 지지하고 응원해 줄 수 있는 공동체 혹은 연맹(league)을 만든 것 등이다(Gehart, 2016). 또한 그와 그의 동료는 자녀들과 그들의 가족들과 작업을 위한 유용한 이야기 기술을 제공했다(Freeman, Epston, & Lebovis, 1997).

3) 다른 주요 인물

셰릴 화이트(Cheryl White)는 마이클 화이트의 부인으로서 사회활동가이자. 아델레이드에 있는 둘위치센터 출판사 창업자이다(White & Denborough, 2014). 그녀는 「이야기치료와 지역사회 노동의 국제적인 저널(International Journal of Narrative Therapy and Community Work)」의 편집을 담당하고 있다. 이 저널은 이야기치료이론과 실천에 관한 인터뷰, 사례 그리고 최근의 기여들을 다루고 있으며, 데이비드 덴보로우(David Eenborough)가 여기서 그녀와 함께 일하고 있다. 미국에서는 질 프리드만(Jill Freedman)(Freedman, 2014)과 지니 콤스(Gene Combs)(Freedman & Combs, 2009)가 일리노이주의 에반스턴에서 이야기치료 훈련센터를 운영하고 있다. 그들은 이야기치료 진영에 합류하기 전에는 전략적 치료사였으며, 사회운동가였다. 또한 그들은 정치활동가였어서 주로 정치적인 면을 강조하는 마이클 화이트의 접근에 관심을 가지게 되었다. 이와 같은 전략적 치료와 정치적 활동의 조합이 많은 이야기치료사의 주요 배경으로 설명된다. 그들의 저서인 『이야기치료(Narrative Therapy)』는 이야기치료의 탁월한 안내서이다.

제프리 짐머만(Jeffrey Zimmerman)과 빅토리아 딕커슨(Victoria Dickerson)은 샌프란시스코 베이지역 가족치료 훈련협회의 공동창업자이며, 이들은 존 닐(John Neal)과 함께 팔로알토의 MRI에서 이야기치료를 가르쳤다(1992~1998). 이 두 독창적인 치료사는 다루기 어려운 청소년과 부부를 대상으로 한 이야기치료의 사용법을 개척했으며

(Dickerson & Zimmerman, 1992; Zimmerman & Dickerson, 1993) 『만약 문제가 말을 한다면: 행동에 있어서의 이야기치료(If Problems Talked: Narrative Therapy in Action)』 (Zimmerman & Dickerson, 1996)라는 책을 써서 이야기치료 발전에 기여를 했다. 마리-나탈리 비오도인(Marie-Nathalie Beaudoin)도 샌프란시스코 베이지역에서 이야기치료사로서 일하고 있다(Beaudoin & Zimmerman, 2011). 그 외에도, 다른 저명한 이야기치료사로서 캐시 웨인가텐(Cathy Weingarten)(Weingarten, 1998), 샐리앤 로스(Sallyann Roth), 빌 매드슨(Bill Madsen)이 보스톤 캠브리지의 가족연구소에서 이야기치료의 확장에 기여를 하고 있다. 또한, 로스앤젤레스에서는 제니퍼 앤드류스(Jennifer Andrews)와 데이비드 클락(David Clark)(Andrews, Clark, & Baird, 1998)이, 오클라호마 털사에서는 제닛 아담스-웨스콧(Janet Adams-Wescott)이 이야기치료의 발전에 많은 공헌을 하고 있다.

캐나다에서는 스테판 매디건(Stephen Madigan)(Madigan, 2011)이 이야기치료 밴쿠버 학파(the Vancouver Scholl for Narrative Therapy)의 소장이며 국제적으로 워크숍을 개최하고 있다. 그는 밴쿠버 반 식욕부진증/반 대식증 연맹의 설립자이기도 한데, 이 연맹은 '신체-죄의식(body-guilt)'을 선동하는 매체들의 이미지에 대한 저항을 지지하고 격려하는 민초 활동조직이다(Goldenberg et al., 2017; Nichols, 2014).

3. 주요 개념

이야기치료는 내담자의 문제와 그 해결책에 대해 다음과 같은 기본 전제를 갖고 있다.

- 인간은 이야기적 존재로 태어나며, 우리는 자신의 이야기의 주체가 되고 그 이야기는 주제가 있는 우리 삶의 역사적 기록이다.
- 우리가 붙들고 의지하며 살아가는 이야기는 어떤 공백 상태에서 생긴 것이 아니라 우리의 대화를 통해 우리의 마음속에 새겨진다.
- 지배적인 이야기는 자신의 삶을 변화시키고자 하는 자들에게 심각한 한계를 떠넘기므로, 억눌린 목소리가 확인되고 들릴 수 있도록 지배적인 이야기가 해체되어야 하며, 그것을 해체하는 것이 새로운 삶의 가능성을 높여 준다. 치료사는 내담자의 부정적인 정체성을 구성했던 왜곡된 증거에 대한 해체를 격려하며, 그들로 하여금 그들의 삶과 정체성에 대한 잘못되고 빈약한 결론으로부터 떨어져 나올 수 있도록

돕는다.

- 이야기 속에 들어가 있지 않던 숨겨진 삶의 경험은 항상 남아 있으므로, 치료사는 그러한 경험을 바탕으로 내담자가 보다 만족하고 매력적인 이야기를 구성해 나가도록 돕는다. 따라서 치료사는 내담자와의 대화중에 그들의 삶과 정체성에 대해 풍부한 서술을 할 수 있도록 지지하며, 그들이 그들의 문제를 다루는 데에 적절한 삶의 지식과 기술들을 통해 이 풍요로운 서술과 관련된 삶의 형태를 발전시키도록 돕는다(양유성, 2004).

또한 만과 러셀의 이야기치료의 기본 전제는 다음과 같다(Mann & Russell, 2004; 정문자, 정혜정, 이선혜, 전영주, 2018, 재인용).

- 인간은 해석하는 존재이다.
- 경험은 사회적으로 구성된다.
- 정체성은 사회적으로 구성되고 재구성된다.
- 사람과 문제는 별개다.
- 이야기는 삶이고 삶은 곧 이야기다.
- 삶은 복합적인 이야기다.
- 인간은 능동적인 행위자다.

4. 치료 목표

이야기치료의 목표는 내담자들이 문제에 빠져 있는 이야기를 버리고, 보다 자신에게 힘과 만족을 주는 새로운 대안적인 이야기를 쓸 수 있도록 돕는 것이다. 이야기치료에서 문제에 대한 해결의 첫 단계는 문제중심의 지배적 이야기로부터 사람들을 분리하는 것에서 시작한다. 즉, 이것은 사람들과 문제의 관계를 새롭게 정의하는 것을 말한다. 이것은 내담자의 행동에 대한 수정이나 어떤 특정한 사고를 변화시키는 것이 아니라 내담자가 하고 있는 이야기를 바꾸는 과정을 통해 자연스럽게 자신의 삶에 대한 변화를 모색하게 하는 것이다. 이야기는 매우 유동적이기 때문에, 문제를 포함한 모든 경험은 내담자가 이야기하는 과정에서 그 자신의 것으로 선택할 수도 혹은 버릴 수도 있다.

이야기치료사는 내담자가 스스로 이야기하기를 원하고 보다 의미 있는 이야기를 할 수 있을 때 그 이야기 안에서 세상을 바라보고 느끼는 감각을 선택하게 되기 때문에 그들의 행위는 자연스럽게 이야기를 따라 나오게 된다고 믿는다(고미영, 2004).

5. 치료사의 역할

마이클 화이트는 치료사의 역할을 중심에 두지는 않지만 영향력이 미치는 사람이라고 묘사했다(Schwarzbaum, 2009). 이야기치료사는 전문적인 지식을 강요하는 사람 또는 정상적이거나 건강한 관계를 구성하는 전문가로서가 아니라 공동연구 프로젝트를 촉진하는 기술을 가진 사람으로 작업에 참가한다(Freedman & Combs, 2015). 이야기치료사는 내담자 가족 전체가 세운 목표나 목적과 부합되는 한편, 각 개인의 목표에 잘 맞는 이야기를 함께 구성하도록 돕는 것이다(Miller & Forrest, 2009). 이야기치료사는 내담자가 지금까지와는 다른 이야기에 몰입하게 되면 상황은 달라질 것이라고 가정한다. 이야기치료사도 다른 접근의 치료사들처럼 내담자와 함께 치료 작업을 하며 관심 기울이기, 재진술하기, 명료화하기, 요약하기 그리고 내담자의 이야기나 문제를 정확하게 듣고 있는지를 확인·점검하기 등의 기본적인 관계기술을 사용한다(Monk, 1998).

치료사는 협력자로서 가족들이 가지고 있는 지식과 경험을 촉진하는 질문의 대가로 본다. 치료사는 인간을 텍스트로 보면서 숨겨진 어떤 구조의 패턴이나 역동성을 찾으려는 의지보다는, 가족들이 가져오는 이야기를 읽어 주려는 노력을 한다. 마이클 화이트는 그의 후기 저서들에서 문제에 관한 자신의 입장은 취재기자와 같다고 묘사하고 있다. 따라서 치료사는 문제에 바로 뛰어들어 문제를 고치려고 하기보다 차분하지만 탐구적인 입장을 취하며 문제의 기원을 탐색함으로써 내담자로 하여금 좀 더 큰 차원의 맥락을 잘 이해할 수 있도록 영감을 불러일으킨다(White, 2007). 또한 치료사는 가족이 위치한 사회적, 문화적, 경제적, 정치적인 변동이 어떻게 문제를 만드는 데 기여하고 있는지를 면밀히 탐색하다가 그 이야기의 틈새를 발견해 새로운 이야기로 들어가는 길을 내담자와 함께 발견하고자 노력한다(양유성, 2004).

이야기치료사는 증상이 가족의 기능에 유익한 역할 또는 기능을 한다는 모더니스트적 관점을 거부한다. 오히려 문제란 가족을 고통스럽게 하는 것으로 간주하며, 가능한 한 빨리 제거되어야 할 필요가 있는 것으로 보았다. 그러므로 이야기치료사는 가족이 문제를 경험하고 있을 때 독특한 결과나 예외 상황을 발견하고자 하는 질문자이며, 또한 가족이 처한 상황의 의미를 탐색하는 사람이다.

치료사는 가족이 문제 대신에 통제할 수 있는 새로운 이야기를 구성함으로써 자신들의 문제로 점철된 이야기와 분리하도록 가족을 돕는다. 이 절차를 재저작화(reauthoring)라고 부른다(White, 1995). 이 절차는 새로운 이야기 안에서 삶과 관계를 재정의하는 것을 포함한다. 이처럼 치료사의 역할은 종종 공동집저자 혹은 공동편집자로 묘사되는데, 이는 치료사와 내담자가 새로운 의미를 공동으로 창출하는 과정에 참여하고 있다는 것을 강조하기 위한 것이다(Freedman & Combs, 1996; Monk, Winslade, Crocket, & Epston, 1997). 치료사는 이야기를 재저작화하는 단계에서 내담자가 독특한 결과를 찾아감으로써 새로운 이야기가 드러나도록 돕는다. 여기에서 독특한 결과는 치료사에게 이미 말한 문제로 가득한 이야기가 아닌 내담자의 이야기화된 경험으로 정의할 수 있다(Molina, Estrada, & Burnett, 2004). 치료사는 더 나은 이야기를 제시하려고 하기보다는 더욱 유용한 이야기를 만들도록 내담자와 함께 작업한다. 치료사에 따라 다르지만, 이야기치료사는 내담자의 삶에서 사회정치적인 측면에 초점을 두는 경향이 있다. 어떤 이야기치료사는 치료사가 불평등과 같은 좀 더 광범위한 사회문화적 문제들에 모든 내담자와 더불어 관심을 가져야 한다고 주장한다(Zimmerman & Dickerson, 1996). 하지만 모든 이야기치료사가 이와 같은 주장을 공유하는 것은 아니다(Monk & Gehart, 2003).

6. 치료 기법

이야기치료는 기법 위주의 접근과는 반대로 과정지향적이다. 그럼에도 불구하고 이야기치료에서 자주 사용되는 기법들에 대해 살펴보겠다.

1) 문제의 외현화

이야기치료는 문제는 문제일 뿐이며, 그 개인이 문제 자체는 아니라고 본다(Winslade & Monk, 2008). 마이클 화이트는 외현화를 통해서 문제와 사람을 분리했다. 이것은 사람보다는 문제를 객관화시키는 대화로 구성된다. 이것은 문제에 의해 지배되는 이야기로부터 벗어나기 위해 문제를 외부로 표출시키는 의인화 기법이다. 외현화는 문제를 내담자의 자기 정체성으로부터 언어적으로 분리하는 것을 말한다. 이러한 문제의 외현화는 사람 사이의 비생산적인 갈등을 감소시키고, 해결하지 못한 문제가 있다는 낭패감을 감소시키며, 문제를 해결하기 위한 가족구성원들 사이의 협력이 강화되어 서로 대화에 참여하게 하며, 이전과는 다른 행동을 취할 수 있는 새로운 가능성이 열리고, 좀 더 효과적으로 대처할 수 있으며 다가오는 문제에 스트레스를 덜 받게 하고 사람을 자유롭게 한다(White & Epston, 1990).

외현화는 사람을 문제로부터 분리해서 문제를 다양한 시각과 상황으로 볼 수 있도록 한다. 문제의 영향을 전체적으로 볼 수 있게 하며, 문제의 독특한 특징들, 즉 언제 문제가 덜한지 혹은 그다지 심하지 않았는지를 탐구하는 질문을 한다(Keeling & Bermudez, 2006). 문제의 외현화는 어떤 사물을 의인화해서 설명하는 것처럼 대화를 주고받는 과정을 통해 이루어진다.

예를 들어, 마이클 화이트는 유분증(encopresis: 대변을 속옷에 묻히는 것)을 "야비한 대변"이라고 명명했다(White, 2007; 이선혜, 정슬기, 허남순 공역, 2010). 문제를 외현화시키는 방법에는 문제와 연관된 이야기를 만드는 글쓰기 방법과 문제에 대한 예를 들어 설명하기 위한 조각과 만화 그리기 등의 예술적인 방법이 존재한다(Keeling & Bermudez, 2006). 외현화를 통해서 모든 가족구성원은 각자가 직면하고 있는 것에 관심을 가지고 참여할 수 있다. 그렇게 될 때 가족은 문제에 의해서 정의당하는 존재가 아니라 문제를 해결하기 위해서 돕는 치료사의 협력자가 된다(Bitter, 2000).

마이클 화이트는 최근에 외현화 대화를 촉진하기 위한 과정을 '자리지도 선언문(the statement of position map)'이라고 기술했다(White, 2007). 이 지도는 탐문의 네 가지 범주를 포함하고 있다. 이 범주는 한 회기 내내 그리고 회기가 진행됨에 따라 내담자의 문제에 대한 관계를 변화시키고 행동을 유도하기 위한 새로운 가능성을 열어주기 위해 자주 사용된다.

(1) 범주 1: 근사 경험에 대한 정의를 협의하기

화이트는 전문적 혹은 일반적 용어(예: '진단') 대신에 내담자의 언어(근사 경험 언어)를 사용해 문제를 정의하면서 탐문을 시작한다. 따라서 그는 '우울한' 보다는 '울적한'을 선호한다.

(2) 범주 2: 문제의 영향력을 가늠하기

화이트의 초기 저서에서 문제의 영향력을 가늠하는 범주에는 문제가 내담자의 다양한 삶의 영역, 즉 가정, 직장, 학교, 기타 사회적 맥락들, 예를 들어 가족관계, 친구관계, 자신과의 관계 등에 어떤 영향을 끼치고 있으며, 내담자의 정체성과 미래 가능성에 어떤 영향을 미치고 있는지 확인하는 것이 포함되었다(White & Epston, 1990).

(3) 범주 3: 영향력을 평가하기

문제의 영향력을 확인한 이후에 치료사는 내담자에게 다음과 같은 영향들을 평가하도록 한다. 예를 들어, "이러한 활동이 괜찮으신가요?" "이렇게 영향력을 미쳐 온 과정에 대해 어떤 느낌이 드시나요?" "이러한 결과들에 대해 어떤 입장이신가요?" 등과 같은 질문이 가능하다.

(4) 범주 4: 평가를 정당화하기

이 마지막 단계에서 치료사는 내담자가 어떻게 그리고 왜 상황을 그렇게 평가했는지에 대해 질문한다(White, 2007). 예를 들어, "왜 이것이 괜찮지 않다고 생각하시나요?" "문제가 이런 식으로 발전되어 온 것에 대해 왜 그렇게 느끼셨나요?" 등의 질문이 있다.

이와 같은 '왜' 질문은 도덕적 판단이 아니라 내담자가 자신에게 중요한 것에 목소리를 내게 하기 위한 목적으로 사용된다. 이러한 질문을 통해 내담자에게 동기를 부여하는 것이 무엇인지, 자신의 정체성과 미래를 어떻게 형성하고 싶은지에 대한 이야기를 이끌어낼 수 있다(Gehart, 2016).

2) 문제가 내담자에게 끼친 영향

문제가 내담자에게 끼친 영향에 대해 질문하는 목적은 문제에 대한 내담자의 인식과 객관성을 높이는 데 있다. 문제가 내담자에게 끼친 영향에 대한 인식을 높이기 위해서는 치료사가 각 가족구성원에게 솔직히 문제가 각자에게 어떤 영향을 미쳤는지를(예: 삶을 망가뜨렸다) 말해 달라고 요청하는 것이 가장 좋은 방법이다. 이 과정에서 일반적으로 가장 자주 사용하는 질문은 "그 문제가 선생님과 선생님의 삶 그리고 관계에 어떻게 영향을 미쳤나요?"이다(Gladding, 2018). 즉, 문제가 내담자에게 끼친 영향에 대한 탐색은 문제와의 관계에 있어서 내담자가 삶의 주체로서 자신의 위치를 발견할 수 있는 중요한 작업이다.

3) 내담자가 문제에 끼친 영향

가족구성원에게 자신들이 문제에 어떤 영향을 미쳤는지를 묻는 목적은 두 가지가 있다.

첫째, 이 질문을 통해 가족구성원은 문제에 대해 자신들이 어떻게 반응하는지를 점점 더 깊이 인식하도록 한다.

둘째, 문제가 발생한 상황에 직면했을 때 그들의 강점과 잠재력을 깨달을 수 있도록 도와준다. 본질적으로 이 기법은 '문제가 내담자에게 끼친 영향'에서 다루었던 내용의 반대 기법이다. 이런 유형의 치료는 고정관념이나 행동유형을 깨뜨리고 문제를 다룰 수 있는, 새로운 실현가능한 방법을 제공한다.

4) 딜레마 제기하기

딜레마 제기하기는 내담자 가족이 치료의 필요성을 느끼기 전에 문제의 여러 측면을 점검하게 하는 효과가 있다. 예를 들어, 치료사가 분노조절이 안 되는 아들을 둔 부모에게, 만약 아들의 분노조절의 행동이 더 나아지거나 혹은 더 나빠지거나 아니면 별다른 변화가 없다면 각각의 경우에 대해서 생기는 걱정거리에 어떻게 대처할 것인지에 대해 질문을 할 수 있다.

5) 실패 예측하기

이야기 가족치료는 가족치료에서 실패는 거의 피할 수 없다고 보기 때문에, 이야기 가족치료사는 실패는 미리 계획을 세웠을 때 가장 잘 대처할 수 있다는 입장을 취한다 (White, 1986). 실패에 대한 계획을 미리 세움으로써, 가족은 어려움에 처했을 때 어떻게 행동해야 하는지를 미리 결정할 수 있다. 이야기치료사는 내담자들에게 비록 문제가 거의 해결되어 가는 것으로 보이지만, 만약 '걱정거리'가 다시 발생한다면 어떻게 대처할 것인지에 대해 질문한다. 즉, 치료사는 내담자들에게 포기하고 '걱정거리'가 다시 그들의 삶 속으로 들어오도록 내버려 둘 것인지 아니면 다시 싸워서 '걱정거리'를 몰아낼 것인지를 질문한다.

6) 질문 사용하기

치료사는 질문을 통해 가족이 치료받기 위해서 가지고 온 문제의 본질과 그들이 이미 가지고 있으며 문제를 다루는 데 사용할 수 있는 수단이 무엇인지를 점검하게 할 수 있다. 질문은 다양한 형태를 띨 수 있으나, 가장 많이 사용하는 질문으로서 예외 상황 질문과 의미를 다루는 질문을 들었다.

(1) 예외 상황 질문

이미 해결중심 가족치료에서도 언급되었듯이 예외 상황 질문(exceptions questions)은 문제라고 말한 상황과 반대로 그렇지 않았던 경우를 탐색하기 위해 하는 것이다. 설사 내담자 가족이 현재는 어려움에 처해 있다고 하더라도 예외 상황 질문은 그 가족이 어려움에 처해 있지 않았을 때의 경우를 발견하는 데 목표를 둔다. 이 질문은 가족구성원이 가지고 있는 세계관을 변화시키고 그전의 어려움을 극복했던 경험이 있기 때문에 자신들의 삶이 달라질 수 있다는 희망을 가지게 하려는 의도가 있다. 대부분의 예외 상황 질문은 언제 혹은 무엇으로 시작한다. 예외 상황 질문에 대한 연구에 따르면, 예외 상황 질문을 통해 남을 탓하는 말이 줄어들고 긍정적인 말은 더욱 늘었다는 연구결과가 나타났다(Melidonis & Bry, 1995).

(2) 의미를 다루는 질문

의미를 다루는 질문(significance question)은 독특한 재서술 질문으로서, 예외 상황의 의미와 중요성을 나타나게 한다(Kurtz et al., 1995). 치료사는 내담자에게 "만약 이 상황에서 선생님이 이전에 어떻게 행동했었는지를 좀 더 잘 의식하신다면, 선생님은 그 행동을 어떻게 설명하실 수 있으실까요?"라고 질문할 수 있다.

7) 독특한 결과와 빛나는 사건에 대한 질문

독특한 결과(unique outcomes)(White & Epston, 1990) 혹은 빛나는 사건(sparkling events)(Freedman & Combs, 1996)은 문제로 점철된 이야기가 전형적인 역할을 하지 않는 이야기 혹은 부차적인 줄거리를 의미한다. 따라서 독특한 결과나 빛나는 사건은 처음에는 예측하기 어려웠을 수 있으나 커다란 의미와 변화 잠재력의 원천이 될 수 있는 사건을 말한다(Goffman, 1968). 또한 독특한 결과란 꼭 과거의 성공적인 어떤 경험을 찾아야 한다기보다는 문제의 이야기에서 나타나는 것과는 다른 방식으로 나타나는 반응을 의미하기도 한다(양유성, 2004). 독특한 결과에 대한 예로, 늘 싸움만 하는 부부가 폭발 직전에 싸우지 않고 넘어갔던 경우도 있고, 늘 부모와 충돌하던 자녀가 충돌하지 않고 부드럽게 넘어갔던 경우도 있을 수 있다. 이런 경우는 보통 별로 주목받지 못하는데, 이는 사람들의 주의를 끌 만한 극적인 결말 혹은 주목할 만한 성과가 없기 때문이다. 따라서 이와 같은 이야기는 내담자 혹은 다른 사람들의 마음에 이야기로 구성되지 않는다. 독특한 결과 또는 빛나는 사건에 대한 질문은 내담자가 자신이 선호하는 삶을 만들어 낼 수 있도록 돕기 위해 그리고 자신과 타인의 정체성에 대한 좀 더 온전하고 정확한 설명을 가능하게 하기 위해 활용된다.

8) 지엽적 및 대안적 담론: 내담자의 언어와 의미에 주의를 기울이기

지엽적 및 대안적 담론은 지배적 담론에 동조하지 않는 담론을 말한다(White & Epston, 1990). 지배적 담론이란 어떤 삶이 바람직한 삶이어야 하는가에 관한 사회적인 이야기이다. 예를 들어, 우리나라의 지배적 담론이란 어른에게 순종해야 하며, 행복하고 좋은 사람이 되기 위해서는 반드시 결혼해야 하고, 안정되고 보수가 높은 직업이 있어야 하고 자녀를 두어야 한다는 인식 등을 말할 수 있다. 이야기치료사들은 문제의 지각에 가장 직접적인 영향을 미치는 이와 같은 지배적 담론을 주의 깊게 경청하며, 이에 대한 대응으로 치료사들은 지엽적 혹은 대안적 담론에 대해 탐색한다.

지엽적 담론은 지배적 담론에서 묘사되는 '버릇없다는 것' '선한 것' '그래야만 하는 것', 윤리적 '가치들'과 다르다. 즉, 지배적 담론이라고 할 수 있는 성인문화에서 선호되는 것과는 상이한 미의 기준, 성행동 규범, 어휘, 우정 규칙 등을 통해 10대들은 자신들만의 하위문화를 형성한다. 이러한 10대 문화는 10대 내담자의 세계관과 가치를 이해할 수 있는 담론을 대표한다. 더불어 10대 내담자와 함께 이러한 대안 담론이 지배적 담론과 어떻게 성공적으로 공존할 수 있는지를 탐색한다. 따라서 지엽적 담론은 자신을 보는 새로운 방식을 만들어 주고, 문제를 둘러싼 타인들과의 관계방식도 새롭게 변화시키는 자원이 된다(Gehart, 2016).

9) 편지쓰기

이야기치료는 상담 회기를 마친 후에 가족에게 편지를 쓰는 것을 치료의 매우 중요한 과정으로 보았다. 엡슨은 "편지에 나타난 단어들은 말로 하는 대화처럼 쉽게 없어지거나 사라지지 않는다. 내담자는 편지를 상담이 끝난 후에도 오랫동안 읽고 또 읽는다."라고 주장했다(Epston, 1994, p. 31) 따라서 편지는 치료사와 가족구성원 사이의 대화를 계속 이어 주는 수단이자 상담 회기에서 발생한 것을 기억나게 해 주는 역할을 할 수 있다.

7. 치료 과정

이야기 가족치료의 과정은 개인이나 가족이 그들의 삶의 경험과 이야기들이 얼마나 가치가 있는가를 알도록 도움을 준다. 이 과정은 지배 문화 이야기에 대한 문제 해체(해체적 경청 및 질문), 문제 외현화, 이야기 재저작의 세 단계로 구성된다(Molina, Extrada, & Burnett, 2004). 특히 이야기 재저작 안에는 회원재구성 대화, 연맹, 정의 예식, 편지 및 축하와 수료증을 수여하는 과정이 포함된다.

1) 문제 해체: 해체적 경청 및 질문

자크 데리다(Jacques Derrida)의 철학적 연구로부터 이야기치료사들은 해체적 경청(destructive listening)과 질문을 통해 내담자가 지배적 담론의 영향을 추적하도록 돕고, 어떤 담론이 자신의 삶에 영향을 미칠 것인가를 좀 더 의식해 선택하도록 원조한다(Freedman & Combs, 1996). 해체적 경청을 할 때 치료사는 내담자가 이해하고 있는 것들에 '틈새'가 있는지 경청하며, 빠뜨려진 구체적인 사항들을 찾으려 하거나 내담자가 말한 이야기들 중 모호한 부분을 설명하도록 요청한다. 예를 들어, 남편이 부인에게 전화를 걸었을 때 부인이 받지 않는 상황에 대해서 부인이 남편을 거부하거나 무시했다고 말한다면, 치료사는 거부당하거나 무시당한 느낌이 어떤 것인지에 대한 의미를 경청한다.

해체적 질문(deconstructive questions)은 치료사가 내담자로 하여금 자신의 이야기를 더 깊이 '풀어놓도록' 돕는데, 지배적 담론과 지엽적 담론의 영향을 확인하면서 이 이야기들이 어떻게 구성되었는지 알기 위한 것이다. 외현화 대화에서 전형적으로 사용되는 이러한 질문들은 문제가 되는 신념, 행동, 감정 그리고 태도에 초점을 두면서, 다음과 같은 사항들을 확인한다(Gehart, 2016).

[그림 12-5] 자크 데리다

- 이력: 문제가 되는 신념, 행동, 감정 혹은 태도와 어떤 관계를 맺어 왔는지에 관한 이력(예: "이 문제와 언제 어디서 처음 만나게 되었습니까?")
- 맥락: 문제가 되는 신념, 행동, 감정, 혹은 태도에 맥락이 미치는 영향(예: "이 문제가 가장 두드러진다고 느껴진 때는 언제입니까?")
- 영향: 문제가 되는 신념, 행동, 감정, 혹은 태도의 결과 혹은 영향(예: "이것은 선생님과 선생님의 대인관계에 어떤 영향을 미쳤습니까?")
- 전략: 문제가 되는 신념, 행동, 감정, 혹은 태도가 사용하는 전략과 전술(예: "이것이 선생님에게 영향을 미치기 위해 어떻게 바삐 움직이신 것 같습니까?")

2) 문제 외현화

이야기치료사는 내담자로 하여금 자신이 지닌 문제들과 이전과는 다른 관계를 형성할 수 있도록 돕기 위해 외현화 질문을 사용한다(Freedman & Combs, 1996). 대부분의 경우에, 이러한 질문은 형용사(예: 우울한, 불안한, 화난)를 명사(예: 우울, 불안, 화)로 변환한다. 외현화 질문은 사람과 문제는 별개의 것이며 문제와 사람 간의 관계는 쌍방향적이라는 것을 전제로 한다. 즉, 문제가 사람에게 영향을 미치며, 사람은 문제에 영향을 받는다(Gehart, 2016). 치료사는 문제 또는 어려움을 외현화해서 그것을 가족구성원에게 그들 모두가 다룰 수 있도록 행동을 바꾸도록 요청한다. 이 과정에서 치료사는 가족구성원에게 문제의 내력은 가족이 이야기를 재구성하거나 재저작하려는 노력만큼 중요하지 않다고 말한다. 그 이유는 문제가 가족의 삶 속에서 덜 지배적이고 의미를 가지지 않게 하기 위해서이다(Gladding, 2018).

프리드만과 콤스는 외현화에 대한 두 가지 유형의 질문으로서 관습적인 질문(형용사 사용)과 외현화 질문(명사 사용)을 개발했다(Freedman & Combs, 1996). 관습적인 질문 (형용사 사용)의 예로, "선생님은 언제 처음으로 우울하셨나요?" "너는 언제 처음으로 공격적으로 되었니?" "어머니는 무엇에 가장 화가 나시나요?" 등을 들 수 있다. 또한 외현화 질문(명사 사용)의 예로, "우울이 언제부터 선생님을 그렇게 좌지우지했나요?" "어떤 상황에서 공격이 대장이 되었니?" "화가 대장이 되게 하는 일은 어떤 일인가요?" 등을 들 수 있다.

3) 이야기 재저작

내담자의 삶의 이야기를 다시 쓰는 재저작 작업(reauthoring)은 일반적으로 독특한 결과로부터 시작한다. 한편, 독특한 결과는 일회성 사건이 아니라, 내담자의 삶에 존재하는 여러 가지 관련된 사건의 결과이다. 이야기치료사는 문제의 억압적인 영향에 대한 예외 상황을 발견하기 위해 여러 가지의 질문을 한다. 문제의 외현화는 힘을 합해 문제를 비판적으로 다룰 수 있도록 하며 이를 통해 문제의 희생양이 되지 않도록 한다. 이야기치료사는 가족이 가진 자원과 수단을 파악하며, 실패를 예상하고 딜레마의 제기 등을 사용해 가족이 오래되고 비생산적인 인지와 행동 유형에서 탈피해 그들의 새로운 이야기와 의미를 구성할 수 있도록 돕는다.

화이트는 개인의 이야기가 행동과 의식이라는 두 차원으로 이루어졌다고 했으며, 각각을 행동 영역(landscapes of action)과 정체성 영역(landscapes of identity)이라 명명했다 (White, 2007). 행동 영역은 여러 사건이 특정한 주제하에 시간순으로 배열되어 있는 이야기에 해당하는 영역이며, 정체성 영역은 개인적 자질이나 특성에서 개인의 소신이나 헌신하는 데에 이르는 다양한 형태의 목적의식 혹은 지향(intentional states)이 존재하는 영역이다(White, 2007; 이선혜 외 공역, 2010).

제롬 브루너(Jerome Bruner)(Bruner, 2020)의 이야기치료이론에 근거해, 행동과 정체성(White, 2007) 혹은 자각(Freedman & Combs, 1996)의 지형 안에서 문제를 그려 보는 것은 바람직스런 변화를 촉진하기 위해 독특한 결과를 이용하는 특별한 기법이다. 치료사는 독특한 결과와 관련된 행동과 정체성의 영역에서 무슨 일이 발생했고, 그것이 어떻게 일어났으며, 또한 그것이 어떤 의미를 가지고 있는지에 관해 대화를 나누는 과정에서 과거, 현재, 미래를 넘나들면서 행동 영역과 정체성 영역에 대한 여러 가지 질문을 한다. 이 과정을 통해 내담자는 자신의 관심 밖에 있었던 삶의 사건이나 행동을 새로운 관점으로 보게 되고 그 행동 속에 담긴 자신이 지향하는 바를 새롭게 인식할 수 있게 된다(White, 2007).

행동과 정체성의 지형 살피기(mapping in the landscapes of action and identity)에는 다음과 같은 단계가 포함된다(White, 2007).

- 독특한 결과를 파악하기: 치료사가 문제가 될 수 있었지만 그러지 않았을 때를 주목하고 질문한다.
- 독특한 결과를 선호하는지 확인하기: 치료사는 단지 추측하기보다 독특한 결과가 내담자가 선호하는 결과인지 내담자에게 다음과 같이 직접 질문한다. "이것이 선생님이 하고자 하는 일입니까? 혹은 이 일이 더 자주 일어나기를 바라십니까?"
- 행동의 지형 살피기: 치료사는 펼쳐질 행동의 지형 안에서 나타날 독특한 결과를 탐색하면서, 어떤 행동이 어떤 순서로 누구에 의해 행해지는지를 파악한다. 치료사는 다음과 같은 질문을 할 수 있다. "선생님이 하신 첫 번째 일은 무엇이었나요? 다른 사람들이 선생님의 행동에 대해 어떤 반응을 보였습니까? 그다음에 선생님이 하신 행동은 무엇이었나요?" 치료사는 내담자의 행동이 단계 단계로 그려지기 전까지 주의 깊게 사건들이 어떻게 전개되는지를 살펴보면서 핵심적 사건, 사건을 둘러싼 정황, 사건의 순서, 사건의 타이밍, 전반적인 사건의 줄거리에 관한 정보를 수집한다.
- 정체성 혹은 자각의 지형 살피기: 독특한 결과가 발생하는 동안 어떤 일이 발생했는지에 관한 명료한 그림이 얻어졌다면, 치료사는 정체성의 지형을 그려 보는 것으로 시작한다. 이 단계는 성공적인 결과와 관련 있는 줄거리를 더 견고하게 만든다. 따라서 내담자의 개인적 정체성과 선호된 결과의 연결을 직접적으로 강화시킨다. 정체성 지형을 살피는 것은 독특한 결과가 갖는 심리적, 관계적 함의에 초점이 있다. 이와 관련된 질문의 예는 다음과 같다. "이 결과가 선생님에게 말해 주는 바가 무엇이라고 생각하십니까? 선생님의 대인관계에 대해서도 말해 주는 바는 무엇인가요?" "선생님의 이와 같은 행동 이면에 있는 선생님의 의도는 무엇일까요?" "선생님의 행동에 대해 가장 중요하게 여기는 것은 무엇입니까?" "이것이 그 문제를 바라보는 선생님의 관점을 어떻게 바꾸었을까요?"(Gehart, 2016).

재저작 과정을 통해 대안적 이야기가 처음 만들어질 때는 빈약하고 허술하지만, 행동 영역과 정체성 영역을 교차하는 대화를 하면서 이야기의 허술한 틈이 메꾸어지고 대안적인 이야기의 구성은 복잡하고 좀 더 분명한 주제를 가진 풍부한 이야기가 된다. 내담자는 재저작 대화를 통해 자신의 삶에 대해 특정한 사실을 발견하게 되고 여기에 새롭게 의미를 부여하는 인생과의 극적 만남을 통해 자기 이야기의 공백을 채우고 또 그 이야기대로 살아가게 되는 것이다(White, 2007). 이와 같은 재저작 과정에서 치료사는 회원재구성, 연맹, 정의 예식, 치료적 문서 등의 방법을 통해 내담자의 이야기가 더욱 풍부해질 수 있게 도와줄 수 있다.

(1) 회원재구성 대화

'회원재구성(re-membering)'이라는 용어는 문화인류학자인 마이어호프의 연구에서 나온 용어이다(Myerhoff, 1986). 마이호프는 이 용어를 자신의 이론에 적용했는데, 인생이 마치 회원으로 이루어진 클럽 같다고 설명하면서 인간의 정체성은 내면에 기초하는 것이 아니라 대인관계를 통해 이루어진다고 보았다. 즉, 내담자의 대인관계는 내담자 인생의 회원으로 이루어져 있다. 여기에서 회원이란 내담자의 과거나 현재나 미래의 삶에서 중요한 위치를 차지하면서 내담자의 정체성 구성에 영향력을 행사할 수 있는 사람이나 존재를 의미한다. 내담자는 회원재구성 대화를 통해 자신의 삶에 존재하는 여러 관계를 다른 식으로 수정할 수 있는 기회를 갖게 된다(White, 2007).

회원재구성 대화는 치료적 대화로서 다음과 같은 특징과 효과를 가진다(White, 2007).

첫째, 인생클럽 회원과의 관계 속에서 생산된 다양한 삶의 정체성, 삶의 지식과 기술 가운데 내담자가 선호하는 버전을 풍부하게 기술할 수 있다.

둘째, 회원재구성 대화는 수동적 회상이 아니라 내담자 인생에서 의미 있는 정체성이나 인물과 의도적인 만남을 갖기 위한 것이다. 여기에는 이미 세상을 떠났거나 연락이 두절된 친척이나 친구는 물론, 단 한 번의 기회였으나 내담자의 삶에 중요한 영향을 준 낯선 사람, 용기 있고 고결한 삶의 모범을 보여 줌으로써 내담자의 삶에 간접적으로 영향을 미친 사람뿐만 아니라 애완동물이나 내담자가 어린 시절 소중히 했던 장난감도 대상에 포함된다.

셋째, 회원재구성 대화는 특정 회원을 우대하거나 그 자격을 박탈하는 일, 등급을 올리거나 내리는 일, 특정 의견을 존중하거나 무시하는 일 등 인생클럽의 회원을 정비할 수 있는 기회를 제공해 준다. 내담자는 치료사의 도움을 받아서 이들을 '나의 인생클럽'

이라는 은유적 모임에 가입하도록 초청한다. 한편, 내담자는 자신을 학대하고 방치하며 강압적으로 행동을 하는 등 자신에게 손상을 입힌 사람을 '인생클럽'에서 제외시킬 수도 있다.

회원재구성 대화는 자신에게 의미 있는 대상의 기여와, 내담자가 타인에게 했던 기여를 탐색하는 두 단계 질의과정에서 출발한다. 치료사는 내담자 삶에서 잊혀 왔던 사람에 대한 기억을 회상함으로써 자신에 대한 타인의 위안과 지지를 발견하고, 더불어 그 관계의 쌍방적 성격에 대한 이야기를 통해 내담자 정체성을 재구성한다(White, 2007: 이선혜 외 공역, 2010).

(2) 연맹

새로운 이야기와 정체성을 공고히 하기 위해, 이야기치료사는 연맹(혹은 동아리, 협회, 팀, 외부증인집단)과 특정 영역에서 하나의 성취를 더 의미 있게 만드는 회원자격을 창출한다. 일반적으로 연맹(league)은 내담자의 실제 관심사를 반영하는 공동체이다. 이들 중 일부는 실제로 오프라인에서 모임을 갖거나 인터넷을 통해 교류하기도 한다.

(3) 정의 예식

정의 예식(definitional ceremonies)이라는 은유는 문화인류학자인 마이어호프(Myerhoff, 1986)가 사용한 용어를 화이트가 채용한 것이다. 이야기와 정체성을 공고히 하기 위해 치료 종결 즈음에 일반적으로 사용되는 정의 예식은 자신에게 의미 있는 사람들을 초대해 새롭게 등장한 이야기의 증인이 되도록 하는 것이다. 이러한 예식에는 세 단계가 있다.

- 첫 이야기(first telling): 내담자는 초대된 증인들이 들을 수 있도록 새롭게 등장한 정체성 이야기에 초점을 맞추면서 자신의 삶에 관한 이야기를 한다.
- 다시 말하기(retelling): 증인들은 자신들의 관점에서 내담자가 한 이야기를 번갈아 가며 서로 다시 말한다. 증인들은 조언을 하거나, 판단을 하거나, 이론을 제시하는 것을 삼가고, 자리매김 코멘트를 하도록 요청을 받음으로써 이러한 과정에 대한 준비를 한다.
- 다시 말하기에 대한 말하기(retelling of the retelling): 내담자는 증인들의 이야기를 통합해 다시 자신의 이야기를 한다.

(4) 편지 및 축하와 수료증

편지 쓰기는 앞의 치료 기술에서 이미 서술했다. 이야기치료에서 치료사가 쓰는 편지는 선호된 이야기와 정체성을 개발하고 공고히 하기 위해 사용된다(White & Epston, 1990). 편지는 수면 위로 떠오르는 이야기를 강화하기 위해 회기 중 사용하는 동일한 기법을 사용한다. 편지는 상담 초기에 내담자의 참여를 격려하기 위해, 치료 중에는 새롭게 등장하는 이야기와 새롭게 나타난 선호된 행동들을 강화하기 위해, 치료 후반기에는 변화 과정을 서술함으로써 얻어진 성과를 공고히 하기 위해 사용된다(Epston, 1994).

축하와 수료증은 이야기치료의 독특하면서도 중요한 부분이며 치료를 마감하는 데 사용된다. 이 둘은 내담자 가족이 문제를 극복했다는 것을 명백하게 확인해 주는 역할을 한다. 이와 동시에 새로운 가족의 출발을 알리는 신호이기도 하다(White & Epston, 1990). 국히는 축제 분위기도 생색 시에만 차며 케익, 쿠기, 음료수, 그 바의 승리의 서취를 보여 주는 음식을 준비해야만 한다.

수료증 또는 이수증은 가족과 그들이 처했던 상황에 맞추어서 작성되어야만 하며 치료상담소의 로고가 찍혀서 프린트된 수료증이 가장 좋다. 예를 들어, '냉담'을 극복한 가족에 대한 수료증은 다음과 같다.

이 수료증은 냉담과 가족에게 미친 냉담의 부정적인 영향을 극복한 것을 기념으로 민수 가족에게 수여합니다. 어떻게 해야 좋을지 모르는 무기력에 직면했음에도 불구하고 끈질기게 대응했으며 문제 상황이 스스로 사라지기를 기다리기보다 해결하기 위해 노력한 용기에 대해서 모든 가족구성원에게 찬사를 보냅니다.

8. 사례

이 사례는 마이클 화이트가 학교상담사로부터 의뢰 받은 운동장에서 따돌림과 괴롭힘을 당하는 존(8세)에 대한 이야기이다(White, 1998). 학교상담사는 존의 가족이 그의 민감성을 알도록 가족들과 함께 상담할 것을 화이트에게 제안했다. 그러나 화이트는 그 대신에 '폭행의 주범들'을 데려다가 운동장의 환경을 바꾸게 하겠다고 했다. 학교상담사는 그의 제안에 반대했다. 그래서 화이트는 비슷하게 따돌림을 당하고 있던 아이들 중 도움을 줄 수 있는 3명의 아이들을 동참시켰다. 화이트는 존과 그의 부모, 그리고 비슷한 집단따돌림을 경험한 3명의 아이들을 한 회기에 포함시켰다. 존이 운동장 이야기를 소년들에게 한 후에 그 소년들이 각기 자신들의 이야기를 했다. 그 후에 화이트는 소년들에게 존이 새로운 정체성을 형성하게 할 수 있는 질문을 했다. 즉, 홀로서기를 제대로 못해서 부끄러웠다는 것이 아니라, '다른 아이들의 부당한 요구를 당당하게 거절했을 때 얼마나 자랑스러웠는가?'라는 질문이 그중 하나였다.

다음 회기에서 화이트는 존의 부모에게 그들이 들은 바를 다시 이야기해 보라고 했다. 존의 아버지는 자신이 존에게 다른 아이들과 맞부딪혀 싸우라고 했던 것에 대해 부끄러웠다고 고백했다. 그리고 존에게 아버지의 공격적인 강요를 거절했던 것이 무척 자랑스럽다고 말했다.

이것은 이야기치료사가 설교를 해대는 것이 아니라 또래의 영향력과 지지도를 사용하는 것으로 지배적인 정치적 담화(남자가 된다는 것은 거칠어지고 싸우게 되는 것이라는 인식)를 어떻게 해체할 수 있는지를 보여 주는 좋은 예이다.

9. 요약

MRI 모델의 영향을 받은 밀란 모델을 제외하고 대부분의 가족치료 이론이 미국에서 개발된 반면에, 이야기치료는 호주와 뉴질랜드를 중심으로 1990년대에 태동한 이래로 지금까지 그 영향이 지속되고 있다. 해결중심 치료와 같이 이야기치료는 포스트모더니즘과 경험주의에 입각한 분류 체계를 거부하는 사회구성주의에 기반을 두고 있으며, 문제에 초점을 두지 않고 새로운 이야기를 창조함으로써 세계에 대한 의미를 가족구성원이 스스로 만들어 가는 데 초점을 둔다. 이야기치료는 사회구성주의적인 관점으로 인해 가족 역동과 갈등에 관심을 두지 않고 정치적인 해결책을 강구한다. 즉, 이야기치료는 가족 내에서 역기능적인 상호작용을 찾지 않는다. 대신 특정 문화적인 가치와 제도의 파괴적인 영향을 가족이 아니라 가족 밖에서 찾는다. 이야기치료사는 가족구성원에게 그들을 억압해 온 가치에 대항해 저항할 것을 요구하며 중립적인 입장이 아니라 그들의 대변자 역할을 한다.

이야기치료는 내담자로 하여금 자신들이 기존에 선호해 왔던 이야기, 즉 자신들의 삶과 자신들에 대한 이전의 부정적이고, 자기파멸적이며, 절망적인 이야기 안에 있는 정체성을 보게 하는 데 초점이 맞춰져 있다. 치료사는 영향력은 가지고 있으나 중심이 되지는 않는다. 치료사는 내담자로 하여금 새로운 지배적인 이야기를 창조해 내도록 하고, 이를 내면화하도록 하며, 스스로에 대한 새로운 가정을 이끌어내고, 스스로의 이야기를 재저작함으로써 미래에 대한 가능성에 자신들을 개방할 수 있도록 돕는다.

이야기치료가 다른 가족치료 접근들과 현저하게 구별되는 것은 문제를 개인과 분리시켜 접근한다는 것이다. 이와 같은 과정을 통해 내담자는 자신의 삶 속에서 자신의 관점, 행동 그리고 대인관계 방식에 대한 대안들을 파악하게 된다. 즉, 이야기치료는 내담자의 어려움을 외현화시키며, 문제에서 벗어난 예외 상황에 주목해 가족구성원의 행동을 좀 더 긍정적인 방향으로 전환할 수 있도록 한다. 이야기치료는 해결중심 치료와 마찬가지로, 가족의 과거사를 탐색하기보다는 현재 행동을 변화시키는 데 관심을 가지고, 내담자로 하여금 아직 발견하지 못한 가족 내의 수단을 발견할 수 있도록 돕는다. 이야기치료는 변화를 불가사의한 것으로 보고 전통적인 가족치료 방식을 초월한 개혁적인 방법을 사용하는 독창적인 접근이다. 이야기치료는 내담자로 하여금 사건 또는 문제에 대한 좀 더 균형 잡히고, 풍부하며, 자세한 설명을 할 수 있도록 도와 더욱 성공적이고 즐거운 삶을 살아가도록 한다. 이야기치료는 지난 30년간 해결중심 치료와 함께 서서히 진화되어 온 이데올로기 전환을 보여 준다. 현시점에서는 이야기치료가 쇠퇴할 경향은 전혀 나타나지 않고 있으며, 오히려 이야기치료에 대한 열정이 우리의 시대에 맞출 수 있는 쪽으로 계속해서 성장하고 있다(Anderson, 2016).

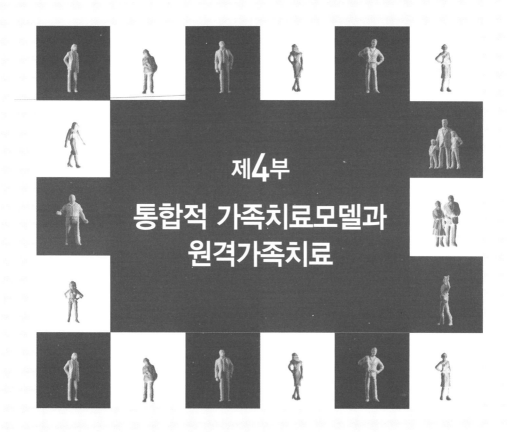

제4부

통합적 가족치료모델과
원격가족치료

제4부는 기존의 가족치료교과서와 차별되는 장들로 구성되어 있다. 일반적으로 가족치료는 미국을 중심으로 발달했고, 대부분의 가족치료를 가르치는 교수와 임상가는 기존의 가족치료 이론을 가르치고 있다. 그러나 저자는 가족치료 임상경험을 중심으로 한국 가족을 치료하는 데 적용가능한 모델로서 저자가 개발하고 있는 가족치료모델을 서술한다. 한편, 코로나19로 인한 상담사들의 어려움을 극복하기 위한 원격가족치료에 대해 설명한다.

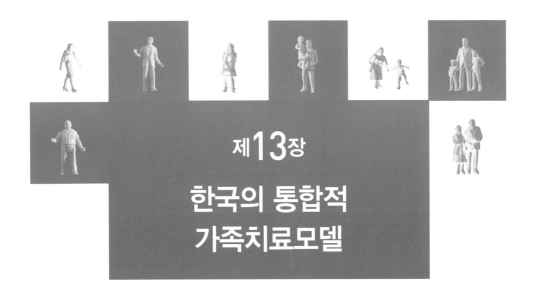

제13장
한국의 통합적 가족치료모델

1. 이론적 배경

저자가 현재 개발중인 한국의 통합적 가족치료모델(가칭)은 27년간 1000개 가족 이상의 문제가 있는 가족에게서 주로 발견한 핵심적인 요인에 대한 치료모델이라 볼 수 있다. 여전히 수정해야 할 부분도 많다고 생각하지만, 이 장에서는 부족하지만 미완성된 모델을 일단 제시하고자 한다.

저자의 통합적 가족치료모델은 가족생활주기이론, 정신역동적 대상관계 가족치료이론, 애착이론, MRI의 의사소통이론, 머레이 보웬(Murray Bowen)의 가족체계이론을 근간으로 한다. 임상경험을 통해 이와 같은 이론을 중심으로 가족치료적 접근과 질문을 함으로써 내담자 문제에 대한 전체적인 조망을 할 수 있다는 점과 내담자들이 자신의 문제를 저항하지 않고 인식할 수 있다는 것을 볼 수 있었다. 저자는 다섯 가지 이론에 대한 간단한 서술과 이 다섯 가지 이론을 접목한 다섯 가지의 가족치료사례를 중심으로 통합적인 가족치료모델에 대해 설명하고자 한다. 또한 이 다섯 가지 이론을 다시 촉발요인과 잠재요인으로 분류하고, 이와 같은 분류가 사례개념화를 위해 도움이 될 것이라 생각해 다섯 가지 사례를 중심으로 이 두 가지 요인에 대해 설명하려고 한다. 가족치료를 하면 할수록 의사소통문제와 미분화 문제가 걸린다. 특히 원가족과의 해결되지 못한 감정이 핵가족과 타인에게도 전이되는 경우가 매우 많다. 따라서 저자는 남편이 원가족과 연관된 사례, 부인이 원가족과 연관된 사례, 부부 모두 원가족과 연관된 사례를 촉발요인(사건: 가족생활주기 이론)과 잠재요인(전이: 정신역동적 대상관계 가족치료 이론, 애착관계: 애착이론, 문제를 해결하려고 시도해 온 역기능적인 표현방식−MRI의 의사소통이론, 미분화: Murray Bowen의 가족체계이론; 효와 시댁문제−사회·문화적 요인)으로 분류해 통합적으로 설명하고자 한다.

2. 주요 개념

1) 촉발요인

(1) 가족생활주기상의 위기 또는 사건

모든 가족은 가족생활주기의 단계를 반드시 거치게 되며, 각 단계에서 다음 단계로 넘어갈 때 적응상의 문제가 발생하게 된다. 이러한 적응상의 문제가 심각할 경우 가족은 엄청난 스트레스를 받게 된다. 가족생활주기상의 이러한 위기가 가족문제의 근원이 될 수도 있다. 따라서 가족치료사는 내담자의 가족문제를 사정할 경우 반드시 그 가족이 처해 있는 가족생활주기상의 문제점을 탐색해야 한다. 치료사는 내담자의 문제 또는 증상이 발생하기 전에 가족이 가족생활주기상에 어떤 위기 또는 사건이 있었는지에 대해 사정을 한다. 이와 같은 위기 또는 사건으로 인한 가족구성원의 대응하는 방식, 즉 의사소통 방식을 동시에 탐색해야 한다.

2) 잠재요인

(1) 전이

전이는 한 사람의 감정, 생각 그리고 소망이 개인이 과거로부터 아는 사람과 유사한 또 다른 사람에게 투사될 때 발생한다. 사람이 다른 사람을 마치 그 사람이 과거에 중요했던 사람인 것처럼 느끼고 대하게 된다. 치료사는 각각의 가족구성원의 무의식적인 전이 왜곡에 대한 탐색을 해야 하며, 이러한 과정을 통해 현재 가족체계 내에서 갈등이 그들의 원가족으로부터 발생하는 옛날의 갈등과 어떻게 연결되는가를 인식해야만 한다.

실제로 부부 또는 가족치료를 하다 보면 내담자의 현재 가족관계의 문제를 해결하기 위해서는 부부의 초기의 부모-자녀 관계로부터 내면화된 문제가 해결되지 못해 결혼 후에 배우자뿐만 아니라 자녀들과 문제가 발생하는 경우가 대부분이라고 생각된다. 따라서 각각의 배우자가 자신의 원가족으로부터 결혼생활에 가지고 오는 미해결된 문제를 다루는 것이 현재의 부부관계와 자녀관계의 회복에 더욱 빠른 효과가 나타날 것이다.

예를 들어, 저자가 5세 된 아들을 학대하는 엄마(내담자)를 상담했는데, 아들과 엄마와의 관계 저변에 부부문제가 있었다. 아들이 남편의 모습과 행동을 닮아서 남편이 마음에 안 들 때 아들이 말을 안 듣고 실수를 하거나 엄마에게 보챘을 때 엄마는 아들을 때렸다. 또한 현재 남편과 친정아버지가 집에서 늘 TV를 시청하고 집안일을 전혀 도와주지 않는 점이 유사해, 부인은 남편이 TV를 보거나 가사를 도와주지 않을 때 더욱 아들을 구박했다. 남편은 분노조절이 안 되는 아버지와 그 아버지를 닮은 여동생과 관계가 안 좋았는데 부인한테 이러한 모습을 또 보게 되어 많이 힘들었다. 이와 같이 현재의 부부문제는 자녀문제와 연관되어 있지만 이 저변에는 원가족과의 문제가 연관된다는 것을 보여 준다.

그런데 전이문제는 부모와 자녀뿐만 아니라 조부모, 친가와 외가의 친족들과 연결되는가를 탐색하는 것 또한 중요하다. 예를 들어, 문제행동이 있는 자녀가 배우자뿐만 아니라 시부모 또는 또 다른 시댁 식구뿐만 아니라 심지어 자신의 친부모와 형제들과의 걸린 관계가 걸리는 경우도 흔하다. 따라서 치료사는 부부 또는 자녀 문제가 있는 경우에 얼마나 많은 전이가 발생하고 있는지를 탐색할 필요가 있다.

(2) 내적작동모델

유아는 양육자(주로 부모)와의 상호작용의 경험을 근간으로 해서 자신과 타인에 대한 일련의 표상을 축적한다. 볼비는 유아가 어머니와의 상호작용을 통해 자신에 대한 상보적 모형을 형성하고 어머니가 자신에게 소통하고 행동하는 방식으로 자신의 내적작동모델을 형성한다고 했다. 이러한 작동모델은 생애 첫 몇 년 사이에 형성되어 영향력 있는 인지구조로 구축된다. 따라서 내적작동모델은 기대와 그 기대에서 나오는 행동에 모두 영향을 주기 때문에 상호작용에 영향을 받을 뿐만 아니라 상호작용에도 영향을 줄 수도 있다(Wallin, 2007). 한편, 볼비는 내적작동모델이 고정적인 것이 아니라 영아와 양육자와의 상호작용적 경험과 변화된 관계나 지각을 통해 지속적으로 개선될 수 있는 잠재력을 가지고 있다고 보았다(Bowlby, 1988).

(3) 시도된 해결책(역기능적인 상호작용 의사소통 방식)

MRI의 의사소통 모델에 의하면, 가족들에 의해 문제를 해결하기 위해 시도해 온 해결책, 즉 상호작용적인 의사소통 방식이 문제를 해결할 수 없고 오히려 문제를 유지하거나 문제를 악화하는 의사소통 방식이 문제라고 보았다. 특히 치료사는 시도된 역기능적인 의사소통 방식 중에도 이중속박 또는 이중구속적인 의사소통 방식에 초점을 둘 필요가 있다.

(4) 자아분화

자아분화는 자신과 타인과의 관계에서 감정적으로 반응하지 않고 사고와 감정을 분리시킬 수 있는 능력을 말하며, 타인과의 관계에서 자신과 타인을 분리시켜 상대방의 의견에 좌우되지 않고 자신의 가치관과 신념에 따라 자신의 입장을 명확히 하면서 친밀한 관계를 유지할 수 있는 능력을 뜻한다. 보웬은 원가족에서 분화가 잘 이루어지지 않은 사람은 원가족과의 해결되지 않은 정서적 애착문제로 인해 결혼하고 나서도 부부와 자녀와의 관계에서 원가족에서의 미분화된 관계 특성을 반복하게 된다고 했다(Kerr & Bowen, 1988). 따라서 보웬의 가족치료는 가족구성원을 미분화된 가족자아덩어리로부터 분화시켜 확고한 자아를 확립하는 데 있다.

하지만 한국의 가족문화는 효(孝)와 정(情)을 중시하는 유교적인 문화에 많은 영향을 받았고 여전히 그러한 영향은 진행중이다. 이와 같은 유교적인 문화는 가정과 학교에서 자녀에게 많은 영향을 미치고 있는데, 이러한 효와 정에 대한 중시가 가족관계에 긍정적인 영향을 끼치고 있는 반면에, 자녀들이 결혼 후에는 또 다른 부정적인 영향을 미치고 있다. 효와 정 그리고 분화 사이에 조화가 필요하다고 보이는데, 아직까지 어디까지가 정과 효이며, 어디까지가 분화인지 명확하지는 않다. 이 분화에 대한 개념과 관련된 한국의 문화와 가치관을 살펴보겠다.

(5) 한국의 가족문화

① 효와 정

유교사상과 불교사상에 뿌리를 두고 있는 한국의 가족중심주의는 개인 자아의 기본 단위를 개인보다는 가족으로 보며, 가족관계를 매우 중요시한다. 따라서 한국인의 자아개념에는 부모와 형제가 포함된다. 한국의 가족문화에서 나타나는 독특한 정서로서

한(恨), 정(情), 체면, 우리, 눈치, 분수 등을 들 수 있으며, 특히 가족 내에서 충성과 효도를 중요시하는데 이 중 효도는 가족 내에서의 중요한 가치이다(Kim & Ryu, 2005). 앞에서도 언급했다시피, 가족생활주기 이론에 따르면, 독립된 성인단계에서 성인이 된 자녀가 부모로부터 정서적으로 분리하는 과정을 겪어야함에도 불구하고 한국의 효와 정에 대한 강조로 인해 이와 같은 분리를 오히려 막는 역할을 한다. 즉, 이와 같은 효와 정에 얽매인 결혼한 아들들이자 남편들이 결혼 후에 부모 특히 (시)어머니로부터 분리가 안 된 문제가 부부관계에 치명적인 영향을 미치게 되어 부인들은 한이 맺히면서 화병(火炳)을 겪게 되면 이러한 화병은 우울증을 유발하고 자녀양육에 매우 부정적인 역할을 하게 된다.

② 한과 화병

한이란 몹시 원망스럽고 억울하거나 안타깝고 슬퍼 응어리진 마음을 의미하는데, 억압받거나 학대받은 한국인들이 자신의 슬픔을 표현하지 못하고 속으로 삭힘으로 인해 두통을 비롯한 여러 가지 심리 · 신체적 증상을 갖게 되는 것을 의미한다. 그런데 이런 한이 축적되어 한국인들에게 화병(분노장애)이 생기게 되었다. 화병은 가족집단주의와 여성에 대한 체계적인 억압과 차별을 가진 유교주의에 의해 특징 지어진 전통적인 한국 문화와 사회의 맥락 안에서 발달했다. 특히 한국여성은 조화로운 인간관계 혹은 가족관계를 위해 자신들의 분노를 더 억압함으로써, 삶을 주도적으로 살 수 없었기 때문에 한이 쌓여 화병이 생길 수밖에 없었다. 게다가 많은 남편이 분화되지 못해 고부갈등에서 시어머니 편을 듦으로써 부인들의 마음에 멍을 들게 하며, 결국에는 한을 쌓게 해 점차로 화병을 생기게 했다. 아무리 시대가 변했다고 할지라도, 아직까지 한국가정은 부부문제가 됐든 자녀문제가 됐든 그 이면에 효의 강조와 특히 남편의 미분화와 부부 간의 역기능적인 의사소통 방식으로 인해 가족갈등이 더욱 깊어진다.

3) 체계론적 관점과 가계도

(1) 체계론적 관점

저자는 지금까지 촉발요인으로서 가족생활주기상의 위기 또는 사건과 잠재요인으로서 전이, 내적작동모델, 시도된 해결책(역기능적인 상호작용 의사소통 방식), 자아분화, 한국의 가족문화(효와 정, 한과 화병)에 대해 서술했다. 많은 임상사례에서 가족은 순조롭게 항해를 하다가 어느 시점에서 문제 또는 증상이 발생하게 되는데, 반드시 그 이면에는 어떤 사건이나 위기가 발생해 과거로부터 잠재되어 온 전이, 내적작동모델, 자아분화, 가족문화가 뒤엉켜 있다. 이와 같은 요인들이 역기능적으로 시도된 해결책, 즉 상호작용방식으로 더욱 가족문제나 증상이 악화되는 것을 목격하게 된다. 따라서 위와 같은 촉발요인과 잠재요인 간의 관계를 치료사들은 체계론적인 관점으로 볼 필요가 있으며, 이러한 체계적인 관점을 가계도를 통해 명확히 볼 수가 있다.

(2) 가계도

가계도는 내담자 모든 가족구성원의 구성, 이름, 성별, 나이, 형제위치, 인종, 생일, 종교, 직업, 사회경제적 상태, 결혼, 이혼, 질병, 사망, 과거와 현재의 사건들에 대한 정보와 관계 갈등, 단절, 삼각관계, 관계 변화, 체계 내의 핵가족과 확대가족구조와 정서적 파생, 성서유생, 사배우사이 확대가주파의 융합 징두 그리고 페터을 보어 쥰디. 인반적으로 가계도 탐색을 통해 내담자의 3세대의 가족관계를 통해 내려오는 패턴을 볼 수 있다. 이와 같은 탐색 과정은 내담자로 하여금 자신의 상황을 감정적으로 대응하기보다는 이성적으로 대응함으로써, 자신의 상황에 대한 명확한 인식의 전환을 가져오게 한다.

3. 치료 목표

이 모델의 치료 목표는 치료사가 내담자와 가족구성원들로 하여금 내담자의 문제 또는 증상과 관련해 발생한 사건 또는 위기를 통해 문제 또는 증상 이면에 걸려 있는 잠재요인, 즉 전이, 내적작동모델, 시도된 해결책(역기능적인 상호작용 의사소통 방식), 자아분화, 한국의 가족문화(효와 정, 한과 화병)가 내담자의 문제와 증상에 어떻게 연결되고 있는가를 가계도를 통해 탐색한다. 특히 가계도를 통해, 치료사는 현재 문제를 해결하려고 시도했던 방식이 3세대를 통해 어떻게 내려오고 있는가와 내담자들이 사용하고 있는 의사소통 방식이 그들이 개발한 방식이 아니라 그들의 원가족으로부터 학습된 방식이라는 것을 확인하게 한다. 또한 치료사는 내담자 및 가족구성원에게 내적작동모델, 자아분화의 과정을 살피고, 원가족과의 해결되지 못한 감정으로 인한 전이를 파악하며, 내담자와 가족구성원이 현재의 문제와 가족관계에 어떻게 연결되고 있는지를 인식하게 한다. 또한 치료사는 가족구성원에게 가족문화(효와 한 및 화병)를 이해시키면서, 이러한 가족문화를 자아분화와 연결한다. 특히 치료사는 가족구성원에게 전이와 의사소통 방식의 패턴에 초점을 두고 질문을 하며, 이 두 가지 요인이 어떻게 상호작용하고 있는지와 원가족을 연결시킨다.

4. 치료 과정

1) 치료 과정

치료사는 치료 과정으로, 첫째, 내담자의 문제 또는 증상을 파악한다. 둘째, 내담자의 문제 또는 증상을 촉발한 사건 또는 위기를 탐색한다. 셋째, 내담자와 가족구성원이 문제를 해결하려고 시도했던 역기능적인 의사소통 방식을 파악한다. 넷째, 내담자와 가족구성원 간의 내적작동모델과 전이문제를 탐색한다. 다섯째, 내담자 또는 내담자 부모의 자아분화문제를 한국의 가족문화와 연결시킨다. 부부상담과 자녀상담인 경우 모두 부부의 원가족과의 분화문제를 다루어야 한다. 여섯째, 역기능적인 의사소통 방식과 전이 문제를 함께 고려해 2개의 상호작용적인 관점에서 보고 원가족과의 해결되지 못한 감정으로 인한 전이와 원가족에서 사용했던 의사소통 방식을 연결시켜 내담자와 가족구성원이 저항없이 가족문제를 통찰할 수 있도록 한다. 일곱째, 전이와 의사소통 방식에 대한 명확한 인식 및 통찰을 통해 새로운 의사소통 방식을 시도한다. 여덟째, 치료사와 내담자 가족이 가족문제에 대한 인식의 전환과 의사소통 방식의 변화로 인한 가족관계의 변화를 확인한 후 종결한다.

다음에는 이와 같은 치료 과정에 대해서 구체적인 사례[최춘화, 배영윤, 문혜린, 박태영(2021). 이혼 부부의 재결합을 위한 가족치료 사례연구, 한국가족복지학, 68(1), 185-217.]로 설명하겠다.

(1) 내담자의 문제 또는 증상에 대한 파악

우울증을 앓고 자살 시도를 하고 있는 부인이 치료사를 찾아왔는데, 내담자의 문제 또는 증상이 무엇인지 물어보았다. 내담자는 자신의 얼마전에 이혼을 해 더 이상 살고 싶지 않다고 했다. 치료사는 내담자에게 "무슨 문제로 저를 찾아오셨나요?" 또는 상담을 통해 어떤 문제를 해결받고 싶으신지요?" 라고 질문했다.

(2) 내담자의 문제 또는 증상을 촉발한 사건 또는 위기를 탐색

치료사는 내담자에게 "우울증과 자살 시도를 하시게 된 사건 또는 위기가 있었나요?"라고 질문하자, 부인은 남편의 끊임없는 외도로 인해 엄청난 스트레스를 받았다고 했다. 남편은 자신이 보는 앞에서 남편이 여직원을 포옹했고, 결혼 전 교제했던 여성을 자신의 공장에 취직시켜 애인관계를 유지하는 등 외도문제로 끊임없이 부부갈등을 악화시켰다고 했다.

(3) 가족구성원 간의 문제를 해결하려고 시도했던 역기능적인 의사소통 방식에 대한 탐색

부인은 남편의 의견에 늘 반대했고, 남편을 무시했으며, 남편의 잘못을 지적했다. 이러한 부인의 역기능적인 의사소통 방식으로 인해 남편은 부인으로부터 수용받지 못한다고 느꼈다. 한편, 남편은 매사에 부인 탓을 하고 부인을 비난했으며, 화가 나면 물건을 부수거나 부인을 폭행했다. 이러한 남편의 역기능적인 의사소통 방식으로 인해 부인은 늘 불안했고 자신의 의견을 표현하지 못했다.

> 딸: 엄마는 아버지의 의견에 항상 반대했어요.
>
> 부인: 나도 지금 생각을 해 보니까 남편을 따뜻하게 안아 주지는 못했던 거 같아요. 따지기만 했었지.
>
> 딸: 아버지는 항상 어머니 탓을 해요. 동생이 잘못된 것도 다 엄마가 양육을 잘못했기 때문에 지금 저런 문제가 있는 거라고.
>
> 부인: 남편이 공장할 때 전화기를 한 10개는 부쉈던 것 같아요. 제 이도 주먹으로 쳐서 부러졌어요.

(4) 내담자와 가족구성원 간의 내적작동모델과 전이문제를 탐색

① 내적작동모델

부부는 모두 원가족에서 불안정한 애착관계를 경험했다. 내담자는 친정아버지모의 이혼으로 젖을 떼기도 전에 계모의 의해 양육되었다. 내담자의 친정아버지는 음주와 바람기가 있었고 가정에 무책임해서 부인은 원가족에서 보살핌과 배려를 받지 못했다.

부인: 나를 낳아 얼마 안 돼서 핏덩어리를 줬다고 그런 것 같은데, 사랑이라는 것 자체를 못 느끼고 살았지요. 아버지가 집에 돈을 안 갖다 줬어요. 술하고 여자문제로 탕진해 버리시고.

한편, 남편 또한 초등학교 때부터 동생들과 함께 가난한 할머니 손에 맡겨져 눈칫밥을 먹으며 성장했고 할머니와 사는 동안 부모가 연락을 하지 않고 생활비도 대 주지 않아 사실상 방임된 생활을 했다. 이러하듯 부부는 원가족에서 사랑을 받지 못했기 때문에 상대방을 배려하는 방법을 배우지 못했다. 이처럼 내담자와 남편 모두 부모와의 불안정한 애착문제로 상대방의 배우자에 대한 내적작동모델이 작동하고 있었다.

② 전이문제

부인은 무서웠던 친부의 모습과 유사한 남편의 모습에 두려움을 느껴 남편에게 속마음을 표현할 수 없었다. 남편 또한 친모를 연상시키는 부인의 강하게 밀어붙이고 대드는 모습에 질려 버렸다. 부부는 원가족에서 자신의 부모와 해결되지 못한 감정으로 상대방에게 전이 감정을 느끼고 있었다.

딸: 엄마가 그러더라고요, 아빠 앞에 가면 말이 안 떨어진다고, 자기 아버지 같이. (엄마는) 아빠가 무서운 것 같아요. (부인의 남편에 대한 전이)

남편: 어느 순간 (아내한테서) 제 어머니 모습이 보였어요. 그게 보이니까 정이 딱 떨어지더라고요. 얘기만 하면 악을 쓰고 대들면 그 모습에서 제 어머니를 보는 것 같아서요.(남편의 부인에 대한 전이)

(5) 자아분화문제와 한국의 가족문화와 연결

여기서는 3개의 사례를 통해(한국인 남편과 중국인 부인, 한국인 남편과 일본인 부인, 한국인 부인과 미국인 남편) 한국가족 문화와 자아분화에 대해 설명하고자 한다.

한국의 효사상과 가부장적인 문화로 인해 분화가 안 된 한국인 남편이 중국인 부인에게 시부모를 공경하고 전통적인 아내 역할을 강요한다.

남편: 우리가 부모님을 공경하고 아내는 나에게 복종해야 된다고 말하면 전혀 들으려고 하지 않아요. 아내는 아침 해 주고 방 청소하고 그래야 하는데 아내는 전혀 그러지 않아요.

한국인 남편과 일본인 부인의 사례에서 남편은 아내가 시댁식구에게 예의가 없고, 시어머니에게 지나치게 강하게 표현하는 것에 대한 불만을 가지고 있다.

> 남편: 항상 시댁식구를 만나러 가게 되면 항상 불안하고 돌아올 땐 거의 싸워요. (시)어머니도 아내를 불편해 하시고, 화가 많이 나 계세요.

한국문화와 미국문화의 차이점은 집단주의와 개인주의로 구분될 수 있다. 한국인 부인의 친정과 정서적으로 융합되어 있는 것은 원가족의 정서적 특징이기도 하지만 한국의 집단주의의 특성으로 볼 수 있다. 또한 미국인 남편이 이성적으로 대처하는 모습은 남편의 개별화된 가족문화와 미국문화의 개인주의 문화에서 영향받은 것으로 볼 수 있다.

> 남편: (처)부모님이랑 살면서 아내가 스트레스 받은 걸 (미국인) 남편이 감당해야 할 책임이라고 생각하고 내가 견뎌야 한다고 생각하는 것 같아요. [부인의 가족문화(집단주의 문화)]

> 부인: 내가 화가 나는 이유는 당신은 공부만 하고 부모님, 경제적인 문제 모두 다 신경 안 쓰고 너무 차분해 보이고 행복해 보여서야. [남편의 가족문화(개인주의 문화)]

(6) 현재의 역기능적인 의사소통 방식과 전이 문제를 원가족과의 해결되지 못한 감정으로 인한 전이와 원가족에서 사용했던 의사소통 방식과 연결

① 원가족에서 전수된 표현방식 설명

치료사는 부부가 역기능적인 표현방식을 사용할 수밖에 없는 원인에 대해 원가족에서 전수되어 내려오는 과정을 통해 설명한다. 예를 들어, 치료사는 남편을 따뜻하게 포용하지 못했던 부인의 방식은 친정 부모로부터 학습된 방식이고, 폭력적인 원가족 분위기에서 성장한 남편은 화가 날 때 원가족에서 습득된 폭력적 방식이 나올 수밖에 없다고 설명한다.

> 부인: 나도 생각을 해 보니까 따뜻하게 안아 주지는 못한 것 같아요. 따지기만 했었지, 서로 문제점을 편하게 해결하지 못했던 것 같아요.

치료사: 해결하는 방법을 배우지 못했기 때문에 모르시는 거죠. 친정어머니가 안 되고 친정아버지가 안 되는데. (부인—친정 부모의 표현방식)

치료사: 화났을 때, 속상하고 기분이 언짢았을 때 아버지가 엄마를 폭행했던 방식이 그대로 나올 거라고 보는 거죠.

남편: 그렇기는 하더라구요. (남편—시아버지의 표현방식)

② 전이 감정 설명

치료사는 부부에게 배우자의 모습에서 자신의 원가족과 해결되지 못했던 감정을 재경험한 것에 대해 설명을 한다. 치료사가 부부에게 전이에 대한 개념을 설명해 줌으로써, 부부는 부부갈등을 자신의 문제로 보는 것이 아니라 다세대 전수과정으로 이해함으로써 오해를 풀고 죄책감으로부터 벗어날 수 있다.

치료사: 어머니가 친정엄마의 쇳소리 나는 방식을 사용했다면 시어머니 방식과 같다는 거죠. 받아주지 못하고 툭툭 쳐내고 더군다나 애들 앞에서 무안을 줬더라면. 남편이 시어머니의 방식과 유사한 방식을 사용하는 부인께 질려 버렸을 수 있다는 거예요. (남편의 전이)

치료사: 부인께서 친정아버지의 외도하는 모습이 너무 싫었으면 남편의 바람피우는 모습을 용납 못 하셨을 거라고 보는 거예요.

치료사: 친정아버지가 자녀들을 보호해 준 분이 아니었는데 남편도 부인을 보호해 주는 역할을 하지 않아 다시 친정에서의 삶이 재연되고 있어요. 나를 보호해 주지 못하고 무시하고 지적할 때 부인은 견딜 수 없을 거라는 겁니다. (부인의 전이)

(7) 새로운 의사소통 방식 시도

① 새로운 의사소통 방식 지도

치료사는 부부에게 지금까지 부부가 사용했던 비효과적인 의사소통 방식이 원가족에서 전수된 것과 같이 자녀에게도 전수될 수 있다는 것을 인식시키면서 서로 마주 보면서 솔직한 대화를 시도하게 한다.

치료사: 아버님께서 당연히 어머니나 자녀분들이 알아들을 거라고 생각하시는데, 상대편이 아버님의 명확한 의사를 전달 못 받는 경우가 있거든요. 아버님께서 좀 더 길게 말씀을 해 주신다면 가족 성원이 아버님 의도를 더 정확히 알 수 있지 않을까 싶어요. (비효과적인 의사소통 방식 설명)

치료사: 어머니 힘든 것을 내놓는 연습을 해야 하는데, 어머니를 통해서 자녀들 또한 어머니 눈치 보지 않고 솔직히 내놓을 수 있다는 거죠. (효과적인 의사소통 방식 제시)

부부는 자신과 배우자에 대한 인식의 변화가 행동, 즉 의사소통 방식의 변화로 이어진다. 부인은 남편과 갈등상황이 발생했을 때 먼저 남편의 잘못을 따지던 방식 대신에 먼저 자신의 잘못을 인정하는 방식을 사용한다. 남편 또한 부인에게 속마음을 표현하고 자신의 의사를 구체적으로 표현한다. 그렇게 부부는 효과적인 의사소통 방식을 사용함으로써 문제를 해결해 나갈 수 있는 능력을 가지게 된다.

② 의사소통 방식의 변화

남편: 다른 때 같았으면 (아내가) 자기주장을 강하게 하는데, 얼마 전에는 내가 이렇게 하자고 하니깐 순응하고 따라오더라고요. 내가 요즘은 (아내에게) 더 설명을 하죠. 그러면 (아내가 나를) 이해하려고 하는 것 같아요.

(8) 가족관계의 변화 확인 후 종결

치료사는 부부로 하여금 자신과 배우자의 불안정한 애착과 내적작동모델, 그로 인한 전이문제 및 역기능적인 의사소통 방식에 대한 인식과 의사소통 방식의 변화로 인한 관계 변화를 확인한 후 종결한다. 지금까지 저자의 가족치료모델에 대한 치료 과정을 설명하기 위해 인용한 '이혼 부부의 재결합을 위한 가족치료 사례연구'에 대한 종합적인 결론은 다음과 같다.

가족치료를 통해 부인은 자신의 의사소통 방식이 남편을 무시하는 방식이었다는 것과 그러한 방식이 시어머니의 방식과 유사해 남편이 힘들었다는 것을 깨닫게 되었다. 부인은 자신의 역기능적인 의사소통 방식과 전이 및 남편과 친정아버지를 동일시한다는 것을 인식하게 된다. 부인은 이와 같은 자신과 남편에 대한 통찰을 통해 옳고 그름을 따지기보다 일단은 남편의 편을 들어야 한다는 것을 인식하게 된다. 남편 또한 자신이 아내의 말에 경청하지 않았다는 것을 인식하고, 아내에게 다가가려고 노력한다. 이러한 변화는 부부가 모두 서로의 잘못을 탓하기만 했던 과거의 의사소통 방식과 그 이면에 자신의 원가족과의 해결되지 못한 감정으로 인한 전이 문제를 인식해 상대방이 바뀌어야 한다는 인식에서 자신이 변화해야 한다는 것을 깨닫게 된다. 이와 같은 인식의 변화가 어떻게 의사소통 방식의 변화가 나타나고 있는가를 바로 앞의 사례에서 목격할 수 있다.

2) 치료 순서

(1) 부부 또는 커플 치료

통합적 가족치료모델 적용에 대한 치료 순서는 부부치료냐 가족치료냐에 따라 달라진다. 오로지 부부만 참여하는 부부치료를 할 경우에는 먼저 치료를 의뢰한 사람부터 시작한다. 물론 어떤 내담자들은 자신보다 내담자를 먼저 보내는 경우는 온 순서대로 진행한다. 예를 들어, 남편의 문제(예: 알코올문제, 외도문제 등)로 부인이 내방했을 때, 부인을 통해 남편의 문제와 관련된 촉발요인인 사건 또는 위기에 대해 질문을 한다. 한편, 촉발사건 이면에 내재되어 있는 역기능적인 의사소통과 더불어 자아분화 수준, 애착관계에서 오는 내적작동모델, 원가족과의 해결되지 못한 감정과 배우자와 자녀와의 전이문제 그리고 주로 부인과 시댁의 갈등, 남편과 처가(친정)의 관계를 탐색한다.

여기서 중요한 것은 부인이 설사 남편문제 때문에 상담을 요청했더라도 부인 또한 남편과의 관계에서 걸리는 자신의 의사소통 방식과 친정식구들과 해결되지 못한 감정에 대한 통찰과 이러한 해결되지 못한 감정이 남편과 자녀(가 있는 경우)와 어떻게 연결되고 있는가에 대해 명확히 이해하고 인식하는 과정을 거친다. 보통 부인과의 개인상담은 부부문제의 심각도에 따라 상담 회기가 달라지는데, 일반적으로 1회기를 1시간 30분 정도하는 걸로 했을 때, 최소 두 번, 최대 네 번 정도 상담을 하게 된다. 물론, 문제의 심각도에 따라 혹은 부인의 요청에 따라 회기가 더 늘어날 수도 있다. 여기서 중요한 것은 상담시간의 길이가 아니라 부인이 남편과의 갈등 이면에 자신이 친정과의 관계에서 오는 전이와 자신과 원가족의 의사소통 방식에 대한 명확한 통찰과 인식이 대단히 중요하다.

이때는 반드시 가계도를 활용해 부인의 원가족에 대한 전반적이면서도 철저한 정보를 기록하면서 부인의 친정아버지모와 형제 관계, 만약 결혼한 형제가 있다면 그 형제의 부부관계와 자녀관계 및 부인의 양쪽 조부모와 양쪽 부모의 형제들의 가족관계까지 조사한다. 이 작업을 하는 이유는, 이와 같은 전체적인 정보를 파악하면 전이와 의사소통 방식이 어떻게 전수되어지는가를 볼 수 있기 때문이다. 이 작업이 그 무엇보다도 중요하다. 치료사의 숙련 정도에 따라 질문의 순서가 달라질 수 있는데, 부인의 친정과 시댁의 관계를 연결시키면서 남편과 자녀의 관계성을 살피는 것이 필요하다. 이렇게 되면 부인이 개인상담을 통해 남편의 문제 또는 부부문제에 대한 핵심적인 요인인 전이와 의사소통 방식의 패턴을 보게 되면서 자신의 부부문제와 자녀와의 관계를 볼 수 있게 된다.

이 과정을 통해 부인이 남편의 문제로 상담을 함에도 불구하고 자신의 친정문제뿐만 아니라 시댁문제로 인해 남편과 부인이 연관된 문제를 좀 더 분명히 연결시켜 볼 수 있을 것이다. 따라서 부부문제에 대한 부인의 명확한 전체적인 그림이 그려질 때까지 남편상담으로 넘어가서는 안 된다. 이렇게 부인이 남편의 문제 또는 부부문제에 대한 자신의 관련된 것들에 대해 인식하고 시인하게 될 때, 그다음으로 남편의 개인상담이 부인과의 상담과정처럼 이루어진다. 즉, 남편이 가지고 있는 문제 또는 부부문제와 관련해 자신의 원가족과의 문제를 연결하는 작업을 하게 된다. 남편은 자신의 문제 또는 부부문제가 두 사람 관계에서만 오는 문제가 아니라 자신의 원가족과의 해결되지 못한 감정이 부인과 연관되며, 또한 자녀들과도 연관된다는 것을 통찰해야만 한다. 또한 남편은 치료사의 질문을 통해 남편과 자녀에게 연관되어 있는 문제가 근본적으로 장인장모뿐만 아니라 부인의 다른 형제들과 해결되지 못한 감정으로 부인과 연관되어 있는 사람이 남편과 연관되고 심지어 자녀에게까지 연관된다는 것을 이해해야만 한다. 그리고 남편은 자신의 역기능적인 의사소통 방식이 자신의 부모 및 형제들이 사용하고 있는 방식이라는 것을 인식하고 그러한 의사소통 방식으로 인해 갈등 상황에서 부인을 자극하는 방식이라는 것을 통찰해야만 한다. 그리고 자녀가 있는 경우에 부부가 사용하는 방식이 자녀에게 어떻게 연관되고 있는가를 반드시 명확하게 인식하고 나서야 남편 개인상담을 마쳐야만 한다. 여기서도 남편의 개인상담은 문제의 심각도에 따라 2회기에서 4회기 진행한다.

이처럼 부인과 남편의 개인상담을 통해 각자가 배우자와 걸린 문제를 체계론적인 관점에서 이해하고 나서 부부상담을 진행한다. 부부상담 횟수는 문제의 심각도에 따라 달라진다. 최소한 두 번 이상을 할 필요가 있고, 종결에 가까워지면 주 한 번에서 2주에 한 번 혹은 4주에 한 번 정도 하면서 종결에 대한 내담자의 불안을 감소시킨다.

(2) 가족치료

가족치료를 진행하는 방법도 부부 또는 커플 치료와 동일하나 차이는 자녀문제 또는 부부문제로 상담을 받을지라도 자녀문제 또는 부부문제의 이면에 부부가 원가족과의 해결되지 못한 관계가 심각할 경우에 가능하면 시부모 또는 처부모까지 함께 상담을 받는 경우를 말한다. 다음 사례 중 '남편을 폭행하는 부인에 대한 사례(부인이 걸린 사례)'에서는 부인이 친정아버지모 사이에서 삼각관계에 연루되면서 부인이 친정아버지의 외도로 인해 친정어머니를 대신해 친정아버지와 대리싸움을 했다. 따라서 친정아버지모와 관계를 회복하는 게 부부관계 회복에 더욱 도움이 될 수 있었기 때문에 친정어머니와 두 남동생을 함께 치료를 했다. 이 사례에서는 부부상담을 진행하면서 친정어머니, 두 남동생에 대한 개인상담을 했고, 그 후에는 친정어머니와 부인, 남동생들과 부인 상담을 진행했다. 이렇게 되면 상담횟수가 상당히 늘어나게 된다.

'아들 학대 가족치료 사례(부부가 걸린 사례)'에서는 부인이 아들을 학대하는 이면에 남편에 대한 관계가 근본적으로 친정아버지모와의 해결되지 못한 감정으로 남편과 아들로 이어지고 있었기 때문에, 부인의 개인상담 다음에 아들(5세) 상담과 부인과 아들의 모자상담을 실시했다. 또한 치료사는 아들학대를 치료하기 위해 근본적으로 걸려있는 친정아버지모의 개인상담을 했고, 그 이후에 친정아버지모의 부부상담과 친정아버지와 부인, 친정어머니와 부인, 친정아버지모와 부인 상담을 진행했다. 또한 남편이 시어머니와 밀착된 효자였기 때문에, 시어머니의 개인상담을 진행해 아들과의 분리작업을 진행했다. 결국 이 사례에서, 치료사는 부부가 원가족과 걸려 있는 문제를 해결하는 것이 부부문제를 완화하면서 부인이 아들의 학대를 방지할 수 있다고 판단되어 상담범위를 확대했다.

'미국인 남편과 결혼한 한국인 부인의 공황장애 가족치료 사례(부부가 걸린 사례)'에서는 부부 모두 원가족과 연관되어 있었지만, 미국인 남편은 지리상 원가족을 상담할 수 없는 상황이었고, 부인은 친정아버지모와 애증관계에 있었다. 따라서 친정어머니의 개인상담과 부인과 친정어머니상담을 진행했다.

'분노조절이 안 되는 남편에 대한 가족치료 사례(부부가 걸린 사례)'에서는 부부문제와 더불어 자녀문제가 함께 발생했다. 이 사례에서는 남편과, 자녀, 부인 개인상담을 거쳐서, 두 자녀 2인 상담, 부부상담, 자녀와 어머니(부인), 자녀와 아버지(남편) 그리고 4인 전체 가족상담을 진행했다.

이처럼 가족치료에서는 각 가족구성원의 개인상담을 마치고 가족구성원 간의 의사소통 방식과 전이 문제에 초점을 두고 질문에 대해 가족구성원들이 진술하면서 스스로 또는 치료사의 설명으로 가족문제를 근본적으로 통찰하는 과정을 거친다. 개인상담을 통해 구성원 각자가 자신들의 가족문제를 이해하면서 2인 1조, 3인 1조, 4인 1조, 심지어 5인 1조의 상담을 통해 새로운 의사소통 방식을 연습하는 과정에서 관계의 변화를 경험하게 된다. 따라서 가족문제의 심각한 정도와 가족구성원의 수에 따라 상담횟수는 달라진다. 지금부터는 다섯 가지 가족치료 사례를 통해 이 모델이 어떻게 적용되었는가를 기술하겠다.

5. 사례

가족치료를 하다 보면, 부부가 모부 앞에서 말한 애착문제와 친이 그리고 의사소통 방식이 연관된 경우 또는 부부 중 한쪽이 더 많이 걸린 경우를 본다. 따라서 여기서는 세 가지 유형, 즉 남편이 문제가 더 많이 연관된 경우, 부인이 문제가 더 많이 연관된 경우, 양쪽 모두가 걸린 경우로 나누어 설명하겠다.

1) 한국인 남편과 일본인 부인의 부부갈등 가족치료 사례 (남편이 연관된 사례)[1]

이 사례의 한국인 남편(첫째 아들)(31세)의 원가족을 살펴보면, 남편의 아버지는 남편이 초등학교 1학년 때 외국으로 일하러 떠난 후 1년 만에 연락이 두절되었고, 어머니가 경제적인 책임을 지고 있었다. 친아버지의 연락 두절 이후 남편과 남편의 원가족은 남편이 초등학교 5학년 때까지 외가에서 함께 살았다. 어머니는 남편이 초등학교 5학년 때 남편을 외가에 맡기고 남동생만 데리고 분가했다. 어머니는 일하지 않을 때는 남자와 술을 마시기도 했다. 이러한 상황들은 남편과 어머니의 관계를 악화시켰으며, 남편은 어머니로부터 사랑을 받아 본 적이 없다고 느꼈다. 반면, 동생은 어머니와 밀착관계를 형성하고 있었고 요즘도 남편과 동생은 사소한 일로 인해 가끔 다투기도 했다. 남편

1) 이 사례는 Contributors influencing marital conflicts between a Korean husband and a Japanese wife. Contemporary Family Therapy, 41(2), pp. 157-167에서 발췌했다.

은 어려서부터 어머니가 동생을 편애했고 자신을 소외시켰다고 생각했는데, 결혼 후에도 부인과 아들이 밀착되어 남편은 원가족에서처럼 핵가족에서도 소외 당하는 느낌(전이)을 가지고 있었다.

일본인 부인(35세)은 어려서 부모의 별거 경험이 있었고 친정어머니가 일을 했으며 무직인 아버지가 집안일을 도맡아 했다. 부인은 부모와 긍정적인 관계를 유지하고 있었고, 어렸을 때 어머니가 바쁠 때에는 부녀가 여행을 다녀오기도 하는 등 아버지와 친밀한 관계를 유지했다. 친정아버지모는 부인(딸)의 결혼과정에서 사위를 못마땅하게 여기고 있었고, 부인의 결혼생활에 대해 걱정하고 있었다. 치료자는 상담 1회기는 부부, 2회기는 부인, 3회기는 남편 그리고 4회기는 부부상담을 진행했다.

(1) 촉발사건: 세 가지 사건

다음과 같은 세 가지의 사건이 부부갈등을 촉발한 것으로 나타났다. 첫째, 일본에서 자녀가 출생했을 때, 부인과 장인, 장모가 남편을 집 안에 들여보내지 않았던 사건이 있었다. 둘째, 부인이 일본에서 한국에 귀국하기 전에 남편에게 유리젖병, 아기 면이불과 면방한복을 부탁했는데, 남편은 유리젖병을 구하지 못하고 고무젖병, 나이론이 섞인 이불과 방한복을 준비해 부인은 남편이 자녀를 보호할 수 없는 아빠라고 판단했다. 셋째, 남편이 집에 들어오면 부인은 남편의 음식과 자신 및 자녀의 음식(예: 후리가케와 딸기)을 구별해 남편이 음식을 못 먹게 해 남편은 집에서 이방인으로 느껴졌다([그림 13-1] 참조).

(2) 잠재적 요인

부부갈등에 영향을 미친 세 가지 수준의 잠재적 요인은 다음과 같다.

첫째, 개인적 수준이 부부갈등과 관련이 있는 것으로 나타났다. 개인적 가치관의 차이로 부인은 한국제품(음식과 옷), 교육, 돈 쓰는 방식 그리고 양육방식을 좋아하지 않았다. 기대감의 차이로 부인은 집안일을 혼자 하는 것에 불만을 갖고 있었고 남편이 도움을 주지 않는다고 비판했다. 반면, 남편은 장모의 냉대에 불만을 토로했고, 고집스럽고 비판적인 부인이 한국에서 인간관계를 맺는 기본적인 문화인 정, 눈치, 분수가 부족하다고 여겼다. 또한 부부는 갈등에 대해 서로 다른 의견 차이를 갖고 있었는데, 이는 부부의 가치관, 생각, 태도와 기대의 차이로 인해 필연적으로 발생한 결과로 보인다.

둘째, 가족 수준의 잠재적 요인을 살펴보면, 비판적인 친정아버지의 영향으로 부인

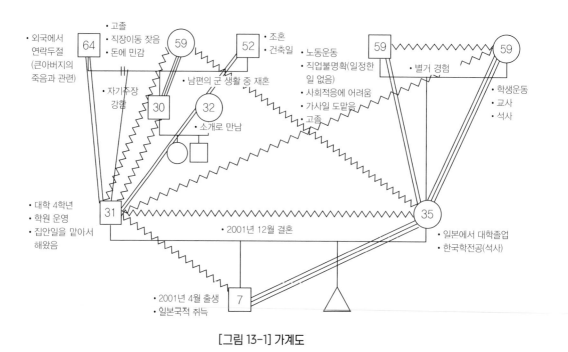

[그림 13-1] 가계도

은 남편과 시댁 문화를 비판하는 경향이 있었다. 일본인 부인은 집단주의 가치관보다는 개인주의적 가치관을 강조하는데, 특별히 시댁과의 관계에서 그 특징이 두드러지게 나타났다.

부부의 역기능적 의사소통 방식을 살펴보면, 남편은 회피적인 의사소통 방식을 사용하는 반면, 부인은 극단적이고 공격적이며 일관성 없는 의사소통 방식을 사용했다. 한국인 남편은 감정표현을 회피했고, 부인과의 의견을 교환할 수 없었다. 결과적으로, 부부는 효과적인 의사소통을 하지 못했고 서로 단절하고 냉대하고 억압했다. 이러한 역기능적 의사소통 방식은 부부의 갈등을 해결할 수 없고 더욱 악화시켰다. 이처럼 남편의 원가족과의 미분화와 역기능적인 의사소통 방식이 부부의 갈등에 결정적으로 영향을 미치고 있었다.

전이를 살펴보면, 아들만 돌보는 부인의 모습에서 남편은 어머니가 자신보다 동생을 더 편애했던 과거의 소외당했던 부정적인 감정을 재경험하게 되었다. 이로 인해 남편은 애착, 공감, 동정, 상냥함을 뜻하는 '정(情)'을 부인으로부터 느끼지 못했다. 많은 한국 기혼자는 원가족과의 미해결된 문제가 배우자에게 전이되면서 부부갈등을 겪고 있다.

셋째, 사회문화적 수준이 부부갈등에 영향을 미친 잠재적 요인으로 나타났다. 사회문화적 차원에서도 시댁─처가와의 갈등은 부부갈등을 일으켰다. 남편은 시댁 방문하는 것에 대한 부인의 부정적인 태도에 대해 불만이 많았으며, 부부는 시댁에 방문할 때

마다 말다툼을 하게 되었다. 한편, 부인과 시댁 간의 갈등은 부인의 원가족 문화와 관련이 있었다. 친인척과 단절된 부인은 남편의 확대가족에 자주 방문하는 것을 이해할 수 없었고, 비판적인 어머니의 영향을 받은 부인은 종종 남편을 비난했으며, 이와 같은 사회문화적인 차이가 결국 부부싸움으로 이어졌다. 서구적 개인주의의 가치를 점점 더 수용하는 일본 사회에서 성장한 부인은 집단주의보다 개인주의를 중요시하는 미국인과 유사한 대인관계 패턴을 보였다. 이 밖에도 일본인 부인은 '효도'를 구시대적이고 비민주적인 것으로 여겼다.

부인의 아이 옷이나 음식에 대한 지나친 결벽증적인 면이 부부갈등과 시댁 갈등에 영향을 미쳤다. 일본문화는 한국문화보다 청결함을 더 중요시하는 것으로 알려져 있는데, 이런 문화적 차이가 부인의 결벽증적인 청결에 대한 기준을 부분적으로 설명해 줄 수 있다.

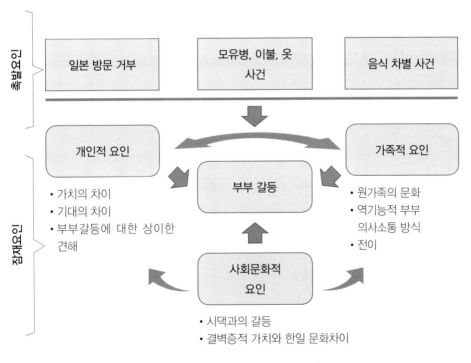

[그림 13-2] 부부갈등에 영향을 미친 요인에 대한 네트워크

2) 남편을 폭행하는 부인에 대한 가족치료 사례(부인이 연관된 사례)[2]

이 사례의 남편(44세)은 대학교수로서 부인의 폭력으로 어려움을 겪고 있으나 가능하면 결혼생활을 유지하고자 했다. 한편, 부인(42세)은 대학 강사를 하고 있으며 남편과 이혼을 원했다. 두 부부는 6년 정도의 결혼생활을 해 오고 있고 자녀는 없다. 남편은 부부상담을 통해 부부싸움의 원인을 알아보고자 치료사를 방문했다. 부인에 따르면, 남편과 살다가 미쳐 죽어 버릴 것 같다고 하며 근본적으로 상담에 부정적이었다.

부인에 의하면, 남편은 부인을 항상 떠 보는 듯한 의사표현 방식을 사용하고 명확하게 표현을 하지 않는데, 이러한 표현방식은 시어머니가 사용하는 의사소통 방식과 유사하다고 했다. 부인은 명확한 의사소통 메시지를 사용하나 남편은 자신과 반대라고 했다. 남편에 의하면, 부인이 현재의 사건에 한정하지 않고 과거에 있었던 일까지 끄집어내면서 이야기를 하는데 남편은 이러한 부인의 의사소통 방식이 힘들다고 했다. 부인은 친정아버지의 외도로 인해 어려서부터 아버지와 갈등관계를 가지고 있었고 어머니를 대신해 아버지와 다투었다. 아버지는 가부장적이었고 엄격했다. 어머니와 두 남동생은 온순한 편이었고, 부인은 친정아버지의 기질을 물려받아서 분노조절이 안 되었다. 어려서부터 친정아버지는 부인에게 "모든 것이 너 잘못이다. 너가 오로지 우리집에서 문제야! 너만 고치면 돼!"라고 했다. 남편 또한 친정아버지처럼 부인에게 엄격했고 부인을 비난했다. 부인은 아버지의 비난하는 방식을 닮은 남편으로 인해 분노를 조절할 수 없

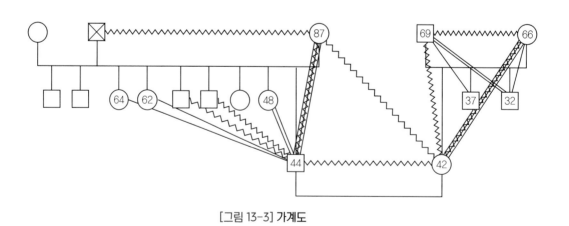

[그림 13-3] 가계도

---

2) 이 사례 'Park, T. Y., Park, Y. J., Cho, S. H. (Under Review) Intimate partner violence in a heterosexual marriage: Case study of a Korean Couple는 현재 국제학술지에 투고 중이다.

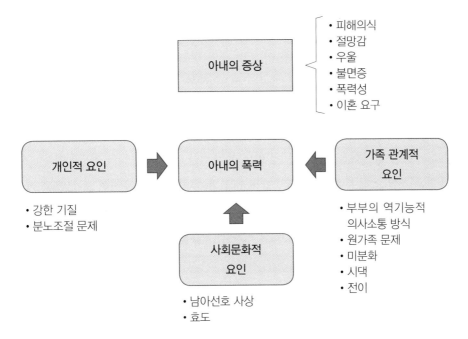

[그림 13-4] 남편 폭행에 영향을 미친 요인에 대한 네트워크

었고, 그럴 때 나오는 방식이 폭력이었다. 한편, 남편은 부인에게서 자신의 어머니의 분노조절이 안 되는 모습을 목격했다. 그렇지만 이 사례에서는 특히 부인이 아버지와 해결되지 못한 감정이 남편과 이어지는 것(전이)을 볼 수 있다.

3) 아들 학대 가족치료 사례(부부가 연관된 사례)[3]

이 사례의 가족은 부인(내담자, 34세), 남편(36세), 아들(6세), 딸(2세)로 구성되어 있다. 부인은 아들에게 폭언과 폭력을 행사하고 있었고 이로 인해 아들 역시 감정조절이 되지 않고 심하게 울면서 화를 내기 시작했다. 자녀에 대한 폭언과 폭력은 내담자의 친정어머니 역시 마찬가지였는데, 친정어머니는 시댁과 남편과의 부부갈등의 스트레스로 인해 자녀들을 매우 강압적이고 폭력적인 방법으로 양육했다. 친정아버지는 가정일에는 무관심하고 자신의 일에만 몰두하는 이기적인 성향을 가지고 있었다. 또한 친정아버지는 내담자를 어렸을 때부터 간헐적으로 성추행을 해 왔다. 하지만 내담자는

---

3) 이 사례는 학대행위 중단을 위한 가족치료적 접근방법과 효과성에 대한 사례연구. 아동복지학, 48, pp. 1-31에서 발췌했다.

솔직하게 표현을 해 본 적이 없었고 자신의 스트레스를 가족이나 타인에게 한 번도 표현하지 못한 채 성장했다.

내담자는 친정아버지와는 달리 자상하고 순진했던 남편에 대해 호감을 가지고 결혼생활을 시작했으나 결혼 이후 자신의 친정아버지와 매우 유사한 모습의 남편에게 실망감을 느끼게 되었다. 더군다나 시댁 가까이에 살면서 잔소리와 간섭이 심한 시모로 인해 첫째 아이를 임신했을 때부터 극심한 스트레스를 받았다(아들의 불안과 애착문제). 한편, 남편은 시부모의 부부갈등으로 인해 시모와 밀착관계를 유지하고 있었고 이로 인해 시댁과 관련된 내담자의 스트레스를 이해하거나 배려해 주지 못했다. 또한 남편의 입장에서는 다혈질적인 아버지(시부)와 여동생(시누이) 사이의 갈등이 심했는데 부인의 분노조절이 되지 않는 모습이 그와 유사하게 나타나고 있었다(전이). 한편, 내담자는 시댁과의 갈등에서 친정아버지가 친정어머니 편을 들어 주지 않고 항상 친정어머니를 야단치는 모습을 볼 때와 가사를 전혀 도와주지 않고 TV만 보는 모습을 남편에게서 볼 때 분노조절이 안 되었다. 심지어 부인은 친정아버지의 이기적인 모습을 가진 오빠와도 관계가 안 좋았고, 어려서부터 원가족에서 자신이 소외되었고 무시당했다고 생각했다. 내담자의 아들 또한 남편의 외모와 행동을 닮아서 내담자는 남편과 걸려 있는 감정이 다시 아들과 걸리게 되었다. 이와 같은 결과는 내담자의 친정어머니가 시댁과의 갈등과 친정아버지의 이기적인 모습으로 인해 속상할 때 공부를 잘했던 아들(오빠)은 제외하고 부인에게 폭력을 행사했던 것처럼 내담자 또한 유사하게 남편과 시댁으로부터

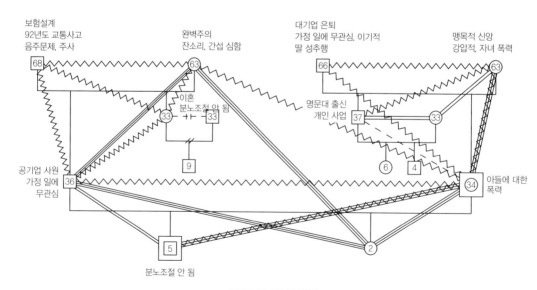

[그림 13-5] 가계도

스트레스를 받았을 때 남편을 닮은 아들에게 마치 친정어머니가 내담자에게 한 것처럼 아들을 학대하고 있었다(전이).

이러한 갈등 상황에서 이를 해결하기 위해 시도해 온 내담자의 방식은 자신의 감정이나 의사를 솔직하게 표현하지 않고 삐지다가 폭발하면 폭언과 폭력을 휘두르는 방식이었다. 남편은 상황을 모면하기 위해 진실성이 없이 슬쩍 넘어가는 방식이었는데 이러한 방식은 부인으로 하여금 더욱 분노를 일으키게 하는 방식이었다(부부간 문제를 해결하려고 시도했던 역기능적인 표현방식).

4) 미국인 남편과 결혼한 한국인 부인의 공황장애 가족치료 사례(부부가 연관된 사례)[4]

한국인 부인(내담자)은 어린 시절부터 강압적이고 냉정한 친정어머니와 예민하고 미성숙한 친정아버지의 부부갈등을 목격했고 과격한 두 사람의 갈등 상황에서 부인은 항상 불안을 느꼈다. 부인은 친정아버지를 닮아 성격이 예민하고 감성적이었는데 친정어머니는 남편과의 갈등을 남편을 닮은 딸(부인)에게 강압적으로 자신의 방식을 따르도록 했고 자신을 닮은 아들과 차별했다(전이). 특히 부인은 분노조절이 안 되었을 때 남편의 이성적이고 냉정한 모습에서 친정어머니의 모습(전이)을 보게 되었고, 이로 인해 부인은 더욱 분노조절이 안 되었다.

미국인 남편 또한 부인의 분노조절이 안 되는 모습에서 자신의 어머니와 누나의 모습(전이)을 보게 되었는데, 그럴 때 이성적이고 냉정한 대처방식은 자신의 아버지가 어머니를 대하는 방식이었다. 이와 같은 결과를 두 가지 라인으로 나눠 보자면 감성적이고 분노조절이 안 되는 부인, 부인의 친정아버지, 남편의 어머니 그리고 남편의 누나와 이성적이고 냉정한 남편, 남편의 아버지, 부인의 친정어머니 그리고 부인의 남동생으로 나눌 수 있겠다. 한편, 부인은 친정어머니와 정서적인 소통을 하지 못했고 친정어머니에 대한 부정적인 감정을 가지고 있었다. 또한 과도한 역할을 했던 친정어머니의 모습은 부인으로 하여금 과도한 역할을 해야 한다는 부담감을 갖게 했다. 그리고 친정아버지도 과거에 공황장애를 경험했다.

---

4) 이 사례는 Familial, social and cultural factors influencing panic disorder: Family therapy case of Korean wife and American husband. *The American Journal of Family Therapy*, 44(3), pp. 129-142에서 발췌했다.

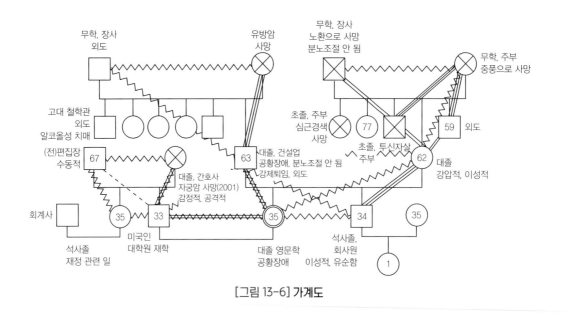

[그림 13-6] 가계도

5) 분노조절이 안 되는 남편에 대한 가족치료 사례(부부가 연관된 사례)

이 가족치료에 참여한 가족구성원은 이중적인 성격을 가진 남편(40세), 부인(40세), 딸(11세), 아들(7세)이었다. 남편은 평소에는 온화하고 자상하지만 화가 나면 포악해지는 이중적인 성격을 가지고 있었다. 남편은 마치 두 가지 얼굴을 가진 지킬과 하이드를 연상하게 했다. 남편의 이러한 이중적인 성격은 원가족에서 기인한 것으로 볼 수 있다. 남편의 아버지는 굉장히 권위적이고 폭력적이어서 조금이라도 자신의 마음에 들지 않으면 폭언과 폭력을 일삼았다. 남편은 아버지로부터 어렸을 때부터 폭력을 당했고, 억울함과 분노가 내재되어 있었다. 그로 인해 남편은 기성세대의 과도한 권위주의에 대한 반감을 가지고 있었고, 부당한 대우를 참지 못했다.

반면, 부인은 어린 시절 큰언니의 실수로 다리에 심한 화상을 입게 되었는데 그 사건 이후로 친정어머니는 딸(큰언니)에게 과할 정도로 폭언과 폭력을 일삼았다. 친정어머니는 다른 자녀들에게는 친절했으나 화가 났을 때는 특히 큰언니를 학대했다. 또한 친정어머니는 의부증이 있어서 친정아버지를 끊임없이 괴롭혔고 심지어 남편(친정아버지)과 딸(큰언니)이 성관계를 했다고 의심했다.

이와 같은 망상장애와 분노조절이 안 되는 친정어머니로 인해 부인은 늘 친정어머니에 대한 불안감을 가지고 있었고 이러한 집안 분위기에서 탈출하기 위해 결혼을 했다. 그러나 결혼 이후 남편 역시 친정어머니와 유사하게 평소의 모습과 돌변했을 때의 극

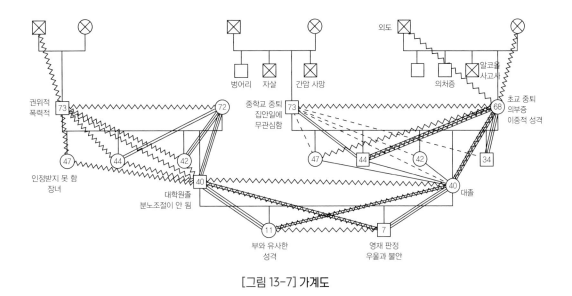

[그림 13-7] 가계도

단적인 모습으로 인해 부인은 여전히 남편에 대해 불안함과 두려움을 가지고 있었다. 자녀들 또한 부모갈등으로 인해 불안했고 딸은 남편의 성격과 유사했고 아들은 부인의 성격과 유사해 부모갈등의 패턴과 유사하게 남매도 갈등관계에 있었다.

6. 요약

이상으로 저자는 가족생활주기이론, 정신역동적 대상관계 가족치료 이론, 애착이론, MRI의 의사소통이론, 보웬의 가족체계이론을 근간으로 한 한국의 통합적 가족치료모델을 소개했다. 이 이론에 근거한 주요 개념을 촉발요인과 잠재요인으로 분류해 촉발요인으로는 가족생활주기상의 위기 또는 사건, 잠재요인으로 전이, 내적작동모델, 시도된 해결책(역기능적인 상호작용 의사소통 방식), 자아분화, 한국의 가족문화(효, 정, 한, 화병), 체계론적 관점과 가계도에 대해 설명했다. 또한, 5개의 가족치료 사례를 통해 통합적인 가족치료모델이 어떻게 적용되었는지를 보여 주었다. 저자가 거의 30년 가까지 가족치료를 실시하는 가운데 나름대로 가족문제의 근원이 무엇인가를 발견하고자 노력했고, 그러한 과정을 통해 가족문제의 근간을 이루는 가장 핵심적인 부분이 전이와 의사소통이라는 것을 발견했다. 한편, 한국의 전통적인 효사상이 자녀들의, 특히 아들들의 분화를 저해하고 있고 이러한 미분화가 자녀가 결혼한 후 부부관계에 부정적인 영향을 미치고 있다는 것을 이해하게 되었다. 포스트모더니즘적인 접근에서는 언어의 중요성과 다양성과 정치적인 참여를 말하고 있지만, 실제로 가족치료를 하다 보면, 이 외에도 원가족과의 관계에서 해결되지 못한 것으로 인한 불안정한 애착과 전이 감정이 의외로 중요하다는 것을 알 수 있다.

결론적으로, 저자가 개발하고 있는 통합적인 가족치료모델이 가족치료사에게 문제의 근본을 다루는 데 조금이라도 도움이 되기를 바란다.

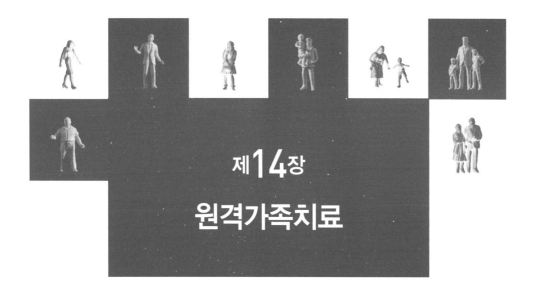

제14장
원격가족치료

1. 코로나19와 원격치료

이 연구의 목적은 국내에 부부·가족치료에 관한 원격치료 관련 국내 문헌이 없는 가운데 최근의 외국문헌 중심으로 원격치료에 관한 용어, 원격치료의 기술, 대면상담과 원격치료의 비교 및 경향성, 원격치료의 효과성, 원격치료의 장단점, 원격치료로 인한 가족치료사가 받는 도전, 원격치료의 유형 및 프로그램과 상담 장소, 원격치료에 대한 만족도, 원격치료에 대한 교육과 훈련 과정 그리고 원격치료의 경험을 살펴보는 데 있다. 연구방법으로는 원격치료와 관련된 문헌 중심으로 자료를 정리하고 고찰했다. 또한 연구자가 줌을 통한 원격치료의 경험을 중심으로 대면과 비대면 상담 과정과 유형 및 원격치료에 대한 장단점, 내담자와 치료사의 눈 맞춤에 대한 방법과 눈 맞춤에 따른 질문 등을 서술했다. 한편, 저자는 결론에서 앞의 내용을 요약·정리했고 가족치료사를 위한 원격치료 관련 프로그램을 제안했다.

다이아몬드는 질병은 인간을 죽게 하는 가장 큰 요인이었고 인류의 역사를 변화시키는 결정적인 요인이라고 했다(Diamond, 1997). 인류 역사상 가장 혹독했던 유행병은 제1차 세계대전이 끝날 때쯤에 발생한 인플루엔자였으며 그것으로 인해 2,100만 명이 사망했다(Diamond, 1997). 그런데 중국 우한 시에서 2019년 12월에 시작된 코로나19가 전 세계적으로 확산되면서 2020년 3월 11일 세계보건기구(World Health Organization)

는 코로나19의 발생을 세계적인 유행병(팬데믹)이라고 선언했다. 이에 앞서 미국 뉴욕주는 코로나19가 공중보건에 미치는 심각성을 인식해 3월 7일에 재난비상사태를 선언했다(손해인, 2020).

코로나19 팬데믹은 역사에 있어서 그 이전의 어떤 사건과는 다르게 전 세계에 대소동을 일으켰고 아직까지 모든 국가가 여전히 팬데믹 안에서 어려움을 겪고 있는 중이다. 현재 코로나19에 대한 효과적인 치료나 예방적 백신이 부족한 가운데, 코로나19 팬데믹은 일상생활뿐만 아니라 심리적 보건서비스에 중요한 변화를 일으켰다(Druss, 2020; Hollander & Carr, 2020; Kozloff, Muslant, Stergiopopulos, & Vioneskos, 2020; Luttik et al., 2020; Miu, Vo, Palka, & Glowacki, 2020). 특히, 코로나19 팬데믹은 가족의 모든 면에 영향을 미쳤고 개인과 가족에게 엄청난 도전을 주었다(Rolland, 2020). 코로나19 팬데믹의 영향으로 모든 분야에서 바이러스의 감염 방지와 격리 불안감으로 인해 비대면 서비스가 뉴노멀(new normal)로 되었다(김춘범, 이판인, 2020). 기업 모두 임상서비스의 요구는 비디오 회의를 통해 전달되고 있으며, 이와 같은 상황은 치료와 연구에 있어서 근본적인 일탈로 보일 수 있다. 르보(Lebow, 2020)는 코로나19 팬데믹이 가족학 연구자들과 부부·가족치료사들로 하여금 팬데믹 그 자체의 영향과 공중보건, 사회·심리적 결과의 영향을 조사하고 반응하도록 만들었다고 했다(Lebow, 2020). 이와 같은 팬데믹의 대혼란 속에 있는 사회 한가운데서 애쓰고 있는 가족치료사들 또한 이 대격변을 함께 경험하고 있다. 한편, 코로나19 팬데믹으로 인해 가족치료사는 상담실 문을 닫을 수밖에 없게 되었고 상담을 지속하기도 어려워졌다. 가족치료사는 이와 같은 긴급한 상황 속에 있는 내담자들과 연결하기 위해서는 원하든 원치 않든 대면상담을 줄이고, 원격치료(teletherapy)로 전환할 수밖에 없는 처지에 놓이게 되었다(Geller, 2020; Scharff et al., 2020). 예를 들어, 노스웨스튼 대학(Northwestern University)의 가족연구소는 2018년에 원격치료 서비스를 시작했는데, 코로나19 이전에는 원격치료가 전체 상담의 2%에만 해당되었으나 현재는 상담소가 철수된 상태이며 100% 원격치료가 진행되고 있다(Burgoyne & Cohn, 2020). 뉴욕 주립대학(University at Albany-State University of New York)에 있는 훈련클리닉인 심리서비스센터에 있는 1년차 박사과정 수련생, 교수, 행정직원들은 2020년 3월에 개입의 방향성을 대면치료에서 원격치료로 전환했다(Scharff et al., 2020). 이 센터의 행정직원들은 원격치료를 통해 전화 심사와 새로운 내담자 접수과정을 수행하고 있다(Scharff et al., 2020).

저자의 경우에도 코로나19 이전에는 상황이 여의치 못하거나 가족 중 외국에 체류

중에 있거나, 혹은 특별히 외국에서 상담을 의뢰한 경우에만 보이스톡을 통해 부부 또는 가족상담을 진행했다. 예를 들어, 부인과 자녀들은 연구자 상담실에서 대면상담을 하고, 외국에 거주하고 있었던 남편은 보이스톡으로 개인, 부부, 가족상담에 참여했다. 물론 부부상담 또는 가족상담을 할 때는 부인과 자녀들은 상담실에서, 외국에 있는 남편은 보이스톡을 통해 동시에 상담을 진행했다. 이와 같이 외국에 거주하고 있는 경우를 제외하고는 일반적으로 연구자는 서울 또는 지방에서 거주하는 내담자가 원격상담을 하자고 제안할 경우, 비대면 상담에 익숙하지 않았기 때문에 모두 거절을 했다. 그러나 코로나19 이후로는 상황은 완전히 달라졌다. 따라서 현재는 치료사가 원격치료를 하지 않으면 내담자들과의 관계를 유지할 수 없는 상황이 되었고, 치료사가 원격치료에 적응할 수밖에 없는 상황에 놓였다.

원격치료를 처음으로 시작한 미국의 경우, 부부·가족치료와 슈퍼비전에 있어서 비디오 회의 방법에 관한 문헌이 별로 없다(Connolly, Miller, Lindsay, & Bauer, 2020). 이 장에서는 아직까지 가족치료에 관한 원격치료 관련 국내문헌을 전혀 발견할 수 없는 상황에서, 최근에 나와 있는 외국문헌 중심으로 원격치료에 관한 용어, 원격치료의 기술, 대면상담과 원격치료의 비교 및 경향성, 원격치료의 효과성, 원격치료로 인한 가족치료사가 받는 도전, 원격치료의 유형 및 프로그램과 상담 장소, 원격치료에 대한 만족도, 원격치료에 대한 교육과 훈련 과정과 연구자의 원격치료의 경험을 살펴보고자 한다.

2. 원격치료에 대한 고찰

1) 원격치료 용어

원격치료의 개념을 처음으로 도입한 나라는 미국이다. 미국은 국토가 너무 넓어 시골 또는 오지에 거주하는 환자, 군인, 교도소 수감자 등과 같이 열악한 환경에 살고 있는 사람들의 건강을 보호하는 차원에서 음성과 화상 등 정보통신기술을 활용해 원거리 간 의료정보와 의료서비스를 제공했다(백경희, 심영주, 2020). 원격치료(teletherapy)와 관련된 용어를 살펴보면 원격정신보건(telemental health), 원격심리학(telepsychology), 원격심리치료(telepsychotherapy), 원격의료(telemedicine), 원격보건(telehealth), 원격정신의학(telepsychiatry), 온라인 비디오치료(online video therapy), 사이버상담(cyber counselling), 비대면 의료(untact medicine) 등 다양하다. 그런데 미국에서 원격의료와 관련된 명칭은 부서에 따라 달라지는데, 보건국(Department of Health)에서는 원격보건(telehealth), 정신보건국(Office of Addiction Services and Support)에서는 원격정신보건(Telemental Health), 중독서비스국(Office of Addiction Services and Supports)에서는 원격실천(Telepractice), 발달장애국(Office for People with Developmental Disabilities)에서는 원격보건(telehealth)이라고 부른다(손해인, 2020). 이와 같이 분야에 따라 다양한 용어를 사용함에도 불구하고, 원격치료는 거리를 넘어서 정신건강서비스를 제공하고 접근하기 위해 전기통신을 사용한다는 공통점을 가지고 있다(Nickelson, 1998). 한편, 원격정신건강 혹은 원격심리학(American Psychological Association, 2013; Langarizadeh et al., 2017)이라고 불리는 원격치료는 전통적인 대면상담과 함께, 전화, 비디오 회의, 전자 우편 문자메시지와 웹에 근거한 개입을 포함한다(Irvine et al., 2020). 앞에서 본 바와 같이 원격치료와 관련된 부서한 용어들이 의료, 심리학, 정신복지, 상담의 영역에 따라 약간씩 단어가 달라짐에도 불구하고 많은 문헌에서는 원격치료(teletherapy)를 사용하고 있는 것으로 보이며 저자 또한 가족치료적인 관점에서 원격치료라는 용어를 사용하고자 한다.

2) 원격치료 기술

샤프 등은 뉴욕 주립대학(University at Albany-State University of New York)에 있는 훈련클리닉인 심리서비스센터가 코로나19 팬데믹이 창궐하기 훨씬 전부터 혁신적으로 종이 기록으로부터 전자기록으로 전환했다고 했다(Scharff et al., 2020). 이 심리서비스센터는 상담날짜 잡는 것, 상담내용 기록, 종이기록의 스캔된 복사물을 포함하는 내담자 파일들을 티타늄 스케줄 전자의학기록시스템(Titanium; http://www.titaniumschedule.com/Main)을 사용해 저장한다(Scharff et al., 2020). 그렇지만 팬데믹 이전에 내담자 접수과정은 여전히 상담동의서에 사인하는 서류작업이 있었다. 대학 정보기술의 도움으로 수련생들과 슈퍼바이저들은 개인의 도구로부터 패스워드로 보호된 티타늄 프로그램을 통해 개인의 IP주소와 내담자 파일에 안전하게 접속하기 위해 가상의 사적 네트워크 서비스인 글로벌 프로젝트(GlobalProtect; www.paloaltonetworks.com/products/globalprotect)를 활용했다(Scharff et al., 2020). 이와 같은 기술적인 도전은 원격치료의 전환과정을 통해 일어났다. 많은 수련생과 슈퍼바이저는 줌으로 접근하는 데 있어서 어려움에 직면했고, 믿을 수 없는 핸드폰과 인터넷서비스를 경험했다. 어떤 수련생들은 자신들의 컴퓨터에 필요한 프로그램을 설치할 수가 없었다. 또한 불안전한 WiFi 상태와 핸드폰 서비스가 슈퍼비전 미팅과 내담자 세션에 때때로 방해를 야기하는 걱정거리이기도 하다(Scharff et al., 2020). 저자의 경우에도 줌으로 상담을 할 때, 같은 지역에 있거나 한 집에 있으면서도 어떤 방에 있느냐에 따라 통신 상태가 안 좋아 자주 끊기는 경험을 했다.

3) 대면상담과 원격치료의 비교 및 경향성

어떤 연구들은 내담자가 원격치료보다는 대면상담을 선호한다(Berle et al., 2014)고 하는 반면에, 또 다른 연구들은 내담자가 대면상담과 원격치료 사이에 선호도의 차이를 가지고 있지 않고 두 방식 모두 치료자와 내담자 간 치료적 연합을 발달시키는 데 방해가 되지 않는다고 했다(Simpson & Reid, 2014). 이와 같은 차이가 있음에도 불구하고 전통적인 집단과 개인 심리치료 실천에서 원격치료의 사용은 점차로 증가하고 있다 (Burgoyne & Cohn, 2020).

원격치료 경험에 근거한 많은 연구는 비디오에 입각한 원격치료가 치료서비스를 제공하기에 대면서비스와 같은 정도로 효과적인 방법이라는 것을 보여 준다(King, Brooner, Peirce, Kolodner, & Kidorf, 2014; Rees & Maclaine, 2015). 특히 지방에 거주하는 사람들, 장애인, 바깥출입을 못하는 내담자들을 위한 높은 접근성이 원격치료를 선호하게 만들었다(Hilty et al., 2013). 또한 원격치료는 제대한 군인들을 위한 접근성을 증가시켰다(Mott, Hundt, Sansgiry, Mignogna, & Cully, 2014). 특히 원격치료는 스트레스를 주는 팬데믹 기간 동안 취약한 중증 정신질환자를 보호하는 데 매우 중요하다(Miu et. al., 2020). 또한, 편집증 스펙트럼 장애를 가진 아동에 대한 부모가 중재하는 개입프로그램에 대한 원격치료와 대면치료를 비교한 연구에서 대면 참가자 15명과 온라인 참가자 15명 간의 효과성에 있어서 차이가 없는 것으로 나타났다(Hao, Franco, Sundarrajan, & Chen, 2020). 이처럼 원격치료는 전통적인 대면 심리치료와 비슷한 결과를 보였다(Hilty et al., 2013).

원격치료를 제공하는 치료사는 새롭고 흥미진진한 방법 안에서 자신들의 실천을 성장시킬 수 있는 가능성을 가지고 있고, 내담자에게 융통성이 있는 서비스와 전문성을 제공한다(Pickens, Morris, & Johnson, 2019). 그러나 원격치료와 대면치료의 비슷한 효과성을 보여 주는 연구가 있음에도 불구하고, 중요한 차이가 존재한다. 원격치료에 대한 연구는 주로 개인 치료에 초점을 맞추고 있다(Caldwell, Bishcoff, Derring-Palumbo, & Liebert, 2017). 이처럼 원격치료가 부부치료사 혹은 가족치료사의 중심이 되지는 못하지만, 이 분야에서 훨씬 더 강력한 기반이 되고 있다(Burgoyne & Cohn, 2020). 따라서 원격치료가 개인 치료에서 부부·가족 치료로 어떻게 전환될 수 있는가에 대한 질문은 여전히 남아 있다(Caldwell et al., 2017).

물론 현재는 코로나19로 인해 대부분의 치료사가 원격치료를 할 수밖에 없는 상황이지만, 실제로 부부 또는 가족에 따라서 개인적으로는 원격치료를 원하나 두 사람 이상의 상담을 위해서는 대면상담을 원하는 경우들도 있다. 저자도 가족 간에 원격치료에 대한 견해차가 있는 것을 경험했다. 딸은 대면상담을 원했고 엄마는 원격치료도 괜찮다고 했다. 또 다른 경우는 부부를 포함해 자녀들에 대한 개인상담은 원격치료로 진행했으며, 부부상담은 대면상담으로 했다.

4) 원격치료의 효과성

비디오를 통한 원격치료에 대한 연구가 공황장애, 우울증, 불안 그리고 물질사용장애를 포함하는 문제들에 대한 효과성을 보여 주었다(King et al., 2014; Rees & Maclaine, 2015; Varker, Brand, Ward, Terhaag, & Phelps, 2019). 또한, 복합가족 심리교육 집단을 포함한 다양한 집단과 다양한 문제에 대한 부부 혹은 가족에 대한 원격치료 역시 효과적이었다(Comer et al., 2017; Hicks & Baggerly, 2017; Nilsson, Magnusson, Carlbring, Andersson, & Gumpert, 2018; Sibley, Comer, & Gonzalez, 2017). 내담자는 원격치료로 혜택을 받을 수 있고 치료사와 긍정적인 연합을 발달시킬 수 있다(Reynolds, Stiles, & Grohol, 2006). 이와 같은 연구결과에도 불구하고, 치료사들은 원격치료가 온라인상에서 긍정적인 연합관계를 발전시킨다는 것에 대해 부정적인 견해를 가지고 있다(Rees & Stone, 2005; Wray & Rees, 2003). 이와 같은 부정적 견해는 치료사가 원격치료에서 치료적 연합을 평가하는 데 영향을 미칠 수도 있고, 원격치료에서의 긍정적인 치료적 연합을 발전시킬 수 있는 가능성을 저해할 수 있다는 편견과 함께 치료사들이 원격치료를 수행하는 데 영향을 미칠 수도 있을 거라는 것이다(Rees & Stone, 2005). 이와 같은 편견은 제한된 자원(문헌, 훈련, 경험)과 치료사가 온라인상에서 내담자에게 맞출 수 없을 것이라는 공포 때문일 수도 있다(Hafermalz et al., 2012). 어바인 등은 전화상담과 대면상담에 있어서 상담자와 내담자 간의 심리적 치료의 상호작용적인 면을 비교하는 15개의 연구에서, 치료적 동맹, 노출, 감정이입, 주장에 있어서 별 차이가 없었다고 했다(Irvine et al., 2020).

5) 원격치료의 장단점

몇몇의 부부·가족치료사들은 원격치료를 사용하고 있으나 대부분의 가족치료사는 일차적인 접촉방식으로서 원격치료를 사용하는 것에 대해서 망설였다(Hertlein, Blumer, & Smith, 2014). 그럼에도 불구하고 원격치료는 내담자의 비밀보장과 즉각적인 신체적인 존재에 대한 부재와 관련된 단점과 함께 편리성과 접근성(Bischoff, 2004) 및 시간의 융통성과 효율적인 비용과 같은 장점을 가진다(Hao et al., 2020). 버고인과 콘(Burgoyne & Cohn, 2020)은 지방에 거주해 혜택을 못 받는 사람들(Bischoff, Hollist, Smith, & Flack, 2004), 외상으로 뇌 부상이 있는 어린이의 가족(Gilkey, Carey, & Wade, 2009), 군인부부(Farero, Springer, Hollist, & Bischoff, 2015), 유아를 둔 부모(Widdershoven, 2017)와 같은 특별한 집단에게 원격치료를 권한다. 바커 등은 지방의 지역사회에 접근할 수 있는 장벽을 극복하고 다양한 장애를 위한 효과적인 방법을 제공하는 데 원격치료의 많은 잠재성이 있다고 했다(Varker et al., 2019). 실제로 원격치료는 다양한 내담자에게 강한 치료적 관계를 형성하기 위한 새로운 방법을 제공할 수도 있으며 대면상담보다도 훨씬 더 강한 치료적 친밀감을 활성화할 수도 있다(Kocsis & Yellowlees, 2018).

6) 원격치료로 인한 가족치료사가 받는 도전

(1) 치료적 관계에서의 도전

코로나19 팬데믹으로 인해 치료사들이 원격치료를 할 수 밖에 없는 상황이 되면서, 이 변화하는 과정에서 기술적인 도전과 치료자 존재 그리고 온라인상에서 효과적인 치료적 관계를 구축하는 데 공통적인 도전들이 있다(Geller, 2020). 원격치료는 치료사와 내담자 간의 신체적 거리를 두며, 이것은 비언어적 의사소통을 제한하고(Oshni Alvandi, 2019; Sjötröm & Alfonsson, 2012), 내담자의 비언어적인 단서를 파악하는 것을 어렵게 한다(Geller, 2020). 또한 대면상담과 비교했을 때, 원격치료에서 치료사들은 자신의 몸 전체(운율체계, 개방된 태도, 몸짓, 상담에서의 내담자들의 움직임을 반영하는 것)와 함께 자신의 존재를 표현하는 능력에 제한을 받게 되는데, 이러한 한계로 인해 치료사들은 안정감을 전달하고 치료사 존재를 통한 신뢰감을 구축할 수 있는 능력에 제한을 받는다 (Geller, 2020). 여기서 치료사 존재란 내담자의 언어적 · 비언어적 경험을 수용적으로 받아들이고 순간적으로 반응하면서 치료사 자신 안에 근거를 두고 있다는 것을 의미한다(Geller, 2019). 한편, 대면상담과 비교해 비디오와 전화 상담에서는 신뢰감이 더 지연될 수 있고 취약할 수 있다(Bos, Olson, Gergel, Olson, & Wright, 2002). 그렇지만 겔러는 비록 원격치료로 인해 내담자와 치료사가 신체적으로 함께 있지는 못하지만, 그 두 사람은 같은 방에 있는 것과 같은 느낌을 경험할 수는 있다고 했다(Geller, 2020).

많은 가족치료사는 내담자를 지지하는 동안에 팬데믹과 관련한 개인적인 불안, 슬픔 그리고 트라우마를 대처해야 한다. 겔러는 코로나19 팬데믹 동안에 원격치료로 인해 치료사의 역진이기 증가되었다고 했다(Geller, 2020). 내담자는 오랫동안 지속되어 온 문제들과 근본적인 고통과 함께 코로나19 팬데믹과 관련된 증가된 불안, 트라우마, 고통을 표현한다. 코로나19 팬데믹과 관련된 슬픔과 상실감과 함께 치료사의 불안이 내담자와 공유된 스트레스로 인해 일어날 수 있고 이러한 불안이 역전이 감정을 불러일으킬 수 있으며, 이는 내담자의 공포에 대해 충분히 반응할 수 있는 능력을 방해한다 (Geller, 2020).

(2) 기술적 도전

원격치료로 인해 치료사는 기술적인 도전을 받고 있고, 새로운 방식으로 작업하는 데 있어서 더 많은 피곤함을 느끼며, 전문적인 자기회의감과 자신감 상실을 경험하고 있다(Aafjes-van Doorn, Békés, & Prout, 2002). 원격치료를 훈련받지 못했을 뿐만 아니라 기술적인 결함으로 인해 치료사는 내담자와의 치료적 존재와 연합에 지장을 받을 수 있다(Brahnam, 2014; Oshni Alvandi, 2019). 내담자는 치료사의 기술적인 결함과 지연을 실제적인 기술적인 문제라기보다는 치료사의 특성 혹은 치료사 존재감의 부족이라고 탓을 할 수 있다(Schoenenberg, Raake, & Koeppe, 2014). 치료사의 기술적 결함이 필수 불가결하지만, 기술적인 도전이 가상적인 플랫폼 혹은 기술에 익숙하지 않고 원격치료를 행하는 데 충분한 훈련을 받지 못한 치료사를 더욱 힘들게 할 수 있다(Hafermalz et al., 2016). 피어스 등은 치료사들이 원격치료 사용 방법에 익숙할수록 치료적 관계를 강화할 수 있는 가능성이 더 높다고 했다(Pierce et al., 2020). 그러나 불행히도, 많은 치료사가 코로나19 팬데믹 상황을 고려해 볼 때, 이 새로운 상황을 다루는 데 있어서 기술을 배울 수 있는 시간과 훈련을 받을 기회가 부족했다(Geller, 2020).

컴퓨터를 과도하게 사용하는 것은 만약 컴퓨터를 사용하지 않는 활동과 컴퓨터를 사용하는 것 사이에 조화를 맞추지 못할 경우에 단절과 소진을 경험하게 한다(Dodgen-Magge, 2018). 치료사의 피로감은 코로나19 팬데믹과 함께 증가한 사회적 소외 그리고 외부활동의 부족과 관련해 경험하는 스트레스로 인해 증폭될 수 있다(Geller, 2020). 따라서 치료사는 자신의 안녕감과 에너지를 회복하기 위한 더 많은 시간을 자신에게 투자할 필요가 있다.

원격치료를 채택하는 것에 대한 역사적인 혐오감에도 불구하고 부부·가족치료의 실천과 매우 밀접하게 관련 있는 협회는 전 세계적으로 증가하고 있는 인터넷 기술의 중요성을 반영하는 교육적인 핵심능력과 전문적인 지침서를 제공해 왔다(Blumer, Hertlein, & VandenBosch, 2015). 미국 결혼가족치료협회의 전문적인 지침서는 최선의 실천에 초점을 두고 치료사들에게 빠르게 발전하고 있는 기술발달과 합법적이고 규제적이며 윤리적인 문제를 추적하라고 촉구하고 있다(AAMFT, 2019).

7) 원격치료의 유형 및 프로그램과 상담 장소

(1) 원격치료의 유형과 프로그램

원격치료는 본래 미국에서 고안된 원격정신보건(telemental health)에서 나온 개념으로서 쌍방향에서 실시간으로 대화할 수 있는 정보통신기술(오디오·비디오)을 사용해 원격에서 의료정보와 의료서비스를 제공 또는 지원하는 것을 말하는 것이었다(백경희, 심영주, 2020; 손해인 2020). 이 시기의 원격의료는 전자 메시지, 텍스트 메시지, 저장 이미지, 화상회의, 실시간 상의 비디오 스트리밍과 같은 정보통신기술을 통해 전달할 수 있었다(백경희, 심영주, 2020).

미국에서 원격치료를 위해 일반적으로 사용하는 오디오/비디오 소통이 가능한 앱으로는 Apple Face Time, Facebook Messenger Video Chat, Google Hangouts Video, Zoom, Skype 등이 있다. 그리고 개인, 건강정보 보호법 규정에 맞는 앱으로는 Skype for Business, Updox, Vsee, Zoom for Healthcare, Doxy.me, Google G Suite Hangouts Meet, CISCO Webex Meetings, Amazon Chime, Go ToMeeting, Spruce Health Care Messenger가 있다(손해인, 2020). 이외에 현재 미국에서 실시하고 있는 정

477

신건강 전문가를 위한 원격보건(Telehealth for Mental Health Professionals)에 대한 2일간 원격치료훈련(2-Day Distance Therapy Training)과 관련된 웹사이트(www.pesi.com)를 참고하기 바란다. 또한 법적 이슈와 비디오 회의 서비스와 같은 주제를 조사하는 일반적인 원격치료의 기본(예: 비디오 회의 서비스 혹은 비밀보장에 대한 가이드라인을 어떻게 선택할 것인가?)에 대한 것을 배우고자 하는 원하는 초심자들은 원격치료를 위한 가이드라인(http://enwikiversity.org/wiki/Helping_Give_Away_Psychological_Science/Telepsychology)을 참고하기 바란다(Lebow, 2020).

(2) 상담 장소

코로나19 팬데믹으로 인해 원격치료의 상담소 환경이 달라지고 있다. 저자는 요즘 대부분의 상담을 집에서 하고 있는데, 이럴 경우 치료사의 개인적인 상황이 화면에 노출되게 마련이다. 이러한 상황은 내담자에게 치료사의 인간적인 면을 보인다는 점에서 긍정적일 수도 있지만, 어떤 내용들은 문제가 될 수도 있다. 예를 들어, 치료사의 가족사진 등으로 인해 치료사와 내담자 간의 경계선과 전문가로서의 기준이 침범될 수 있는 소지가 있다. 이와 같은 경우에, 치료사는 가상적 배경화면을 사용해 자신의 사적 내용이 보일 수 없게 처리할 수도 있다. 또한 원격치료를 할 때 어떤 내담자는 자신의 침실에서 상담을 했는데 그 장면이 상당히 민망했다. 원격치료를 하는 내담자의 방을 통해 가족의 경제적 수준이 그대로 드러나는 경우가 많았다.

8) 원격치료에 대한 만족도

버고인과 콘에 따르면, 노스웨스튼 대학 가족상담소에서 대면상담에서 완전히 원격치료로 전환한 일주일 후에 실시한 상담결과에 대한 5점 척도의 만족도 조사에서 내담자들의 86%가 원격치료가 양질의 서비스를 제공한다는 것을 나타내는 "동의한다"와 "매우 동의한다"에 응답했다(Burgoyne & Cohn, 2020). 한편, 어떤 응답자도 "매우 동의하지 않는다"에 응답하지 않았다. 또한, 노스웨스튼 대학 가족상담소 치료사들의 80%가 원격치료가 양질의 상담을 제공하고 있다는 항목인 "동의한다" 혹은 "매우 동의한다"에 응답했다(Burgoyne & Cohn, 2020). 원격치료는 사용자 만족도가 높았고(Campos et al., 2018), 다양한 사람(Paris et al., 2018)과 그들이 표출하는 문제(Turgoose, Ashwick, & Murphy, 2018)에 이용되어 왔다.

9) 원격치료에 대한 교육과 훈련 과정

블루머 등의 연구결과에 따르면, 대부분의 부부·가족치료사는 훈련기간 동안 온라인 기술에 대해 배우지 못했다고 했다(Blumer et al., 2015). 그럼에도 불구하고 부부·가족치료사를 위한 온라인 상담과 관련된 능력을 발견하기 위한 연구자들의 노력이 진행되어 왔다(Blumer et al., 2015; Caldwell et al., 2017). 원격치료의 사용이 늘어남으로써, 미국 결혼가족치료협회(American Association for Marriage and Family Therapy, 2019)와 미국심리학회(American Psychological Association, 2013)를 포함한 다양한 전문가 협회가 원격치료에 대한 지침서를 마련했다. 원격치료와 관련된 조직들, 예를 들어 원격정신보건 제공자들을 위한 자격관리위원회(The Board Certified-teleMental Health Provider(BC-TMH)), 원격정신보건과 디지털윤리에 있어서 Zur 연구소 자격프로그램(Zur Institute Certificate Program in teleMental Health & Digital Ethics)이 원격치료 훈련과 자격증을 제공하고 있다(Burgoyne & Cohn, 2020). 또한, 미국 결혼가족치료협회(AAMFT)는 원격치료를 제공할 때 초점을 두어야 할 아홉 가지의 영역에 초점을 둔 최고의 실천지침서를 개발했는데, 이 영역에는 기반시설, 광고와 마케팅, 위기관리, 실패와 위반을 포함하고 있다(Caldwell et al., 2017).

원격치료 관련 기술과 가족치료 전문성에 대한 통합이 더 이상 가능성이 아니라 현실이 되었다. 코로나19 팬데믹으로 인한 환경의 변화에 적응할 수밖에 없는 상황에서, 우리는 자신의 변화에 대한 고민과 더불어 행동을 할 수밖에 없다. 그러기 위해서는 각 대학의 대학원과 학회 차원에서 원격치료에 대한 훈련과정을 개설해야 할 필요가 있으며, 이제는 가족치료 교과서에서 원격치료에 대한 내용이 들어가야 할 때라고 생각이 든다.

3. 원격치료의 실제

원격치료를 하는 데 줌(ZOOM) 프로그램을 사용함으로서 치료사는 캠코더 또는 녹음기를 사용할 필요 없이 줌 자체의 녹화기능을 사용함으로써 간편하게 녹화를 할 수 있다. 물론 내담자에게 녹화기능에 대해 설명하고 녹화에 대한 허락을 받는다는 전제 아래에 녹화작업이 이루어진다. 원격치료는 컴퓨터뿐만 아니라 스마트폰으로도 상담이 가능하므로 이동 중에도 상담이 가능하다. 특히 어떤 경우에는 내담자가 자녀들을 기다리면서 차 안에서도 상담을 하는 경우도 있다. 원격치료는 매우 바쁜 내담자인 경우 잠깐의 시간을 내서 장소에 상관없이 상담을 할 수 있고 상담자 또한 타 지역 어느 곳에서라도 상담을 할 수 있는 이점이 있다. 대면상담에 비해, 원격치료는 내담자와 신체적 접촉, 특히 눈과 눈을 마주치면서 상담을 하는 데 한계를 가지고 있다. 카메라를 통한 접촉에서 대면상담에서 경험할 수 있는 내담자의 민감한 얼굴표정과 눈과 눈의 마주침에서 오는 예민한 감지를 할 수 없을 뿐만 아니라 정확히 카메라의 어느 점에 치료사의 얼굴을 두어야 할지 애매모호한 경우가 많다. 치료사는 내담자의 얼굴을 응시하고 있음에도 불구하고 내담자가 내 눈을 응시하지 않는 경우가 의외로 많다. 그럴 경우에 실제로 내담자가 내 눈을 마주치지 않고 있는 경우도 있겠지만, 카메라의 위치에 따라 오해를 살 수가 있다.

물론 이와 같은 경우에는 치료사가 내담자에게 위치를 변경해서 치료시기 서로의 눈을 마주칠 수 있는 거리 또는 자세를 요청을 할 수도 있고, 내담자에게 치료사의 눈이 내담자를 응시하고 있는지를 물어보면서 서로의 위치를 조절할 수도 있을 것이다. 또한 상담자가 내담자에게 "지금 기분이 어떠신지요?" 또는 "제 눈이 선생님 눈을 마주치고 있나요?"라고 물어볼 수도 있을 것이다. 이러한 질문은 비대면 상담으로 인해 놓칠 수 있는 신체적인 접촉을 보완해 줄 수 있을 것이다.

반대로, 내담자는 치료사가 자신의 얼굴이 아니라 다른 곳을 쳐다보고 있다고 오해할 수 있을 것이다. 한편, 줌의 기능으로 인해 한 사람만이 이야기를 할 수 있기 때문에 동시에 이야기를 하는 것에 대한 제한을 받지만, 한편으로는 순차적으로 이야기할 수있다는 이점도 있다. 개인상담을 할 때에, 치료사와 내담자 간에 문제는 되지 않지만, 2명 이상의 부부 또는 가족상담을 할 경우에, 서로의 이야기를 다 듣지 않고 중간에 끊고 들어오는 가족에게는 오히려 이러한 기능이 충돌을 막아 줄 수 있는 순기능이 되기도 한다고 볼 수 있다. 어떤 경우에는 부부 또는 어머니와 두 자녀의 상담이 하나의 컴퓨터로 진행되었는데 화면 안에 3명의 얼굴이 들어올 수 없어서 공간상 힘든 경우도 있었다. 또 부부상담을 한 경우에는 부인은 컴퓨터가 있는 책상에서 남편은 그 아래에서 노트북을 가지고 상담을 했는데, 소리가 윙윙거려 상담을 진행하는 데 있어서 다소 어려움이 있었다. 부부상담 또는 3명 이상의 가족상담을 진행할 경우 따로 떨어진 방에서 진행하거나 아니면 지역적으로 완전히 분리된 공간에서 진행하면 이러한 단점을 보완할 수는 있을 것이다. 저자는 영아를 둔 부부가 대면상담을 할 수 없어서 원격치료로 진행하기도 했다. 또 아동기에 있는 자녀를 둔 부부는 개인상담은 원격치료로 했고 부부상담은 대면상담으로 진행했다. 대인관계로 인해 무기력감과 우울감을 겪고 있는 성인 딸이 오로지 대면상담만 원해서 상담실에서 상담을 했고, 어머니는 줌으로 개인상담을 했다. 차후에 진행될 예정인 모녀상담은 대면상담으로 진행할 예정이다. 이와 같은 경우에 코로나19 팬데믹으로 인해 상담소가 없는 상담자는 다른 상담소 또는 스터디룸 같은 것을 활용할 수 있을 것이다.

4. 결론

1) 결과 요약

이 연구는 코로나19가 전 세계로 확산되면서 치료사들에게도 엄청난 시련을 주고 있는 시점에서 원격치료와 관련된 내용들을 개괄적으로 살펴보았다. 이 연구의 개괄적인 내용을 요약해 보면 다음과 같다.

첫째, 원격치료의 개념은 국토가 너무 넓은 미국에서 시작되었으며, 시작된 배경은 원거리에 있는 사람들의 건강을 보호하기 위해 음성과 화상 등의 정보통신 기술을 활용해 의료서비스를 제공하기 위한 것이었다. 원격치료와 관련된 용어는 미국의 원격의료와 관련된 부처에 따라 비슷하나 조금씩은 다르게 사용하고 있다. 이 장에서는 가족치료관련 사이버상담이라는 관점에서 원격치료라는 용어를 사용했다. 이 용어는 정신보건과 정신의료에서 사용하는 용어보다는 상담 또는 치료만을 나타낼 수 있는 용어라고 생각된다.

둘째, 저자는 원격치료의 기술과 관련해서 뉴욕 주립대학의 심리서비스센터에서 활용하고 있는 전자기록을 살펴보았다.

셋째, 선행연구에 따르면, 내담자에 따라 대면상담과 원격치료에 대한 차이가 있음에도 불구하고 원격치료의 사용이 증가하고 있다고 했다. 특히 원격치료는 원거리 거주자, 장애인, 집 밖에 나올 수 없는 사람, 중증 정신질환자에게 매우 유용하다고 나타났다. 또한 원격치료가 대면상담과 비슷한 효과를 나타내고 있음에도 불구하고, 원격치료가 주로 개인치료에 초점이 맞춰지고 있다. 따라서 원격치료가 아직까지는 가족치료사들의 중심이 되지 못하고 있어, 어떻게 원격치료를 통해 가족치료를 할 것인가 하는 문제가 존재한다.

넷째, 원격치료가 공황장애, 우울증, 불안, 물질사용장애, 복합가족 심리교육 집단을 대상으로 효과가 있다는 것이 나타났다. 이와 같은 연구결과에도 불구하고 원격치료가 내담자와의 관계를 긍정적으로 발전시키는 데는 한계를 가지고 있다는 편견이 원격치료를 수행하는 치료사에게 영향을 미칠 수도 있다.

다섯째, 원격치료의 단점으로는 비밀보장과 신체적인 존재에 대한 부재가 있을 수 있지만, 편리함, 접근성, 시간의 융통성 및 효율적인 비용이라는 장점이 있다.

여섯째, 원격치료로 인해서 치료사는 내담자와의 치료적 관계와 기술에서 도전을 받고 있다. 원격치료는 치료사에게 내담자의 비언어적인 단서를 파악하는 것을 어렵게 하며, 치료자 자신을 표현하고 신뢰를 구축하는 능력에도 제한을 줄 수 있다. 한편, 원격치료와 관련된 치료사의 기술적인 결함으로 인해, 내담자와의 관계를 형성하는 데 지장을 받을 수 있나. 더군다나 아직까지 원격치료에 관한 훈련을 받지 못한 치료사는 미숙한 기술적인 문제로 인해 내담자에게 본의 아니게 신뢰감을 잃을 수도 있다.

일곱째, 이 연구는 원격치료에 활용할 수 있는 다양한 앱을 소개했고, 정신건강 전문가들을 위한 2일간의 원격치료훈련 프로그램과 관련한 웹사이트를 소개했다. 한편, 연구자는 원격치료로 인해 변화하고 있는 상담 장소에 관한 내용들과 줌(Zoom) 프로그램과 관련해 저자가 경험한 다양한 내용을 서술했다.

여덟째, 저자는 노스웨스튼 대학 가족상담소에서 실시한 내담자와 치료사의 원격치료에 관한 만족도를 살펴보았고, 두 집단 모두 원격치료에 대한 만족도가 80% 이상 높은 것으로 나타났다.

아홉째, 이 연구는 미국 결혼가족치료협회, 미국심리학회, Zur 연구소가 실시하고 있는 원격치료에 대한 교육과 훈련과정을 살펴보았다.

열째, 저자가 원격치료를 통해 경험한 줌 프로그램에 관한 사용 경험, 원격치료의 이점, 눈 마주침에 대한 경험과 이에 따른 질문방식, 대면상담과 원격치료의 병행에 관한 경험 그리고 상담장소의 활용방안을 서술했다.

2) 결론

전 세계적으로 코로나19는 아직까지 진정될 기미는 없고, 다른 국가에 비해 한국은 확진자나 사망자가 수가 상대적으로 적은 편이나 다시 확산세를 보이고 있다. 국내를 포함한 외국에서도 2021년 9월 학기에 모든 학교에서 온라인 수업이 진행될 예정이지만, 다시 델타바이러스가 발생해 아직 대면수업이 결정되지 않은 상황이다. 이런 상황이라면 치료사들 또한 원격으로 상담을 할 수밖에 없을 것이다. 코로나19가 발생하기 이전에 원격치료를 전혀 경험해 보지도 못한 치료사가 대부분일 것이라고 생각되는데, 가족치료학회와 부부가족상담학회에서는 치료자를 위한 원격치료 매뉴얼과 교육프로그램이 매우 시급하다고 본다. 또한 이와 같은 학회는 기술적인 매뉴얼에 관해서는 국내 의료 분야에서 사용하고 있는 원격지원 시스템을 활용하는 방법을 고려해 볼 수 있을 것이다. 줌 사용과 관련된 매뉴얼에 대한 교육을 상담관련 전문성과 접목한 교육을 시킬 수 있는 프로그램 개발이 필요할 것으로 보인다.

리들리는 "인류 역사의 어느 시점에 아이디어들이 만나 서로 짝을 짓고 섹스를 하기 시작했다"고 하면서 재화와 용역과 아이디어의 시장은 서로의 번영을 위해 인류로 하여금 교환하고 전문화할 수 있게 해 주기 때문에 세계가 현재의 위기에서 벗어날 것으로 전망했다(Ridley, 2010). 리들리가 말한 것처럼 언젠가는 이번 코로나19도 극복되리라 본다. 다행히 올해부터 백신 개발로 코로나 극복에 대한 희망이 있지만, 그럼에도 불구하고 아직 코로나 극복에 대한 전망은 불투명하다. 물론 백신과 치료제가 나온다고 할지라도 제2, 제3자의 인도 델타, 감마, 람다 변이의 유행이 시작되고 있는 이 시점에서 대면 상담은 요원해 보인다. 그러므로 일단 코로나19가 극복되기 전까지 치료사들은 선택의 여지없이 원격치료를 할 수밖에 없으리라 본다. 따라서 가족치료사는 이러한 추세에 맞춰 변화하고 있는 환경에 적응해야만 할 것이다.

강현선(2018). 성인기자녀의 부모의존 동거에 대한 사례연구. 한국기독교상담학회지, 29(3), 9-52.

권수영, 박태영, 신혜종, 안미옥, 오화철, 이진희, 이현숙, 이화자, 전명희, 정병호, 조은숙, 최규련(2020). 한국
    가족을 중심을 한 부부 · 가족상담 핸드북. 서울: 학지사.

고미영(1998). 탈근대주의 시대의 가족치료의 동향. 한국가족치료학회지, 6(1), 15-34.

고미영(2004). 이야기치료와 이야기의 세계. 서울: 청목출판사.

권중돈(2014). 인간행동이론과 사회복지실천. 서울: 학지사.

김경신(1998). 가족 가치관의 세대별 비교연구—노년, 중년, 청소년 세대를 중심으로. 대한가정학회지, 36(10),
    145-160.

김광일(1972). 한국 샤머니즘의 정신분석학적 연구. 신경정신의학, 11, 121-129.

김광일(1991). 한국전통문화의 정신분석: 신화, 무속, 그리고 종교체험. 서울: 교문사.

김광일, 김명정(1973). 정신과 입원치료에 있어서의 사회문화적 문제. 신경정신의학, 12(4), 245-254.

김만두 역(1977). 가족치료의 이론과 실제. 서울: 한국사회복지연구소.

김미선 역(2017). 과학철학. 경기: 교유서가.

김상환 역(2020). 차이와 반복. 서울: 민음사.

김수임, 강예리, 강민철 공역(2014). 존 볼비의 안전기지: 애착이론의 임상적 적용. 서울: 학지사.

김유경, 김양희, 임성은(2009). 한국가족의 위기변화와 사회적 대응방안 연구—경제위기 이후 가족생애주기별
    위기유형을 중심으로. 연구보고서 2009-18. 서울: 한국보건사회연구원.

김유숙(1998). 가족치료이론에서 문화적 차원이 갖는 의미와 주요 쟁점. 한국가족치료학회지, 6(2), 131-150.

김영애(1993). 가족치료의 토착화와 한국여성의 한. 한국가족치료학회지, 1, 13-30.

김영애(2020). 사티어 경험주의 가족치료: 이론과 실제, 서울: 김영애가족치료연구소.

김영애, 박태영(2018). 가족치료 과정에서 나타난 부부의 섹스리스 인식변화 과정에 대한 질적 연구. 가족과 가족치료, 26(3), 379-401.

김용태(2019). 가족치료이론. 서울: 학지사.

김임, 한정옥, 이선미 공역(1987). 가족치료의 기법. 서울: 하나의학사.

김정석 역(2001). 실증주의 서설. 서울: 한길사.

김종엽, 이관익(2020). 비대면 의료서비스의 장점 및 필요성. 대한내과학회지, 95(4), 217-227.

김종옥 역(1988). 家族과 家族治療. 서울: 학지사.

김진숙, 김창대, 이지연, 윤경숙 공역(2013). 대상관계 이론과 실제: 자기와 타자. 서울: 학지사.

김진숙, 이지연, 윤경숙 공역(2010). 애착과 심리치료. 서울: 학지사.

김창대, 김진숙, 이지연, 유성경 공역(2008). 대상관계이론 입문. 서울: 학지사.

김태련 역(1995). 무엇이 여성을 분노하게 하는가. 서울: 이화여자대학교출판부.

김태수 역(1990). 구조주의의 이론. 서울: 인간사랑.

김현아, 공윤정, 김봉환, 김옥진, 김요완, 노성숙, 방기연, 이장호, 임정선, 정성진, 정혜정, 황임란 (2019). 상담학과 윤리. 서울: 학지사.

김현주, 박태영(2019). 가임기간 중 발기부전에 영향을 미친 요인: 가족치료 사례를 중심으로. 가족과 가족치료, 27(4), 775-791.

김희정 역(2017). 해결중심단기치료: 이해와 실제. 서울: 학지사.

남순현, 전영주, 황영훈 역(2005). 보웬의 가족치료이론. 서울: 학지사.

남순현, 황영훈 역(2007). 가계도 분석을 통해 본 세계 유명인의 가족비밀. 서울: 학지사.

노경선(2017). 애착중심 가족치료. 서울: 눈출판그룹

노동두 편저(1986). 가족요법의 이론과 실제(7권). 서울백제병원.

노치영, 신혜종, 김은영(2005). 한국 가족치료 인력양성의 현황과 과제. 가족과 가족치료, 13(2), 29-60.

노혜련, 허남순 역(2015). 해결을 위한 면접. 서울: 박학사.

문혜린, 박태영(2019). 불안장애의 발생 과정과 가족 내 역동에 관한 연구: 공황장애와 범불안장애를 가진 두 자매의 가족치료 사례를 중심으로. 한국가족복지학, 63, 5-33.

민승기, 이미선, 권택영 역(2009). 자크 라캉 욕망이론. 서울: 문예출판사.

백경희, 심영주(2020). 캐나다의 원격의료에 대한 법제에 관한 고찰. 강원법학, 60, 113-144.

박문재 역(2019). 프로테스탄트 윤리와 자본주의 정신. 서울: 현대지성.

박소영(2010). 고부관계에서 남성의 역할에 관한 연구. 한국가족복지학, 28, 151-186.

박소영, 박태영(2008). 며느리들의 시어머니와의 관계 경험에 관한 연구. 한국가정관리학회지, 26(4), 55-71.

박소영, 박태영(2019). 여성 가정폭력 행위자 가족상담 사례 연구: Bowen 가족치료모델의 관점을 중심으로. 복지상담교육연구, 8(1), 183-209.

박영태(2003). 과학철학의 이해. 서울: 이학사.

박정태 역(2019). 들뢰즈가 만든 철학사. 서울: 이학사.

박태영(1999). MRI모델을 적용한 '자살하겠다'는 아동의 가족치료. 한국정신보건사회사업학회지, 8(1),

105-134.

박태영(2001). 집단따돌림 당하는 고등학생에 대한 상호작용적 가족치료와 구조적 가족치료모델의 적용. 한국정신보건사회사업, 12, 95-119.

박태영(2006). 가족생활주기와 가족치료. 서울: 학지사.

박태영(2007a). 가족가족치료 이론의 적용과 실천. 서울: 학지사.

박태영(2007b). 도벽과 거짓말을 하는 청소년 자녀를 둔 재혼가족에 대한 사례연구. 한국가족치료학회지, 15(1), 143-158.

박태영(2009). 마리화나 피는 아들에 대한 가족치료 사례연구. 한국가족치료학회지, 17(1), 57-96.

박태영(2014). 신경성 식욕부진증(anorexia nervosa)을 가진 딸에 대한 가족치료 사례연구. 한국가족치료학회지, 22(2), 131-171.

박태영, 김선희(2013). 이혼의향이 있는 목회자부인에 대한 가족치료 사례분석. 한국가족복지학, 18(2), 5-39.

박태영, 김선희, 유진희, 안현아(2012). 이혼위기에 있는 부부에 대한 가족치료 다중사례연구. 한국가족치료학회지, 20(1), 23-56.

박태영, 김태한(2010). 재혼가족의 가족갈등 사례분석. 한국가정관리학회지, 28(4), 15-28.

박태영, 김태한, 김혜선(2009). 이혼위기에 있는 결혼초기 부부에 대한 부부치료 사례연구. 한국가정관리학회지, 27(3), 93-114.

박태영, 김현경 역(2011). 가족치료사례집. 서울: 센게이지러닝코리아.

박태영, 김현경 역(2016). 친밀한 가족관계의 회복. 서울: 학지사.

박태영, 김혜선, 김태한(2010). 남편의 원가족과 갈등을 겪는 부부들의 가족치료 사례연구, 한국가족관계학회지, 15(3), 43-66.

박태영, 문정화(2010a). 부모의 이혼진행과정에서 내면화·외현화 문제를 보이는 아동의 가족치료 사례연구. 한국가족치료학회지, 18(1), 107-130.

박태영, 문정화(2010b). 이혼위기로 인한 부인의 우울증과 아들의 학습문제 해결을 위한 가족치료 사례연구. 한국가족치료학회지, 18(1), 27-61.

박태영, 문정화(2012). 선천성면역결핍질환아 간호과정에서의 시간의 경과에 따라 가족이 경험하는 어려움에 관한 연구. 한국가족복지학, 17(4), 5-34.

박태영, 문정화(2013a). 분노조절이 안 되는 초혼 남편과 재혼 부인의 결혼초기 부부갈등 해결을 위한 부부치료 사례연구. 한국가족치료학회지, 21(1), 23-56.

박태영, 문정화(2013b). 선천성면역결핍질환아를 둔 가족의 부부갈등 해결을 위한 가족치료 사례연구. 한국가족복지학, 39, 205-239.

박태영, 박소영(2007). 성폭력을 당한 여중생의 가족치료 사례 분석-두려움과 분노를 넘어서기. 한국가족치료학회지, 15(2), 343-363.

박태영, 박수선(2015). 자살시도를 하는 고등학생에 대한 가족치료 사례연구. 가족관계학회지, 19(4), 75-100.

박태영, 박신순, 김선희(2013a). 간질증상을 가진 성인자녀에 대한 가족치료 사례연구:간질과 스트레스의 관계를 중심으로. 상담학연구, 14(1), 677-709.

박태영, 박신순, 김선희(2013b). 전환장애를 가진 부인에 대한 가족상담의 효과 분석. 상담학연구, 14(1), 627-

656.

박태영, 박진영(2010a). 틱 장애 아동의 가족치료 다중사례 내용분석연구. 한국가족치료학회지, 18(2), 1-30.

박태영, 박진영(2010b). 부모와 갈등을 겪는 청소년 자녀를 둔 가족에 대한 사례연구: 부모-자녀 간 '대화장벽' 허물기. 한국가족관계학회지, 15(1), 149-174.

박태영, 박진영(2009). 아버지와의 갈등으로 인해 학습동기가 낮은 자녀에 대한 가족치료 사례연구. 청소년상 담연구, 7(2), 139-156.

박태영, 박진영, 하태선(2011). 고부갈등을 겪고 있는 부부들을 위한 가족치료 사례연구: 남편들의 자아분화 를 중심으로. 한국가족치료학회지, 19(1), 23-51.

박태영, 신원정(2011a). 대인관계 갈등을 경험하고 있는 여고생에 대한 가족치료 사례연구. 한국가족치료학회 지, 19(3), 235-267.

박태영, 신원정(2011b). 음주문제를 가진 성인자녀에 대한 가족치료 사례연구. 한국가족치료학회지, 19(2), 63-92.

박태영, 신원정, 김선희(2013). 학교부적응 문제를 보이는 청소년에 대한 가족치료 다중사례연구. 한국가족치 료학회지, 21(1), 127-146.

박태영, 심다연(2014). 학대행위 중단을 위한 가족치료적 접근방법과 효과성에 대한 사례연구. 아동복지학, 48, 1-31.

박태영, 유진희(2013). 복합틱장애 증상이 있는 딸을 둔 부부에 대한 가족치료 사례연구. 한국가정관리학회지, 31(5), 47-63.

박태영, 유진희(2012a). 분노조절문제를 가진 아동에 대한 가족치료 사례연구. 한국가정관리학회지, 30(3), 119-133.

박태영, 유진희(2012b). 자해행동을 하는 자녀에 대한 가족치료 사례연구. 한국가족치료학회지, 20(2), 1-21.

박태영, 은선경(2008). 가출청소년의 가족치료 사례연구: 회기진행에 따른 변화과정을 중심으로. 한국가족치 료학회지, 16(2), 49-66.

박태영, 정선영(2004). 고부갈등으로 인하여 우울증을 겪고 있는 부인의 부부치료 사례연구. 한국가족치료학회 지, 12(1), 141-177.

박태영, 조성희(2005a). 근거이론을 활용한 폭식장애 여대생의 경험에 대한 사례분석. 상담학연구, 6(1), 93-107.

박태영, 조성희(2005b). 쇼핑중독과 신용카드 남용하는 딸에 대한 가족치료 사례연구. 한국가족복지학, 15, 101-134.

박태영, 조지용(2011). 갈등으로 인한 이혼위기를 경험하고 있는 부부의 부부치료 사례연구. 한국가족치료학회 지, 19(2), 41-62.

박태영, 조지용(2012). 부적응행동(집단따돌림·도벽·거짓말)을 하는 초기 청소년자녀에 대한 가족치료 사 례연구. 한국가족치료학회지, 20(3), 601-626.

서혜석, 강희숙, 이미영, 고희숙(2013). 가족치료 및 상담. 경기: 공동체.

손해인(2020). 코로나19 유행에 따른 뉴욕 주 정신건강서비스의 변화: 비대면 원격 정신건강 진료(Telemental Health) 전면적 실시를 중심으로. 국제사회보장리뷰, 13, 71-86.

송성자(1985). 한국 부부간의 의사소통 유형과 가족문제에 관한 연구: 의사소통 가족치료 이론을 중심으로. 숭전대학교 사회사업학과 박사학위논문.

송성자(1987). 가족관계와 가족치료. 서울: 홍익재.

송성자(2001). 한국문화와 가족치료: 해결중심 접근. 서울: 법문사.

송성자(2004). 가족과 가족치료(제2판). 서울: 법문사.

신성자(2000). 이혼과정에 있는 부모들을 위한 학제간 팀 이혼중재에 관한 연구. 한국가족치료학회지, 8(1), 31-58.

신승환(2008). 포스트모더니즘에 대한 성찰. 경기: 살림.

신일철, 신중섭 공역(2017). 현대의 과학철학. 경기: 서광사.

신재일(2008). 리바이던. 경기도 파주시: 서해클래식.

안선영, 김희진, 박현준, 김태령(2011). 청년기에서 성인기로의 이행과정 연구 Ⅱ: 총괄보고서. 서울: 한국청소년정책연구원.

안현아, 박태영(2015). 예비부부 갈등해결을 위한 가족치료 사례연구. 경성대학교 사회과학연구, 31(5), 329-358.

양옥경(2001). 가족개념에 관한 대학생의 의식 연구. 한국가족복지학, 7, 175-199.

양유성(2004). 이야기치료. 서울: 학지사.

양진호(2018). 성찰. 서울: 책세상.

엄예선(1988). 한국 가족과 가족치료: 한국 도시 중산층을 위한 정신치료 모형의 구상. 한국사회복지학, 12, 93-115.

엄예선(1994). 한국가족치료개발론. 서울: 홍익재.

연합뉴스(2019. 8. 30). 2030년엔 美 25-44세 일하는 여성 45%가 싱글. https://www.yna.co.kr/view/AKR20190830059600009?input=1195m

오제은 역(2013). 가족치료. 서울: 학지사.

오창순 역(1998). 전략적 가족치료: 이론과 사례. 서울: 아시아 미디어리서치.

옥선화, 남영주, 강은영(2006). 이혼자들의 이혼 인식에 관한 질적 연구. 가정과 삶의 질 연구, 24(1), 223-235.

우해봉(2012). 한국인의 재혼 패턴에서의 성별 차이에 관한 연구. 보건사회연구, 32(4), 273-303.

우해봉(2020). 혼인 이행과 생애 비혼의 동향과 특징. KOSTAT 통계플러스. 서울: 통계청 통계개발원. 6-15.

유동식(1986). 한국민속의 구조와 역사. 서울: 연세대학교 출판사.

윤태림(1970). 韓國人. 서울: 玄岩社.

이경숙 역(2005). 존 볼비와 애착이론. 서울: 학지사.

이규현 역(2003). 광기의 역사. 서울: 나남출판사.

이근후, 김영화 공역(1992). 증상해결 중심치료. 서울: 하나의학사.

이부영(1970). 死靈의 巫俗的 治療. 신경정신의학, 7, 1-10.

이부영(1972). 韓國民間의 精神病治療에 關한 硏究. 최신의학, 15(2), 57-79.

이부영(1979). 한국 문화의 정신의학−역사적 측면에서. 최신의학, 22(9), 863-868.

이상복(2007). 통합절충 가족치료에서 기독교 영성의 의미. 한국가족치료춘계학술대회 자료집. 99-133.

이선혜(1998). 한국에서의 Bowen 이론 적용에 대한 고찰: 자아분화 개념을 중심으로. 한국가족치료학회지, 6(2), 151-176.

이선혜, 신영화, 서진환(2005). 한국 가족치료의 현장과 인력: 전국기관조사연구. 가족과 가족치료, 13(1), 79-123.

이선혜, 정슬기, 허남순 공역(2010). 이야기치료의 지도. 서울: 학지사.

이영분, 김유숙, 정혜정, 최선령, 박정희 공역(2011). 가계도: 사정과 개입. 서울: 학지사.

이은경(1999). 대학생의 가족주의 가치관과 부모노후의 부양의식에 관한 연구. 대한가정학회지, 37(1), 45-65.

이재원, 윤석하(1981). 한국 정신과의사들의 정신치료 실태 및 이에 대한 의견. 신경정신의학, 20(1), 94-107.

이정숙(1995). 가족치료의 역사적 배경. 이화여대 사회사업학과 편저. 가족치료 총론. 서울: 도서출판 동인.

이주은, 박대영(2018). 자녀 학대행위에 영향을 미친 요인과 그 요인 간 순환성에 관한 연구: 가족치료 사례를 중심으로. 놀이치료연구, 22(1), 89-106.

이진희(2021). 미국 부부가족치료 전문가(LMFT) 양성과정과 국가자격제도의 현황. 한국가족상담치료의 도약: 공공영역 가족상담의 민관협력체계 구축. 2021년도 한국가족관계학회, 한국가족치료학회, 한국상담 학회 부부 · 가족상담학회자료집. 77-91.

임아리, 박태영(2015). 폭음문제를 가진 성인자녀(딸)에 대한 가족치료 사례연구. 한국가정관리학회지, 33(3), 31-48.

임아리, 박태영(2019). 청소년 자녀의 부모폭행에 대한 사례 연구. 가족과 가족치료, 27(1), 27-52.

임윤희(2018). 대상관계 가족상담. 한재희 , 김영희 , 김용태 , 서진숙 , 송정아 , 신혜종 , 양유성 , 임윤희 , 장진경 , 최규련 , 최은영. 부부 및 가족상담(제2판). 81-115. 서울: 학지사.

임춘희, 김수정, 김향은 공역(2019). 초점화된 가계도: 상담현장에서의 적용. 서울: 학지사.

장동숙 역(1995). 5가지 사랑의 언어. 서울: 생명의 말씀사.

장윤영, 박태영(2006). 피학대아동의 위탁가정 적응과정에 관한 연구. 한국사회복지학, 58(1), 425-456.

정문자(2001). 연구와 임상에서 살펴 본 한국 가족문제와 관련변인. 한국가족치료학회지, 9(2), 1-34.

정문자, 김연희(2000). 가족생활주기별 내담자의 문제와 가족치료기법 분석. 한국가족치료학회지, 8(1), 3-29.

정문자, 송성자, 이영분, 김유순, 김은여(2008). 해결중심단기치료. 서울: 학지사.

정문자, 정혜정, 이선혜, 전영주(2018). 가족치료의 이해. 서울: 학지사.

정옥분(2007). 전생애 인간발달의 이론. 서울: 학지사.

정혜정(2013). 한국 청년의 독립: 가족으로부터의 분화와 미분화의 연장선에서. 2013년 한국가족관계학회 추계학술대회 자료집.

정혜정, 이형실, 윤경자, 이동훈 공역(2016). 가족치료: 체계이론적 통합. 서울: 학지사.

조경미, 주혜주(2003). 이혼가정 청소년과 양부모가정 청소년의 정신 건강, 행동특성에 관한 비교 연구. 정신간호학회지, 12(4), 543-551.

조미숙, 오선주(1999). 청소년기 자녀가 지각한 가족관계 변인과 청소년의 가족가치관. 한국가족관계학회지, 4(1), 67-89.

조은숙(2021). 공공가족상담 민관협력체계 시안. 한국가족상담치료의 도약: 공공영역 가족상담의 민관협력체계 구축. 2021년도 한국가족관계학회, 한국가족치료학회, 한국상담학회 부부 · 가족상담학회자료집. 93-112.

천성문, 김진숙, 김창대, 신성만, 유형근, 이동귀, 이동훈, 이영순, 한기백(2014). 심리치료와 상담이론: 개념 및 사례. 서울: CENGAGE Learning.

최상진(2011). 한국인의 심리학. 서울: 학지사.

최연실(2014). 성인자녀의 부모 동거 현황 및 분석틀의 탐색. 가정과 삶의 질 연구, 32(4), 75-89.

최영민(2010). 대상관계 이론을 중심으로 쉽게 쓴 정신 분석 이론. 서울: 학지사.

최준식(2002). 무교의 가족치료적 기능에 대한 단상(斷想). 가족과 가족치료, 10(1), 131-144.

최춘화, 배영윤, 문혜린, 박태영(2021). 이혼 부부의 재결합을 위한 가족치료 사례연구, 한국가족복지학, 68(1),

통계청(2020). 국가통계포털. 국내통계 인구동향조사. Retrieved from https://kosis.kr/statisticsList/statisticsListIndex.do?menuId=M_01_01&vwcd=MT_ZTITLE&parmTabId=M_01_01&outLink=Y&entrType=

통계청(2018). 2017년 인구동태통계연보(혼인·이혼편). 대전: 통계청.

한경순(1999). 남녀대학생의 가족주의 가치관과 부모부양의식. 대한가정학회지, 37(9), 13-24.

한국버지니아사티어연구회 역(2000). 사티어 모델: 가족치료의 지평을 넘어서. 서울: 김영애가족치료연구소.

한규석(1991). 사회심리학 이론의 문화특수성: 한국인의 사회심리학 연구를 위한 고찰. 한국심리학회지: 사회 및 성격, 6(1), 132-155.

홍영택(1999). 한국가족의 문화지체 현상과 가족치료적 접근. 한국가족치료학회지, 7(1), 53-74.

Aafjes-van Doorn, K., Békés, V., & Prout, T. A. (2020). Grappling with our therapeutic relationships and professional self-doubt during COVID-19; Will we use video therapy again? *Counselling Psychology Quarterly*, 1-12. DOI: 10.1080/09515070.2020.1773404

Ackerman, N. W. (1937). The family as a social and emotional unit. *Kansas Mental Hygiene Society Bulletin, 12*, 1-3, 7-8.

Ackerman, N. W. (1956). Interlocking pathology in family relationships. In S, Rado & G, Daniels (Eds.), *Changing concepts of psychoanalytic medicine*, 135-150. New York: Grune & Straton.

Ackerman, N. W. (1966). *Treating the Troubled Family*. New York: Basic Books.

Adams, G. R., & Schvaneveldt, J. D. (1991). *Understanding research methods* (2nd ed.). London: Pearson Education.

Adler, G. (1985). *Borderline psychopathology and its treatment*. New York: Jason Aronson.

Ahrons, C. R. (2015). Divorce: An unscheduled family transition. In M. McGoldrick, N. G. Preto, & B. Carter, B. (Eds.), *The expanded family life cycle: Individual, family, and social perspectives* (5th ed.). 376-392. New York: Pearson.

Ahrons, C. R. (1994). *The good divorce: Keeping your family together when your marriage comes apart*. New York: Harper Collins.

Ahrons, C. R. (1980). Divorce: A crisis of family transition and change. *Family Relations, 29*, 533-540.

Ahrons, C. R., & Rodgers, R. H. (1987). *Divorced families: A multidisciplinary developmental view*. New York: W. W. Norton.

Ainsworth, M. (1973). The development of infant-mother attachment. In Caldwell, B. & Ricciuti, H. *Review of child development research, (Vol. 3)*, 1-94. Chicago, IL: University of Chicago Press.

Ainsworth, M. D. (1983). Patterns of infant-mother attachment as related to maternal care: Their early history and their contribution to continiuty. In D. Magnusson, & V. L. Allen (Eds.), *Human development*, 26-45. New York: Academic Press.

Ainsworth, M. D. (1985). Patterns of infant-mother attachments: Antecedents and effects on development. *Bulletin of the New York Academy of Medicine, 61*(9), 771-812.

Ainsworth, M. D. S. (1989). *Attachments beyond infancy*. American Psychologist, 44(4), 709-716.

Ainsworth, M. D. S., Blehar, M. C., Waters, E., & Wall, S. (1978). *Patterns of attachment: Assessed in the strange situation at home*. Hilsdale, NJ: Erlbaum.

Ainsworth, M. D. S., Blehar, M. C., Waters, E., & Wall, S. N. (2015). *Patterns of attachment: A psychological study of the strange situation*. New York: Psychology Press.

Alger, I. (1976). Integrating immediate video playback in family therapy. In P. J. Guerin (Ed.), *Family therapy: Theory and practice*, 547-553. New York: Gardner Press.

Amato, P. R. (2010). Research on divorce: Continuing trends and new developments. *Journal of Marriage and Family, 72*(3), 650-666.

American Association for Marriage and Family Therapy. (2019). Caldwell, B. E., Bischoff, R. J., Derrig-Palumbo, K. A., & Liebert, J. D. (Workgroup Members). *Best practices in the online practice of couple and family therapy*. Alexandria, VA.

American Psychological Association. (2005). *Report of the 2005 presidential task force on evidence-based practice*. Washington, DC: American Psychological Association.

American Psychological Association. (2013, July 31). Guidelines for the practice of telepsychology. Retrieved from http://www.apa.org/practice/guidelines/telepsychology

American Psychiatric Association. (2013). *Diagnostic and statistical manual of mental disorders* (5th), Washington, DC: American Psychiatric Publishing, Inc.

Andersen, T. (1991). *The reflecting team: Dialogues and dialogues about dialogues*. New York: Norton.

Anderson, C. (2012). The diversity, strength, and challenges of single-parent households. In F. Walsh (Ed.), *Normal family process: Growing diversity and complexity* (4th ed.), 128-148. New York: Guilford.

Anderson, D. (1988). The quest for a meaningful old age. *The Family Therapy Networker, 12*(4), 17-75.

Anderson, W. (1992). *Reality Isn't What It Used to Be*. California: HarperSanFrancisco.

Anderson, H. D. (1997). *Conversation, language, and possibilities: A postmodern approach to therapy*. New York: HarperCollins.

Anderson, H. D. (2016). Postmodern/poststructural/social construction therapies: Collaborative, narrative, and solution-focused. In T. L. Sexton, & J. Lebow (Eds.) *Handbook of family therapy*, 182-204. New York: Routledge.

Anderson, H., Goolishian, H. A., & Winderman, L. (1986). Problem determined systems: Towards transformation in family therapy. *Journal of Strategic and Systemic Therapies, 5*(4), 1-19.

Anderson, H. D., & Goolishian, H. A. (1988). Human systems as linguistic systems: Preliminary and evolving ideas about the implications for clinical theory. *Family Process, 27,* 371-393.

Anderson, H. D., & Goolishian, H. A. (1992). The client is the expert: A not-knowing approach to therapy. In S. McNamee & K. Gergen (Eds.), *Social construction and the therapeutic process,* 25-39. Newbury Park, CA: Sage.

Andolfi, M. (2012). *Family therapy: An interactional approach.* New York: Springer Science & Business Media.

Andreas-Salome, L. (1962). The dual orientation of narcissism. *The Psychoanalytic Quarterly, 31*(1), 1-30.

Andreas, S. (1991). *Virginia Satir, the patterns of her magic.* Palo Alto, CA: Science & Behavior Books.

Andrews, J., Clark, D., & Baird, F. (1998). Therapeutic letter-writing: Creating relational case notes. *The Family Journal: Counseling and Therapy for Couples and Families, 5*(2), 149-158.

Anger-Diaz, B. (2003). *The Mental Research Institute 3-Day Brief Therapy Intensive Training Program.* Palo Alto, CA.

Aponte, H. J. (2009). The stresses of poverty and the comfort of spirituality. In F. Walsh (Ed.), *Spiritual resources in family therapy* (2nd ed.), 125-140. New York: Guilford Press.

Aponte, H. J., & DiCesare, E. J. (2000). Structural theory. In F. M. Dattilio & L. J. Bevilacqua (Eds.), *Comparative treatments for relationship dysfunction,* 45-57. New York: Springer.

Aponte, H. J., & VanDeusen, J. M. (1981) Structural family therapy. In: A. S. Gurman and D. P. Kniskern (Eds), *The Handbook of Family Therapy.* New York. Brunner/Mazel.

Aponte, H. J., & VanDeusen, J. M. (1987). *Object relations family therapy.* Northvale, NJ: Jason Aronson.

Aponte, H. J. & Wohl, J. E. (2000). *Psychological interventions and cultural diversity.* Needham Heights: Allyn & Bacon.

Ashby, W. R. (1956). *An introduction to cybernetics.* London: Chapman & Hall Ltd.

Atkinson, B. J. (1992). Aesthetics and pragmatics of family therapy revisited. *Journal of Marital and Family Therapy, 18*(4), 389-393.

Atkinson, B. & Heath, A. (1990). Further thoughts on second-order family therapy-This time it's personal. *Family Process, 29,* 145-155.

Atwood, J. D. (1992). *Family therapy: A systematic-behavioral approach.* Chicago: Nelson-Hall.

Atwood, G. E., & Stolorow, R. D. (2014). *Structures of subjectivity: Explorations in psychoanalytic phenomenology and contextualism.* New York: Routledge.

Avis, J. M. (1985). The politics of functional family therapy: A feminist critique. *Journal of Marital and Family Therapy, 11*(2), 127-138.

Avis, J. M. (1996). Deconstructing gender in family therapy. In F. P. Piercy, D. H. Sprenkle, & J. L. Wetchler (Eds.), *Family therapy sourcebook (2nd ed.),* 220-255. New York: Guilford Press.

Aylmer, R. C. (1986). Bowen family systems marital therapy. In N. S. Jacobson & A. S. Gurman (Eds.),

Clinical handbook of marital therapy, 107-148. NewYork: Guilford Press.

Azpeitia, L. M. (1991). *The Satir model in action* [course reader]. Encino, CA: California Family Study Center.

Baker, K. G. (2015). Bowen family systems couple coaching. In A. S. Gurman, J. L. Lebow, & D. K. Snyder (Eds.), (2015). *Clinical handbook of couple therapy,* 246-267. New York: Guilford Publications.

Bandler, R., Grinder, J., & Satir, V. (1976). *Changing with families: A book about further education for being human (Vol. 1).* Palo Alto, CA: Science and Behavior Books.

Banmen, J. (2002). Satir model workshop, unpublished manuscript, Seoul, Korea.

Barnett, J. (1971). Narcissism and dependency in the obsessional-hysteric marriage. *Family Process, 10*(1), 75-83.

Bateman, A. W., & Fonagy, P. (2004). Mentalization-based treatment of BPD. *Journal of Personality Disorders, 18*(1), 36-51.

Bateson, G. (1972). *Steps to an ecology of mind.* New York: Dutton.

Bateson, G. (1979), *Mind and nature: A necessary unity.* New York: E. P. Dutton.

Bateson, M. C. (2001). *Composing a life.* New York: Grove Press.

Bateson, G., Jackson, D. D., Haley, J., & Weakland, J. (1956). Toward a theory of schizophrenia. *Behavioral science, 1*(4), 251-264.

Bodin, A. (1981). The interactional view: Family therapy approaches of the Mental Research Institute. In A. S. Gurman, & D. P. Kniskern (Eds.), *Handbook of family therapy,* 267-309. New York: Brunner/ Mazel.

BBC News Korea (2019. 1. 9.). 결혼: 한국 미혼율은 어쩌다 일본을 앞질렀을까? Retrieved from https://www.bbc.com/korean/news-46791193

Beaudoin, M. N., & Zimmerman, J. (2011). Narrative therapy and interpersonal neurobiology: Revisiting classic practices, developing new emphases. *Journal of Systemic Therapies, 30*(1), 1-13.

Beck, A., Rush, A., Shaw, B., & Emery, G. (1979). *Cognitive therapy of depression.* New York: Guilford.

Becvar, D. S. (2000). Human development as a process of meaning making and reality construction. In W. C. Nichols, M. A. Pace-Nichos, D. S. Becvar & A. Y. Napier (Eds.), *Handbook of family development and intervention,* 65-82. New York: Wiley & Sons.

Becvar, D. S., & Becvar, R. J. (1993). Storytelling and family therapy. *American journal of family therapy, 21*(2), 145-160.

Becvar, D. S., & Becvar, R. J. (2013). *Family therapy: A systemic integration.* Boston, MA: Pearson Education.

Beels, C. C. (2002). Notes for a cultural history of family therapy. *Family Process, 41*(1), 67-82.

Beels, C., & Ferber, A. (1969). Family therapy: A view. *Family Process, 8*(2), 280-318.

Bentovim, A., & Kinston, W. (1991). Focal family therapy: Joining systems theory with psychodynamic understanding. In A. S. Gurman & D. P. Kniskern (Eds.), *Handbook of family therapy* (Vol. 2). 284-

324. New York: Brunner/Mazel.

Berg, I. K. (1994). *Family-based services: A solution-focused approach.* New York: W. W. Norton.

Berg, I. K., & De Jong, P. (1996). Solution-building conversations: Co-constructing a sense of competence with clients. *Families in Society: The Journal of Contemporary Human Service, 77*(8), 376-391.

Berg, I. K. & de Shazer, S. (1993). Making numbers talk: Language in therapy. In S. Friedman (Ed.). *The new language of change.* New York: Guilford Press.

Berg, I. K., & Dolan, Y. (2001). *Tales of solutions: A collection of hope-inspiring stories.* New York: W. W. Norton.

Berg, I. K., & Kelly, S. (2000). *Building solutions in child protective services.* New York: W. W. Norton.

Berg, I. K., & Miller, S. D. (1992). *Working with the problem drinker: A solution-focused approach.* New York: W. W. Norton.

Berg, I. K., & Steiner, T. (2003). *Children's solution work.* New York: W. W. Norton.

Berg, I. K., & Szabo, P. (2005). *Brief coaching for lasting solutions.* New York: W. W. Norton.

Berle, D., Starcevic, V., Milicevic, D., Hannan, A., Dale, E., Brakoulias, V., & Viswasam, K. (2014). Do patients prefer face-to-face or internet-based therapy? *Psychotherapy and Psychometrics, 84(1),* 61-62.

Bermudez, D. (2008). Adapting virginia satir techniques to hispanic families. *The Family Journal: Counseling and Therapy for Couples and Families, 16*(1), 51-57.

Bertalanffy, L. V. (1968). *General systems theory: Foundation, development, applications,* New York: George Braziller.

Bertolino, B., O'Hanlon, W. H., & O'Hanlon, B. (2002). *Collaborative, competency-based counseling and therapy.* New York: Allyn & Bacon.

Bettelheim, B. (1950). *Love is not enough; the treatment of emotionally disturbed children.* New York: Free Press.

Bevington, D., Fuggle, P., Fonagy, P., Target, M., & Asen, E. (2013). Innovations in practice: Adolescent mentalization-based integrative therapy (AMBIT)-A new integrated approach to working with the most hard to reach adolescents with severe complex mental health needs. *Child and Adolescent Mental Health, 18*(1), 46-51.

Bion, W. R. (1994). *Learning from experience.* New York: Jason Aronson.

Bion, W. R. (2013). *Elements of psycho-analysis.* New York: Elsevier.

Bischoff, R. J. (2004). Considerations in the use of teletelecommunications as a primary treatment medium: The application of behavioral telehealth to marriage and family therapy. *American Journal of Family Therapy, 32(3),* 173-187.

Bischoff, R. J., Hollist, C. S., Smith, C. W., & Flack, P. (2004). Addressing the mental health needs of rural underserved: Findings from a multiple case study of a behavioral telehealth project. *Contemporary Family Therapy, 26,* 179-198.

참고문헌

Bitter, J. (2000). Dissolving a problem: Structuring externalization interviews with couples. In R. E. Watts (Eds.), *Techniques in marriage and family counseling.* 91-94. Alexandria, VA: American Counseling Association.

Blitsten, D. R. (1953). *The social theories of Harry Stack Sullivan: The significance of his concepts of socialization and acculturation, digested from his various papers and integrated as a selection for social scientists.* New Yok: William-Frederick Press.

Blumer, M. L. C., Hertlein, K. M., & VandenBosch, M. L. (2015). Towards the development of educational core competencies for couple and family therapy technology practices. *Contemporary Family Therapy, 37,* 113-121.

Bobrow, E. (2007). In tribute: Jay Haly. *The Family Psychologist, 23*(4), 7-10.

Bodin, A. (1981). The interactional view: Family therapy approaches of the Mental Research Institute. In A. S. Gurman & D. P. Kniskern (Eds), *Handbook of family therapy* (Vol. 1). 276-309. New York: Brunner/Mazel.

Bos, N., Olson, J., Gergel, D., Olson, G., & Wright, Z. (2002). Effects of four computer-mediated communications channels on trust development. *Proceedings from SIGCHI '02 Conference on Human Factors in Computing Systems,* New York, NY: ACM Digital Library. https//:dl.acm.org/doi/10.1145/503376.503401

Boscolo, L., Cecchin, G., Hoffman, L., & Penn, P. (1987). *Milan systemic family therapy.* New York: Basic Books

Boszormenyi-Nagy, I., & Spark, G. (1973). *Invisible loyalties: Reciprocity in intergenerational family therapy.* New York: Harper and Row.

Bowen, M. (1966). The use of family theory in clinical practice. *Comprehensive Psychiatry, 7*(5), 345-374.

Bowen, M. (1972). On the differentiation of self. In J. L. Framo (Ed.), *Family interaction: A dialogue between family researchers and family therapists.* 111-173. New York: Springer.

Bowen, M. (1975). Family therapy after twenty years. In S. Arleti, D. X. Freedman, & J. E. Dyrud (Eds.), *American handbook of psychiatry, V: Treatment* (2nd ed.) 367-392. New York: Basic Books.

Bowen, M. (1976). Theory in the practice of psychotherapy. *Family therapy: Theory and Practice, 4*(1), 2-90.

Bowen, M. (1978). *Family therapy in clinical practice.* New York: Jason Aronson.

Bowlby, J. (1944). Forty-four juvenile thieves: Their characters and home-life. *International Journal of Psycho-Analysis, 25,* 107-128

Bowlby, J. (1949). The study and reduction of group tensions in the family. *Human Relations, 2*(2), 123-128.

Bowlby, J. (1953). *Child care and the growth of love.* Harmondsworth: Penguin.

Bowlby, J. (1969). *Attachment and loss(Vol. 1). Attachment.* New York: Basic Books.

Bowlby, J. (1973). *Attachment and loss(Vol. 2). Separation, anxiety and anger.* New York: Basic Books.

Bowlby, J. (1988). *A secure base: Clinical applications of attachment theory.* London: Routledge.

Bowlby, J. (1990). The study and reduction of group tensions in the family. *The Social Engagement of Social Science: A Tavistock Anthology, 1,* 291-8.

Bradley, P. D., Bergen, L. P., Ginter, E. J., Williams, L. M., & Scalise, J. J. (2010). A survey of North American marriage and family therapy practitioners: A role delineation study. *The American Journal of Family Therapy, 38*(4), 281-291.

Brahnam, S. (2014). Therapeutic presence in mediated psychotherapy: the uncanny stranger in the room. In G. Riva, J. Waterworth, & D. M. Gruyter (Eds.), *Interacting with presence: HCI and the sense of presence in computer-mediated environments.* 123-138. Berlin, Germany: De Gruyter.

Bramlett, M. D., & Mosher, W. D. (2002). Cohabitation, marriage, divorce, and remarriage in the United States. CDC, National Survey of Family Growth, National Center for Health Statistics, Series 23, NO. 22, 1-32.

Bramlett, M. D., & Mosher, W. D. (2001). First marriage dissolution, divorce and remarriage in the United States. CDC, DHHS Publication No. PHS 2001-125001-0384.

Brand, S. (1974). *II cybernetic frontiers.* New York: Random House.

Braverman, S. (1986). Heinz Kohut and Virginia Satir: Strange bedfellows?. *Contemporary Family Therapy, 8*(2), 101-110.

Bray, J. H. (2005). Family therapy with stepfamilies. In J. L. Lebow (Ed.), *Handbook of clinical family therapy.* 497-515. New York: John Wiley & Sons.

Bretherton, I., & Munholland, K. A. (1999). Internal working models in attachment relationships: A contruct revisited. In J. Cassidy & P. R. Shaver, (Eds.), *Handbook of attachment: Theory, research, and clinical applications.* 89-111. New York: Guilford.

Breunlin, D. C. (1988). Oscillation theory and family development. In C. J. Falicov (Ed.) *Family transitions: Continuity and change over the life cycle.* New York: Guilford Press.

Breunlin, D. C., Schwartz, R. C., & Kune-Karrer, M. (1997). *Metaframeworks: Transcending the models of family therapy.* New York: Jossey-Bass.

Broderick, C. B., & Schrader, S. S. (1991). The history of professional marriage and family therapy. In A. S. Gurman, & D. P. Kniskern (Eds.). *Handbook of family therapy,* 3-40. New York: Brunner/Mazel.

Broderick, P., Weston, C., & Gillig, P. M. (2009). Family therapy with a depressed adolescent. *Psychiatry, 6*(1), 32-37.

Brothers, B. J. (2013). *Virginia Satir: Foundational ideas.* New York: Routledge.

Browning, S., & Artelt, E. (2012). *Stepfamily therapy: A 10-step clinical approach.* American Psychological Association, Washington, DC.

Brubacher, L. (2006). Integrating emotion-focused therapy with the Satir model. *Journal of Marital and Family Therapy, 32*(2), 141-153.

Brumann, H. (1996). Metapsychology and professional politics. The Frued-Klein controversy. *Luzifer-*

Amor: Zeitschrift zur Geschichte der Psychoanalyse, 9, 49-112.

Bruner, J. (1986). *Actual minds, possible worlds.* Cambridge, MA: Harvard University Press.

Bruner, J. (2020). *Actual minds, possible worlds.* Cambridge, MA: Harvard university press.

Bubenzer, D. L., & West, J. D. (1993). William Hudson O'Hanlon: On Seeking Possibilities and Solutions in Therapy. *The Family Journal: Counseling and Therapy for Couples and Families, 1*(4), 365-379.

Bubenzer, D. L., West, J. D., & Boughner, S. R. (1994). Michael White and the narrative perspective in therapy. *The Family Journal: Counseling and Therapy for Couples and Families, 2*(1), 71-83.

Burgoyne, N., & Cohn, A. S. (2020). Lessons from the transition to relational teletherapy during COVID-19. *Family Process.* http://doi.org/10.1111/famp.12589

Butler, M. H., Davis, S. D., & Seedall, R. B. (2008). Common pitfalls of beginning therapists utilizing enactments. *Journal of Marital and Family Therapy, 34*(3), 329-352.

Caldwell, B. E., Bishcoff, R., Derrig-Palumbo, K. A., & Liebert, J. D. (2017). Best practices in the online practice of couple and family therapy. Retrieved from https://www.aamft.org/Documents/Products/ AAMFT_Best_Practices_for_Online-MFT.pdf

Campos, D., Mira, A., Breton-Lopez, J., Castilla, D., Botella, C., Carlbring, P., ... & Hedman-Lagerlöf, E. (2018). Internet-based vs. face-to-face cognitive behavior therapy for psychiatric and somatics disorders: An updated systematic review and meta-analysis. *Cognitive Behaviour Therapy, 47,* 1-18.

Capra, F. (1982). The Turning Point: A New Vision of Reality. *Futurist, 16*(6), 19-24.

Capra, F. (2002). *The hidden connections: A science for sustainable living.* New York: Anchor Books.

Carlson, J., & Ellis, C. M. (2004). Treatment agreement and relapse prevention strategies in couple and family therapy. *The Family Journal: Counseling and Therapy for Couples and Families, 12*(4), 352-357.

Carlson, J., Sperry, L., & Lewis, J. A. (1997). *Family therapy: Ensuring treatment efficacy.* Grove, CA: Brooks/Cole.

Carlson, J., Sperry, L., & Lewis, J. A. (2013). *Family therapy techniques: Integrating and tailoring treatment.* New York: Routledge.

Carter, B. (1992). Stonewalling feminism. *Family Therapy Networker, 16*(1), 64-69.

Carter, B. E., & McGoldrick, M. E. (1980). *The family life cycle: A framework for family therapy.* New York: Gardner Press.

Carter, B. E., & McGoldrick, M. (1988). Overview: The changing family life cycle-A framework for family therapy. In B. Carter & M. Carter (Eds.), *The changing family life cycle: A framework for family therapy (2nd ed.).* 3-28, Boston: Allyn & Bacon.

Carter, B., & McGoldrick, M. (1999). *The expanded family life cycle* (3rd ed.). Boston: Allyn & Bacon.

Carver, C. S., & Scheier, M. F. (2012). Attention and self-regulation: A control-theory approach to human behavior. Springer Science & Business Media.

Cashdan, S. (1988). *Object relations therapy: Using the relationship.* New York: W. W. Norton.

참고문헌

Centers for Disease Control. (2008). Birth, marriages, divorces and deaths: Provisional data for 2007. *National Vital Statistics Report*, 56(16).

Centers for Disease Control and Prevention. (2009). Data and Statistics.

Chapman, G. (1995). *The five love languages.* Los Angeles, CA: Word of Life Books.

Cheung, M. (1997). Social construction theory and the Satir model: Toward a synthesis. *American Journal of Family Therapy, 25*(4), 331-343.

Cheung, S. (2005). Strategic and solution-focused couples therapy. In M. Harway (Ed.), *Handbook of couples therapy,* 194-210. Hoboken, NJ: Wiley.

Chiao, J. Y. (2015). Current emotion research in cultural neuroscience. *Emotion Review, 7*(3), 280-293.

Chung, S. Y., Park, Y. J., Kim, J. W., & Park, Y. B. (2015). Validation of the Hwa-Byung Scale and its relationship with cardiovascular autonomic function. *European Journal of Integrative Medicine, 7*(4), 409-416.

Clemens, A. W., & Axelson, L. J. (1985). The not-so-empty-nest: The return of the fledgling adult. *Family Relations, 34,* 259-264.

Cleveland, P. H., & Lindsey, E. W. (1995). Solution-focused family interventions. In A. C. Kilpatrick & T. P. Holland (Eds.), *Working with families.* 145-160. Boston: Allyn & Bacon.

Cohen, J., & Kinston, W. (1984). Repression theory: A new look at the cornerstone. *International Journal of Psycho-analysis, 65,* 411-422.

Cohen, L., Manion, L., & Morrison, K. (2017). *Research methods in education (8th ed.).* New York: Routledge.

Cohen, T. F., & Strong, B. (2020). *The marriage and family experience: Intimate relationships in a changing society (14th ed.).* New York: Cengage Learning.

Colapinto, J. (1991). Structural family therapy. In A. S. Gurman & D. P. Kniskern (Eds.), *Handbook of family therapy (Vol. 2).* 417-443. New York: Brunner/Mazel.

Colapinto, J. (2000). Structural family therapy. In A. M. Horne (Ed.), *Family counseling and therapy (3rd).* 140-169. Itasca, IL: Peacock.

Colapinto, J. (2016). Structural family therapy. In T. L. Sexton, & J. Lebow (Eds.) *Handbook of family therapy.* 120-133. New York: Routledge.

Collins, D., Jordan, C., & Coleman, H. (1999). *An introduction to family social work.* New York: F. E. Peacock.

Collins, W. E., Newman, B. M., & McKenry, P. C. (1995). Intrapsychic and interpersonal factors related to adolescent psychological well-being in stepmother and stepfather families. *Journal of Family Psychology, 9,* 433-445.

Combrinck-Graham, L. (Ed.). (2006). *Children in family contexts: Perspectives on treatment.* New York: Guilford Press.

Combs, G., & Freedman, J. (2012). Narrative, poststructuralism, and social justice: Current practices in narrative therapy. *The Counseling Psychologist, 40*(7), 1033-1060.

Comer, J., Furr, J. M., Miguel, E. M., Cooper-Vince, C. E., Carpenter A. L., Elkins, R. M., ... & Chase, R. (2017). Remotely delivering real-time parent training to the home: An initial randomized trial of Internet-delivered parent-child interaction therapy (I-PCIT). *Journal of Consulting and Clinical Psychology, 85(9)*, 909-917.

Connolly, S. L., Miller, C. J., Lindsay, J. A., & Bauer, M. S. (2020). A systematic review of providers' attitudes toward telemental health via video conferencing. *Clinical Psychology: Science and Practice.* https://doi.org/10.1111/cpsp.12311

Cook, J. M., & Poulsen, S. S. (2011). Utilizing photographs with the genogram: A technique for enhancing couple therapy. *Journal of Systemic Therapies, 30*(1), 14-23.

Coontz, S. (1992). *The way we never were: American families and the nostalgia trap.* New York: HarperCollins.

Dattilio, F. M. (Ed.). (2017). *Case studies in couple and family therapy: Systemic and cognitive perspectives.* New York: Guilford.

David M. Lawson & Frances F. Prevatt (Eds.). (2005). 가족치료사례집 (박태영, 김현경 역). 서울: 시그마프레스. (원전은 1999년에 출판)

Davis, S. D., & Butler, M. H. (2004). Enacting relationships in marriage and family therapy: A conceptual and operational definition of an enactment. *Journal of Marital and Family Therapy, 30*(3), 319-333.

De Jong, P., & Berg, I. K. (2012). *Interviewing for solutions.* Belmont, CA: Brooks/Cole.

de Shazer, S. (1982). *Patterns of brief family therapy: An ecosystemic approach.* New York: Guilford.

de Shazer, S. (1985). *Keys to solution in brief therapy.* New York: W. W. Norton.

de Shazer, S. (1988). *Clues: Investigating solution in brief therapy.* New York: W. W. Norton.

de Shazer, S. D. (1991). *Putting difference to work.* New York: Norton.

de Shazer, S. (1994). *Words were originally magic.* New York: W. W. Norton.

de Shazer, S., & Berg, I. K. (1995). *The brief therapy tradition. Propagations: Thirty years of influence from the Mental Research Institute,* 249-252. Haworth Press Binghamton, NY

de Shazer, S., Dolan, Y., Korman, H., Trepper, T., McCollum, E., & Berg, I. K. (2021). *More than miracles: The state of the art of solution-focused brief therapy.* New York: Routledge.

Dell, P. F. (1985). Understanding Bateson and Maturana: Toward a biological foundation for the social sciences. *Journal of Marital and Family Therapy, 11*(1), 1-20.

DeMaria, R., Weeks, G. R., & Twist, M. L. (2017). *Focused genograms: Intergenerational assessment of individuals, couples, and families.* New York: Taylor & Francis.

Derrida, J. (1978). *Writing and difference.* Chicago: University of Chicago Press.

Diamond, J. (1997). *Guns, germs and steel.* New York: W. W. Norton & Company.

Dicks, H. V. (1963). Object relations theory and marital studies. *British Journal of Medical Psychology, 36,* 125-353.

Dicks, H. V. (1967). *Marital transitions.* New York: Basic Books.

Dicks, H. V. (2014). *Marital Tensions (Psychology Revivals): Clinical Studies Towards a Psychological Theory of Interaction.* New York: Routledge.

Dickerson, V. C. (2014). The advance of poststructuralism and its influence on family therapy. *Family Process, 53*(3), 401-414.

Dickerson, V. C., & Zimmerman, J. (1992). Families with adolescents: Escaping problem lifestyles. *Family Process, 31*(4), 341-353.

Diderich, M. (2008). *Sibling relationships in step-families: A sociological study.* Lewiston, NY: Edwin Mellen Press.

Dinkmeyer, D. C., Dinkmeyer Jr, D. C., & Sperry, L. (2000). *Adlerian counseling and psychotherapy (3rd Ed.).* Upper Saddle River, NJ: Merrill/Prentice Hall.

Dodgen-Magee, D. (2018). *Deviced!: Balancing life and technology in a digital world.* Lanham, MD: Rowman & Littlefield Publishers.

Doherty, W. J. (1991). Family therapy goes postmodern. *The family therapy networker, 15*(5), 36-42.

Dolan, Y. M. (1991). *Resolving sexual abuse: Solution-focused therapy and Ericksonian hypnosis for adult survivors.* New York: Norton.

Dolan, Y. (2006). Steve de Shazer: In memoriam. *Journal of Marital and Family Therapy, 32*(1), 1-2.

Dolan, Y. (2007). Tribute to Insoo Kim Berg. *Journal of Marital and Family Therapy, 33*(2), 129-131.

Donaldson, G. (1996). Between practice and theory: Melanie Klein, Anna Freud and the development of child analysis. *Journal of the History of the Behavioral Sciences, 32,* 160-176.

Donovan, J. M. (2013). *Short-term object relations couples therapy: The five-step model.* New York: Routledge.

Dowd, E. T., & Pace, T. M. (1989). The relativity of reality: Second-order change in psychotherapy. In A. Freeman et al. (Eds.), *Comprehensive handbook of cognitive therapy.* 213-266. New York: Plenum Press.

Druss, B. G. (2020). Addressing the COVID-19 pandemic in populations with serious mental illness. *JAMA Psychiatry, 1-2.* https://doi:10.1001/jamapsychiatry.2020.0894

Duhl, B. S., & Duhl, F. J. (1981). Integrative family therapy. In A. S. Gurman & D. P. Kniskern (Eds.), *Handbook of family therapy, 1,* 483-516. New York: Brunner/Mazel.

Duhl, F. J., Kantor, D., & Duhl, B. S. (1973). Learning, space, and action in family therapy: A primer of sculpture. In D. A. Bloch (Ed.), *Techniques of family psychotherapy.* 69-76. New York: Grune & Stratton.

Duncan, B. L., Solovey, A. D., & Rusk, G. S. (1992). *Changing the rules: A client-directed approach to therapy.* New York: The Guilford Press.

Dunlap, K. (1928). A revision of the fundamental law of habit formation. *Science, 67,* 360-362.

Dunn, A. B, & Levitt, M. M. (2000). The genogram: From diagnostics to mutual collaboration. *The Family*

Journal: Counseling and Therapy for Couples and Families, 8(3), 236-244.

Duvall, E. M., & Hill, R. (1948). *Report of the committee on dynamics of family interaction.* Washington, DC: National Conference on Family Life.

Duvall, E. M., & Miller, B. C. (1985). *Marriage and family development (6th ed.).* New York: Harper & Row.

Efran, J. S., & Schenker, M. D. (1993). A potpourri of solutions: How new and different is solution-focused therapy. *Family Therapy Networker, 17*(3), 71-74.

Elizur, J., & Minuchin, S. (1989). *Institutionalizing madness: Families, therapy, and society.* New York: Basic Books.

Ellis, A. (2000). Rational-emotive behavioral marriage and family therapy. In A. M. Horne (Ed.). *Family counseling and therapy (3rd Ed.).* 489-514. Itasca, IL: F. E. Peacock.

Engler, B. (1999). *Personality theories.* New York: Houghton Mifflin Company.

Enns, C. Z. (2004). *Feminist theories and feminist psychotherapies: Origins, themes, and diversity (2nd).* New York: Haworth.

Epston, D. (1994). Extending the conversation. *Family Therapy Networker, 18*(6), 30-37.

Erdman, P. (2000). Bringing a symbol: An experiential exercise for systematic change. In R. E. Watts (Ed.), *Techniques in marriage and family counseling.* 99-102. Alexandria, VA: American Counseling Association.

Erikson, E. H. (1959). *Identity and the life cycle. Psychological Issues, Vol. 1, Monograph 1.* New York: International Universities Press.

Erikson, E. H. (1993). *Childhood and society.* New York: W. W. Norton & Company.

Eron, J. B., & Lund, T. W. (1996). *Narrative solutions in brief therapy.* New York: The Guilford Press.

Eron, J. B., & Lund, T. W. (1998). Narrative solutions couple therapy. In M. F. Dattilio, (Ed.). *Case studies in couple and family therapy.* 371-400. New York: Guilford Press.

Fairbairn, W. R. D. (1943). The war neuroses: Their nature and significance. In W. R. D., Fairbairn, *An object relaions theory of personality.* 256-288. New York: Basic Books.

Fairbairn, W. R. D. (1952a). *An object relations theory of the personality.* New York: Basic Books.

Fairbairn, W. R. D. (1952b). *Psychoanalytic studies of the personality.* New York: Routledge.

Fairbairn, W. R. D. (1958). On the nature and aims of psycho-analytical treatment. *International Journal of Psycho-Analysis, 39,* 374-385.

Falicov, C. J. (Ed.). (1988). *Family transitions: Continuity and change over the life cycle.* New York: Guilford Press.

Farero, A. M., Springer, P., Hollist, C., & Bischoff, R. (2015). Crisis management and conflict resolution: Using technology to support couples through deployment. *Contemporary Family Therapy, 37,* 281-290.

Fisch, R. (1986). The brief treatment of alcoholism. *Journal of Strategic and Systems Therapies, 5,* 40-49.

Fisch, R. (1988). Training in the brief therapy model. In H. A. Liddle, D. C. Breulin, & R. C. Schwartz (Eds.), *Handbook of family therapy training* and Fisch, R., & Schlanger, K. (1999). *Brief therapy with intimidating cases: Changing the unchangeable*. Jossey-Bass. supervision. 79-92. New York: Guilford Press.

Fisch, R., Weakland, J. H., & Segal, L. (1982). *The tactics of change: Doing therapy briefly*. New York: Jossey-Bass.

Fish, J. M. (1995). Solution focused therapy in global perspective. *World Psychology, 1*(2), 43-69.

Fishman, H. C. (1993). *Intensive structural therapy: Treating families in their social context*. New York: Basic Books.

Fishman, H. C. (2017). *Treating troubled adolescents: A family therapy approach*. New York: Routledge.

Fleming, J. S., & Rickord, B. (1997). Solution-focused brief therapy: One answer to managed mental health care. *The Family Journal: Counseling and Therapy for Couples and Families, 5*(4), 286-294.

Foley, V. D. (1974). *An introduction to family therapy*. New York: Grune & Stratton.

Fonagy, P., & Bateman, A. W. (2006). Mechanisms of change in mentalization-based treatment of BPD. *Journal of Clinical Psychology, 62*(4), 411-430.

Fonagy, P., Gergely, G., & Jurist, E. L. (Eds.). (2018). *Affect regulation, mentalization and the development of the self*. New York: Routledge.

Foucault, M. (1972) *The archeology of knowledge*. New York: Harper & Row.

Foucault, M. (1975). *Discipline and punish: The birth of the prison*. New York: Pantheon.

Foucault, M. (1980). *Power/knowledge: Selected interviews and other writings*. New York: Pantheon Books.

Foucault, M. (2003). *Madness and civilization: A history of insanity in the use of reason*. New York: Routledge.

Fox, G. (2006). Development in family contexts. In L. Combrinck-Graham(Ed.), *Children in family contexts: Perspectives on treatment*. 26-50. New York: Guilford Press.

Frame, M. W. (2000). Constructing religious/spiritual genograms. In R. E. Watts (Ed.), *Techniques in Marriage and Family Counseling*. 69-74. Alexandria, VA: American Counseling Association,

Framo, J. L. (1972). *Family interaction: A dialogue between family researchers and family therapists*. New York: Springer,

Framo, J. L. (1981). The integration of marital therapy with sessions with family of origin. In A. S. Gurman, & D. P. Kniskern (Eds.). *Handbook of family therapy*. 133-158. New York: Brunner/Mazel.

Framo, J. L. (1992). *Family-of-origin therapy: An intergenerational approach*. New York: Brunner/Mazel.

Framo, J. L. (1996). A personal retrospective of the family therapy field: Then and now. *Journal of Marital and Family Therapy, 22*(3), 289-316.

Fraser, J. S. (1982). Structural and strategic family therapy: A basis for marriage, or grounds for divorce?. *Journal of Marital and Family Therapy, 8*(2), 13-22.

Fraser, J. S., & Solovey, A. D. (2007). *Second-order change in psychotherapy: The golden thread that unifies effective treatments.* Washington, DC: American Psychological Association.

Freedman, J. (2014). Witnessing and positioning: Structuring narrative therapy with families and couples. *Australian and New Zealand Journal of Family Therapy, 35*(1), 20-30.

Freedman, J., & Combs, G. (1996). *Narrative therapy: The social construction of preferred realities.* New York: Norton.

Freedman, J. H., & Combs, G. (2000). Narrative therapy with couples. In F. M. Datillio & L. J. Bevilacqua (Eds.), *Comparative treatments for relationship dysfunction.* 342-361. New York: Springer.

Freedman, J., & Combs, G. (2009). Narrative ideas for consulting with communities and organizations: Ripples from the gatherings. *Family Process, 48*(3), 347-362.

Freedman, J., & Combs, G. (2015). Narrative couple therapy. In A. S. Gurman, J. L. Lebow, & D. K. Snyder (Eds.), *Clinical handbook of couple therapy.* 229-258. New York: Guilford.

Freeman, E. M. (2015). *Narrative approaches in social work practice: A life span, culturally centered, strengths perspective.* Springfield, IL: Charles C Thomas Publisher.

Freeman, J. C., Epston, D., & Lobovits, D. (1997). *Playful approaches to serious problems: Narrative therapy with children and their families.* New York: Norton.

Freud, S. (1917). Mourning and melancholia. *Standard Edition, 14,* 243-258.

Freud, S. (1926). Group psychology and the analysis of the ego. *Standard Edition, 14,* 65-144.

Freud, S. (1936). Inhibitions, symptoms, and anxiety. *The Psychanalytic Quarterly, 5*(1), 1-28.

Friedlander, M. L., Wildman, J., & Heatherington, L. (1991). Interpersonal control in structural and Milan systemic family therapy. *Journal of Marital and Family Therapy, 17*(4), 395-408.

Friedman, E. H. (1991). Bowen theory and therapy. In A. S. Gurman & D. P. Kniskern (Eds), *Handbook of family therapy (Vol. 2).* 134-170. New York: Brunner/Mazel.

Friesen, J. (1985). *Structural-strategic marriage and family therapy.* New York: Gardner Press.

Ganong, L. H., Coleman, M., & Jamison, T. (2011). Patterns of stepchild-stepparent relationship development. *Journal of Marriage and Family, 73*(2), 396-413.

Gehart, D. R. (2016). *Theory and treatment planning in family therapy: A competency-based approach.* New York: Cengage Learning.

Gehart, D. R., & Lyle, R. R. (2001). Client experience of gender in therapeutic relationships: An interpretive ethnography. *Family Process, 40*(4), 443-458.

Geller, S. M. (2019). Therapeutic presence: The foundation for effective emotion-focused therapy. In L. S. Greenberg & R. N. Goldman (Eds.), *Clinical handbook of emotion-focused therapy.* 129-145. Washington, DC: American Psychological Association.

Geller, S. (2020). Cultivating online therapeutic presence: Strengthening therapeutic relationships in teletherapy sessions. *Counselling Psychology Quarterly.* http://doi.org/10.1080/0955070.2020.1787348

Gergen, K. J. (1985). The social constructionist movement in modern psychology. *American Psychologist, 40*, 266-275.

Gergen, K. J. (1991). *The saturated self.* New York: Basic Books.

Gergen, K. J. (1994). Exploring the postmodern: Perils or potentials?. *American psychologist, 49*(5), 412-416.

Gergen, K. J. (2012). *Toward transformation in social knowledge.* New York: Springer.

Gerson, M. J. (2009). *The embedded self: An integrative psychodynamic and systemic perspective on couples and family therapy (2nd ed.).* New York: Routledge.

Gilligan, C. (1982). *In a different voice: Psychological theory and women's development.* Cambridge, MA: Harvard University Press.

Gilkey, S. L., Carey, J., & Wade, S. L. (2009). Families in crisis: Considerations for the use of web-based treatment models in family therapy. *Families in Society: The Journal of Contemporary Social Services, 90(10),* 37-45.

Gladding, S. T. (2018). *Family therapy: History, theory, and practice(7th ed.).* New York: Pearson.

Goffman, E. (1968). *Asylums: Essays on the social situation of mental patients and other inmates.* New York: Anchor Books.

Golann, S. (1988a). On second-order family therapy. *Family Process, 27*(1), 51-65.

Golann, S. (1988b). Who replies first? A reply to Hoffman. *Family Process, 27*(1), 68-71.

Goldberg, S. (2014). *Attachment and development: An integrative approach.* New York: Routledge.

Goldenberg, I., & Goldenberg, H. (1990). *Counseling today's families.* Pacific Grove, CA: Brooks/Cole.

Goldenberg, I. & Goldenberg, H. (2003). *Family therapy: An overview* (6th ed.). Pacific Grove, CA: Brooks/Cole.

Goldenberg, I. & Goldenberg, H. (2013). *Family therapy: An overview* (8th ed.). Pacific Grove, CA: Brooks/Cole.

Goldenberg, I., Goldenberg, H., & Goldenber Pelavin, E. (2014). Family therapy. In R. J. Corsini & D. Wedding (Eds.), *Current psychotherapies (10th ed.).* 372-410. Belmont, CA: Cengage.

Goldenberg, I., Stanton, M., & Goldenberg, H. (2017). *Family therapy: An overview* (9th ed.). Boston, MA: Cengage.

Goldin, E., & Mohr, R. (2000). Issues and techniques for counseling long-term, later-life couples. *The Family Journal, 8,* 229-235.

Goldman, D. (1993). *In one's bones: The clinical genius of Winnicott.* Northvale, NJ: Jason Aronson.

Goldner, V. (1985). Feminism and family therapy. *Family Process, 24*(1), 31-47.

Goldner, V., Penn, P., Sheinberg, M., & Walker, G. (1990). Love and violence: Gender paradoxes in volatile attachments. *Family Process, 29*(4), 343-364.

Goldstein, M. J. (1981). *New developments in interventions with families of schizophrenics* (Vol. 12). San Francisco: Jossey-Bass.

참고문헌

Goldstein, S., & Thau, S. (2004). Integrating attachment theory and neuroscience *in couple therapy*. *International Journal of Applied Psychoanalytic Studies*, 1(3), 214-223.

Gomez, L. (2002) *An introduction to object relations*. New York: The Free Press.

Goolishian, H. A. & Anderson, H. (1987). Language systems and therapy: An evolving idea. *Psychotherapy*. 24(3s). 529-538.

Gottman, J. (1994). *What predicts divorce*. Hillsdale, NJ: Erlbaum.

Greenberg, L. S., & Johnson, S. M. (1986). Emotionally focused douples therapy. In S. Jacobson, & A. S. Gurman (Eds.), *Clinical handbook of marital therapy*. 253-276. New York: Guilford.

Greenberg, J., & Mitchell, S. A. (1983). *Object relations in psychoanalytic theory*. Cambridge, MA: Harvard University Press.

Greenberg, L. S., Rice, L. N., & Elliott, R. (1996). *Facilitating emotional change: The moment-by-moment process*. New York: Guilford Press.

Greene, G. J. (1996a). Communication theory and social work treatment. In F. J. Turner (Ed.), *Social work treatment: Interlocking theoretical approaches* (4th ed.). 116-145. New York: The Free Press.

Greene, G. J. (1996b). An integrative dialectical-pragmatic approach to time-limited treatment: Working with unemployed clients as a case in point. In A. R. Roberts (Eds.), *Managing crisis and brief treatment*. 160-194. Chicago: Nelson-Hall.

Greene, R. (2018). *The laws of human nature*. New York: Penguin Books.

Grosskurth, P. (2013). *Melanie Klein: Her world and her work*. New York: Knopf.

Grossmann, K. E., Grossmann, K., & Schwan, A. (1986). Capturing the wider view of attachment: A reanalysis of Ainsworth's strange situation. *Measuring Emotions in Infants and Children*, 2, 124-171.

Grotstein, J. S. (1981). Wilfred R. Bion: The man, the psychoanalyst, the mystic a perspective on his life and work. *Contemporary Psychoanalysis*, 17(4), 501-536.

Grotstein, J. S., & Rinsley, D. B. (Eds.). (1994). *Fairbairn and the origins of object relations*. New York: Guilford Press.

Guerin, P. J. (1976). Family therapy: The first twenty-five years. In P. J. Guerin (Ed.), *Family therapy: Theory and practice*. 2-22. New York: Gardner.

Guerin, P. J., Fay, L., Burden, S. L., & Kauggo, J. G. (1987). *The evaluation and treatment of marital conflict*. New York: Basic Books.

Guerin, P., & Fogarty, T. (1972). Study your own family. In A. Ferber, M. Mendelsohn, & A. Napier (Eds.), *The book of family therapy*. 445-467. New York: Science House.

Guerin, P. J., Fogarty, T. F, Fay, L. F., & Kautto, J. G. (1996). *Working with relationship triangles: The one-two-three of psychotherapy*. New York: Guilford Press

Guntrip, H. (1973). Science, psychodynamic reality and autistic thinking. *Journal of the American Academy of Psychoanalysis*, 1(1), 3-22.

Guntrip, H. (1986). My experience of analysis with Fairbairn and Winnicott (How complete a result does psycho-analytic therapy achieve?). Essential papers on object relations, 449.

Guntrip, H. (2008). *Psychoanalytic theory, therapy, and the self*. New York: Basic Books.

Guntrip, H. (2018). *Schizoid phenomena, object relations and the self*. New York: Routledge.

Gurman, A. S. (2015). The theory and practice of couple therapy: History, contemporary models, and a framework for comparative analysis. In A. S. Gurman, J. L. Lebow, & D. K. Snyder (Eds.), *Clinical handbook of couple therapy*. 1-18. New York: The Guilford Press.

Gurman, A. S., & Kniskern, D. P. (1981a). Family therapy outcome research: Knowns and unknowns. In A. S. Gurman, D. P. Kniskern (Eds.), *Handbook of family therapy*. 742-775. New York: Brunner/Mazel.

Gurman, A. S., & Kniskern. D. P. (1981b). Preface. In In A. S. Gurman, D. P. Kniskern (Eds.), *Handbookof family therapy*. xiii-xviii. New York: Brunner/Mazel.

Gurman, A. S., Kniskern, D. P. & Pinsof, W. M. (1986). Research on the process and outcome of marital and family therapy. In S. L. Garfield & A. S. Bergin (Eds.), *Handbook of psychotherapy and behavior change: An empirical analysis* (2nd ed). 817-901. New York: Wiley.

Guttman, H. A. (1991). Systems theory, cybernetics, and epistemology. In A. S., Gurman, & D. P. Kniskern (Eds.), *Handbook of family therapy*. 41-64. New York: Brunner/Mazel.

Haber, R. (2011). Virginia Satir's family camp experiment: An intentional growth community still in process. *Contemporary Family Therapy*, 33(1), 71-84.

Haddock, S. A., Zimmerman, T. S., & Lyness, K. P. (2003). Changing gender norms: Transitional dilemmas. In F. Walsh (Ed.), *Normal family processes: Growing diversity and complexity*. 301-336. New York: The Guilford Press.

Haene, L. D. (2010). Beyond division: Convergences between postmodern qualitative research and family therapy. *Journal of Marital and Family Therapy*, 36(1), 1-12.

Hafermalz, E., & Riemer, K. (2016). Negotiating distance: "Presencing work" in a case remote telenursing. Proceedings from ICIS '16: The International Conference on Information Systems. Dublin, Ireland: AIS Electronic Library. Retrieved from http://www.researchgate.net/publication/313794397_Negotiating_Distance_Presencing_Work_in_a_Case_of_Remote_Telenursing

Haley, J. (1963). *Strategies of psychotherapy*. New York: Grune & Statton.

Haley, J. (1973). *Uncommon therapy: The psychiatric techniques of Milton G. Erickson, M.D.* New York: Norton.

Haley, J. (1976). *Problem-solving therapy: New strategies for effective family therapy*. San Francisco, CA: Jossey-Bass.

Haley, J. (1980). Leaving home: The therapy of disturbed young people. New York: McGraw-Hill.

Haley, J. (1984). *Ordeal therapy*. San Francisco, CA: Jossey-Bass.

Haley, J. (1987). *Problem-solving therapy* (2nd ed.). San Francisco: Jossey-Bass.

Haley, J. (1991). *Problem-solving therapy* (2nd ed.). New York: John Wiley & Sons.

Haley, J. (2013). *Why Not Long-Term Therapy?. In Brief Therapy*. New York: Routledge.

Haley, J., & Richeport-Haley, M. (2007). *Directive family therapy*. New York: Routledge.

Hall, C. M. (1981). *The Bowen family theory and its uses*. Northvale, NJ: Jason Aronson.

Hamilton, N. G. (1988). *Self and others: Object relations theory in practice*. New York: Jason Aronson.

Hammond, R. T., & Nichols, M. P. (2008). How collaborative is structural family therapy?. *The Family Journal: Counseling and Therapy for Couples and Families, 16*(2), 118-124.

Hansen, J., & L'Abate, L. (1982). *Approaches to family therapy*. New York: Macmillan.

Hao, Y., Franco, J. H., Sundarrajan, M., & Chen, Y. (2020). A pilot study comparing tele-therapy and in-person therapy: Perspectives from parent-mediated intervention for children with autism spectrum disorders. *Journal of Autism and Developmental Disorders*. http://doi.org/10.1007/s10803-020-04439-x

Hare-Mustin, R. T. (1978). A Feminist approach to family therapy. *Family Process, 17*(2), 181-194.

Hare-Mustin, R. T. (1987). The problem of gender in family therapy theory. *Family process, 26*(1), 15-27.

Hare-Mustin, R. T. (1994). Discourses in the mirrored room: A postmodern analysis of therapy. *Family process, 33*(1), 19-35.

Hare-Mustin, R. T., & Marecek, J. (1990). *Making a difference: Psychology and the construction of gender*. New Haven, CT: Yale University Press.

Hargrove, D. S. (2012). Bowen family systems theory. In J. H. Bray & M. Stanton, M. (Eds.), *The Wiley-Blackwell handbook of family psychology*. 286-299. Oxford, UK: Wiley-Blackwell.

Hartman, A. (1995). Family therapy. In R. L. Edwards et al. (Eds.), *Encyclopedia of Social Work* (19th ed.). 983-996. Washington, DC: National Association of Social Workers.

Harlow, H. F. (1958). The nature of love. *American Psychologist, 13*, 673-685. doi:10.1037/h0047884

Hazan, C., & Shaver, P. (1987). Romantic love conceptualized as an attachment process. *Journal of personality and social psychology, 52*(3), 511.

Heims, S. (1975). Encounter of behavioral sciences with new machine-organism analogies in the 1940's. *Journal of the History of the Behavioral Sciences, 11*(4), 368-373.

Hershenson, D. B., & Power, P. W. (1987). *Mental health counseling: Theory and practice*. New York: Pergamon Press.

Hetherington, E. M., Law, T. C., & O'Connor T. G. (1993). Divorce: Challenges, changes, and new chances. In F. Walsh (Ed.), *Normal family processes* (2nd ed.), 208-234. New York: The Guilford Press.

Hertlein, K. M., Blumer, L. C., & Smith, J. M. (2014). Marriage and family therapists' use and comfort with online communication with clients. *Contemporary Family Therapy, 36*, 58-69.

Heru, A. M. (1980). *Family therapy: A comparison of approaches*. Bowie, MD: Prentice-Hall.

Hicks, B., & Baggerly, J. (2017). The effectiveness of child parent relationship therapy in an online format. *International Journal of Play Therapy, 26*(3), 138-150.

Hilty, D. M. Ferrer, D. C., Parish, M. B., Johnston, B., Callahan, E. J., & Yellowees, P. M. (2013). The effectiveness of telemental health: A 2013 review. *Telemedicine Journal of E-Health, 19(6)*, 444-454.

Hinde, R. A. (1982). Attachment: Some conceptual and biological issues. *The place of attachment in human behavior*, 60-76.

Hinshelwood, R. D. (1991). Psychodynamic formulation in assessment for psychotherapy. *British Journal of Psychotherapy, 8*(2), 166-174.

Hoffman, L. (1981). *Foundations of family therapy: A conceptual framework for systems change.* New York: Basic Books.

Hoffman, L. (1985). Beyond power and control: Toward a second-order family systems therapy. *Family Systems Medicine, 3*, 381-396.

Hoffman, L. (1988). A constructivist position for family therapy. *The Irish Journal of Psychology, 9*(1), 110-129.

Hoffman, L. (1990). Constructing realities: An art of lenses. *Family Process, 29*(1), 1-12.

Hoffman, L. (1991). A reflexive stance for family therapy. *Journal of Strategic and Systemic Therapies, 10*(3-4), 4-17.

Hoffman, L., (2002). *Family therapy: An intimate history.* New York: Norton.

Hollander, J. E., & Carr, B. G. (2020). Virtually perfect? Telemedicine for covid-19. *New England Journal of Medicine, 382*(18), 1679-1681.

Holmes, J. (2014). *John Bowlby and attachment theory.* New York: Routledge.

Horowitz, M. J. (1977). Cognitive and interactive aspects of splitting. *The American Journal of Psychiatry, 134*(5), 549-553.

Howells, J. G. (1975). *Principles of family psychiatry.* New York: Brunner/Mazel.

Hoyt, M. F. (2008). Solution-focused couple therapy. In A. S. Gurman, J. L. Lebow, & D. K. Snyder (Eds.) (2015), *Clinical handbook of couple therapy*, 300-332. New York: Guilford.

Hsueh, A. C., Morrison, K. R., & Doss, B. D. (2009). Qualitative reports of problems in cohabiting relationships: Comparisons to married and dating relationships. *Journal of Family Psychology, 23*(2), 236-246.

Hughes, D. A. (2011). *Attachment-focused family therapy.* New York: Norton.

Hughes, F. P., & Noppe, L. D. (1985). *Human development across the life span.* Upper Saddle River, MJ: Merrill/Prentice Hall.

Irvine, A., Drew, P., Bower, P., Books, H., Gellatly, J., Armitage, C. J., ··· & Bee, P. (2020). Are there interactional differences between telephone and face-to-face psychological therapy? A systematic review of comparative studies. *Journal of Affective Disorders, 265*, 120-131.

Jackson, D. D. (1968). *Communication, family, and marriage: Human communication* (Vol. 1). Palo Alto, CA: Science and Behavior Books.

Jacobson, E. (1954). *The self and the object world.* New York: International Universities Press.

Janzen, C., Harris, O., Jordan, C., & Franklin, C. (2006). *Family treatment: Evidence-based practice with populations at risk* (4th ed.). Pacific Grove, CA: Brooks/Cole.

Johnson, L., Bruhn, R., Winek, J., Krepps, J., & Wiley, K. (1999). The use of child-centered play therapy and filial therapy with Head Start families: A brief report. *Journal of Marital and Family Therapy, 25*(2), 169-176.

Johnson, S. (1996). *Creating connection: The practice of emotionally focused marital therapy.* New York: Brunner/Mazel.

Johnson, S. (2002). *Emotionally focused couple therapy with trauma survivors: Strengthening attachment bonds.* New York: Norton.

Johnson, S. M., & Brubacher, L. L. (2016). Emotionally focused couple therapy: Empiricism and art. In T. L. Sexton & J. Lebow (Eds.), *Handbook of family therapy.* 326-348. New York: Routledge.

Kane, C. M. (1994). Family Making: A Satir Approach to Treating the H. Family. *The Family Journal: Counseling and Therapy for Couples and Families, 2*(3), 256-258.

Kaslow, F. W. (1981). Divorce and divorce therapy. In A. S. Gurman, & D. P. Kniskern (Eds.). *Handbook of family therapy.* 662-696. New York. Brunner/Mazel.

Kaslow, F. W. (1990). *Voices in family psychology,* Newbury Park, CA: Sage.

Kaslow, F. W. (2010). A family therapy narrative. *The American Journal of Family Therapy, 38*(1), 50-62.

Kaslow, N. J. (2004). Competencies in professional psychology. *American Psychologist, 59*(8), 774-781.

Keeling, M. L., & Bermudez, M. (2006). Externalizing problems through art and writing: Experience of process and helpfulness. *Journal of Marital and Family Therapy, 32*(4), 405-419.

Keeney, B. P. (1991). *Improvisational therapy: A practical guide for creative clinical strategies.* New York: Guilford Press.

Keeney, B. P., & Ross, J. M. (1985). *Mind in therapy: Constructing systemic family therapies.* New York: Basic Books.

Keim, J. (2000). Strategic family therapy: The Washington School. In A. M. Horne (Ed.), *Family counseling and therapy* (3rd ed.), 170-207. Itasca, IL: F. E. Peacock.

Keith, D. V. (2017). Symbolic-experiential family therapy for chemical imbalance. F. M. Dattilio (Ed.). *Case studies in couple and family therapy: Systemic and cognitive perspectives.* New York: Guilford Publications.

Kempler, W. (1981). *Experiential psychotherapy with families.* New York: Brunner/Mazel.

Kernberg, O. F. (1980). *Internal world and external reality.* New York: Jason Aronson.

Kernberg, O. F. (1985). *Borderline conditions and pathological narcissism.* New York: Aronson.

Kernberg, O. (1990). Dealing with the borderline patient. In G. Schoenewolf (Ed.), *Turning points in analytic therapy: From Winnicott to Kernberg.* 197-216. Northvale, NJ: Jason Aronson.

Kernberg, P., & Chanzan, S. (1991). *Children with conduct disorders.* New York: Basic Books.

Kerr, M. E. (1981). Family systems theory and therapy. In A. S. Gurman & D. P. Kniskern (Eds.), *Handbook of family therapy* (Vol. 1). 225-264. New York: Brunner/Mazel.

Kerr, M. E. (1988). Chronic anxiety and defining a self. *The Atlantic Monthly, 9*(9), 35-58.

Kerr, M. (2003). Multigenerational family systems theory of Bowen and its application. In G. P. Sholevar (Ed.), *Textbook of family and couples therapy: Clinical applications*. 103-126. Arlington, VA: American Psychiatric Publishing, Inc.

Kerr, M. E., & Bowen, M. (1988). *Family therapy in clinical practice*. New York: Aronson.

Kilpatrick, A., & Kilpatrick, E. (1991). Object relations family therapy. In A. M. Horne & J. L. Passmore (Eds.), *Family counselling and therapy* (2nd ed.). 207-235. Itasca, IL: F. E. Peacock.

Kim, B. L. C., & Ryu, E. (2005). Korean families. In M. McGoldrick, J. Goirdano, & N. Garcia-Preto (Eds.), *Ethnicity and family therapy*. 349-362. New York: The Guilford Press.

Kim, J. M. (2003). Structural family therapy and its implications for the Asian American family. *The Family Journal: Counseling and Therapy for Couples and Families, 11*(4), 388-392.

Kim, J. S. (2008). Examining the effectiveness of solution-focused brief therapy: A meta-analysis. *Research on Social Work Practice, 18*(2), 107-116.

Kim, M. H. (1996). Changing relationships between daughters-in-law and mothers-in-law in urban South Korea. *Anthropological Quarterly, 69*(4), 179-192.

Kim, S. H., Park, Y. C., Hong, K. E., Kang, W., Lee, S. R., & Jung, I. C. (2012). The effect of Bunsimgi-eum on Hwa-byung: Randomized, double blind, placebo controlled trial. *Journal of Ethnopharmacology, 144*(2), 402-407.

Kim, Y. S. E. (1987). *Korean families and family therapy: Projection of a therapeutic paradigm for Korean urban middle-class families*. Frankfurt: Peter Lang.

Kindsvatter, A., Duba, J. D., & Dean, E. P. (2008). Structural techniques for engaging reluctant parents in counseling. *The Family Journal: Counseling and Therapy for Couples and Families, 16*(3), 204-211.

King, P. H. (1983). The life and work of Melanie Klein in the British Psycho-Analytical Society. *International Journal of Psycho-Analysis, 64*, 251-260.

King, V. L., Brooner, R. K., Peirce, J. M., Kolodner, K., & Kidorf, M. S. (2014). A randomized trial of web-based videoconferencing for substance abuse counseling. *Journal of Substance Abuse Treatment, 46*(1), 36-42.

Kinston, W. (1982). An intrapsychic developmental schema for narcissistic disturbance. *International Review of Psychoanalysis, 9*, 253-261.

Kinston, W. (1983a). A theoretical context for shame. International *Journal of Psychoanalysis, 64*, 213-226.

Kinston, W. (1983b). The positive therapeutic reaction. *Scandinavian Psychoanalytical Review, 6*(2), 111-127.

Kinston, W., & Cohen, J. (1986). Primal repression: Clinical and theoretical aspects. *International Journal of Psycho-Analysis, 67*, 337-353.

Kinston, W., & Cohen, J. (1988). Primal repression and other states of mind. *The Scandinavian psychoanalytic review, 11*(2), 81-105.

Kiser, D. J., Piercy, F. P., & Lipchik, E. (1993). The integration of emotion in solution-focused therapy. *Journal of Marital and Family Therapy, 19*(3), 233-242.

Klein, M. (1932). The psychoanalysis of children. London: Hogrth.

Klein, M. (1959). Our adult world and its roots in infancy. *Human Relations, 12*(4), 291-303.

Klein, M. (1986). A contribution to the psychogenesis of manic-depressive states. In P. Buckly (Ed.), *Essential papers on object relations.* 40-70. New York: New York University Press.

Koch, A., & Ingram, T. (1985). The treatment of borderline personality disorder within a distressed relationship. *Journal of Marital and Family Therapy, 11*(4), 373-380.

Kocsis, B. J., & Yellowlees, P. (2018). Telepsychotherapy and the therapeutic relationship: Principles, advantages, and case examples. *Telemedicine and e-Health, 24*(5), 329-334.

Koh, E. K., Park, T. Y., & Park, Y. H. (2020). Attachment and romantic relatioships dissolution: A case study of family rherapy. *Australian and New Zealand Journal of Family Therapy, 41*(4), 393-410.

Kohut, H. (1971). *The Analysis of the Self.* New York: International Universities Press

Kohut, H. (2019). *The analysis of the self: A systematic approach to the psychoanalytic treatment of narcissistic personality disorders.* Chicago: University of Chicago Press.

Korzybski, A. (1942). *Science and sanity: An introduction to non-Aristotelian systems and general semantics.* Lancaster, PA: Science Books.

Kozloff, N., Muslant, B. H., Stergiopoulos, V., & Voineskos, A. N. (2020). The COVID-19 global pandemic: Implications for people with schizophrenia and related disorders. *Schizophrenia Bulletin, 1-2.* https://doi:10.1093/schubul/sbaa051

Krauth, L. D. (1995). Strength-based therapies. *Family Therapy News, 26*(6), 24.

Kreider, R. M. (2006). Remarriage in the United States. In Poster presented at the annual meeting of the American Sociological Association, Montreal.

Kroos, K. (2012). Eclecticism as the foundation of meta-theoretical, mixed methods and interdisciplinary research in social sciences. *Integrative Psychological and Behavioral Science, 46*(1), 20-31.

Kuehl, B. (2008). Narrative description of the genogram. *Family Therapy Magazine, 7*, 15-21.

Kuhn, T. (1962). *The structure of scientific revolutions.* Chicago: University of Chicago Press.

Kurtz, P. D., Tandy, C. C., & Shields, J. P. (1995). Narrative family interventions. In A. C. Kilpatrick & T. P. Holland (Eds.), *Working with families: An integrative model by level of functioning.* 177-197. Boston: Allyn & Bacon.

Ladyman, J. (2002). *Understaning philosophy of science.* New York: Routledge.

Lakatos, I. (1968). Criticism and the methodology of scientific research programms. *Proceedings of the Aristotelian Society, 69*, 149-186.

Lamidi, E., & Cruz, J. (2014). *Remarriage Rate in the US, 2012. NCFMR Family Profile FP-14-10, National Center for Family & Marriage Research,* Bowling Green State University, Bowling Green, OH.

Langarizadeh, M., Tabatabaei, M. S., Tavakol, K., Naghipour, M., Rostami, A., & Moghbeli, F. (2017).

Telemental health care, an effective alternative to conventional mental care: A systematic review. *Acta Informatica. Medica. 25*(4), 240-246.

Langsley, D. G., Pittman, F. S., Machotka, P., & Flomenhaft, K. (1968). Family crisis therapy: Results and implications. *Family Process, 7*(2), 145-158.

Lansky, M. R. (1981). Treatment of the narcissitically vulnerable couple. In M. Lansky (Ed.), *Family psychotherapy and major psychopathology*, 163-182. New York: Grune & Stratton.

Laszloffy, T. A. (2002). Rethinking family development theory: Teaching with the systemic family development (SFD) model. *Family Relations: An Interdsciplinary Journal of Applied Family Studies, 51*(3), 206-214.

Laqueur, H. P. (1976). Multiple family therapy. In P. J. Guerin (Ed.), *Family therapy Theory and practice.* 405-416. New York: Gardner Press.

Lawrence, E. C. (1999). The humanistic approach of Virginia Satir. In D. M. Lawson & F. F. Prevatt (Eds.), *Casebook in family therapy*, 169-186. New York: Brooks/Cole.

Lebow, J. L. (2020). COVID-19, families, and family therapy: Shining light to the darkness. *Family Process, 59(3)*, 825-831. http://doi.org/10.1111/famp.12590

Lebow, J. L., & Gurman, A. S. (1995). Research assessing couple and family therapy. *Annual Review of Psychology, 46*(1), 27-57.

Lee, J., Min, S. K., Kim, K. H., Kim, B., Cho, S. J., Lee, S. H., ⋯ & Suh, S. Y. (2012). Differences in temperament and character dimensions of personality between patients with Hwa-byung, an anger syndrome, and patients with major depressive disorder. *Journal of Affective Disorders, 138*(1-2), 110-116.

Leone, C. (2008). Couple therapy from the perspective of self psychology and intersubjectivity theory. *Psychoanalytic Psychology, 25*(1), 79-98.

Lerner, H. G. (1985). *The dance of anger: A woman's guide to changing the patterns of intimate relationships.* New York: Harper & Row.

Lerner, H. G. (1989). *The dance of intimacy: A woman's guide to courageous acts of change in key relationships.* New York: Harper & Row.

Lester, B. M., Kotelchuch, M., Spelke, E., Sellers, M. J., & Klein, R. E. (1974). Separation protest in Guatemalan infants: Cross-cultural and cognitive findings. *Developmental Psychology, 10*(1), 79-85.

Lidz, T., Cornelison, A. R., Fleck, S., & Terry, D. (1957a). The intrafamilial environment of the schizophrenic patient I. The father. *Psychiatry: Journal for the Study of Interpersonal Processes, 20*(4), 329-350.

Lidz, T., Cornelison, A. R., Fleck, S., & Terry, D. (1957b). The intrafamilial environment of schizophrenic patients: II. Marital schism and marital skew. *The American Journal of Psychiatry, 114*(3), 241-248.

Likerman, M. (1995). The debate between Anna Freud and Melanie Klein: An historical survey. *Journal of Analytical Psychology, 21*, 313-325.

Lindblad-Goldberg, M., Dore, M. M., & Stern, L. (1998). *Creating competence from chaos: A comprehensive guide to home-based services*. New York: W. W. Norton.

Lipchik, E. (2011). *Beyond technique in solution-focused therapy: Working with emotions and the therapeutic relationship*. New York: Guilford Press.

Lipchik, E., & Kubicki, A. D. (1996). Solution-focused domestic violence views: Bridges toward a new reality in couples therapy. S. Miller, M. Hubble, & B. Duncan (Eds.), *Handbook of solution-focused brief therapy*, 65-98. Sanfrancisco, CA: Jossey-Bass.

Livingston, M. S. (1995). A self psychologist in couplesland: Multisubjective approach to transference and countertransference-like phenomena in marital relationships. *Family Process, 34*(4), 427-439.

Livingston, M. S. (2004). Stay a little longer: Sustaining empathy, vulnerability, and intimacy in couple therapy. *Psychoanalytic Inquiry, 24*(3), 438-452.

Lock, A., & Strong, T. (2010). *Social constructionism: Sources and stirrings in theory and practice*. London: Cambridge University Press.

Longino, H. E. (1990). *Science as social knowledge: Values and objectivity in scientific inquiry*. Princeton, NJ: Princeton University Press.

Lopez, F. G. (1995). Attachment theory as an integrative framework for family counseling. *The Family Journal: Counseling and Therapy for Couples and Families, 3*(1), 11-17.

Lowe, R. N. (1991). Postmodern themes and therapeutic practices: Notes towards the definition of Family Therapy: Park 2. *Dulwich Center Newsletter, 3*, 41-42.

Luttik, M., Mahrer-Imhof, R., Garcia-Vivar, C., Brodsgaard, A., Dieperink, K., Imhof L., ⋯ & Svavarsdottir. E. (2020). The COVID-19 pandemic: A family affair. *Journal of Family Nursing, 26*(2), 87-89.

MacGregor, R., Ritchie, A. N., Serrano, A. C., & Schuster, F. P. (1964). *Multiple impact therapy with families*. New York: Mcgraw Hill.

Madanes, C. (1981). *Strategic family therapy*. San Francisco, CA: Jossey.

Madanes, C. (1990). *Sex, love, and violence*. New York: Norton.

Madanes, C. (1991). Strategic family therapy. In A. S. Gurman, D. P. Kniskern (Eds.), *Handbook of family therapy*, 396-416. New York: Brunner/Mazel.

Madanes, C. (2018). *Behind the one-way mirror: Advances in the practice of strategic therapy*. Phoenix, AZ: Zeig, Tucker & Theisen Inc.

Madden-Derdich, D. A., Estrada, A. U., Updegraff, K. A., & Leonard, S. A. (2002). The boundary violations scale: An empirical measure of intergenerational boundary violations in families. *Journal of Marital and Family Therapy, 28*(2), 241-254.

Madigan, S. (2011). *Narrative therapy*. Washington DC: American Psychological Association.

Mahler, M. S. (1975). *The psychological birth of the human infant*. New York: Basic Books.

Mahler, M. S., Pine, F., & Bergman, A. (1975). *The psychological birth of the human infant. symbiosis and individuation*. New York: Basic Books.

Mahler, M. S., Pine, F., & Bergman, A. (2000). *The psychological birth of the human infant symbiosis and individuation.* New York: Basic Books.

Main, M., Goldwyn, R., & Hesse, E. (2003). *The Adult Attachment Interview: Scoring and Classification System, Version 7.2* Unpublished manuscript, University of California at Berkeley

Main, M., Hesse, E., & Kaplan, N. (2005). Predictability of attachment behavior and representational processes at 1, 6, and 19 Years of Age: The Berkeley longitudinal study. In Grossmann, K. E., Grossmann, K., & Waters, E. (Eds.). (2006), *Attachment from infancy to adulthood: The major longitudinal studies.* New York: Guilford Press.

Main, M., Kaplan, N., & Cassidy, J. (1985). Security in infancy, childhood, and adulthood: A move to the level of representation. Monographs of the *Society for Research in Child Development, 50*(1-2), 66-104.

Main, M., & Weston, D. R. (1982). Avoidance of the attachment figure in infancy: Descriptions and interpretations. *The Place of Attachment in Human Behavior, 8*(1), 203-217.

Mann, s., & Russell, M. (2004. 5.) Narrative therapy. 한림대학교 사회복지대학원 워크숍 자료집.

Masten, A. S. (2001). Ordinary magic: Resilience processes in development. *American Psychologist, 56*(3), 227-238.

Masten, A. S., & Tellegen, A. (2012). Resilience in developmental psychopathology: Contributions of the project competence longitudinal study. *Development and Psychopathology, 24*(2), 345-361.

Matte-Blanco, I. (1986). Understanding Matte Blanco. *International Journal of Psycho-analysis, 67,* 251-254.

Maturana, H. R. (1978). Biology of language: The epistemology of reality. In G. A. Miller & E. Lenneberg (Eds), *Psychology and biology of language and thought: Essays in honor of Eric Lennberg,* 27-63. New York: Academic Press.

Maturana, H., & Varela, F. (1980). *Autopoiesis and cognition: The realization of the living.* Boston: D. Reidel.

McDevitt, J. B., & Mahler, M. S. (1986). Object constancy, individuality and internalization. In R. F. Lax, S. Bach, & J. Burland (Eds.), *Self and object constancy,* 11-28. New York: Guilford Press.

McGoldrick, M. (1997). *You can go home again: Reconnecting with your family.* New York: W. W. Norton.

McGoldrick, M., Anderson, C. M., & Walsh, F. (1989). Women in families and in family therapy. In M. McGoldrick, C. M. Anderson, & F. Walsh (Eds.), *Women in families: A framework for family therapy,* 3-15. New York: Norton.

McGoldrick, M., & Ashton, D. (2012). Culture: A challenge to concepts of normality. In F. Walsh (Ed.), *Normal family processes: Growing diversity and complexity,* 249-272. New York: Guilford Press.

McGoldrick, M., & Carter, B. (2001). Advances in coaching: Family therapy with one person. *Journal of Marital and Family Therapy, 27*(3), 281-300.

McGoldrick, M., & Carter, B. (2011). Families transformed by the divorce cycle: Reconstituted, multinuclear, recoupled, and remarried families. In M. McGoldrick, B. A. Carter, & N. Garcia-Preto (Eds.). *The expanded family life cycle: Individual, family, and social perspectives*, (4th ed.), 317-335. Boston: Allyn & Bacon.

McGoldrick, M., & Carter, B. (2015). The remarriage cycle: Divorced multi-nuclear and recoupled families. In M. McGoldrick, N. G. Preto, & B. Carter, B. (Eds.), *The expanded family life cycle: Individual, family, and social perspectives* (5th ed.), 408-427. New York: Pearson.

McGoldrick, M., Carter, B., & Garcia-Preto, N. (2011). Overview: The life cycle in its changing context: Individual, family, and social perspectives. In M. McGoldrick, B. A. Carter, & N. Garcia-Preto (Eds.). *The expanded family life cycle: Individual, family, and social perspectives (4th ed)*. 1-19. Boston: Allyn & Bacon.

McGoldrick, M., Gerson, R., & Petry, S. S. (2008). *Genograms: Assessment and intervention*. New York: W. W. Norton.

McGoldrick, M., & Hardy, K. V. (Eds.). (2008). *Re-visioning family therapy: Race, culture, and gender in clinical practice*. New York: Guilford Press.

McGoldrick, M., Heiman, M., & Carter, B. (1993). The changing family life cycle: A perspective on normalcy. In F. Walsh (Ed.), *Normal family processes*. 405-443. New York: The Guilford.

McGoldrick, M., Preto, N. G., & Carter, B. (2015). *The expanded family life cycle: Individual, family, and social perspectives (5th ed.)*. New York: Pearson.

McGoldrick, M., & Shibusawa, T. (2012). *The family life cycle*. New York: The Guilford Press.

McLendon, T., McLendon, D., & Hatch, L. (2012). Engaging families in the residential treatment process utilizing family-directed structural therapy. *Residential Treatment for Children & Youth, 29*(1), 66-77.

Melidonis, G. G., & Bry, B. H. (1995). Effects of therapist exceptions questions on blaming and positive statements in families with adolescent behavior problems. *Journal of Family Psychology, 9*(4), 451-457.

Meissner, W. W. (1978). The conceptualization of marriage and family dynamics from a psychoanalytic perspective. In T. Paolino & B. McCrady (Eds.), *Marriage and marital therapy*, 25-88. New York: Brunner/Mazel.

Meissner, W. W. (1982). Notes toward a psychoanalytic theory of marital and family dynamics. *International Journal of Family Psychiatry, 3*, 189-207.

Meyerhoff, B. (1986). Life, not death in Venice: Its second life. In V. W. Turner & E. M. Bruner (Eds.), *The anthropology of experience*, 3-30. Chicago: University of Illinois Press.

Mittelmann, B. (1948). The concurrent analysis of married couples. *The Psychoanalytic Quarterly, 17*(2), 182-197.

Miller, B. C. (1986). *Family research methods: A primer. Beverly Hills*, CA: Sage.

Miller, C. P., & Forrest, A. W. (2009). Ethics of family narrative therapy. *The Family Journal: Counseling* and Therapy for Couples and Families, 17(2), 156-159.

Miller, J. B. (1976). Toward a new psychology of women. Boston: Beacon.

Min, S. K. (2008). Clinical correlates of Hwa-Byung and a proposal for a new anger disorder. Psychiatry Investigation, 5(3), 125-141.

Min, S. K. (2009). Hwabyung in Korea: Culture and dynamic analysis. World Cultural Psychiatry Research Review, 4(1), 12-21.

Minuchin, P., Colapinto, J., & Minuchin, S. (2006). Working with families of the poor. New York: Guilford Press.

Minuchin, S. (1974). Families & family therapy. Cambridge, Mass: Harvard University Press.

Minuchin, S. (1984). Family kaleidoscope: Images of violence and healing. Cambridge, MA: Harvard University Press.

Minuchin, S. (2018). Families and family therapy. New York: Routledge.

Minuchin, S., & Fishman, H. C. (1981). Family therapy techniques. Cambridge, MA: Harvard University Press.

Minuchin, S., Lee, W. Y., & Simon, G. M. (2006). Mastering family therapy: Journeys of growth and transformation. New York: John Wiley & Sons.

Minuchin, S., Montalvo, B., Guerney, B,. G., Rosman, B. L., & Schumer, F. (1967). Families of the slums: An exploration of their structure and treatment. New York: Basic Books.

Minuchin, S., & Nichols, M. P. (1998). Family healing: Tales for hope and renewal from family therapy. New York: The Free Press.

Minuchin, S., Rosman, B. L., & Baker, L. (1978). Psychosomatic families: Anorexia nervosa in context. Cambridge, MA: Harvard University Press.

Mitchell, S. A. (2014). Relationality: From attachment to intersubjectivity. New York: Routledge.

Mitrani, V. B., & Perez, M. A. (2003). Structural-strategic approaches to couple and family therapy. In T. L. Sexton, G. R. Weeks, & M. S. Robbins (Eds.), Handbook of family therapy: The science and practice of working with families and couples, 177-200. New York: Brunner-Routledge.

Miu, A. S., Vo, H. T., Palka, J. M., & Glowacki, C. R. (2020). Teletherapy with serious mental illness populations during COVID-19: Telehealth conversion and engagement. Counselling Psychology Quarterly. http://doi.org/10.1080/0955070.2020.1791800

Molina, B., Estrada, D., & Burnett, J. A. (2004). Cultural communities: Challenges and opportunities in the creation of "happily ever after" stories of intercultural couplehood. The Family Journal: Counseling and Therapy for Couples and Families, 12(2), 139-147.

Molnar, A., & de Shazer, S. (1987). Solution-focused therapy: Toward the identification of therapeutic tasks. Journal of Marital and Family Therapy, 13(4), 349-358.

Monk, G. (1998). Narrative therapy: An exemplar of the postmodern breed of therapies. Counseling and Human Development, 30(5), 1-14.

Monk, G., & Gehart, D. R. (2003). Conversational partner or socio-political activist: Distinguishing the position of the therapist in collaborative and narrative therapies. *Family Process, 42*, 19-30.

Monk, G. E., Winslade, J. E., Crocket, K. E., & Epston, D. E. (1997). *Narrative therapy in practice: The archaeology of hope.* San Francisco, CA: Jossey-Bass.

Moon, H. R., Park, Y. J., & Park, T. Y. (2021). A qualitative research on the contextual process of a Korean middle-school student's truancy. 18th Hawai'I International Virtual Summit on Preventing, Assessing, & Treating Trauma Across the Lifespan.

Morgan, A. (2000). *What is narrative therapy?: An easy-to-read introduction.* Adelaide, Australia: Dulwich Centre Publications.

Mott, J. M., Hundt, N. E., Sansgiry, S., Mignogna, J., & Cully, J. A. (2014). Changes in psychotherapy utilization among veterans with depression, anxiety, and PTSD. *Psychiatric Services, 65(1)*, 106-112.

Mudd, E. H. (1955). Psychiatry and marital problems: Mental health implications. *Eugenics Quarterly, 2(2)*, 110-117.

Murray, C. E., & Murray Jr, T. L. (2004). Solution-focused premarital counseling: Helping couples build a vision for their marriage. *Journal of Marital and Family Therapy, 30(3)*, 349-358.

Murray, P. E., & Rotter, J. C. (2002). Creative counseling techniques for family therapists. *The Family Journal: Counseling and Therapy for Couples and Families, 10(2)*, 203-206.

Myerhoff, B. (1986). Life not death in Venice. In V. W. Turner & F. M. Bruner (Eds.), *The anthropology of experience.* Chicago: University of Illinois Press.

Napier, A. Y. (1987). Early stages in experiential marital therapy. *Contemporary Family Therapy, 9(1-2)*, 23-41.

Napier, A. Y., & Whitaker, C. A. (2011). *The family crucible.* New York: Harper Collins.

Nardone, G., & Watzlawick, P. (1993). *The art of change: Strategic therapy and hypnotherapy without trance.* San Francisco: Jossey-Bass.

Neff, K. (2003). Self-compassion: An alternative conceptualization of a healthy attitude toward oneself. *Self and Identity, 2(2)*, 85-101.

Nelsen, J. (1995). Varieties of narcissistically vulnerable couples: Dynamics and practice implications. *Clinical Social Work Journal, 23(1)*, 59-70.

Nelson, T. S., & Graves, T. (2011). Core competencies in advanced training: What supervisors say about graduate training. *Journal of Marital and Family Therapy, 37(4)*, 429-451.

Nelson, T. S., & Thomas, F. N. (Eds.). (2012). *Handbook of solution-focused brief therapy: Clinical applications.* New York: Routledge.

Nerin, W. F. (1986). *Family reconstruction: Long day's journey into light.* New York: W. W. Norton.

Nerin, W. F. (1989). You can go home again. *The Family Network, 13(1)*, 54-55.

Newmark, M., & Beels, C. (1994). The misuse and use of science in family therapy. *Family Process, 33(1)*, 3-17.

Ng, K. S. (2005). The development of family therapy around the world. *The Family Journal: Counseling and Therapy for Couples and Families, 13*(1), 35–42.

Nichols, M. P. (1987). *The self in the system: Expanding the limits of family therapy.* New York: Brunner/ Mazel.

Nichols, M. P. (1993). The therapist as authority figure: Construct of hierarchy. *Family Process, 32*(2), 163– 165.

Nichols, M. P. (2014). *Family therapy: Concept and methods* (10th ed.). New York: Pearson.

Nichols, M. P., & Davis, S. D. (2016). *Family therapy: Concept and methods (11th ed.).* New York: Pearson.

Nichols, M. P., & Fellenberg, S. (2000). The effective use fo enactments in family therapy: A discovery- oriented process study. *Journal of Marital and Family Therapy, 26*(2), 143-152.

Nichols, M. P., & Schwartz, R. C. (1998). *Family therapy: Concept and methods* (4th ed.). Boston, MA: Allyn & Bacon.

Nichols, M. P., & Schwartz, R. C. (2001). *Family therapy: Concept and methods* (5th ed.). Needham Heights, MA: Allyn & Bacon.

Nichols, M. P., & Schwartz, R. C. (2004). *Family therapy: Concepts and methods* (6th ed.). *Boston, MA: Allyn & Bacon.*

Nichols, W. C., & Everett, C. A. (1986). *Systemic family therapy: An integrative approach.* New York: Guilford Press.

Nickelson, D. W. (1998). Telehealth and the evolving health care systems: Strategic opportunities for professional psychology. *Professional Psychology: Research and Practice, 29*, 527–535.

Nilsson, A., Magnusson, K. Carlbring, P., Andersson, G., Gumpert, C. H. (2018). The development of an internet-based treatment for problem gamblers and concerned significant others: A pilot. *Journal of Gambling Studies, 34*, 539–559.

Oh, D. H., Kim, S. A., Lee, H. Y., Seo, J. Y., Choi, B. Y., & Nam, J. H. (2013). Prevalence and correlates of depressive symptoms in Korean adults: results of a 2009 Korean community health survey. *Journal of Korean Medical Science, 28*(1), 128-135.

O'Halloran, M. S., & Weimer, A. K. (2005). Changing roles: Individual and family therapy In the treatment of anorexia nervosa. *The Family Journal: Counseling and Therapy for Couples and Families, 13*(2), 181-187.

O'Hanlon, B., & Beadle, S. (1999). *A guide to possibilityland: Possibility therapy methods.* Omaha, NE: Possilibility Press.

O'Hanlon, B., O'Hanlon, W. H., & Weiner-Davis, M. (2003). *In search of solutions: A new direction in psychotherapy.* New York: W. W. Norton.

Okasha, S. (2016). *Philosophy of science: A very short introduction* (2nd ed.). Oxford: Oxford University Press.

참고문헌

519

Olson, D. H. (1970). Marital and family therapy: Integrative review and critique. *Journal of Marriage and the Family, 32*, 501-538.

Oshni Alvandi, A. (2019). Cybertherapogy: A conceptual architecting of presence for counselling via technology. *International Journal of Psychology and Educational Studies, 6*(1), 30-45.

Papero, D. V. (1990). *Bowen family systems theory*. Needham Heights, MA: Ally & Bacon.

Papero, D. V. (1995). Bowen family systems and therapy. in N. S. Jacobson & A. S. Gurman (Eds.), *Clinical handbook of couple therapy*, 11-30. New York: Guilford Press.

Papero, D. V. (2000). Bowen systems theory. In A. M. Horne (Ed.), *Family counseling and therapy (3rd ed.)*, 272-299. Belmont, CA: Thomson.

Paris, M,, Silva, M., Añez-Nava, L., Jaramillo, Y., Kiluk, B. D., Gordon, M. A., ... & Carroll, K. M., (2018). Culturally adapted, web-based cognitive behavioral therapy for Spanish-speaking individuals with substance use disorders: A randomized clinical trial. *American Journal of Public Health, 108*(11), 1535-1542.

Park, J. Y., Park, Y. J., & Park, T. Y. (2017). Family therapy for a Korean son with schizophrenia. *Australian and New Zealand Journal of Family Therapy, 38*(3), 529-539.

Park, T. Y., Lee, J. H., & Kim, S. H. (2014). Family therapy for an Internet addicted adult-child with interpersonal problems. *Journal of Family Therapy, 36*(4), 394-419.

Park, T. Y., & Park Y. H. (2019). Living with an In-Law and Marital Conflicts: A Family Therapy Case Study. *Journal of Asia Pacific Counselling, 9*(2), 73-89.

Park, T. Y., & Park Y. J. (2019). Contributors influencing marital conflicts between a Korean husband and Japanese wife. *Contemporary Family Therapy, 41*(2), 157-167.

Park, T. Y., Park, Y. J., & Cho, S. H. (Under Review) Intimate partner violence in a heterosexual marriage: Case study of a Korean Couple.

Parke, R. D., & Collmer, C. W. (1975). Child abuse: An interdisciplinary analysis In E. M. Hetherington (Ed.). *Review of Child Development Research, Vol. 5*, Chicago: University of Chicago Press.

Pasley, K., & Garneau, C. (2012). Remarriage and stepfamily life. In F. Walsh (Ed.), *Normal family process: Growing diversity and complexity* (4th ed.), 149-171. New York: Guilford.

Patterson, T. (2009). Ethical and legal considerations in family psychology: The special issue of competence. In J. H. Bray & M. Stanton (Eds), Handbook of family psychology, 183-197. Oxford, UK: Wiely-Blackwell.

Pearson, J. C. (1989). *Communication in the family: A critical introduction*. Chicago, IL: Lyceum.

Perlman, F., & Frankel, J. (2009). Relational psychoanalysis: A review. *Psychoanalytic Social Work, 16*(2), 105-125.

Philpot, C. L. (2000). Socialization of gender roles. In W. C. Nichols, M. A. Pace-Nichols, D. S. Becvar, & A. Y. Napier (Eds.), *Wiley series in couples and family dynamics and treatment. Handbook of family development and intervention.* 85-108. New York: John Wiley & Sons.

Pichot, T., & Dolan, Y. M. (2014). *Solution-focused brief therapy: Its effective use in agency settings*. New York: Routledge.

Pickens, J. C., Morris, N., & Johnson, D. (2019). The digital divide: Couple and family therapy programs' integration of teletherapy training and education. *Journal of Marital and Family Therapy, 46(2)*, 186-200.

Pierce, B. S., Perrin, P. B., & McDonald, S. D. (2020). Demographic organizational, and clinical practice predictors of U.S. psychologists' use of telepsychology. *Professional Psychology: Research and Practice, 51(2)*, 184-193.

Piercy, F. P., & Sprenkle, D. H. (1990). Marriage and family therapy: A decade review. *Journal of Marriage and the Family, 52*, 1116-1126.

Piercy, F. P., Sprenkle, D. H., & Wetchler, J. L. (Eds.). (1997). *Family therapy sourcebook*. New York: Guilford.

Pietrzak, D., & L'Amoreaux, N. (1998). Robert Smith. *The Family Journal: Counselin Therpay for Couples and Families, 6(2)*, 159-162.

Pinsof, W. M. (1995). *Integrative problem-centered therapy: A synthesis of family, individual, and biological therapies*. New York: Basic Books.

Pistole, M. C., & Marson, G. (2005). Commentary on the family's vitality: Diverse structures with TV illustrations. *The Family Journal: Counseling and Therapy for Couples and Families, 13*(1), 10-18.

Pittman, F. (1989). Remembering Virginia. *Family Therapy Networker, 13*(1), 34-35.

Platt, L. F., & Skowron, E. A. (2013). The family genogram interview: Reliability and validity of a new interview protocol. *The Family Journal, 21*(1), 35-45.

Ponterotto, J. G. Casas, J. M., Suzuki, L. A., & Alexander, C. M. (2010). *Handbook of multicultural counseling (3rd. Ed.)*. Thousand Oaks, CA: Sage.

Ponzetti Jr, J. J. (2005). Family beginnings: A comparison of spouses' recollections of courtship. *The Family Journal: Counseling and Therapy for Couples and Families, 13*(2), 132-138.

Popper, K. R. (1984). *Auf der Suche nach einer besseren Welt. Vortrage und Aufsatze aus dreissig Jahren*. Munich: Piper.

Preto, N. G. (1988). Transformation of the family system in adolescence. In B. Carter, & M. McGoldrick (Eds.), *The changing family life cycle: A framework for family therapy*, 255-283. New York: Gardner Press.

Price, J. A. (1999). *Power and compassion: Working with difficult adolescents and abused parents*. New York: Guilford Press.

Prior, V., & Glaser, D. (2006). *Understanding attachment and attachment disorders: Theory, evidence and practice*. London: Jessica Kingsley Publishers.

Prochaska, J. O., & DiClemente, C. C. (1983). Stages and processes of self-change of smoking: Toward an integrative model of change. *Journal of Consulting and Clinical Psychology, 51*(3), 390.

Prochaska, J. O., & Norcross, J. C. (2018). *Systems of psychotherapy: A transtheoretical analysis* (9th ed.). Oxford: Oxford University Press.

Ray, W. A., & Sutton, J. P. (2013). Strategic Couple Therapy. In D. K. Carson & M Casado-Kehoe (Eds.), *Case studies in couples therapy: Theory-based approaches*, 161-165. New York: Routledge/Taylor & Francis.

Real, T. (1990). "The therapeutic use of self in constructionist systematic therapy." *Family Process, 29*, 255-272.

Rees, C. S., & Maclaine, E. (2015). A systematic review of videoconference-delivered psychological treatment for anxiety disorders. *Australian Psychologist, 50*(4), 259-264.

Rees, C. S., & Stone, S. (2005). Therapeutic alliance in face-to-face versus videoconferenced psychotherapy. *Professional Psychology, Research and Practice, 36*(6), 649-653.

Renk, K., Liljequist, L., Simpson, J. E., & Phares, V. (2005). Gender and age differences in the topics of parent-adolescent conflict. *The Family Journal: Counseling and Therapy for Couples and Families, 13*(2), 139-149.

Renshaw, D. C. (2005). Fathering today. *The Family Journal: Counseling and Therapy for Couples and Families, 13*(1), 7-9.

Reynolds, D. A. J., Stiles, W. B., & Grohol, J. M. (2006). An investigation of session impact and alliance in internet-based psychotherapy: Preliminary results. *Counselling and Psychotherapy Research, 6*(3), 164-168.

Rhoades, G. K., Stanley, S. M., & Markman, H. J. (2009). The pre-engagement cohabitation effect: A replication and extension of previous findings. *Journal of Family Psychology, 23*(1), 107-111.

Ridley, M. (2010). *The rational optimist.* New York: Haper Collins.

Roberto, L. G. (1992). *Transgenerational family therapies.* New York: Guilford Press.

Roberto, L. G. (2014). Symbolic-experiential family therapy. In A. S. Gurman, & D. P. Kniskern (Eds.), *Handbook of family therapy.* New York: Routledge.

Robinson, K. (1994). Which side are you on. *The Family Therapy Networker, 18*(3), 18-30.

Rohrbaugh, M. J., & Shoham, V. A. R. D. A. (2015). Brief strategic couple therapy. In A. S. Gurman, J. L. Lebow, & D. K. Snyder (Eds.), *Clinical handbook of couple therapy*, 335-357. New York: The Guilford Press.

Rolland, J. S. (2020). COVID-19 pandemic: Applying a multisystemic lens. *Family Process, 59*(3), *922-936.* https://doi:10.1111/famp.12584

Rorty, R. (2009). *Philosophy and the Mirror of Nature.* Princeton, NJ: Princeton university press.

Rosenfeld, H. (1964). On the psychopathology of narcissism a clinical approach. *International Journal of Psychoanalysis, 45*, 332-337.

Rubin, R. (2008). Earnest Rutherford Groves. *Family Therapy Magazine, 7*(5), 34.

Ruddy, N. B., & McDaniel, S. H. (2013). Medical family therapy in the age of health care reform. *Couple *and Family Psychology: Research and Practice, 2*(3), 179-191.

Rutter, M. (1981). *Maternal deprivation reassessed* (2nd ed.). London: Penguin.

Rutter, M. (1995). Clinical implications of attachment concepts: Retrospect and prospect. *Journal of Child Psychology and Psychiatry, 36*(4), 549-571.

Ryle, A. (1985). Cognitive theory, object relations and the self. *British Journal of Medical Psychology, 58*(1), 1-7.

Sander, F. M. (1979). *Individual and family therapy: Toward an integration.* New York: Jason Aronson.

Sandler, J., & Rosenblatt, B. (1962). The concept of the representational world. *The Psychoanalytic Study of the Child, 17*(1), 128-145.

Santrock, J. W. (2009). *Life-span development* (12th ed.). New York: McGraw-Hill.

Satir, V. (1964). *Conjoint family therapy: A guide to theory and technique.* Palo Alto, CA: Science and Behavior.

Satir, V. (1967). *Conjoint family therapy* (Rev. ed.). Palo Alto, CA: Science and Behavior Books.

Satir, V. (1972). *People making.* Palo Alto, CA: Science and Behavior Books.

Satir, V. (1982). The therapist and family therapy: Process model. In A. M., Horne & M. M. Ohlsen (Eds.), *Family counseling and therapy,* 12-42. Itasca, IL: F. F. Peacock.

Satir, V. (1986). A partial portrait of a family therapist in process. In B. L. E. Rosman & H. C. E. Fishman (Eds.), *Evolving models for family change: A volume in honor of Salvador Minuchin,* 278-293. New York: Guilford Press.

Satir, V. (1988). *The new peoplemaking.* Mountain View, CA: Science and Behavior Books.

Satir, V., & Baldwin, M. (1983). *Satir step by step: A guide to creating change in families.* Palo Alto, CA: Science and Behavior Books.

Satir, V., Banmen, J., Gerber, J., & Gomori, M. (1991). *The Satir model: Family therapy and beyond.* Palo Alto, Calif.: Science and Behavior Books.

Satir, V., & Bitter, J. (1991). The therapist and family therapy: Satir's human validation process model. *Family therapy and counseling,* 13-45.

Satir, V., & Bitter, J. (2000). The therapist and family therapy: Satir's human validation model. In A. M. Horne (Ed.), *Family counseling and therapy* (3rd ed.). 62-101. Belmont, CA: Thomson.

Satir, V., Bitter, J. R., & Krestensen, K. K. (1988). Family reconstruction: The family within-a group experience. *Journal for Specialists in Group Work, 13*(4), 200-208.

Sauber, S. R., L'Abate, L., & Weeks, G. R. (1985). *Family therapy: Basic concepts and terms.* Rockville, MD: Aspen.

Scharff, A., Breiner, C. E., Ueno, L. F., Underwood, S. B., Merritt, E. C., Welch, L. M., ⋯ & Lichford, G. B. (2020). Shifting a training clinic to teletherapy during the COVID-19 pandemic: A trainee perspective. *Counselling Psychology Quarterly.* Retrieved from http://doi.org/10.1080/09515070.2020.1786658

Scharff, D. E. (1989). An object relations approach to sexuality in family life. In J. S. Scharff (Ed.),

Foundations of object relations family therapy. Northvale, NJ: Aronson.

Scharff, D. E., & Scharff, J. S. (1987). *Object relations family therapy*. Northvale, NJ: Aronson.

Scharff, D. E., & Scharff, J. S. (1991). *Object relations couples therapy*. Northvale, NJ: Jason Aronson.

Scharff, D. E., & Scharff, J. S. (1992a). Projective identification and couple therapy. In N. G. Hamilton (Ed.), *From inner sources: new directions in object relations psychotherapy*, 99-136. Northvale, NJ: Jason Aronson.

Scharff, D. E., & Scharff, J. S. (1992b). *Scharff notes: A primer of object relations therapy*. Northvale, NJ: Jason Aronson.

Scharff, J. S. (1989). Scharff, J. S., & Scharff, J. S. (1989). The development of object relations family therapy ideas. In J. S. Scharff (Ed.), *Foundations of object relations family therapy*, 3-10. Lanham, MD: Aronson.

Scharff, J. S. (1995). Psychoanalytic marital therapy. In N. S. Jacobson & A. S. Gurman (Eds.), *Clinical handbook of couple therapy*, 164-196. New York: Guilford Press.

Scharff, J. S., & Scharff, D. E. (2008). Object relations couple therapy. In A. S. Gurman (Ed.), *Clinical handbook of couple therapy* (4th ed.), 167-195. New York: The Guilford Press.

Scheinkman, M., & DeKoven Fishbane, M. (2004). The vulnerability cycle: Working with impasses in couple therapy. *Family Process, 43*(3), 279-299.

Schiff, N. P. (1988). How to communicate badly. *Journal of Strategic and Systemic Therapies, 7*(2), 41-43.

Schlanger, K., & Anger-Diaz, B. (1999). The brief therapy approach of the Palo Alto Group. In Lawson, D. M., & Prevatt, F. F. *Casebook in family therapy*, 146-168. New York: Brooks/Cole.

Schoenenberg, K., Raake, A., & Koeppe, J. (2014). Why are you so slow? – Misattribution of transmission delay to attributes of the conversation partner at the face-end. *International Journal of Human-computer Studies, 72*(5), 477-487.

Schoenewolf, G. (1990). *Turning points in analytic therapy: From Winnicott to Kernberg*. Northvale, NJ: Jason Aronson.

Shoham, V., Rohrbaugh, M. J., & Cleary, A. A. (2008). Brief strategic couple therapy. In N. S. Jacobson, & A. S. Gurman (Eds.), *Clinical handbook of couple therapy* (4th ed.). 299-322. New York: Guilford Press.

Schore, A. N. (2003a). *Affect dysregulation and disorders of the self*. New York: W. W. Norton.

Schore, A. N. (2003b). *Affect regulation and the repair of the self*. New York: W. W. Norton.

Schore, J. R., & Schore, A. N. (2014). Regulation theory and affect regulation psychotherapy: A clinical primer. *Smith College Studies in Social Work, 84*(2-3), 178-195.

Schwartz, R. C. (1994). *The internal family systems model*. New York: Guilford Press.

Schwartz, R. C., & Sweezy, M. (2019). *Internal family systems therapy*. New York: New York: Guilford Press.

Schwarzbaum, S. (2009). Interview with Jill Freedman: A conversation about having conversations. *The*

Family Journal: Counseling and Therapy for Couples and Families, 17(2), 160-167.

Schwoeri, L., & Schwoeri, F. (1981). Family therapy of borderline patients: Diagnostic and treatment issues. *International Journal of Family Psychiatry, 2*, 237-250.

Segal, L. (1987). What is a problem? A brief family therapist's view. *Family Therapy Today, 2*(7), 1-7.

Segal, L. (1991). Brief therapy: The MRI approach. In A. S. Gurman & D. P. Kniskern (Eds.), *Handbook of family therapy* (Vol. 2), 171-199. New York: Brunner/Mazel.

Selvini-Parazzoli, M., Boscolo, L., Cecchin, G., & Prata, G. (1978). *Paradox and counterparadox.* New York: Jason Aronson.

Sexton, T. L., & Kelley, S. D. (2010). Finding the common core: Evidence-based practices, clinically relevant evidence, and core mechanisms of change. *Administration and Policy in Mental Health and Mental Health Services Research, 37*(1-2), 81-88.

Sexton, T. L., & Montgomery, D. (1994). Ethical and therapeutic acceptability: A study of paradoxical techniques. *The Family Journal: Counseling and Therapy for Couples and Families, 2*(3), 215-228.

Sexton, T., Weeks, G., & Robbins, M. (2003) (Eds.), *Handbook of family therapy: The science and practice of working with families and couples.* New York: Brunner-Routledge.

Sharf, R. S. (2012). *Theories of psychotherapy and counseling: Concepts and cases* (5th ed.), Pacific Grove, CA: Brooks/Cole.

Sharpe, S. A. (1981). The symbiotic marriage: A diagnostic profile. *Bulletin of the Menninger Clinic, 45*(2), 89-114.

Sherman, R. (1993). The intimacy genogram. *The Family Journal: Counseling and Therapy for Couples and Families, 1*(1), 91-93.

Sherman, R., & Fredman, N. (2013). *Handbook of structured techniques in marriage and family therapy.* New York: Routledge.

Shields, C. G., Wynne, L. C., McDaniel, S. H., & Gawinski, B. A. (1994). The marginalization of family therapy: A historical and continuing problem. *Journal of Marital and Family Therapy, 20*(2), 117-138.

Shim, D. Y., Lee, D. B., & Park, T. Y. (2016). Familial, social and cultural factors influencing panic disorder: Family therapy case of Korean wife and American husband. *The American Journal of Family Therapy, 44*(3), 129-142.

Shoham, V., Rohrbaugh, M., & Patterson, J. (1995). Problem-and solution-focused couples therapies: The MRI and Milwaukee models. In N. S. Jacobson., & A. S. Gurman (Eds.), *Clinical handbook of couple therapy*, 142-163. New York: The Guilford Press.

Shon, S. P., & Ja, D. Y. (1982). Asian families. In M. McGoldrick, J. K. Pearce, & J. Giordano (Eds.), *Ethnicity and family therapy.* 208-228. New York: The Guilford Press.

Sibley, M. H., Comer, J. S., & Gonzalez, J. (2017). Delivering parent-teen therapy for ADHD through videoconferencing: A preliminary investigation. *Journal of Psychopathology and Behavioral Assessment, 39*, 467-485.

Siegel, J. P. (2015). Object relations couple therapy. In A. S. Gurman, J. L. Lebow, & D. K. Snyder (Eds.), *Clinical handbook of couple therapy*, 224-245. New York: Guilford Press.

Simon, G. M. (1995). A revisionist rendering of structural family therapy. *Journal of Marital and Family Therapy, 21*(1), 17-26.

Simon, G. M. (2004). An examination of the integrative nature of emotionally focused therapy. *The Family Journal: Counseling and Therapy for Couples and Families, 12*(3), 254-262.

Simon, R. (1982). Behind the one-way mirror: An interview with Jay Haley. *Family Therapy Networker, 6,* 18-25, 28-29, 58-59.

Simon, R. (1984). Stranger in a strange land: An interview with Salvador Minuchin. *Family Therapy Networker, 6*(6), 22-31.

Simon, R. (1989). Reaching out to life: An interview with Virginia Satir. *The Family Therapy Networker, 13*(1), 36-43.

Simon, R. (1997). Fearsome foursome: An interview with the Women's Project. *Family Therapy Networker, 21(6), 58-68.*

Simpson, S. G., & Reid, C. L. (2014). Therapeutic alliance in videoconferencing psychotherapy: A review. *The Australian Journal of Rural Health, 22*(6), 280-299.

Sinclair, S. L., & Monk, G. (2004). Moving beyond the blame game: Toward a discursive approach to negotiating conflict within couple relationships. *Journal of Marital and Family Therapy, 30*(3), 335-347.

Singer-Magdoff, L. J. (1990). Early fit and faulty fit: Object relations in marital therapy. In J.F. Crosby (Ed.), *When one wants out and the other doesn't*, 118-135. New York: Brunner/Mazel.

Singleton, G. (1982). Bowen family systems theory. In A. M. Horne & M. M. Ohlsen (Eds.), *Family counseling and therapy*, 75-111. Etasca, IL: Peacock.

Sjötröm, J., & Alfonsson, S. (2012). *Supporting the therapist in online therapy. Proceedings from ECIS'12: The 20th European Conference on Information Systems.* Barcelona, Spain: AIS Electronic Library.

Skelton, R. M., Burgoyne, B., Grotstein, J., Stein, M., & van Velsen, C. (2006). *The Edinburgh international encyclopaedia of psychoanalysis*, 343-346. Edinburgh: Edinburgh University Press.

Skowron, E. A. (2004). Differentiation of self, personal adjustment, problem solving, and ethnic group belonging among persons of color. *Journal of Counseling & Development, 82*(4), 447-456.

Skowron, E., & Farrar, J. (2015). Multigenerational family systems. In T. L. Sexton & J. Lebow (Eds.), *Handbook of Family Therapy*, 159-181. New York: Routledge.

Skynner, A. C. R. (1981). An open-systems, group analytic approach to family therapy. In A. S. Gurman & D. P. Kniskern (Eds.), *Handbook of family therapy*, 39-84. New York: Brunner/Mazel.

Slipp, S. (1984). Object relations. *A dynamic bridge between individual and family treatment.* New York: Jason Aronson.

Slipp, S. (1988). *The technique and practice of object relations family therapy.* New York: Jason Aronson.

Slipp, S. (1991). *Object relations: A dynamic bridge between individual and family treatment.* Northvale, NJ: Jason Aronson.

Slovik, L. S., & Griffith, J. L. (1992). The current face of family therapy. In J. S. Rutan (Ed.), *Psychotherapy for the 1990s, 221-243.* New York: Guilford Press.

Sluzki, C. E. (1978). Marital therapy from a systems theory perspective. In T. J. Paolino & B. S. McCrady (Eds.), *Marriage and marital therapy: Psychoanalytic, behavioral, and systems theory perspectives.* New York: Brunner/Mazel.

Sluzki, C. E., Beavin, J., Tarnopolsky, A., & Veron, E. (1967). Transactional disqualification: Research on the double bind. *Archives of General Psychiatry, 16,* 494-504.

Sluzki, C. E., & Veron, E. (1971). The double bind as a universal pathogenic situation. *Family Process, 10,* 397-410.

Smith, M. B. (1994). Selfhood at risk: Postmodern perils and the perils of postmodernism. *American Psychologist, 49*(5), 405-411.

Snider, M. (1992). *Process family therapy: An eclectic approach to family therapy.* New York: Allyn and Bacon.

Softas-Nall, B. C., Baldo, T. D., & Tiedemann, T. R. (1999). A gender-based, solution-focused genogram case: He and she across the generations. *The Family Journal: Counseling and Therapy for Couples and Famiies, 7*(2), 177-180.

Sokal, A., & Bricmont, J. (1999). *Fashionable nonsense: Postmodern intellectuals' abuse of science.* New York: St Martins Press.

Solomon, M. F. (1985). Treatment of narcissistic and borderline disorders in marital therapy: Suggestions toward an enhanced therapeutic approach. *Clinical Social Work Journal, 13*(2), 141-156.

Solomon, A. (2013). *Far from the tree: Parents, children and the search for identity.* New York: Scribner.

Spaulding, E. C. (1997). Three object relations models of couple treatment. *Clinical Social Work, 25*(2), 137-161.

Speck, R. V., & Attneave, C. L. (1973). *Family networks.* New York: Pantheon.

Sprenkle, D. H., Davis, S. D., & Lebow, J. L. (2013). *Common factors in couple and family therapy: The overlooked foundation for effective practice.* New York: Guilford Publications.

Sroufe, L. A. (1979). The coherence of individual development: Early care, attachment, and subsequent developmental issues. *American Psychologist, 34*(10), 834-841.

Sroufe, L. A. (1983). Infant-caregiver attachment and patterns of adaptation in preschool: The roots of maladaptation and competence. In M. Perlumutter (Ed.), *Minnesota Symposium in Child Psychology* (Vol. 16). 41-83. Hillsdale, NJ: Erlbaum.

St Clair, M. (2004). *Object relations and self psychology: An introduction* (4th ed.). Belmont, CA: Thomson Brooks/Cole.

Stanton, M. (2009). The systemic epistemology of the specialty of family psychology. In J. H. Bray, & M.

Stanton (Eds.), *Handbook of family psychology*(pp. 5-20). Oxford, UK: Wiley-Blackwell.

Stanton, M., & Welsh, R. K. (2011). *Specialty competencies in couple and family psychology*. Oxford University Press.

Stierlin, H. (1974). *Separating parents and adolescents: A perspective on running away, schizophrenia, and waywardness.* New York Times Book.

Stierlin, H., Simon, F. B., & Schmidt, G. (Eds.). (1987). *Familiar Realities: The Heidelberg Conference.* New York: Brunner/Mazel.

Stolorow, R. D. (1975). Toward a functional definition of narcissism. *International Journal of Psychoanalysis, 56,* 179-185.

Stolorow, R. D., Brandchaft, B., & Atwood, G. E. (2014). *Psychoanalytic treatment: An intersubjective approach.* New York: Routledge.

Stoltz-Loike, M. (1992). Couple and family counseling. In R. L. Smith & P. Stevens-Smith (Eds.), *Family counseling and therapy*, 80-108. Ann Arbor, MI: ERIC/CAPS.

Strong, B., DeVault, C., & Cohen, T. F. (2008). *The Marriage and Family Experience: Intimate relationships in a changing society* (10th ed.). Belmont, CA: Wadsworth.

Sullivan, H. S. (1953). *The interpersonal theory of psychiatry.* New York: Norton.

Sullivan, H. S. (2013). *The interpersonal theory of psychiatry.* New York: Routledge.

Sulloway, F. J. (1996). *Born to rebel: Birth order, family dynamics, and creative lives.* New York: Pantheon Books.

Szapocznik, J., & Hervis, O. E. (2020). *Brief strategic family therapy.* Washington, DC: American Psychological Association.

Teachman, J., & Tedrow, L. (2008). The demography of stepfamilies in the United States. In J. Pryor (Ed.), *The international handbook of stepfamilies*, 3-29. New York: Wiley.

Teenen, H., Eron, J. B., & Rohrbaugh, M. (1991). Paradox in context. In G. R. Weeks (Ed.), *Promoting change through paradoxical therapy (Rev. ed.)*, 187-215. New York: Brunner/Mazel.

Thomas, A. J. (1998). Understanding culture and worldview in family systems: Use of the multicultural genogram. *The Family Journal: Counseling and Therapy for Couples and Families, 6,* 24-32.

Thomas, M. B. (2014). Strategic family therapy. In J. L., Wetchler, L. L., Hecker, & L. L. Hecker (2014). *An introduction to marriage and family therapy.* New York: Routledge.

Thompson, C., & Rudolph, L. (1992). *Counseling children* (3rd ed.). Pacific Grove, CA: Brooks/Cole.

Titelman, P. (2010). A clinical format for Bowen family systems therapy with highly reactive couples. In A. S. Gurman (Ed.), *Clinical casebook of couple therapy*, 112-133. New York: Guilford Press.

Tilley, K. (1990). Family medicine-family therapy joint task force established. *Family Therapy News, 21*(1), 1.

Todd, T. C. (1986). Structural-strategic marital therapy. In N. S. Jacobson & A. S. Gurman (Eds.), *Clinical handbook of marital therapy*, 71-105. New York: Guilford Press.

Toman, W. (1961). *Family constellation.* New York: Springer.

Toman, W. (1993). *Family constellation: Its effects on personality and social behavior*. New York: Springer.

Trepper, T. S. (2005). Family therapy around the world – An introduction. *Family Therapy Magazine*, 10-12.

Trepper, T. S., Dolan, Y., McCollum, E. E., & Nelson, T. (2006). Steve De Shazer and the future of solution-focused therapy. *Journal of Marital and Family Therapy, 32*(2), 133-139.

Triandis, H. C. (1989a). Corss-cultural studies of individualism and collectivism. In Cole, M., & Berman, J. J. (1989). *Nebraska symposium on motivation: Cross-cultural perspectives*. 41-134. Linclon, NB: University of Nebraska Press.

Triandis, H. C. (1989b). The self and social behavior in differing cultural contents. *Psychological Review. 96*(3), 506-620.

Trop, J. L. (1994). Self psychology and intersubjectivity theory. In R., D. Stolorow, G. E. Atwood, & B. Brandchaft (Eds.), *The intersubjective perspective*, 77-91. Lanham, MD: Aronson.

Turgoose, D., Ashwick, R., & Murphy, D. (2018). Systematic review of lessons learned from delivering tele-therapy to veterans with post-traumatic stress disorder. *Journal of Telemedicine and Telecare, 24(9)*, 575-585.

Umbarger, C. C. (1983). *Structural family therapy*. New York: Grune & Stratton.

U.S. Census Bureau (2010). 2010 Demographic analysis.

Varker, T., Brand, R., Ward, J., Terhaag, S., & Phelps, A. (2019). Efficacy of Synchronou telepsychology interventions for people with anxiety, depression, posttraumatic stress disorder, and adjustment disorder: A rapid evidence assessment. *Psychological Services, 16(4)*, 621-635.

Viner, R. (1996). Melanie Klein and Anna Freud: The discourse of the early dispute. *Journal of the History of the Bebavioral Sciences, 32*, 4-15.

Visher, E. B., & Visher, J. S. (1988). *Old loyalties, new ties: Therapeutic strategies with stepfamilies*. New York: Brunner/Mazel.

von Foerster, H. (1981). *Observing systems*. Seaside, CA: Intersystems Publications.

von Glasersfeld, E. (1984). An introduction to radical constructivism. In P. Watzlawick (Ed.), *The invented reality*. New York: Norton.

Vygotsky, L. S. (1986). *Thought and language*. Cambridge, MA: MIT Press.

Wachtel, P. L. (2010). One-person and two-person conceptions of attachment and their implications for psychoanalytic thought. *The International Journal of Psychoanalysis, 91*(3), 561-581.

Wachtel, P., & Dowd, E. T. (1997). *Psychoanalysis, behavior therapy, and the relational world*. Washington DC: American Psychological Association.

Walsh, F. (1989). The family in later life. In B. Carter & M. McGoldrick (Eds.), *The changing family life cycle*, Boston: Allyn & Bacon.

Walsh, F. (2009). *Spiritual resources in family therapy*. New York: Guilford Press.

Walsh, F. (Ed.). (2012). *Normal family processes: Growing diversity and complexity*. New York: Guilford press.

Wallin, D. J. (2007). *Attachment in psychotherapy*. New York: Guilford Press.

Walters, M., Carter, B., Papp, P., & Silverstein, O. (1991). *The invisible web: Gender patterns in family relationships*. New York: Guilford Press.

Waters, D. B., & Lawrence, E. C. (1993). *Competence, courage, and change: An approach to family therapy*. New York: Norton.

Walter, J. L., & Peller, J. E. (1993). Solution-focused in brief therapy. *The Family Journal: Counseling and Therapy for Couples and Families, 1*, 80-81.

Walter, J. L., & Peller, J. E. (2013). *Becoming solution-focused in brief therapy*. New York: Routledge.

Watzlawick, P. (1984). *The invented reality*. New York: Norton.

Watzlawick, P. (1993). *The situation is hopeless, but not serious: The pursuit of unhappiness*. New York: W. W. Norton.

Watzlawick, P., Beavin, J. H. & Jackson, D. D. (1967). *Pragmatics of human communication: A study of interactional pattern, pathologies, and paradoxes*. New York: W. W. Norton.

Watzlawick, P., Weakland, J. H., & Fisch, R. (1974). *Change: Principles of problem formation and problem resolution*. New York: Norton.

Weakland, J. H. (1993). Conversation-but what kind? In S. Gilligan, & R. Price (Eds.), *Therapeutic conversations*, 136-145. New York : Norton.

Weakland, H. H., Watzlawick, P., & Riskin, J. (1995). From the dictatorship of Lacan to the democracy of short-term therapies. In J. H. Weakland & W. A. Ray (Eds.), *Progpations: Thirty years of influence from the Mental Research Institute*, 189-195. New York: Haworth Press.

Weeks, G. R., & L'Abate, L. (2013). *Paradoxical psychotherapy: theory & practice with individuals couples & families*. New York: Routledge.

Weingarten, K. (1998). The small and the ordinary: The daily practice of a postmodern narrative therapy. *Family Process, 37*(1), 3-15.

Wells, R. A., & Dezen, A. E. (1978). The results of family therapy revisited: The nonbehavioral methods. *Family Process, 17*(3), 251-274.

West, J. D., & Bubenzer, D. L. (1993). Interview with Cloe Madanes: Reflections on Family Therapy. *The Family Journal: Counsleing and Therapy for Couples and Families, 1*(1), 98-106.

Weston, P. (2009). Helping students 'see' their resources: School applications of a brief genogram activity. *The Family Psychologist, 25*(1), 6-8.

Whitaker, C. A., & Bumberry, W. M. (1988). *Dancing with the family: A symbolic-experiential approach*. New York: Brunner/Mazel.

White, C., & Denborough, D. (2014). Narrative family therapy: A special issue. *Australian and New Zealand Journal of Family Therapy, 35*(1), 1-3.

White, H. (1978). *Your family is good for you*. New York: Random House.

White, M. (1986). Negative explanation, restraint, and double description: A template for family therapy. *Family Process, 25*(2), 169-184.

White, M. (1989). *Selected papers.* Adelaide, Australia: Dulwich Centre Publications.

White, M. (1995). *Re-authoring lives: Interview and essays.* Adelaide, South Australia: Dulwich Centre Publications.

White, M. (1998). *Liberating conversations: New dimensions in narrative therapy. Workshop at the Family Therapy Network's Annual Symposium*, Washington, DC.

White, M. K. (2007). *Maps of narrative practice.* New York: Norton.

White, M., & Epston, D. (1990). *Narrative means to therapeutic ends.* New York: Norton.

Widdershoven, M. (2017). Clinical interventions via Skype with parents and their young children. *Infant Observation, 20(1)*, 72-88.

Wiener, N. (1948). Cybernetics. *Scientific American, 179*(5), 14-18.

Wike, T. L., Bledsoe, S. E., Manuel, J. I., Despard, M., Johnson, L. V., Bellamy, J. L., & Killian-Farrell, C. (2014). Evidence-based practice in social work: Challenges and opportunities for clinicians and organizations. *Clinical Social Work Journal, 42*(2), 161-170.

Winnicott, D. W. (1953). Transitional objects and transitional phenomena: A study of the first not-me possession. *International Journal of Psychoanalysis, 34*(2), 89-97.

Winnicott, D. W. (1960). Ego distortion in terms of true and false self. In D. W. Winnicott (1965). *The maturational processes and the facilitating environment*, 140-152. New York: International Universities Press.

Winnicott, D. W. (1986). The theory of the parent-infant relationship. In Buckley, P. *Essential papers on object relations* (Vol. 5), 233-253. NYU Press.

Winnicott, D. W. (2018). *The maturational processes and the facilitating environment: Studies in the theory of emotional development.* New York: Routledge.

Winnicott, D. W. (2021). *The child, the family, and the outside world.* England: Penguin.

Winslade, J., & Monk, G. D. (2008). *Practicing narrative mediation: Loosening the grip of conflict.* New York: John Wiley & Sons.

Wittgenstein, L. (2010). *Philosophical investigations.* New York: John Wiley & Sons.

Woods, M. D., & Martin, D. (1984). The work of Virginia Satir: Understanding her theory and technique. *American Journal of Family Therapy, 12*(4), 3-11.

Wray, B. T., & Rees, C. S. (2003). Is there a role for videoconferencing in cognitive-behavioral therapy. Proceedings form AACBT'03: *The 11th National Conference on Australian Association for Cognitive and Behaviour Therapy.* Perth, Australia.

Wylie, M. S. (1990). Brief therapy on the couch. *Family Therapy Networker, 14*(2), 26-35.

Wynne, L. C. (1961). The study of intrafamilial alignments and splits in exploratory family therapy. In N. W. Ackerman, F. L., Beatman, & S. N. Sherman (Eds.), *Exploring the base for family therapy*, 95-115.

New York: Family Services Associaion.

Wynne, L. C., Ryckoff, I. M., Day, J., & Hirsch, S. I. (1958). Pseudo-mutuality in the family relations of schizophrenics. *Psychiatry, 21*(2), 205-220.

Yasuda, T., Iwai, N., Chin-Chun, Y., & Guihua, X. (2011). Intergenerational coresidence in China, Japan, South Korea and Taiwan: comparative analyses based on the East Asian social survey 2006. *Journal of Comparative Family Studies, 42*(5), 703-722.

Yu, J. H., & Park, T. Y. (2016). Family therapy for an adult child experiencing bullying and game addiction: An application of Bowenian and MRI theories. *Contemporary Family Therapy, 38*(3), 318-327.

Zahn-Waxler, G., Radke-Yarrow, M., & King, R. A. (1979). Child-rearing and children's prosocial initiations toward victims of distress. *Child Development, 50*, 319-330.

Zal, H. M. (2002). *The sandwich generation: Caught between growing children and aging parents.* New York: Perseus.

Ziegler, P., & Hiller, T. (2001). *Recreating partnership: A solution-oriented, collaborative approach to couples therapy.* New York: Norton.

Ziff, K. (2009). Family sculpting. In B. Erford (Ed.), *The ACA encyclopedia of counseling.* Alexandria, VA: American Counseling Association.

Zimmerman, J. L., & Dickerson, V. C. (1993). Bringing forth the restraining influence of pattern in couples therapy. In S, Gilligan & R, Price (Eds.), *Therapeutic Conversations.* New York: Norton.

Zimmerman, J., & Dickerson, V. (1996). *If problems talked: Narrative therapy in action.* New York: Guilford Press.

Zuk, G. H., & Boszormenyi-Nagy, I. (1969). *Family therapy and disturbed families.* Palo Alto, CA.: Science and Behavior Books.

찾아보기

찾아보기

저자 소개

박태영(Park Tai Young)

미국 Florida State University 사회복지학 박사
숭실대학교 사회복지대학원장 역임
숭실대학교 학생상담센터장 역임
한국상담학회 부부, 가족상담학회 부회장 역임
한국가족치료학회 부회장 역임
현 숭실대학교 사회복지학부 교수

주요 저서
가족치료 사례집: 부부갈등, 가정폭력, 성기능장애, 불안 · 공황 장애, 다문화가족, 집단따돌림(공저, 학
　지사, 2022)
사회복지학개론(공저, 학지사, 2022)
한국 가족을 중심으로 한 부부 · 가족상담 핸드북(공저, 학지사, 2020)
가족복지학의 이해(공저, 학지사, 2019)

주요 논문
Attachment and Romantic Relationships Dissolution: A Case Study of Family Therapy(공동, 2021)
Multiple Case Study on Family Therapy for Middle School Bullying Victims in South Korea(공동, 2021)
Sex is Burdensome: Multiple Case Study on Family Therapy for Korean Husbands with Sexual
　Disorders(공동, 2021)
Contributors Influencing Marital Conflicts Between a Korean Husband and Japanese Wife(공동, 2019)

가족치료 이론과 실천
Family Therapy Theories and Practice

2022년 3월 10일 1판 1쇄 인쇄
2022년 3월 20일 1판 1쇄 발행

지은이 • 박태영
펴낸이 • 김진환
펴낸곳 • ㈜**학지사**

04031 서울특별시 마포구 양화로 15길 20 마인드월드빌딩
대표전화 • 02-330-5114 팩스 • 02-324-2345
등록번호 • 제313-2006-000265호

홈페이지 • http://www.hakjisa.co.kr
페이스북 • https://www.facebook.com/hakjisabook

ISBN 978-89-997-2647-7 93180

정가 25,000원

출판 · 교육 · 미디어기업 **학지사**

간호보건의학출판 **학지사메디컬** www.hakjisamd.co.kr
심리검사연구소 **인싸이트** www.inpsyt.co.kr
학술논문서비스 **뉴논문** www.newnonmun.com
교육연수원 **카운피아** www.counpia.com